北京师范大学地理科学学部
Faculty of Geographical Science BNU

北京师范大学地理教育思想传承与实践

北京师范大学地理科学学部 编著

创于1897 商务印书馆 The Commercial Press

图书在版编目（CIP）数据

北京师范大学地理教育思想传承与实践 /北京师范大学地理科学学部编著. —北京：商务印书馆，2022
ISBN 978-7-100-21526-8

Ⅰ. ①北… Ⅱ. ①北… Ⅲ. ①北京师范大学—地理学—学科建设—研究 Ⅳ. ①K90

中国版本图书馆 CIP 数据核字（2022）第 141686 号

北京师范大学地理教育思想传承与实践
北京师范大学地理科学学部 编著

商 务 印 书 馆 出 版
（北京王府井大街 36 号 邮政编码 100710）
商 务 印 书 馆 发 行
北 京 中 科 印 刷 有 限 公 司 印 刷
ISBN 978 - 7 - 100 - 21526 - 8

2022 年 9 月第 1 版　　开本 787×1092 1/16
2022 年 9 月北京第 1 次印刷　　印张 30 1/4

定价：158.00 元

编　委　会

主任：苏　筠

委员：（按姓氏拼音排序）

程　杨　方修琦　高翠微　葛岳静　黄庆旭

刘宝元　刘慧平　刘　静　潘峰华　邱维理

宋长青　王静爱　殷水清　张　华　周尚意

朱华晟　朱　良

前　言

以史为镜，可知兴替。在北京师范大学建校百廿之际，客观回顾北师大地理学科 120 年的发展历程，总结学科建设理念、行进路径和社会贡献，对世人了解北京师范大学地理学的过去和未来具有重要意义。

北京师范大学是中国师范教育的摇篮，地理学科是“长子”学科之一。1902 年，清政府创立了京师大学堂师范馆，1908 年改称京师优级师范学堂，独立设校，1912 年改名为北京高等师范学校，1923 年学校更名为北京师范大学，成为中国历史上第一所师范大学。地理学科与北京师范大学相伴而生，共同成长。1904 年设立的史地科，成为京师大学堂师范馆第一批招生的学科门类，1928 年成立地理系，成为我国最早独立设置的地理学机构之一，也是中国最早具有师范教育的地理系。

百廿沧桑、社会变迁，北京师范大学地理学与时俱进，始终担当地理师范教育与地理研究的先行者。120 年来，在不同的历史背景下，北京师范大学的地理教学、科研机构不断发展壮大。1902 年，建校之初，“史地一家”孕育地理学科独立成系，早在 1904 年，京师大学堂师范馆就开始培养史地类人才，标志着地理教育的正式启程；1928 年末，当时的北平大学第一师范学院将史地系正式分为历史学系和地理学系，独立设系成为北京师范大学地理学教育发展的重要里程碑，自此开启了北师大系统开展地理学人才培养的时代征程。1949 年，中华人民共和国成立后，北京师范大学以培养中学、师专地理师资为首要任务，实施课程体系改革，推动以人才培养为主体的地理办学水平不断提升。1977 年，改革开放前夕，北京师范大学地理学开始了面向国家需求、深化地理研究的步伐，不断强化解决国家重大问题的科学研究，并先后于 1983 年组建环境科学研究所，1993 年将地理系调整为资源与环境科学系，1997 年组建资源科学研究所。2003 年以后，高等学校在国家科学研究体系中占有越来越重要的地位，北京师范大学的地理学在对接国家重大战略需求时，不断强化研究平台和机构建设。原机构更名为地理学与遥感科学学院、设立了资源学院，新组建全球变化与地球系统科学研究院，与当时的民政部联合组建了民政部—教育部减灾与应急管理研究院。同期，成功申请了地表过程与资源生态、遥感科学国家重点实验室，以及七个省部级教学科研平台，为提升地理学科学研究水平奠定了扎实的基础。2016 年，北京师范大学顺应新时代发展潮流，成功组建地理科学学部，全面构建面向未来的人才培养体系，培植服务创新的科研平台和人才队伍，不断提高服务国家重大战略需求的科技能力。

百廿求索，教育维新，人才培养，矢志不渝。北京师范大学作为最早承担中国地理人才培养的机构之一，其地理教育始终立足高远，遵循国家方针，以培养社会需要的爱国之才为己任，通过不断优化课程体系，提升人才培养的质量。地理学诞生在民族羸弱之时，“史地一体”的设置，以及“知大地与人类之关系”“养成其爱国心性志气”的人才培养目标，决定了最早的地理教育是史地课程兼修的。随着1928年独立设系后，地理学从“文”转“理”，其专业色彩凸显，此外，还开设了地理教授法课程，师范类地理学专业课程体系初步形成。1950年代，以苏联为参照的北师大地理系教学计划奠定了中华人民共和国早期地理教育培养的基本框架。改革开放以后，受资源环境领域的人才需求牵引，北师大地理教育打破单一师范培养模式，开设新的专业，增设环境、技术类课程，培养应用型人才。进入21世纪，实施了“三维多元”人才培养模式，落实国家公费师范生教育政策，分别形成科研创新导向和教师职业导向的课程体系。2016年以来，学部制改革带来了新的机遇：课程体系面向“‘四有’好老师”与“领军人才”培养，强数理、重基础，地理教育突出学科特色与前瞻引领，强调课程质量，融合思政元素，北师大地理教育成为中国地理人才培养的典范之一。

甲子轮回，学科演进，北京师范大学地理学群贤辈出，形成与时代交相辉映的地理教育思想。120年的时代变迁，地理学科的研究内容不断拓展、理论方法不断创新，以人才培养为主旨的北京师范大学地理学，伴随时代需求，结合学科特征，一代又一代杰出学者不断探究地理教育的理念和方法，形成北京师范大学的地理教育思想体系，这些地理智慧的结晶既是伴随120年地理人才培养的财富、当下地理教育实践的指南，也是未来人才培养发展的基石。自20世纪前半叶以来，以白眉初、黄国璋、周廷儒、张兰生等先生为代表的先辈对我国普通地理教育和地理教师培养开展了艰苦卓绝的深入探索，形成北京师范大学现代的教育思想体系。首先，明确地理学科的社会意义，提出地理学是形成国民素质的必备要素，是铸造爱国之心、唤起国民共同的国家观念的学科。其次，阐释了地理人才素养与知识内涵的辩证关系，形成以“学”为基，以“术”为本的人才培养理念，从地理教育的视角，指出地理的“学”为地理学的科学素养，“术”为地理学的教学方法。再次，建立研究型人才培养模式，通过科学与教育研究能力的训练，锻炼学生走向工作岗位所需的自我知识更新能力，打好学生可持续发展的能力基础。最后，倡导实践能力培养，强调地理学实践性特点，形成课堂实践、实验室实践与野外实践相贯通的实践课程体系，构成了素养目标—研究能力—实践贯通的培养理念。

120年，行稳致远，立足主责主业，契合新时代发展理念，造就一流学科典范。北京师范大学地理学把握了改革开放的时代机遇，创新发展。以提升国民素质的教育理念为引导，强化师范教育的质量内涵，为培养社会主义接班人和建设者不断贡献学科力量。进入社会主义建设新时代，北京师范大学全面开启地理学科建设的新征程，在不断提升地理学科建设水平的同时，成功申请了遥感科学与技术交叉学科博士点，形成科学研究、人才培养和社会服务一体化建设的新构想。提出了“四个面向”的科学研究发展方向，面向未来培养专业和行业领军人才，致力于提升解决国家重大战略需求的社会服务能力，为地理学面向未来的转型发展勾画出新蓝图。

120 年，躬耕力行，北京师范大学地理学成功培植了厚重而先进的教育思想，一批又一批优秀人才走向社会，在地理科学研究的多个领域走在了世界前列，为我国的社会经济建设作出了重要贡献。在北京师范大学建校 120 周年之际，地理科学学部审慎回顾过往历史，以期为今后的发展激发更加强烈的动力。

在本书编写之初，学部党委书记苏筠提出这项工作的动议，组织方修琦、邱维理、周尚意、宋长青、高翠微召开筹备启动会议，整体设计全书的章节结构。并由苏筠完成了全书的统稿工作。

编委会人员主要是由北京师范大学地理科学学部在职教师组成，编委会多次召开会议，集思广益、群策群力，系统梳理了北师大地理教育思想与理念，机构发展沿革，人才培养及课程、教材建设的历史。在此，衷心感谢多位老教师提供了资料，并给予了热情支持。本书还收录了北京师范大学名师先贤们，以及部分曾经就读于北京师范大学、如今工作在我国教育一线的校友们已发表的成果。此外，我们特别邀请了如今活跃在国内教学、科研领域的部分优秀校友撰写专文，为本书增光添彩。在此，本人代表北京师范大学地理科学学部对各位作者和校友的辛勤付出表示衷心的感谢！同时特别感谢商务印书馆的大力支持。

2022 年 4 月

目　录

第一部分　百廿之史

学科发展与人才培养沿革

大学和中学地理教材建设

第二部分　先贤之光

地理教育思想

名师先贤论地理教育与教学

第三部分　当代之声

高等教育理念与观点

国民素质教育理念与观点

第四部分　躬耕之作

地理学科核心素养培养

地理课程、教材与教法研究

地理教学课例开发

地理教育测评研究

地理教师专业发展

第一部分　百廿之史

北京师范大学成立于1902年，地理学科与学校同龄。120年来，北京师范大学地理学与国家、与学校、与学科，共命运、同发展。改革课程体系，拓展学科方向，创建科研平台，对接国家重大战略需求，不断探索创新，取得了丰硕成果。“不忘初心，牢记使命”，为国育才、服务社会的学科使命与初心，始终不曾改变。

本部分通过组稿的方式，由在校教师系统地梳理和论述了北京师范大学地理科学学部的发展沿革与人才培养、课程体系以及教材建设的历史。

学科发展与人才培养沿革

北京师范大学地理科学学部发展沿革

潘峰华、朱良

一、师范兴国，史地一家（1902～1927年）

（一）从师范馆到北京师范大学

北京师范大学地理学教育教学的历史最早可追溯到京师大学堂师范馆建立之时。1898年7月，作为戊戌变法新政成果之一，清政府成立了京师大学堂，这也是中国近代第一所国立大学。后因义和团进京、八国联军侵占北京等变故，京师大学堂停办。1901年，清政府派张百熙为管学大臣，主持重建京师大学堂，设速成科，下分“仕学馆”和“师范馆”，于1902年底正式开学。京师大学堂师范馆就是北京师范大学前身，校址设在景山东侧马神庙，旧称四公主府（今为沙滩后街）。京师大学堂师范馆建校初设有外国文、理化两类，次年添设博物类。1904年增设史地类，标志着地理教育在北京师范大学正式开启。北京师范大学地理学教育教学从诞生至今已经走过百又二十年风雨历程。

京师大学堂师范馆成立之后，几经变迁。1904年京师大学堂师范馆改为京师大学堂优级师范科，又于1908年改名为京师优级师范学堂，这是我国高等师范学校独立设置之始，校址亦迁往厂甸五城学堂（即今和平门外师大旧址）。1912年中华民国成立，同年京师优级师范学堂更名为国立北京高等师范学校。原分类科的“类”改成“部”，1913年设立史地部，同年设史地部阅览室。受美国大学教育学科的影响，北京高等师范学校于1920年在各个部开办

作者简介

潘峰华，北京师范大学地理科学学部教授，副部长。2011年于北京师范大学工作至今。

朱良，北京师范大学地理科学学部副教授。1980～1984年在北京师范大学地理系攻读学士学位，1984～1987年在北京师范大学地理系攻读硕士学位，师从褚广荣教授。1987年留校工作至今。

致谢

本文主要参考了赵济、朱良主编的《北京师范大学地理学与遥感科学学院院史》（北京师范大学出版社，2014年）一书，地理科学学部党政班子的相关文件报告，以及北京师范大学校史资料。

研究科。1923 年增设史地研究科，并开始招收研究科学生。1922 年学校撤部改系，史地部更名为史地系。1923 年，学校正式更名为国立北京师范大学校。1927 年，奉系军阀控制下的军政府把北京九所国立大学合并为京师大学校，原北京师范大学校被改为京师大学校师范部。1928 年，奉系军阀退出北京，国民政府随即把大学区制推行到北方地区，将北平、天津的大学合组为国立北平大学，原北京师范大学校改名为国立北平大学第一师范学院。

（二）地理学学科价值和国家使命

由于有助于国人认识世界和培养爱国主义，地理教育为时人所重。1903 年，《奏定大学堂章程》（亦称“癸卯学制”）中，规定经、文、格致、农、商等科皆应学习地理课程，文科设中、外地理专业，学制三年。文科地理课程有：地理学研究法、中国今地理、外国今地理、政治地理、商业地理、交涉地理、历史地理等。进士馆课程有：地理总论、中国地理、外国地理、界务地理、商业地理。译学馆课程有：中国地理、亚洲各国及大洋洲地理、欧洲各国地理、非洲及美洲地理、地文学。师范馆则有：亚细亚洲地理、大洋洲地理、欧罗巴洲地理、阿非利加洲地理、亚美利加洲地理等。所列地理课程达十余种，足见当时对地理教育的重视程度。《奏定大学堂章程》中对地理学研究有如下表述：“地理学研究法：中国与外国之关系、气候与地理之关系、财政与地理之关系、海陆交通与地理之关系、动植物与地理之关系、文化与地理之关系、军政与地理之关系、风俗与地理之关系、公寓与地理之关系。交涉地理：日本各国国际地理，可斟酌采用，仍应自行编纂。”《奏定大学堂章程》是中国较完善且影响较久的近代学制，它明确了地理学知识是进行爱国教育、文化普及必不可少的，初步奠定了地理教育作为基础课的地位。在中国受列强侵略的时期里，爱国教育的重要性更为凸显，地理教育的意义重大，既能让国民了解自己国家的情况，也能知道中国为什么受欺压，中国丢了哪些领土。在这样的背景下，作为全国最早的地理系科，北京师范大学史地系开设了大量“救国地理”课程，比如边疆地理、政治地理、外国地理等。

自诞生起，北京师范大学就承担为国家培养基础教育教师的职责。京师大学堂师范馆的设立不仅开中国高等师范教育之先河，同时也奠定了北京师范大学在中国现代高等师范教育史上的领军地位。1912 年 9 月 28 日，中华民国政府公布的《师范教育令》规定：高等师范学校以造就中学校、师范学校教员为目的。《国立北京师范大学校暂行组织大纲》明确规定为：“本校以造就师范与中等学校教师及教育行政人员，并研究专门学术为宗旨。”值得一提的是，该文件首次把师范大学的任务定位为培养中等师资（包括师范学校和中学）、教育行政人员和研究专门学术等，与此前的高等师范学校设立之目的相比，明显增加了研究专门学术的任务。由此可见，北京师范大学地理学教育从一开始就被赋予了培养中学地理教师的责任。

（三）地理学高等师范教育初步探索

在北京师范大学地理学教育探索阶段，有三个重要特点。

第一，北京师范大学地理学早期与历史学携手发展，史地一家成佳话。早期的地理学教学机构相继经历了史地类、史地部，再到史地系的变化，历史和地理始终在一起。其间还成立了北京高等师范学校史地学会，1920 年 6 月，史地学会编辑的《史地丛刊》创刊出版。史地系的优势是对时间及空间的统一和同步，展开对人文和自然关系协调发展的综合研究。从现代的观念来看，史地兼修有助于对问题的系统分析、动态分析和进行可持续发展的研究。一批历史学大学者在此任教，也有益于地理学专业人才的培养。另外，地理学和历史学合一发展，也表明当时的地理学具有很大的中国传统地理的成分。尽管被分在了文科，但曾任史地系系主任的白眉初先生主张，地理学是理体文用、理本文末的学科。

第二，北京师范大学地理学教育从一开始就有较高的国际化水平。最早一批地理学专业教师就已具有国外学习背景，讲授外国地理学的教师大多有日本求学的经历；到了北京高等师范学校时期，有更多欧美学习背景的教师加入。于是地理学教育很早就开始开展外文教学，并引入了由日文、英文著述的地理学原版教材。

第三，基于学科特点，北京师范大学地理学很早就重视实践和实习教育。当时史地、博物二部的本科学生肄业期间规定有两次国内旅行，藉以“访历史之名迹，探地理之形胜，调查动、植、矿各种物产。每次旅行，均作报告书，并绘图摄影，采集各种标本”。1918 年，由史地部王桐龄、黄人望、刘玉峰、章嵚四位教授带领学生赴孔庙、国子监、历史博物馆、雍和宫、柏林寺参观；博物部赴三家店考察地质。返校后，学生写出报告书，供教授品评。

二、独立设系，锐意革新（1928～1948 年）

（一）地理系独立设置，归入理科院系

地理系独立设置是北京师范大学地理学教育发展的里程碑。1928 年 12 月 10 日，国立北平大学第一师范学院院务委员会决议，将史地系正式分为历史学系和地理学系。北京师范大学地理系是全国较早成立的地理系之一。1929 年 7 月，国民政府撤销国立北平大学，8 月原国立北平大学第一师范学院独立，改为国立北平师范大学。1931 年 7 月，国立北平师范大学与国立北平大学女子师范学院（即女师大）合组为新的国立北平师范大学，合并后辖教育学院、文学院、理学院三个学院和一个研究院。地理系被纳入理学院，明确了地理学的科学范

畴和理科属性，这是地理学发展的重大变革，改变了地理学过去属于文科的学科属性。女师大史地系虽随女师大归入国立北平师范大学地理系，但仍独自成班，直到1933年最后三名学生毕业而终结。

一批知名学者先后担任地理系系主任，促进了地理学在北京师范大学的发展。历任北京师范大学地理系系主任依次为白眉初（1922～1928）、王谟（1928～1931）、谢家荣（1931～1932）、刘玉峰（1932～1935）、王益崖（1935～1936）、黄国璋（1936～1937）。其中1935年刘玉峰辞职后，理学院院长刘拓曾兼代地理系系主任至9月。1935年10月，原中山大学地理系系主任、中央大学教授王益崖接替刘玉峰任地理系系主任。王益崖教授举贤荐能，多次邀请中央大学的黄国璋加盟，甚至亲自前往南京以让出系主任之职，诚邀黄国璋。翌年9月，黄国璋到任，通过他的一系列努力，进一步提升了北京师范大学地理系在全国的地位。

（二）辗转西北，传道不断

抗日战争爆发，和整个学校一起，地理学专业师生经历了颠沛流离。1937年国立北平师范大学迁往西安，与北平大学、北洋工学院三校组成西安临时大学；1938年又迁至陕南城固，学校改称国立西北联合大学。各学校保持相对独立性，原三校的校长、院长仍保留，学校公章照用，学生也都具有原有学校和现在学校的双重学籍和校徽，学生毕业仍发原学校证书。1939年8月后，西北联大解体，原师大改称国立西北师范学院。李蒸被正式免去国立北平师范大学校长的职务，校印上缴教育部。至此，国立北平师范大学的历史暂时告一段落。1941年学校奉命再迁到甘肃兰州十里店，直到抗战胜利后。

1937～1939年，地理系仍按原国立北平师范大学地理系的教学计划坚持课程。西北联合大学（城固）时期，增设地质学专业，与地理学专业合称为地质地理系，属理学院，黄国璋、殷祖英先后任系主任。1939年后，地理系与历史系再次合并为史地系，直到1946年。地理系与历史系合并后，系主任仍由黄国璋担任，1940年，黄国璋赴重庆任中国地理研究所所长，黎锦熙、谌亚达先后代理史地系系主任。1942～1946年间（兰州），史地系系主任由邹豹君担任。

抗日战争胜利后，国立北平师范大学复校，地理系随之恢复。1946年，西北师范学院部分师生返回北平后，和北平沦陷区原国立北平师范大学的部分，即北平临时大学第七分班人员合并在一起，成为国立北平师范学院。剩余部分师生留在西北发展成今日的西北师范大学，还有部分教师进入国立西北大学。新恢复的国立北平师范学院由袁敦礼担任院长，地理系再次独立设系，黄国璋复任地理系系主任，后来担任理学院院长。随后学生掀起了一场“复大运动”，并得到全体教师的支持，终于在1948年11月恢复了“国立北平师范大学”的名称。

（三）探索现代地理学教学科研模式

地理系独立设置之后，一直注重地理师范教育。特别是 1936 年，黄国璋来北京师范大学主持地理系，他进行了一系列改革，决心把这个系办成全国有影响的地理教学研究单位，并明确地理系的任务和培养目标有三：第一，改进各中等学校的地理教学；第二，培养中等学校的未来良好地理教师；第三，研究高深地理学术。通过不断完善地理系教学计划，添置图书、仪器和必要设备，为教学和研究创造良好条件。在他的努力下，在很短的时间内，北师大地理系在教学质量、学术研究、人才培养、基础设施设置等方面都有了显著进展，并培养了大批中学地理骨干教师。黄国璋还组织北师大地理系教师创办《地理教学》杂志，这是我国第一本专门研讨地理教育的刊物。1939 年，国立西北联合大学在十分困难的情况下，仍然坚持复刊出版《地理教学》。1942 年 9 月，增设史地三年制专修科，用于培养中学教师。当时办学条件异常困难，师生在"共赴国难""以教育为开发西部先驱"等思想的鼓舞下，以苦为乐，艰苦创业，为国家、民族的教育事业作出了巨大贡献。

在 1949 年之前，国立北平师范大学地理系教师编写了大量中学教材和地理普及读物。地理系很多老师都主编或参编过中学教材，在 1949 年之前，北师大地理系师生参与编写的教材有五十多种，比如《初中世界地理》（殷祖英）、《初中本国地理》（程国璋），这些教材被当时中学广泛采用。另外，师生还通过编写地理读物、编制地图向全国人民普及地理知识。如在黄国璋领导下，地理系组织编制《亚洲地形图》《河北地形图》等，在地图中用等高线和分层设色的绘图方法代替传统用类似毛毛虫的笔触表示山脉。白眉初在此阶段编写了很多中国地理读物，绘制了中国各省区的地图。另外值得一提的是在这个时期，北师大地理系开始翻译外国教材，吸收西方科学的精华，打开了解西方地理的大门，其中有代表性的比如谌亚达翻译的《人地学原理》《地形学》《自然地理》等。1946 年复员北平，黄国璋在再次就任系主任伊始，便筹划恢复《地理教学》的出版事宜。地理系王钧衡、赵淑梅等积极编辑中学地理教材、参考教材和中学教学用图，很受全国中学师生欢迎。

地理系独立设置之后，日益注重学术研究，并不断招揽优秀人才。黄国璋主管地理系后，着力引导地理系从传统地理学走向现代地理学。即使在颠沛流离的抗战期间，他也依然坚持学术研究。1938 年 2 月 15 日，以北师大历史、地理两系教授为主体创办了《西北史地季刊》。在历任系主任的努力下，地理系吸引了一批国内知名专家、学者前来任教。除北京高等师范学校时期就任教的白眉初、刘玉峰等教授外，国立北平师范大学时期又增聘了许多教授，如谌亚达、郑资约等。复员北平后，黄国璋任理学院院长兼地理系系主任，聘请卢鋈、盛叙功、谌亚达、王嘉荫、王鸿祯、侯学煜、杨昌业、周卡等来系任教或兼职授课。

黄国璋在地理系发展中发挥了重要作用，在他的领导下，北师大地理系成为全国著名地理教育基地。中华人民共和国成立前，黄国璋已是国内地理学界的领军人物，他于 1928 年从芝加哥大学地理系研究生毕业后回国，次年被聘为南京中央大学地理系教授，后兼任系主任。1934 年中国地理学会在南京成立时当选为理事，并且是《地理学报》创刊人之一。1940～1945 年期间黄国璋筹建和担任中国地理研究所所长，于 1946 年担任中国地学会的总干事，并将地学会的秘书处设在国立北平师范学院地理系。

三、学习苏联，曲折发展（1949～1976 年）

（一）地理系的新生和变迁

1949 年 1 月 31 日，北平和平解放。2 月 27 日，北京师范大学被接管，从此进入了一个崭新的时期。5 月 4 日，北师大成立校务委员会，黄国璋为成员之一，并兼任理学院院长。中华人民共和国成立后，地理系获得新生，在国家的指引下，经历了初步改造和建立新教学体系的阶段，在摸索中走出一条新中国体制下的前进之路。

1952 年院系调整，北京师范大学规模扩大，并搬迁到新的校址。北京市体育专科学校、中国大学理学院、燕京大学教育系、中国人民大学教育研究室和教育专修班、北京大学教育系、辅仁大学等，先后并入北京师范大学，著名历史学家陈垣出任校长。原北京师范大学和平门外旧址称南校，定阜大街原辅仁大学校址称北校，并在海淀区北太平庄建设新校舍，北京师范大学规模得到扩展。其间，辅仁大学历史系教授杨曾威转为北京师范大学地理系教授，增强了地理系师资力量。

“文革”期间，由于中国人民大学暂时停办，1973 年中国人民大学经济地理教研室的大部分教师并入北京师范大学地理系。他们为地理系经济地理学的发展，作出了贡献。1978 年 7 月，中国人民大学恢复时，这批教师离开了北京师范大学。

中华人民共和国成立之后到 1952 年，黄国璋继续担任北师大地理系系主任。其间，中国地学会与中国地理学会合并，称中国地理学会，1950 年黄国璋任首任理事长，秘书处也设在了地理系。1952 年夏，黄国璋受到不公平待遇，被调往西北大学任教。周廷儒被学校任命为地理系系主任。在这之后，周廷儒教授长期领导北师大地理系，引入苏联模式，并在此后动荡的岁月中，为北师大地理系的稳定与发展作出了重要贡献。

（二）学习苏联模式，引领全国地理师范教育

中华人民共和国成立后，北京师范大学启动改革，探索师范院校发展新道路。在华北高

教委和教育部的领导下，北师大从 1949 年底开始，根据“学校以培养中等学校师资为首要任务”的目标，计划对旧课程体系进行改革。1950 年 1 月，教育部通过了《关于改革北京师范大学的决定》，对北师大的任务、课程、教学方法、行政制度与教师的学习研究组织作了明确规定，并提出以北师大改革的经验作为全国各地师范院校、教育院校改革的样本。1950 年 5 月，教育部颁发了《北京师范大学暂行规程》和《高等学校课程草案》，随后北师大拟定了《北京师范大学课程草案》。

从 1950 年 9 月开始，北师大地理系开始引入苏联模式，全面学习苏联的教育制度、教学内容、教学方法、教学组织。北师大陆续聘请苏联专家来校工作，请他们介绍苏联的教育理论和教育经验并指导工作。北师大地理系完全参照苏联列宁师范学院的模式，目标是建立教学型的高等师范院校地理系，并开始按照该模式进行改革。

首先，学习苏联设置教研组/室。地理系成立了中国地理组、世界地理组、地理学原理组、教材教法组四个教研组。教研组的首要工作是制订教学计划和编写教学大纲。教学计划内容包括：本科的目标任务、学分、实验实习的时数、教学内容概要、教学方法、教学进度、效果检查的项目等。教研组的设立，使教学逐步走向规范化，有助于促进教师改革教学，提高教学质量。

其次，在苏联专家指导下制订教学计划。在波波夫教授的指导下，周廷儒参照苏联列宁师范学院的教学计划，主持制订了 1952 年版的北师大地理系教学计划。当时地理系主要专业课程设置是：普通自然地理、土壤地理学、植物地理学、动物地理学、天文学、地图学及地形测绘、地质学、外国经济政治地理、中国经济地理、世界自然地理、中国自然地理等。该教学计划连同学校其他系的教学计划一起呈报教育部，并由教育部印发给各师范学院作为参考，成为新中国成立后我国后拟定的第一个师范学院教学计划。1952 年秋天，教育部委托北京师范大学草拟《师范学院教学计划（草案)》，周廷儒负责草拟全国高等师范院校地理系教学计划草案。周廷儒基于北师大地理系的教学计划拟定的草案，在 1953 年秋召开的全国师范教育会议上讨论并略作修改后通过，于 1954 年由教育部正式颁布实施，并于 11 月 5 日发布《关于试行师范学院教学计划（草案）的通知》，向全国推广实施。

再次，编写教学大纲和教材。周廷儒领导全系教师制定各门专业课程的教学大纲。1954 年初，受教育部委托，起草“中国自然地理”“土壤地理学”和“地图与测量”三门专业课的教学大纲，这些教学大纲经教育部讨论通过，于 1955 年正式颁布，在全国各高等师范院校施行。同时，从 1952 年开始，周廷儒组织全系教师编写各专业课程教材。至 1955 年暑假前，基本完成了各科教材的编写，部分教材铅印后与各大学地理系交流。

北京师范大学的发展不能局限在师范教育，地理系发展也是如此。1960 年，地理系在“向综合大学看齐”口号的鼓舞下，建立了四个新专业：自然地理、化学地理、生物地理和气象专业。1962 年对所办的四个专业进行了调整，但是思路仍延续了下来，地理系的办系方向的改革方向已初见端倪。地理系在课程配置上，纠正之前的问题。一是恢复并加强部门自然地理；二是加强数理化基础课程。为提高科研水平，学生的数理化课程增加了，对数理化基础水平的要求提高了；增加了气象与气候、水文学等课程，还增加了部门地理、分科教学，使得学科齐全，破除了自然地理学单一学科的情况，提高了地学基础水平；三是一直保留综合课，研究自然地理和经济地理的组合，强调区域性，注意各地理要素的相互影响、彼此作用，而不是研究单一地理要素。地理系增加数理化和部门地理专业课程，这种治学思想把握了地理学的综合性、整体性，在此基础上开始探索地理学的综合研究方向。

此外，在 1966 年前，地理系尝试多种方式培养人才。为扩大地理系的教育覆盖面，1956 年地理系开始招收函授生，学制五年。1956 年、1958 年、1960 年、1963 年共招收了四届，学生数分别为 82 人、52 人、140 人、63 人，全国各地有 337 人通过函授教育，接受了北师大地理系的培养。从 1958 年开始，地理系的学制从四年制改为五年制，实行半工半读，并且要求本科生在五年毕业时，达到研究生水平。“文革”期间，全国废除了统一考试招生制度，根据“要从有实践经验的工人农民中间选拔学生”的指示，北京师范大学地理系在 1973 年、1974 年招收了两届工农兵学员，计 80 人。

从 20 世纪 50 年代中期开始，地理系设立多个研究生班，培养了一批地理学人才。包括 1954～1956 年土壤地理研究生班（24 人），1955～1957 年地图学研究生班（18 人），1955～1957 年经济地理进修班（21 人），1959～1961 年、1961～1964 年两届中国自然地理研究生班，1960～1962 年化学地理研究生班（11 人）；1965～1968 年古地理研究生班（5 人）。从这些研究生班毕业的学生被分配或返回东北师范大学、华东师范大学、北京大学、南开大学、中山大学等教育部直属高等师范院校和综合大学，后来几乎都成为所在单位的领军人物。

总之，在这个阶段，北京师范大学地理系履行了中央“高等师范教育面向中学”的精神，对中学地理教育作出了应有贡献，并承担了全国高等师范院校“排头兵”的责任和义务。地理系参照苏联模式，遵循师范教育的要求，制定了较为完善的教学计划和教学大纲，并把这个教学计划和部分课程的教学大纲推广到全国的高等师范院校，这是北师大地理系对全国的贡献和服务。同时还尝试了不同类型的专业人才培养方式。这个阶段的教学重视基础（包括基础课程和基本动手能力、实习），重视专业思想教育。

（三）坚持科学研究

地理学的师生重视学术研究，致力于拓展新的研究领域。当时地理系有著名“三驾马车”，即在全国都享有盛誉的三位教授及他们所领军的研究领域，分别是周廷儒的“新生代古地理”、刘培桐的“化学地理学”和王钧衡的“地理教育”。1960 年刘培桐主持举办了化学地理研究生班；1965 年周廷儒招收了古地理研究生，他们在地理分支领域内开始了新的探索和拓荒工作。1963 年，经高教部批准，北京师范大学地理系创建了中国第一个新生代古地理研究室，周廷儒担任研究室主任。1972 年后，在条件非常困难的情况下，周廷儒先生撰写了《中国自然地理·古地理》，这部著作作为“中国自然地理”丛书之一，后来获得中国科学院科技成果一等奖、国家科学技术进步二等奖。刘培桐长期坚持对环境化学的研究，并培养了一些优秀学员。他的《化学地理学》初稿也产生于“文革”期间。“新生代古地理”和“化学地理学”两个研究领域，为改革开放后相应的学科发展奠定了基础。地理系师生积极投身科研活动，使地理系突破了苏联师范院校只搞教学的模式。为了培养年轻人，地理系于 1950 年代派出武吉华、邬翊光、李华章、刘培桐、李之保、贾旺尧等赴苏联留学。他们学成归国后，都成了地理系的骨干力量。

同时，面向国家经济发展需求，地理系师生利用学科优势，积极参与国家和地方建设。中华人民共和国成立之初，北师大地理系培养的学生积极参加新中国的建设工作，例如前往铁道部进行铁路选线，去民政部研究行政区划问题，以及到水利部进行流域规划。1959 年，地理系派出七支队伍，分别参加新疆综合科学考察、新疆和宁夏治沙、渤海海岸调查、南水北调调查、长江三峡谷地地貌调查、祁连山动物疫源地调查、《中华人民共和国国家大地图集》编辑。地理系坚持教学、科学研究与生产结合，锻炼师生的实践能力。“文革”十年中，地理系的教师主动上山下乡，自觉地为农村服务，参与了地震预测、水土保持、气候预测、山区找水、土壤改良等应用项目的科研工作。

四、积极改革，与时俱进（1977～2002 年）

（一）从地理系到资源与环境科学系

1977 年至 1983 年是地理系拨乱反正和快速恢复发展的阶段，周廷儒继续担任系主任，带领教师恢复正常教学和科学研究活动。1983～1993 年，张兰生、赵济、邬翊光相继担任地理系系主任，为地理系的稳定发展打下了坚实基础，并开拓了很多重要的研究方向。

这期间，我国快速的经济社会发展，带来了一系列的资源环境问题，地理学的发展面临重大机遇，对于北京师范大学地理系的发展来说亦如此。1983 年，环境科学研究所（基于地理系的土壤地理、化学地理等教研室）从北师大地理系剥离，成为全国第一个以研究地理环境为主的环境科学研究所，这也是环境学院（2003 年成立）的前身。1993 年，地理系调整为资源与环境科学系，以地理学为基础，开展资源环境问题的研究和人才培养。为了与国际保持接轨，英文名字仍然采用“School of Geography”。首任系主任是史培军。同年，在资源与环境科学系和环境科学研究所的基础上又成立了资源与环境学院，首任院长是张兰生，1998

年由刘昌明院士继任院长。1997 年，资源与环境科学系部分教师独立出来，成立资源科学研究所。此时的资源与环境学院包含一系两所：资源与环境科学系、环境科学研究所和资源科学研究所。资源与环境科学系是 2003 年成立的地理科学与遥感学院的前身。

1999 年，资源与环境科学系成立了资源环境遥感地理信息系统研究中心。陈述彭院士任名誉主任，资源与环境科学系李小文任中心主任，朱启疆任副主任。同时成立北京师范大学遥感研究中心学术委员会，由徐冠华任学术委员会主任。

（二）不断完善人才培养体系

改革开放之后，北京师范大学地理系发展重新进入了正轨。由于长期封闭，学科发展与国际前沿脱节严重，迫切需要与国际学术界接轨；同时由于大量教师退休，以及之前并入的中国人民大学经济地理教研室全体教师返回人大，师资力量亟待加强。在周廷儒的领导下，采取了几项重要措施：第一，大量调入教师，增加师资力量，恢复教学秩序；第二，增添仪器图书，筹建生地楼，建设实验室；第三，自力更生，培养新生力量，选派一批研究生出国留学；第四，派一批教师出国进修和交流，引进发达国家先进地理学理论和技术；第五，自筹资金聘请中国科学院、北京大学、中国人民大学、北方交通大学等兄弟院校的教师来地理系任兼职教师，协助培养研究生和本科生；第六，在保证完成繁重的教学任务的同时，大力开展科研工作，接受国家重大科研任务。

地理系、资源与环境科学系继续承担师范教育使命，积极参与教材编写，发挥引领作用。在以师范人才培养为主的办学思想指导下，地理系为全国各地的中学和高等院校地理专业输送了大批优秀地理老师。为适应新形势下的教学需求，1977 年在上海举行了全国高等师范院校地理教材会议。北京师范大学地理系武吉华、段宝林、张如一、李天杰、赵济等教授参加了会议，并随后承担教材的编写工作。1980 年代，北师大地理系教师主编或合编的高等师范院校地理专业基础教材有《植物地理学》《地质学基础》《中国自然地理》《土壤地理学》《地图学》《世界经济地理》等，共计 11 种，还主编了多部中学和中专教材，如《中国地理》《世界地理》《气象与气候学》等，服务师范教学及课程。2000 年，时任资源与环境科学系系主任的樊杰被教育部任命为义务教育地理课程标准制定组组长，编制初中、高中地理课程标准。此外，多位老师长期参与高考地理试卷命题工作。

继承了北京师范大学地理学人才培养重视实践能力的优秀传统，地理专业的教师们积极拓展建设了一批课程实践、实习基地。一方面，逐步建成了 8 个教学实验室；另一方面，根据专业特点，在河北蔚县小五台山建立了地质地貌实习基地，在河北丰宁县坝上建立土壤植物实习基地，在江苏吴县（现苏州市吴中区）东山建立了人文地理综合野外实习基地等。此外为加强短途实习基地建设，在北京市及周边地区建立了 12 个实习点或线路。

北京师范大学初步构建涵盖了地理学本、硕、博和博士后一体化的人才培养体系。

首先，以 1952 年的培养方案为基础，北师大开展地理学专业本科生的培养。1977 年恢复高考制度后，地理系开始招收四年制本科生，招生专业为地理科学，以培养合格中学地理教师为主要目标，课程设置除了地理学课程之外，增加了高等数学、化学和物理等课程，旨在培养综合素质较强的地理教育人才。1978 年 3 月和 9 月，“77 级”47 人，“78 级”50 人分别入学。1993 年更名为资源与环境科学系之后，开始增设新的本科专业，如资源环境区划与管理专业，体现了向综合性大学转型的办学思想，培养方向从注重师范教育转向实践和研究能力并重。1999 年教育部颁布新专业目录后，北京师范大学于 2000 年设置资源环境与城乡规划管理本科专业，并替代先前的资源环境区划与管理专业；2001 年又增设了地理信息科学本科专业。此外，从 2000 年起开始招收港澳台地区本科生。

其次，1977～2002 年这个阶段硕士研究生教育得到了快速发展。地理系在 1978 年恢复招收研究生，以刘培桐教授为首的环境科学教研室和以段宝林为首的区域地理专业率先开始招生，共招收 15 名研究生。随后 1979 年以周廷儒教授为首的古地理教研室也开始招收硕士研究生。1981 年，地理系成功申报古地理、自然地理、环境地学、区域地理、地图与遥感等硕士点。1981 年，第一届硕士生毕业。1982 年初，地理系招收了从恢复高考后的第一批本科毕业生中选拔出来的 6 名硕士研究生和 2 名出国留学硕士预备生。随着硕士点数量和硕士生导师增多，硕士招生规模迅速扩大，达到每年 60～90 人。

再次，开始培养地理学博士生和博士后，建立完整的地理学人才培养体系。1981 年古地理博士点申报成功，1985 年古地理专业招收了第一名博士生，开启了地理系的博士生培养。1990 年经国务院学位委员会批准，环境科学研究所成为我国第一个环境地理学博士培养授予点。由周廷儒创立的古地理博士点（地质类）调整为自然地理学博士点。1997 年博士生导师审批权下放，地理专业的博士生导师数量增多，从 2000 年起，每年博士招生规模突破 10 人。2001 年，与北京市农林科学院农业信息技术研究中心联合申请，获得了地图学与地理信息系统博士点。1995 年北师大获批中国首批地理学博士后流动站，形成了从本科生、硕士生、博士生到博士后完整的地理学人才培养体系。

北师大地理学在逐步恢复发展的过程中，在人才培养方面取得了一定成绩。1996 年北京师范大学获批成为“国家理科基础科学研究与教学人才培养基地”（简称“国家理科基地”），是全国七个地理学基地之一，并通过建设，在验收中被评为优秀。2000 年自然地理学被评为国家重点学科。2001 年 12 月，赵济、王静爱、葛岳静、吴殿廷、史培军申报的“区域地理课程体系建设与改革”获得国家级教学成果一等奖。此外，北京师范大学地理系积极援建其他学校地理专业建设和人才培养。一方面以进修教师的方式为其他学校培养大量的优秀教师；另一方面，援建了宁夏大学地理系等，曾多次派出本系教师帮助组织教学、开展科研。这些举措都提升了北京师范大学地理系在全国高等师范院校的辐射力。

（三）转向综合性研究型

这个阶段，地理学专业办学思想在师范性的基础上，加强了综合性、研究型的转向。在这一办学思想指导下，在课程设置上注重学生专业基础知识和基本技能的培养，使学生具有获取地理学知识和信息的能力、独立分析和解决地理学问题的能力以及创新能力，能够熟练地应用计算机、遥感技术和地理信息系统进行地理教学与研究工作。对学生的培养由原来的侧重师范人才，转向了同时重视实践型、研究型人才的培养。资源与环境科学系积极参与“面向21世纪普通高等教育规划教材”和教师进修教材的编写，在新兴方向如遥感、全球变化、环境教育等方面表现尤其突出。

针对学科发展前沿以及国家建设需要，地理专业师生在多领域开展了系统科学研究。自20世纪80年代以来，在周廷儒古地理研究的基础和沉淀之上，张兰生提出“环境演变”这一新的发展方向，在他的带领下，北京师范大学率先开展中国北方农牧交错带环境演变的研究工作，获得了一系列重要成果；刘培桐在20世纪70年代率先开展了环境地学研究，成为中国环境科学研究的先驱者之一。1989年，在张兰生和史培军的带领下，地理系研究重点从古地理与环境演变转向自然灾害研究，根据环境演变和区域分异研究自然灾害的时间变化与地理空间的分布规律。1990年代以来，以史培军为主的科研队伍持续开拓自然灾害研究方向，使北京师范大学成为我国自然灾害研究的中心之一。赵济是北师大发展遥感学科的早期领导之一，他推动引进遥感科学技术，并担任教育部科教司“高校联合遥感应用研究中心”副主任，持续参加国家遥感领域的重大科技攻关任务。1995年，北京师范大学入选教育部首批“211工程”名单。地理学科的发展乘势而上，建设速度明显加快。面向国家应对全球变化、加强资源可持续利用、加强防灾减灾等急需，以地理学人才培养为基础，加大了对资源科学与工程、遥感科学与技术、灾害风险科学、全球环境变化科学等学科人才的培养和新时期对土壤侵蚀与水土保持、资源可持续利用与减灾、遥感对地观测与全球变化等的系统研究。围绕这些研究领域，承担国家高技术研究发展计划（863计划）项目、国家重点基础研究发展计划（973计划）项目和国家自然科学基金委项目，推动了学术研究和人才培养。

在拓展学科领域的同时，科研平台建设和办学空间拓展都有所突破。北京师范大学将1964年由教育部批准创建的“古地理研究室”调整为由国家教育委员会批准的首批开放实验室——环境演变与自然灾害开放实验室（1994），1997年提升为教育部重点实验室——环境演变与自然灾害实验室。2002年建设了北京市重点实验室——环境遥感与数字城市实验室。此外，在1999年、2000年、2001年分别建成北京师范大学校级重点实验室——土壤侵蚀研究实验室、地貌与环境沉积分析实验室、区域地理研究实验室。1980年代生地楼的建成拓展了地理学在北师大发展的物理空间。

地理学发展也得益于不断壮大的师资力量，涌现出一批学科领军人物。周廷儒于1980年当选学部委员（中国科学院院士）。1991年，张兰生当选第六届中国地理学会理事长。1996年，刘宝元加入自然地理研究队伍，次年即成为北师大首批获得国家自然科学基金委杰出青年基金资助的学者之一。1998年，著名学者李小文加入资源与环境科学系，带动北师大成为中国遥感基础理论研究中心，2000年，李小文成为北师大地理专业第一位“长江学者奖励计划”特聘教授，并于2001年当选中国科学院院士。2002年，国家杰出青年基金获得者戴永久加入北师大，并随后成为北师大地理专业第二位“长江学者奖励计划”特聘教授。

五、裂变发展，拓展平台（2003～2015年）

（一）蓬勃发展，机构增生

在新的形势下，学科发展需求日益旺盛，在原地理学母体上衍生出多个相关教学科研实体。2003年资源与环境学院重组为地理学与遥感科学学院、环境学院、资源学院和协调性机构“地学与资源环境学部”，刘昌明院士任学部主任。随后，又相继于2005年组建了水科学研究院，2006年依托环境演变与自然灾害教育部重点实验室组建了减灾与应急管理研究院，2008年组建了全球变化与地球系统科学研究院。

国家对高等教育日益重视，“985工程”有力促进了北师大地理学学科建设。1998年，中央做出要建设具有世界先进水平的一流大学的重大决策，随后启动“985工程”。2002年北京师范大学入选“985工程”，2005年启动北京师范大学“985工程”二期科技创新平台建设，在地球表层过程与综合减灾科技创新平台、典型环境地理过程与生态模拟平台支持下，学科建设经费有显著增长。

2003年更名、调整之后，地理学与遥感科学学院成为地理学学科建设主体单位。地理学与遥感科学学院下设地理科学系、自然地理研究所、城市与区域规划研究所、地球空间信息研究所、地理教育中心；承建遥感科学国家重点实验室、环境遥感与数字城市北京市重点实验室以及七个校级重点实验室。刘宝元、戴永久、杨胜天和梁顺林相继担任地理学与遥感科学学院院长。

（二）国家级研究平台建设取得重大突破

北京师范大学地理学在这个阶段连续获批建设两个国家重点实验室，是学科建设的重大突破。2003年，地理学与遥感科学学院联手中国科学院遥感应用研究所，联合申报建设遥感科学国家重点实验室。12 月科技部发布批准建设“遥感科学国家重点实验室”的通知，2004 年进入建设期，2005 年通过国家评估验收，正式运行开放。其主要研究内容包括：多角度遥感、试验遥感基础理论与方法、星机地遥感综合实验的组织和设计、遥感辐射机理等。

2007 年，地理学与遥感科学学院、资源学院、生命科学学院、减灾与应急管理研究院等联合建设地表过程与资源生态国家重点实验室，2008 年验收。该实验室旨在揭示地球表层气、水、土、生复杂过程及相互作用的机理，建立多营力和多尺度地表过程的动力学模型，探索生物多样性维持机制，为建立合理利用可更新自然资源的生态——生产范式，为生态系统的可持续性管理与退化生态系统的恢复重建提供科技支撑。主要研究领域包括：土壤侵蚀过程、地表风沙过程、环境演变过程、景观生态过程、生态系统结构与功能、资源利用与生态——生产范式。史培军教授任实验室主任，安芷生院士任学术委员会主任。

（三）学科体系和专业建设趋于完善

2003 年资源与环境科学系更名为地理学与遥感科学学院之后，进一步注重对学生实践和创新能力的培养。在培养理念方面，实行一级学科必修课程体系，突出创新性地理学人才培养特色，强调厚基础、重技能、宽知识和高素质，要求知识、能力和素质协调发展。基于以上理念，建立了有针对性的培养方案，加强数理基础，提高专业起点，强化创新能力。积极引导学生参加各类本科生科研项目，提高科研素质和能力。

2007 年开始，地理学与遥感科学学院招收地理科学免费师范生（后改称为“公费师范生”），强化了地理师范教育。为了鼓励优秀学生报考师范院校，为国家，尤其是相对落后地区培养优质中学地理教师，北京师范大学根据《国务院办公厅转发教育部等部门关于教育部直属师范大学师范生免费教育实施办法（试行）的通知》（国办发〔2007〕34 号）要求，开始招收免费师范生。地理学与遥感科学学院在原有专业基础上，新设了地理科学（师范）专业，招收地理科学免费师范生。学院本科招生总规模维持在 100 名左右，免费师范生比例占每年新生总数的 30%～40%。针对首批免费师范生，学院专门制定了 2007 版“地理科学（师范）专业培养方案”，增加了教师教育的理论和教育实践课程比重。招收免费师范生增强了北师大的地理学师范教育，为国家培养了大量的优秀地理学教师，这些免费师范生毕业后回到家乡省份的中学（90%以上为中西部省区市），多成为各个学校的地理教学骨干。

2012 年，根据教育部对本科专业设置审批结果，地理学专业按照“地理科学（师范生）”和“地理学类（国家理科基地班）”进行招生，总招生规模在 100 人左右。其中地理学类（国家理科基地班）实施宽口径招收非师范生，包括自然地理与资源环境、人文地理与城乡规划和地理信息科学三个专业，学生在学院进行一年通识培养之后，分流到三个专业。这个时期的培养理念是注重对学生科学研究和创新能力的培养。

北京师范大学在 2003 年获批地理学一级学科博士点，这是学科发展的重大突破，研究生培养进入了新的阶段。地理学与遥感科学学院拥有自然地理学、地图学与地理信息系统、人文地理学、全球环境变化、课程与教学论等五个博士专业；自然地理学、人文地理学、地图学与地理信息系统、全球环境变化、摄影测量与遥感、区域经济学、土地资源管理、水土保持与荒漠化防治、课程与教学论等九个硕士专业。此外，按照教育部文件精神，公费师范生毕业后回到母校以在职方式攻读地理教育硕士。随着博士和硕士专业的增加，学院研究生培养规模有所增长，每年招收硕士生 80 余名，博士生 30 余名。为此，学院逐步完善研究生管理制度和规范，对毕业要求、论文规范等方面作出详细规定，同时修订完善研究生培养方案，提升了研究生培养质量。而且，在国家相关计划资助下，积极选派学生到境外优秀大学联合培养或访学交流，参加高水平国际会议等，取得显著成效。

这个期间，地理学在学科建设和教学方面取得很多成绩。2007 年地理学被批准成为一级学科国家重点学科，2008 年顺利通过教育部本科教学工作水平评估。其间，获得国家优秀教学成果奖等省部级以上教学奖励 14 项，出版“面向 21 世纪课程教材”等教材 10 余部，16 部教材入选普通高等教育“十一五”国家级教材。2006 年，王静爱教授获国家级教学名师奖，2007 年王静爱教授领衔的团队被教育部评为“区域地理国家级教学团队”。此外，刘宝元教授主讲的“流域管理”获得教育部双语教学示范课程，周尚意教授主讲的“人文地理学”获北京市精品课程。

地理学与遥感科学学院教师承担了一批国家重要科研项目，获得多项科研奖励。在国家、省部级等各层次科研平台的支撑下，教师承担包括 973 计划项目与课题、863 计划项目与课题、国家科技支撑计划项目、国家杰出青年科学基金项目、国家自然科学基金重点项目等大量科研项目，获得中国高校科技进步一等奖等省部级以上奖励 38 项，李小文院士获“长江学者成就奖”一等奖，刘宝元教授获国家自然科学奖二等奖。

六、系统整合，谱写新篇（2016 年以来）

（一）机构聚变合一，回归地理母体

为了进一步凝练发展方向，提高学科竞争力，北京师范大学地理学进行了机构合并。2016 年 11 月，按照北京师范大学的整体部署，地理学进行学部制改革，由地理学与遥感科学学院、资源学院、减灾与应急管理研究院、地表过程与资源生态国家重点实验室、遥感科学国家重点实验室共同组建成立北京师范大学地理科学学部。地理科学学部之下设了 6 个二级单位，包括地理学院、资源学院（后更名为自然资源学院）、减灾与应急管理研究院（后更名为灾害

风险科学研究院）、遥感科学与工程研究院、陆地表层系统科学与可持续发展研究院、地理数据与应用分析中心。拥有 1 个北京市实验教学示范中心，建设国家级/省部级野外观测台站 4 个，野外实习基地及创新实践基地 10 余个。同时，地理科学学部直接参与地表过程与资源生态国家重点实验室和遥感科学国家重点实验室部分方向的建设与管理，保障教育部和北京市 7 个省部级实验室/工程技术中心的高效运行。

地理科学学部成立之后，北京师范大学地理学学科发展进入新的阶段。时任中国地理学会理事长的傅伯杰院士出任地理科学学部部长，原国家自然科学基金委地学部副主任宋长青研究员担任地理科学学部执行部长。傅伯杰院士和宋长青教授的加入，为北京师范大学地理学发展带来了新的理念和力量。第一届任期结束后，于 2021 年换届，傅伯杰院士任名誉部长，宋长青教授担任部长。

经过整合后，北京师范大学地理科学学部有专任教师近 200 人，成为国内高校中地理学学科方向最齐全、综合实力最强的地理学教学科研单位之一。地理科学学部成立之后，加快了专业方向的调整优化，积极拓展和提升办学空间，为学科发展创造了更好的条件。

地理科学学部积极响应学校“一体两翼”发展战略，地理学专业建设也拓展到北京师范大学珠海校区。2019 年开始招收地理科学（非师范）本科专业学生，从 2020 年起地理师范本科教育整体转移到珠海校区。2021 年，珠海校区文理学院下设地理系，具体承担地理科学专业的本科生培养任务。同时，从 2020 年起招收地理信息科学第二学士学位学生。地理师范本科教育转到珠海校区之后，北京师范大学本部的地理学非师范类专业本科招生数量也有了提升。

北京师范大学响应国家号召援建西部高校。在学校统一组织下，一批地理科学学部的教师先后到青海师范大学、新疆大学、南宁师范大学承担行政、教学和科研工作，援助建设相关高校的地理专业。其中，史培军教授担任青海师范大学校长，有力促进了青海师范大学地理学的发展。

（二）探索地理学拔尖创新人才培养新模式

地理科学部成立以来，始终不断探索地理学人才培养新模式。根据时代需求，为加强学生地理学创新思维与科研能力，制定了新的本科和研究生培养方案，并于 2020 年正式实施。在本科人才培养实践中，深化“项目带科研、科研助教学、教学促科研”的科教融合，基于地理学的多学科交叉特征与学生的个体差异，开展小班教学和个性化培养。课程体系中进一步提高数、理、化基础课程比例和难度，为学生未来发展打下扎实基础；同时，继续强化实习、实践课程训练效果，积极拓展、建设新的国内外实习基地，提高学生理论联系实际的能力，并开阔视野；培养方案中增加对学生科研和写作训练的课程，加强导师对学生的引导，在大一新生中全面实行本科生新生导师制度，在高年级学生中全面实行科研导师制度。加强本研一体化培养，面向在本校继续攻读研究生的大四年级优秀学生设立专项研究基金，打通本科和研究生培养环节，激发学生创新潜能。在研究生培养方面，致力于提升研究生科研能力，强化专业基础课程，鼓励交叉融合，大力支持学生参与国际学术交流，并不断完善制度规范，确保培养质量。

地理科学学部率先在国内开展地理学拔尖人才培养的探索。2019 年，北京师范大学地理学获批“基础学科拔尖学生培养计划 2.0 基地”，2020 年制定“拔尖计划 2.0 地理科学本科人才培养方案”，并从 2021 年首次以地理科学（励耘实验班）专业面向高考生单独招生。学生进入地理科学学部之后，单独编班，实行学生动态进出制度，不断激发学生拼搏和追求卓越的干劲，培养数理基础扎实、专业理论素养深厚、野外和实验技能突出的拔尖创新型地理学后备人才。

（三）学科建设硕果累累，跻身全国地理学研究前列

地理科学学部成立以来，地理学学科建设取得重要进展。2017 年，北京师范大学成功进入国家“世界一流大学”建设 A 类名单，包括地理学在内的 11 个学科入选国家“世界一流学科”建设名单。北师大也是全国地理学教学、科研机构中入选“世界一流学科”建设名单的三家之一。到 2021 年，完成了第一轮一流学科建设，在教育部组织的评估中，北京师范大学地理学整体发展水平、成长提升程度、可持续发展能力建设效果显著。2019 年，北京师范大学地理学获批“基础学科拔尖学生培养计划 2.0 基地”。在地理师范教育方面，2021 年通过了教育部地理科学师范专业三级认证，是全国唯一通过三级认证的地理科学师范专业，体现了北师大地理师范教育的优势。其间，地理科学、自然地理与资源环境两个专业相继获批国家级一流本科专业建设点，人文地理与城乡规划获批北京高校“重点建设一流专业”。此外，遥感科学与技术专业发展取得新的突破，2022 年北京师范大学获得遥感技术与科学一级学科博士点，遥感科学与技术本科专业也获得教育部正式批复。

学部在教学、平台建设、科研成果、国际化、人才队伍建设等方面取得丰硕成果。

在教学方面，地理科学学部教师获得两项北京市教学成果奖，江源和葛岳静教授获评北京市高等学校教学名师；建成一门国家级一流本科课程（“中国地理”）和两门国家级精品资源共享课；学部教师参编教材获首届全国教材建设奖高等教育类优秀教材二等奖，主编和参编的中学地理教材获首届全国教材建设奖基础教育类优秀教材一等奖和二等奖。2022 年，作为牵头单位，“区域地理课程虚拟教研室”获批首批国家级虚拟教研室试点建设。

在平台建设方面，建设完善七个野外观测台站，其中东北九三土壤侵蚀野外台站获批教育部野外科学观测研究站；新建了北京师范大学自然地理专业河南嵩县生产实习基地、人文

地理与城乡规划湖州创新实践基地、山西太原 GIS 实习基地等野外实习、实践基地；建成 4 000 平方米室内分析平台，一个高性能数据存储与分析中心，一个高性能计算模拟中心。

学部取得了一系列重要科研成果。“综合自然灾害风险评估与重大自然灾害应对关键技术研究和应用”获得 2018 年度国家科技进步二等奖；编制的“全国土壤侵蚀强度图”获得 2018 年中国水土保持学会科技一等奖；在青海湖流域开展生态研究、技术创新与实践示范，获得青海省科技一等奖。同时，在争取国家重大项目方面亦取得新的突破。2017 年，国家启动了第二次青藏科考项目，傅伯杰、宋长青、史培军等领衔的团队，成为高校参与第二次青藏科考项目的主力军，提升了北师大地理学的影响力，加强了地理学服务国家需求的能力。此外，傅伯杰、王桥院士领衔获得两项国家自然基金委重大项目，刘宝元教授获得了国家“揭榜挂帅”重大项目支持。

学部在国际化方面取得的成效显著。创办的国内第一本灾害风险科学领域被科学引文索引扩展版（Science Citation Index-Expanded，SCI-E）收录的国际期刊 *International Journal of Disaster Risk Science*（《国际灾害风险科学学报》），并进入 Q2 区，2019 年入选“中国最具国际影响力学术期刊”；2019 年新创英文期刊 *Geography and Sustainability*（《地理学与可持续性》）；推动成立了国际地理联合会“面向未来地球的地理学：人地系统耦合与可持续发展”委员会；拓展建立了加拿大综合实习基地。

人才队伍建设取得的新进展包括：学部成立以来，王桥院士加盟北京师范大学地理科学学部，巩固并提升了学部在遥感科学与技术领域的优势；吸引多位国家杰青和青年人才项目获得者加入地理科学学部，以及自主培养了多位国家级人才项目获得者；刘宝元教授领衔的“区域地理理论与实践教师团队”入选第二批“全国高校黄大年式教师团队”。

（四）展望未来：加快推动建设地理学“世界一流学科”

地理科学学部成立之后，按照第一轮“世界一流学科”建设要求，在人才培养、科学研究、社会服务、文化传承创新、人才队伍建设、国际交流合作、建设资源配置等方面均取得突出的成绩。在新一轮“世界一流学科”建设开始之际，地理科学学部面临新的发展机遇和挑战。

根据教育部和北京师范大学统一部署，地理科学学部制定了新一轮《“双一流”学科建设规划》，继续围绕北京师范大学“综合性、研究型和教师教育领先”的基本定位，培养具有时代意识、家国情怀、国际视野、面向未来和责任担当的“四有”好老师、地理专业和相关社会行业领军人才，打造面向人才培养质量提升和满足国家重大战略需求的科技创新平台和人才队伍，完善科学研究、人才培养和社会服务的有效联动机制，推动文化传承创新，实现学科面向新时代需求、新形势机遇和新任务挑战的转型升级。在新一轮一流学科建设中，明确了五个“培优”学科方向：人地系统动力学理论方向、地表快速过程监测方向、灾害风险方向、生态水文与土壤侵蚀方向、全球环境变化与公共健康方向。同时，瞄准科技发展前沿，设立两个培育方向：大数据与人类空间行为方向、人工智能的地理空间过程识别方向。

北京师范大学地理科学学部将致力于建设有世界知名度、拥有北师大地理学派显著特征的一流地理学科。第一，坚持将人才培养放在首位，建成完善的地理学学科体系，具备一流的人才培养软硬件条件，在地理学创新人才培养的理念与实践中成为全国高校师范教育与高端人才培养的领头羊。第二，完成国家重点实验室重组，搭建高水平科研支撑平台，使服务国家重特大需求与前沿科学研究的能力显著提升，具备联网的野外观测台站、齐全的室内理化分析设施、高性能的数据计算与信息分析能力，形成原始数据获取与大数据信息提取的综合能力，科研服务能力媲美国际一流高校；第三，针对地理学的学科前沿，完成科研团队的组建，培育成为具有国际一流水平的陆地表层系统科学、人地系统动力学、地球系统模式、土壤侵蚀、灾害风险防范等优势研究方向，团队学术水平引领国内外前沿方向。第四，服务国家重特大需求的智库能力显著提升，在第二次青藏高原科学考察、国家自然灾害评估与应急管理、碳达峰与碳中和方略、国土空间规划、土壤侵蚀与荒漠化防治、气候变化模拟与评估、乡村振兴战略、“一带一路”建设、生态文明建设等方面形成较强的技术和咨询服务能力，凸显北师大地理学服务国家需求的能力与地位。第五，建设高水平国际合作平台，在国际地理联合会、国际减轻灾害风险合作研究中心、联合国减灾署亚洲科技与学术咨询委员会等国际学术组织中发出北师大地理学人的声音；通过*International Journal of Disaster Risk Science*（《国际灾害风险科学学报》）、*Geography and Sustainability*（《地理学与可持续性》）等国际学术期刊的建设，引领地理学前沿科学研究的方向，助力北师大地理学派的国际影响力。

北京师范大学地理人才培养课程体系百廿变革

刘静、朱华晟、刘宝元

京师大学堂师范馆是北京师范大学的前身，最初设四类分科学习科目，其中第二类为历史地理类，后来分化出的历史系和地理系均源于此；第四类为博物类，其中有关地矿的部分后来也归入地理系。以此为起算点，北京师范大学的地理教育与北京师范大学同龄，已走过了百廿历程，是中国历史最悠久的高等地理教育，从一个侧面见证了中国地理学的发展。

北京师范大学作为中国地理学人才培养的重要基地，对中国现代地理学的建设和发展起到了重要作用。在地理学人才培养的过程中，本科生课程体系起着至关重要的作用。从历史的角度考察和研究大学地理课程体系形成、发展脉络以及相关推动因素，发现高等地理教育的演变过程与本质规律，对说明我国地理学的发展与学科建设历程有重要的印证意义，对指导大学地理教学研究和课程改革实践亦具有重要的现实意义。基于此，本文根据北京师范大学地理学档案记载及相关材料，梳理自 1902 年以来教学计划中的地理专业课程体系，联系其演变历史，揭示北京师范大学地理教育课程体系的变革和特征。

一、史地一体化的地理学课程体系（1902～1927 年）

从 1904 年北京师范大学增设的史地类，到 1913 年的史地部，再到 1922 年的史地系，“史地一体”既是我国从古代地理学向近现代地理学转变过程中所具有的特点，也是限于时代之学科发展水平，地理教育课程体系还未形成一种自觉的学科意识的体现。“史地一体化”“培养爱国志气”，是这个阶段课程体系最重要的特色。

作者简介

刘静，北京师范大学地理科学学部教学管理教师。2005～2009 年、2011～2013 年在北京师范大学地理学与遥感科学学院攻读学士、硕士学位，师从朱青副教授。2013 年留校工作至今。

朱华晟，北京师范大学地理科学学部教授。2005 年于北京师范大学工作至今。

刘宝元，北京师范大学地理科学学部教授。1996 年于北京师范大学工作至今。

从 1902 年师范馆招生起，京师大学堂就把学制定为四年，第一年学习公共科，包括英、德、法、俄等文（日语人人皆须学习）和普通科学等；第二年至第四年学习分类科。所谓分类科即相当于后来的专业或系，其中第二类为历史和地理类，开设有本国各境、外国各境、地文地质学、教地理之次序方法等课程（熊宁，1987）。1904 年，京师大学堂《奏定大学堂章程》中拟定的“文学科大学”的“中外地理学门”（相当于地理学系）的教学大纲已经具备现代地理学的架构。此外，该章程还规定进士馆开设地理总论、中国地理、外国地理、界务地理、商业地理等地理课程；译学馆开设中国地理、世界各大洲地理、地文学等地理课程；师范馆开设的地理课程包括：全球大事、本国各境、兼仿绘地图（第一年），外国各境、兼仿绘地图（第二年），地文地质学（第三年），教地理之次序方法（第四年）（熊宁，1987）。这时期的地理课程开设，只为实现“上通天文、下知地理”的知识结构目标，目的乃“知大地与人类之关系”和“养成其爱国心性志气”（杨尧，1991）。人才培养“以谨遵谕旨，端正趋向，造就通才为宗旨”（璩鑫圭、唐良炎，1991）。为适应当时倡导的“通才”教育，北京师范大学将地理与历史课程融为一体，欲通过历史和地理知识之传播，使学生认识自己、认识世界。

1912 年颁布的《大学令》规定，“大学以教授高深学术、养成硕学闳才、应国家需要为宗旨”（刘海峰，2022）。为实现“高深学术”教学和研究，高等教育在课程体系、教学内容和方法上发生了较大变化，西方近代社会科学的各个门类被大量引进高等教育的课堂，绝大多数课程为“西学各科目”，其教材也是“外国均有其书，应择译善本讲授”。即使在这样的教育发展背景下，中外地理学门在文学科大学中实际上并未开设，这份“地理学系”教学大纲当时也并没有完全实现（阙维民，1998）。北京高等师范学校 1916 年的教学计划中，虽然地理课程所占比例不大，但它是与历史、国文等课程并列的分类课程，体现出《奏定大学堂章程》的要求，强调历史教育与地理教育一体化。1922 年，历史和地理部改称史地系。1925 年史地系教学计划中的课程设置，进一步凸显了地理教育与历史教育一体化的人才培养模式（表 1-1）。

表 1-1　北京师范大学 1925 年史地系教学计划课程设置

课程类型	科目	学分	学分比例
历史学类	中国通史、中国经济史、中国史学通论、中国近世史、西洋近世史、西洋通史、东洋史、文化史要	34.0	31.8%
地理学类	中国地理、地理通论、中国地理总论、中国地志、外国地理、地理实习、金石学	21.5	20.1%
其他	伦理学、心理学、教育学、教授法、教育行政、语言特种讲读、普通讲读、英文、卫生及体育、体操及游戏、国文、社会学、修辞学、作文与翻译、体育、民治学、哲学概论、政治经济	51.5	48.1%
总计		107.0	100%

如表 1-1 所示，此时期课程并没有必修与选修分类，所有学生修读同样的课程。从课程结构可以看出本阶段地理教育课程体系的特点是：

（1）历史类课程的学分比例虽然超过地理类课程比例，但两者在人才知识结构上没有太大的倾斜，因而“史地一体”的课程结构特点鲜明，这也是从古代地理学向近现代地理学转变过程中的一种客观存在。

（2）这些课程基本反映了 20 世纪初国人对地理学研究内容的认识，也说明了当时地理教育的目的主要在于理解人地关系，实现趋利避害，并培养爱国奋发之心与爱国心性志气。

（3）这一时期地理教育没有单设专业，其课程结构没有明晰的学科界限与学科意识，地理教育课程体系还未形成地理教育全面发展和综合训练的课程结构。内容集中于区域地理课程，同时开设了教授法、教育行政和地理实习，符合当时“满足中等学校之需要”的培养目标。

因此，源于京师大学堂师范馆的北京师范大学地理学专业虽然创办的历史悠久，但它“史地一体”历史渊源使其创立之初的地理课程仍然停留在传统的描述地理现象的范围内（熊宁，1987）。在“史地一体”的 26 年（1902～1927 年）中，北京师范大学地理课程的设置虽呈现顺应我国从古代地理学向近现代地理学转变的特点，但课程以区域地理居多，课程内容侧重地理事物、城市山川、风土人情的描述，地理教学的内容没有本质的变化。

二、学科意识渐趋明晰的地理学课程体系（1928～1948 年）

1929 年中国国民政府教育部颁布《大学组织法》，规定大学要“以研究高深学术，养成专门人才为宗旨”（田正平、商丽浩，2006），在此后至 1948 年，各时期关于人才培养目标的表述几乎与此完全一致。要培养具备学科背景“高深学术”的“专门人才”，就需要有与之相适应的专业与学科知识体系，正如有研究者指出的“只有在这一时期，中国才真正开始致力于建立一种具有自治权力和学术自由精神的现代大学”（许美德，2000）。

在此背景下，北京师范大学地理系于 1928 年独立设系，开始培养地理学专门人才。课程分设地理历史组和地理博物组，前者侧重人文地理学，后者侧重自然地理学，课程结构体现出当时学科发展的主要特征。1931 年地理系划归理学院，学科建构从“文”转向“理”，反映了对西方近代地理学的借鉴和吸收。后虽因局势动乱，迁徙奔波途中“史地”再次短暂合并，但整体上地理学科意识逐渐明晰，课程体系设计在学科知识体系与专业方向方面日益清晰。

对 1931 年国立北平师范大学理学院地理课程进行分类情况统计，充分体现了上述特点（表 1-2）。从表中可以看出，地理类课程数量明显增加，课程门类涉及自然地理、人文地理、区域地理等，尤其自然地理与人文地理课程的学分接近地理类课程总学分的 50%。此外，针对中学地理教学技能的教授法正式讲授。开设的地理课程分设了必修课与选修课，明确规定以地理为主科。与1925年史地系教学计划（表1-1）相比，此版教学计划的学科知识体系逐渐显现，标志着形成了初步完整的师范类地理学专业课程结构体系。

表1-2　1931年国立北平师范大学理学院地理课程分类情况统计

课程分类	科目	门数	学分
自然地理	自然地理学、普通地质学、气象学及气候学、海洋学（附湖沼学）、地形学（选）、生物地理学（选）、应用矿物（选）、地层学及地史学（选）、人种地理学（选）、数理地理学（选）	10	36（必修18+选修18）
人文地理	人文地理学、经济地理	2	12
区域地理	中国地理（总论）、亚洲地志、欧洲地志、中国地理（分论）、美洲地志、政治地理学、地理学研究、非洲大洋洲两极地志	8	34
地理实践	岩石学及实习、地图画法及实习、测量及实习（选）	3	6（选修2）
教师教育	地理教授法	1	4
合计		24	92

1933年修订《组织大纲》和《学则》。《学则》规定学制四年（一学期每周授课1小时为1学分），146学分方得毕业，并须有主副科。其中，修养类16分、专业类96分、教育教法类34分。地理类课程可侧重自然地理或人文地理方面的课程，自然地理辅修生物，人文地理辅修历史，课程体系对学科特性与专业构成的体现得更加明晰。

1936年以后，进一步推动北京师范大学地理课程体系合理完善的一位重要人物是黄国璋先生。他曾于1936年和1946年两次出任地理系系主任，提出了“影响中国地理教育发展，培养优秀地理教师，研究高深地理科学”的办系方针，积极推进了地理系从传统地理学向现代地理学的变革。同时，他还用现代地理思想完善本科教学计划，系统地介绍西方人地关系学术思想。此外，他广招国内外享有盛誉的地理学家来系授课，进一步系统地介绍了近代区域地理理论，开设了区域地理学基础、比较区域地理学、北美经济地理、欧洲地理等新课程。

三、奠定现代地理教育基本框架的地理学课程体系（1949～1992年）

中华人民共和国成立以来，我国高校本科专业设置始于1952年，后经历四次修订（许美德，2000）。与此相应，北京师范大学本科地理专业教学计划与课程设置也经过多次变更，总的来看，随着专业设置的分化，课程体系更为细化和规范化。

新中国成立初期，教学改革是一项重要工作。在华北高教委和教育部的领导下，召开了高校改革会议，颁布了一系列文件，全国各高校普遍实行课程改革。北京师范大学从 1949 年底开始改进教学研究工作，学校以培养中等学校师资为首要任务，对已有课程重新评估改革。1950 年，按照《北京师范大学暂行规程》中的教学原则，学校将全部课目大致分为以下类别：政治课目、教育科学课目（包括逻辑学）、教育技术课目、业务必修课目、选修及补修课目，前三个课目为公共必修课目，后两个为业务课目。

1952 年，北师大根据国家要求，全面向苏联学习，对教育制度、教学内容、教学方法、教学组织等，都进行了有计划的改革。1952 年秋，教育部委托北师大草拟《师范学院教学计划（草案）》。1953 年，时任地理系系主任的周廷儒教授负责草拟全国高等师范院校地理系教学计划草案，他和波波夫教授参照苏联列宁师范学院 1951 年的教学计划，主持制订了北师大地理学专业新的教学计划，该教学计划成为新中国成立后拟定的第一个师范学院教学计划。而且，他还主持制定了“大学地理师范教育培养方案”，由教育部颁布，向全国推广实施。这个计划奠定了我国地理教育的基本框架（周廷儒，1954），对我国师范大学地理教育的影响一直延续至今。

表 1-3 列出的是 1952 年北京师范大学地理学专业教学计划，从中可以看出苏联教学计划的系统结构，主要有以下特点：

（1）自然地理课程不仅包含普通自然地理学，还设有土壤地理学、植物地理学等部门自然地理学课程。这是基于周廷儒先生对自然地理环境综合性的理解，他认为：在教学计划中土壤地理学、植物地理学等课程单独设置是完全正确和必要的。如果不设置普通自然地理课而只设专课，便不能给学生以整体的自然环境的概念；而若只有普通自然地理课，不设土壤地理学和植物地理学，又不能使学生深入了解在自然环境中处于高级阶段的有机自然。因此，二者不可偏废（周廷儒，1954）。

（2）开设了区域地理系列课程，如世界自然地理、中国自然地理、外国经济政治地理和中国经济地理等，这些正是学生将来从事中学教学所要讲授的内容，充分体现了“培养中等学校地理及中等师范学校矿物学教师”的培养目标，能够保证学生知识比较广博、能愉快胜任自己工作（周廷儒，1954）。

（3）增加政治思想、教师教育课程比重，教育学、地理教学法等课程被纳入必修课，体现了师范教育的特点。

（4）受苏联体系影响，全盘否定人文地理学，取消人文地理学课程，仅开设经济地理学类课程。

表 1-3　北京师范大学 1952 年地理学专业课程类型统计

课程类型	科目	门数	课时	比例
自然地理	普通自然地理、土壤地理学、植物地理学、动物地理学、天文学、地图学及地形测绘、地质学	7	2 170	63.67%
人文地理		0		
区域地理	外国经济政治地理、中国经济地理、世界自然地理、中国自然地理	4		
地理实践	教育见习、地理教学法、地理专题课堂讨论	3		
教师教育	心理学、教育学、教育史	3		
思想政治	马克思列宁主义基础、中国革命史（包括新民主主义论）、政治经济学、辩证唯物论与历史唯物论	4	1 238	36.33%
其他	学校卫生、体育、外国语（俄语或英语）	3		
总计		24	3 408	100%

此外，教学计划确定后，周廷儒先生还领导全系教师开始制订各门专业课程的教学大纲和教材。从中华人民共和国成立到 1957 年，教学计划逐步规范，且注重与人才培养目标的对接；课程结构层次逐渐清晰，体系日益完善，并且出现了比较正规的课程大纲、教材，保障了人才培养的专业水平。

1957 年，受整风运动影响，教学秩序遭到破坏，此前建立起来的规范课程体系也被打乱。从 1958 年开始，包括地理系在内的五个系的学制从四年制改为五年制，实行半工半读，甚至要求本科生在五年毕业时，达到研究生水平。与此同时，地理系提出建立四个新专业：地理、

表 1-4　北京师范大学 1960 年地理学专业课程类型统计

课程类型	科目	门数	课时	比例
自然地理	地质、第四纪地质及地貌、气象与气候学、水文学、生物地理、土壤地理学、地图学、自然地理学原理	8	826	41.22%
人文地理	生产布局原理	1		
区域地理	区域自然地理	1		
地理实践	地形测量	1		
教师教育		0		
思想政治	中共党史、共产主义教育、马列主义哲学原理及自然辩证法、政治经济学	4	1 178	58.78%
其他	外语、体育、数学、物理、化学	5		
总计		20	2 004	100%

化学地理、生物地理和气象，学科分类更加细化。课程设置方面，增加数、理、化等基础科学类课程，增强了地理学的自然科学属性，但教育学、心理学及地理教学法等教育类课程被削减，培养中学师资的目标渐趋模糊。以1960年课程体系为例，政治和数、理、化类课程的比例超过一半，地理类课程仅有11门，无教育类课程。

1966年“文化大革命”开始后，人才培养更是受到重创，从1966年6月至1973年8月，整个学校的教学工作陷于停顿。

1977年高考恢复，这是中国高校发展建设史上具有重要意义的转折点。这种历史作用在北京师范大学地理系的发展过程中体现得尤为明显。地理系克服困难，在全面了解国际地理发展状况的基础上，着力恢复自然地理学，大力发展环境、遥感、自然灾害，扶持带动经济地理学和人文地理学。课程设置上，参照20世纪50年代的教学计划，并增加了代表第二次世界大战之后欧美地理学科学、技术新进展的相关课程与教学内容，同时开始增设有关古地理与环境演变、环境保护等体现国际科学前沿，以及北京师范大学地理学研究特色的选修课程。对北京师范大学在1977年高考恢复后至20世纪90年代初教学计划中课程结构体系的分析，可以看出，这一历史时期课程设置基本保持了20世纪50年代的特色，同时也体现出时代发展特点：

（1）丰富了教育学等教师教育课程，并纳入必修课类型。

（2）在必修课中开设了数、理、化等基础课程。

（3）恢复开设人文地理课程，除恢复开设中国经济地理、外国经济地理课程外，还逐步开设了经济地理原理、人文地理学、文化地理学、城市地理学等课程。

（4）设置选修课程，拓展了地理教育课程体系新资源，丰富了地理人才培养的知识结构。

四、适应“资源环境”需求，建设师范与非师范教育并行的多元化课程体系（1993～2002年）

20世纪80、90年代，全球性资源与环境问题凸显，给地理学的发展带来了新的机遇和挑战。为满足社会对资源、环境方面人才的迫切需要，1983年基于地理系土壤地理、化学地理等教研室成立环境科学研究所；1993年地理系亦改名为资源与环境科学系；同年成立了资源与环境学院，其下包括资源与环境科学系和环境科学研究所两个独立机构。

1993～1998年期间，资源与环境科学系下设两个本科专业，即地理科学专业和资源环境区划与管理专业，其中，地理科学是传统的地理师范专业，资源环境区划与管理专业属非师范类理科专业。在中国地理学会地理教育专业委员会和《地理学报》编辑部于1992年联合召开的“地理教育发展与存在问题”座谈会上，时任资源与环境科学系系主任和中国地理学学会理事长的张兰生先生指出，面向全球变化与可持续发展的需求，地理学应发挥处于自然和人文学科之间、具有桥梁地位的学科作用，培养出具有系统观、综合观而又掌握或至少是了解高新技术的一代新人。这是学科发展的要求，也是时代的要求。为此，高校地理系的专业设置和课程结构挑战与机遇并存，需要改变沿袭至今的 20 世纪 50 年代的旧格局，拓宽基础，加强实践。传统的地理课程，不论是部门地理或是区域地理，必须减少一些；综合、交叉的课程，方法论、技术训练方面的课程必须增加进去（张兰生等，1992）。自 1993 年起，为了适应科学与社会需求变化，为国家社会经济发展培养所需的地理学人才，在时任系主任史培军教授的积极推动下，北京师范大学地理学专业在课程设置上进行了比较重大的调整。表 1-5 显示的是 1993 年地理科学专业、资源环境区划与管理专业的课程结构，可以看出有以下特点：

表 1-5　北京师范大学 1993 年地理科学专业、资源环境区划与管理专业课程设置

课程性质	课程类别	课程名称	学分数
全校公共必修课	政治	政治经济学、哲学、中国革命史、法律基础、军事理论、形势与德育教育	40
	外语	外语	
	体育	体育	
	教师教育	心理学、教育学	
	其他	图书情报资料检索	
基础和专业基础必修课	数理基础	高等数学、线性代数、非线性代数、概率统计、计算机应用基础、普通物理、普通化学、天文学基础	36
	地理基础	地图学、专业外语	10
	自然地理	自然地理学、生态学、环境科学、自然资源评价原理、环境工程学	19
	人文地理	人文地理学、微观经济学、宏观经济学、资源与环境经济学、资源与环境法规学	15
	区域地理	中国地理、世界地理、区域规划方法	15
	地理信息	遥感概论、数据库概论、GIS 原理及软件应用、投资环境信息系统、规划信息系统	17
专业限定选修、任意选修	**地理科学专业：**气候学原理、经济地理学、地理与环境教育、电化教育、地貌学原理、计量地理、文化地理、天文学、地质学、海洋地理、环境演变		18（本专业）+8（其他专业）
	资源环境区划与管理专业：城市经济学、城市生态学、地籍测量、城镇房地产评估、灾害经济学、环境影响评价、城市规划、保险学、城市基础设施概论		
实践	野外专业实习、毕业论文		19
全校公共任意选修课			4

（1）学校层面公共课程比重增加，除了传统的政治、外语、体育、教师教育课程外，增设了图书情报资料检索等技术类课程。

（2）自然地理课程方面，将各部门自然地理学合并为自然地理学（开设一学年），分为基础和综合两部分，针对地理科学师范专业，开设部门自然地理学作为选修课程，如气候学、地貌学、地质学、海洋地理等。同时增加了资源、环境方面的专业基础课程，如生态学、环境科学、自然资源评价原理、环境工程学等。

（3）人文地理课程方面，保留经济地理学、城市地理学等传统课程，同时新增经济学、资源、环境方面的相关课程，如宏观经济学、微观经济学、资源和环境经济学、资源与环境法规学、区域分析与规划、城市房地产开发等。

（4）区域地理课程被压缩整合为中国地理、世界地理，综合趋势凸显。

（5）顺应时代发展和地理信息技术进步，增设了遥感概论、数据库概论、GIS 原理及软件应用等新课程，使学生具有应用计算机、遥感技术和地理信息系统进行地理教学与研究工作的能力。

1999 年教育部颁布实施新的专业目录，新设立资源环境与城乡规划管理专业，其专业面涵盖原来的环境科学、资源环境区划与管理、城乡区域规划等多个专业。北京师范大学也相应地对地理学专业进行了调整，2000 年起设立地理科学专业和资源环境与城乡规划管理专业，2001 年设立地理信息系统专业。在这一时期，资源与环境科学系顺应学校向综合性研究型大学的转型理念，和地理学加强服务于解决国家资源与环境问题的发展趋势，在办学思想上全面实现了由师范性向综合性研究型转化的过程。同时，自 1996 年北京师范大学地理学被批准成为“国家理科基地”，更加关注对学生科研实践能力的培养。1997 年重新修订教学计划，恢复了部分部门自然地理学课程，如地质学与地貌学、气象学与气候学、土壤地理学和植物地理学，同时增设了自然地理学（双语），作为高年级本科生选修课程。之后逐步新建了人口地理学、文化地理学、地理学思想史、全球变化、流域管理等课程，丰富、优化了课程结构与专业知识体系。

总的来看，20 世纪 90 年代末至 21 世纪初期，地理类课程数量显著增加，专业特色突出，该阶段地理教育课程体系的重要特点是：

（1）课程设置体现出综合性研究型人才培养的办学思想，适应不同人才培养目标的教学要求，通过设置公共必修课、专业必修课、公共选修课、专业方向限选和任选课、实践教学环节等多样化的课程类型，打通了师范专业和非师范专业课程体系，既具有专业基本规格的统一性，又具备适应个体需求的灵活性。

（2）地理类新兴课程增多，体系结构细化，从自然地理、人文地理两类传统课程，发展为集资源环境、自然灾害等多专业门类的课程体系，反映出地理学专业深化与交叉综合并行发展的趋势，以及提升社会服务能力的需求。

（3）与时俱进，增设技术类课程，如“遥感图像处理”“地理信息系统软件应用”等。分门别类开展实习类课程，注重培养学生的动手实践能力。

五、“三维多元”研究型专业人才培养的地理学课程体系（2003～2019 年）

2003 年资源与环境科学系易名为地理学与遥感科学学院，主建地理学一级学科和遥感科学，标志着北京师范大学地理学向综合性研究型转型的成功。北京师范大学地理学自 1996 年获批“国家理科基地”之后，经过改革与探索，提出了“三维多元”的人才培养模式。在此阶段，秉承前一时期的办学理念，在培养师范人才的同时，面向社会需求，探索专业化培养的道路，注重学生研究实践能力训练，培养地理学专业高级人才。2007 年，教育部开始实施国家免费师范生（后改为“公费师范生”）教育政策，地理学与遥感科学学院本科招生门类从“地理学”变成“地理科学类（国家理科基地班）”和“地理科学（师范生）”。针对这两类学生培养，分别形成科研创新导向和教师职业导向两种教学体系。具体来看：

（1）2003～2006 年，分为三个本科专业：地理科学、资源环境与城乡规划管理和地理信息系统，按照资源环境科学类实施宽口径招生，学制四年，要求修读 165 个学分。

（2）2007～2012 年，为适应基础教育发展和课程改革需要，落实国家有关政策，积极推进师范生免费教育，着力创新教师教育模式，培养和造就全面发展的创新型基础教育人才和未来基础教育专家，北师大地理学在原有三个本科专业的基础上，自 2007 年起，增设地理科学（师范）专业，并专门制订了地理科学（师范）专业教学计划，强化了教师教育方面的理论和实践课程。

（3）2013～2019 年，国家对高校学科目录和专业设置进行了一次较大规模的调整，2013 年起普通高等学校的招生计划和招生工作按新专业目录执行。北京师范大学地理学除保留地理科学（师范）专业名称不变外，将非师范专业调整为：自然地理与资源环境、人文地理与城乡规划、地理信息科学，并按照地理科学类实施宽口径招生。

在此阶段，每个专业都制订了相应的人才培养目标和教学计划，课程体系形成了适应不同专业人才培养目标的多元化结构。通过设置学校平台必修选修课程、院系平台必修课程、专业方向限选和任选课程、实践教学环节等课程类型，既保证按宽口径招生在大一期间统一培养，又兼顾从大二专业分流后按专业有差别地培养。在课程内容设置上，除学科基础课之外，各专业课程呈现较大的差异。在课程目标设置上，注重创新型人才的能力培养，整合优质的学科、科研、教学资源，形成“课程教学—野外实习—科研实践”立体多元的训练体系，除了关注学生的专业素养、基础理论、方法与基本技能之外，还注重提升学生的地理要素观察能力、地理数据采集能力、地理信息处理能力和地理区域分析能力，以及国际视野和批判思维。以 2015 版教学计划为例，具体课程设置如表 1-6（非师范专业）、表 1-7（师范专业）所示。

表 1-6　北京师范大学 2015 版地理科学类课程设置

（自然地理与资源环境、人文地理与城乡规划、地理信息科学三个非师范专业）

课程类别	课程模块	课程	要求及学分	比例
通识教育课程	家国情怀与价值理想	思想政治理论课、形势与政策、体育、军事理论	22	52.9%
	国际视野与文明对话	外语	10	
	经典研读与文化传承	任选	6	
	数理基础与科学素养	数学、物理（含实验）、化学（含实验）、地理通识、信息处理基础、程序设计基础 C++	39	
	艺术鉴赏与审美体验	任选	2	
	社会发展与公民责任	任选	3	
专业教育课程	学科基础课程	地图学、自然地理学、自然地理野外实习、人文地理学、遥感概论、地理信息系统、中国地理、地理统计分析、全球变化与可持续发展	27	17.4%
	专业选修课程	**自然地理与资源环境专业：**地貌学与第四纪环境（限选）、气象学与气候学（限选）、植物地理学（限选）、土壤学与土壤地理学（限选）、水文学（限选）、地貌学与第四纪环境实习、气象与气候实习、植物土壤野外实习、水文学实习、土壤化学实验、土壤物理实验、环境影响评价、流域管理（双语）、流域管理实习、环境监测实验、环境学、水资源评价与管理、自然灾害与减灾、中国自然环境演变、气候变化、自然地理文献阅读与写作	28（本专业列出课程内任选）	18.1%
		人文地理与城乡规划专业：经济地理学、社会与文化地理学、人口地理学、城市地理学、交通规划与交通地理、政治地理学、区域分析与规划、人文地理综合实习、全球化与世界经济地理、服务与金融地理学、产业地理与规划、都市区土地利用规划与管理、城市规划原理、自然资源与环境经济学、规划制图、中外城市建设发展史、乡村地理与乡村发展、城市基础设施规划、地貌学与第四纪环境、气象学与气候学、环境影响评价		

续表

课程类别	课程模块	课程	要求及学分	比例
专业教育课程	专业选修课程	**地理信息科学专业：**数据结构和编程、科学计算语言、遥感数字图像处理、GIS 空间分析、遥感定量信息提取、地表水热平衡、数字地图学原理及应用、遥感地学分析、GIS 应用系统开发、微波与激光雷达遥感、资源环境遥感、遥感实习（暑期）、GIS 实习（暑期）、土地利用和土地覆盖、遥感前沿讲座、遥感与 GIS 专题讲座（双语）、科技论文阅读写作		
	自由选修	任选	10	6.4%
	实践与创新	专业实习与社会调查、毕业论文、社会实践与志愿服务、科研训练与创新创业	8	5.2%
总计			155	100%

表 1-7　北京师范大学 2015 版地理科学（师范）专业课程设置

课程类别	课程模块	课程	要求及学分	比例
通识教育课程	家国情怀与价值理想	思想政治理论课、形势与政策、体育、军事理论	22	44.5%
	国际视野与文明对话	外语	10	
	经典研读与文化传承	任选	6	
	数理基础与科学素养	数学、物理、化学、天文学概论、地理通识、信息处理基础、程序设计基础 C++	27	
	艺术鉴赏与审美体验	任选	2	
	社会发展与公民责任	任选	2	
专业教育课程	学科基础课程	地图学、地质学与地貌学、气象学与气候学、植物地理学、土壤地理学、人文地理学、经济地理学、地理信息系统、遥感概论、中国地理、世界地理、地理统计分析	36	23.2%
	专业选修课程	气象与气候实习、地貌学与第四纪环境实习、植物土壤野外实习、人文地理综合实习、水文地理学、环境学、地理学思想史、自然灾害与减灾、乡土地理、人口地理学、政治地理学、区域分析与规划、城市地理学、遥感地学分析、地表水热平衡	13	8.4%

续表

课程类别	课程模块	课程		要求及学分	比例
专业教育课程	教师职业素养课程	教师教育基础课程（必修）	教育学、教育心理学、现代教育技术基础、地理学教学论、教学技能实训、地理教材分析与教学设计、教育见习	32	20.7%
		教师教育提升课程（选修）	地理多媒体教学、地理教育国际比较、中学地理课程标准解读、环境与遗产解说		
		实习	教育实习		
	实践与创新	毕业论文、社会实践与志愿服务、科研训练与创新创业		5	3.2%
总计				155	100%

2015 版课程体系的主要特点如下：

（1）构建通识教育和专业教育并重的课程体系。打通学校平台课程和相关学科基础课，构建六大模块通识教育课程。在通识课程中开设新建设的地理科学导论、地理景观摄影、数字地球、遥感中国、地缘政治与亚太地理等核心课程，提高地理学科的吸引力，培养低年级学生对地理学的兴趣。

（2）非师范专业的学科基础课程统一设置，专业方向课程的特色突出。重新恢复开设“自然地理学”，该课程把地理环境当作一个连续的、互相联系的、阶段性的整体来进行教学，被定位为地理学的入门课程。这门课程以及自然地理野外实习、地图学、人文地理学、遥感概论、地理信息系统、中国地埋、地理统计分析、全球变化与可持续发展等均列入学科基础课程。除自然地理与资源环境专业外，其他专业不再修读部门自然地理学课程。各专业的专业方向课程强调本专业内部的知识体系构建与能力梯度培养，注重提升学生的专业素养，但在一定的程度上削弱了地理学学科基础知识厚度。

（3）在师范生培养上，结合我国基础教育发展和课程改革的需要，以培养高素质专业化教师为目标，构建以通识教育、专业教育及教师职业素养教育为基础的师范生培养课程体系，课程设置强调理论知识与教育实践的紧密结合，加强师德修养和教育教学能力训练，着力培养师范生的社会责任感、创新精神和实践能力。

（4）重视实验、野外实习课程。秉承“科学教育与人文教育相结合、专业教育与创新教育相结合”的实践教学理念，通过课程实践环节、野外实习课程等开展地理学野外综合认知能力训练，通过实验课程培养本科生动手能力、分析解决实际问题能力。

（5）开始注重国际化课程教学，开设了全英文课程（“环境与遗产解说”）、双语课程（“流域管理”）、地理学国际联合实习（人文地理学）、美国马里兰大学暑期课程班（GIS 类课程）。

六、面向"'四有'好老师"与"领军人才"培养的地理学课程体系（2020年以来）

2016年，地理科学学部成立，本科专业培养保持稳定。2018年，学部启动课程体系改革工作，强化数理基础和学科基础，秉持面向未来的新理念，增设科学前沿课程。同时，发挥学部制优势，进一步整合学部教育教学资源，充分发挥多学科交叉融合的优势，积极探索建立面向未来的地理学拔尖人才培养模式，形成有北京师范大学特色的培养方案和课程体系。2019年，学校启动珠海校区规划建设，北京—珠海"一体两翼"战略布局全面展开，地理科学学部因此作出本科培养体系的结构性调整，地理师范本科教育招生培养工作全部转移到珠海校区。2020年，地理学进入教育部"基础学科拔尖学生培养计划2.0基地"，专设地理科学（励耘实验班），定位于培养从事地理教学与科学研究的拔尖人才和后备力量。

从2020年开始，北京师范大学北京校区设有四个地理学本科专业，分别是自然地理与资源环境、人文地理与城乡规划、地理信息科学、地理科学（励耘实验班）（2021年首次招生）；珠海校区招收两个地理学本科专业学生，分别是地理科学、地理科学（师范），此外还承担地理信息科学第二学士学位专业的招生和培养。

在国家和学校的上位规划指导下，地理科学学部的地理学形成了"一体两翼、各有侧重；师范非师，分别定位"的两校区多专业协调发展的人才培养体系，致力于培养具有时代意识、家国情怀、国际视野、面向未来和责任担当的"四有"好老师和地理学领军人才。宋长青部长指出，为了培养好地理学人才，首先应认清地理学学科发展的趋势：学科融合发展成为国际新潮流；科学探索的技术融入成为新趋势；原位观测成为学科研究的新手段；人地系统研究成为学科新前沿；需求牵引成为学科发展的新方向。其次要认清地理学面临的新技术，包括快速移动网络、广域物联网络、高性能云计算、全景人工智能等，这些都将成为理解科学研究的条件。对于地理学人才培养，应有三方面的定位：第一，要培养优秀教师；第二，要培养地理科学研究方面的优秀人才；第三，要培养具有特殊技能、满足社会广泛需求、服务于各个领域的适用型人才。人才培养和课程设置也侧重三个方面：针对教师，强调教师教育的培养；针对学术人才，强调科学素质的培养；针对适用型人才，强调基本技能的培养。2020版教学计划体现了这些思想（表1-8）。

该版教学计划中的地理教育课程体系具有以下突出特点：

（1）增加对数理基础课程的标准与要求。非师范专业要求修读第二级别的数、理、化课程，仅次于数学、物理专业。要求修读21个学分的数学课程、11个学分的物理课程和5个学分的化学课程。

表 1-8 北京师范大学 2020 版地理科学类课程设置

[自然地理与资源环境、人文地理与城乡规划、地理信息科学、地理科学（励耘实验班）四个非师范专业]

<table>
<tr><th>课程类别</th><th colspan="2">课程模块</th><th colspan="4">课程</th><th>要求及学分</th></tr>
<tr><td rowspan="6">通识教育课程</td><td colspan="2">家国情怀与价值理想</td><td colspan="4">思想政治理论课、形势与政策、体育、军事理论</td><td>24</td></tr>
<tr><td colspan="2">国际视野与文明对话</td><td colspan="4">外语</td><td>10</td></tr>
<tr><td colspan="2">经典研读与文化传承</td><td colspan="4">任选</td><td>4</td></tr>
<tr><td colspan="2">数理基础与科学素养</td><td colspan="4">数学、物理（含实验）、化学、地理通识、信息处理基础、程序设计基础 C++</td><td>41/43</td></tr>
<tr><td colspan="2">艺术鉴赏与审美体验</td><td colspan="4">任选</td><td>2</td></tr>
<tr><td colspan="2">社会发展与公民责任</td><td colspan="4">任选</td><td>3</td></tr>
<tr><td rowspan="6">专业教育课程</td><td rowspan="6">学科基础课程</td><td></td><td>自然地理与资源环境</td><td>人文地理与城乡规划</td><td>地理信息科学</td><td>地理科学（励耘实验班）</td><td rowspan="6">36（自然）
33（人文）
31（GIS）
39（励耘）</td></tr>
<tr><td>自然地理模块</td><td>地质学基础、地貌学、气象学与气候学、水文学、土壤地理学、植物地理与生态系统</td><td>地质学基础与地貌学、气象与水文学、生态学基础</td><td>自然地理学</td><td>地质学基础与地貌学、气象学与气候学、土壤地理学、植物地理与生态系统</td></tr>
<tr><td>人文地理模块</td><td>社会与文化地理学、经济地理学与区域分析、城市与乡村地理学</td><td>经济地理学、社会与文化地理学、城市地理学、人口地理学、区域分析与规划</td><td>人文地理学</td><td>经济地理学、社会与文化地理学、城市与乡村地理学、人口地理学、区域分析与规划</td></tr>
<tr><td>地理信息模块</td><td>地图学、地理信息系统、遥感概论</td><td>地图学、地理信息系统、遥感概论</td><td>地图学、地理信息系统、遥感概论、遥感图像处理、GIS 空间分析、空间数据库原理与实践</td><td>（1）地图学、地理信息系统、遥感概论
（2）遥感图像处理、GIS 空间分析、空间数据库原理与实践（三选一）</td></tr>
<tr><td>前沿技术模块</td><td>地学统计分析、系统科学概论、时空大数据分析（三选一）</td><td>地学统计分析、系统科学概论、时空大数据分析（三选一）</td><td>地学统计分析、系统科学概论、时空大数据分析（三选二）</td><td>地学统计分析、系统科学概论、时空大数据分析（三选一）</td></tr>
<tr><td>区域地理模块</td><td></td><td></td><td></td><td>中国地理</td></tr>
</table>

续表

课程类别	课程模块	课程	要求及学分
专业教育课程	专业选修课程	**自然地理与资源环境专业：**地质学与地貌学实习*、植物与土壤地理学实习*、人文地理综合实习、GIS 综合实习、遥感综合实习、中国地理、世界地理、中国自然环境演变、区域环境影响评价、土地资源评价与管理、水资源评价与管理、流域管理（双语）、气候动力学、地表水热平衡、第四纪沉积与环境、地表过程观测与模拟、地球系统科学与全球变化、水土保持原理、荒漠化防治、自然灾害与减灾、景观地理学、冰冻圈科学、陆面水文模拟与预报基础、气象水文学前沿、GIS 空间分析、地理学思想史、地理学前沿讲座、文献阅读与论文写作	16（自然） 21（人文） 23（GIS） 16（励耘） 本专业列出课程内任选 （带*课程为限选课）
		人文地理与城乡规划专业：交通地理学与交通规划、产业地理与规划、中国地理、世界地理、政治地理学、健康地理学、服务与金融地理学、乡村地理学、城市规划原理*、城乡规划生产实习*、国土空间规划、规划设计与制图、中外城市建设规划史、景观生态学与景观规划、基础设施规划、旅游地理与规划、人文地理综合实习*、人文地理研究方法、GIS 空间分析、地理学思想史、地理学前沿讲座、文献阅读与论文写作、GIS 综合实习、遥感综合实习	
		地理信息科学专业：GIS 综合实习*、遥感综合实习*、定量遥感模型与反演*、地质学基础与地貌学、气象与水文学、生态学基础、土壤地理学、城市地理学、数字地图、卫星导航原理与应用、数据结构和 C 语言、GIS 设计与开发、GIS 工程、GIS 前沿技术、科学计算语言、遥感地学分析、遥感模式识别、微波遥感、城市遥感、高光谱遥感、三维信息获取与处理、地表水热平衡、自然灾害与减灾、水土保持原理、文献阅读与论文写作、遥感与 GIS 专题讲座（英文）、人文地理野外实习	
		地理科学（励耘实验班）：在自然、人文、GIS 三个方向中选择一个作为主修方向	
	自由选修	任选	10
	实践与创新	专业实习与社会调查、毕业论文、社会实践与志愿服务、科研训练与创新创业	7
总计			155

表 1-9　北京师范大学 2020 版地理科学类课程设置

［地理科学（师范）］

课程类别	课程模块	课程	要求及学分
通识教育课程	家国情怀与价值理想	思想政治理论课、形势与政策、体育、军事理论	27
	国际视野与文明对话	外语	8
	经典研读与文化传承	任选	4
	数理基础与科学素养	数学、物理、化学、天文学概论、地理科学导论、地理类通识课程、程序设计基础 C++	25
	艺术鉴赏与审美体验	任选	2
	社会发展与公民责任	任选	2
专业教育课程	学科基础课程	地质学基础与地貌学、气象学与气候学、水文学、土壤地理学、植物地理学、经济地理学、社会与文化地理学、城市地理学、人口地理学、区域分析与规划、地图学、地理信息系统、遥感概论、中国地理、世界地理	39
	专业选修课程	自然灾害与减灾、土地资源评价与管理、旅游地理、资源环境与国家安全、地球系统与全球变化、地学统计分析、城市规划原理、GIS 空间分析、遥感地学分析	10
	项目制学习	必修项目制课程（野外实习及研学）6 学分 必修毕业论文 4 学分 选修国外研学、科研训练与创新创业项目中一项 2 学分	12
卓越教师养成课程	教育情怀与生涯规划	必修教育观摩与研讨（教育见习）1 学分 选修名师名校长引领、教育名家大讲堂、教育前沿展望、未来课程设计、教育生涯规划、学生心理健康专题等课程 2 学分	3
	教学能力与学科素养	必修教育实践与提升Ⅰ（教学技能实训）2 学分 选修学校层面课程 8 学分 选修学部层面课程 4 学分	14
	教育研习与职业发展	必修教育实践与提升Ⅱ（教育实习）4 学分、教育研究与发展（教育研习）1 学分 选修 4 学分	5
总计			155

（2）重视地理学学科基础课程设计，专业方向课程设置突出分类培养，以弥补上版各专业弱化地理学学科基础的缺憾，并实施因材施教，满足学生个性化发展的需求。

（3）突出学科特色和前瞻引领，形成结构优化的专业课程模块：面向地理要素对象设置“水、土、气、生、人”的课程，面向空间分析方法开设遥感、GIS、编程类课程，面向地理系统对象设置区域地理课程，面向新时代地理复杂性设置时空大数据、系统科学、统计分析、人工智能等课程，面向当今社会需求开设专业选修课程，如景观生态学、国土空间规划、健康地理学等。专业课程以知识获取与能力培养为核心，重视培养学生对理论的理解力、科学问题的辨识能力、解决问题的实践能力，以及自我提升的学习能力，课程教学上强调问题导入、理论与实践相结合、数据方法模型相结合。

（4）强调课程质量提升、规范化管理。严格规范课程大纲与教学内容设计，制定课程大纲的标准结构，除课程目标和教学内容外，还要求大纲清晰呈现各章节的核心知识点，保证课程内容的体系完整以及课程之间的有机衔接，避免专业内部课程无效重复。建立课程大纲公开竞聘与审核机制，所有课程大纲面向全学部教师公开竞聘编写，通过专业负责人组织讨论、专家评审、教学指导委员会审核三个环节后，方可确定标准课程大纲。通过专业课程的系统化设计与质量管理，帮助学生有效构建专业知识体系。

（5）强调课程内容的科学性、先进性，同时注重融合思政元素。地理教育既是展现中华大地的自然风光，也是传播中华文化的课堂。在地理野外实习和课堂教学中将地理国情教育、文化自信教育、制度先进教育融入教学体系是地理学科开展课程思政建设的重要切入点。通过人文地理教育，进一步启迪学生对中华文化的认同感，增强对中华文化的自信；通过自然地理教育，促使学生对中国地理国情有全面的认识，增强学生对我国丰富的自然景观的亲近感，提升北京师范大学学生的家国情怀；通过地理空间信息教育，促使学生了解中华文明对人类的重要贡献，培养学生的自豪感；通过资源、生态和环境变化的前沿科学研究，激发学生勇于上进、攀登科学高峰的使命感和责任感。

百廿年来，北京师范大学地理教育始终遵循国家方针政策、社会发展对人才的需求和北京师范大学的人才培养定位，始终坚持师资培养、教育研究、学术研究并重，坚持不断调整优化地理课程体系、更新完善教学内容，努力提升地理学创新型人才培养的质量。

参考文献

[1] 刘海峰：“高等教育大众化与精英性”，《东南学术》，2022 年第 2 期。

[2] 璩鑫圭、唐良炎：《中国近代教育史资料汇编 • 学制演变》，上海：上海教育出版社，1991 年，第 339 页。

[3] 阙维民：“中国高校建立地理学系的第一个方案——京师大学堂文学科大学中外地理学门的课程设置”，

《中国科技史料》，1998 年第 4 期。
[4] 田正平、商丽浩：《中国高等教育百年史论——制度变迁、财政运作与教师流动》，北京：人民教育出版社，2006 年。
[5] 熊宁："本世纪前半叶我国近代地理教育初探"，《地理研究》，1987 年第 1 期。
[6] 〔加拿大〕许美德著，许洁英译：《中国大学 1895—1995——一个文化冲突的世纪》，北京：教育科学出版社，2000 年，第 66 页。
[7] 杨尧：《中国近现代中小学地理教育史（上册）》，西安：陕西人民教育出版社，1991 年，第 17 页。
[8] 张兰生、李之保、王恩涌等："笔谈：地理教育发展与存在问题"，《地理学报》，1992 年第 6 期。
[9] 周廷儒："我对修订后的师范学院地理系教学计划的一些体会"，《人民教育》，1954 年第 4 期。

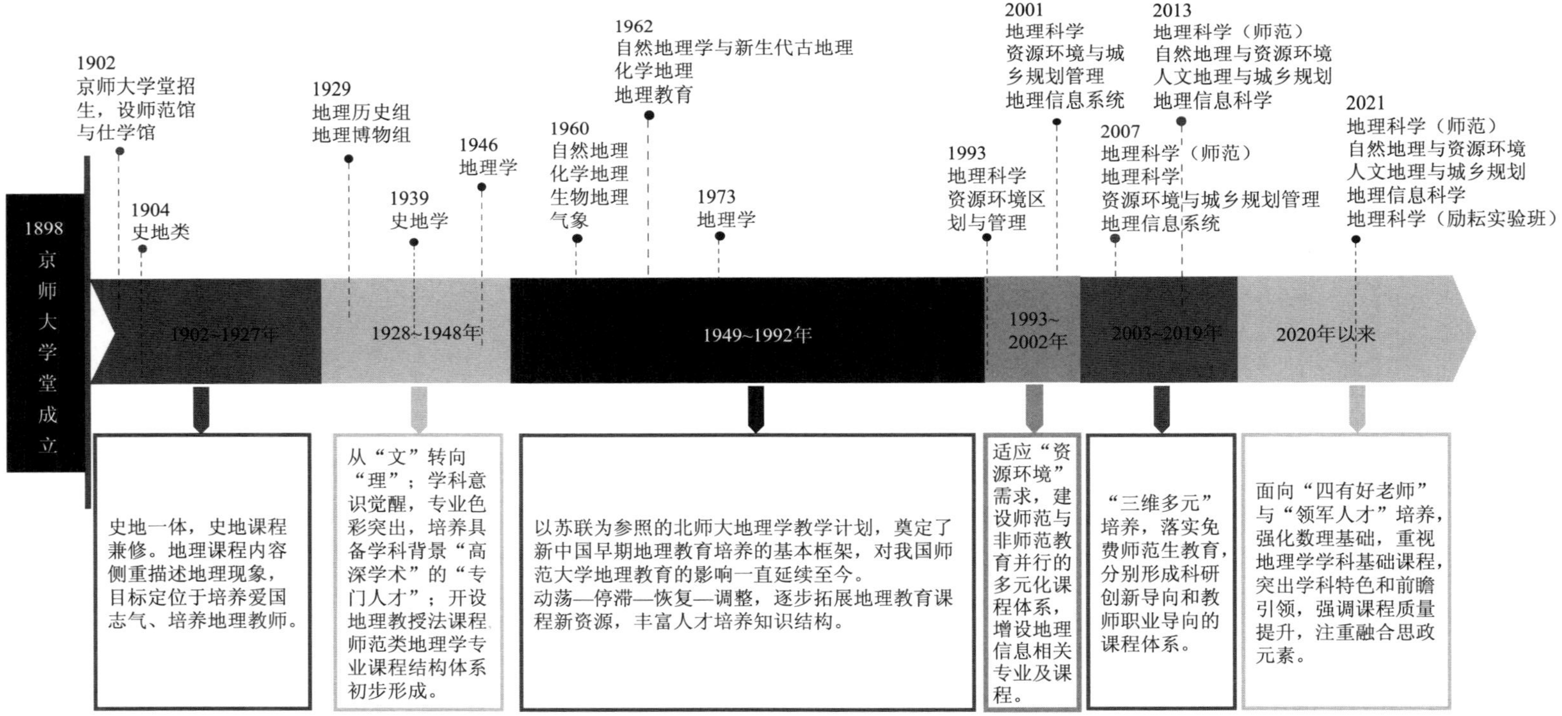

图 1-1　北京师范大学百廿年地理学本科专业名称及人才培养课程体系演进

大学和中学地理教材建设

北京师范大学自然地理学专业教材建设

邱维理、殷水清

一、概况①

北京师范大学地理系具有重视自然地理学基础课程的传统。相关教材的建设与自然地理课程设置的演变存在一定的关联。早期的教材以引进为主。1952 年院系调整后，高等师范教育步入统一、规范的专门化阶段。北京师范大学地理系承担了高等师范院校地理学专业教学计划和多门课程大纲的编写工作，在课程设置和教材建设方面达到一个新高度，并为改革开放时期的快速发展奠定了基础。据此，可以将自然地理学专业教材建设的历史分为三个阶段。

（一）引进阶段

1952 年以前，自然地理相关课程主要采用国外（欧、美、日为主）原版教材，并在原版教材基础上进行新编，或将国外教材译成中文版使用。例如，刘玉峰编写的《地学通论》内容即为包括数理地理和陆地地理的自然地理学，1927 年由北京文化学社印行第一版，此后的第二版和第三版分别在 1930 年、1933 年由北平文化学社印行；谌亚达翻译的日本花井重次

作者简介

邱维理，北京师范大学地理科学学部副教授。1978～1982 年在北京师范大学地理系攻读学士学位；1989 年获新生代古地理学专业硕士学位，师从周廷儒院士、宋春青教授；2000 年获自然地理学专业博士学位，师从李容全教授。1989 年留校工作至今。

殷水清，北京师范大学地理科学学部副教授。1999～2003 年在北京师范大学资源与环境科学系攻读学士学位；2003～2008 年在北京师范大学地理学与遥感科学学院攻读博士学位（硕博连读），师从谢云教授、瑞典哥德堡大学陈德亮教授。2010 年于北京师范大学工作至今。

① 致谢：本部分采用了李容全、任森厚、方修琦撰写的论文和历史资料。本部分采用了李华章、武吉华、李天杰、张如一、刘改有、薛纪渝、任森厚、方修琦撰写的历史资料。

郎所著《地形学》（上、下册），1936 年由商务印书馆出版第一版（1951 年再版）。

地理系也常常聘请国内外知名学者任教，讲课内容各尽所长。除常规教材之外，学者们也将最新研究成果引入教学，作为重要的教学参考资料。

（二）积淀阶段

1952 年院系调整，全国高等院校开始建立新的教学体系。周廷儒先生受教育部委托，负责主持高等师范院校地理学专业教学计划的制订，并带领地理系教师编制相关课程的教学大纲。该教学计划和课程教学大纲于 1954 年由教育部正式颁布实施。其中，基础课程地质学的教学大纲由宋春青主持编制；普通自然地理学、土壤地理学、植物地理学等自然地理学专业课程的教学大纲，分别由杨曾威、刘培桐、武吉华等人主持编制。

在 20 世纪 50～60 年代，北京师范大学地理系依照教育部颁发的教学计划和教学大纲，组织教师编写适用于新教学体系的教材，先后编印了《古地理学教程》《地质学基础》《地质实习指导》《土壤地理学》《土壤学基础与土壤地理学实验》《植物学与植物地理学》《动物学与动物地理学》等自然地理自用讲义。这些讲义原计划经过几轮教学实践后，修改完善再正式出版，但受“文革”的影响而停滞。例如，刘培桐先生在 1961～1962 年就主持编写了《化学地理学》讲义，重新编著的教材直到 1993 年才由北京师范大学出版社出版发行，并在 1995 年获教育部高校优秀教材二等奖。武吉华与雷明德（西北大学）于 1965 年编写的《植物地理学简明教程》，在已完成编写评审与印刷清样的情况下被损毁。

尽管经历了上述曲折，也有一部分教材在“文革”之前正式出版（表 1-10）。其中包括 C. A. 莫宁著、北京师范大学地理系译（贾旺尧翻译、李仲三校阅）的《土壤地理学》；以北京师范大学地理系相关讲义为基础，由南京大学、北京师范大学、华东师范大学三校地理系合作编写的国内第一本土壤地理学教材——《土壤学基础与土壤地理学》；按教育部要求，由北京大学（王恩涌）、北京师范大学（武吉华）、兰州大学（卓正大）合作完成的第一本中国自编植物地理学教材——《植物学基础与植物地理学（第二部分植物地理学）》；张銮光主编的我国第一本动物地理学教材——《动物学基础与动物地理学》（1961 年）及其修订版（1965 年）。

“文革”之前的教学计划研制、课程教学大纲编制、教学讲义编写与使用等工作积累，奠定了北京师范大学地理系在全国高等师范院校自然地理各学科教学与教材编写方面的领先位置。

表 1-10 20 世纪 50～60 年代北京师范大学地理学科教师主编或参编的教材

教材名称	版次	作者	出版社及出版年份	备注
土壤地理学	1 版	C. A. 莫宁（Монин）著 北京师范大学地理系译	科学出版社，1959	译著
土壤学基础与土壤地理学	1 版	南京大学、北京师范大学*、华东师范大学地理系编	人民教育出版社，1961	带*为参编
植物学基础与植物地理学（第二部分植物地理学）	1 版	北京大学、北京师范大学*、兰州大学选编	人民教育出版社，1961	带*为参编
动物学基础与动物地理学	1 版	张鋆光编[①]	人民教育出版社，1961	
	修订版	张鋆光编	高等教育出版社，1965	

（三）发展阶段

1977 年恢复高考，1978 年实行改革开放，我国高等教育进入了一个新的时代。立足于前期的深厚积淀，北京师范大学地理系自然地理学专业教材的建设得到快速发展，不仅根据地理学专业基础课程的需要，编写出版了地质学及各部门自然地理学的系列教材，还结合科学研究的优势领域，编写出版了引领学科方向的特色专业教材。

1. 专业基础课程的系列教材

1978 年以来，北京师范大学编写出版了 14 本（26 版次）自然地理学专业基础课程教材（表 1-11）。其中主编 9 本（18 版次），参编 5 本（8 版次），内容覆盖地理学人才培养的地质学基础和各部门自然地理学的核心课程。

北京师范大学地理系教师主编的教材中，《地质学基础》已发行至第四版；《植物地理学》已发行五版并配套出版有《植物地理实习指导》；《土壤地理学》已发行三版并配套有电子教材和两本实验实习、综合实践教材。这些经典教材得到国内高校地理学及相关专业的广泛使用。刘培桐等编著的我国第一本系统的《化学地理学》教材；刘改有主编的我国第一本《海洋地理》教材；伍永秋等编写的面向新世纪的《自然地理学》研究生教材，也都各具特色。

张如一、张兰生参编的《气象学与气候学》已发行三版，配套的《气象学与气候学实习》已发行两版，是国内高校地理学及相关专业普遍使用的经典教材。汪稼兴参编的《水文学与水资源概论》，李容全参编的《地貌研究方法与实习指南》，也都是相关课程的重要教学参考书。

① 本文涉及教材的作者信息，原则上按照版权页标注，如果在原书前言、后记有作者信息的，则采用作者姓名。

此外，北京师范大学地理系教师还主编出版了 8 本（9 版次）大专及相关专业的自然地理学教材（表1-12）。其中郭瑞涛编著的《地球概论》被介绍到台湾，纳入新学识文教出版中心的“地球科学书系（丛书）”。

北京师范大学主编或参编的一系列自然地理学专业基础课程教材，为改革开放以来国家地理学专业人才培养作出了重要贡献。

表 1-11 北京师范大学地理学科教师主编或参编的本科生、研究生自然地理学基础课程教材

教材名称	版次	编者	出版社及出版年份	备注
地质学基础	1 版	宋春青、张振春	人民教育出版社，1978	
	2 版、3 版	宋春青、张振春	高等教育出版社，1982（2 版）、1996（3 版）	
	4 版	宋春青、邱维理、张振春	高等教育出版社，2005	普通高等教育“十五”国家级规划教材
植物地理学	1 版	武吉华、张绅	人民教育出版社，1979	
	2 版、3 版	武吉华、张绅	高等教育出版社，1983（2 版）、1995（3 版）	
	4 版	武吉华、张绅、江源、康慕谊、邱扬	高等教育出版社，2004	北京市高等教育精品教材立项项目
	5 版	江源、康慕谊、黄永梅、张绅	高等教育出版社，2020	
植物地理实习指导	1 版	武吉华、刘濂	高等教育出版社，1983	
土壤地理学	1 版	李天杰、郑应顺、王云	人民教育出版社，1979	
	2 版	李天杰、郑应顺、王云	高等教育出版社，1983	
	3 版	李天杰、赵烨、张科利、郑应顺、王云	高等教育出版社，2004	普通高等教育“十五”国家级规划教材
土壤地理学电子教材	1 版	李天杰、赵烨、张科利、郑应顺、王云	高等教育出版社，2004	
土壤地理实验实习	1 版	霍亚贞、李天杰*、郑新生*等	高等教育出版社，1987	带*为参编
土壤地理综合实践教程	1 版	张科利、王志强、高晓飞、张卓栋	科学出版社，2014	
化学地理学	1 版	刘培桐、许嘉琳、王华东、薛纪渝	北京师范大学出版社，1993	获教育部高校优秀教材二等奖
气象学与气候学	1 版	周淑贞、张如一*、张超、金守群、张兰生*	人民教育出版社，1979	带*为参编
	2 版、3 版	周淑贞、张如一*、张超	高等教育出版社，1985（2 版）、1997（3 版）	带*为参编

续表

教材名称	版次	编者	出版社及出版年份	备注
气象学与气候学实习	1 版	周淑贞、张超、张如一*、张兰生*	人民教育出版社，1979	带*为参编
	2 版	周淑贞、张超、张如一*	高等教育出版社，1989	带*为参编
海洋地理	1 版	刘改有	北京师范大学出版社，1989	
水文学与水资源概论	1 版	金伯欣、张效良、方雅娟、邓兆仁、汪稼兴*、余汉章	华东师范大学出版社，1986	带*为参编
地貌研究方法与实习指南	1 版	袁宝印、李容全*、张虎男、田昭一	高等教育出版社，1991	带*为参编
自然地理学	1 版	伍永秋、鲁瑞洁、刘宝元等 14 人	北京师范大学出版社，2012	新世纪高等学校教材（研究生教材）

表 1-12　大专及相关专业自然地理学基础课程教材

教材名称	版次	编者	出版社及出版年份	备注
地球概论	1 版	郭瑞涛	北京师范大学出版社，1988	大专教材
			台北：新学识文教出版中心，1991	繁体版
地球科学概论	1 版	郭瑞涛、林政宏	台北：新学识文教出版中心，1994	地球科学书系，繁体版
自然地理基础	1 版	武吉华、吴永莲、涂美珍、汪家兴、朱国荣、郑新生	北京师范大学出版社，1988	大专教材
地质学基础	1 版	刘吉祯、耿侃、李容全	北京师范大学出版社，1988	大专教材
气象学基础	1 版	吴永莲、涂美珍	北京师范大学出版社，1987	大专教材
地学概论	1 版	史培军、王静爱	内蒙古大学出版社，1990	生态学专业本科教材
自然地理基本过程和基本规律	1 版	赵济、张如一、赵烨	人民教育出版社，2001	中小学教师培训教材
气象学基础	1 版	张如一、施尚文	江西教育出版社，1986	初中教师进修用书

2. 优势研究领域的专业教材

北京师范大学地理系具有重视科学研究、开创新学科领域的传统。在周廷儒、刘培桐、张兰生等老一辈科学家的引领下，在史培军、刘宝元等杰出人才的努力下，北京师范大学自然地理学科发展了多个具有显著优势的研究领域，并将科研成果转化为教学资源，编写出版了 13 本（16 版次）引领学科发展方向的特色专业教材（表 1-13）。

表 1-13　优势研究领域的自然地理学专业教材

教材名称	版次	编者	出版社及出版年份	备注
古地理学	1 版	周廷儒	北京师范大学出版社，1982	
环境科学概论	1 版、新一版	刘培桐、陈益秋	水利电力出版社，1981（1 版）、1983（新一版）	
环境学概论	1 版、2 版	刘培桐、王华东、薛纪渝	高等教育出版社，1985（1 版）、1995（2 版）	1987 年全国优秀教材奖
全球变化	1 版、2 版	张兰生、方修琦、任国玉	高等教育出版社，2000（1 版）、2017（2 版）	面向 21 世纪课程教材（1 版、2 版），普通高等教育“十一五”国家级规划教材（2 版）
资源科学导论	1 版	史培军、周涛、王静爱	高等教育出版社，2009	资源科学与工程专业教材
自然灾害	1 版、2 版、3 版、4 版	陈颙、史培军	北京师范大学出版社，2007（1 版）、2008（2 版）、2013（3 版）、2014（4 版）	新世纪高等学校教材
风险灾害科学	1 版	史培军	北京师范大学出版社，2016	灾害风险科学系列专著型教材
灾害对策学	1 版	庞德谦、周旗、方修琦*	中国环境科学出版社，1997	带*为参编
土壤侵蚀预报模型	1 版	刘宝元、谢云、张科利	中国科学技术出版社，2001	
自然资源评价基础	1 版	武吉华、谢云、钟骏骧、贾炅、张亚立、刘清泗	北京师范大学出版社，1999	
自然资源评价教程	1 版	谢云、符素华、邱扬、苏筠	北京师范大学出版社，2009	
地理学文献阅读与研究创新	1 版	李容全、贾铁飞	科学出版社，2011	
自然地理学研究方法	1 版	李容全、邱维理、贾铁飞	高等教育出版社，2013	

周廷儒先生开创了新生代地理学，把历史演变的思想引入自然地理学，开展自然地理区域的发生学研究。《古地理学》是传播周先生学术思想、研究方法和理论成果的一本教材。张兰生先生在继承新生代地理学研究传统的基础上，推动了我国环境演变领域的研究，并结合该领域国际科学研究的发展，编写了我国第一本《全球变化》教材。刘培桐先生以土壤地理学和化学地理学为基础，在我国率先开辟了环境科学领域的研究与人才培养，编写的《环境科学概论》《环境学概论》等教材填补了我国的空白。

史培军教授等人在继承新生代地理学研究传统的基础上，开拓环境演变与自然灾害研究领域，编写了灾害学及与之相关的资源科学方面的多部教材。刘宝元教授研究团队引进国外先进理论，开辟了我国土壤侵蚀研究的新领域，将土壤侵蚀理论研究与我国水土保持实践相结合，编写的《土壤侵蚀预报模型》是培养研究型人才的重要教材。此外，武吉华、谢云等以自然地理学理论研究为基础，先后编写了两本面向实际应用的自然资源评价教材。李容全、贾铁飞根据长期的自然地理研究实践与理论积累，编写了有助于提高青年地理工作者文献查阅能力、继承与创新能力的《地理学文献阅读与研究创新》；李容全、邱维理、贾铁飞在阐述自然地理学原理，总结研究实践经验的基础上，编写了《自然地理学研究方法》。

上述特色专业教材，不仅在培养学生创新思维和研究能力方面发挥了重要作用，也对我国相关研究领域的发展，产生了深远的影响。

二、专业基础课程主要教材简介

（一）《地质学基础》简介

1.《地质学基础》编著历史背景

“地质学”在北京师范大学地理学专业课程体系中，历来属于重要的专业基础课程。1946年，宋春青从北京师范大学地理系毕业并留校工作，在冯景兰、王嘉荫、王鸿祯等地学前辈的指导下，开始讲授普通地质学课程，此后一直从事地质学基础课程及相关实习的教学与研究。1952年，在全国高等院校教学改革与课程体系建设过程中，宋春青主持制定了“高等师范院校地理系地质学教学大纲”，并组织编写讲义，为北京师范大学的地质学教学与教材编写奠定了坚实的基础。

1977年恢复高考后，宋春青、张振春按照高等师范院校地理学专业人才培养的需要，编写了《地质学基础》，并于1978年由人民教育出版社出版发行，成为改革开放初期的高校第一批重点教材之一。

此后，宋春青主持编写了高等师范院校地理学专业试用“地质学基础教学大纲”。按照新大纲，宋春青、张振春对教材进行了修订，第二版于1982年由高等教育出版社出版。1991年，《地质学基础》纳入国家教委高等学校理科1991～1995年教材编写选题规划，在吸纳地质学科新发展成果的基础上，宋春青主笔修订了第三版，1996年由高等教育出版社出版。2001年《地质学基础》立项进入“普通高等教育‘十五’国家级教材规划”的教材修订计划，在宋春青的指导下，邱维理执笔进行教材第四版的修订，修订后于2005年由高等教育出版社出版。

2.《地质学基础》的特色

作为地理学及相关专业的基础课程教材，《地质学基础》密切结合地理学专业人才培养的需要，在编写、修订过程中，既保持科学性，又注重适用性，具有以下特色。

（1）针对地理学专业需要，构建合理、系统的地质学基础知识体系。教材以地质学核心内容为重点，以夯实地理学专业学生的知识与能力基础为目标，根据地理学科对地质学知识的需要组织内容。该教材包括地球基本特征、地壳物质组成、岩石圈构造运动、地壳演化简史和应用地质学五个模块，知识体系完整。其中，地球整体特征是全面认识地理环境的基础；造岩矿物和常见岩石识别是地理野外工作的基础；地质构造分析是认识区域地理特征的基础；大地构造是认识全球地貌特征和海陆变迁规律的基础；地壳演化历史框架是了解区域过去，认识区域现状，估测未来环境的基础。岩矿、地层、构造的基本知识和野外认知，有助于培养实践能力，为学生进一步应用地质学知识，完成后续课程的学习打好基础。

（2）关注学科理论发展与应用，从创新意识和实践能力两方面开拓学生能力培养途径。学科理论的形成、发展与应用对于学生科学素养和创新能力的培养具有重要意义。《地质学基础》通过概括矿物学、岩石学、地层学、大地构造学等地质学基本理论的发展脉络，系统展示了基础理论在指导科研实践和促进学科发展中的作用，有助于学生开阔视野，活跃思想，树立创新意识。

适应现代地理学复杂系统研究的需要，教材强调深部地质过程与地表过程的联系，引导学生把地质学理论运用于理解地球表层地理过程的深部驱动机制。围绕地理学的“人地关系”研究主题，该书突出了地质过程与社会经济的联系，以独立模块论述地质学在资源与环境中的应用，抓住了理论联系实际的关键环节，有助于学生实现从浅层次书本知识到深层次实践能力的有效提升。

（3）贯彻“立德树人”的综合教育理念，构建利于自主学习的结构体系。提升人的综合素质是现代教育的基本目标。《地质学基础》对地质学发展史及其基本理论的介绍，从科学发展的角度，阐明人类认识自然的规律，意在帮助学生形成正确的发展观和世界观。教材各版都遵循典型地质现象尽可能采用中国实例的原则，希望学生从初学之时，就了解祖国的大好河山，树立“爱我中华，建设祖国”的志向。在代表性构造理论的介绍中，以独立篇章概括了李四光院士所创立的地质力学理论，帮助学生了解我国地质学家的科学贡献。

21 世纪“以人为本”的教学改革强调学生的主体性。教材第四版在体例上注意优化知识呈现形式，推敲语言表述方式，斟酌图文、图表的搭配形式，实现核心内容与选读材料的恰当结合，充分突出了重点，适当反映了前沿理论，合理安排了拓展学习的线索。全书基本概念、基本原理阐述简洁、准确，层次清晰，逻辑性强，既注重知识分解，又注重综合概括，构建了具有尺度层次逻辑，利于自主学习的结构体系，为教师指导学生自学创造了条件，既保持了较高的教学目标，也有助于调动学生的学习主动性。

3.《地质学基础》的社会影响

1978 年以来，《地质学基础》的发行量超过 50 万册，是国内高等学校地理学专业及相关专业广泛采用的经典教材，为我国人才培养做出了巨大的贡献。该教材第二版曾获国家教委高校优秀教材二等奖（1988 年），并由内蒙古教育出版社译成蒙文版（1993 年）出版发行；第三版、第四版在 2019 年入选“第二届全国优秀地理图书（普通高等教育教材）”。

目前使用该教材的高校达到 80 多所，其中既有地理学国家重点学科建设学校、开设地理学专业的综合性院校和师范院校，也有开设地学相关专业的特色学校。此外，该教材也是中学地理教师的常用教学参考书。

1978 年，基于《地质学基础》（初稿）征求意见讨论会，创立了“全国高校地质学教学研究会”，到 2021 年已经成功举办 27 届年会，推动了高校地理学及相关专业地质学相关课程的教学研讨、经验交流与质量提升。

（二）《植物地理学》简介[①]

1.《植物地理学》编著历史背景

1977 年恢复高考招生后，按照教育部的计划，武吉华和张绅根据全国高等师范院校地理系教材编写会议提出的“植物地理学编写大纲”，完成了《植物地理学》的编写，并于 1979 年由人民教育出版社出版发行，供高等师范院校师生使用。其后根据学科发展与教学需要，于 1983 年、1995 年、2004 年和 2020 年进行过四次修订。

《植物地理学》第一版（1979）、第二版（1983）和第三版（1995）的编著者为武吉华和张绅。第四版（2004）的编著者为武吉华、张绅、江源、康慕谊、邱扬。第五版（2020）编著者为江源、康慕谊、黄永梅、张绅。需要特别说明的是，本书前四版的第一编著者——武吉华先生，以及本书第四版的编著者之一——邱扬副教授，于本书第五版的修订工作开始之前不幸先后辞世。这不仅使教材第五版的修订工作蒙受了巨大损失，也使第五版的编著者失去了仰慕敬重的师长和诲人不倦的益友。我们谨记武先生为教材修订工作给予的谆谆教导，并感谢武先生为本书奠定的学术基础，也感谢邱扬老师的辛勤付出！

2.《植物地理学》的特色

《植物地理学》（第一版，1979 年）包含了较为丰富的植物学基础知识，这在当时参考书相对匮乏的条件下，对地理学人才培养起到了很大作用。《植物地理学》（第二版，1983 年），基本遵照当时发布的“植物地理学教学大纲（高等师范院校）”对第一版教材进行修改，大幅缩减了植物学基础部分的内容。之后，为了满足学生实践能力培养的需求，北京师范大学武

① 本部分执笔人：江源

江源，北京师范大学地理科学学部教授。1996 年于北京师范大学工作至今。

吉华教授和河北师范大学刘濂教授共同编写了《植物地理实习指导》，于 1983 年由高等教育出版社出版。《植物地理学》（第三版，1995 年）的修订更加强调了章节之间的内在关联，将有关生态系统的内容有机融合到“植物群落”一章，强调了植物群落在生态系统中的重要功能。《植物地理学》（第四版，2004 年）在修订过程中，强调了植物地理学与植被科学的联系，并将岛屿生物地理学、植物群落数量分类和排序、植被—气候分类、植物群落指示功能等当时植物地理学的最新进展整合于教材之中。《植物地理学》（第五版，2020 年）的修订，秉承了本教材往期修订中一直遵循的与时俱进的原则，将植物地理学发展的最新领域，例如谱系地理学、功能性状地理学等以专栏形式整合于教材之中，也突出了遥感等现代技术手段在植物地理学中的应用，同时配备了电子课件资源。

《植物地理学》第五版主要包括四方面内容：植物的演化、地理分布规律和制约因素；生态条件对植物生活的影响作用和植物的适应类型——生态类群；作为自然体的植物群落的各种特征；世界不同陆地植被类型的性状、空间布局和植被区划。每一部分包括有关基本知识与简要资料，同时重视介绍科学分析的思路与方法，并适当选用研究案例给予说明。教材第五版中利用了专栏的形式将与植物地理学相关的新发展单独列出。此外，在各相应章节中，补充了相关学科近年来的部分研究进展，更新了相应的数据资料，增加了相应基本概念的英文表述，并尽可能全面地提供了所有外文参考文献中作者的英文、俄文或德文原名。

3.《植物地理学》的社会影响

《植物地理学》和广大读者一起历经了自我国恢复高考制度以来 40 余年中教育和科技发展的过程，在我国地理学和相关学科人才培养中发挥了重要作用。教材第二版在 1988 年获国家教委（首届）优秀教材一等奖，第四版在 2005 年被北京市教育委员会列为北京市高等教育精品教材，在 2019 年入选“第二届全国优秀地理图书（普通高等教育教材）”。

《植物地理学》自出版以来深受广大读者的喜爱和欢迎。据不完全统计，仅第四版和第五版的发行量已逾 10 万册，是国内很多高校地理学及相关专业采用的指定教材或主要教学参考用书。

（三）《土壤地理学》系列教材简介[①]

1.《土壤地理学》编著历史背景

北京师范大学土壤地理方面的课程，最早可追溯到 20 世纪初（1902 年）京师大学堂设置的土壤科。1947 年刘培桐教授率先在全国地理系中开设了土壤地理学课程，并开展相应的

① 本部分执笔人：李天杰、张科利

李天杰，北京师范大学环境学院教授。1950～1954 年在北京师范大学地理系攻读学士学位；1956 年毕业于北京师范大学土壤地理研究生班，师从刘培桐教授。1956 年留校工作，1994 年退休。

张科利，北京师范大学地理科学学部教授。1998 年于北京师范大学工作至今。

土壤地理学调查与研究工作。

1949 年以后，高等师范教育向苏联学习。地理系在 20 世纪 50 年代初设置了土壤地理基础课程。由于当时缺乏讲授土壤地理课程的师资，教育部委托北京师范大学地理系，于 1954～1956 年开办了两年制的土壤地理研究生班。刘培桐先生主持、组织、领导完成了此项任务，向全国高等师范院校培养、输送了 24 名土壤地理骨干师资（包括 2 名与研究生同班学习的进修教师）。研究生班进行的土壤室内实验教学和土壤地理野外调查实习，也为高等师范院校开设土壤地理实践课程提供了示范。继而，在 1959～1962 年北京师范大学地理系招收并培养了 3 名首批三年制土壤地理研究生。

国内首部土壤地理学教材是翻译的苏联 C. A. 莫宁著作的《土壤地理学》，由北京师范大学地理系贾旺尧翻译、李仲三校阅，1959 年由科学出版社出版。国内首部相关教材是由南京大学、北京师范大学和华东师范大学地理系合作编著的《土壤学基础与土壤地理学》，1961 年由人民教育出版社出版。

2.《土壤地理学》教材特色

（1）《土壤地理学》（第一版，1979～1983 年）。1977 年改革开放前夕，教育部决定高等师范院校编写出版各课程全国统一试用教材，并确定由北京师范大学、东北师范大学和华东师范大学地理系合作编写《土壤地理学》教材。李天杰、郑应顺、王云于 1977 年启动教材编著，1979 年初完成，经评审后于 1979 年由人民教育出版社出版。

该版教材特色如下：①是国内首部以《土壤地理学》命名的教材著作，对土壤地理学研究对象、内容、方法以及土壤地理发生学理论进行了全面论述；②建立了土壤地理学较完整的学科体系；③以土壤生态系统观点统领教材内容和体系；④内容的科学性尽量做到体现国内外学科的最新发展水平和研究成果，反映时代和社会发展需求；⑤力求创新，突出特色，如土壤地理学的研究内容和对象，土壤的形成、演化和地理分布，土壤资源利用和保护；⑥土壤地理学是实验性和实践性很强的学科，在教学体系中除教材外，必须重视土壤室内实验室和野外土壤调查实习基地及相应的教材建设。

为领会和解决土壤地理学新教材中的特色和难点，提高师资队伍的素质和教学水平，1980 年暑假举办了全国高等师范院校土壤地理讲习班，邀请中科院李先华研究员讲生态学；北京农业大学（现中国农业大学）华孟教授作土壤水分“土水势”专题报告。以土壤地理讲习班为基础，成立了以北京师范大学、福建师范大学和华东师范大学为核心的全国“高师土壤地理研究会”，组织教学经验交流，先后到吉林长白山、内蒙古赤峰草原、新疆吐鲁番、黑龙江兴安岭、云贵高原等有代表性的地区进行土壤地理野外考察，并出版《土壤地理研究》期刊（1、2 期），第 3 期因经费不足而停刊。

（2）《土壤地理学》（第二版，1983～2004 年）。教材于 1981 年启动修订，由李天杰、郑应顺、王云负责，完成后于 1983 年在高等教育出版社出版。本版特色如下：①保持并增强了第一版的特色，强调生物特别是植物、植被在土壤形成和演化中的主导作用，植物依靠环境因素的共同作用，创造了土壤。通过对这种过程的研究，才能对现在土壤类型作出发生学上的解释，确定各发生土类在地表出现的时间顺序；②对于土壤地理学的研究内容，增加了古土壤部分；③应用土壤生态系统观点对土壤肥力进行系统分析；④为便于教学对教材框架体系进行了调整，使之层次更加清晰，概念和内容表述更加科学严谨。

（3）《土壤地理学》（第三版，2004 年至今），普通高等教育“十五”国家级规划教材。经过多年酝酿和修订，与第二版时隔 20 余年，《土壤地理学》（第三版）终于在 2004 年由高等教育出版社出版，作者为李天杰、赵烨、张科利、郑应顺、王云。第三版的修订，“以老带新，新人担纲”。依据土壤科学特别是土壤地理学的最新研究进展和成果，顺应高等教育改革发展要求，第三版与时俱进，从教材内容、框架体系和教学方法等方面，都进行了大胆革新和探索。

本版教材特色如下：①以土壤生物形成演化与环境相统一的土壤发生学核心观点和内容实质，与前两版保持延续性，并进一步深化，更加清晰和具体化；②土壤基本属性内涵，由肥力延伸为肥力加净化作用，从而扩展了土壤地理学研究的实质内容；③从地球表层系统的广阔视角，研究土壤与环境之间的发生联系，从而使土壤地理学研究内容由土壤扩展到“土壤圈”（土被），开启了从地球表层系统的环境演变、各自然圈层之间的相关性、自然圈层的形成演化的大角度，来认识和研究现在土壤类型的形成和演变，也即从地球陆地土壤、土被起源与演化的历史延续性，思考研究土壤地理学问题；④在我国土壤地理发生分类和中国土壤系统分类并存的情况下，选择采用以土壤系统分类为主体，同时与土壤地理发生分类、美国土壤系统分类，以及欧洲、联合国粮农组织、教科文组织的世界土壤图图例系统等主要土壤分类进行介绍和参照比较；⑤重视新兴科学技术，如“3S”（遥感、地理信息系统、全球定位系统）在土壤地理学研究和教学中的应用；⑥首次为土壤地理教学制作了电子教材。

（4）土壤实验与实习教材。作为配套教材，首都师范大学霍亚贞、北京师范大学李天杰、郑新生等合作编写了《土壤地理实验实习》，于 1987 年由高等教育出版社出版。该教材是高校地理学专业普遍使用的经典教材。

在长期野外实践教学和实习基地建设的基础上，张科利、王志强、高晓飞、张卓栋编著了《土壤地理综合实践教程》，于 2014 年由科学出版社出版。该教材针对新时期地理学人才培养的目标和要求，在遵循野外实践教学基本规律的基础上，重点突出了土壤地理学野外基本技能的培养。不同于以往印证性的野外实习，该教材从地理学及相关研究所涉及的土壤知识需求出发安排教学内容，突出动手能力培养，力图达到教会学生辨识土壤、描述土壤、采集样品，以及掌握土壤主要性状指标测定技能的目标。

教材编写目的明确，知识体系完善，重点内容突出，仪器设备操作介绍简明扼要，野外可操作性强。与《土壤地理学》、《土壤地理实验实习》、《土壤理化分析手册》（内部讲义）一起，形成了理论与实践相结合的系列教材，构建了土壤地理学人才培养的完整体系，在学生的土壤地理实践能力培养中发挥了重要作用。

3.《土壤地理学》教材的社会影响

《土壤地理学》三版合计发行约25万册，居全国同类教材发行量之首。作为地理学专业基础课程教材，拥有广泛的社会影响力，被全国各类高校如高等师范院校、综合大学，农业、理工、工科院校的地理学、农学、环境学专业，以及科学院土壤地理研究生选用为教材或参考书。与教材建设同步，北京师范大学接纳了来自首都师范大学、福建师范大学、四川农业大学和西北农业大学等高校的多名进修教师。教材的教育和学术思想对使用者会产生深远的影响，不少学者认为本教材教育、影响了数代人。

教材出版前后备受社会关注、支持和帮助，拥有广大人脉。如在第二版审定会时，农业出版社土壤学责任编辑出席“取经”；赵其国院士曾经引用过第一版关于土壤形成过程的表述；席永藩院士曾索要第二版教材并放置于其办公桌上；龚于同资深研究员鼎力支持和帮助第三版出版；北京大学塞罕坝生态研究站则将第三版教材放置于接待厅的书架上，作为常备阅读书籍。

2001年“土壤地理学立体教材建设”获得北京市普通高校教育教学成果二等奖；《土壤地理学》于2019年入选“第二届全国优秀地理图书（普通高等教育教材）”。基于教材和课程建设，2004年“面向现代化和国际化的土壤地理学教学改革与学生创新能力培养”成果获得北京市普通高校教育教学成果二等奖（获奖人：赵烨、张科利、王晓岚）。

《土壤地理学》系列教材的编著、修订不仅在社会上产生了广泛影响，也促进了北京师范大学土壤地理学教学和科研水平的提升，逐步形成核心团队，现正在积极准备第四版的修订工作。

三、优势研究领域专业教材简介

（一）新生代地理学领域[①]

1.《古地理学》撰写的历史背景

周廷儒院士开创的“以自然地理学为研究方向的新生代古地理”（即新生代地理学）是学界公认的北京师范大学地理学研究的传统优势领域。

中国自然环境格局的形成、自然地理分区的原则是周廷儒先生早年特别关注的区域自然

① 致谢：本部分采用了李容全、任森厚、方修琦撰写的论文和历史资料。

地理学基本问题。通过长期的野外地理考察与研究，特别是在1956～1960年新疆综合科学考察过程中，周先生认识到“现代地面自然界的每一个特征，都有一定发展的历史。如果我们不去查明它的历史过程，想了解现代自然界规律的特点是不可能的”。

以地貌学见长的周先生，通过观察、对比自然界遗留下来的许多和现代地理环境不协调的地貌与沉积痕迹，重建了过去的自然地理环境。他发表的《中国第三纪第四纪以来地带性与非地带性的分化》（1960年）、《中国自然区域分异规律和区划原则》（1963年）等论文，揭示了我国现代自然环境格局的演变历史，提出了自然地理分区的发生学原则，解答了中国区域自然地理学的两个难题，体现了“研究过去是为了了解现在，也是为了更好地预测将来”的学术思想。

周先生的学术思想和研究成果，引起竺可桢、杨钟健、尹赞勋等老一辈科学家的高度重视。经他们建议，1963年教育部批准在北京师范大学地理系建立新生代古地理研究室，周先生任研究室主任，领导进行实验室建设，开展新生代古地理研究工作。在此期间，周先生为学生和青年教师开设了“古地理学”课程，并编写了讲义《古地理学》。

1981年，周先生面向研究生和高年级本科生再次讲授该课程，根据国际上相关研究的新发展、新成果，对《古地理学》进行修订，增补了新的材料，并于1982年由北京师范大学出版社正式出版发行。

2.《古地理学》的特色

《古地理学》既是课程教材，也是学术专著。该书是周廷儒先生系统阐述新生代地理学理论与方法的第一本著作，体现了他的创新思想和对地理学的突出贡献。

（1）开拓自然地理学研究新方向，创建了新生代地理学。周先生在格里高里耶夫（A. A. Григориев）、马尔科夫（К. К. Марков）等人关于古地理是研究“地理圈的变化规律”、研究“地表现代自然界的发展历史”等观点的基础上，进一步提出“自然地理学家研究古地理，除对自然界的普遍地理规律加以概括外，还研究地球表面上每一区域的自然发展的历史”。由此突破了经典地理学注重因果关系分析和空间规律研究的传统，开拓了“重建过去地理环境发展史”的自然环境演变研究，创建了属于地理学和地质学交叉学科的新生代地理学，发展了区域自然地理学的发生学研究方向，从时间的视角阐释现代自然环境的形成演变，追索自然区域的起源、演化和未来发展趋向，探索地理环境格局的形成与发展方向。

（2）系统阐述了新生代地理学的基本理论。相对于查尔斯·莱尔（Charles Lyell）1830年提出的“以今证古”的地质学研究法则，周先生将新生代地理学的研究法则概括为“以古论今，预测未来”，并在此基础上，建构了新生代地理学研究的理论体系。

第一，确定了自然地理环境演化的时间起点为新生代之初。重建自然地理环境发展历史可以观察到的最古老地貌与沉积痕迹属于古近纪。因此，自然地理学研究的最长时限是新生代以来，超过这个时限则属于“以今证古”的地质学岩相古地理范畴。

第二，从自然地理学地带性理论出发，阐明了水平地带性遭到破坏的结果是产生非地带性的自然地理区域。因此，新生代区域自然地理演变研究的目标就是确定地带性与非地带性的分化。

第三，区域自然地理综合体的特征取决于区域形成的主导因素组合，地带性的气候因素和非地带性的构造因素是区域演变的动力，但是，在不同等级（空间尺度）的区域和区域起源、演变的不同阶段，主导因素组合的数量与结合程度存在差别。因此，区域自然地理强调主导因素分析，但并不忽视区域次要因素的影响。

第四，自然地理区域形成、演变的时间变化规律，取决于主导因素的周期以及不同因素的周期调和。掌握各种周期的变化以及各种支配周期变化因素的作用原理，是实现地理预测的基础。因此，发生学视角的区域自然地理研究，不仅重视区域综合体的空间变化，更重视它的时间变化，是地球科学研究时空（四维）变化的新领域。

（3）基于综合观点的研究方法创新。鉴于自然界是一个有规律的完整统一体系，各要素是相互依赖、相互制约着的，周先生在《古地理学》中“力图应用综合观点和专门方法来重建地球历史时期的地理环境”，也就是分析主体现象和鉴定区域综合体整体特征相结合的方法。他提倡要发挥各学科所长，进行区域综合体特征及各时期遗留痕迹的观察分析，特别是采用多种手段获取古代自然环境的多方面定量信息。在此基础之上的综合研究，需要进行区域自然地理的发生学演变分析的归纳和概括，既要进行区域演变历史与自然地理过程变化的成因分析，还要立足动力和作用，找出区域内各种现象与过程的空间联系和随时间变化的发展，区域与区域之间的空间联系和随时间变化的发展，这样才能收到全面了解自然的良好效果。

3.《古地理学》的社会影响

周廷儒先生在《古地理学》中所阐述的学术思想、地理学理论和研究方法，对我国新生代自然地理环境演变研究和地理学的发展具有深远的影响。

首先，在创立新生代地理学的过程中，周先生的研究成果解决了中国区域自然地理的几个重要科学问题。例如，明确了青藏高原隆起在我国自然地理区域分异中的作用，揭示了我国三大自然区的发展历史及演变动力；提出了自然地理分区的发生学原则，解决了柴达木盆地的区划归属争论等问题。

其次，周先生的学术思想对我国新生代环境演变研究起着重要的引领作用，为新生代不同时期的区域划分、各自然地理区域演变历史重建、青藏高原隆起过程与影响、东亚季风气候的形成演变、中国黄土的形成与黄土高原环境演变、中国岩溶的发育、中国东部土壤的发育、中国第四纪冰川及东部冰川问题等诸多领域的深入研究指明了方向。

再次，新生代地理学不仅解决科学问题，还为社会生产实践服务。通过古环境特征及其演变历史的重建，找出与自然地理环境相关的沉积矿床，例如煤炭、石油、天然气、盐、石膏、外生铀矿等分布的规律性，为矿产资源勘探与开采提供科学依据。

（二）环境科学领域[①]

1.《环境学概论》编著历史背景

刘培桐先生在土壤地理学和化学地理学的深厚基础上，开辟了国内领先的环境科学研究领域。1983 年，刘先生领导成立了全国第一个以研究地理环境为主的环境科学研究所，1990 年获批成为我国第一个环境地理学博士学位授予点。环境科学由此成为北京师范大学的优势学科之一。

1957 年，刘先生赴莫斯科大学进修土壤地理学与景观地球化学，1959 年底回国，在北京师范大学地理系成立了化学地理教研室，主持我国第一个化学地理学专业的教学与科研工作。1960 年在全国地理学会年会上，经刘先生建议，化学地理学被确定为综合自然地理学改革的新方向之一。1962 年全国陆地水文会议专门设立水文化学组，探讨天然水体主要化学离子组成的地带性变化规律。刘先生在调查全国河流水化学分布规律的研究实践中最早发现“水环境污染问题”，指出“随着工农业生产的发展，需加强天然水污染和保护的研究”。

20 世纪 70 年代初，我国开始关注环境污染与环境保护问题。面对环境污染的现实和科学与社会发展的需要，刘先生敏锐地抓住了这一新的科学领域，带领北京师范大学地理系及全国一批化学地理工作者率先投入到环境保护的研究工作中，为我国环境科学的发展起到了带头作用。

1979 年，由教育部部属高等学校环境科学研究生培养协作组主持，在北京师范大学地理系为研究生开设了“环境学原理”课程，同年年底在中国环境科学学会环境教育委员会第一次会议上，决定以该课程讲稿为基础编写《环境科学概论》。该书由北京师范大学刘培桐、陈益秋任主编，多所学校合作完成，于 1981 年在水利电力出版社出版，并在 1983 年进行了修订。

1980 年，教育部决定在高等师范院校地理学专业开设“环境学概论”课程，由刘培桐先生主持编写教学大纲。根据教育部颁布实施的教学大纲，刘培桐、王华东、薛纪渝合作编写了《环境学概论》作为讲义，经过两年的教学实践，于 1982 年 12 月提交审稿，1985 年由高等教育出版社出版发行，并于 1995 年修订后出版第二版。

2.《环境学概论》的特色

基于科学研究与教学实践的《环境学概论》，具有以下特色。

（1）教材知识体系完整，脉络清晰，简明易懂，理论与实践并重。第一版系统介绍了

① 致谢：本部分采用了薛纪渝撰写的历史资料。

环境学的基础知识、基本概念和核心原理。教材以人类生态系统的基本原理为基础，论述了环境的发生、发展和结构；探讨了人类活动引起的大气、水体、土壤、生物的污染问题；结合各类环境中污染物迁移转化规律的理论分析，阐述污染防治措施等具体实践问题；从区域发展和自然保护的视角，探讨了环境质量评价、环境规划、城市环境等区域环境与综合治理问题，以及人口、能源、资源与环境等全球性环境问题。

（2）保持教材特色，关注学科发展与社会实际需要。第二版的修订立足环境科学理论与实践的发展，环境污染控制技术与措施的进步，国际、国内对环境问题认识的深化以及环境保护事业的快速推进。在保持原有体系和特色的基础上，教材进一步突出了对环境与发展关系的关注，以环境质量评价、环境规划及污染综合防治等原理及方法为手段实现环境质量的调控；并从气候变化、资源与环境协调与可持续发展的高度，对人口急剧增加带来的资源能源过度消耗、环境污染、生态破坏等全球性环境问题进行了探讨。教材第二版充分体现出学科发展的新动向、新成果以及社会发展的新关注、新需求。

（3）教材开学科先河，集思广益，具有时代的代表性。作为我国第一本环境学教材，《环境学概论》的编写备受社会关注，得到了学界的广泛支持和大力帮助。1982 年 12 月教材初版的审稿会，采纳了中山大学唐永銮、南京大学刘育民、北京大学陈静生、华东师范大学王云、上海师范大学李景琨、东北师范大学李惠明、福建师范大学方秋贤、南京师范大学喻渊栋、武汉大学李生伋、北京师范学院（现首都师范大学）李庭芳等专家学者的宝贵意见和建议。1993 年 8 月的修订版审稿会，北京大学叶文虎、南京大学陆根法、北京工业大学孟繁坚、首都师范大学李庭芳、山东师范大学王振武，以及河北轻化工学院、湖北黄石高等工业专科学校等院校的代表，对教材内容和体系进行了认真细致的讨论，提出了宝贵意见。国内同行的支持与帮助使得《环境学概论》能够较全面地反映当时对环境科学的认识与研究水平。

3.《环境学概论》的社会影响

《环境学概论》具有广泛的社会影响力。本书既是高等学校地理学专业环境学课程的经典教材，也是环境类各专业的教学用书和高校非环境专业学生的选修课教材，是从事环境保护、城市规划的人员，以及城建部门从事环境保护工作的专业人员的常用参考书。

《环境学概论》填补了我国高等学校环境科学领域教材的空白，为地理学专业的环境科学教育及人才培养作出了贡献，也对我国环境科学理论体系的形成和发展起到重要的推动作用。该书 1988 年获得国家教委颁发的高校优秀教材奖。

（三）全球变化领域①

1.《全球变化》编著历史背景

《全球变化》是在张兰生先生领导下，以北京师范大学环境演变研究领域的科研与教学积累为基础编写的教材。

张兰生先生 1952 年开始任教于北京师范大学，长期从事与自然地理、环境演变以及地理教育相关的研究与教学工作。在继承周廷儒先生新生代地理学学术思想的基础上，张兰生先生更加关注以气候变化为主导的地理环境及其变化对人类社会的影响，倡导并推动了我国地理学界的环境演变与自然灾害研究。

1982 年，张兰生先生在北京师范大学地理系开设了国内最早的“环境演变”本科生和研究生选修课程。1996 年以后课程更名为“全球变化”并开设至今。2000 年，张兰生、方修琦、任国玉编写了国内第一本《全球变化》教材，作为教育部“九五”重点教材和面向 21 世纪课程教材，由高等教育出版社出版发行。2017 年作者完成了教材第二版的修订。

2.《全球变化》的特色

《全球变化》教材经过多年教学使用和修订，形成了以下特色与创新。

（1）教材框架体系充分体现时间维人地关系并符合地理学专业学生认知结构。全球变化（global change）是 20 世纪 80 年代中期兴起的新兴研究领域，它是指由自然和人为因素引起的、影响地球系统功能的全球尺度的变化。“全球变化”课程是伴随全球变化研究的发展而出现的，在完善地理学的知识体系，展现地理学研究的最新进展，培养未来地理学专业人才方面有不可替代的作用。作为地理学课程体系中的一个有机组成部分，开设全球变化课程的目的在于揭示地球表层系统在不同时间尺度上的变化规律以及人与环境相互作用的规律，帮助学生从时间维认识地理环境的过程、区域特征的形成以及人地关系等问题，使学生建立起地理科学是时空耦合的综合科学的观念。《全球变化》教材的框架体系以时间维人地关系为主线，通过已发生的全球变化事实理解全球变化过程以及地球系统整体性特征。

（2）采用最新的地球系统与全球变化概念体系，充分吸收国内外全球变化研究的最新认识。全球变化研究的实质涉及对整个地球系统规律的认识，被认为是 21 世纪地球科学的突破点所在，在科学发展中拥有可与 19 世纪的进化论和 20 世纪的板块理论的地球科学革命相媲美的地位。《全球变化》充分吸收了国内外全球变化研究的最新成果，吸纳了全球变化国际

---

①该部分执笔人：方修琦

方修琦，北京师范大学地理科学学部教授。1980～1984 年在北京师范大学地理系攻读学士学位；1984～1987 年、1991～1994 年在北京师范大学地理系攻读硕士、博士学位，师从张兰生教授。1987 年留校工作至今。

计划、IPCC 评估报告、中国气候变化国家评估报告和应对全球气候变化的国家战略等最新成果与行动。相对于第一版，第二版充实了控制全球变化的关键地球系统过程及人类对全球变化的驱动作用等方面的最新认识；按照把全球变化作为人类可持续发展科学基础的认识，强化了全球变化对人类的影响与人类的适应方面的内容；面向全球变化挑战，强化了过去 2000 年全球变化以及现代和未来全球变化部分。

（3）延续了作者一贯坚持的教学与科研相长的课程与教材建设特色。三位教材编写人长期在全球变化的研究与教学工作的一线，既熟悉全球变化科学研究最新进展，又有丰富的教学经验。《全球变化》融入了作者 30 多年教学和科研实践的体悟，其中包括作者及研究团队的研究成果和对某些全球变化问题的看法，在将全球变化最新研究成果转化为系统化知识体系的同时，强调科学思维和创新意识的培养。

3.《全球变化》的社会影响

作为地理科学类专业重要的专业课教材，《全球变化》自 2000 年第一版出版以来被全国许多师范类和综合性大学的地理科学类专业选用为教材，具有广泛的影响力。

“《全球变化》课程及教材建设”获 2000 年度北京市普通高校教育教学成果二等奖。《全球变化》（第一版）获 2000 年度北京师范大学优秀教材一等奖。2019 年《全球变化》入选“第二届全国优秀地理图书（普通高等教育教材）”。

（四）土壤侵蚀领域[①]

1.《土壤侵蚀预报模型》编著历史背景

土壤侵蚀研究领域是由刘宝元教授研究团队开辟的，是北京师范大学地理学的新兴特色研究领域。1996 年，刘宝元教授接受北京师范大学的邀请，结束了在美国普渡大学农业部国家土壤侵蚀研究实验室的工作回国。1997 年，获得国家自然科学基金委员会杰出青年基金项目“土壤水蚀预报模型”（49725103）的资助，开展土壤侵蚀预报模型研究。

我国黄土高原是世界上水土流失最为严重的地区之一，虽然积累了丰富的水土保持经验，也有相关的水土保持教材，但缺乏定量的土壤侵蚀预报模型教材。为了开展系统性研究，提高研究生在土壤侵蚀方向的理论基础，在基金项目资助下，在美国土壤保持局格兰 • 威斯（G. A. Weesies）先生、美国国家土壤侵蚀实验室马克 • 尼耳锐（Mark Nearing）博士和黄基华

① 本部分执笔人：谢云

谢云，北京师范大学地理科学学部教授。1981～1985 年在北京师范大学地理系攻读学士学位；1985～1988 年在北京师范大学地理系攻读硕士学位，师从张如一教授；1998 年在北京师范大学获自然地理学博士学位，师从张兰生教授。1988 年留校工作至今。

（Chi-hua Huang）博士的支持下，刘宝元、谢云、张科利编译的《土壤侵蚀预报模型》，于2001年由中国科学技术出版社出版。该书以介绍美国农业部1997年发布的修订版通用土壤流失方程（Revised Universal Soil Loss Equation，RUSLE）为主，同时吸纳了我国土壤侵蚀研究的相关成果，是本科生“流域管理”选修课程、自然地理学专业土壤侵蚀方向研究生课程“土壤侵蚀原理”“土壤侵蚀模型”等的基础教材。

2.《土壤侵蚀预报模型》的特色

土壤侵蚀是气候、土壤、地形、土地利用与地表覆盖、水土保持措施等自然和人为因素综合作用的结果，这种多尺度和多要素的综合影响决定了量化过程的难度。作为系统的模型介绍，本书具有以下特色。

（1）强调每个侵蚀影响因子的物理意义、定量表征和适用范围。土壤侵蚀定量研究始于19世纪末期，科学系统的观测与分析始于20世纪30年代，由此建立了土壤侵蚀经验模型——美国通用土壤流失方程（Universal Soil Loss Equation，USLE），后经二次修订，到1997年发布了RUSLE，是目前世界上应用最广的土壤侵蚀模型。20世纪80年代，虽然开始了土壤侵蚀机理模型的研究，但由于涉及参数众多，应用难度大，至今仍处于研究阶段。由于是经验模型，使得模型涉及的变量和参数等具有一定的前提条件、适用范围等。为了使应用者充分理解模型结构和意义，本教材特别强调了模型中各个侵蚀影响因子的量化指标、所代表的物理意义及其适用条件等，一方面避免误用，另一方面为针对区域实际情况建立公式或参数提供指导。

（2）结合中国实际引入最新研究成果。土壤侵蚀经验模型基本思路如下：降水和土壤是其中两个有量纲的因素，前者表示侵蚀动力，后者表示侵蚀对象，其他因素则是无量纲变量，表示影响程度。因此，需要着重阐述降水和土壤这两个有量纲变量的物理意义。通过综述和展望，系统阐述了代表降雨和土壤这两个变量的降雨侵蚀力和土壤可蚀性的研究现状和发展前景，反映了当时我国的最新研究成果，为后续研究提供了方向。

3.《土壤侵蚀预报模型》的社会影响

得益于国家杰出青年科学基金项目的资助和本教材的指导，刘宝元教授领导的北京师范大学土壤侵蚀研究团队建立了中国土壤流失方程（Chinese Soil Loss Equation，CSLE）。该模型被列入中华人民共和国水利行业标准《土壤侵蚀分类分级标准》（SL190－2017），作为2010～2012年第一次全国水利普查之土壤侵蚀普查和2018～2022年全国水土流失动态监测的指定模型，被认为是“近70年来中国自然地理与生存环境基础研究的重要进展”之一。欧盟联合研究中心对国际上美国、中国、荷兰、欧洲等主要土壤侵蚀模型进行了评价，中国土壤流失方程CSLE模型位居第三名。

北京师范大学人文地理学专业教材建设

周尚意、张华

一、概况

北京师范大学的人文地理学专业教材建设起步较早，正式出版的人文地理学专业教材最早可以追溯到1931年盛叙功先生根据日本富士德治郎的《世界交通地理概论》编译的《交通地理》，距1928年地理系独立建系仅过去了三年。1933年谌亚达先生翻译出版了第一部人文地理学教材《人文地理学》（*La geographie humaine*），该书是法国著名地理学家白吕纳（Jean Brunhes）的代表性著作。白眉初、谌亚达、盛叙功等先辈在1949年以前出版了多部人文地理学专业的教材（见表1-14至表1-18），并成为当时中国大学地理系重要的教材和参考书。

改革开放之后，人文地理学专业恢复发展，出版了数量丰富的高质量教材。除了《中国经济地理》《世界经济地理》等区域人文地理教材之外，人文地理学专业的教师在人文地理学的多个专业方向编写出版了大量教材，在全国各地的高校地理教学中得到了广泛应用，《文化地理学》《人文地理学野外方法》《区域经济学》《区域分析与规划教程》等多部教材列入国家级规划教材，其中一些教材成为国家和北京市高等教育教学成果奖的重要支撑材料。

（一）人文地理学

“人文地理学”是地理学各个专业方向的本科生都需要修读的基础课程，在高校地理教学中具有重要地位。在谌亚达先生1933年翻译出版了中国第一部人文地理学教材之后，盛叙

作者简介

周尚意，北京师范大学地理科学学部教授。1979～1983年在北京师范大学地理系攻读学士学位，2006年在北京师范大学地理学与遥感科学学院获得博士学位，师从陈宗兴教授。1988年于北京师范大学工作至今。

张华，北京师范大学地理科学学部副教授。1997～2004年在北京师范大学资源与环境科学系攻读学士、硕士学位，师从梁进社教授。2007年于北京师范大学工作至今。

功先生于 1935 年翻译了野口保市郎的《人文地理学概论》。改革开放之后，李文华先生主编了《人文地理》，程连生先生参编了《人文地理学导论》，周尚意参与了普通高等教育“十五”国家级规划教材《人文地理学》第二版、第三版的编写。

除了人文地理学总论教材之外，在人文地理学的分支学科也有教材出版。韩道之早在 1932 年就出版了《政治地理学》，宋金平编写了《聚落地理专题》，丰富了人文地理学总论的教材，也为相关分支学科课程的开设奠定了基础。

表 1-14　地理学科教师著、译、编写的人文地理学教材一览

书名	出版社	出版年份	作者	备注
政治地理学	著者书店	1932	韩道之 著	
人文地理学	世界书局	1933	白吕纳 著 谌亚达 译	
人文地理学概论	开明书店	1935	野口保市郎 著 盛叙功 译	
人文地理	福建科学技术出版社	1988	李文华 主编 李永廉 副主编	
人文地理：文化、社会与空间	北京师范大学出版社	1988	H. J. 德伯里 著 王民、王发曾、程玉申、李悦铮、祝炜平 译	
人文地理学导论	测绘出版社	1995	张小林、刘继生、冯春萍 等编著	程连生 参编
聚落地理专题	北京师范大学出版社	2001	宋金平 主编	
人文地理学（第二版）	高等教育出版社	2006	赵荣、王恩涌、张小林、刘继生、周尚意、李贵才、韩茂莉 编著	普通高等教育“十五”国家级规划教材
人文地理学（第三版）	高等教育出版社	2022（待出版）	周尚意、王恩涌、张小林、杨新军、韩茂莉、房艳刚、刘云刚、甄峰、张华 编著	
区域地理学原理	东南大学出版社	2016	吴殿廷、丛东来、杜霞 著	研究生教材

（二）经济地理学

经济地理学是北京师范大学人文地理学的核心研究方向，以经济地理数量模型、计量分析和实地调查等传统优势为基础，形成了金融地理、交通地理、产业集聚与创新地理等特色研究方向。除了《高等经济地理学》《区域分析与规划高级教程》等研究生经典教材之外，在本科生教材方面主要有吴殿廷主编的普通高等教育“十一五”和“十二五”国家级规划教材《区域分析与规划教程》，该教材已经修订到第四版。经济地理学方面的教材还有盛叙功先生于 1931 年出版的《交通地理》和《农业地理》，以及邬翊光先生、程连生先生参编的《经济地理学导论》。

表 1-15　地理学科教师编写的经济地理学教材一览

书名	出版社	出版年份	作者	备注
交通地理	商务印书馆	1931	盛叙功 著	
农业地理	商务印书馆	1931	盛叙功 著	
经济地理学导论	华东师范大学出版社	1982	杨万钟 主编 邬翊光、程连生 参编	
区域分析与规划	北京师范大学出版社	1999	吴殿廷 主编	北京师范大学特色课程教材
区域经济学（第一版）	科学出版社	2003	吴殿廷 主编 宋金平、孙久文、李玉江、覃成林 编著	普通高等教育“十五”国家级规划教材
区域经济学（第二版）	科学出版社	2009	吴殿廷 主编 吴殿廷、宋金平、孙久文、李玉江、覃成林 编著	普通高等教育“十一五”国家级规划教材
区域经济学（第三版）	科学出版社	2015	吴殿廷 主编 吴殿廷、宋金平、孙久文、覃成林 编著	普通高等教育“十一五”国家级规划教材、科学出版社“十三五”规划教材
区域经济学（第四版）	科学出版社	2019	吴殿廷 主编 吴殿廷、宋金平、孙久文、覃成林 编著	普通高等教育“十一五”国家级规划教材、北京师范大学“十二五”规划教材
区域分析与规划教程	北京师范大学出版社	2008	吴殿廷 主编 吴殿廷、乔家君、曹康、张梅青 编著	普通高等教育“十一五”国家级规划教材
区域分析与规划教程（第二版）	北京师范大学出版社	2016	吴殿廷 主编 吴殿廷、乔家君、曹康、张梅青 编著	普通高等教育“十二五”国家级规划教材
区域分析与规划高级教程	高等教育出版社	2004	吴殿廷 编著	教育部研究生工作办公室推荐教材
区域分析与规划高级教程（第二版）	北京师范大学出版社	2016	吴殿廷、乔家君 著	教育部研究生工作办公室推荐教材
区域经济学	高等教育出版社	2016	《区域经济学》编写组 编 安虎森 主编 孙久文、吴殿廷 副主编	全国马克思主义理论研究和建设工程重点教材、全国第一届优秀教材二等奖

区域经济学在学科归属上虽然是经济学的分支学科，但与经济地理学紧密关联。区域经济学教材很多，吴殿廷主编的《区域经济学》在其中占有重要位置。吴殿廷主编的《区域经济学》已经修订到第三版，是“十五”和“十一五”国家级规划教材。

（三）社会文化地理学

社会文化地理学是北京师范大学人文地理学的特色研究方向，北京师范大学是中国地理学会文化地理专业委员会的主任单位，周尚意担任该委员会的主任，主编的《文化地理学》入选普通高等教育“十一五”国家级规划教材，被全国各高校的文化地理教学广泛采用。

表 1-16　地理学科教师编写的社会文化地理学教材一览

书名	出版社	出版年份	作者	备注
社会的地理基础	世界书局	1930	黄国璋 著	出版此书时黄国璋先生在国立清华大学任教
文化地理学	高等教育出版社	2004	周尚意、孔翔、朱竑 编著	高等学校人文地理系列教材
文化地理学（第二版）	高等教育出版社	2008	周尚意、孔翔、朱竑 主编	普通高等教育“十一五”国家级规划教材

（四）旅游地理学

旅游地理学是在大众休闲娱乐需求的推动下快速发展起来的，是旅游规划理论和方法的来源学科。卢云亭先生在 1991 年和 1998 年分别出版了《旅游地学概论》和《现代旅游地理学》，吴殿廷在 2010 年和 2011 年相继出版了《旅游开发与规划》和《旅游规划新论》。

表 1-17　地理学科教师编写的旅游地理学教材一览

书名	出版社	出版年份	作者	备注
旅游地学概论	北京大学出版社	1991	陈安泽、卢云亭 等著	
现代旅游地理学	江苏人民出版社	1998	卢云亭 著	
旅游开发与规划（第一版）	北京师范大学出版社	2010	吴殿廷、王欣、耿建忠、王瑜 编著	新世纪高等学校规划教材

续表

书名	出版社	出版年份	作者	备注
旅游开发与规划（第二版）	北京师范大学出版社	2015	吴殿廷、王欣、耿建忠、王瑜 编著	新世纪高等学校规划教材
旅游开发与规划（第三版）	北京师范大学出版社	2018	吴殿廷、王欣、耿建忠、王瑜 编著	新世纪高等学校规划教材
旅游规划新论	中国旅游出版社	2011	吴殿廷、宋金平、王丽华 著	地理学、旅游管理等专业课程阅读材料
旅游地理学	旅游教育出版社	2015	王欣、吴殿廷、张祖群等 编著	全国高等院校旅游专业规划教材
地理学基础	地质出版社	2022	吴殿廷、方修琦、王欣、叶长盛等 编著	高等学校旅游地学规划教材

（五）人文地理野外实习

北京师范大学的人文地理野外实习具有优良的传统。在若干人文地理野外实习基地中，积累资料最多的是江苏省苏州市吴中区东山镇实践基地。1981 年北京师范大学地理系邀请李旭旦先生来作“人文地理学复兴”的讲座，讲座后李先生建议北师大的学生到苏州东山开展人文地理实习，时任系主任周廷儒先生决定 1982 年增加这个实习地点。自 1982 年算起，距今已有 40 年的历史，现已成为国内大学地理单位中建设历史最长，且连续不断的人文地理野外综合实践基地。基于野外实习教学，北京师范大学地理学科教师编写了教材、专著，编制了讲义、视频短片系列和“慕课”等，形成了多元化、立体式实习教学资源，以东山基地为基础的实践教学改革成果获得 2017 年北京市高等教育教学成果一等奖。其中，周尚意主编的《人文地理学野外方法》被列为普通高等教育“十一五”国家级规划教材，《地方特性发掘方法——对苏州东山的地理调查》是东山基地实践教学的理论总结，此外还有杨胜天、黄大全等主编的《地理综合实践教程》。这些教材成为 2017 年北京市高等教育教学成果一等奖“人文地理学多元开放野外实践模式的长期探究”的重要支撑材料。

表 1-18 地理学科教师编写的人文地理野外实习教材一览

书名	出版社	出版年份	作者	备注
人文地理学野外方法	高等教育出版社	2010	周尚意 主编	普通高等教育“十一五”国家级规划教材
地理综合实践教程	科学出版社	2012	杨胜天、黄大全、罗娅 著	
地方特性发掘方法——对苏州东山的地理调查	科学出版社	2016	周尚意、孔翔、朱华晟、朱青、张文新、张伟然 著	

二、《文化地理学》教材建设回顾[①]

《文化地理学》(周尚意等，2004）于 2004 年由高等教育出版社首版发行，它是文化地理学领域中国大陆第一本高教教材。该书由周尚意、孔翔、朱竑联合主编。2008 年修订出版第二版，被选入普通高等教育“十一五”国家级规划教材。

（一）周廷儒先生与文化地理学

卡尔·O. 索尔（Carl O. Sauer，1889～1975）是美国地理学史上的一位佼佼者。纵观中外地理学史，独创一派的学者凤毛麟角，索尔便是其中之一，他创建了伯克利学派。索尔 26 岁获得芝加哥大学的地理学博士学位，他的导师罗林·D. 索尔兹伯里（Rollin D. Salisbury）是著名的地质学家。1925 年索尔发表《景观形态学》(*The Morphology of Landscape*）一文，这标志着文化地理学的诞生（Sauer，1925)。这位德裔美国人，从德国的区域地理学派、景观学派获得学术营养，并摆脱了 20 世纪初“环境决定论”的禁锢，提出以历史方法和人类学方法来研究文化景观，综合地认识区域人地关系的系统。索尔创建的伯克利学派在研究上有三个特色：第一，关注景观的历史层累，他们从考古学成果中找到景观层累的论据；第二，主要研究乡村地区，因为那里的景观痕迹与自然有着较为清晰的关系；第三，关注文化产品，而不是其创造的过程。这些研究看上去不难，但地理学家长期探索的事实却证明，若要综合理解和解释区域景观，并非易事。当今地理学有了大型计算机、大数据和空间分析软件辅助研究，各要素之间的复杂关系和机制还在一点一点地被揭示出来。

周廷儒先生师从索尔。1933 年周先生从国立中山大学毕业后，留校担任地貌学助教；1935 年他应邀到浙江省杭州高级中学担任地理课教员；1938 年任教于国立西南联合大学史地系；1940 年至 1945 年调任至当时的“中央研究院”在重庆北碚建立的中国地理研究所，并兼任复旦大学史地系副教授；1946 年周先生获得中英庚子赔款补助留学的名额，赴美国加利福尼亚大学伯克利分校留学。或许是周先生在中山大学给德国教授当过助教，因此他选择了德裔美国教授索尔作为硕士导师。周先生的早期研究与文化地理学联系密切。周先生在美国的硕士论文题目是《甘肃走廊（南山）和青海地区民族迁移的历史和地理背景》。该论文基于他参加的西北史地考察获得的丰富资料。那次考察由当时的“中央研究院”和下属的中国地理研究所联合组织，考察路线由兰州沿湟水谷地过青海湖到柴达木盆地，再翻过祁连山，穿河西

① 本部分执笔人：周尚意

走廊到敦煌。周先生基于考察资料，与李承三先生合作编写了《青海地理考察纪要》，他自己撰写了《环青海湖区之山牧季移》和《从自然地理现象证明西北历史时代气候之变化》，后两篇文章均发表在《地理》第2卷的3～4期合刊上。周先生在这些著述中，力图展现特殊自然环境中人类的活动特点。这些文章体现出了周先生扎实的自然地理学基础，尤其是地貌学基础。1950年他回国到北师大任教。周尚意于1979年进入北师大地理系读本科，三年级时聆听过周廷儒先生“古地理学”选修课上的讲座。后通过拜读周廷儒先生的著述，学习了周先生的地理学思想。1990年代后从任森厚老师提供的周廷儒先生硕士论文（油印本），以及邱维理老师提供的周廷儒先生绘制的青海民族分布地图（电子扫描件），进一步学习了周先生的文化地理学研究内容。

历史上，北京师范大学的文化地理学课程还有许多可以发展的契机。1951年黄国璋先生邀请多位专家来北京师范大学地理系开设了一学年的本科课程“民族地理”。被称为“清华三才子”的吴景超先生负责组织本课程。这些专家都亲身参加了1950年国家组织的民族调查团的考察，只可惜没有留下教学资料。杨曾威先生曾是中国最早的人种地理学专家，1935年他获得第三届中英庚子赔款留学基金的资助，到英国留学。杨曾威在北京大学地质系就读期间，师从著名地质学家李学清，同门还有黄汲清、李春昱、朱森等。1928年杨曾威将1920年由叶良辅命名的杨家屯组（煤系）细分为上中下三层，展现出学术潜力。1935年杨曾威抵达英国后，9月14日下午与程裕淇一同到伦敦西北郊拜访在英国讲学的李四光先生。李四光先生建议杨曾威改学人种地理学，因为这个领域在中国还没有人研究。杨曾威先后在曼彻斯特大学和剑桥大学求学。回国后，他先后在中央研究院中国地理研究所、东北大学文科研究所、辅仁大学历史系工作。辅仁大学并入北京师范大学后，杨曾威先生进入北师大地理系。由于历史原因，人种地理学课程一直未能开设。

（二）课程建设对《文化地理学》编写的促进

1990年代北京师范大学地理学专业本科教学计划发生了重大变化。当时教学计划压缩了区域地理学的课时，增加了很多国家需要的、与国际接轨的选修课，其中一门就是“文化地理学”。任森厚老师曾是周先生的科研助手之一，在资源与环境科学系（由地理系改名）首开了“文化地理学”选修课。在上此课之前，他翻译了若干国外著名地理学家的介绍，油印成小册子，作为学生的学习参考资料，并油印了“文化地理学课程大纲”，分发给选修该课的同学。任老师上课的主要参考书是美国的哈姆 • J. 德伯里（Harm J. de Blij①）等编写的《人文

① de Blij 最接近的发音为 duh blay。见 https://www.goodreads.com/book/show/1535636.Human_Geography。

地理：文化、社会与空间》（*Human Geography: People, Place, and Culture*）（de Blij，1977）。

2001 年到 2010 年"文化地理学"依然作为选修课，在这期间周尚意曾与北京大学唐晓峰教授（2005 年春季、2008 年春季）合作讲授此课，2012 年唐晓峰教授在上课讲义的基础上，出版了《文化地理学释义：大学讲课录》（唐晓峰，2012）。2010 年后执行的本科教学计划既强调科学基础，也强调自然和人文地理学分支课程的系统性和完整性，因此"社会文化地理学"调整为必修课。

2004 年周尚意与孔翔、朱竑老师联合编写了《文化地理学》本科教材，2008 年此书再版。教材的体例受特里·G. 乔丹-别奇科夫（Terry G. Jordan-Bychkov）所著教材的影响。2015 年地理学与遥感科学学院修订硕士研究生教学计划，增加了"文化地理学及其应用"硕士课程。2018 年马静加入到"社会文化地理学"教学队伍中。

依据学术源流，可以确定北京师范大学的文化地理学课程的特色。源流之一来自伯克利学派。2012 年中国科学技术协会启动地理学学科谱系调查工作，由周尚意负责梳理中国文化地理学的学术谱系脉络。目前有两支研究队伍，一支是从侯仁之先生的历史地理学团队延展出来的，如唐晓峰、司徒尚纪等。韩茂莉在北京大学城市与环境学院讲授文化地理学的本科课程，邓辉在北京大学讲授过全校通选课"世界文化地理"。这支继承了索尔重视史料的传统。另一支是从周廷儒、王恩涌团队延展出来的，北师大的文化地理学属于后者，这支接纳了索尔将文化作为综合理解区域的方法。源流之二来自人文主义地理学。1999 年至 2000 年周尚意在美国威斯康星大学麦迪逊分校地理系做富布莱特学者，合作教授是时任该系系主任的罗伯特·奥斯特格里恩（Robert Ostergren），他是一位文化地理学教授，继承了索尔的学术方法，主要研究领域是欧洲和北美的历史文化地理。周尚意在该系访学时，还经常请教系里的段义孚先生。段义孚先生于 1970 年代提出人文主义地理学（humanistic geography）。结构马克思主义地理学家理查德·皮特（Richard Peet）在其《现代地理学思想》（*Modern Geographical Thought*）（Peet，1998：10）一书中，将人文主义地理学这个学派作为文化地理学的一个分支。该学派从深层机制上探究人地关系中的文化。

（三）教材编写博采众家之长

首先，采伯克利学派之长。1983 年周尚意在国家图书馆复印了由乔恩·E. 斯宾塞（Jon E. Spencer）和威廉·L. 小托马斯（William L. Thomas Jr.）撰写的《文化地理学导论》（*Introducing Cultural Geography*）（Spencer and Thomas Jr.，1969），斯宾塞的博士导师是索尔，此书带有伯克利学派的风格。1985 年周尚意进入北京大学经济系攻读硕士，其间选修了地理系王恩涌先生在全校开设的公共课"文化地理学"。王恩涌先生授课选用的教材是乔丹-别奇科夫的《人类镶嵌图：人文地理学的文化方法》（*The Human Mosaic: A Thematic Introduction to Cultural*

Geography）（Jordan-Bychkov et al.，1997）。这本教材在北美大学地理系非常流行，现在已经出版到第 12 版。1988 年周尚意从北大毕业后回到北师大任教。1990 年周尚意参加了加拿大 FEP（Faculty Enrichment Program）项目访问学者，按照中加学术合作的要求，回国后在“世界地理”课程中加入了加拿大文化地理的内容，并以此发表了《加拿大的唐人街》和《驯化地理》两篇小文，前者受乔丹-别奇科夫教材影响，后者受斯宾塞和小托马斯著作的影响。《文化地理学》教材基本上是按照该学派的五个主题编写的。

其次，采历史地理之长。1985 年周尚意发表了《文明的足下——谈文化地理学兼评〈中国文化地理〉》一文（周尚意、赵世瑜，1985）。陈正祥先生在周廷儒先生过世前，曾到北师大访问，赵济先生保留着陈先生来访时与周先生的合影。周尚意与已经定居在香港的陈先生有过书信往来，向他请教历史文化地理的问题。陈正祥先生依靠史料分析历史文化分区，体现了历史地理学的治学功夫。朱竑教授（与其合作写教材时在中山大学任教）是司徒尚纪老师的弟子，他参与的“文化区”一章，部分接受了中国历史地理学界对中国文化区的划分传统。

再次，采人文主义地理学之长。2000 年后，人文主义地理学的内容进入到课程中，2010 年后新文化地理学的内容也进入到课程之中（体现在该课程大纲里），新文化地理学是对人文主义地理学的主体性的进一步深化（Cosgrove，1998），它更为强调自然内化到景观中的主体差异，以及内化过程。它提出的许多新概念都是对地方理论的拓展。2022 年《文化地理学》教材的修订工作启动，这些新内容将体现在修订版中。

目前国内出版的本科文化地理教材还有首都师范大学王鹏飞教授编写的《文化地理学》（王鹏飞，2012）。此外还有翻译的教材《文化地理学》（迈克·克朗，2005），以及很多中国学者编写的关于中国文化地理学的专著，这些可以作为教参。

三、区域分析与规划系列教材建设经验①

从空间角度研究人类经济活动的规律，或者说，用经济学的理论方法探寻人类经济活动的空间规律，既是科学发展不可缺少的重要领域，也是各级政府非常关心的实践课题。正因为如此，区域经济学不仅成为不可替代的学问，也成为国内发展最快的学科之一，“区域分析与规划”成为地理学的骨干课程之一。

区域经济学和区域规划的快速发展，也为该学科的人才培养提出了更高的要求。21 世纪初，教育部把《区域经济学》列入普通高等教育“十五”和“十一五”国家级规划教材，把

① 本部分执笔人：吴殿廷
吴殿廷，北京师范大学地理科学学部教授。1994 年于北京师范大学工作至今。

《区域分析与规划》列为“十一五”和“十二五”国家级规划教材，把《区域分析与规划高级教程》列为教育部研究生工作办公室推荐教材，又在全国马克思主义理论研究和建设工程中把《区域经济学》的教材编写列入。吴殿廷团队有幸参与其中，深感责任重大。

编写好这几本教材，要把握好主体与客体、个体与总体、时间与空间的关系，抓住区域发展与可持续发展的主线，吸收国内外最新研究成果，结合中国的具体国情，努力创新；要研究教育、心理规律，理论联系实际，深入浅出，把复杂枯燥的规律，用形象生动的语言和灵活多样的形式表达出来。对比国内外其他版本的相关教材或著作，上述几本教材都具有以下一些特点。

第一，把研究对象（区域）作为一个系统，按照系统科学的思维方式展开论述，从宏观整体出发，在时空结合中诠释区域经济发展的客观规律。

第二，突出区域发展与可持续发展主题。紧紧围绕区域发展和可持续发展的宏观规律，着重探讨区域发展的时间过程、动力机制、结构演变、空间布局特点，剖析人口、资源、环境与经济之间既相互制约又相互促进的复杂关系，抓住城市与区域、地域分工与合作等重大问题，揭示区域发展与可持续发展的内在规律。从宏观整体出发，经过中观到达微观层面，既“见树”，又“识林”，使结构的严谨性与内容的实用性很好地结合起来。

第三，注重方法、手段的改进。适应经济学发展定量化趋势，这些教材重视数学工具的使用和量化分析，采用了很多指标体系和数学模型。照顾到经济学、地理学等专业本科生的特点，避开了复杂的数学公式推导，着力于讲清数学原理，强调经济学的含义和实践中的使用方法。

第四，实践内容丰富，并且大部分案例来自编著者的直接实践，读来真实生动。这几门课程的实践性很强，区域运动的很多规律，区域分析的很多方法，只有结合具体、生动的事例才能说清楚。这几本教材不仅引入了国内外经典案例，也介绍了作者亲自做过的项目，使读者能够真切地感受到区域系统的客观性和区域分析方法的实用性。

第五，注重创新，把教材的通俗性、完整性、权威性与专著的独特性、深入性等很好地结合起来。本书作者都工作在区域经济学和区域规划的教学、科研第一线，有多年教学经验，并主持完成了很多科研项目，发表过大量学术论著，书中的很多论点都是作者多年心血的结晶。可以说这几部教材都是具有学术专著特点的教材，既有“传业”（介绍、讲解区域经济基本知识）的作用，更有“授道”（培养学生区域问题研究、分析能力）的功能。

这几部教材问世后得到了社会的广泛认可，团队教师又及时更新，先后多次修编再版，把国家经济建设的实践经验上升到理论、模式，出版至今累计发行量超过 20 万册，形成了北京师范大学人文地理学课程建设的特点和优势之一，成为“区域地理课程改革与建设”国家级教育教学成果一等奖、北京市教育教学成果一等奖的重要支撑。2009 年“区域分析与规划系列教材编写和课程建设”获得北京市普通高校教育教学成果二等奖。

四、旅游地理与旅游规划相关课程建设经验①

中国古代先贤都有“读万卷书、行万里路”的情怀；2018 年国家机构改革，原国家旅游局和文化部整合成文化和旅游部，人们感叹“诗与远方”终于走到一起。那么，“远方”有什么？为什么要去那里？“千里路”怎么走？“条条大路通罗马”，但哪一条最安全、最便捷？这需要系统的地理学知识。吴殿廷及团队教师从地理学的角度关注旅游、研究旅游、参与国家和地方相关规划，并在此基础上撰写和出版了多部教材。具体的想法和做法是：

第一，旅游业不仅是战略性新兴产业，而且是人民群众越来越向往的幸福事业。《国务院关于促进旅游业改革发展的若干意见》（国发〔2014〕31 号）文件中提出，要在旅游中“发现美，欣赏美，传播美”。发现美需要地理学，欣赏美需要懂地理学，传播美更要靠地理学。用地理学的思维去观察世界、欣赏世界，你就会发现，世界之大无奇不有，神州万里人杰地灵；学好地理学，潇洒走世界！在旅游开发与规划中，地理学责无旁贷。

第二，旅游学是个庞杂的新兴学科，按照学缘结构，中国旅游学界主要有三大学派。一是地球科学（简称地学）出身的资源学派；二是历史、文物学缘的文物、文化学派；三是应用经济学和工商管理学背景的管理学派。在 20 世纪改革开放初期的中国现代旅游起步阶段，来自地学的资源学派独占鳌头，直到现在形成旅游地学学科。旅游地学对中国旅游业的贡献，一是在理论上指导着旅游区、地质公园、风景区等的资源普查、评价、规划，以及管理法规、指南等的制定工作，对中国旅游业健康有序发展起到了关键作用。二是旅游地学工作者在旅游实践中勇于探索，为旅游目的地建设作出较大贡献，最初一些国家级、省级旅游规划，大多数地区级旅游规划等，都是在旅游地学专家主持或参与下编制的，大部分世界遗产地、旅游区、国家级风景名胜区、几乎全部的地质公园，都是在旅游地学工作者参与下建立的。尽管如此，地理学在旅游人才培养中要注意与其他学科的融合。

第三，地理学博大精深，《地理学基础》（吴殿廷等，2022）虽然作为全国旅游地学专业本科生基础课程的专用教材，但单纯一部教材不可能把地理学的所有知识、方法都列入，只能根据旅游地学教学大纲的要求择其要者，包括作为人类家园的地球，地理事物的空间运动与变化，人类活动与地理环境，区域发展与城乡建设，地理界线与空间划分，地理事件、地理现象及其社会经济效应，地理信息的获取与再现等。

第四，旅游就是求新、求美、求闲、求乐、求爱，《旅游开发与规划》是对旅游客体（旅

① 该部分执笔人：吴殿廷

游资源)、旅游主体（游客）和旅游介体（旅游服务提供者）及其相互关系的考察。其中旅游客体研究包括旅游资源的调查、分类与评价；旅游主体研究包括旅游需求、旅游消费、旅游市场的调查和分析；旅游介体研究包括旅游开发、经营、管理和规划等。本教材从旅游开发与规划的基本范畴和国家相关文件要求出发，运用社会经济活动及其决策的“5W2H”[What、Why、Who、Where、When；How to do、How much（many）]思维框架，系统论述了旅游开发与规划的基本内容和主要方法，结合国内外经典案例剖析了旅游发展的内在规律和经营管理中的战略对策。

五、人文地理野外实习课程与教材建设的关系①

（一）1965 年河南密县实习

1965 年 2 月底至 5 月 16 日，北师大教师接受农业部土地局（后为国家土地局）任务“河南密县五虎庙公社（乡）土地规划”（密县为现在的郑州市新密市），带领 1963 级（1967 届）本科生实习。实习地位于黄淮海平原，面积约 4 平方千米，人口约 1 000 人。

实习调查内容包括土地利用和设施布局。土地利用方面，农业用地为水田、旱地、梨果地，建设用地为居民点用地、商业和手工作坊用地、道路用地等。设施布局包括变电站、高压线路、抽水站、机井布局等，道路主要为郑州至登封（少林寺）的道路。

实习的特点之一是指导力量强。指导人员包括农业部马克伟、张巧玲工程师，农业部土地规划勘测大队工程技术人员、哈尔滨农学院教师两人，河南水利专科学校教师两人，密县农委主任张诚，北师大冯嘉苹、邬翊光、宋延洲（辅导员）。指导 1963 级本科生 35 人。全体师生与农民同吃、同住、同劳动，认真听取农民的意见，主要时间用于实习工作。

特点之二是方法科学。35 位学生分为五组，从准备、测量、调研，到写出小组报告，认真讨论后交农业部并获得认可。

特点之三是影响大。学生自己动手，通过研究土地利用、地下地面水的利用、作物调整、生物循环和生态保护、农业生产力和生产关系等，认识农业和农村，熟悉地理学等基本知识。最后成果受到农业部土地局的肯定，奠定了北师大地理系与国土部的关系，为以后大批毕业生到国土部门工作创造了条件。

---

① 本部分（一）（二）（三）小节由北京师范大学邬翊光先生撰写，美国中央康涅狄格大学地理系沈小平教授补充信息，周尚意、张华编辑整理。第（四）小节由周尚意执笔。

（二）1985 年研究生和本科生的联合实习

结合北京师范大学承担的三峡工程大课题中的“三峡工程前期移民环境容量”课题，开展了研究生和本科生联合的野外实习。时任三峡办主任林一山是北师大地理系 1939 年的毕业生。参加指导的有刘逸浓、邬翊光、沈小平、1983 级辅导员刘稷老师等，此外还有王淑芳老师、系财务员江春祥老师。后留校任教的胡江老师当时在奉节县当中学老师，也参加了实习。

这次实习的特点之一是实习地点选择得好。当时选择开县和奉节二县。开县为三峡移民最多、淹没土地面积最大的县，全国橘子产量最多（全国第一，但销售不佳）；奉节县人脉好，可以集中万州专区干部交流意见，可以听取库区人民的意见。

特点之二是有创新实践意义。1986 年实习之后，课题组提出多条科研结论。第一，赞成三峡工程“上马”，理由主要是效益好。一方面是防洪，多年来长江中游水患严重，1931 年水灾淹没武汉市，经济损失折现为 2 000 亿至 3 000 亿元人民币，每年防洪费用巨大。另一方面是发电，装机容量 1 350 万千瓦。此外，南水北调、通航、灌溉、旅游、水产养殖等也发挥很大效益。第二，三峡 100 万～120 万移民应大部分移出库区，可以提高移民生活水平。第三，创新性地提出教育移民、人才移民。用上学和培训方式提高移民素质，因三峡淹没是十四十五年以后的事情，所有青少年均用学校教育或培训的方式移至三峡工程受益的城市，以产业工人等方式实现就业，有利于城市化和缩小城乡差异，前提是移民费用必须保证。第四，反对以一人一亩橘子树的方式养活移民。理由是会造成大规模水土流失，移民的生命财产安全无法保证，更不能提高生活水平。最后，三峡办部分接受课题组意见，但对移民方式继续研究，由清华大学社会学院李强负责。1991 年后，李强完全同意北师大课题组的意见，结束课题和实习任务。

（三）两次人文地理学实习的经验

基于两次实习，邬翊光先生总结出的北京师范大学人文地理野外实习的经验是：①以提高学生能力，特别是思维创新能力为主。②野外实习与课堂结合，研究生与本科生结合，研究生协助指导。③实习检验教学质量，由委托方检验实习成果，更为真实可靠，提高学校声誉，有利于就业，有利于争取甲方任务。④使学生认识到土地和水是中国最重要的资源，也是地理学的研究对象，学生应有包括自然、人文、生态在内的全局系统思维。⑤从微观实习研究，放眼到宏观区域，甚至全国。⑥专业教育密切结合政治思想教育。政治思想教育目标明确，实习教育最终目标是完成国家任务，为人民服务。⑦实习是“下马植树”，不是“走马观花”，是难得的学习实践机会。⑧争取更多的教师指导，帮助与社会联系。

（四）东山—苏州—上海野外实习线路建设

1982年，周廷儒先生决定增加苏州东山—苏州—上海的人文地理野外实习线路。因此地理系的本科生在庐山自然地理实习之后，接续开展人文地理学实习。邬翊光先生回忆，当时南京师范学院金其铭老师牵线苏州大学历史系孙承璜老师，孙老师是北师大地理系的系友，他再联系了苏州文化局下属的旅游公司，为此次实习提供了交通等便利条件。此外，苏州铁道学院、华东师范大学等单位也给予了大力支持。1982年，1979级（1983届）本科生首次在苏州吴中区（当年为吴县）东山镇（当年为乡）开展人文地理实习，主要实习内容是农业土地利用。2007年学校教务处批准建设了东山野外实习基地，葛岳静教授作为分党委书记，代表北京师范大学与东山镇政府签订了基地建设协议，之后东山镇政府给予了大力支持。自1982年开始，除1995年和1996年没有在东山实习外，其余各年均在东山开展了实习，即便是在2020年，受新冠肺炎疫情影响，也在次年通过虚拟实习补上了。先后参加人文地理野外实习的指导老师有邬翊光、程连生、冯嘉苹、张文新、周尚意、吴殿廷、宋金平、朱华晟、朱青、黄大全、张华等，人文地理学教研室的戴特奇、潘峰华、马静老师也作为辅导员参加了实习指导。2017年地理科学学部依托湖州市城市规划设计研究院，新建立了人文地理与城乡规划湖州创新实践基地，侧重规划实践，极大丰富了人文地理野外实习内容。

人文地理野外实习基地的建设经验有三条：①跨越地理区域开展实习有助于学生通过区域比较，培养区域认识的能力。程连生先生回忆，这是周廷儒先生当年的说法，也是许多大学地理系野外实习的形式。②长期坚持在一个地点实习有助于教师指导团队积累区域数据，对实习地区特点和变化有深入的了解。③多年积累的本科研究案例，有助于学生在其上届学生研究的基础上发现新问题，开展符合高年级认知水平的探究性实习。同时，与兄弟院校开展合作的传统得到了传承和发扬，先后有几十名国内外大学的地理教师参加了实习基地的指导，他们是华东师范大学的黄锡霖、孔翔、胡德、于川江、司桂霞老师；北京大学的唐晓峰老师；南京大学的姚亦峰老师（后调入南京师范大学）；复旦大学的张伟然老师；江西师范大学的马定国、钟业喜老师；武汉大学的钟赛香、李全老师；天津师范大学的孟广文老师；中央财经大学的赵建平老师；陕西师范大学的白凯老师；华南师范大学的刘俊老师；枣庄师范学院的吴元芳老师；新疆师范大学的胡江玲老师；西南大学的王立老师；南京农业大学的郭文老师；曲阜师范大学的唐顺英老师（现调入青岛大学）；云南师范大学的华红莲老师；百色学院的文鸿老师；内江师范学院的李宏芸老师；北京四中特级教师李京燕老师；美国马里兰大学的梁顺林、米拉・兹拉蒂奇（Mila Zlatic）、里切尔・伯恩特森（Richel Berndtson）三位老师；俄罗斯科学院的伊利亚·丘巴罗夫（Ilya Chubarov）老师等。华东师范大学是合作最为密切的单位。

基于长期的实习经验，许多本科生发表了学术论文。指导教师团队撰写了《人文地理学野外方法》（周尚意等，2010）①。该书从确立研究问题、研究认识论出发，分野外实习前期准备、野外数据收集方法、野外数据记录方法、野外数据初步处理等方面，介绍了人文地理学的野外方法，并给出了若干研究案例，这些案例都是基于实践教学摸索出来的。2016 年又出版了《地方特性发掘方法——对苏州东山的地理调查》（周尚意等，2016）。该书为本基地的实习提供了详细的数据和研究案例，成为了实习指导必备书。此外，北京师范大学教学服务中心主任赵欣如教授率领他的团队，与实习团队合作拍摄编辑了一套东山野外实习教学纪录片。

2019 年，由周尚意主讲的"人文地理学野外实习"慕课在中国大学慕课平台正式上线②。这是中国唯一一门人文地理学野外实习的慕课，是以北京师范大学教师为主，联系多个高校共同建设的野外实习慕课（共 20 集），体现了北师大在搭建教学合作平台上的合作精神和组织能力。参加慕课建设的有北京师范大学的周尚意、朱华晟、朱青、黄大全、邱维理等老师，以及高慧慧、白灵瑶、王彬、苏娴、纪凤仪等博士、硕士研究生；首都师范大学的刘爱利老师；北京联合大学的陈媛媛老师；天津师范大学的孟广文老师；延边师范大学的金石柱老师；太原师范学院的马文娟老师；新疆师范大学的黄佛君老师；西南大学的王立老师和刘苏老师。他位的无私支持，成就了本门慕课的建设。

参考文献

[1] Cosgrove, D. E. 1998. *Social Formation and Symbolic Landscape*. Madison: University of Wisconsin Press.

[2] de Blij, H. J., C. J. Nash, E. H. Fouberg. 1977. *Human Geography: People, Place, and Culture*. New York: John Wiley & Sons.

[3] Jordan-Bychkov, T. G., M. Domosh, L. Rrowntree(eds). 1997. *The Human Mosaic: A Thematic Introduction to Cultural Geography* (*7th Edition*). Clayton, MO: Addison-Wesley Educational Publishers.

[4] Peet, R. 1998. *Modern Geographical Thought*. Oxford: Blackwell, p.10.

[5] Sauer, C. O. 1925. The Morphology of Landscape. *University of California Publications in Geography*. Vol. 2, No. 2.

[6] Spencer, J. E., W. L. Thomas Jr. 1969. *Introducing Cultural Geography*. New York: Wiley.

[7] [英]迈克·克朗著，杨淑华、宋慧敏译：《文化地理学》，南京：南京大学出版社，2005 年。

① 华东师范大学的孔翔教授、中山大学的刘云刚教授（现调入华南师范大学）参与了本教材的写作。

② 见中国大学 MOOC 官网，https://www.icourse163.org/course/BNU-1456178161?from=searchPage。

[8] 唐晓峰：《文化地理学释义：大学讲课录》，北京：学苑出版社，2012 年。
[9] 王鹏飞：《文化地理学》，北京：首都师范大学出版社，2012 年。
[10] 吴殿廷、方修琦、王欣等：《地理学基础》，北京：地质出版社，2022 年。
[11] 周尚意：《人文地理学野外方法》（普通高等教育“十一五”规划教材），北京：高等教育出版社，2010 年。
[12] 周尚意、孔翔、朱竑：《文化地理学》（高等学校人文地理系列教材之一），北京：高等教育出版社，2004 年。
[13] 周尚意、孔翔、朱竑：《文化地理学》（普通高等教育“十一五”规划教材），北京：高等教育出版社，2008 年。
[14] 周尚意、孔翔、朱华晟等：《地方特性发掘方法——对苏州东山的地理调查》，北京：科学出版社，2016 年。
[15] 周尚意、赵世瑜：“文明的足下——谈文化地理学兼评《中国文化地理》”，《读书》，1985 年第 7 期。

北京师范大学地理信息科学专业教材建设

刘慧平

北京师范大学地理信息科学专业（建立时称地理信息系统专业）于2001年获得教育部批准建立并招生。在此之前，地理信息科学的相关课程主要有“地图学”“遥感概论”“遥感数字图像处理”“地理信息系统”等，上述课程已经在自然地理与资源环境、人文地理与城乡规划和地理科学专业开设。课程建设和教材建设共同发展。

一、地图学相关教材建设[①]

“地图学”作为地理学各专业的基础课程，长久以来一直是地学类院系的核心课程，受到普遍重视。具有百廿年历史的北京师范大学地理系，从京师大学堂开办，就授命中国近代地图学的奠基人邹代钧为地理总教习，主持地理、地图学科知识的讲授。后续又有多位著名学者主持讲授“测量和地图学”课程，1914年刘玉峰在史地系讲授“地图学”，1950年周廷儒讲授“地形测量”，1951年周卡为地理系学生讲授“测量学与航空摄影判读”，1952年薛贻源讲授“航空像片判读”。万方祥先期在西北师院（现西北师范大学）、兰州大学讲授“地图学”课程，1954年调入北京师范大学地理系，于1955～1957年和赵淑梅共同主持两年制的地图测绘研究生班。1950～1990年代，赵淑梅、褚广荣、王建序等先后讲授“测量与地图学”课程。1990年代以来，朱良、董卫华、陈云浩、王瑛分别为本科生讲授“地图学”“计算机制图”“数字制图”等课程。

随着地图学课程的教学实践与发展演变，相关教材、教学图集的编制建设也受到教师和

作者简介

刘慧平，北京师范大学地理科学学部教授。1981～1985年在北京师范大学地理系攻读学士学位，1985～1988年在北京师范大学地理系攻读硕士学位，师从赵济教授，1999年在北京师范大学资源与环境科学系获博士学位，师从朱启疆教授。1988年留校工作至今。

① 本部分执笔人：朱良

学者们的重视。1903 年（光绪二十九年），舆地学会出版了邹代钧主编的《中外舆地全图》，被公认是中国最早经教育管理部门（大学堂）审定、公开出版的教学地图集。图集一经面世，颇得学界重视，多次再版重印，影响广泛，成为地理教学及后世编制中外地图集的主要参考资料。1953～1954 年，万方祥自编《地图学》（上、下）讲义，为“地图学”课程及测绘研究班提供了有力的支撑。

从 1978 年起，地理系赵淑梅、褚广荣、王建序、朱良等先后参与编著了多本重要教材：人民教育出版社于 1978 年出版了四所高校合编（赵淑梅、褚广荣参编）的《测量与地图》；张力果与赵淑梅合编的《地图学》（1983）和王建序编的《地图学实习》（1988）由高等教育出版社出版；2004 年朱良受高等教育出版社委托为面向 21 世纪课程教材《新编地图学教程》独立研制电子教案，后经出版；四所高校教师（毛赞猷、朱良、周占鳌、韩雪培）合编、高等教育出版社出版的普通高等教育“十一五”国家级规划教材《新编地图学教程》（第二版，2008）及电子教案（2011）；面向 21 世纪课程教材《新编地图学教程》（第三版，2017）及电子教案（2017）等。这些教材在国内众多高校中被广泛使用。其中，《地图学》、《新编地图学教程》及其电子教案两套教材在国内同类课程中使用最为广泛，具有较大的影响力。

2008 年出版的《新编地图学教程》第二版，系统阐述了现代地图学理论、地图学基本知识和地图学新技术的发展。全书贯穿了地图—数字地图的学科体系，使传统地图知识与高技术制图紧密结合，内容满足地理类专业学生对本课程的学习要求。全书共分 10 章，包括：地图与地图学、地球体与地图投影、地图数据源、地图概括、地图符号化、地图表示法、地图编制、数字制图、地图复制和地图分析。2017 年《新编地图学教程》第三版出版，该版系统、完整地介绍了地图学的原理和方法，内容包括：导论、地球体与地图投影、地图数据源、地图概括、地图符号设计、地理信息的符号模型、普通地图、专题地图制图、数字地图制图、地图分析、地图的复制与编制管理，共 11 章。教程整体上贯穿了地图—可视化—信息传输的学科体系，将对传统地图的认识与数字信息技术制图紧密结合。

近年来，空间测量与制图技术有了新的发展，相关教材需要更新，2011 年陈云浩等编著的研究生教材《空间测量与制图》由北京师范大学出版社出版。

地理空间认知研究成为地图学的新的发展方向，借助眼动仪等现代传感设备研究人的空间认知规律，从而服务于新一代地图的表达。为此，在选修课中开设了地图学空间认知的实验内容，2021 年董卫华等编写的《地图学空间认知眼动实验原理与方法》由科学出版社出版，提升了地理空间认知的教学水平。

表 1-19 地理学科教师编著的地图学方面的教材一览

教材名称	作者	出版社	出版年份
测量与地图	吉林师大、北京师大、南京师院、开封师院（赵淑梅、褚广荣参编）	人民教育出版社	1978
地图学	张力果、赵淑梅	高等教育出版社	1983
地图概论	褚广荣	北京师范大学出版社	1987
地图学基础	赵淑梅、张从宣、张文生	高等教育出版社	1987
地图学实习	王建序	高等教育出版社	1988
环境地图应用	褚广荣	福建地图出版社	1990
环境制图	褚广荣	测绘出版社	1996
新编地图学教程—电子教案	朱良	高等教育出版社、高等教育电子音像出版社	2004
新编地图学教程（第二版）	毛赞猷、朱良、周占鳌、韩雪培	高等教育出版社	2008
空间测量与制图	陈云浩、邓磊、沈蔚、李京	北京师范大学出版社	2011
新编地图学教程（第二版）—电子教案	朱良	高等教育出版社、高等教育电子音像出版社	2011
新编地图学教程（第三版）	毛赞猷、朱良、周占鳌、韩雪培	高等教育出版社	2017
新编地图学教程（第三版）—电子教案	朱良	高等教育出版社，高等教育电子音像出版社	2017
地图学空间认知眼动实验原理与方法	董卫华	科学出版社	2021

二、遥感与地理信息系统相关教材建设

“遥感概论”于 1984 年前后开始作为本科生的专业选修课程而开设，之后成为专业基础课和学科基础课程。2000 年以前，该课程主要由朱启疆、彭望琭、刘慧平和张红讲授。2000 年以后由张红、柏延臣、阎广建负责讲授分为针对地理信息科学专业学生的“遥感导论”和针对其他专业学生的“遥感概论”。

“地理信息系统”课程最早是 1984 年作为研究生选修课程而开设的，1986 年前后，在本科生“遥感概论”的授课内容中加入了地理信息系统的相关内容。1999 年“地理信息系统”课程作为本科生的专业基础课程开设，由刘慧平讲授至今。

遥感科学与技术是北京师范大学地理学专业的重点研究领域，在本科生专业建设上，遥感科学与技术的相关课程和教材也是建设的重点。1991 年彭望琭编写的《遥感数据的计算机

处理与地理信息系统》是我国最早的遥感图像数字处理方面的教程，当时地理信息系统技术在我国刚刚起步，地理信息系统相关课程也刚刚进入本科教学，这本教材在遥感数据的计算机处理技术的教育教学中发挥了重要作用。该教材于1994年6月被中国出版者协会和中国地理学会评为全国首届优秀地理图书二等奖，1995年获北京师范大学优秀教材奖。

进入21世纪，在国家面向21世纪教材建设工作的推动下，彭望琭和刘慧平参与主编了由北京师范大学、华东师范大学和北京大学三校联合编写的《遥感导论》和配套的《遥感实习教程》，由高等教育出版社出版，这两部教材成为各高校相关专业遥感课程的必选教材。《遥感实习教程》获得2005年北京市普通高校教育教学成果二等奖，该教材包括电磁辐射与地物波谱、遥感成像原理与遥感图像特征、遥感图像处理、遥感图像目视解译与制图、遥感数字图像计算机解译、遥感应用实例、3S综合应用等七个部分，共有22个实习，且配有实习用计算机辅助教学光盘。

为满足不同层次高校地理学专业建设的需求，刘慧平、张红编写的《遥感图像判读教学研究》于2001年由北京师范大学出版社出版。2002年，彭望琭主编，彭望琭、白振平、刘湘南、曹彤编著的《遥感概论》由高等教育出版社出版，该教材全面系统地讲解了遥感的电磁辐射基础和光学基础，航空遥感到航天遥感以及微波遥感，遥感目视判读和计算机信息提取内容，并介绍了遥感技术的主要应用。教材一经出版，发行良好，受到大专院校的欢迎。2021年该书的第二版出版发行，新版教材增加了包括无人机遥感、机器学习分类等新的遥感技术方法，以及全球环境监测、夜间灯光遥感应用等更多的应用案例。

为了积极引进国际遥感课程教学的先进经验，2003年彭望琭、余先川、周涛、李小英等翻译出版了国际经典教材《遥感与图像解译（第四版）》。2016年《遥感与图像解译（原书第7版）》出版发行。

随着定量遥感的发展，亟须相关教材建设。北京师范大学作为定量遥感研究的重要单位出版了相关教材。李小文院士领衔进行定量遥感相关教材的建设，2008年与刘素红编写的《遥感原理与应用》由科学出版社出版；2013年与梁顺林、王锦地等人所著的《定量遥感：理念与算法》由科学出版社出版。

随着新型的教学技术的发展，网络课程、翻转教学、通识课程建设、双语课程建设等教学改革对教材建设提出新的要求，北京师范大学积极参与相关工作。将理论教学用教材与实践教学用教材配套，进行教材编写，以满足遥感课程理论与实践密切结合的教学需要，2015年和2016年朱文泉、林文鹏编著的《遥感数字图像处理——原理与方法》和配套的《遥感数字图像处理——实践与操作》由高等教育出版社出版。2015年，杨胜天和赵长森编著的《遥感水文》，杨胜天、王志伟、赵长森、蔡明勇编著的《遥感水文数字实验——EcoHAT使用手册》，蒋卫国、王文杰、李京、国巧真主编的《遥感卫星导论》均由科学出版社出版。

遥感技术的不断发展，新技术不断涌现，同时国家立项开展了大规模的遥感实验，使遥感应用水平迅速提高。为了满足遥感的新技术课程的教学需要，张吴明等人编著的《影像三维数字化基础教程》于2012年由北京师范大学出版社出版。在总结我国著名的黑河遥感实验经验的基础上，将新型的遥感实验的理论方法引入遥感教育教学中，2022年刘绍民等人参与编著的《黑河生态水文遥感试验》由科学出版社出版。

遥感与地理信息系统技术相结合在国家各行业、各部门开展了大量的应用研究，取得了丰硕的成果，2010年李小文、刘锐等人主编的《数字环保理论与实践》由科学出版社出版，推动了遥感和地理信息系统应用课程的教材建设工作。

表1-20 地理学科教师编著的遥感方面的教材一览

教材名称	作者	出版社	出版年份
遥感导论	梅安新、彭望琭、秦其明、刘慧平	高等教育出版社	2001
遥感实习教程	刘慧平、秦其明、彭望琭、梅安新	高等教育出版社	2001
遥感图像判读教学研究	刘慧平（张红参编）	北京师范大学出版社	2001
遥感概论	彭望琭、白振平、刘湘南、曹彤	高等教育出版社	2002
遥感与图像解译（第四版）	Thomas M. Lillesand、Ralph W. Kiefer 著 彭望琭、余先川、周涛、李小英 等译	电子工业出版社	2003
遥感原理与应用	李小文、刘素红	科学出版社	2008
影像三维数字化基础教程	张吴明、朱凌、王颢星等	北京师范大学出版社	2012
定量遥感：理念与算法	梁顺林、李小文、王锦地等	科学出版社	2013
遥感数字图像处理——原理与方法	朱文泉、林文鹏	高等教育出版社	2015
遥感卫星导论	蒋卫国、王文杰、李京、国巧真	科学出版社	2015
遥感水文	杨胜天、赵长森	科学出版社	2015
遥感水文数字实验——EcoHAT 使用手册	杨胜天、王志伟、赵长森、蔡明勇	科学出版社	2015
遥感数字图像处理——实践与操作	朱文泉、林文鹏	高等教育出版社	2016
遥感与图像解译（原书第7版）	Thomas M. Lillesand、Ralph W. Kiefer、Jonathan W. Chipman 著 彭望琭、余先川、贺辉、陈红顺 译	电子工业出版社	2016
遥感概论（第二版）	彭望琭、白振平、刘湘南、刘慧平	高等教育出版社	2021
黑河生态水文遥感试验	李新、刘绍民、柳钦火等	科学出版社	2022

地理信息系统课程的相关教材建设起步于1991年彭望琭编著的《遥感数据的计算机处理与地理信息系统》，由于当时在本科教学中是将地理信息系统技术的相关内容作为“遥感概论”课程的一部分，未单独设课，因此在这本教材中地理信息系统的教学内容占四章，内容包括地理信息系统的基本概念、地理信息系统的组成部分、地理信息系统数据源的几个问题、地理信息系统的建立与应用。近年来，在专业课程教材建设方面，2012年程昌秀编著的《空间数据库管理系统概论》由科学出版社出版；朱秀芳翻译了维尔潘·L. 戈尔（Wilpen L. Gorr）和克里斯滕·S. 库兰（Kristen S. Kurland）著的《ArcGIS 10地理信息系统实习教程》[*GIS Tutorial 1: Basic Workbook, 10.1 Edition(for ArcGIS 10.1)*]，2017年由高等教育出版社出版。

表1-21 地理学科教师编著的地理信息系统方面的教材一览

教材名称	作者	出版社	出版年份
遥感数据的计算机处理与地理信息系统	彭望琭	北京师范大学出版社	1991
数字环保理论与实践	李小文、刘锐、姚新、张义丰	科学出版社	2010
空间数据库管理系统概论	程昌秀	科学出版社	2012
ArcGIS 10地理信息系统实习教程	〔美〕维尔潘·L. 戈尔、 〔美〕克里斯滕·S. 库兰 著 朱秀芳 译	高等教育出版社	2017

三、随笔：从北师大遥感学科的发展回忆我们出版遥感及相关教材前后①

中国引进第一批美国陆地卫星遥感影像是1975年，立即引起包括时任北京师范大学地理系系主任周廷儒院士等地学界众多专家学者的关注，1978年教育部会议同意将“遥感概论”纳入教学计划。赵济教授参与研讨高校的“遥感技术与应用科研规划”，同时带领一批教师参加了早期的大型遥感试验研究活动——由中国科学院陈述彭先生牵头在云南腾冲举行的联合航空遥感试验，赵济教授也成为北师大发展遥感学科的早期领导之一。1980年代初，随着北师大遥感教学和科研的深入发展，在赵济教授带领下，我从天文系转入地理系，融入了北师

① 本部分执笔人：彭望琭

彭望琭，北京师范大学教授。自1978年调入北京师范大学工作至今，先后就职于北京师范大学地理系（资源与环境科学系）、北京师范大学珠海分校信息技术学院。

大遥感的科研和教学工作。1983年，在地理系教师的努力下，学校决定引进由世界银行贷款的大型图像处理设备和软件系统，由北师大分析测试中心负责管理和运行。地理系派我参加了高校代表团负责硬件设备和软件系统的选型、起草标书、投标工作，并于1984年代表学校被国家派到美国加州公司参加设备和系统的培训，促进北师大遥感和图像处理水平的提高。1985～1986年我被公派到美国弗吉尼亚理工大学图像处理实验室做访问学者，在遥感图像处理和地理信息系统方面学习提高，此时我萌发了写中国人自己的教材的想法。

20世纪80年代开始，北师大和国内高校联合推进遥感学科发展和应用。主要表现在：

积极参加“六五”国家重点科技攻关项目。1984年5月，国家科学技术委员会下达“六五”国家科技攻关任务——“卫星遥感信息在山西农业自然资源定量分析中的应用研究”和“遥感在内蒙古草场资源调查中的应用研究”。北师大地理系均为承担单位之一，这也促进地理系教师们遥感科研的发展。

1984年10月，教育部科教司决定成立“高校联合遥感技术应用中心”。中心挂靠在北京大学，由北京大学副校长沈克琦任主任，北京大学陈凯、承继成，北京师范大学赵济为副主任。中心成立后连续参加“六五”“七五”“八五”国家科技攻关任务，在联合攻关任务中各高校相互合作，成为国家遥感队伍中的主力军。我在参加这些课题中得到锻炼和提高，也获得一些奖项。

1987年，国际化的遥感培训在国内开展较少，北京师范大学邀请澳大利亚新南威尔士大学著名遥感专家理查德·穆勒（Richard Muller）教授等来北师大讲学，北京大学、南京大学、华东师范大学、东北师范大学、内蒙古大学地理系师生60余人参加培训，我担任了教学翻译工作。这一培训工作有力地配合了高校“遥感图像数字处理”课程的开设。

遥感学科发展的过程中离不开地理信息系统。1986年前后，北师大地理系最早在本科生的专业基础课“遥感概论”课程中加入了地理信息系统相关内容。

从1991年开始，北京师范大学以及高校联合遥感技术应用中心的老师独自或合作编写了一系列遥感学科相关教材，还翻译引进国外使用广泛的知名教材，奠定了高校遥感教育的基础建设，促进遥感教学的发展。

这样，在北京师范大学出版社的支持下，1991年我完成了遥感与地理信息系统结合的第一本教材——《遥感数据的计算机处理与地理信息系统》，是我国高校最早的遥感及地理信息系统教材之一。该书于1994年6月被中国出版者协会和中国地理学会评为全国首届优秀地理图书二等奖，1995年获北京师范大学优秀教材奖。教材建设与课程建设相互促进，1997年，“地理信息系统课程体系建设”获得北京市普通高校教育教学成果一等奖（获奖人：彭望琭、刘慧平、管丽、谢昆青、朱良）。

随着遥感和地理信息系统专业在高校的发展，高等教育出版社、电子工业出版社等都积极筹划遥感类教材的出版，纷纷支持北师大教师制订新的出版计划。作为高校教师，我们也充分调动了编写教材或翻译国外优秀教材的积极性，为促进我国遥感教育事业的发展，尽自己的绵薄之力。这样，便产生了后面的一系列教材。

由彭望琭主编，彭望琭、白振平、刘湘南、曹彤编著的《遥感概论》，2002 年在高等教育出版社出版。而在 2001 年已经有梅安新老师主编，彭望琭为参编者之一的《遥感导论》出版，并有刘慧平、秦其明、彭望琭、梅安新的《遥感实习教程》，是由高等教育出版社出版的面向 21 世纪课程教材。那时，正是各高校火热开设遥感课程的时候，并且是和地理信息系统课程列为两门课，当时高等教育出版社提出应有多种版本教材供不同需求的高校学生使用，所以决定由彭望琭任主编，再写一本通俗一点的遥感入门教材。《遥感概论》这本教材以原理更清晰易懂，实例更具体，应用更广泛为指导思想，更多地用于普通高等学校学生学习，并适用于科研人员自学。邀请了几位高校的遥感教师——白振平（首都师范大学）、刘湘南[中国地质大学（北京）]、曹彤（北京联合大学）合作。教材出版后，发行情况良好。随着遥感事业的发展和高校遥感专业的建设需要，对于遥感概论的需求促使高等教育出版社决定在 19 年后继续出版第二版，以跟上形势发展的需要。于是，彭望琭主编，彭望琭、白振平、刘湘南和刘慧平（北京师范大学）编写的《遥感概论》第二版于 2021 年出版。除了保留原有的风格，根据遥感的发展，增加了新的学术内容，例如激光雷达、基于机器学习的分类方法等，并增加了电子版本的教学课件指导，目的在于帮助学生自主选择学习不同的内容，跟上时代和未来不同工作的需要。

随着我国国际合作和学术交流的发展，有必要把国外影响力大、权威性强的教材介绍到国内，以提升专业建设水平。为此，电子工业出版社于 2003 年出版了在美国影响广泛的高校教科书和科研用书——《遥感与图像解译（第四版）》，原著是托马斯 • M. 里尔森（Thomas M. Lillesand）、拉尔夫 • W. 基弗（Ralph W. Kiefer），由彭望琭、余先川、周涛、李小英等翻译，陈述彭院士专门为此书作序，对本书给予充分的肯定。此书由于叙述通俗易懂，原理和应用涉及面广，并且图文并茂，易于学习，在遥感界产生了很大的影响。为此，13 年后的 2016 年，当原著在美国出版到第七版时，为了跟上国际遥感的发展，电子工业出版社毅然决定再次出版此书，《遥感与图像解译（原书第 7 版）》的原著是托马斯 • M. 里尔森（Thomas M. Lillesand）、拉尔夫 • W. 基弗（Ralph W. Kiefer）和乔纳森 • W. 奇普曼（Jonathan W. Chipman），由彭望琭、余先川、贺辉、陈红顺翻译。专门邀请中国遥感应用协会专家委员会主任、中国探月工程副总设计师姜景山院士为本书作序，他们既肯定了该版保留了遥感的基础理论部分，也肯定了本书对当今最新技术的讲解，如先进的卫星传感器、激光雷达系统和图像处理技术等等。《遥感与图像解译（原书第 7 版）》的出版对继续促进我国遥感教育和科研发展、与国际接轨发挥很大的作用。

希望这些教材可以更快地推动高校学生或研究单位工作者跟上新形势，促进我国科技事业发展，也是我们作为老教师为国家遥感事业作出的一点贡献。

四、《遥感实习教程》简介

《遥感实习教程》是由高等教育出版社出版的面向21世纪课程教材，是全国首次出版的高校遥感课程的实习教材，是《遥感导论》的配套教材。本书包括两部分：①实习教材文字部分：按照遥感课程教学的安排，分为七个部分，即电磁辐射与地物波谱、遥感成像原理与遥感图像特征、遥感图像处理、遥感图像目视解译与制图、遥感数字图像计算机解译、遥感应用实例、3S综合应用，共设22个实习。②实习用计算机辅助教学（computer-aided instruction，CAI）光盘：内容包括遥感原理计算机辅助教学软件和实习图像。

教材设计时考虑到当时高校遥感导论课程教学中存在的问题，例如对于遥感中一些抽象概念和原理较难讲解；计算机数字图像处理部分的实习由于受到计算机软件条件的限制不易开展；当时遥感数据获取困难等，因此教材配有一张实习用计算机辅助教学光盘，其中教学软件部分包括地物光谱和遥感图像、光学图像处理、遥感图像处理、遥感与GIS字典四部分。实习图像部分则包括了本教材各实习所需图像。

教材具有以下特点：

（1）内容上，全面与重点相结合。对应《遥感导论》教学中各个章节的内容设置实习，全面覆盖《遥感导论》教学中原理和技术所需的实践内容，易于与课堂教学结合安排实习课程。同时对于计算机图像处理、光学合成原理等教学的薄弱环节和难点问题加大实习量，进行重点实习，并专门开发了计算机辅助教学软件。

（2）原理、操作及演示相结合。每个实习均包括原理与方法简介、实习目的、实习步骤三部分。通过简单介绍本实习涉及的相关原理和方法，确定实习目的，通过详细的操作步骤完成实习。对于抽象的概念，则通过光盘中的辅助教学软件进行演示。

（3）编制模拟软件，解决计算机软件条件欠缺问题。在计算机辅助教学软件中设立计算机数字图像处理部分的模拟操作，解决了不具备遥感图像处理软件条件的教学实践问题。例如，实习九为“遥感图像变换（I）——滤波”，实习步骤部分包括“应用正版Idrisi软件进行‘滤波’处理实习”和“在CAI中进行模拟实习”两部分，教材中教学模拟操作的过程与运用真实的图像处理软件进行操作完全相同。

（4）针对难点进行直观形象的演示实习。对于遥感原理中一些抽象的概念和方法，通过形象的动画和三维演示，使学习者加深对概念和原理的理解。例如，在遥感图像的光学合成原理中，彩色的特性部分和颜色立体部分，使用枫叶色彩的动画变化和三维锥体的彩色立体的动画旋转进行形象化演示，直观易懂。

（5）实习内容说明与实习用数据一体化，无需其他的数据准备即可进行实习。教材提供实习用全部图像数据和软件，教师在教学中不用额外进行实习的数据准备，实习即可顺利进行，大大减少了教师实践教学的准备工作量，确保实习的完成。

该教程的创新点在于：

第一，该教材 2005 年获得北京市高等教育教学成果二等奖（获奖人：刘慧平、秦其明、彭望琭、梅安新），至获奖时该教材是当时我国唯一的高校遥感实习教材。“遥感导论”课程是高校地理学、资源与环境科学等许多专业的专业基础课程，遥感技术本身具有很强的实践性，实习课程对于遥感教学和学生能力培养具有非常重要的作用，该教材填补了国内教材在这方面的空白。

第二，教材中将实习原理、操作、软件、数据和辅助教学一体化，是当时实习教材中的创新。相近的实习教材，如地图学方面和地理信息系统方面的实习教材中，均只侧重对于实习原理的说明和步骤的说明，不配有相应的软件、数据。教师在进行实习教学中需自己准备实习用数据、地图、图像和软件，影响了实习的顺利进行。而该教材的一体化设计，确保了遥感实习的顺利进行。

第三，教材中遥感图像处理软件的模拟操作在已出版的实习教程中是鲜见的。由于商业遥感图像处理软件的价格十分昂贵，给实习带来了很大困难。教材中的模拟操作，完全按照商业软件（Idrisi 软件）的操作进行设计，使学生亦能学习和掌握遥感图像处理操作技术。

北京师范大学对中学地理教材的贡献

王民、高翠微[1]

自北京师范大学1902年建校至今，地理教育一直受到历届系主任和教师们的重视，其中中学地理教材的编写与研究是重点。120年来，北师大教师积极参与了中学地理教材的建设，为提升国民地理素养作出了贡献。

一、清末民国时期的地理教材建设（1902～1949年）

据《北京师范大学图书馆馆藏师范学校及中小学教科书书目（清末至1949年）》统计，1949年之前，北京师范大学地理系师生参与编著的中学地理教材有50多种，约占当时中学地理教材总数（160种）的1/3。系里诸多师生都积极参与中学地理教材的编写工作，包括白眉初、黄国璋、王谟、王益崖、谌亚达、殷祖英、王钧衡、王华隆、万方祥、傅角今、王成组、王金绂、盛叙功、邓启东、田世英、杨蕙田、程国璋、吕士熊、苏从武、韩道之、陆光宇等。

这段时期，北师大地理系师生参与编、著、译、校的中学地理教材在初中、高中两个学段均有涉及，且中国地理与世界地理、自然地理与人文地理方面的教材均包含其中。这对全国中学地理教材建设起到了重要的推动作用，并为之后的地理教材编写与研究奠定了坚实的基础。

作者简介

王民，北京师范大学地理科学学部教授。1978～1982年在北京师范大学地理系攻读学士学位，1985～1988年在北京师范大学地理系攻读硕士学位，师从邬翊光教授。1982年留校工作至今。

高翠微，北京师范大学地理科学学部讲师。2011～2017年在北京师范大学地理学与遥感科学学院（地理科学学部）攻读硕士、博士学位，分别师从蔚东英副教授、王民教授。2018年留校工作至今。

致谢

本文写作过程中，赵济、朱良提供了部分资料，蔚东英积极参与讨论并提出建议。

表 1-22 1902～1949 年北师大地理系师生编、著、译、校的教材

教材名称	出版年份	出版机构/其他	使用学段	北师大作者及著作方式
现代初中教科书本国地理（上下册）	1923～1924	上海 商务印书馆	初中	王钟麒（王益崖）编辑
新学制地理教科书	1923～1924	上海 商务印书馆	初中	王钟麒（王益崖）编辑
新著人文地理学	1925	上海 商务印书馆	中学	王华隆编纂
初级中学教科书中国地理	1925	北京 海王商店发行	初中	杨蕙田编辑
现代初中教科书世界地理（上下册）	1925～1929	上海 商务印书馆	初中	王钟麒（王益崖）编辑
中学教科书世界地理	1926	北京 文化学社	初中	吕士熊编，何炳松、杨秀峰校
最新教本写真中国地理	1927	北京 北京师范大学史地系、中央地学社	初中、初师	白眉初编辑，王桐龄等校阅
南开中学外国地理教本	1928	天津 南开中学	中学	郑资约选
本国地理（上下册）	1930	北平 文化学社	初师	程国璋编
新建设时代初中中国地理教本	1931～1932	北平 建设图书馆	初中	白眉初著
新建设时代中国地理（共两册）	1931～1933	北平 建设图书馆	初中、师范	白眉初著
新建设时代世界地理（共两册）	1931～1933	北平 建设图书馆	初中	苏从武著，白眉初校阅
新建设时代高级本国地理	1932	北平 建设图书馆	高中	白眉初编
世界地理	1932	北平 立达书局	高中	韩道之著
开明外国地理教本	1932	上海 开明书店	初中	盛叙功编
高中教科书自然地理学原理	1932	北平 京城印书局	高中	王钧衡译述
初中外国地理	1932～1933	上海 北新书局	初中	陆光宇编
最新初中外国地理教科书（共两册）	1932～1933	北平 立达书局	初中	王谟著
人文地理	1933	上海 大东书局	高中	王益厓（王益崖）编著
世界地志	1933	上海 商务印书馆	高中	傅角今编
初级中学北新外国地理	1933	上海 北新书局	初中	陆光宇编辑
初中本国地理教科书（两册）	1933	北平 立达书局	初中	王钧衡编纂
高中世界地理	1933	上海 世界书局	高中	王谟编著
高中世界地理教本	1933	上海 大东书局	高中	王钟麒（王益崖）编著
新建设时代初中中国地理教本（上下册）	1933～1934	北平 建设图书馆	初中	白眉初著
复兴初级中学教科书本国地理（共四册）	1933～1934	上海 商务印书馆	初中	傅角今编著
高级本国地理	1934	北平 建设图书馆	高中	白眉初编

续表

教材名称	出版年份	出版机构/其他	使用学段	北师大作者及著作方式
高中本国地理	1934	上海 世界书局	高中	谌亚达编著
地理学通论	1934	上海 商务印书馆	高中	傅角今编纂
世界地理 上册	1934	北平 华北科学社	高中	韩镜明编著，苗迪青、郑资约等校阅
新标准高中自然地理学	1934	北平 立达书局	高中	王金绂编
王氏初中世界地理（共两册）	1934	上海 世界书局	初中	王谟编著
世界地理 上册	1934	上海 大东书局	高中	王益厓（王益崖）编著
高中外国地理（上下册）	1934～1935	上海 中华书局	高中	盛叙功编
谌氏初中本国地理（共四册）	1935	上海 世界书局	初中	谌亚达编著
复兴高级中学教科书自然地理	1935	上海 商务印书馆	高中	王谟编著
高级中学自然地理	1935	南京 正中书局	高中	王益厓（王益崖）编著
王氏高中本国地理	1935	上海 世界书局	高中	王益厓（王益崖）编著
高级中学外国地理（上下册）	1934～1935	南京 正中书局	高中	王益厓（王益崖）编著
初级中学本国地理（共四册）	1935～1936	南京 正中书局	初中	王益厓（王益崖）等编
高中自然地理	1936	北平 北方学社	高中	万方祥编
新标准高中外国地理（共三册）	1936	北平 北洋图书社、北平师大中等教材研究社	高中	王钧衡等著
初中本国地理教科书（共两册）	1936	北平 北方学社	初中	王钧衡、万方祥编
复兴高级中学教科书本国地理（上中下册）	1936～1939	上海 商务印书馆	高中	王成组编著
新中国教科书高级中学本国地理（上中下册）	1947	南京 正中书局	高中	邓启东编著
初中本国地理纲要	1948	北平 国立北平师范大学地理系	初中	黄国璋等编著
初中外国地理纲要	1948	北平 国立北平师范大学地理系	初中	黄国璋等编著
复兴高级中学教科书本国地理（上中下册）	1946～1949	上海 商务印书馆	高中	王成组编著
开明新编初级本国地理（共五册）	1947～1949	上海 开明书店	初中	田世英编著

注：由于表中部分作者有工作调动，所以表中所列教材并未局限在作者在北京师范大学工作期间完成。

二、地理教材建设的调整（1950～1976 年）

1950 年到 1976 年，中学地理教材建设在调整中发展，中学地理教材主要由人民教育出版社统一组织编写。北京师范大学地理系的教师始终在国家有需要之时，积极投身地理教材的编写。王钧衡曾多次应人民教育出版社的邀请，参与中学地理教材编写工作，如 1953 年参与编写初级中学课本《中国地理》上册，1963 年参与编写初中《中国地理》等。1960 年，北京师范大学地理系普通教育改革小组编写了《九年一贯制试用课本（全日制）地理》第一册和第二册，由人民教育出版社出版，同年，又分别发行广西和云南的重印版。

表 1-23　1950～1976 年北师大地理系教师参与编写的教材

教材名称	出版年份	出版社	使用学段	北师大作者及著作方式
中国地理（上册）	1953	人民教育出版社	初中	王钧衡参编
九年一贯制试用课本（全日制）地理（第一册、第二册）	1960	人民教育出版社	初中	北京师范大学地理系普通教育改革小组编
中国地理	1963	人民教育出版社	初中	王钧衡参编

除了参与中学地理教材的编写之外，王钧衡还提出要重视对中学地理教材的研究。王钧衡深入中学地理教学实践，十分重视与中学一线教师、全国高等师范院校地理教学专业教师以及国外专家的交流与合作。据《北京师范大学地理学与遥感科学学院院史（1902～2012）》记载，王钧衡与众多在中学任教的地理教师合作，组成庞大的教学研究队伍。在进入中学课堂进行观察研究时，还将如何钻研教材拟定为教学专题进行反复研究与探讨。为了强调中学地理教材研究的重要性，王钧衡还将“地理教学法”课程的名称改为“地理教材教法”，并于 1963 年编写出版了兼具理论性及实用性的优秀大学教材《地理教材教法》。

三、地理教材建设的恢复（1977～1985 年）

1977 年，中小学通用教材地理编写组成立，北京师范大学地理系周廷儒被聘请为顾问。1978 年，全国通用教材《全日制十年制学校初中课本（试用本）》开始编写，该教材分为“中国地理”和“世界地理”两部分，共四册，供初中一年级和二年级学生使用。北京师范大学地理系的教师积极参与本次教材的编写。其中中国地理部分有张兰生、高如珊参与编写，世界地理部分有邬翊光参与编写。

1981 年，全国高中重新开设地理课。同年，北京师范大学地理系编写高中地理的教科书《地学》，参与编写工作的教师有武吉华、宋春青、郭瑞涛、汪家兴、彭望琭等。《地学》弥补了当时高中地理教材的空白，它的编写对高中地理教学起到了重要推动作用。

表 1-24　1977～1985 年北师大地理系教师参与编写的教材

教材名称	年份	出版社	使用学段	北师大作者
全日制十年制学校初中课本（试用本）中国地理	1978	人民教育出版社	初中	张兰生、高如珊
全日制十年制学校初中课本（试用本）世界地理	1978	人民教育出版社	初中	邬翊光
地学	1981	北京师范大学出版社	高中	武吉华、宋春青、郭瑞涛、汪家兴、彭望琭

四、地理教材建设的全面发展（1986 年以来）

在这一时期，教材编写从实践到理论研究，对地理教科书的研究不断深化，所编写的教材种类和数量也得到显著增加。

（一）教材编写

1. 1986～2000 年

1986 年《中华人民共和国义务教育法》颁布，并于当年 7 月 1 日起施行。同年，国家教育委员会（教委）开始组织编写“九年义务教育初中地理教学大纲”，当时分为三种模式：一是由人民教育出版社地理室、北京师范大学地理系和北京教育学院等单位编写适合全国大多数地区的地理教学大纲，并在全国进行实验；二是由上海市编写地理教学大纲，并在上海市进行实验；三是由浙江省编写综合课的教学大纲（其中包括地理），并在浙江省进行实验。北京师范大学地理系为编写初中地理教学大纲而成立了大纲编写组，时任地理系副主任的郭瑞涛任组长，成员还有冯嘉苹、金陵、高如珊、王民等教师。

编写全国地理教学大纲的三个单位在各自完成大纲初稿的基础上，经多次讨论，形成了九年制义务教育《全日制初级中学地理教学大纲（初审稿）》，由国家教委于 1988 年颁发。根据这个教学大纲（初审稿），国家教委实行“一纲多本”的方针，规划了几套不同学制、不同层次的教材，具体是：人民教育出版社编写“六三”制（小学六年、初中三年）初中地理教科书、北京师范大学地理系编写“五四”制（小学五年、初中四年）初中地理教科书、广东省编写适于沿海地区的初中地理教科书、四川省编写适于内地地区的初中地理教科书，并陆续在全国各地进行实验。

1988年，依据《全日制初级中学地理教学大纲（初审稿）》和国家教委规划，北京师范大学地理系编写了义务教育“五四”制地理教材，共计四册。该套教材在山东诸城等地实验，同时地理系教师也负责相应的教师培训。最初的实验教材由冯嘉苹（任“中国地理”部分主编）、金陵（任“世界地理”部分主编）担任主编，王民担任副主编（后来担任全套教材主编）。1992 年，该教材通过审定，并于 1993 年正式在全国使用。人教社、广东省、四川省编写的初中地理教材也同期通过审定并使用，至此形成了“一纲多本”的局面。

1991 年王民参加国家教委组织的《中小学地理学科国情教育纲要》的编制，并参加编写《地理国情教育图册》，后者由中国地图出版社出版，并在全国使用。

1994 年，国家教委开始组织与“九年义务教育初中地理教学大纲”相衔接的“普通高中地理教学大纲”的编制，王民是大纲编制组的成员。根据国家教委制定的高中课程方案，高中三个年级均开设地理课。国家教委提出，高中地理课程的制定，要从国情和 21 世纪初对人才的需求出发，要面向全体高中学生。1996 年 5 月，国家教委颁发《全日制普通高级中学地理教学大纲（供试验用）》。

依据此大纲，人民教育出版社于 1996～1998 年组织编写《全日制普通高级中学教科书（试验本）地理》，包括必修上、下册及限选 1、2 册。北京师范大学地理系赵济和邬翊光老师被聘为顾问。赵济和彭望琭老师为必修上册和限选第 2 册教材提出编写指导和修改意见。周尚意老师参加了限选第 1 册教材的编写及之后的修订工作。

北京市教育委员会根据北京市的情况，在高中新大纲的基础上，增加了相关内容，编写北京市高中地理实验教材《全日制普通高级中学教科书 地理》，共计四册，聘请王民担任主编，由中国地图出版社出版，并从 1999 年秋季开始，在北京师范大学附属中学等一些重点高中进行实验，后经过修改，2002 年经全国中小学教材审定委员会审查通过。

1986～2000 年，历时 15 年，我国完成了从初中到高中、从教学大纲编制到教材编写出版、从实验到推广使用的整个过程，这标志着我国中学地理课程、教材建设走上正轨。

值得一提的是，我国于 1987 年成立了中小学教材审定委员会和各学科教材审查委员会，北京师范大学地理系邬翊光、赵济、王民等教师先后被教育部聘为审查委员。

表 1-25 1986～2000 年北师大地理系（资源与环境科学系）教师编写的教材

教材名称	出版年份	出版社	使用学段	北师大作者及著作方式
地理国情教育图册	1991	中国地图出版社	初中	王民参与编写
四年制初级中学实验课本 地理（全四册）	1992	北京师范大学出版社	初中	北师大地理系编写，主编冯嘉苹（“中国地理”部分主编）、金陵（“世界地理”部分主编）、王民（副主编，后担任两个部分的主编）
全日制普通高级中学教科书（试验本）地理 限选第 1 册	1997	人民教育出版社	高中	周尚意参与编写
全日制普通高级中学教科书 地理（全四册）	1999	中国地图出版社	高中	王民主编

2. 2000～2011 年

2000 年，我国新一轮的基础教育课程改革开始。北京师范大学地理系递交了国家基础教育课程改革《初中、高中地理课程标准研究与编制》项目书（王民撰写），经教育部基础教育司组织的专家委员会评审，以地理第一名中标。

2001 年 7 月，《全日制义务教育地理课程标准（实验稿）》颁布，由王民为主编、由中国地图出版社提出的教材编写申请获得通过。获得立项的《“新世纪”义务教育课程标准实验教科书 地理》共四册，由王民担任主编，钟作慈、李岩梅等担任七年级教材副主编，周尚意担任八年级上册教材的副主编，由中国地图出版社出版。2003 年经全国中小学教材审定委员会审查通过。

这套教材设计了“课文—探究”双系列的编写架构，即有课文系列（包括章、节、节下标题和作业题等）和探究系列（包括课题、探索、检查进度等）。两个系列结合：在每章开始，设计一个“课题”，贯穿全章；在每节前有“探索”；每节后结尾处有“检查进度”给予落实。这已经成为中图版地理教材的显著特色。

2003 年 4 月，《普通高中地理课程标准（实验）》颁布。在教育部组织高中地理教材编写立项的申请中，有 11 个单位申报，有 4 个通过，由北京师范大学王民为主编、中国地图出版社出版的教材编写申请是通过的四者其一。同年，该套高中地理教材（原名为《新世纪版高中地理教科书》）开始编写，王民为主编，朱青、朱良、蔚东英分别担任部分单册副主编。该套教材有必修 3 册、选修 7 册，共计 10 册，从 2004 年到 2007 年，教材各册陆续通过教育部审查，并在全国推行使用。王民主编的高中地理教材，继续保持了双系列的编写架构，在每节之后，加案例研究，扩充探究系列。这套教材于 2012 年获得第四届北京市基础教育教学成果二等奖。在中国测绘学会 2010 年科学技术奖授奖大会上，由王民任主编之一、中国地图出版社出版的《地理图册》（全套 10 册）荣获优秀地图作品裴秀奖银奖（“裴秀奖”为我国地图作品最高奖项，每两年评选一次）。

此外，其他老师也积极参与了其他出版社的中学地理教材编写。周尚意从2002年起编写了《义务教育课程标准实验教科书 历史与社会》，以及由商务印书馆、星球地图出版社合作出版的教育部实验教材《地理》。2004年，王静爱主编、苏筠参编了人民教育出版社的《普通高中课程标准实验教科书 地理 选修5自然灾害与防治》，黄宇参编了人民教育出版社的《普通高中课程标准实验教科书 地理 选修3 旅游地理》。

表1-26 2000～2011年北师大资源与环境科学系（地理学与遥感科学学院）教师编写的教材

教材名称	出版年份	出版社	使用学段	北师大作者
义务教育课程标准实验教科书 历史与社会	2002～2003	上海教育出版社	初中	周尚意参编七年级上册，主编七年级下册
“新世纪”义务教育课程标准实验教科书 地理（共四册）	2003～2004	中国地图出版社	初中	王民主编，周尚意任分册副主编
义务教育课程标准实验教科书 地理（共四册）	2003～2004	商务印书馆、星球地图出版社	初中	周尚意主编
普通高中课程标准实验教科书 地理（共十册）（原名为“新世纪版高中地理教科书”）	2004	中国地图出版社	高中	王民主编，朱青、朱良、蔚东英分别担任分册副主编
普通高中课程标准实验教科书 地理 选修5 自然灾害与防治	2004	人民教育出版社	高中	王静爱主编、苏筠参编
普通高中课程标准实验教科书 地理 选修3 旅游地理	2004	人民教育出版社	高中	黄宇参编

3. 2012～2021年

2011年，教育部颁布《义务教育地理课程标准（2011年版）》，根据课标要求，新一轮初中地理教材的修订工作全面展开。

王民作为主编，蔚东英、陈红、吉小梅等担任分册副主编，全面修订了中图版初中地理教科书。2012年《义务教育教科书 地理》七年级上、下两册地理教材审查通过，2013年八年级上、下两册地理教材亦审查通过。另外，2012～2013年，周尚意主编的《义务教育教科书 地理》全四册，由商务印书馆及星球地图出版社联合出版，且通过教材审查。

2017年教育部发布《高中地理课程标准（2017年版）》，依据新课标要求，2018年各版本高中地理教材展开修订工作。王民主编、中国地图出版社出版的高中地理教材开始全面修订，编写必修一、必修二，以及选择性必修《自然地理基础》《区域发展》《资源、环境与国家安全》共五本地理教科书。2019年11月，经国家教材委专家委员会审查，全部通过。这是王民自 1988 年以来完整主编修订了三轮从初中到高中的地理教材。

此外，葛岳静主编、苏筠参编的人教版《普通高中教科书 地理 选择性必修 2 区域发展》，方修琦主编的人教版《普通高中教科书 地理 选择性必修 3 资源、环境与国家安全》，伍永秋参编的湘教版《普通高中教科书 地理 必修第一册》同样通过教材审查并出版。

2021 年 10 月，王民主编的《普通高中地理教科书 必修第一册》获得国家教材委员会颁发的“首届全国教材建设奖”基础教育类优秀教材一等奖；王民主编的《义务教育教科书 地理 七年级上册》《义务教育教科书 地理 八年级下册》，以及伍永秋参编的湘教版《普通高中教科书 地理 必修第一册》获得“首届全国教材建设奖”基础教育类优秀教材二等奖。

表 1-27 2012～2021 年北师大地理学与遥感科学学院（地理科学学部）教师编写的教材

教材名称	出版年份	出版社	使用学段	北师大作者
义务教育教科书 地理（共四册）	2012～2013	中国地图出版社	初中	王民主编，蔚东英副主编
义务教育教科书 地理图册	2013～2014	中国地图出版社	初中	王民主编
义务教育教科书 地理（共四册）	2012～2013	商务印书馆、星球地图出版社	初中	周尚意主编
普通高中教科书 地理（必修两册，选择性必修三册）	2019～2020	中国地图出版社	高中	王民主编，蔚东英副主编，高翠微参编
普通高中教科书 地理图册（必修两册，选择性必修三册）	2019	中国地图出版社	高中	王民主编
普通高中教科书 地理 必修第一册	2019	湖南教育出版社	高中	伍永秋参编
普通高中教科书 地理 选择性必修 2 区域发展	2020	人民教育出版社	高中	葛岳静主编，苏筠参编
普通高中教科书 地理 选择性必修 3 资源、环境与国家安全	2020	人民教育出版社	高中	方修琦主编
推进生态文明——环境教育（环境保护部组织编写教材）	2015	中国环境出版社	初高中	王民主编，蔚东英副主编，高翠微参编

地理教育承担着环境教育的重要职责。2015 年，中国环境出版社出版了环境保护部组织编写的教材《推进生态文明——环境教育》（7～11 年级共 10 册），该套教材由王民担任主编，蔚东英担任副主编，高翠微参编。整套教材贯穿生态文明的理念，以可持续的、和谐的发展为基本内容，分为环境与生态、环境与文化、环境与科技、可持续生产与消费、绿色生活五大板块，内容全面，并立足培养学生的社会责任感，强调培养学生从思考到行动的能力。

（二）教材研究

在教材编写的同时，对教材的研究也更加全面及深入。王民带领师生团队开展了对我国地理教科书历史、地理教科书评价、十个国家地理教科书难度国际比较等研究。

2010～2014 年，王民及其团队较为系统地梳理了我国地理教科书的历史。王民、何亚琼、蔚东英、张英等人在《中学地理教学参考》杂志发表系列文章，如《清朝末期我国的中学地理教科书（上）》《清朝末期我国的中学地理教科书（下）》《北洋政府时期我国的中学地理教科书（上）》《北洋政府时期我国的中学地理教科书（下）》《民国时期我国的中学地理教科书（上）》《民国时期我国的中学地理教科书（下）》《新中国成立前我国中学地理教科书的演变特点》等。

2011～2013 年，王民及其团队完成了高中地理教科书评价项目。2011 年和 2013 年，教育部在多个省份组织了实际调研。“高中实验版地理教科书使用情况跟踪调查研究”是由北京师范大学王民团队承担的，2011 年对全国 10 个省份 12 000 多名教师、学生、教研员进行了关于高中地理教科书使用情况的问卷调查。调查分为教科书对实验版课标核心思想的体现、内容的选择与组织、内容的表述与呈现、教学情境与活动设计、地区适应性五个维度。2013 年王民团队又对已经参加高中地理课程改革的三个省市（北京市、湖北省、甘肃省）的教师、学生和教研员进行了关于高中地理教科书使用情况的问卷调查，通过对比实现教科书使用情况的跟踪分析与比较。在此数据的分析基础上，得到对地理教科书的综合分析与评价。这次调查研究，从调研工具设计到调查的实施，从数据的整理到全面分析，是对地理教科书评价理论与实践的探索。

2012～2014 年，王民及其团队又完成十个国家地理教科书难度国际比较项目。2012 年初，王民承担了国家社科基金重大委托项目“中小学教材难易程度的国际比较研究”的子项目“高中地理教材难度的国际比较研究”（课题批准号：AHA120008）。本课题选取四大洲的十个国家（英国、法国、德国、俄罗斯、日本、韩国、新加坡、中国、美国和澳大利亚）的高中地理教科书（每个国家选择一套主流教科书），从教科书内容的广度、深度对其进行难度分析和比较研究。课题拟解决的两个主要问题：①中学地理教科书难易程度应该如何表述？具体可以采用哪些指标进行度量？②与所选的国家相比较，我国当前使用的高中地理教科书难度水平如何？

项目紧紧围绕“中小学”“教材”“难度”三个关键词开展研究，重点研究教材中的知识问题，不做教材好坏的价值性判断。课题组研制开发了评价研究工具，选择了十个国家有代表性的教材进行翻译，并分别对这十套教材从广度和深度两方面进行了赋值，计算了相应的难度。两年多的研究结果表明，我国中小学地理教材的难度，初中地理教材排在十个国家的第五位、高中地理教材排在十个国家的第四位，在国际上处于中等水平。

2014 年 5 月 6 日，全国教育科学规划领导小组办公室在北京会议中心举行《中小学理科教材难度的国际比较研究》成果报告暨专题研讨会，数学、物理、化学、生物、地理、科学共六个学科的专家均到场参加汇报和研讨。王民代表地理学科专家作题为“中学地理教科书难易程度的国际比较——基于国际 10 国中学地理教科书的研究”的大会发言。

王民带领课题研究团队翻译了澳大利亚、英国、新加坡、美国、俄罗斯、德国、法国、韩国、日本九个国家地理教科书，打印成册，共 3 177 页。《中小学理科教材难度国际比较研究（高中地理卷）》一书于 2016 年 12 月由教育科学出版社出版。在回答了中国地理教材“难不难”的问题后，该研究也试着对教材“好不好”的问题进行探索。翻译的九国教科书材料为王民团队自 2008 年开始编写的“中学地理教科书研究丛书”提供了大量新资料，显著提升了该套丛书的水平。该丛书由王民担任主编，2019 年出版了《中学地理教科书评价研究》《中学地理教科书作业系统研究》《中学地理教科书内容体系研究》《20 世纪 80 年代以来国际中学地理教育动态研究》，2021 年出版了《国外地理教科书有关中国地理与国家形象的比较研究》，2022 年出版了《中国中学地理教科书历史研究（1902—2019）》《中学地理教师教学用书研究》《中学地理教科书结构研究》《中学地理教科书图像系统研究》《中学地理教科书探究活动研究》《基于 OECD 课程内容图谱的地理内容领域与能力框架研究》等。

（三）教材的国际合作

1991 年 11 月，当时的国家教育委员会有关部门与德国不伦瑞克乔治—埃格特国际教科书研究所签署了两国“关于教学计划、教科书交流与合作的议定书”，同时制订了“中国、德国关于历史、地理教科书的评审办法”。根据协议，双方交换了教科书。从那时起，王民开始参与中德合作项目，对德国七本中学地理教科书中有关中国地理内容进行评审，撰写评审报告。

1993 年 6 月，由当时国家教育委员会基础教育课程教材研究中心主任并兼任基础教育司副司长游铭钧带队，中国教科书代表团赴德，参加在德国乔治—埃格特国际教科书研究所举行的第一次中国—德国教科书评审会议。王民作为中国教科书代表团地理学科代表，在大会上作了“对德国中学地理教科书中有关中国地理内容的初步评价”的报告，德方代表作了“中国地理教科书中的德国”的报告。双方对对方地理教科书中介绍本国的内容进行了评审，分别指出对方地理教科书中介绍不准确甚至错误的地方。

1994 年 9 月，两国在北京召开了第二次中国—德国教科书会议，德方发表了“德国新版地理教科书中的中国”的报告，王民发表了“关于德国情况的调查报告”，这是 1993 年 10 月对北京市九所中学进行问卷调查的结果。通过进一步的研讨，中德双方同意，在尊重历史、尊重科学的原则下，对审查出的问题进行修订。从 1994 年开始，王民便与德国维尔茨堡大学地理系迪特·博恩（Dieter Bohn）教授、德国乔治—埃格特国际教科书研究所罗德里希·亨瑞（Roderich Henry）先生开始了长达 20 多年的深入合作。双方合作研究两国的地理教学大纲，经过充分讨论，尝试并开辟出一个新的思路，即由一国的地理学家为另一国的学生编写本国的地理资料，以此作为另外一国编写相关内容的基础，这是国际地理教科书研究中的一个新发展，被当时德国乔治—埃格特国际教科书研究所的所长贝歇尔教授称为国际上此类研究的首创。

经过三年多的合作，王民与博恩教授合作编写完成了《中国—德国：地理教科书视野的扩展》一书，该书分别由德国汉诺威雄鸡出版社于 1997 年 10 月出版德文版，1998 年 8 月由中国地图出版社出版中文版。该书分为三部分，第一部分为欧洲地理（包括欧洲概况、欧洲的划分、欧洲在合作的道路上、欧盟的经济结构、欧洲的社会结构、欧洲的农村、欧洲的城市、欧洲的交通），第二部分为德国地理（包括德国的位置、德国自然地理与区域划分、德国的人口、德国的农业、德国的工业、城市、空间规划、被危害的环境），这两个部分由博恩教授编写完成。第三部分为中国地理，由王民编写完成。中国地理部分包括中国概况、中国的地形和地势、中国的气候——受季风强烈影响的气候、中国自然地理三分区、中国的河流、中国的自然灾害及中国人民与自然的斗争、中国的人口和民族、中国的农业、中国的工业、中国的交通运输、中国的城市、中国的现代化与改革开放。

该书的编写思路可以概括为：重视国家区域地理结构；重视该结构发展变化的过程；重视人的生活；补充日常生活案例；中心是教给学生活生生的地理。

该书作为乔治—埃格特国际教科书研究所"国际教科书研究"第 90 卷出版，已经成为德国各州编写地理教科书中有关 "中国地理"内容的重要参考书，一些德国中学地理教科书引用了书中的材料，如德国 Cornelsen 出版社 2001 年出版的《人类与环境》（*Mensch und Raum-Geographie Der asiatisch-pazifische Raum*）中使用了《中国—德国：地理教科书视野的扩展》一书中的不少材料。

有比较才有鉴别，通过中德教科书合作项目，可以看到两国在地理教科书的差异，也为教科书研究提供了国际视野和新鲜素材。在 20 多年的合作中，王民带领团队发表了多项有关研究成果，也见证了中国地理教科书明显的进步。主要成果有：《地理教学法——概念》[〔德〕迪特·伯恩（Dieter Bohn）著，王民、周美琪编译，北京师范大学出版社，1997 年]、《日本、德国中小学地理课程与教科书》（王民、王桂红编著，海南出版社，2000 年）、《可持续发展教育案例研究》（王民主编，地质出版社，2006 年）、《地理比较教育》（王民主编，广西教育出版社，2006 年）、《鲁尔区—— 一个杰出欧洲区域的结构变化》[〔德〕霍尔斯特·M. 布荣尼（Horst M. Bronny）、诺伯特·杨森（Norbert Jansen）、布克哈尔特·威特尔奥（Burkhard Wetterau）编著，李滢、丁洪娟、王民译，鲁尔地区联合会出版，2008 年]。

第二部分　先贤之光

以白眉初、黄国璋、周廷儒、张兰生等为代表，一大批名师先贤曾在北京师范大学地理系弘文励教。他们在各自的时代所阐释的地理教育思想和理念，奠定了我国地理教育的基础，不断丰富、完善地理教育的内涵，推动和影响了我国地理教育事业的发展进程。

本部分凝练了20余位地理学先贤在北京师范大学从教过程中形成的地理教育思想及理念。从前辈们发表的有关地理教育和教师培养的论著中，遴选13篇代表性文献，展示他们在不同历史时期（20世纪20～40年代、50～60年代初、90年代）对地理教育功能、地理教学方法等的学术思考与见解。

地理教育思想

地理的教育功能与地理教师培养——20 世纪北京师范大学地理学先贤的地理教育思想

方修琦、黄庆旭

一、引言

我国的师范教育始于清末，其初衷是为了启民智、育人才。1902 年开始招生的京师大学堂师范馆（北京师范大学的前身）首开中国高等师范教育之先河。1908 年京师大学堂优级师范科独立为京师优级师范学堂，标志着我国高等师范学校独立设置的开始。清学部大臣张之洞在京师优级师范学堂开学典礼上的示训辞："师范教育，是为一切教育发源处，而京师优级师范，为全国教育之标准"，明确了北京师范大学在全国高等师范教育中的领头雁地位。自建立至今，北京师范大学不仅一直保持其领头雁地位，而且发展成为国内外知名的重要学府（郑师渠，2002）。

京师大学堂师范馆最初设立的四个科目之一就有历史地理类。北京师范大学的地理系（现在的地理科学学部）即源于此，迄今已有 120 年的历史。作为国内历史最悠久的地理系，其名称在历史上虽数度变换，办学定位也曾不断地调整，但始终无可替代地承担着为国家培养地理学师范生的重任。对中国地理教育的历史责任，或许是其延续存在 120 年，并不断发展

作者简介

方修琦，北京师范大学地理科学学部教授。1980～1984 年在北京师范大学地理系攻读学士学位，1984～1987 年、1991～1994 年在北京师范大学地理系攻读硕士、博士学位，师从张兰生教授。1987 年留校工作至今。

黄庆旭，北京师范大学地理科学学部副教授。2002～2006 年在北京师范大学地理学与遥感科学学院攻读学士学位，2006～2008 年在北京师范大学资源学院攻读硕士学位，师从史培军教授。2013 年于北京师范大学工作至今。

的根本理由。

在这 120 年的历史中，北京师范大学对中国地理教育的贡献有许多是显而易见的。例如，培养了众多优秀的中学地理教师或师范院校地理系教师，主编或参与编写了诸多版本的大学地理师范专业教材与中学地理教材，在历次地理教育改革中发挥了十分重要的作用，对我国高等师范院校地理学专业的发展具有影响深远的辐射效应，等等（赵济、朱良，2014）。

然而，作为全国高等师范教育领头雁的北京师范大学，其地理系对中国地理教育更为重要的意义绝不局限于此，其在不同历史时期所阐释的地理教育思想和地理教育理念，对不断丰富、充实我国关于地理教育功能和地理教育人才培养目标的认识起到了重要作用，并由此而深刻地影响着我国地理教育的改革和发展进程。相对于课程设置、教材编写、学生培养等显性的历史而言（赵济、朱良，2014），这些思想和理念大多是隐含在历史显像背后的，是需要通过挖掘才能够得以彰显的。

从历史继承性出发认识现代，是中国自然地理学古地理奠基人周廷儒先生学术思想的精髓（周廷儒，1982）。这一学术思想不仅开创了时间维的地理学研究（方修琦，2007），也对认识 20 世纪北京师范大学的地理教育思想具有启示意义。从历史继承性的角度看，所有的地理教育思想都是在特定历史背景下产生的，带有明显的时代烙印，但其中的有些思想并不会时过境迁，而是对后续乃至现代的地理教育产生深刻的影响。

从京师大学堂建立之初，任地理总教习的邹代钧先生这一代人算起，20 世纪期间（以 2000 年以前退休为截止时间）曾有数百位教师执教于北京师范大学地理学专业（赵济、朱良，2014）。他们每个人都通过不同方式对北京师范大学地理教育思想和理念的形成作出了自己的贡献，均是北京师范大学地理教育思想的创造者、践行者和传播者。然而，他们中绝大部分人的贡献是在教学过程中以口传心授的方式传播的，随着时间的流逝而淹没在历史的长河中，只有少数地理教育思想和理念被以文字的方式直接或间接地记载下来，成为我们今日窥见地理教育思想形成历史的信息源。

本文在初步总结白眉初、黄国璋、周廷儒和张兰生等先生地理教育思想的基础上（方修琦，2012），进一步运用周廷儒先生“现代对历史继承性”的学术思想（周廷儒，1982），依据所收集到的相关文献，梳理各个历史时期曾任教于北京师范大学地理学专业的教师们对中国地理教育和地理教师培养的主要学术观点与做法，进而总结概括北京师范大学地理教育思想及教育理念，重点关注：①具有普适意义，其价值不随时间的流逝而丧失的地理教育思想；②超前于所处时代，且对后续乃至现代地理教育发展有深远影响的地理教育思想。本文所采用的资料均来自于公开出版的历史文献，主要包括：①各个时期曾任教于北京师范大学地理学专业的教师所著与地理教育相关的论文、教材或著作，除个别情况外，一般引用其在北京师范大学工作期间所发表的成果；②与北京师范大学地理学和地理教育史有关的著作、论文与回忆文章。本文所引文献中涉及的先贤见表 2-1。

表 2-1 本文所引文献所涉及的 20 世纪期间任教于北京师范大学地理学专业的教师概况

姓名	生卒年份	与北京师范大学的主要关联①
邹代钧	1854～1908	1902 年任京师大学堂编书局舆地总纂，1907 年任地理总教习
白眉初	1876～1940	任教于 1917～1920 年和 1922～1928 年，教授，曾任史地系系主任；1929～1935 年在女师大任教
刘玉峰	1884～1951	任教于 1914～1949 年，教授，曾任史地部代主任、地理系系主任
殷祖英	1894～1966	任教于 1922～1947 年和 1949～1966 年，教授
黄国璋	1896～1966	1936～1940 年和 1946～1952 年任地理系系主任，教授
王益崖	1897～1968	1935～1936 年任地理系系主任，教授
谌亚达	1901～1981	任教于 1936～1947 年和 1949～1981 年，教授，西迁时期曾任史地系系主任
杨曾威	1905～1985	任教于 1952～1985 年，教授
万方祥	1907～1990	任教于 1943～1948 年和 1950～1990 年，教授
王钧衡	1907～1977	任教于 1934～1977 年，教授
周廷儒	1909～1989	任教于 1950～1989 年，教授，中科院学部委员（院士），1952～1983 年任地理系系主任
刘培桐	1916～1994	1946～1983 年任教于地理系，教授，1983 年创建环境科学研究所（今环境学院）
宋春青	1919～2004	1946 年起任教，1987 年退休，教授
段宝林	1925～1979	任教于 1951～1979 年，副教授
张兰生	1928～2020	1952 年起任教，1998 年退休，教授，1983～1984 年任地理系系主任，1984～1992 年任校教务长
武吉华	1929～2014	1952 年起任教，1994 年退休，教授
赵济	1930～	1953 年起任教，1995 年退休，教授，1984～1991 年任系主任
李之保	1930～	1954～1977 年在地理系任教，曾任副系主任。曾任教育部规划司副司长和国家高级教育行政学院副院长
邬翊光	1931～	1954 年起任教，1996 年退休，教授，1991～1993 年任系主任
李容全	1937～	1978 年起任教，1997 年退休，教授

注：①包括从京师大学堂历史地理类到今北京师范大学地理科学学部各时期任教于北京师范大学地理学专业的教师，表中所有教师退休的时间不晚于 2000 年。

二、地理的教育功能

在英国教育史上影响深远的《哈多报告》（*The Hadow Report*）中说道："地理是教育的重要部分""比一门外语或科学更重要，尽管它们（外语、科学）也很重要。原因很简单……那就是一个决定在这个世界、这个国家和这个地区生活的有文化的人，必须对他居住的地方有所了解”（Consultative Committee，1926）。

地理的教育功能是地理学社会服务功能的一个非常重要的方面。张兰生先生将地理学的社会使命概括为“经国”“济世”及“育人”三个方面，并认为“育人”是三个使命中最艰巨、最重要的使命，是地理学使命的重点、起始点，也是实现其他使命的重要基础与前提，只有具有正确人地观和辩证思维能力的人才得以辈出，才能有符合全球化时代背景的指导理论和应用技术的出现和发展，实现“经国”和“济世”的社会责任（张兰生，2018）。

我国对普通地理教育功能的明确定位与北京师范大学有颇深的渊源。它始于北京师范大学创办者张百熙主持制定并由清政府颁布的《钦定学堂章程》（1902 年）和《奏定学堂章程》（1904 年）。1904 年颁布的《奏定学堂章程》（亦称“癸卯学制”）对中国基础教育的影响深远，被认为是中国全面建立近代教育体系的开端（璩鑫圭、唐良炎，1991）。该章程将地理视为爱国主义教育、国民素质提升必不可少的文化知识，确立了地理的基础教育课程地位，并对小学、中学地理课程都提出了明确的要求。例如，中学地理规定“凡教地理者，在使知大地与人类之关系，其讲外国地理尤须详于与中国有重要关系之地理，且务须发明中国与别国相较之分际，养成其爱国心性志气。其讲地文，须就中国之事实教之”（陈尔寿、吴履平，1988），根据这一规定，中学地理教育要从人地关系、区域（差异和联系）的视角教授地理，通过深入认识中国地理培养爱国主义观念。

地理教育思想的核心是如何认识地理的教育功能。20 世纪期间，北京师范大学诸位先贤对地理的教育功能的具体阐述与其所处的历史时期相适应，具有明显的时代特点，但均主要围绕国民必备素养和爱国主义观念两个方面展开。

（一）提升国民必备素养：“为活跃而负责任公民所必需”

一个国家的实力根本程度上取决于国民的素质（张兰生，2018）。教育事业最终之目的在于使全世界人人皆具最高尚之人格，而各有其独立之职能（白眉初，1923a）。中等教育的目标，在于训练良好的公民，以树立国家的基础。公民的训练，关系的方面很广，各种中学科目都负有相当责任；而贡献最大、责任最重者，恐怕要算地理（黄国璋，1941）。

诚如《地理教育国际宪章》所言，地理 “为活跃而负责任公民所必需”（国际地理联合会地理教育委员会，1993），认识环境、了解资源对于国民素质的提高是很重要的。地理教育是“培养优良公民之重要工具”（黄国璋，1937a），是提高国民素质的重要途径（张兰生，2018），其“目标是提高公民素质，不是培养地理工作者”（张兰生，1999）。这是北京师范大学先贤们的共识。具体而言，先贤们有关地理教育对公民素养培养的认识可以概括为以下方面。

1. 铸造常识

常识通常被解释为一般知识、一般人都应当具有的知识。而事实上，常识不仅代表着普通知识，它还包含了普通人的非艰深、非专业的观念，代表了有道理的、经过思考的但并非复杂、高难的判断（梁威、孙玉胜，2004）。与更多地关心“事实”的知识不同，常识在关注知识的同时，更关注到道理的形成（梁威、孙玉胜，2004）。常识教育具有不可或缺的重要地位，它着眼于人的全面发展，尤其关注与促进个体心理精神成熟和参与共同或公共生活的情意能力（罗云锋，2014）。

作为我国从古代地理常识向科学地理学过渡阶段发挥承前启后作用的启蒙者之一，白眉初先生早在20世纪20年代就明确提出地理是“铸造常识之学科”（白眉初，1923a）。他指出，地理是“人生之基础，常识之渊海”“国之基础在民众，民之贤愚在常识，常识之主要项目，在衣食住行四大原料之由来”，而传授以上常识的任务惟有地理课程能够承担（白眉初，1932a）。白眉初认为，人可以没有“特识”，但不可没有“常识”（白眉初，1923a）。黄国璋先生也把公民常识的增进作为地理教育增进公民素质的五个主要方面之一（黄国璋，1936a）。

铸造常识是地理学科相较其他学科的独特之处。地理以外的其他学科大多只是揭示某一方面的学理，可增进人的“特识”；而地理学任务之一是揭示地上各种要素的分布情况，除“特识”外，较之其他学科更有利于常识教育的普及（白眉初，1923a）。“吾人实际生活，大部由地理知识所建立”（周廷儒，1937）。“历史和地理一经一纬，交织而成国民的必备要素”（黄国璋，1937b）。地理教育承担着向公民传授地理知识、了解“家园”的任务（张兰生，2002）。地理学的“铸造常识”还体现在它独特的学科魅力上，人们一般都会对各要素在地理上的分布怀有求知欲，这种求知欲有利于地理学的“铸造常识”（白眉初，1923a；马丽[①]、方修琦，2010）。

地理教育与地理学之间关系十分密切，但绝不等同。张兰生先生认为，基础教育不是培养地理工作者，地理课程不必遵照地理学的体系去开设。基础地理教育应该从21世纪我国公民应具备的地理素养的高度，考虑本身的内容与体系。工、农、兵、外交、第三产业任何一行现代职业，都需要具备丰富的地理知识，这是一个一辈子的积累过程，是无法靠课堂教学来完成的。学校地理教育的有限课时，应该用于训练学生掌握工具和方法，以具有能力在未来的现实生活中，根据不同的需要去获取、处理、更新自己所必备的地理知识（张兰生等，1992）。

2. 培养创新的综合逻辑思维能力

教育的真谛在于将知识转化为智慧。《哈多报告》（Consultative Committee，1926）认为：“地理教学的首要目的是发展这门学科独特的思考态度和思维方式。”人的培养，其他学科可以说得很清楚。比如，语文培养写作能力，数学培养思维能力，而地理培养的就是一种综合思维的能力，一种人地协调的能力（张兰生，2018）。

---

① 北京师范大学地理学专业2002级本科生。

地理学“涵盖百科下，却有划界自存之风”。“地理学者，其责任在于提百科之纲领，揭世界之统观，美人生之常识，而为总揽全局之科学。”地理学的研究对象并非静态，而是“时时变，处处变”。因此，地理学“将永远负担调查万物变化之责，而无已时”（白眉初，1923a）。

“地理教育具有总揽地域文化的、具体的全部形态之力”（周廷儒，1937）。周廷儒先生一直坚持“地理学是综合的”，他把“综合”形象地比喻为地理学的“指挥棒”（张兰生等，2010）。地理的跨学科综合性，所面对问题的现实性、复杂性和不大可能有简单、唯一的解，使地理教育在引导批判、创新思维方面具有独特的优势，培养学生具有创新性的综合逻辑思维能力是地理教育的终极目标（张兰生，2002）。为实现地理教育培养学生的逻辑思维能力，并进一步引导学生树立正确的宇宙观、世界观、人地观的目标，张兰生极力主张从课程体系和结构、课程内容、课程模式和教学方法等方面对地理教育进行全面的改革（张兰生，1999）。

地理思维是地理事务、现象之间有规律的联系与关系在人脑中的概括反映（王钧衡，1959）。地理培养的就是一种综合思维的能力（张兰生，2018）。地理思维（或者是思维的地理方法）的最主要含义就是形成地区综合体概念的那种能力，也就是对一个国家或地区的各种现象（自然的、居民的、经济的）能够做综合的理解，从而对它形成一个完整概念的那种能力，也可以说是理解一个国家或地区的地理特色的那种能力（段宝林，1959）。自然地理和经济地理分别从各自的角度培养学生的地理思维能力。地理环境并不是各要素偶然地共存，而是一个有规律的、统一而不可分割的整体。在此整体中各要素密切地相互联系着、相互制约着、相互作用着，构成一个整体的地理环境（杨曾威，1956）。自然地理学对整体的地理外壳所进行的综合性研究的成果，必须把“分析”和“综合”适当地配合起来，才能使我们获得对整体的自然界深入而完整的认识，那种“只见树木而不见森林”，或“只见森林而不见树木”的片面看法，都是绝对不能容许存在的（刘培桐、李之保，1956）。自然地理教学帮助学生了解自然各要素之间的联系，形成区域自然综合体的概念。经济地理教学帮助学生了解经济现象之间，以及经济现象和其他现象（自然条件、历史特点、居民、其他社会条件等）之间的联系，形成关于区域经济综合体的概念。这种形成区域经济综合体的概念的能力，关于理解区域的经济特点的能力，可以叫作经济地理思维（段宝林，1959）。

阐明地理因果关系、培养学生地理思维是地理教学的特点之一（王钧衡，1959）。中学生的地理思维是正确的地理教学的必然产物，并不需要教师在日常教学工作以外，再做什么“额外的”工作（段宝林，1959）。周廷儒先生特别强调，“野外考察，对于地理教育之贡献，即从实际观察方法，养成综合研究事物之能力”（周廷儒，1937）。整个中学经济地理教学的过程，就是中学生经济地理思维形成的过程。培养学生经济地理思维的最主要的方法，在于克服经济地理教学中的材料堆积和死记硬背的现象，在于加强经济地理教材内容的科学性。材料堆积、需要死记硬背，不是经济地理学所固有的特点，而是我们没有精通经济地理科学的结果。只有当我们所传授的知识是真正科学的经济地理知识而不是材料堆积时，只有当我们是在使学生合乎逻辑地理解这些知识而不是在机械地记忆这些知识时，经济地理思维才能形成（段宝林，1959）。在地理教学过程中培养经济地理思维，还需要广泛地利用比较法，认真地启发学生思维，经常和恰当地运用地图和数字、对经济现象的实地观察等（段宝林，1959）。

3. 培养公民的世界眼光

“地理学为培养提高国民具有世界眼光的学科”（黄国璋，1939b），要了解世界，要培养国民具有世界眼光，就不能忽视地理科学，不能忽视推行地理教育的重要性。掌握地理知识，不仅能使人们对本国的基本国情有一个明确的认识，同时对了解世界也大有益处。“使国民了解其他各国人民的生活情形、经济状况、各国的国际关系、中国与列国之国际关系，以及世界临时事件之发生，均有赖地理教育的推行与改进”（黄国璋，1947）。

地理教育“要他们明了时代已使他们和世界上每一个角落的人都发生了关系，任何人屋里起了火，都要蔓延到整个社会”（黄国璋，1947）。一方面，“我们要告诉全世界人类，由于近代工业的发达和运输交通的便捷，已使距离和时间缩短，使世界成为一个整体。任何国家不可能闭关自守，自给自足”。“各国的资源，必须为全人类所共有，各国的市场也应当为世人所共有，换句话说，就是原料和市场，都是世界性的”（黄国璋，1947）。另一方面，“国际关系既然处处受各国地理背景的支配，国际知识，当然是各个公民应有的常识”（黄国璋，1939a）。“要使全世界人民共同认识他们不但是本乡本土本国的公民，而且是世界公民”（黄国璋，1939a）。“由于时代的转变，地理学家的主要任务，是千真万确地使世界上的每一个人都明了他是世界的一分子，要使世界上每一个国家都知道它只是全球的一联邦。每个世界公民和每一个世界联邦，都要消灭偏狭的地域观念，视全体人类如同胞，贡献一切于世界”（黄国璋，1947）。

新中国的劳动者，永远不能对祖国和世界的发展漠不关心。没有对世界各国、祖国及其各地区现状的全面了解，就不可能真正深刻地了解每时每日发生的事件。有了系统的地理知识，一件件零星的事实在头脑里都是有归宿的，人们就会从这些事实中不断形成系统的概念，使他们永远对世界各国、对祖国和它的各地区有完整的概念（段宝林，1959）。

在全球化程度更高的当今社会，应对日益严重的全球性资源与环境问题、实现人类可持续发展，是全人类共同面对的问题，人类面临的诸多问题都有很强的地理成分（国际地理联合会地理教育委员会，1993）。世界眼光不仅是为了国家发展与强大，增强在世界市场和国际政治事物博弈中的竞争力，而且要在“人类命运共同体”理念下实现人类的“共同发展”。把“经国”所形成的强国富民成果与世界上诸国家和民族共享，是现代意义上的“济世”。在自身通过“经国”得到发展后更需要依赖资源、文化、经济的辐射作用，带动其他国家发展，以“济世”推动“经国”的二次活力，只有这样才能真正实现国家的持续发展。为实现“济世”，地理学者和政治家都应立足全球视野，在理论和应用中贯穿“共同发展”的思想，平衡不同民族和国家间的利益（张兰生，2018）。

4. 养成自然欣赏能力

地理学是最早强调野外观察的科学，也是离不开野外考察的学问。地理学需要到大自然中去，也需要到社会去，以认识人文和地文，认识地文与人文之间的关系。人类关于世界的最初知识，就来自于人们步行和长途旅行时对自然的直接观察。在遥感技术出现之前，野外考察是直接获取地理信息的主要手段，国内外著名地理学家的经典著作大多是对他们长期野外徒步观察的总结。地理学人若只知书本的东西，到野外认不出地理现象，永远成不了地理学家，更做不了实际的地理应用工作（李容全、贾铁飞，2011；李容全等，2013）。

地理学是一种需要户外工作的课程。地理学的教育价值，不仅仅是在于它的直接观察所得，更重要的是通过观察和研究地球表面现象，立足观察与比较，既从整体又从各组成部分观察它的内在联系和内在结构，最后做出判断，得出结论（李容全、贾铁飞，2011）。地理教师应当时常带领学生到野外去实地观察，一方面可以增进学生的观察力，一方面可使学生对于人与自然的相互关系得到深刻的认识，增进自然欣赏能力（黄国璋，1936a）。

作为一个以地貌学见长的地理学家，周廷儒先生特别强调在地理教育中野外考察对学生能力和观念培养方面的重要作用。1933 年他在浙江省立杭州高级中学任地理教师时就曾撰文《野外考察生活与地理教育》①。他为黄国璋先生创办的《地理教学》所撰写的《野外考察与地理教育》一文认为，“野外考察，实为地理教育之中心部分”，“现代地理学，不仅描述表面地景为已足，尤以科学的解释为主干，而各种科学地理解释，须基于野外观察之所得”。因此，周先生认为，“野外考察，对于地理教育之贡献，即从实际观察方法，养成综合研究事物之能力”。“吾人宜于野外考察上养成。求得此种有用知识之能力，实为地理教育之本旨也”（周廷儒，1937）。而对经济现象的实地观察，则能使经济联系和地区特色的概念具体化，在经济地理思维的形成上有着不容忽视的作用（段宝林，1959）。

李容全先生认为，野外观察能力体现在：①认识各种地理现象；②能发现新现象；③在野外能迅速判断各种地理现象之间的关联，并确定最有研究价值的地理问题。他进一步将观察能力的培养与提高，分为四个步骤或层次：①对现象进行描述；②思考所描述现象与其他现象之间的关系；③明确所分析现象在基本自然结构（或知识体系）中的位置；④得出新的认识和研究结论，建立新的概念结构。而观察能力，可靠人指引，但更多地靠自己主动地接触自然，观察自然，不断总结，逐步提高（李容全等，2013）。

5. 树立正确的人地观

基础教育应在培养学生形成正确的世界观方面发挥作用。地理学是把地球当作人类之家来研究的，或者说地理学是研究人类与环境相互关系的（普雷斯顿·詹姆斯，1982）。探索地球表面的奥秘和解决人类社会面临的现实问题，一直是地理学的主要任务。培养正确的人地

① 载于《浙江省立杭州高级中学校刊》，1933 年第 137 期，第 5～7 页。

观是地理教育首位的、不可推卸的、义不容辞的责任（张兰生等，1992）。

人地关系是地理学的核心。地理的主旨是研究人类与自然双方的相互关系，并非片面的因果关系（黄国璋，1936a）。在源于西方的近现代地理学体系中，对人地关系的认识经历了一个漫长的发展过程。20世纪初以前，强调自然地理环境对社会发展的主导作用，甚至盛行把自然地理环境视为决定性因素的地理环境决定论；20世纪20年代至50年代，修正与反地理环境决定论的思想占据了绝对优势，甚至简单地将环境对人的影响一笔抹杀，走向完全忽视自然环境作用的环境虚无主义（方修琦等，2001）。直到20世纪下半叶，随着人们对现代资源、环境等诸多问题的深刻反思，可持续发展思想得以兴起，人地协调观成为人类社会的共识（张兰生，2018）。

白眉初先生在界说地理学的学科性质和阐释地理学的特性时，多次明确地强调地理学人地关系的研究视角。他认为地理学的学理蕴含在“地文与人文之间”，并明确指出应该“见地文之异状，辄推其影响于人文”，“见人文之异状，辄溯其导源于地文”，透过表象去探讨自然环境要素与人文要素之间的相互联系与相互作用。这种人地关系的视角，被白眉初认为是地理学与其他相邻学科最本质的区别，同时也是地理学的趣味所在（白眉初，1923a）。

20世纪上半叶的地理学以强调自然地理环境影响为主要范式。尽管白眉初深受地理环境决定论思想影响，总不忘将人类社会各要素的分布及自身发展与自然地理环境背景联系起来，既承认自然环境对社会系统的积极作用，又能看到自然环境对社会系统的制约，但与此同时，他也特别强调人对自然环境的合理利用，注重对自然的合理顺应，即在承认自然环境对人类的制约作用基础上主动适应，这与当今的“人地和谐”“因地制宜”等认识都有着极其相似之处，体现白眉初在地理学人地关系研究视角上的智慧和深远眼光（马丽、方修琦，2010）。周廷儒先生则强调选择与适应地理环境的必要性，他认为，“人类一方为环境之子，一方为意志之子”，“地理学研究两方互交作用所成之文化相”，“地理教育，即指示人类适应自然环境之必要，当如何选择之，如何利用之”（周廷儒，1937）。

国际社会对环境问题的普遍关注始于20世纪60～70年代，从美国海洋生物学家雷切尔·卡逊（Rachel Carson）1962年出版的《寂静的春天》，到1972年联合国在瑞典斯德哥尔摩召开的第一届人类环境会议，唤起了世人对环境重要性的觉醒，发展和环境之间相互依赖的关系第一次得到了世界人民的广泛认可（方修琦等，2001）。北京师范大学是中国最早关注环境问题并开展环境教育的大学之一。刘培桐先生于1962年就提出要及早防治工农业发展对于环境的污染问题，20世纪70～80年代，在他的带领下，北京师范大学不仅在我国率先开展环境地学研究，而且率先开设环境学课程，编写《环境科学概论》（水利出版社，1981年）等教材（姜素清、刘逸浓，1987）。刘培桐先生认为，环境是发展经济的物质基础，从而也是它的制约因素。在环境与发展的问题上，要重视经济效益、环境效益和社会效益的统一，强调综合效益。无论是盲目地发展，以致破坏和污染环境，产生“环境危机”“资源危机”，还是主张限制发展或停止发展的“环境保护主义”都是不可取的。我们反对盲目地发展，但并不盲目地反对发展；我位是环境保护工作者，但不是唯环境保护主义者（刘培桐，1987）。在普通教育领域，1981 年由武吉华先生、宋春青先生等北京师范大学地理系教师率先编写的高中《地学》教材，定位于普及地学教育，使学生具有新的地球观、环境观和道德观，无论在什么岗位工作，都能有意识地做到保护我们的地球环境，为人类和子孙后代造福（宋春青，1981）。教材出版后，赵淑梅、宋春青、武吉华、彭望琭、郭瑞涛等教师在北京人民剧场义务为北京市高中地理教师进行培训（赵济、朱良，2014）。

随着 1992 年联合国环境与发展大会确立“可持续发展”的理念，人地协调观作为公民素养的必备成分而在国际上得到共识。在此背景下，张兰生先生积极主张地理教育按照可持续发展的要求重新定位，以发挥在公民素质教育中应起的作用（张兰生，2000），并在担任中国地理学会理事长（1991～1995 年）、中国地理学会地理教育专业委员会主任（1996～1999 年）和国际地理联合会教育委员会委员（1988～2000 年）期间，积极参与《地理教育国际宪章》的起草，大力推动我国地理教育和环境教育的发展与改革（方修琦，2010）。他认为，认识环境、了解资源，对于国民素质的提高是很重要的（张兰生，2018）。在基础教育的众多课程中，引导青少年对人口、资源、环境、发展形成正确的观点，地理课程应该承担更大的责任，也具备更大的优势（张兰生，1999）。虽然每门课程都负有各自“渗透”环境教育的任务，生物与地理这两门课程却处于特别重要的地位，尤其是地理课，更为突出。其中，对环境作“整体”的考虑，提高“生态、经济、社会、文化相互依赖性的认识”等，却只能是以地球表层为研究对象、以人地关系为研究核心、以处于自然—社会科学结合部为特色的地理课程应该承担的任务（张兰生，2000）。通过学校教育使现在的青少年具备可持续发展意识从而能积极参与环境保护的合格公民，以培养公民的正确人地观为中心任务的地理学科，比其他任何学科更具备担当这一重任的义务与资格。而且这也是地理教育通过实践和考验以自我改革来争取获得社会承认的机遇（张兰生，1994）。

（二）铸造爱国之心：唤起国民共同的国家观念

国家认同（national identity）是群体认同的一种类型，也称为民族国家认同（nation-state identity）。国家认同的经典定义是处于国家决策范围内的人们的态度取向。国家认同是国家统一和稳定的心理基础和重要条件。从政治学视角来看，国家认同是个体对国民身份的确认，是对自己祖国历史文化、理想信念、疆域主权等的认同，是在维护国家安全、稳定和发展方面形成的支持性态度和行为取向（李刚、吕立杰，2018）。

爱国是建立在国家认同基础上的，个体将自我归属于国家，拥护国家制度，关心国家利益，信任国家运作，能够在国家利益受到侵害时挺身而出，牺牲自我（李刚、吕立杰，2018）。

胡安·诺格（Joan Nogué）曾如此评价历史与地理教育在西欧民族国家形成过程中的重要性：学校里的地理和历史教学，直接关系到保持和传承这种归属于一块领土的感情，而这块领土则是一个集体的过去之载体。由此，人们才把地理学和历史学看作是传播民族主义信息的两个最合适的学科（胡安·诺格，2009）。

作为一个良好公民的基本条件，即是爱国家、爱民族（黄国璋，1937b）。地理教育通过国情教育建立国家认同观念，使每一位公民树立爱国家、爱民族的思想，培养学生的爱国主义之心。白眉初先生认为，地理学是“铸造爱国心之学科”（白眉初，1923a），他在天津直隶第一女子师范学校教书期间，校长齐壁亭曾向他请教学地理的要点，他不假思索地答道：“爱国，学地理之首；建国，学地理之本”（张艾曼，1988）。一个国家想要发展和强大，国民的爱国之心极其重要，而“要达到这个目的，实施和加强地理教育，是一种最有效的方法”（黄国璋，1937b）。“此种教育，实比其他教育之价值为高”（周廷儒，1937）；地理在唤起民众、一般国民共同的国家观念方面“决非其他学科所能及”，因此“地理学之普及又焉容缓”，应该引起广泛的重视（白眉初，1923a；马丽、方修琦，2010），掌握地理知识是形成爱国观念的必要前提，也是衡量一个良好公民的基本条件（黄国璋，1937b）。

地理知识能在空间上以最直观的方式塑造国家形象，并因其贴近现实而加深国人的国家认同。因此，自清末开始，地理教育就被用作建立国家认同的工具，清末新政期间颁布的《奏定学堂章程》（即“癸卯学制”）规定，中小学地理教育的“要义”在于使学生“养成其爱国之心”和“破其乡曲僻陋之见”（何思源，2016）。在此新学制的规范下，地理教育成为国民教育的重要组成部分，其核心目标是通过普及天文（如地球的运动、形状）、地文/自然（如各国的气候、地形）、人文（如各国的疆域、国体、人种、风俗、资源、交通）等不同类型的地理知识，呈现出中国的“疆域大略”及其面临的“民族竞争”和“形势利害”，以此强化民众的世界意识和国家观念（璩鑫圭、唐良炎，1991）。清末地理教育主要通过中国在世界上的位置、中国的自然资源，以及近代中国所遭受的屈辱与苦难三方面对国家认同进行建构，唤醒人们对于中国领土危机的认识，展示西方列强的侵略本性，激起国民的爱国情感（何思源，2016；郭忠华、陈奕锟，2021）。20 世纪的其他时期，地理教育所关注的主题及其具体内涵有进一步变化，但都强调建立在对国家认同基础上的责任感和使命感。

1. 对国家的地域认同与维护祖国统一

地域是共同体的生存空间，地域认同是某一地理位置或空间区域的形象等各个方面给个体带来的综合心理感知及归属感，是个体对某一区域的理念认知、赞成和信任的程度。地域认同是国家认同强有力的前提和基础，而国家认同是地域认同的最高表现形式（李刚等，2018）。从晚清开始，包括京师大学堂所编《本国中等教科地理志》《舆地讲义》等清末地理教科书均致力于通过地理教育在空间维度上建立起个人对国家的认同。邹代钧曾为京师大学堂编撰《中国地理学》和《中国地理志》讲义（郝平，1998），其中的《京师大学堂中国地理志讲义》论及中国自然环境的优势，写道："若土壤膏腴，气候和暖，而又为联合为广大之地域，当推我国为最矣。"

白眉初先生认为，地理学的独特功用在于，国民对自己国家的地理物产等有了一定的认识后，往往会激发起爱国之心（白眉初，1923a）。黄国璋先生认为"学习本国地理第一要义就是要明了我们国家的伟大，我们国家的可爱，唤起民众、一般国民共同的国家观念"（黄国璋，1937a）。土地、人民、人民共有的国家观念是立国的三个要件。人民共有的国家观念，是人民与土地相互关系的产品，因为无论哪个国家的人民，他们日常所需要的生活资料，最大部分总是由于他们利用本国的土地得来的，他们对于自己所在国家的土地认识最深，关心最切，由这种深切的认识与关怀，才能唤起一种共同的国家观念（黄国璋，1936b）。而想引起国民敬爱国家和爱民族的观念，首先必先引导他们认识自己的国家，了解自己的国土，使他们知道自己国家的可爱，要达到这个目的，实施和加强地理教育是一种最有效的方法。国人明了这些优越性，自能启发国人的自尊自强心，以增加其爱国心理（黄国璋，1939b）。"一个近代公民，对自己国家以内的山川气候等自然形势、人口聚落、物产交通等人文现象，及其相关之理，应该有一个比较深刻的了解，因为只有这样，才能培养共同的国家观念，才能激发出爱国的激情"（黄国璋，1937b）。"要学热爱祖国、建设祖国，就必须从使他们认识祖国做起，地理教学便是能达到这项目标的唯一工具"（王钧衡，1951）。

"欲知国家之真可爱，第一步应先理解祖国之地理实况"，而野外考察是养成深刻国家观念的重要途径（周廷儒，1937）。"夫有遗产而不知惜护者，人恒讥为败家子；有美丽河山，而不克自保者，其必沦为他国奴"；"坝实学生，使对国家有真正理解，即可使其明了将来国民应负之使命，而地理教育目的达矣"（周廷儒，1937）。白眉初先生建议北京师范大学制定学生报告本县地理的制度（白眉初，1926a、1926b），他认为，"夫外人调查中国地理，如此其力，竟致中国人考察中国地理，非翻阅英日书籍不可，可耻亦可悲"；"各人皆报告本县地理于学校亦爱国之事业也，披露本县地理之状况于书籍，小则使国人知之，大则使世人知之"（白眉初，1926a）。

地理的国家认同教育还在于激发国民统一的观念，没有相关的地理知识，不拿出具体的事实依据，而一味要求国民建立起统一观显然是不行的（黄国璋，1939b）。面对日本入侵、国土沦丧的危机情况，黄国璋先生从区域差异出发，强调只有认识了各地的区域差别，才能形成更高意义上的统一观，也才能比较准确地把握住我国地理的基本概况，自觉维护国家的完整和民族的统一，积极投身到救亡图存的抗日斗争中去。他基于我国物产的复杂与分布上的不均及由此产生的相关性，指出国土不可分割、民族不可分裂的现实意义，中国"整个的领土，无论哪一部分，都是我们自己所需要利用的，无论失去哪一部分，我们都会感觉生活上的不便，我们必须永久保持这个不可分裂的大经济单元，方能以有易无，互相济助，以谋共同的福利，这种对于本国统一信念的启发，实有赖于地理施教"（黄国璋，1939b）。

2. 从“救国”到“经国”

20世纪是中国社会经济发生巨大变革的世纪。以中华人民共和国成立为分界点，其之前面临着国家与民族生死存亡的危机，其之后担负着建设国富民强国家的艰巨任务。李之保先生认为，地理教育的重要任务是通过地理教育使学生具体了解社会主义祖国经济政治面貌发生的巨大变化，从而加深认识党的基本路线的正确，坚定长期坚持基本路线的信念和决心（张兰生等，1992）。总体而言，“国耻与国家救亡”一直是20世纪上半叶中国地理教育中最为重要的主题，而在中华人民共和国成立后的20世纪下半叶，中国地理教育更关注“建国与强国”。

自1840年鸦片战争至中华人民共和国成立之前的百余年间，我国深陷被帝国主义蚕食、瓜分与侵占的严重国家和民族危机之中。在科学救国、实业救国思潮的引领下，北京师范大学的先贤们以“救国”为己任，运用地理教育的优势来传播爱国主义思想，在敦促国人认清国家危亡严峻现实的同时，激励国人救国的斗志和信心。

大片国土的沦丧和国家主权的丧失是近代中国国家危机的突出体现，也是地理教育之国耻与国家救亡教育的重要内容。邹代钧在1902年编撰的《京师大学堂中国地理学讲义》中将铁路和矿产问题放在一起讨论，感慨中国实业成为列强之鱼肉，“我国矿产之富，为世界所艳羡，悍者倡言瓜分，黠者暗中邀索，皆为此也。今外人争揽我利权，铁路矿产，二者必相提并论，噫异矣！……特恐数十年后，外人在我地者，尽为资本家，我国人日贫日弱，将相率而为之劳工，甚且不得，并为之牛马也。可不惧哉，可不畏哉！”同样的问题也表现在航运上，“我国地大物博，设立招商局以来三十余年，而航路不出本国海港一步。而扬子江内地，并准各国兵船商舶通行，利权尽失，可叹也”（郭忠华、陈奕锟，2021）。白眉初在女师大任课时曾精心绘制“中国国耻图”，并收录在其为中学编制的《中华建设新图》（1932年版）之中（白眉初，1932b）。通过指引学生认识中国丧失的领土，在同仇敌忾中深化国家认同感。他在讲中国的国界时，历数了自鸦片战争起，腐败无能的清王朝屈服于列强的武力淫威，签订了一个个丧权辱国的不平等条约，一片片地割去了大面积的国土，他用颤抖的手指着地图，捶胸顿足，泪流满面。受其直观又极具感染力的教学的感召，学生们也悲愤交加，失声痛哭（张艾曼，1988）。在国民政府于1935年明确中国南海最南的疆域线至北纬4°附近的曾母滩（1947年更名为曾母暗沙）之后，白眉初随即在其《中华建设新图》（1936年版）中首次将中国地图上南海的疆域线画到北纬4°，这是今日中国南海地图上“U”字形断续线的雏形（赵济等，2016）。

在日本入侵、国土破碎的抗日战争时期，有关国家救亡的地理教育达到高潮，其目标是使国人对我国的地理形势有一个明确的了解，激发同胞们的爱国信念，积极主动地投身到维护国土完整、捍卫祖国主权的抗日斗争中去。由北京（平）师范大学地理系创办的《地理教学》月刊，创刊于1937年元月，正是日本帝国主义侵占东北后，又步步逼近华北，京津地区岌岌可危之时。黄国璋教授及其北师大地理系同人以抗日救国为重任，运用地理科学的优势来传播爱国主义思想，唤醒国人抗敌御寇，保卫家园。《地理教学》在反映爱国、救国的主调下，广泛传播地理科学知识，弘扬民族文化，激发海内外同胞的爱国热忱，坚定其爱护国土、维护民族尊严之意向，充分体现爱国学者“教育未敢忘忧国”的可贵精神。《地理教学》在政治上大力宣扬祖国山河的可亲可爱，彻底揭露侵略者的罪恶行径，敦促国人认清国破家亡的严峻现实，增强抗敌御寇的斗志和信心。在北京（平）师范大学地理系西迁汉中环境相对平稳后，被迫停刊的《地理教学》于1939年7月复刊出版5、6期合刊，其中一个重要主题就是抗日救国（徐象平，1994）。在这一期《地理教学》中，黄国璋先生把强烈的爱国激情贯穿在地理教育之中，强调通过地理教育引导国民要像爱护自己的家乡那样热爱和保卫自己的国家，以达到鼓舞民众抗敌御侮的斗志，维护我国领土的完整和民族尊严的目的。他从地理背景上纵论“我国位置的优良，幅员的广阔，各种地形的应有尽有，各种气候的应有尽有，各种衣料食料的应有尽有，如此种种，都在表现着我大中华之可敬，表现着不容任何人来侵占我们的尺疆寸土”。他认为“担任地理教育的人，如果能从这些地方去使学生彻底了解本国的环境和世界上所处的地位，自然能增加青年对于本国的认识，因而启发其爱国心，养成其国家民族观念”（黄国璋，1939b）。谌亚达教授依据我国的地理形势，从复杂多样的军事地形上分析了敌我双方的客观条件以及我们的优势所在，并指出“地势的险要固然要紧，而民族的结合，尤其十分重要，我们应把这两种国防力量配合起来，团结起来，才能争取最后胜利”（谌亚达，1939）。

“救国”的最终目的是“经国”。“经国”即服务于发展社会经济，强国富民，是地理学的首要任务（张兰生，2018）。实业救国论在19世纪末至20世纪初是一种颇为流行的观点。1894年孙中山先生曾上书李鸿章，提出“富强之大经，治国之大本”的四点建国方针，即“人尽其才、地尽其力、物尽其用、货畅其流”，其中后三点都与地理学直接相关，可以理解为合理开发利用自然资源、使产品效益最大化、实现商品贸易通畅，这实际上就是地理学视角下“经国”的核心，即协调人地关系，用最小的资源和环境代价，产生最大的社会经济效益（张兰生，2018）。

孙中山先生的《建国方略》为后人勾画了中国发展的宏伟蓝图，白眉初对此倍加推崇。他撰写《最新物质建设精解》（白眉初，1931），详解中山先生的六个实业计划（新建北东南方三大港，铁路建设，发展衣食住行等轻工业，发展矿业），并为中学生编写《新建设时代中国地理》（白眉初，1932a）、《中华建设新图》（白眉初，1932b）和《中华民国建设地图》（白眉初，1932c），向青年学生宣传孙中山先生的建国方略。在《新建设时代中国地理》的序言中，白眉初先生明确阐述了其初衷，“中国只此一块领土。今后人口益繁，欲圆满解决民生问题，除实行孙中山建设计划，别无良策。欲宣传孙中山建设计划，须使全国青年，清澈了解，而本国地理即建设实物，故应自初中中地教本，做根本之启导，期先入以为主”（白眉初，

1932a)。在《中华建设新图》序言中，白眉初写到，“中国地理一科，为中山建设事业之所宗主，为今后民生幸福之所寄托，为万业百科所厘治，为中华民国中第一有研究价值之物质”（白眉初，1932b）。

中华人民共和国成立后，大规模的经济建设成为国家的主题。为此，必须熟悉我国的自然条件，充分认识我国自然条件是优越的，同时也是复杂的（殷祖英，1954）。与清末民国时期关注我国的资源开发潜力和资源被列强掠夺的危机不同，中华人民共和国的地理教育更强调的是，了解和研究我国的地理状态，合理利用和开发地上地下的丰富资源，努力建设我们的国家（宋春青，1983）。讲中国地理时，强调祖国自然条件的优越性，各种资源的丰富性，劳动人民在历史上改造自然的伟大成就，以及解放后各种建设的辉煌成绩（王钧衡，1951）。

中华人民共和国成立前期，我国致力于从落后的农业国家变为先进的、独立的工业国家，这依赖于自然资源的强力支撑。自然地理学和大规模的、综合的、全面的利用和改造自然的生产活动有着密切的联系（刘培桐、李之保，1956），被视为一门改造自然的科学（周廷儒，1954）。而改造自然绝不限于机械地改造，更重要的是利用地理环境的各构成要素在这个整体中的地位和作用，掌握它的发展规律，进而控制它的发展方向和速度，改造成为新的地理环境使它为人类造福（周廷儒，1954）。为了综合地、全面地利用和改造自然，就需要综合地、全面地了解自然，针对国民经济发展的需要，有目的地揭示其有利的或不利的因素，以便在实际行动中充分地考虑到各地区的自然特征，发挥其有利因素的作用，改造其不利因素的作用，以加速社会发展的进程（刘培桐、李之保，1956）。总体而言，我国的地理形势、地下宝藏、大部分地区的气候和土壤、地上资源和海洋资源都是很好很丰富的；我国的自然环境虽有缺点，但这些缺点不是不可改变的（殷祖英，1954）。我国自 20 世纪 50 年代以来对自然环境的大规模利用与改造正是基于上述认识。

早在美国海洋生物学家雷切尔•卡逊出版《寂静的春天》的 1962 年，刘培桐先生就提出要及早防治工农业发展对水环境的污染问题，20 世纪 70～80 年代，他在我国率先开展环境地学研究。他主张，在环境与发展的问题上，要重视经济效益、环境效益和社会效益的统一，强调综合效益。反对盲目地发展，但并不盲目地反对发展；要保护环境，但不是唯环境保护（刘培桐，1987）。

在当今社会，应对日益严重的全球性资源与环境问题、实现人类可持续发展是全人类共同面对的问题；增强在世界市场和国际政治博弈中的竞争力，是国家发展与强大的需要；因地制宜地解决我国贫困地区经济发展与脱贫问题，是保障国内社会环境稳定的关键之一。所有这些都孕育了国家发展对我国地理科学理论研究和人才培养的更大需求（张兰生，2018）。人类当前面临的诸多问题“都有很强的地理成分”，要解决我们世界面对的问题和困难，需要全人类世世代代的全身心投入（张兰生，1999）。邬翊光先生和李之保先生在谈及地理教育问题时都强调国情教育，其主要目的是进行具有中国特色社会主义的基础教育，包括爱国主义教育、科学世界观教育。最主要的内容是建立人口、资源、环境和社会经济协调发展的观念。进行国情教育必须防止片面性，应该用辩证唯物主义思想，教育学生树立正确的人口观、环境观和资源观，这是地理教育义不容辞的任务。因为地理科学的特点之一就是综合性（张兰生等，1992）。

三、“科学的地理，参加上教育的意味”的地理教师培养

1904 年清政府颁布的《奏定学堂章程》（即“癸卯学制”），以法令的形式正式规定在学堂开设地理课，这是近代中国最早正式设置的中小学地理课程（以“地理”为正式课程名称）。自此，北京师范大学的地理教育一直承担着为各级教育培养地理师资的任务。尽管社会上有些观点认为，高等师范院校的系科不需要搞结合生产的科学研究；当教师的不需要较高学术水平；搞结合生产的科学研究是“不务正业”，等等，但这是对师范教育的偏见（李春芬等①，1980）。培养地理师资是北京师范大学地理教育的基本任务，但不是全部。北京（平）师范大学地理系于 1934 年 2 月创办的《地理教学》月刊就强调，“站在教育的立场作地理的研究，企图于科学的地理，参加上教育的意味，借以唤起全国从事地理教育的同胞共同努力，完成新兴的地理教育”（赵济、朱良，2014）。

事实上，至少自 1923 年，由国立北京高等师范学校（1912～1922 年北京师范大学的名称，简称北京高师）升格为国立北京师范大学校之后，北京师范大学就一直致力于建成集师资培养和学术研究，特别是教育研究为一体的大学（胡艳，2002）。遵循北京师范大学师资培养、教育研究、学术研究“三位一体”的办学定位，在其后的近百年中，北京师范大学的地理教育始终保持着与地理学研究前沿的联系，一直坚持地理师资培养和地理教育研究并重、地理教育研究与地理科学研究并重。

地理学绝对不是一种“人人能教，人人能著”的学问（黄国璋，1934）。黄国璋先生 1936 年第一次任北京师范大学地理系系主任后，把“为培养未来良好的师资及促进地理高深研究”确定为地理系的办学目标，并细化为三个具体目标：改进各中等学校的地理教学、培养中学优秀地理教师、开展地理科学研究（黄国璋，1937a）。这三个目标完全符合北京师范大学“三位一体”的办学定位，且彼此之间相辅相成。其中，培养中学优秀地理教师的意义尤其重要，“中学地理教师的素养，直接影响中学生的地理程度，间接影响小学生的地理程度及社会一般对于地理的认识和兴趣，中国地理学术的基础能否广立，将来能否有长足的发展，中学地理教师是负最大责任的”（黄国璋，1937a）。在两度担任北京师范大学地理系系主任期间，黄

① 北京师范大学武吉华教授是该篇论文作者之一。

国璋先生一直积极推动北京师范大学地理系面向中学地理教育的教学改革,“凡有利于中等学校地理教育之事项而本系人力物力所及者，无不规划周详，亟图充实”；“对于一般中学地理教师,我们愿尽最大的力量,给他们较大的帮助,使其在进修上有所裨益”(赵济、朱良,2014)。

从北京师范大学地理系120年的历史看，其最大成就是培养出一大批优秀的地理教师。他们虽然没有科学家、革命者那样著名，但是他们让难以计数的中国人了解自己的国家、了解外面的世界，提高了中华民族的素质，也启蒙了一大批杰出的地理学家。著名地理学家陈述彭院士就说过，他对地理的兴趣很大程度上是受中学时地理老师的影响，而那位老师，就是北师大地理系的毕业生（王淑芳[①]、宋春青，2002）。

（一）培养研究型地理教师

北京高师的精神或者北京师范大学的特色是，在通晓专业知识的基础上，注重研究教育问题（刘敏，2018）。作为北京师范大学建立和发展的关键性人物之一，梁启超要求北京师范大学学生首先要自觉地求知，要做到“无负今日”，积极提升自身的教育水平，不忘自己承担的使命，尤其是要专门研究一种学问，成为专门人才；其次是要努力了解各种专门学问，并要研究教育上最高的问题（刘敏，2018）。

基础地理教育的目标和任务是提高公民素质，而不是培养地理工作者（张兰生，1999）。因此，培养研究型地理教师并不意味着把他们培养成为地理学家，而是能够具有像地理学家那样的创新性思维和解决问题的能力。李容全先生把地理学研究的能力概括为四个方面，即“文献阅读与综述，地形图及遥感影像判读分析，对野外路线和重点观察现象和剖面的选择，根据野外考察资料进行综合提升和理论引申”（李容全等，2013）。

具有研究能力是成为中学优秀地理教师的重要条件之一。在北京高师时期，史地部就很注意培养学生的能力，设立了实验课，并在学习期间规定有两次以探访地理名胜、调查矿产为目的的国内旅行，每次旅行均作报告书，并绘图、采集各种标本。当时还聘请了张相文、翁文灏、章鸿钊、丁文江等不少著名学者授课。中国近现代地理学奠基人之一丁文江给学生上第一堂课时就告诉学生：“学知识容易得很，你们自己看书学习就可以，我就是来教你们，新问题来了你怎么办，你又怎么去发现新问题”（熊宁，1987）。

为培养具有研究能力的良好师资，在黄国璋先生任系主任期间，北京师范大学地理系“于学生研究习惯之养成研究之训练，尤特加注意，冀学生出校之后，得以自行研究，日图进取”，并“积极充实系中图书、仪器之设备，改善教学之环境，充实课程之内容，指定考题之研究，藉以提高学生之程度”（方修琦，2012；赵济、朱良，2014）。

① 1969年北京师范大学地理系毕业后留系任教。

（二）地理“学”重于地理教育“术”

在地理学与遥感科学学院学生刊物《经纬》创刊号上，张兰生先生应主编马丽（2002 级本科生）之约，曾为其写了篇《学术辨》的短文，指出不同学校之间的本质差别是在于“术”和“学”的偏重程度的差异。他认为，相对于某种程度上具有职业培训意义的“术”，大学应该是以“学”为重，不可以“术”代“学”，没有“学”作为根本，“术”无从谈起（张兰生，2018）。

从地理教育的视角，地理的“学”可以理解为地理学科学素养，“术”可以理解为地理教学方法。修订版的“布鲁姆教育目标分类表”包括知识和认知过程两个维度。其中，知识维度用于区分“教什么”，即教师所要传授知识的类别与内容，这完全是教师的责任；认知过程维度是对学生学习目标的要求，是学生的责任，需要教师与学生通过教学过程共同完成（吴树芳等，2018）。老师对于学生的作用之一是传授知识，但传授知识不是最主要的，尤其是在大学，如果一个大学老师是以传授知识为主，是不适合当大学老师的。教师更多的应该是培养学生的能力，让学生有一个正确的人地观，有一个综合地分析自然的能力（张兰生，2012）。

教正确的地理是地理教育的基石。任何一个地理教育目标，都是建构在特定的核心地理概念与地理知识体系基础之上的。例如，美国的地理教育就是基于地球科学、人地关系、区域、区位四个地理学传统（Pattison，1964），《地理教育国际宪章》指出地理教育有“位置与分布”“地方”“人与环境的关系”“空间相互作用”及“区域”五个核心概念（曾早早[①]，2014）。合理选择地理教学内容、准确理解地理问题都依赖于“学”；而达成教学目标所采取的地理教学方法可以是多种多样的，需要教师根据教学内容、自身特点和学生状况选择适当的“术”。决定地理教育水平的首要要素是教师的地理科学素养，而非任何教学方法本身。

作为未来的中学地理教师的师范大学地理系学生，他们的地理素养应该达到一定的水平（金瑞莘[②]、段宝林，1959），而要成为中学优秀地理教师则需要具有更高的地理科学素养，这是北京师范大学一以贯之的看法。打好地理学基础，一方面要遵循“三基（基本概念、基本原理、基本方法）四性（科学性、系统性、逻辑性、应用性）”进行学习；另一方面，一定要做野外观察，从实践中提高（李容全、贾铁飞，2011）。赵济先生认为，学生能力培养是培养目标中的核心问题。地理系学生应加强四方面能力的培养。第一，学生应当具备独立学习、更新知识的能力；第二，培养综合分析问题的能力；第三，加强野外实践训练，培养野外观察分析问题的能力，初步掌握采集样品、分析化验、制图等一系列本领；第四，培养学生的

① 北京师范大学地理科学专业 1999 级本科生。

② 1952 年起任教于北京师范大学地理系。

表达能力，即良好的文字、口头表达能力（张兰生等，1992）。

正是由于坚持地理“学”重于地理教育“术”的培养，北京师范大学地理学专业的本科毕业生不仅能成为真正优秀的地理教师，而且能够胜任大学地理教育和地理学研究工作。事实上，在我国取消大学毕业生计划分配之前，地方师范院校地理系一直是北京师范大学地理学专业毕业生的一个非常重要的就业去向，北师大地理学专业毕业生为地方师范院校地理系的建设和发展作出了重大贡献（赵济、朱良，2014）。

为提高学生地理理论素养，且符合培养中学地理教师的目标定位，北京师范大学的地理教育始终保持与地理学研究前沿的联系，通过不断改进地理课程设置和教学内容，积极推动地理学知识体系随地理学的发展而不断更新。主要的做法有以下几个方面。

1. 课程结构与课程内容随时代发展而与时俱进

现代大学教育分学科向学生传授科学的基础知识，所以学科的性质随科学的性质差异而不同，但学科并不就是某一门科学的缩本。包含某一门科学内容的教材是依照教学上的需要而组织起来的，必须符合学生学习的需要，也就是符合教学计划的要求。系统地将知识教给学生，是学校教育必须遵循的原则。在任何一级学校，任何一门学科中，如何组织教材，使它有系统而为学生所接受，就成为教师在日常教学工作中的首要任务（杨曾威，1956）。杨曾威先生进一步指出，为使学生获得质量良好而正确的知识，教师在组织教材时，必须有严格的逻辑联系，按照一定的顺序排列教材，后教的教材以先教的教材为基础，前面的教材可以引入到后面的教材。“没有严格地将他所担任的学科教材有系统地组织起来教给学生，而只是将他所熟悉的或专长的一些零碎知识，讲给学生听，即使其内容高深新颖，他也只能算是某些零碎知识的报告者，而不能算是一个优良的人民教师”（杨曾威，1956）。

地理学是在不断发展进步的，正如黄国璋先生所说：“地理学家的思想，随着人类对地球的认识而演变，而人类对地球的认识又随着人类活动的范围而与时俱进”（黄国璋，1947）。与此相对应，地理教育的内容体系和教材组织亦需要与时俱进，在北京师范大学地理教育的历史上，此方面的努力未曾间断过。

从地理学课程的设置来看，源于京师大学堂师范馆的地理学专业，创办的历史虽然悠久，但它“史地一体”的历史渊源，使其地理课程长期停留在传统的描述地理现象的范围内（熊宁，1987），在“史地一体”的26年中，北京师范大学地理课程的设置虽呈现顺应我国从古代地理学向近现代地理学转变的特点，但课程以区域地理居多，课程内容侧重地理事物、城市山川、风土人情的描述，地理教学的内容没有本质的变化。1928年地理系独立设系，1931年划归理学院，这相当于客观地承认了地理学在学科归属上从属“文”转向属“理”。之后，地理系加速了对在1920年代已形成的德、法、英、美等近代地理学流派的引进与吸收（赵济、朱良，2014），特别是黄国璋先生于1936年和1946年两次任地理系系主任，提出了“影响中国地理教育发展，培养优秀地理教师，研究高深地理科学”的办系方针，积极推进从传统地理学向现代地理学的变革。黄国璋于 1936 年第一次任北京师范大学地理系系主任后所采取的六项措施中，第一项是打破门户偏见，广招国内外享有盛誉的地理学家来系授课；第三项是制订教学计划，拟定教学大纲，引进国外先进的地理科学，充实教学内容（赵济、朱良，2014）。他首次任地理系系主任期间，用现代地理学思想来完善本科教学计划，系统地介绍了西方人地关系学术思想；再次出任系主任后，他进一步系统地介绍了近代区域地理理论，开设了“区域地理学基础”“比较区域地理学”“北美经济地理”“欧洲地理”等新课程（邬翊光，1998）。在黄国璋两次执掌地理系期间，受邀来北京师范大学地理系授课的有中国地理学/地质学的奠基人翁文灏、丁文江，著名地质学家冯景兰院士、王鸿祯院士，著名古生物学家杨钟健院士，著名植物学家侯学煜院士，著名气象学家卢沃等（赵济、朱良，2014）。周廷儒先生在中华人民共和国成立之初从美国返回报效祖国，就是由时任地理系系主任的黄国璋教授力邀到北京师范大学工作的。

1952 年院系调整后，在全面学习苏联的地理学与地理教育模式的大背景下，周廷儒教授依据教育改革精神，并参照苏联列宁师范学院地理系 1951 年的教学计划，制订了“北京师范大学地理系教学计划”。在这一计划基础上，他主持制定了“大学地理师范教育培养方案”（周廷儒，1954）。该计划中规定的专业科目，包括学习地理学所必需的基础课程（天文学、地质学）和技能课程（地图学及地形测绘），以及关于地理学知识的课程（自然地理、区域自然地理和经济地理），并安排相当长期的野外地理实习和计划中各专业科目的实验实习，此外还有做一名人民地理教师所必须学习的地理教学法。新教学计划基本上具有了苏联教学计划的科学性和系统性，充分反映了地理学、特别是自然地理发展的现代水平。其中的重要创新是，本着对自然地理环境的整体性和各要素的连续性和阶段性的理解，在教学计划中单独设置土壤地理学、植物地理学（由于条件限制，动物地理学未列入计划）课程，普通自然地理学作为在自然地理教学中获得整体观念的唯一课程，把地理环境当作一个连续的、互相联系的、阶段性的整体来进行教学的。计划中自然地理课程的排列是由整体的“普通自然地理”开始，接着是有机自然的“土壤地理学”和“植物地理学”，然后是具有一定“区域”综合性的“中国自然地理”和“各洲自然地理”，这样便完成了自然地理学的教学体系。根据这一计划培养出来的教师，充分体现了“培养中等学校地理及中等师范学校矿物学教师”的目的，将是“知识比较广博、能愉快胜任自己工作的”（周廷儒，1954）。这一教学计划奠定了我国地理教育培养的基本框架，其对我国师范院校地理教育的影响一直延续至今。

师范院校地理系和综合性大学地理系在培养目标和课程设置上是不一样的，各自所开设的课程或同样课程的内容就不应该也不可能完全一致。总体而言，地理教育专业的课程在内容上更强调广泛、全面和系统，以便为学生在以后的学习过程中和未来的工作中解决可能遇到的困难和问题打下基础（金瑞莘、段宝林，1959）。例如，在北京师范大学 1959 年修订的地理学教学计划时增设的“经济地理学导论”课程，是教学计划中唯一的经济地理学理论课程，考虑到师范大学地理系承担的主要任务是培养中等学校的地理教师，教学计划中没有综合性大学地理学开设的其他经济地理专业课和基础课，因此，“经济地理学导论”的内容要较综合大学的同类课程相对广泛、全面和系统（金瑞莘、段宝林，1959）。

1977年重新恢复高考招生以后，在20世纪50年代地理教育培养框架的基础上，进一步增加了体现第二次世界大战之后欧美地理学科学与技术新进展的课程与教学内容，同时开设了有关新生代古地理、环境演变、环境保护等体现国际科学前沿及北京师范大学地理学研究特色的选修课程。

20世纪80年代以后，至少有三个方面的条件有了极为重要的改变：第一，研究人地关系的必要性、迫切性，研究全球环境的总体规律已经得到普遍的承认和重视，并得到了广泛的支持；第二，研究地理环境这样复杂巨系统的方法论有所突破；第三，高技术的支持——实验手段、信息的取得和分析都有了较好的保证。有鉴于此，张兰生先生提出，面向全球变化与可持续发展的需求，地理学应发挥处于自然和人文学科之间、具有桥梁地位的学科作用，培养出具有系统观、综合观而又掌握或至少是了解高新技术，能胜任这一任务的一代新人。高校地理系的专业设置和课程结构的挑战与机遇并存，迟早总得改，晚改不如早改。需要改变沿袭至今的20世纪50年代的旧格局，拓宽基础，加强实践。传统的地理课程，不论是部门地理或是区域地理，必须减少一些；综合的、交叉的课程，方法论、技术训练方面的课程必须增加进去（张兰生等，1992）。邬翊光先生认为，在新形势下办地理系、培养地理系学生有三个问题必须明确：第一，专业是宽些好？还是窄些好？也就是“博”与“专”的关系，他主张“博”；第二，知识积累与能力培养间关系，他认为更重要的是能力培养；第三，继承与发展的关系，他认为，为了面向未来，面向新技术革命的挑战，必须重视当代自然科学研究的前沿（张兰生等，1992）。

2. 植根于地理学的核心概念与思想传统

地理教育是关于地理的教育，其根本任务是把地理学的科学认知转化为与教育目标和学生学习能力相匹配的学科知识体系，成功地实现这一转换是以深刻地理解地理学的本质与核心概念为基础的。正如在总结中华人民共和国成立30年来地理教育发展时所认识的，“地理学是一门基础学科，不建立和发展基础理论就不能提高学科水平，也就难以从根本上提高教学质量”（李春芬等，1980）。

杰出的地理教育家首先是有影响力的地理学家。从本质上看，北京师范大学地理学专业教师对地理学的认识水平决定着其地理教育的总体水平。有鉴于此，北京师范大学地理系的历代先贤们一直关注地理学的本质与核心概念，并以此作为培养学生地理学科学素养的出发点。

白眉初所处的时代，是在我国从传统地理学向新时期的科学地理学过渡的阶段。当时作为西方地理学思想接受者的中国地理学家大多成长于中国传统地理学的“土壤”上，而竺可桢等在西方接受系统的地理学教育的地理学家刚回国不久，由他们传播的近代地理学在国内尚刚刚起步。作为我国传统地理学的代表人物、现代地理学的启蒙大师，白眉初（1923a）在《地理哲学》中充分表达了他对地理学强烈的学科认同感；对地理学“理体文用”、宏观性、变化性的认识；对地理学教育功能的重视；对地理学人地关系研究视角独特性的强调，以及对人地和谐的注重。《地理哲学》中展现的地理学思想，具有新旧交融的特色，既充分体现了他作为一位传统地理学家对地理学的独到认识和见解，同时也闪耀着现代地理学启蒙的光芒，竺可桢评其“立论不落窠臼，处处引人入胜，令人思索”（马丽、方修琦，2006）。

黄国璋先生是发展中国近代地理学的先驱，对我国地理学（特别是人文地理学）的发展、地理学术团体和教学与研究机构的建设均具有开拓性的贡献（赵济、郧翊光，2010）。黄国璋先生从多个角度阐述了其对地理教育中的区域认知的观点。他强调区域差异及由此产生的相关性，认为只有认识了各地的区域差别，才能形成更高意义上的统一观（黄国璋，1939b）。他更加注重从地理教育在全球普遍联系中的作用的高度来培养国民的世界眼光，“要使全世界人民共同认识他们不但是本乡本土本国的公民，而且是世界公民”（黄国璋，1937b）。

周廷儒先生是中国自然地理学的古地理学的奠基人（张兰生，2010），开创了中国时间维地理学的研究传统（方修琦，2007），他一直坚持“地理学是综合的”。周廷儒先生于1952～1983年任地理系系主任，执掌地理系30余年，“综合”是他为北京师范大学地理系确定的办系方向，也是诸多先贤们对地理学特性的普遍共识（刘培桐、李之保，1956；杨曾威，1956；张兰生，2012）。1958年“大跃进”期间，在北京师范大学地理系存废的问题上，周廷儒先生以地理学的综合性为依据，旗帜鲜明地主张保留地理系。周先生提出地理的用处是无形的，他有一个比喻，就是一个乐队有多种乐器，交响乐是在指挥棒的指挥下才能演奏出来的，地理学就是那根“指挥棒”（张兰生等，2010；张兰生，2012）。在周廷儒先生看来，“对自然地理学的科学本质的认识不仅是把地理环境看作一个统一的整体，而且是把它看成一个连续的、互相联系的、阶段性的体系。在这个体系中，有机自然处于高级阶段，无机自然处于低级阶段；而每一高级阶段又包含有低级阶段的性质和品质。所以有机自然不仅能反映其余自然的性质和品质，而且在地理环境整体的发展中起着领导作用（特别是植物）。我们必须认识到各构成要素在地理环境中所处的地位和作用，无机自然同有机自然的联系和发展的关系，特别要认识到有机自然（尤其是植物）在地理环境中所起的领导作用，而它与无机自然之间的联系是土壤”（周廷儒，1954）。周先生提出，现代地面自然界的每一个特征，都有一定的发展历史，如果不去查明它的历史过程，就不可能深刻了解现代自然界规律的本质和特点（周廷儒，1982），阐述现代自然地理环境对古地理环境的继承性正是他开创的自然地理学古地理的精髓（方修琦，2007）。

张兰生先生进一步将自然地理学的古地理学拓展为环境演变研究（方修琦，2007）。他更强调人地关系在地理学中的核心地位，认为地理一定是研究地球上各种物质与人类的关系，只有研究人地关系，才是真正的地理学，否则就不是。他认为地理学的“地”是自然综合体，是与外界既有物质交流，又有能量交流的地球表层系统，并特别强调人地关系的不对称性和变化性。认为不能把人和地放在同样的地位上去考虑，人和地的关系是随自然环境演变和人类自身的发展变化而不断地发生变化的。现代人地关系研究的目的是协调人地关系，让人能够可持续发展，为此，首先是要把人类活动影响下“地”的变化及其对人类的意义研究清楚（张兰生，2012）。

李容全先生认为，认识地理学的本质特点对于学习地理学、发展地理学科和从事地理学研究非常重要。通过对地理学发展历史的解析，他把地理学的特点概括为四个方面，即地理学是“研究行星地球表面的科学”，反映地理学研究对象的特点；是“研究关系的科学”，表现地理学研究内容中强调观察与分析各种地理要素之间的相互联系、相互关系的特点；是“强调位置的科学”，突出它“研究关系”时的切入点；是“考察分布的科学”，显示地理学强调相互联系着的各种现象组成的整体在地区中一同存在的科学思想。这四个方面缺少任何一方，都不能反映有别于其他任何学科的地理学自身的特点（李容全、邱维理，2006）。

3. 将学科前沿和特色研究领域开发为新地理课程

基于北京师范大学师资培养、教育研究、学术研究三位一体的办学定位，为实现“培养未来良好的师资及促进地理高深研究”的目标，北京师范大学地理系（学部）长期秉持教学与科研并重的理念，用科学研究的思维和科学的前沿成果促进教学。在 1952 年学习苏联模式后，师范体制过分划一，培养目标限制过死，课程设置也仅仅以中学现行课程为对口（李春芬等，1980）。即使如此，北京师范大学地理系仍坚持将学术前沿领域，特别是将北京师范大学地理系专业教师开展的学科前沿研究开发为特色的、优势的地理课程，在强化学生对地理学前沿认识的同时，也通过言传身教渗透了对地理学研究能力的培养，教师的科学研究也通过长期的教学积累进一步升华，同时实现教师自身的发展。

1957～1959 年，刘培桐先生赴苏联莫斯科大学地理系，进修土壤地理学与景观地球化学，回国后便在北京师范大学开展化学地理研究，并主持建设了我国第一个化学地理学专业。20 世纪 70 年代初，我国已开始注意环境保护工作，刘先生率先投入了环境保护及环境与癌的研究工作，成为我国环境地学研究的开创者之一。1983 年，环境科学研究所从地理系独立出来，该所在刘培桐先生的领导下，强调基础理论及其应用的研究，即研究人类与环境的对立统一关系，解决人类发展的无限可能性与环境资源的相对有限性的矛盾，以促进人类与环境的协调发展。在刘培桐先生率领下，北京师范大学率先将环境科学研究这一前沿的科学领域纳入本科生课程，开设“环境科学概论”选修课程并编写教材（姜素清、刘逸浓，1987）。

周廷儒先生的古地理学与张兰生先生的环境演变研究开我国时间维的地理学研究之先河，是北京师范大学对 20 世纪中国地理学最大的贡献（方修琦，2007），他们的学术思想也通过所开设的课程，使北京师范大学地理系的广大学生受到教益。作为我国自然地理学的古地理学的奠基人，周廷儒先生的研究使得北京师范大学始终保持着与中国地理学研究前沿的联系（张兰生等，2010）。同时，周先生是名副其实的地理教育家，早在20世纪60年代初，他就将其开创的自然地理的古地理学转化为“古地理学”课程（赵济、朱良，2014），编写《古地理学》讲义，出版教材（周廷儒，1982）。直到77岁高龄时，他仍然在教学第一线上，亲自为学生讲授“古地理学”课程。周廷儒先生是一位不是“名嘴”的名师，在许多人的记忆中，周先生不善表达，且有浓重的浙江口音，但大家均认为他是受学生欢迎的教育大师。他行事低调、生活简朴、慈善谦和，在野外实习和学生一样背行李和住破庙，令学生由衷地钦佩；他的教学体现了科学研究的视角和思维，无形中引导学生进入科学研究的境界（张兰生等，2010）。作为周廷儒先生的助手和学生，张兰生先生的教学和科研成长深受周先生的启迪。尽管作为一名长期从事教学工作的教师，在教学任务重、科研机会少的情况下，张兰生先生能够将三尺讲坛作为科研平台，他的研究工作有许多是对长期教学积累的升华，而他在20世纪80年代初建设起来的“古气候学”“环境演变”等本科生课程，是基于其对科学前沿领域的长期关注与研究。张兰生先生的教学因贴近科学前沿和富有启迪性而备受学生欢迎。善于从看似普通的资料中发掘出深刻的内容，“发人所未发”，是他的教学和科研风格，也是他开拓环境演变研究方向，终于成为当代著名的地理学家和地理教育家的重要原因之一（方修琦，2010）。

（三）研究中学地理教育问题

曾任地理系系主任和北京师范大学教务长的张兰生先生认为，一个大学不搞学术研究不能够称为大学。同时，他明确主张师范大学的学术研究，在一般的学术研究之外还具有独特的领域，即学科教育研究。他指出一门学科的“教育”，是需要“教”与“研”的。1984～1992年，张兰生先生任北京师范大学教务长，主管学校的教学和科学研究工作，在进行务实的教学改革的同时，针对师范大学中长期存在的将教师培养和科学研究相对立的“师范”与“非师范”的争论，他明确主张师范大学要搞学术研究，特别是推动了师范教育的学术研究，强调北京师范大学的教育研究成果应能够为国家教育的方针政策提供指导或参考，至少也应能够影响学科教育的走向（张兰生，2018）。

张兰生先生认为，任何一门学科教育的研究任务，首先在于明确该学科在完成适应未来社会要求的“人”的培养任务中所承担的使命，进而明确该学科教育的方向、体系，而教材与教法研究在这个总体工作中应是处于第二位的（张兰生，1999）。北京师范大学的教师担负有精选教材、研究教法、振荡全国学风三方面的责任（白眉初，1923b）。在“北京师范大学地理学倡办计划书”中规定，“本校之研究地理学者，除注重教学应用，尚须兼习技术，研究学理”（熊宁，1987）。作为中国教育史上第一个师范性质的地理系，一直重视地理教育研究，在整个 20 世纪，对地理教育的主要使命和教材与教法两个方面的研究一直未曾间断。这完全符合北京师范大学在通晓专业知识的基础上，注重研究教育问题的特色（刘敏，2018）。

在就职北京师范大学之前，黄国璋先生就对普通地理教育有诸多思考，对中学地理教育的目的，他认为，“不专为中学学生升学的准备，同时也当注重公民的训练”，并具体列举五个方面：①公民常识的增进，包括知识和认识两个方面的地理常识；②择业知识的授予，了解各种职业与自然环境关系性质的不同；③公民道德的陶育，主要包括养成爱国心、养成世界观念、减除错误的阶级观念、养成应付自然的勇气；④智慧能力的发展，包括发展学生的想象力、发展学生的记忆力、发展学生的理解力及判断力；⑤自然欣赏能力的增进（黄国璋，1936a）。其中，对学习外国地理的主要作用，黄国璋先生把其归结为三个方面：可以明了国际间的相互关系，可以明了中国在国际间所处的地位，可为改进国计民生的借镜（借鉴）（黄国璋，1936b）。

针对如何选择外国地理教材，曾任地理系系主任的王益崖先生认为，“选择教材的标准主要依据地理教育的目的，对外国地理教材的选择，除说明人地关系以外，应以本国为本位、本国为中心，如是始可为未来的中坚国民，对有推考和应付世界大势的能力，才有养成的希望”。他特别强调选择外国教材需要注意的主要方面：①关系深切的国家，国情和国际地位的特别说明；②关系深切的地域，地人关系的特别提前讲述；③世界地理事实重本国本位的说明；④世界文化的理解和国际常识的向上（“向上”指本国可借鉴与提升的潜力）（王益崖，1936）。

中学地理教师在地理教育上负有培养公民的基本观念和授予公民基本知识的使命（黄国璋，1941），而要成为一个“能满人意”的中学地理教师，最低限度须有下列四资格：对于地理学本行的学问具有确切的见解，对于地理所关各科须具有相当的认识，须受过相当的师资训练，须具有丰富的想象力、明晰的辨别力、自然的欣赏力、孜孜的向上力等四种特殊优越的品性（黄国璋，1934）。

北京师范大学承担着研究教学方法之责。这不仅仅是研究直接教授师大学生的方法，更在于研究教育全国青年儿童的方法，此事关国脉的绝续（白眉初，1923b）。1921 年，刘玉峰先生撰文呼吁地理教科书与其教授法急宜革新，重点关注当时教材亟待更新的四个主要问题：①多数材料相互之间缺乏内容上的有机关系，不过以空间或人为的顺序孤立地排列；②材料相互之间无轻重缓急之差；③材料与实际生活关系薄弱者多；④地理记述用语含义模糊，多暧昧不明。他同时指出，这样状态的存在与地理教授法研究不足有关，如果地理教授法能够稍有进步，即使在现有的地理学水平之下，亦有可能改进教材所存在的诸多不足（刘玉峰，1921）。白眉初（1926a）建议学校制定增加学生报告本县地理的规则，万方祥（1934）对三“Wh”地理教学法提出商讨。

黄国璋在 1936 年任北京（平）师范大学地理系系主任后，从多方面加强了对中学地理教育的研究。不仅“搜集教材，研究教法，绘制中等学校适用之中国省区地形挂图及各大洲地形挂图，制造地形模型、人种模型，以供中学地理教师教材教法之探讨”，还创办传播和论述基础地理教育的刊物《地理教学》杂志。此外，他还组织了地理教学研究会，设置地理教学咨询处、中小学地理课外读物编撰委员会（赵济等，2014）。《地理教学》杂志在 1937 年出版四期，1939 年复刊出版 5、6 期合刊，1947 年再次复刊出版四期，对国内地理教育曾产生很大的影响。黄国璋亲自为《地理教学》撰写多篇论文，北京师范大学地理系的许多教师在其中发表有关地理教学方法的论文，如地图的使用、星座观察、具体地理问题的讲授方法，等等（赵济、朱良，2014；徐象平，1994）。

王钧衡先生毕其一生，对地理教育进行了系统研究。他强调地理教法和教材都要研究，在地理教学理论和教学方法、中学地理教师培养、中学地理教材编写和地理科普等方面均作出了重大的贡献（高如珊[①]，1999）。王钧衡先生认为，地理教学要达到三项目标：①自然地理的学习，使学生认识自然的发展规律，利用自然和改造自然；②本国地理的学习，使学生认识祖国，热爱祖国，建设祖国；③外国地理的学习，使学生认识世界，分清敌友，保卫和平（王钧衡，1951）。他提出了地理教学中处理地理教材的“从人到地，从现象到理论，从个性到全貌”三个原则，并提出根据教材单元的内容组织教学的要题法、分区法、凸聚法、比较法、旅行法、示范法和综合法等七种方法（王钧衡，1951）。王钧衡先生把地理教学的特点概括为三个方面：①发展学生熟悉地方的本能，联系乡土知识充分引用比较法；②充分而正确地运用地图；③阐明地理的因果关系，培养学生的地理思维（王钧衡，1959）。他阐述了在地理教学中如何具体运用系统性原则、科学性原则、思想性原则和直观原则（王钧衡，1954b、1954c）；并对地理教学的许多环节进行过专门研究，如怎样钻研教材，怎样编制教案，如何用图制图，以及课堂教学艺术等（王钧衡，1934、1941、1954c、1955b、1956、1963；王钧衡等，1952）。通过总结我国清末以来 60 年的中学地理教学，王钧衡先生指出地理教学内容及其安排存在四个主要矛盾：①轮回设科同内容重复的矛盾，②普通自然地理（简称普自）同年龄特点的矛盾，③科学体系同教学体系之间的矛盾，④中外地理总论与分论间的矛盾。他提出，通过地理课从小学到中学采取螺旋上升的课程设置，使教学内容基本上避免重复（王钧衡，1964）。针对忽视中学地理教材研究的倾向，王钧衡先生在 1960 年前后把课程名称由“地理教学法”改为“地理教材教法”（高如珊，1999）。

相对于地理教材和教法，张兰生先生更优先考虑地理教育的定位问题，因此他在1983 年就任地理系系主任之初，就将原来的“地理教材教法教研室”改名为“地理教育教研室”（张兰生，2007），期望从公民应具备素质的高度，对地理教育的课程结构和体系进行研究。张兰生先生主张，地理知识是一个一辈子的积累过程，是无法靠课堂教学来完成的。学校地理教育的有限课时，应该用于训练学生掌握工具和方法，以具有能力在未来的现实生活中，根据

① 1956 年地理系毕业留校任教，从事地理教学法教学。

不同的需要去获取、处理、更新自己所必备的地理知识。与此同时，基础教育应在培养学生形成正确的世界观方面发挥作用。地理教育与地理学之间关系十分密切，但绝不等同。特别是基础教育中的地理课程，更是不必遵照地理学的体系去开设。基础地理教育工作者不仅必须彻底否定知识堆砌的这条老路，而且应该放弃单一的以培养地理工作者为目标的学科体系，而基础地理教育应该从21世纪我国公民应具备的地理素养的高度，研究出符合基础教育培养目标的课程体系来。地理教育改革应该跳出“知识充填的框架，着重能力的培养”，培养出学生“具有独立判断、作出正确结论的能力”（张兰生等，1992；张兰生，1999）。

四、历史与现实的关联

（一）与国内外地理教育发展趋势的契合度

1. 两版《地理教育国际宪章》的地理教育定位

国际地理联合会地理教育委员会于1992年发表了《地理教育国际宪章》（*International Charpter on Geographical Education*，以下简称《宪章》）（国际地理联合会地理教育委员会，1993），并于2016年发布了新版的《2016地理教育国际宪章》（*2016 International Charter on Geographical Education*，以下简称《2016宪章》）（国际地理联合会地理教育委员会，2017），代表了国际社会对地理教育的主流认识。两个版本的宪章都深信“地理教育为今日和未来世界培养负责任而活跃的公民所必需”，认为“地理在各个不同级别的教育中都可以成为有活力、有作用和有兴趣的科目，并有助于终身欣赏和认识这个世界”；“地理教育不论在人类之中，还是在人类和自然之间，致力为和平与正义作出贡献……”

《宪章》对地理教育的定位进行了系统总结，认为地理对教育的贡献分为个人教育、国际教育，以及环境和发展教育三方面。在个人知识和理解方面，强调对位置、地方、自然系统和社会经济系统的认识和理解。在个人技能上，强调图解、实地考察和思考等多种能力的培养。在个人态度和价值观上，认为“人类一方面受到自然环境的影响，一方面又在改变周围，创造出不同的社会环境”，强调要“关注后代生活和环境的质量与规划”。在国际教育方面，《宪章》宣扬了解和尊重其他国家和民族的文化、鼓励承担责任和团结合作。在环境和发展教育方面，《宪章》指出“保证世界可持续发展的关键在于向全人类和在各个阶段推行环境和发展教育”（国际地理联合会地理教育委员会，1993）。

《2016宪章》肯定了旧版的宣言，突出了21世纪全球化背景下地理对教育的贡献。新宪章强调要在地理教师和教育者中发展“研究导向”，以使他们能对教育实践活动进行反思和批判性的参与，并要求发展提高地理教育质量的专业“思维习惯”。将学习地理对个人教育的影响总结为“帮助人们理解和欣赏地方和景观如何形成，人与环境如何相互作用，日常空间决策引发的结果，以及地球的多样性和相互联系形成的五彩斑斓的文化和社会”；认为地理对于生活在紧密联系的世界中的21世纪公民而言，是一门重要的科目和资源。它一方面可以“满足并滋养好奇心……帮助人们明确表达问题、发展智力技能、对影响生活的问题作出回应”；另一方面“带给人们与众不同的探究工具，如地图、野外考察和诸如地理信息技术等功能强大的数字通信技术的运用”（国际地理联合会地理教育委员会，2017）。

作为国际地理联合会地理教育委员会委员（1988～2000年），张兰生先生是《宪章》的编写起草人之一，他认同《宪章》对地理教育定位的认识，大力传播《宪章》精神，并多处借用《宪章》表达其对我国地理教育的观点。他特别认同“地理教育是为当今和未来世界培养活跃而又负责任的公民所必需”，认为“地理教育承担着向公民传授地理知识、了解‘家园’的任务”，地理教育在“引导批判、创新思维方面具有独特的优势”，而“地理教育是21世纪公民素质的要求”（张兰生，1999、2002）。

20世纪的北京师范大学地理教育思想与《宪章》有很高的契合度，尤其体现在地理教育提升国民必备素质的功能认识和“人地协调观”的价值取向上。在铸造常识、培养创新的综合逻辑思维能力、培养公民的世界眼光、养成野外考察能力和树立正确的人生观等方面，都与《宪章》提出的地理教育之功能有明确对应。此外，《2016宪章》还强调要在地理教师和教育者中发展“研究导向”，北京师范大学地理教育的特色之一，就是支持和鼓励研究型地理教师的培养，“师范性、研究型”正是北师大长期坚持的地理教师培养模式。

2. 我国的地理核心素养培养目标

我国当前的普通教育以学生发展核心素养为目标（韦志榕①，2016）。在2017年教育部颁布的《普通高中地理课程标准》中，地理核心素养包含人地协调观、综合思维、区域认知和地理实践力。地理核心素养既考虑了与教育部“学生发展核心素养”的照应关系，也考虑了地理学科特有的思想和方法，同时还考虑地理教育国际发展的趋势（如上文提到的《宪章》）。在关于地理核心素养的讨论中，有诸多毕业于北京师范大学地理学专业的学生和曾任职于北京师范大学的教师贡献了他们的观点（韦志榕，2016；王民②，2017；樊杰③，2015；李秀彬④，2015；周尚意⑤，2017；罗秋官⑥，2017；邓辉⑦，2015）。

---

① 北京师范大学自然地理专业1977级本科生。
② 北京师范大学自然地理专业1977级本科生。
③ 2000年任北京师范大学地理系系主任。
④ 北京师范大学自然地理专业1979级本科生。
⑤ 北京师范大学自然地理专业1979级本科生。
⑥ 北京师范大学自然地理专业1980级本科生。
⑦ 北京师范大学自然地理专业1982级本科生。

人地协调观是指人们对人类与地理环境之间关系秉持的正确的价值观，它也是地理课程内容蕴含的最为核心的价值观，其中包含着正确的自然观、资源观、环境观、人口观和发展观。综合思维指人们运用综合的观点认识地理环境的思维方式和能力，而区域认知指人们运用空间—区域的观点认识地理环境的思维方式和能力。地理实践力指人们在考察、实验和调查等地理实践活动中所具备的意志力品质和行动能力，这既包含了地理实践活动中的技能和方法，更包含了活动中蕴含的科学精神和意志品质（韦志榕，2016）。

尽管在具体表述上有同有异，20 世纪北京师范大学的先贤们对地理教育功能的认识与课标对地理核心素养的表述在本质上相通的。两者的高度契合性源自它们都是建立在共同的地理学核心概念与思想传统上。

人地关系是地理学研究的核心，人地协调是人地关系的理想状态。协调人地关系、让人能够可持续发展是现代人地关系研究的目的（张兰生，2012）。在对人地关系的认识上，北京师范大学关注环境和人的意志的交互作用（周廷儒，1937）；主张地理的主旨是研究人类与自然双方的相互关系，并非片面的因果关系（黄国璋，1936a）；不论是以破坏和污染环境为代价的盲目发展，还是限制发展或停止发展的“环境保护主义”都是不可取的（刘培桐，1987）。这些认识都是人地协调观的具体体现。在基础教育的众多课程中，引导青少年对人口、资源、环境、发展形成正确的观点，地理教育应该承担更大的责任，也具备更大的优势（张兰生，1999）。

综合性和区域性是地理学特有的思想方式和研究问题的方法。在综合思维上，综合性是北京师范大学一贯坚持的地理学传统（周廷儒，1954；刘培桐、李之保，1956；杨曾威，1956；张兰生，2012），是周廷儒先生为北京师范大学地理系确定的办系方向（张兰生等，2010）。培养创新性的综合逻辑思维能力是地理教育的终极目标（张兰生，2002）。在区域认知上，北京师范大学高度关注区域差异及由此产生的区域联系，特别强调地理教育站在全球普遍联系的高度培养国民的世界眼光（黄国璋，1937b）。

地理实践力方面，当前强调的重点是野外观察能力，可对应于黄国璋先生中学地理教育目标中的自然欣赏能力（黄国璋，1936a）。黄先生认为中学地理教学最足以增加学生对于自然的认识（黄国璋，1936a），而地理是需要野外观察所得，野外观察是地理教育的中心（周廷儒，1937）。

除此之外，北京师范大学强调地理是“铸造常识之学科”（白眉初，1923a）。常识培养是一切素养形成的基础，人可以没有“特识”，但不可没有“常识”（白眉初，1923a）。“回归常识”教育是教育部提出的“回归常识、回归本分、回归初心、回归梦想”要求之一，这是高等学校办好本科教育的重要指导思想，对普通教育更需如此。要完成地理“育人”这一重大职责，培养活跃而负责任的公民，常识是必不可少的。

（二）北京师范大学“师范性、研究型”地理教育人才培养定位

培养“师范性、研究型”的地理教育人才一直是北京师范大学地理人才培养的特色。培养研究型地理教师并不意味着把他们培养成为地理学家，而是能够具有像地理学家那样的创新性思维和解决问题的能力。具有研究能力是成为中学优秀地理教师的重要条件之一，而培养出一大批优秀的地理教师是北京师范大学地理系120年历史的最大成就，这得益于北京师范大学地理教育人才培养始终坚持地理“学”重于地理教育“术”。地理课程结构与课程内容与时俱进、植根于地理学的核心概念与思想传统、将学科前沿和特色研究领域开发为新地理课程，是北京师范大学地理教育人才培养所采取的主要手段。所有这些都建立在对地理学本质和地理学前沿的理解和把握基础之上。为此，北京师范大学的地理教育始终保持与地理学研究前沿的联系，一直坚持地理师资培养和地理教育研究并重、地理教育研究与地理科学研究并重。

21世纪以来，北京师范大学以“综合性、研究型、教师教育领先的中国特色世界一流大学”为建设目标，科学研究得到长足的进步，其中，学校地理科学研究能力和学术水平的提升尤其显著，这对提高学生研究能力培养的水平是极大的促进。借助科学研究的优势，构建了多种本科生科研训练模式（刘静[①]等，2017），目前通过“项目制”“导师制”“学术报告会”等多种途径，地理科学学部的学生有更多的了解和参与科学研究实践的机会，研究能力较以往有显著的提升。

然而，本着地理科学学部所坚持的“科学研究不能脱离教学，学科要通过教学与科研的相互促动，达到共同进步的目的”[②]，在进一步发挥学部科学研究的优势，强化学生研究能力培养方面，仍有许多提升的空间。

（三）国家认同为核心的思想政治教育

课程思政是国家落实教育立德树人根本任务的重要战略举措[③]。其中，爱党、爱国、爱社会主义、爱人民、爱集体是课程思政建设的主线；政治认同、家国情怀、文化素养、宪法

① 北京师范大学地理科学专业2005级本科生。

② 参见宋长青：“把握时代脉搏，建设一流地理学科”，北京师范大学新闻网，https://news.bnu.edu.cn/zx/ztxw/syljsdjt/103641.htm，2018-08-28。

③ 参见中共中央办公厅和国务院办公厅《关于深化新时代学校思想政治理论课改革创新的若干意见》（2019年8月）、教育部《高等学校课程思政建设指导纲要》（2020年5月）。

法治意识、道德修养是优化课程思政的重要角度。每个学科都需要寻找自己在课程思政建设中的定位。

地理教育的重要贡献就是价值观教育。正如国际地理联合会地理教育委员会联合主席约翰·利德斯通（John Lidstone）所言，地理教育被公认为一个非中立的教育活动，地理学本身就蕴含了多种相关的价值观（Lidstone，2003）。培养学生的家国情怀和爱国之心，在过去百年间都是地理课程建设的永恒主题，包含了国家认同这一课程思政教育目标，这是地理课程思政教育的核心。

在北京师范大学的地理教育思想中，铸造爱国之心，唤起国民的国家认同感是地理教育的重要功能。爱国以国家认同为基础，其具体表现形式具有鲜明的时代特色。有别于 20 世纪以“救国”“经国”为主体的爱国教育，新时期的爱国教育以中华民族的伟大复兴为核心，秉承体现人地协调观的人与自然命运共同体、人类命运共同体等基本理念，在强国富民、建设美丽中国的同时，更需要避免狭隘的民族主义，培养公民“济世”的世界眼光，即把“经国”所形成的强国富民成果与世界上诸国家和民族共享，实现人类的“共同发展”，以“济世”推动“经国”的二次活力，真正实现国家的持续发展（张兰生，2018）。

五、结语

作为具有中国办学历史最悠久的大学地理学科，北京师范大学地理科学学部的发展历史，从一个侧面见证了 20 世纪中国地理学和地理教育发展的历程。其在不同历史时期所阐释的地理教育思想和地理教育理念，是我国地理教育改革和发展的缩影。本文基于 20 世纪期间执教于北京师范大学地理学专业的 20 余位地理学家和地理教育家的相关论著，以他们关于地理教育问题的认识和在推动中国地理教育改革与发展方面所作的各种努力为线索，概括了 20 世纪北京师范大学的地理教育思想及教育理念，主要结论如下。

（1）地理是国民素质的必备要素。地理教育“铸造常识”，培养学生的世界眼光，培养学生创新性的综合逻辑思维能力和自然欣赏能力，并进一步引导学生树立正确的宇宙观、世界观、人地观。特别是地理教育在引导批判、创新的综合思维方面具有独特的优势。

（2）地理是铸造爱国之心、唤起国民共同的国家观念的学科。在唤起民众、一般国民共同的国家观念方面“决非其他学科所能及”，“此种教育，实比其他教育之价值为高”。

（3）始终坚持地理“学”重于地理教育“术”，培养“师范性、研究型”的地理教育人才，一直是北师大地理人才培养的特色。这样的培养定位是建立在对地理学本质和地理学前沿的理解和把握基础之上的。北京师范大学的地理教育始终保持与地理学研究前沿的联系，一直坚持地理师资培养和地理教育研究并重、地理教育研究与地理科学研究并重。

（4）北京师范大学在坚持地理科学研究的同时，始终重视地理教育研究这一师范大学独特的研究领域。在整个20世纪，北京师范大学对地理教育的主要使命和教材教法两个方面的研究一直未曾间断。对地理教育功能的基本认识，地理“学”重于地理教育“术”的地理教育人才培养方式，这两点在强调素质教育的今天仍具有现实意义。

著名德国地理学家阿尔弗雷德·赫特纳（Alfred Hettner）曾指出，“要完全理解现在，永远只有从历史出发才有可能”（阿尔弗雷德·赫特纳，1928）。著名美国地理学家理查德·哈特向（Richard Hartshorne）也曾说过，“如果我们愿意不走错路——或回到正确的道路上来……我们必须首先回过头来看看那条走过来的道路所指引的方向”（理查德·哈特向，1939）。20世纪90年代，张兰生先生任中国地理学会理事长期间曾指出，地理教育是国内地理工作者最大的行业，而且不论是高校的专业教育或是中小学的普通地理教育都面临着亟须研究、创新、改进的局面（张兰生，2007）。30多年后的今天，这一观点仍然适用。“教育学总是对我们说，教育是要使人更趋于完善，并从而改进整个社会。然而在现实中所看到的却是面对社会的种种，教育所表现的无奈”（张兰生，2007）。

张兰生先生回顾其在北京师范大学从教50年的经历时曾表示，尽管“要想在教学以外开展一点学术研究是很困难的，时间不允许、经费完全没有来源”，但对其能够开展力所能及的研究而感到庆幸；相反，令其“引以为憾的是教育工作以及更为本行的地理教育工作，实在都没有做好”（张兰生，2007）。期望北京师范大学与未来的地理学教师们能够无此遗憾。

参考文献

[1] Consultative Committee. 1926. The Hadow Report: *The Education of the Adolescent*. London: HM Stationery Office.

[2] Lidstone, J. 2003. Relevant knowledge, skills and values in geographical education. In: Gerber, R. (ed.) *International Handbook on Geographical Education*. Dordrecht: Springer, pp. 35-45.

[3] Pattison, W. 1964. The four traditions of geography. *Journal of Geography*, Vol. 63, No. 5.

[4] 白眉初：《地理哲学》，北京：北京新共和印刷局，1923年a。

[5] 白眉初：“论北京师范大学之责任”，《北京师大周刊》，1923年第203期b。

[6] 白眉初：“本校应订学生报告本县地理之规则”，《北京师大周刊》，1926年第292期a。

[7] 白眉初：“再论本校应增订学生报告本县地理之规程”，《北京师大周刊》，1926年第293期b。

[8] 白眉初：《最新物质建设精解》，北京：北平建设图书馆，1931年。

[9] 白眉初：《新建设时代中国地理》，北京：北平建设图书馆，1932年a。

[10] 白眉初：《中华建设新图》，北京：北平建设图书馆，1932年b。

[11] 白眉初：《中华民国建设地图》，北京：北平建设图书馆，1932年c。

[12] 白眉初：《中华建设新图》（1936年版），北京：北平建设图书馆，1936年。

[13] 陈尔寿、吴履平："建国前的中小学地理课程"，《课程·教材·教法》，1988 年第 6 期。
[14] 谌亚达："对日抗战与中国地理"，《地理教学》，1939 年第 5、6 期。
[15] 邓辉："全面理解'中学生地理核心素养'的概念内涵"，《中小学教材教学》，2015 年第 10 期。
[16] 段宝林："当前我国中学经济地理教学中的几个问题"，《北京师范大学学报（自然科学版）》，1959 年第 4 期。
[17] 樊杰："地理学应当成为建立生态文明的先行教育铺垫者"，《中小学教材教学》，2015 年第 10 期。
[18] 方修琦："时间维的自然地理学研究"，《古地理学报》，2007 年第 6 期。
[19] 方修琦："张兰生先生在地理学研究和教育方面的主要成就"，载宋金平：《区域地理论丛：2009 年专辑》，北京：北京师范大学出版社，2010 年，第 55～56 页。
[20] 方修琦："20 世纪北京师范大学地理教育思想及理念的点滴回顾"，载方修琦：《区域地理论丛：地理教育与地理教师专辑》，北京：北京师范大学出版社，2012 年。
[21] 方修琦、孟哲虹、王燕津：《环境教育资源库》，北京：华夏出版社，2001 年。
[22] 高如珊："怀念地理教育专家王钧衡教授"，载吴传钧、施雅风：《中国地理学 90 年发展回忆录》，北京：学苑出版社，1999 年，第 74～76 页。
[23] 国际地理联合会地理教育委员会，冯以浤译："地理教育国际宪章"，《地理学报》，1993 年第 4 期。
[24] 国际地理联合会地理教育委员会，张建珍、段玉山、龚倩译："2016地理教育国际宪章"，《地理教学》，2017 年第 19 期。
[25] 郭忠华、陈奕锟："中国现代国家建构中的地理想象—— 基于清末地理教科书的分析"，《学术月刊》，2021 年第 9 期。
[26]〔美〕理查德·哈特向著，叶光庭译：《地理学的性质——当前地理学思想述评》，北京：商务印书馆，1996 年。
[27] 郝平：《北京大学创办史实考源》，北京：北京大学出版社，1998 年，第 238 页注 21。
[28] 何思源："地理书写与国家认同：清末地理教科书中的民族主义话语"，《安徽史学》，2016 年第 2 期。
[29]〔德〕阿尔弗雷德·赫特纳著，王兰生译：《地理学——它的历史、性质和方法》，北京：商务印书馆，1986 年。
[30] 胡艳："北京师范大学与中国现代师范教育制度的建立"，《高等师范教育研究》，2002 年第 6 期。
[31] 黄国璋："怎样才算一个合格的中学地理教员"，《科学教育（南京）》，1934 年第 3 期。
[32] 黄国璋："中学地理施教的目的"，《教与学》，1936 年第 11 期 a。
[33] 黄国璋："我们为什么要学外国地理"，《科学教育（南京）》，1936 年第 1 期 b。
[34] 黄国璋： "发刊词二"，《地理教学》，1937 年第 1 期 a。
[35] 黄国璋："学习本国地理的第一要义"，《地理教学》，1937 年第 1 期 b。
[36] 黄国璋："从地理方面检讨中欧政局的演变"，《地理教学》，1939 年第 5、6 期 a。
[37] 黄国璋："为什么地理是革命建国教育的中心科目"，《地理教学》，1939 年第 5、6 期 b。
[38] 黄国璋："中学地理教师的两重使命"，《地理》，1941 年第 2 期。
[39] 黄国璋："第二次世界大战以后地理教育应有的趋向"，《地理教学》，1947 年第 4 期。
[40] 姜素清、刘逸浓："我国环境科学研究的先行者—— 记环境学家刘培桐教授"，《地理知识》，1987 年第 8 期。
[41] 金瑞莘、段宝林："关于师范大学地理系'经济地理学导论'课程设置和内容的初步意见"，《北京师范大学学报（自然科学版）》，1959 年第 6 期。

[42] 李春芬、王恩涌、张同铸等："我国地理教育三十年（1949—1979）"，《地理学报》，1980 年第 2 期。
[43] 李刚、吕立杰："国家认同教育校本课程的深度开发与设计"，《基础教育》，2018 年第 1 期。
[44] 李容全、邱维理："地理学的特点"，《地理与地理信息科学》，2006 年第 6 期。
[45] 李容全、贾铁飞：《地理学文献阅读与研究创新》，北京: 科学出版社，2011 年。
[46] 李容全、邱维理、贾铁飞：《自然地理学研究方法》，北京: 高等教育出版社，2013 年。
[47] 李秀彬："浅谈'中学生地理核心素养'"，《中小学教材教学》，2015 年第 10 期。
[48] 刘静、杨文琴、王静爱："地理学本科生科研训练模式研究—— 以北京师范大学为例"，《地理教学》，2017 年第 6 期。
[49] 刘敏："再论梁启超与北京师范大学"，《教育学报》，2018 年第 1 期。
[50] 刘培桐、李之保："论自然地理学的对象和任务"，《北京师范大学学报（自然科学版）》，1956 年第 1 期。
[51] 刘培桐："发展与环境"，《地域研究与开发》，1987 年第 1 期。
[52] 刘玉峰："地理教科书之急宜改造与其教授法之急宜革新"，《史地丛刊（北京）》，1921 年第 2 期。
[53] 梁威、孙玉胜："'常识'教育素质之基"，《中国轻工教育》，2004 年第 3 期。
[54] 罗秋官："关于地理核心素养的困惑与思考"，《地理教育》，2017 年第 11 期。
[55] 罗云锋："常识教育的意义"，《读书》，2014 年第 3 期。
[56] 马丽、方修琦："从《地理哲学》看白眉初先生的地理观"，《自然科学史研究》，2010 年第 2 期。
[57]〔西〕胡安 • 诺格著，徐鹤林、朱伦译：《民族主义与领土》，北京：中央民族大学出版社，2009 年。
[58] 璩鑫圭、唐良炎：《中国近代教育史资料汇编：学制演变》，上海：上海教育出版社，1991 年。
[59] 宋春青："新编高中地学课本简介"，《地球》，1981 年第 2 期。
[60] 宋春青："结合地理教学进行爱国主义教育"，《高教战线》，1983 年第 11 期。
[61] 万方祥："三'Wh'地理教学法的商讨（附图表）"，《地理月刊》，1934 年第 3 期。
[62] 王钧衡："怎样才可以收到地理教学的实效"，《师大月刊》，1934 年第 13 期。
[63] 王钧衡："怎样教地理才可以使学生感到趣味"，《文史教学》，1941 年第 2 期。
[64] 王钧衡："怎样处理地理教材运用教法"，载北京市中小学教职员学习委员会：《地理教学讲座》，北京：大众书店，1951 年，第 33～49 页。
[65] 王钧衡："系统原则在地理教学中的具体运用"，《地理知识》，1954 年第 1 期 a。
[66] 王钧衡："科学性思想性两原则在地理教学中的具体运用"，《地理知识》，1954 年第 2 期 b。
[67] 王钧衡："教好地名和地理术语的方法及其理论根据"，《地理知识》，1954 年第 3 期 c。
[68] 王钧衡："直观原则在地理教学中的具体运用"，《地理知识》，1955 年第 2 期 a。
[69] 王钧衡："地理课的类型、结构及其运用"，《地理知识》，1955 年第 9 期 b。
[70] 王钧衡："地理课中的口讲方法和说话艺术"，《地理知识》，1956 年第 3 期。
[71] 王钧衡："掌握地理教学特点，提高教学质量"，载《地理教学丛刊 • 1959 年第二辑》，上海教育出版社，1959 年，第 17～23 页。
[72] 王钧衡："初中中国地理教学上的几个问题"，《人民教育》，1963 年，第 7 期。
[73] 王钧衡："中学地理教学中的矛盾及其解决途径的探讨"，《地理》，1964 年第 1 期。
[74] 王钧衡、金瑞莘、张景华等："编制地理教案的理论和方法（附广东的自然环境教案）"，《地理知识》，1952 年第 2 期。
[75] 王民："人地协调观及其培养重点解析"，《地理教育》，2017 年第 6 期。
[76] 王淑芳、宋春青："一张百年前的大学修业证书"，《中国国家地理》，2002 年第 8 期。

[77] 王益崖："中等教育地理教材选择标准的商榷"，《教与学》，1936 年第 11 期。
[78] 韦志榕："与老师们谈谈地理核心素养"，《地理教育》，2016 年第 4 期。
[79] 吴树芳、朱杰、王梓懿："浅析布鲁姆教育目标分类体系"，《教育现代化》，2018 年第 46 期。
[80] 邬翊光："北京师范大学地理系人文地理学发展回顾"，《人文地理》，1998 年第 3 期。
[81] 熊宁："本世纪前半叶我国近代地理教育初探"，《地理研究》，1987 年第 1 期。
[82] 徐象平："黄国璋与抗战时期的《地理教学》"，《人文地理》，1994 年第 2 期。
[83] 杨曾威："师范学院地理系普通自然地理教材组织系统问题"，《北京师范大学学报（自然科学版）》，1956 年第 1 期。
[84] 殷祖英："我国的自然条件在经济建设中的作用"，《科学大众》，1954 年第 1 期。
[85] 曾早早："中学地理教育的核心概念"，《中国教师》，2014 年 1 月上半月版。
[86]〔美〕普雷斯顿 • 詹姆斯著，李旭旦译：《地理学思想史》，北京：商务印书馆，1982 年。
[87] 张艾曼："地理学家白眉初"，载中国人民政治协商会议河北省委员会文史资料研究委员会：《河北文史资料 • 第 24 辑》，石家庄：河北人民出版社，1988 年，第 51～60 页。
[88] 张兰生："'可持续发展'必须依靠全民参与，应当加强学校教育"，《地理学报》，1994 年第 2 期。
[89] 张兰生："面向 21 世纪的基础地理教育改革"，《中学地理教学参考》，1999 年第 3 期。
[90] 张兰生："通过地理教育，深入开展环境教育；把握环境教育，重新定位地理教育"，《地理教育》，2000 年第 6 期。
[91] 张兰生："地理教育：21 世纪公民素质的要求"，《中国国家地理》，2002 年第 8 期。
[92] 张兰生："地理学与环境演变"，载谢觉民：《史地文集—— 纪念浙江大学史地系成立 70 周年》，杭州: 浙江大学出版社，2007 年，第 208～226 页。
[93] 张兰生："地理学 ABC"，载方修琦：《区域地理论丛：地理教育与地理教师专辑》，北京：北京师范大学出版社，2012 年。
[94] 张兰生：《此生—— 张兰生地理与环境教育文集》，北京：人民教育出版社，2018 年。
[95] 张兰生、李之保、王恩涌等："笔谈：地理教育发展与存在问题"，《地理学报》，1992 年第 6 期。
[96] 张兰生、赵济等："大师风范，继承创新—— 后学口述周廷儒"，载宋金平：《区域地理论丛：2009 年专辑》，北京：北京师范大学出版社，2010 年，第 26～39 页。
[97] 张兰生："周廷儒"，载孙鸿烈：《20 世纪中国知名科学家学术成就概览 • 地学卷 • 地理学分册》，北京：科学出版社，2010 年，第 155～162 页。
[98] 赵济、刘静、马箐："三位北师大学子与南海 U 型线"，《大学生》，2016 年第 19 期。
[99] 赵济、邬翊光："黄国璋"，载孙鸿烈：《20 世纪中国知名科学家学术成就概览 • 地学卷 • 地理学分册》，北京：科学出版社，2010 年，第 55～64 页。
[100] 赵济、朱良：《北京师范大学地理学与遥感科学学院院史（1902～2012）》，北京：北京师范大学出版社，2014 年。
[101] 周尚意："区域整体性、区域关联性与因地制宜"，《地理教育》，2017 年第 12 期。
[102] 周廷儒："野外考察与地理教育"，《地理教育》，1937 年第 3 期。
[103] 周廷儒："我对修订后的师范学院地理系教学计划的一些体会"，《人民教育》，1954 年第 4 期。
[104] 周廷儒：《古地理学》，北京：北京师范大学出版社，1982 年。
[105] 郑师渠："论京师大学堂师范馆"，《北京师范大学学报（人文社会科学版）》，2002 年第 5 期。

名师先贤论地理教育与教学

地理学的教育功能*

白眉初

一、为铸造常识之学科

常识者何，人生必需之知识也。夫知识也，何以曰人生必需？人之生也，必日与自然界相接触，则日月星辰气象变化恒示我以疑问焉。必不能离乎衣食住用四者，则四者之原料奚自而出恒示我以疑问焉。必寄托于世界之一地，则世界之边缘及邦国之分布恒示我以疑问焉。必循循乎社会之秩序，则本国之边缘及政区之分布恒示我以疑问焉。必与世界人类相交接，则世界人种及风俗言语之状况恒示我以疑问焉。必不能日永居一村而绝不奔走于他方，则车船邮电交通之分布恒示我以疑问焉。示我以疑问者曷胜枚举，要皆人生所必需之知识。欲求其具体之知识，将奚自而取乎，曰取自地理学科。

然则地理以外之学科，便不足以补助常识乎？曰地理以外之学科，在理科如博物、物理、化学，在文科如心理、伦理、社会、教育、哲学、政治、法律，苟学其一焉，皆可得一部分深邃之学理及一部分之常识，而终不能得人生全部之常识。是何故也，曰他科研地上一部之学理，地理揭地上全部之分布，此其所以为常识之府而与百科异。

人何为必需常识，盖人者最高等之动物也。最高等动物之动作，必与天地万物相适合。唯有常识者晓大局。夫然后精神镇定，唯有常识者善部署。夫然后计划周详，唯有常识者明万态之真理。夫然后疑惑消释，唯有常识者知各方之情状。夫然后果敢有为，此人类之所以必须有常识。

---

* 本文节选自白眉初著《地理哲学》，北京：北京新共和印刷局，1923 年。题目是编者加的。

作者简介

白眉初（1876～1940），著名地理学家、地理教育家，我国从古代地理常识向科学地理学过渡阶段承前启后的启蒙者之一。1917～1935 年（除 1921～1922 年）任教于北京师范大学、北京女子师范大学，1922～1928 年任史地系系主任，主讲“中国地理总论”“中国地志”“地理哲学”等课程。他一生著述颇丰，学术成就主要在地图绘制和中国人文地理研究方面。

二、为铸造爱国心之学科

人果熟悉一物之状态，明晓其性质，知其与己有密切之关系，其爱情未有不油然以生者。对于物然，对于人然，对于家国亦莫不然。人之对于用物玩物，以及宝物图书，苟常抚摸，明其理蕴，而役使或玩视，足供一己之需要，则爱物之心必切。其对于家人仆役师友同事，以及一世之名士伟人，亦同此意。其对于家产，知其数量，晓其滋息，认其为一己生活所托，苟有取其一草一茨者，必绝然以动容。然而吾国乡人之对于国，其意不然。

吾国乡人对于国，若秦人视越人之肥瘠，漠然不关于心。谈及南方之战，北方之争也，夷然而不忧。谈及甲国割我土，乙国侵我界，默然而不问，岂彼独非人情欤？盖彼唯知凿井耕田于一方，询以中国国界何在、国境几许、政区几部、面积几何、人口几亿、平原几片、物产若何，精者、粗者、贵者、贱者、多者、少者，其于国民生计之关系也奚若彼，则茫然不知何谓是，尚不知有所谓国者爱将奚附。

唯有通晓地理学者，其于国界何在、国境几许、政区几部、面积几何、人口几亿、平原几片、物产若何，精者、粗者、贵者、贱者、多者、少者于国民生计之关系也奚若，莫不了了于胸中。而熟悉其情况，知其为己之保护地，己之依托地，国势发展之根据地，祖若宗子若孙绳绳相济之衣食策源地，吾侨民之乡土地，吾武功之争得地，吾文治之敷施地，倘外人侵占其尺地寸土未有不愁然忧，勃然怒者何也，既明瞭其地理真相而知其关系。其爱国之念自油然生焉，此地理学之特别涵养力，决非其他学科所能及者。然则吾国不欲强则已，果欲强也，必自涵养国民之爱国心始，则地理学之普及又焉容缓。

初中教本《新建设时代中国地理》的教育价值与宗旨*

白眉初

一、地理课本与青年之关系

（1）根本解决民生主义　宇宙无穷事物，能括以一言乎？曰，生而已矣。谋生无穷质素，能括以一源乎？曰，地而已矣。世界一切色相，繁华生机，何者非演绎之于大地，今后发扬中山民生主义，舍此别无所凭，应融镕其学术于青年之脑海，久之，民生主义之精髓，自然深植于民众心理之中。

（2）涵养国民主要常识　国之基础在民众，民之贤愚在常识，常识之主要项目，在衣食住行四大原料之由来，为问何种课程，能具体概括之？惟地理而已矣。应融镕其学术于青年之脑海，久之，社会上皆为具有主要常识之民，斯国不期强而自强。

（3）酝酿青年爱国心理　强国之基奚托？托于国民爱国心上。然世未有不先识之，而能爱之者。将奚以令青年认识国家？惟有本国地理课本，说明其疆域之广大，山川原野之宏阔，天产富源之丰饶，居世界环境之中，即吾民生命所攸赖，夫然后得深刻之认识，斯爱国之念，油然而生。

二、本书宗旨之说明

（1）注重建设　地为大生物体，自然富涵养万物之功，然辅导以人工设施，斯效力以变通而益盛，此孙中山提倡物质建设之原意也，今后中国，当遵其计画，以扬国光，引为本书

* 本文节选自白眉初著《新建设时代中国地理》，北京：北平建设图书馆，1932 年。题目是编者加的。

宗旨第一。

（2）注重边疆　古昔中国，膜视边疆，今后中国，侧重边疆，何则？以列强之包围孔亟，边疆之富量无穷也，引为本书宗旨第二。

（3）注重经济　民以食为天，教以富为导，大地为经济之洋海，经济为万化之渊源，不为缕析揭出，青年何从洞晓，引为本书宗旨第三。

（4）注重国耻　古人有言，明耻教战，清季以来，撤藩耻，战败耻，割地耻，经济侵略耻，“如外款筑路开矿之类”主权侵略耻，“日人群居满洲俄英侵占蒙藏之类”惨案耻，层见叠山，不胜枚举，不提要以揭示，奚激动而奋起，引为本书宗旨第四。

【附注】《左传》，鲁僖公二十二年。宋及楚人战于泓。宋师败绩。子鱼曰。明耻教战。求杀敌也。

学习本国地理的第一要义*

黄国璋

许多朋友每以“中小学生为什么要学习中外地理？”这一个问题来征询我的意见。这当然是我们专门学习地理的人所应当回答的问题，关于中小学生所以要学习外国地理的原因，在本年①元月里，承教育部的嘱托，我曾经用“我们为什么要学习外国地理”②的标题，广播讲演两次，现在再趁着广播讲演的机会，特地把中小学生所以要学习本国地理的原因，略为伸述。

学习本国地理的原因，当然是很多，但现在因为时间所限，不能一一叙述，所讲的只是它的根本原因，即所谓第一要义。学习本国地理第一要义是什么呢？简单的回答，就是为着要明了我们的国家的伟大，我们国家的可爱，唤起一般国民共同的国家观念。

许多人常把历史与地理看成两门姊妹科学，从近代科学的分类讲，这当然一种不伦不类的看法，因为历史所讲的，偏重人类文化的演变，属于社会科学，而地理是研究人类生活与自然环境相互关系的学问，按其性质，是介于自然科学与社会科学之间的一种综合性的科学，和以人类过去文化现象为研究对象的历史，自然不能以姊妹科学相视。但是从国民教育的立场言，本国历史与本国地理确是具有同样的功用，二者均足以唤起一般国民共同的民族国家观念，陶冶一种共同的民族国家精神，二者所不同的，在本国历史所昭示的是我们民族在过去悠长的时间中所发放的文化异彩，所造成的丰功伟业，使一般国民对于自己的民族发生一种坚强的自信心，而本国地理所昭示的，是我们的国土及生长在国土上面的同胞的生活情形，

---

* 本文发表于《地理教学》，1937 年第 1 期。

作者简介

黄国璋（1896～1966），著名地理学家、地理教育家，中国近代地理学的开拓者和奠基人。1928 年毕业于美国芝加哥大学地理系，为我国出国学习人文地理并获得硕士学位的第一人。创办中国地理研究所和多个大学的地理系，中国地理学会发起人之一，并担任中华人民共和国成立后的首任中国地理学会理事长。1936～1940 年和 1946～1952 年两度任北京师范大学地理系系主任，在北师大创办首个地理教育刊物——《地理教学》。专业方面，长于社会地理学和经济地理学，特别是中国和北美经济地理。

① 指 1936 年。——编者注

② 黄国璋：“我们为什么要学外国地理”，《科学教育》，1936 年第 1、2 期。——编者注

以及国土以内各个部分相互牵连的关系，使一般国民对于我们的国家及同胞发生一种深切的爱好心与同情心，本国历史从时间着眼，而本国地理却从空间着眼，前者唤起共同的民族观念，后者唤起共同的国家观念，一经一纬，交织而成近代国民的必备的精神要素。所以就历史与地理，在国民教育上的功用言，二者相得益彰，关系至切，把它们视为姊妹科学，也是未尝不可。

普通认为国家的要素有三，就是土地、人民、共有的国家观念。土地与人民乃是国家最基本的要素，关系一国国势的强弱至重且钜。土地包含的因素很多，土地的所有权，土地面积的大小，在地面上所处的位置，天然的防护，对外的天然联络，内部各地的天然沟通，地面的生产力及地下的富源等，都是包括在内。人民所包含的因素有数目的多少，所属的种族，天然的性格，利用自然能力大小及购买力的大小等，由此可以知道土地与人民所包含的因素，不但都与地理发生密切的关系，而且简直都是地理上的问题。对于土地与人民的了解，惟有从地理上入手。至于人民共同的国家观念，乃是趋使全国之民同心协力，共图国家繁荣的原动力，为近代国民所必不可少的精神要素。但是要想养成国民共同的国家观念，必须先使一般国民对于自己的国土及生长在国土上的同胞有一个相当的认识，换句话说，即非使一般国民对于本国地理有所了解不可，这犹如一个大的家庭，要想得到全家子弟的爱好，在平常时候，大家发奋有为共图全家的幸福，到了非常时候，不能同心协力共御外侮，以图全家的安全，总须先使子弟们对于自己的家庭各方面的情形知道一个大概，在家庭中各个份子间彼此有互相的了解而不生隔膜，这个道理是显而易见的。

明白这些道理以后，现在再进一步把我国国土及人民各方面的情形，作一个简单的叙述，由此可以知道我们的国家是何等的伟大，何等的可爱。

先就土地来讲，我国土地面积，共计四百三十余万方英里[①]，占了全球陆地面积的百分之八，亚洲面积的四分之一，比较欧洲全洲，还要大出四十余万方哩。仅就本国的面积讲，可称世界上第一个大国，就是连属地一起计算，也仅在英帝国与苏联之次，是为世界上第三个大国，我国的伟大，单就土地面积讲，也就可以想见。

我国不但面积庞大，而且在地面上所处的位置也是十分的优越，我国位于亚洲的东南部，东南面临太平洋，西北背负欧亚大陆，兼有内陆国家与海洋国家的长处，民族的发展可海可陆。尤其当太平洋时代正在开始的时候，我国实扼了控制太平洋的中心地位，关系更为重大。就纬度讲，我国的国土，最北达到萨彦山脊[②]，最南到海南九岛[③]，南北跨有纬度四十六度，除了南部少数岛屿及广东极南端外，可说全部位于北温带的范围以内，冬不过寒，夏不过热。

---

① 按当时疆域范围计算，1 平方英里等于 2.59 平方千米。——编者注

② 在今俄罗斯境内。——编者注

③ 此说法有误。在国民党政府水陆地图审查委员会 1935 年 4 月出版的《中国南海各岛屿图》中，明确标绘南海诸岛最南领土是接近北纬 4°的曾姆滩（曾母暗沙）；白眉初编的《最新中华建设新图》（1936 年版），（中等学校适用）亦如此。——编者注

再就对世界文明区域的位置讲，由我国的大门上海，西到西欧各国，东到美国的东北部，路程约略相等，位置亦殊适中。

国家对外的天然防护，在全世界的独立国家中，也没有哪一国比中国更为周密的。我国东南濒太平洋，海岸线达八千公里左右[①]，海洋一方面可做天然的交通孔道，一方面也是国家天然的防护利器。东北或以山岭，或以大河与朝鲜及西伯利亚交界。西北的蒙古与新疆的边境大部分也有高峻的山岭与西伯利亚与中央亚细亚交界，形势很是完整。西南的西藏，以喜马拉雅山与印度交界，其海拔最高达二万九千余呎[②]，是为世界最高的地方，是为理想的国防界线，滇桂与印度支那半岛交界的地方，或系山岭或属森林，防护也很容易。从地形上看起来，我国在欧亚大陆，几乎形成了一个独立的单元，国家境界线的明显在全世界各国中绝无仅有，同时，我国的地势由西北向东南倾斜，雨量则以距离海洋远近不同，由东南向西北减少，为地形气候及其他各方面的关系我国东南半壁也就成了物产最丰富，人口最稠密，文化最发达的地方，换句话说，就是国家精萃之所在，西北则多高山峻岭，沙漠旷野，西藏高原又横亘新疆与蒙古的戈壁沙漠，就是其中的代表，这些高原与沙漠，使得东南部分的国家精萃区域与西南及西北的强邻之间起了一种隔离作用，天然的布了严密的阵线，以免使东南精萃区域的发展，受到陆上强制的威袭。

我国对外的天然防护，固然十分的周密，同时对外也并未失去联络，东南的海洋，不用说，久已成了交通的孔道，海洋的轮船，往来如梭，就是西北边境的山地也尝可以藉河谷之地或山岭的缺口与外面取得联络。这些河流，大都发源于我国边陲的高峻之地，流经邻境纳入大河而分流入海，所以我国正是处于居高临下之势，外敌难以藉此侵入，这些河谷，对于我国可说有益而无弊。至于西北高原与东南半壁其间也很多天然沟通的道路，沙漠之中，很多骆驼，商队的路径，高原之上，也多纵横的河谷低地可以与东南繁盛之区保持密切的联络，张库与绥新两汽车路[③]的完成，尤奏了显著的效果。

现今我们再来讨论我国土地的生产力，决定土地生产力的自然条件，最主要的有三个，就是地面的形状，表土层的性质及气候的状态，而其中尤以气候的状态，关系最为深切。因此在没有讲到我国各个地方土地的生产力以前，便须对我国气候，地形，土壤三方面的情形，作一个鸟瞰的观察。

一般讲来，大陆东部的气候不及西部的佳良，所以世界上理想的气候区域只是限于西北欧洲及北美西海岸少数地带，我国位于欧亚大陆的东岸，许多人就以为这是我国最大的不幸，

① 应为一万八千千米。——编者注

② 呎为英尺，1 英尺等于 0.30 米。——编者注

③ 指张家口—库伦（今蒙古乌兰巴托）和归绥（今呼和浩特）—新疆迪化（今乌鲁木齐）的公路。——编者注

但实际上此种论调，未免错误，原来所谓西岸气候比东岸好的说法，只是限于高纬度的地方，至于中纬度及低纬度的地方，乃是完全也相反，因贸易风常常由海洋吹来，海洋性气候反比西海岸同纬度的地方要发达，我国本部各省，大都介于北纬二十度与四十度之间，气候比了欧亚大陆西海岸同纬度地方要好得多，这个只要华南地方的富庶及北非撒哈拉沙漠的荒凉，就可以显然的看出，加以我国又当世界最大陆面与最大洋面接触带上，季候风气候很是发达，夏季雨量特别丰富，正足以适合农作物品的需要，所以由气候方面说来，我国也是得天独厚，值得我们深深的庆幸。可是这种情形并不是全国皆然，接近海洋的东南半壁固然气候暖和，雨量丰沛，海洋性气候比较发达，但深处内地的西藏新疆蒙古及西北的黄土高原，大陆性气候，却是十分显著，很多荒寒不毛之地。

我国面积的形状，很是复杂，地面上各种各样的地形差不多都可以见诸我国境内，而且规模十分宏大，常为他处所未见，这种情形在世界各国中可说绝无仅有。高原著名的有西藏高原，蒙古高原，黄土高原及云贵高原等，西藏高原平均高度达一万五千呎，是为世界第一大高原，蒙古高原则外高而内低，以海洋风之所不及，成为戈壁沙漠与新疆沙漠遥相接应，是为温带沙漠中之最大者，黄土高原系由于黄土堆积而成，景色很是特殊，黄土堆积之厚及分布之广，在世界各国中，亦是仅有。与高原相反的地形有盆地，我国盆地最著名的有塔里木盆地，准噶尔盆地，四川盆地，广西盆地等，其中以塔里木盆地面积最大，四川盆地的形势最是完整，二者都为世界其他各国所未有。平原中最大的有黄淮平原，长江中下流平原，松辽平原，五河平原等，黄淮平原规模尤大，在世界大平原中占了重要的一席。山地以西南的横断山地为最著，深谷与高峰相间，形势极其险峻，这种典型的峡山地，在全世界也是不可多得，他如北岭山脉，南岭山脉，以及边疆的许多山脉，大都蜿蜒数百里到千余里不等，此外介于山地与平原的地形有丘陵地，以长江以南所谓华南丘陵地及山东辽东两半岛的丘陵地为最主要，而前者的规模尤大，由此可知我国的地形不但种类复杂，而且规模极其雄伟，我国的伟大于此更可想见。但是我国的地形也有它的缺点，就是高原和山地过多，平原的面积尤小，三千呎以下的地方仅及我国总面积三分之一，而三千呎以上的地方占了三分之二。

我国的土壤与地形一样的各色俱备，而且规模很是宏大，黄河上流是黄土高原，下流是黄土平原，松辽平原乃系黑土，东三省的西部及蒙古的东部很多灰土，戈壁沙漠则多褐土，长江及珠江流域，因为雨量丰富，氧化力强，土壤多带红色，是为红土，四川盆地的土壤因系红砂岩风化而成，更有红盆地之称号，偏西南部分多灰化的红土，其他次要的土壤不及备述，由此可知我国土壤的分布，真不啻一幅五色斑斓的图书。

土地的生产能力既然随气候地形土壤等而异，所以我国土地的生产情形，也就各处不同，东南半壁与西北部分更多差异，一般说来，东南土地的生产力大，生产品以农产品最主要，是为农业区域，西北土地的生产力小，生产品以畜牧产品为主要，是为畜牧区域。可是同在东南区域以内，又以气候地形土壤的不同，各地的生产情形也是大不相类，南岭以南的珠江流域及闽江流域接近热带，夏热冬暖，雨量丰沛，出产稻米，蚕丝，甘蔗，及低纬度特有的各种果实（香蕉，荔枝，橘，柚等），稻米年有多次以上的收获，珠江三角洲以地形土壤的关系，生产尤大，是华南人文荟萃之区，岭南以北，北岭及淮河谷以内，为长江所流贯，夏热冬凉，雨量适中，春夏作物以稻米，棉花为主要，秋冬作物，则以小麦为主要，年有两次的收获，蚕丝的出产也很普遍，茶树则为山坡上面最常见的作物，民食与珠江流域相同，以稻米为大宗，北岭及淮河以北的黄河流域及松辽平原，夏热冬凉，雨量较少，是为小麦及杂粮的主要产地。在黄河流域，小麦系秋冬作物，高粱，小米棉花等，系春夏作物，每年共有两次的收获。在松辽平原，冬季更冷，土地尽付休闲，小麦高粱小米黄豆等，均系春种秋收，年仅一次的收获。民食与黄河流域相同，以小麦及杂粮为大宗。由此可以知道我国农产品类很是复杂，举凡世界上各种主要的农作物品，差不多都可以产于我国的土地上面，而且如民食大宗的稻米，小麦，高粱，小米等，衣料大宗的棉花，生丝等，饮料大宗的茶叶，其所产的数量，都占了世界上最主要的地位，黄豆及各种植物油，更多输出海外，在国际市场上很是活跃。至于西北广大的地域，虽以气候的干燥，不能大兴农事，但草地可以供作牲口的放牧，畜牧事业很是繁盛，每年出产大量的畜牧产品，除了供给当地居民食用以外，运销国外的也不在少数，沙漠的边缘，高山的脚下，常可藉雪水的灌溉兴起农事，成为西北人文荟萃的中心，沙漠土壤特肥，只须假以人工灌溉，很多可以开辟成为农国之地，前途真是未可限量。

我国的地下富源，虽然不算丰厚，但也不算十分的贫乏。铁矿的储藏量虽少，但煤矿的储量实多，据估计约有二千四百六十万万吨，在世界各国中仅美国与加拿大之次，其中以山西陕西两省最多，合计占了总数百分之七十。铁矿储藏量以辽宁最多而且最好，察哈尔次之，可惜前者已为人所强据了。我国锡矿供给自用而有余，以云南个旧为主要产地，金银铜所产，尚不足以自给，至于湖南的锑矿与江西的钨矿几乎成了我国特有矿产，久已闻名全世界了。

对于我国土地各方面的情形既然明了以后，现在再来把我国土地上的居民作一个简要的说明。我国人口的总数，虽没有一定的统计，但我国为全世界人口最多的国家，那是一般所公认的。据民国十七年内政部的调查估计，全国约有四万七千四百余万人，占亚洲人口总数的百分之四十三，世界人口总数百分之二十三，比了号称人口密度最大的欧洲，仅少三千五百余万人，真可谓洋洋大观，我国的伟大，由此也可以想见，但是我国人口虽多，分布实在太不均匀，本部及东三省面积仅占全国总面积百分之四十三，人口反占全国总数百分之九十七，其他西北大部分的地方人口仅占全国人口总数百分之三，这是由于土地的生产力各处不同的关系，间接也是受了气候地形土壤等的影响。我国的居民名义上是分属于汉满蒙回藏五大族，但实际上，汉族占了绝对的多数，超过人口总数十分之九，其余民族不到十分之一，而且多少已为汉族所同化；各族以所在地的环境不同，言语文字宗教风俗等当然很多差异，但是那种忍苦耐劳，孜孜不息的天然性格，都为各族所共有，而为世界各国所公认的。

至于人民的购买力量，因为国民经济的贫困，当然不算很强，但是人口众多，人工亦不虞缺乏，工资很是低廉，大有助于事业的开发。人民利用自然的能力，因为教育未曾普及，虽不及欧美先进国家之大，但我国究不失为现今世界上巍然独存的古文明国家，积数千年的经验人民与自然的调适情形，也很多有独到之处，在农业方面表现得更为明显。年来国内经济建设的进展，殊足以表示，我国人民利用自然的能力并不算弱，我们正不必妄自菲薄。

由上面简单的说明，可知我国的土地及人民，无论在数量方面或质量方面，在世界各国中都占了特殊重要的地位，都有其伟大或独到之处，都值得我们敬爱，同时我国土地的各个部分，因为生产情形及在国防上的功用各不相同，其间相互牵连的关系很是密切，绝对不容自相割据，或拱手让人。依常理而论，以这样的土地，这样的人民，原应陶冶出共同的国家观念而大家应同心协力，以谋国家的福利，而事实却未曾获得这种效果。其原因实由于一般国民对于自己的国土及同胞大缺乏认识，就是缺乏本国地理的知识，因此，国家虽伟大，而不自觉其伟大，虽可爱而不自觉其可爱，彼此息息相关反而视若秦越。我们如果想挽回这种弊端，则惟有从普及本国地理知识入手。这就是学习本国地理的第一要义。

第二次世界大战以后地理教育应有的趋向*

黄国璋

地理学家的思想，随着人类对地球的认识而演变；而人类对地球的认识，又随着人类活动的范围而与时俱进。但这不是说，地理学家的思想认识，只能跟着现实演变，有时他能够根据现实，引导世界人们认识即将到来的境界和应当努力的趋向。

地理知识的演进，可按照交通方式的不同，分为三大时期，即是大陆时期、海洋时期和航空时期。

第一为大陆时期——即当工业革命以前。在此时期仅注重山川的形势、民族的种类、生活的习惯、物产的分布，以及内陆和内海交通路线的开辟和改善。海上贸易只限于地中海和印度洋区域，范围很小。

第二为海洋时期——即当工业革命以后以迄第二次世界大战。在此时期地理知识的增加分为三方面：一为对于殖民地知识的增进；二为对于联系母国和殖民地间的海洋知识的增进，像对于风向、海流、海底、海岸、海港、海湾、海潮和沿岸岛屿等知识，都大大增加；三为对于世界贸易知识的增进，尤其在苏伊士、巴拿马两运河开通以后，对于地理知识起了大作用。工业国家为了维持和发展海上交通，对大洋岛屿的地理知识，增加甚多，何处适宜辟为煤站，何处适宜辟作油站，何处适宜辟作军港以供应海上交通和维护海上航行，都加以密切的注意。首先大西洋成了世界贸易的大舞台，在没有到二十世纪初期，太平洋也继而受人注意。在海洋时期人类已经感到地球之为球体的重要性，因为海船循东西向的大圆圈而行最为近捷，但是当一八六九年苏伊士运河及当一九一四年巴拿马运河开通以后，各大洋间东西相通，又缩短了许多距离，不过在这时期，国和国、洲和洲间的关系，固然因交通路线的缩短而较前感到密切，可是面积一项地理因素，仍旧起了不少的隔离作用，这在像我们中国以及苏联美国等领土广大的国家，尤其是如此。

在此，我们要略为申述的是：工业革命何以会促进海上活动的发展呢？这是因为工业革命以后，用机械代替人力，一部机器可以代替很多人手的工作；同时因为以煤为燃料，以钢

* 本文发表于《地理教学》，1947年第4期。

铁制造机器，使得生活资料的制造和运输都起了最大的革命。用人驾驶机器的能力，所获的结果都是几十倍于往昔，所以所需要的原料，不是一个国家所能自足自给的，同时所造成的成品，也不是一个国家所能消费得完，结果海外拓殖以扩充原料来源和加强成品推销，便成为工业国家的重要国策，海洋知识也就成了地理的一重要部分。

第三为航空时期——第二次世界大战发生后，人类便进入了航空时期。航空事业日益发展，到今天飞机的速度已经超过了声速，每日能航行 4 000～6 000 哩[①]，比起马车每天只走 25 哩，普通海轮每天仅走 250 哩，火车每昼夜仅走 400～1 000 哩，真是不能同日而语。而且飞机到今天，已能作 11 000 公里不着陆地的连续飞行。人类活动的范围，大大超过了海洋时代，并且减少了大陆地块的隔离作用。在海洋时期，冰块是航行的一大自然障碍，所以直到最近，两极区域仍是很少或没有踏上人迹的地方，成为世界政治上好几个重要区域中间的安全地带。可是到了现在，情形大不相同了。

先说北极，北极现在已成为欧亚大陆和北美以内的地中海，把握了世界最大人口中心交通路线的枢纽。除了海运事业有东北通路和西北通路外，航空方面更为发达（我们晓得最早在北极区域作飞行尝试者，为 1897 年瑞典飞行家利用氢气球开始，1926 年贝尔德将军为驾飞机到地球北极的第一人）。最早认识利用北极空路者，为美人斯蒂芬孙氏于 1922 年 8 月在《美国国家地理》杂志发表《北极为未来的空中交通路线》一文，首先指明北冰洋为欧亚大陆和北美洲间的地中海，且断言联络世界最大人口中心的最短线为经过北极的大圆空路，如自美国芝加哥飞往上海，先往北飞，经过阿拉斯加再往南经过沈阳而至上海，比较西飞经旧金山越太平洋中的檀香山一线，可以缩短四千三百哩。1942 年威尔基访问中国，即由重庆北飞西伯利亚而经阿拉斯加回美；1943 年华莱士副总统的访问莫斯科与自重庆返国，也由阿拉斯加而来，仍经西伯利亚而去，这都因为取其途程近捷。据美国军事情报部发表，由华盛顿到巴黎伦敦不过十至十一飞行小时，到莫斯科或伊斯坦堡不过十六小时，到开罗十八小时，到东京二十二小时，到上海或新德里二十四小时，到重庆或好望角二十六飞行小时，都是善用经过北极附近的大圆空路，所以近年美国在阿拉斯加、格陵兰和冰岛等地，苏俄在欧亚大陆北冰洋岸都新建了许多航空测候站和降落站。北极空路不但可以利用大圆航线缩短行程，且因能利用北极圈内的陆地和岛屿当作降落场和加油站，以缩短长距离的不停飞行，省出载油舱位加运客货。虽则飞机的容量还不如海船，并且决不能替代海运的地位，但是空运速度快、距离短，大可以发展成为海运之辅助线。现在北极圈内的气候测候网已甚周密，苏联西伯利亚方面有六十处测站，美国阿拉斯加方面有四十二处测站，就在格陵兰冰冠之上，也有许多探险家经年累月，留守研究传达情报。（注一）

再说南极。南极的面积约为 6 205 000 方英里，等于南美洲那样大，已经人足踏过的不过

① 即英里，1 英里等于 1.61 千米。——编者注

十分之一。海岸线约长 14 000 公里，大部全为冰块所封闭，地形类似高原，海拔约 6 000 公尺[①]，和格陵兰相似。气候即使在夏季也在零度以下，冬季平均在零度下 30～40 度，内地则在零度下一百度，所以是极端寒冷的。但是于今却是美国、英国、苏联、挪威、日本、新西兰、智利、阿根廷八个国家追逐的新天地了。（注二）

从以上所述我们晓得高速度的航空技术，不仅把两极区开放了，而且改变了大陆地块的隔离作用。现在有了高速度远航巨型飞机的应用，从一处地方到世界任何其他最远的地方，航程都不出六十小时，以后飞机速度增大，两地间的时间距离，也更要缩小。国和国间就没有很大的距离隔阂了。胜利前一年，美国有一家公司计划一张战后应用的世界航空地图，就是在一张白纸上用黑点表示出有航空站的地方，无所谓洲界，更无所谓国界。从前要十几天几十天几个月方能到达的地方，现在只要几小时十几小时几十小时就可到达，真是天涯若比邻，不啻万邦共一家，今后地理学的新动向应当是以“天下一家”为理想，为指标，而从事努力。

我们要告诉全世界人类，由于近代工业的发达和运输交通的便捷，已使距离和时间缩短，使世界成为一个整体，任何国家不可能闭关自守，自足自给。美国最富足，有各式各样的资源，很多产品都占世界的最大部分，可谓执全球的牛耳，但是我们要知道美国是世界上第二个输入众多的国家。他们虽然有大宗的金属和农产的输出，然而经常还在寻求更廉和更好的货品。举个来（例）说，制造极复杂的电话机需要很多的原料，美国在国内所能得到的只有棉花、羊毛、煤、铁、铅、锌、金和云母，其他像橡皮、丝、亚麻、镍、铂、锑、大麻、锡和土沥青等，都要由遥远的地方输进。天富如美国，尚且这样，其他的国家，更不用提了。所以各国的资源，必须为全人类所共有，各国的市场，也应当公开为世人所共有，换句话说，就是原料和市场，都是世界性的，任何国家不要自私。我们晓得假如原料彼此供应，市场彼此公开，那么各国间藉着便利的交通和运输，国家和国家，人民和人民间的接触，也就更为频繁，不但可以增加彼此的认识，而且使我们的知识，必定有飞跃式的增进。不用说现在是航空时代，就是当海洋时代，首先告诉美国地理学家关于米勒达（Miletus）港市情形的，不是别人，而是归自希腊海的船长。就遥远的时日说，通商往往是使地理知识增加的原因。当通商的时候，把商品运出运进是看得见的，但把不同的思想和观念藉通商而互相传播，却相见于无形。所以任何文化的黄金时代，都是通商繁盛的时代，这不是偶然的巧合，而是文化的传递实为通商的第二种作用，通商是交换和传播文化的主要酵母。历史明显地告诉我们，文化的进程，几乎和商业接触的增进，平衡发展。

时代既然进展到天下一家，所以地理学家的主要任务，消极方面是要人们破除乡土观念。过去同情和宽容的范围，超不了人们居住的小天地：像谷地、平原、坝子等村庄的小范围；

① 南极平均海拔 2 350 米。——编者注

在此以外忠义的字眼用不着，有时还要使邻近的山地居民反目，然后感到喜乐。这种对自己小天地以外的区域，便丝毫没有同情宽恕等道德观念，怎么可以啊？也就因为这样，所以在从前，人们每视到外地旅行为畏途，因为易受外人的残害，敢于外出者，都被称颂是有胆量的人，几乎要以英雄相看。这种偏狭的念头和作风，必须彻底革除。积极方面是要使全世界的人民，共同认识他们不但是他本乡本土本国的公民，而且是世界公民，要他们明了时代已使他们和世界上每个角落的人民，都发生了关系，任何人屋里起了火，都要蔓延到整个社会，任何地方的战争，都要演变成世界战争。全球人类的生活既然是如此密切，既然是彼此休戚相关，那么我们无论在心理方面经济方面政治方面，都应当准备来适应这由于外力即由于航空和其他工业的加速发展，所造成的世界新局面。不管任何人对他的国家和乡土的观念是如何的浓厚，不管任何人对于国际主义还固执着何等的偏见，他不能无视这个时代的趋向，他不能对这些航空和其他工业的新发明，不加理睬，假使他那样做，那真像鸵鸟一样，藏头露尾，只是自己骗自己而已。

我们晓得由于时代的转变，地理学家的主要任务，千真万确地是使世界上每一个人都明了他是世界的一分子，他要使世界上每一个国家都知道只是全球的一联邦。每一世界公民和每一世界联邦，都要消减偏狭的地域观念，视全体人类如同胞，贡献一切于全世界，这样不但和平立至，而且全人类藉着机械的进步，可以享受无比的幸福。从前自西雅图到华盛顿坐特别快车还要三天半，现在乘空来去，只要十八小时就够了。过去慈母要得到远学重洋儿子的消息，不是一年半载莫办，今天负笈外国的儿子，可以藉无线电和他的母亲通话，可以藉无线电传真，见到慈颜。这只是一个例子而已。我可以说，只要全世界的人们认识天下一家的时代来临，彼此真诚合作，由于航空的进步，我们可以短少的年华岁月，跑遍天涯海角，这是过去做不到的，现在可能了，无异延年益寿；同时藉着其他技术进步，真不知要享多少的科学之福，比较我们的祖先，真是生逢其时了。愿世人认识这伟大的时代，而共同努力。

注一：严德一君于三十五年四月六日七日在重庆《大公报》所发表的《远北时代之世界与中国》一文颇为详尽。

注二：在三十六年二月三日南京《中央日报》所载之《美国海军南极热》及三月一日南京《中央日报》的《南极拓殖》一文都有详细的说明。

野外考察与地理教育*

周廷儒

现代地理学，不仅描述表面地景为已足，尤应以科学的解释为主干，而各种科学地理解释，须基于野外观察之所得，是故野外考察，实为地理教育之中心部分。然则野外生活中，应如何观察地理，亟为吾人所应知者。首须考察该处由地质构造及风化，侵蚀（Erosion）诸作用所造成各种地形类型，而加以科学说明。乃进而探求水理，气候与夫植物群落（Vegetation formation）分布诸情况。最后观察自然与人类之关系，及其所形成各种不同的地理景观，此种科学观察之地理，在欧美风起云涌，盛极一时，其由科学观察所刊之地理书籍可谓汗牛充栋。尤以英国地学家，首开先河，如雷姆赛（Ramsay）之 *Physical geology and geography of England*，基克（A. Geikie）之 *Scenery of Scotland*，以及劳特·亚凡皮莱（Lord Avebuny）之 *Scenery of England*，皆其著称者也。德国山河跋涉者，复有极多简洁小册印行，其中尤以李希霍芬（F. V. Richthofen）之 *Führer für Forschungareisend* 为最有名。他如美国则有好勃斯（Hobbs）之 *Earth Features and Their Meaning* 等。至于野外考察准备书籍，则有哈佛大学出版，台维斯（Davis）及其他名家所著之 *Hand-Book for Travel* 小册子。反观我国科学观察之地理报告或书籍，真如凤毛麟角，一方由于国人缺乏科学探索精神，而他方亦由我国地理教育忽视野外生活之故也。现今科学进步，一切专门化，分析重重，求其真理倾向甚强，地理学何独不然。故我国欲使地理学得放异彩，非先养成学生具有野外丰富之经验不可，而此种丰富经验，必须在野外生活中打定基础者也。高中学生，应时兴以接触自然之机会，并开始此种科学训练，藉以增进研究地理兴趣。抑有进者，野外生活，在地理教育上之价值，不宁唯是，其当有种种有助于生活上发展之能力，兹列举数项如下。

---

* 本文发表于《地理教学》，1937 年第 3 期。

作者简介

周廷儒（1909～1989），著名地理学家、地理教育家，中国科学院学部委员（院士），我国新生代古地理学的奠基人、开拓者。1948 年于美国加利福尼亚大学伯克利分校获硕士学位，1950 年任北京师范大学教授，1952～1983 年任北京师范大学地理系系主任，主讲“地形学”“中国自然地理”“古地理学”等课程。“现代自然环境有它的继承性和演变过程”是其自然地理学的古地理学思想的核心。

一、能养成综合观察之能力

吾人登高山之巅，纵目展望，但见停泓若练之江流白帆时出时没，皎洁如镜之湖泊游艇载浮载沉。浮屠高耸云际，车马驰骋道上，寺观庄院，隐现于苍红翠绿之中，凡此呈于眼帘之景物，无一而非地理之现象也。台维斯尝谓："地理学乃眼目所见之现象。"又班克（A. Penck）见由飞机所摄战时机密照片而曰："此图中乃有不少地理现象所缠系者也。"此寥寥数字，地理之特质毕现。吾人于野外观察各种有联系之复杂现象，复有直观取得该地域景观察之特色，实为地理学之特点。野外考察，对于地理教育之贡献，即从实际观察方法，养成综合研究事物之能力。地理教育具有总揽地域文化的，具体的全部形态之力，此不单训练地理眼光，且有助于物的全体之观察及美感之养成，有俾迅速完成走上社会之指针力也。

二、培养文化价值创造力

人类与自然间之关系，古代东西哲学家、历史学家医学家早已论及，不止近代地理学家所注意之事也。古医学者布克拉底斯，所著《空气，水，及场所》（*Air，Water and Places*）一书，已详论外部自然环境差异，形成不同之人种型式与社会形式。他如亚列斯多得，斯塔拉布诸学者，亦均有此种说明。近世孟德斯鸠，培开儿诸社会学家及立脱（Ritter），雷采儿（Ratzol），赛布尔（Miss Sempel），汉丁登（Huntington）诸地理学家，更倡人类如何受自然制约，如何应顺自然，又如何征服自然等。论者意见分歧，莫衷一是，总之，人类一方为环境之子，一方为意志之子，二面均相互掣肘者也。地理学研究两方互交作用所成之文化相，非概念的，而系具体的，实证的。地理教育，即指示人类适应自然环境之必要，当如何选择之如何利用之，野外生活，乃为达到此种教育目的之工具。人类在文化客观上，不绝创造自然，故须了解自然理法如何？如何不受自然阻力，而始克生产，故野外考察，当注意此种自然与人类关系，养成学生文化价值之创造力，且可为今后营文化生活之暗示针也。

三、训练实际社会生活之知识与能力

现代教育，以生活为目的，"教育生活化""实际化"，诸般口号，高唱入云，其于地理教育固应有如何之贡献乎？夫人日常生活，与地球表面之自然关系，殊为密切，且包括各种文化现象。苟吾人漠视地理环境，或竟不信个中理法，亦得浑浑噩噩而生活。实际上，必为不便利，不经济之生活耳。盖人类为环境之产儿，乃由地理现象中吸取养分，而资生长者，故吾人实际生活，大部由地理知识所建立，且从野外观察，所得尤多，实非过言也。试举数例，如食粮衣服，为生活上绝对必要品，此种学识，经济学所负任务为最大，但地理学以另种方法，满足生活上之知识。经济学，为论财富之生产，交换，分配，消费诸过程之科学也，地理学之特质，系由野外观察此等财之全体，与土地接合关系，并求其综合的具体的知识也。吾人以不可或缺之穀米而论，由野外观察方法，研究一区米产之地理条件如何？其与该地产业生活有何关系？其分布状况与邻地需要情形若何？偶而发生天灾人祸，人民生活当起何种变化？此种全体关联诸问题，乃日常生活所资者也。又如衣服材料，丝棉等品，出产于何处？原料由何处来？其于交通，文化，经济上有何密切关系？此种知识，亦均由野外观察之地理教育所给予者也。凡直接参与国政之当局，或图为目的之企业家，商业家固应明了此种知识。即对于吾人之生活间接影响，亦甚深巨，是故吾人宜于野外考察上养成求得此种有用知识之能力，实为地理教育之本旨也。

四、养成深刻国家观念

我中华民族，立国于世，有史足徵者，五千年，文化阶梯（Kulturstufe）已趋极高之域，吾人于野外所见种种人文景色，无一非先民筚路蓝缕，从各方面奋斗努力之成绩也。我人将为倾家荡产之纨绔子乎？抑将为克绍箕裘之贤儿孙乎？夫有遗产而不知惜护者人恒讥为败家子；有美丽河山，而不克自保者，其必沦为他国奴。今国家处境，日益危殆，吾人必幡然觉悟，确树深刻爱国之观念。欲知国家之真可爱，第一步应先理解祖国之地理实况。野外考察，俾审知己国不如人处种种劣点，激动自觉发奋之心理；了解己国天惠自然之佳良，使益自尊其国土。现时学生，使对国家有真正理解，即可使其明了将来国民应负之使命，而地理教育目的达矣，故余意此种教育，实比其他教育之价值为高。

我对修订后的师范学院地理系教学计划的一些体会*

周廷儒

最近颁发的《师范学院地理系教学计划（草案）》是根据苏联师范学院教学计划并结合我国的当前实际及一定时期内发展的需要而修订的。我体会这一计划有如下一些优点。

新教学计划中所设的地理专业课程，充分体现了“培养中等学校地理及中等师范学校矿物学教师”的目的。整个计划中规定的专业科目，包括学习地理学所必需的基础课程（天文学、地质学）和技能课程（地图学及地形测绘）以及关于地理学知识的课程（自然地理、区域自然地理和经济地理），此外还有做一个人民地理教师所必须学习的地理教学法。根据这一计划培养出来的学生，所掌握的是全面的地理知识和技能。同时计划中份量最多的几个学科（普通自然地理学、各洲自然地理、中国自然地理、外国经济政治地理和中国经济地理）正是学生将来到中学所要讲授的地理课程；并且围绕这些学科，还开设了一些加深与提高的学科。因此，根据这一计划培养出来的教师，将是知识比较广博、能愉快胜任自己工作的。

新教学计划基本上具有了苏联教学计划的科学性和系统性。如基础课程和技能课程排在最前面；自然地理课程排在经济地理之前；而地理教学法则排在第三学年，这时正好是在学生已经学完大部分专业课程并要进行教育实习的时候。这些都是基本上按照苏联教学计划的科学系统排列的。

计划中规定的自然地理课程有普通自然地理学；同时属于普通自然地理学范畴以内的土壤地理学、植物地理学（苏联教学计划中还有动物地理学），又另开专课。这就反映了地理学发展的现代水平。马克思列宁主义者对于自然地理学的科学本质的认识是不仅把地理环境看作一个统一的整体，而且是把它看成一个连续的、互相联系的、阶段性的体系。在这个体系中，有机自然处于高级阶段，无机自然处于低级阶段；而每一高级阶段又包含有低级阶段的

---

* 本文发表于《人民教育》，1954 年第 4 期。

性质和品质。所以有机自然不仅能反映其余自然的性质和品质，而且在地理环境整体的发展中起着领导作用（特别是植物）。从地理环境的利用和改造来看，改造自然绝不限于机械地改造，更重要的是利用地理环境的各构成要素在这个整体中的地位和作用，掌握它的发展规律，进而控制它的发展方向和速度，改造成为新的地理环境使它为人类造福。在苏联和各人民民主国家，自然地理已成为一门改造自然的科学。因此，我们必须认识到各构成要素在地理环境中所处的地位和作用，无机自然同有机自然的联系和发展的关系；特别要认识到有机自然（尤其是植物）在地理环境中所起的领导作用，而它与无机自然之间的联系是土壤。本着以上的理解，我认为：在教学计划中土壤地理学、植物地理学（由于条件限制，目前我们还不能把动物地理学列入计划）单独设置是完全正确和必要的。至于普通自然地理学，是把地理环境当作一个连续的、互相联系的、阶段性的整体来进行教学的。这是在自然地理教学中获得整体观念的唯一课程。因此，计划中课程的排列是由整体的普通自然地理学开始，接着是有机自然的土壤地理学和植物地理学，然后是一定的“区域”的综合性的中国自然地理和各洲自然地理，这样便完成了自然地理学的教学体系。如果不设置普通自然地理只设专课（土壤地理学与植物地理学），便不能给学生以整体的自然环境的概念；而只有普通自然地理，不设土壤地理学和植物地理学，又不能使学生深入了解在自然环境中处于高级阶段的有机自然。因此，二者不可偏废。

新教学计划的优点还表现在：诸如各学期时数的分配，各科内容的衔接，各种教学方式的配合等，都作了比较合适的规定。又如区域自然地理和经济地理各课程都分在四个学期内讲完；看起来时间似乎嫌长，但是这样安排既可以使这些课程的进度与教育实习的课堂试教的内容相配合，而且各学期时数也比较恰当，不致使任课教员各学期的负担不均衡（如果只排在三个学期就有这种现象）。新计划也表现了对理论联系实际的重视。例如，第二、四、六各学期末，有相当长期的野外地理实习和计划中各科实验实习的规定，都体现了这一精神。

新计划也结合了中国当前的实际，并且考虑了未来的发展。例如，动物地理学一科，虽然从科学体系的完整性上看，是必须开设的，但根据我国目前的科学水平，由于师资缺乏，在相当时期内还难以开设，因而计划中没有列入。又如苏联计划中天文学是三小时，但因我国中学教学计划中没有天文课，所以新计划中将天文学定为四小时。再如苏联教学计划中外国经济政治地理与苏联经济地理的时数相同。但我们在外国经济政治地理中，还应着重讲授苏联，所以把外国经济政治地理的时数作了适当的增加。再如，考虑到计划中各个课程对我们来说都是新的，而且目前各高等师范学校地理系中人力又都比较缺乏，所以新计划中加修科只定了比较最需要的，而且可以结合某些科目的教学进行准备的三个专业课和俄语。如区域地理研究法可结合野外地理实习；地理学史可结合自然地理和经济地理；地理教具制造可结合地理教学法。这样的安排，是为了便于集中力量，做好必修科目的教学工作和师资培养的工作，不致因加修学科增多，分散了力量。再如计划中虽然也规定了课堂实习时数，但因考虑到目前各校尚缺乏经验，所以注明必要时可略加变动。再如野外地理实习的时间比苏联教学计划少，也是考虑到我国目前条件较差，而且组织和指导野外地理实习也缺乏经验，所以时间可适当缩短。又由于我国各高等师范学校的发展不平衡，不能要求这一计划在全国各校立即全部实现，所以新计划中规定了最低限度必开的课程，其他暂不能开课的课程则可作为努力的方向，创造条件，逐步开设。

按照计划进行教学，对我们来说是一个新的比较复杂的课题，我们需要长期地、不懈地努力，才能保证整个计划更好地实现，从而为祖国培养出德才兼备、合乎规格的中等学校地理教师及中等师范学校矿物学教师。

怎样处理地理教材运用教法*

王钧衡

一、确定地理教学目标掌握教的对象

（一）地理教学的目标

人民地理教师，在执行自己的任务中，必须先明确了教学的目标，才能事前有很好的工作计划和布置；才能随时检讨，考核工作的进行和效果，才能做出很好的总结。

普通中学的地理课程，不外自然地理、中国地理、外国地理三部。针对着这三方面，我认为在教学中要达到三项目标，兹提出如下，供大家作参考，共同作研究。

（1）从自然地理的学习中，使学生认识自然的发展规律，利用自然和改造自然。

（2）从本国地理的学习中，使学生认识祖国，热爱祖国，建设祖国。

（3）从外国地理的学习中，使学生认识世界，分清敌友，保卫和平。

在中学的所有课程中，哪一门能使学生对大自然获得整体的，不是分割的、枝节的认识呢？只有自然地理学，因为只有它是对大自然做综合研究的科学，一般人总是非常爱护自己的家乡，晓得如何改造和建设他的家乡，道理很简单，任何人都对他的故乡故土，认识的很清楚，从认识中，不知不觉的便产生了“热爱”的心情和建设的旨趣。同样道理，要学生热爱祖国、建设祖国，就必须从使他们认识祖国做起，地理教学便是能达到这项目标的唯一工具。

要使学生了解世界政治面貌，加强保卫世界和平的教育，在中学课程里，政治和历史，

---

* 本文出自北京市中小学教职员学习委员会：《地理教学讲座》，北京：大众书店，1951 年，第 33～49 页。

作者简介

王钧衡（1907～1977），著名地理教育家。1932 年毕业于北京师范大学地理系，1934～1977 年在此任教。毕生从事地理教育研究，讲授“地理教学法”课程，对地理教学理论和教学方法、中学地理教师培养、中学地理教材等有系统研究，主编或受人民教育出版社之邀参编了多个版本的中学地理教材。

特别是近代史，可以部分的负起这个任务。但是要想使青年从自然条件和经济发展过程的相互联系下，去透彻的了解了世界的现况，跟着这种了解，来分清哪些国家是帝国主义者，是我们的敌人，哪些是真正的民主国家？是我们的友人，进而倾全力来保卫世界和平，消减穷凶恶极的帝国主义，那只有地理教学。

根据上边的三大目标，大家来检讨过去所教的，是否抱着这种目标呢？如果是的话，是否达到了目标？如果不是的话，怎样处理教材，运用教法，才能达到了既定的目标，这就是今天所要讲的中心问题。在未讲到主题之前，我愿意先谈谈掌握所教对象这个问题。

（二）掌握对象

在同一目标之下进行着同一的教材，有的教师能够做到好处，有些却得到了反结果，原因固多，主要是在于取材是否合乎对象的需求。如果合，便能使对方接受，收到宏效，否则便要遭到失败。按学校的性质，学生的程度，来取材施教，是教师应备的必要条件。

在小学和初中方面，我认为应侧重基本地理知识的讲解，给他们打下基础。在高中方面，应该在基本地理知识的基础上，作政治、经济的理论发挥。

师范学校的唯一目的，是培养师资，把下一代教好。师范学校的地理教师应该针对着小学的地理教材，结合小学的地理教法，来取舍并编纂适当的教材。不应把中学的教材，整套的搬给师范生。怎样处理师范学校的地理教材，结合小学的地理教学，今天不能详细讲述，这个原则，我总认为是要特别注意的。

工农速成中学的具体情况，和一般中学、师范学校，完全两样。工农中学的学生，年龄较大，领会力很强，文化水平虽低，但政治水平很高，他们的地理常识相当丰富，不过是片段的，教师要做串线的工作，要在基本地理知识的授予上，作理论的提高，在理论提高的原则下，给他们打好了地理的基础。这个原则，运用起来自然是很困难，需要大家来共同研究、摸索、试验，作个好的工农中学地理教师，的确很困难。

二、处理地理教材的原则和方法

（一）三个原则

人民地理教师，为了达到地理教学的目标，完成地理教学的任务，教起来能使学生觉到兴趣，乐于接受，在处理教材，发挥教材上，必须把握下边三个原则：

（1）从人到地：就是从人类生活方面，联系到自然条件，不是从自然环境，归结到人生。

只有和人生有切身关系的教材，学生才会感到求知的必要和欲望，与人生毫无关系或关系很小，像地形，气候，出产等“死”的知识，学生是不感兴趣的。本来嘛，拿地形来讲，它本身并不和人发生直接关系，是通过人的利用，人和地形斗争的过程，地形在人生中，才起了一定的作用，人针对着地形对他们的生活所起的作用，想出方法去利用它，去改造它，使它服从着人的利益，给人带来服务。在处理教材时，若从山川分布，地形面貌，作呆板的叙述，必然要失败，只有从地形和生活发生的关系方面来着手，才能收效。例如，讲川康山地时，讲那里有什么山，什么河，山多高，谷多深，水多急，气温如何，雨量多少，学生不会感觉需要；反过来如果从那里的居民，和那里的地形气候做斗争的方式去讲解，人们一定感觉有莫大的兴趣。从雅安往西一直到康定，在交通上，在现有科学技术的基础上，产生了特殊的生活方式。先就渡河来讲，有三种办法，一是搭索桥——铁索、竹索，大多数是竹索桥。二是溜索式，称溜筒，是在河两岸架上一条用竹条撑成的绳索，索上套着一个能来回滑动和旋转的木筒，样子有点像北方辘轳上的圆筒，筒上系着两条绳子，绳下端有圆套。过河的人，把两脚插在绳套子里，用右肘挎着木筒，一溜便溜到了河心。此后用右手握着竹索向前边拉，右手拉一下，全身便随着前进一步，最后达到了对岸。溜筒上还拴着能把溜筒拉过来拉回去的绳子，甲过河以后，对岸的乙可以把溜索上的溜筒拉回去，再行渡河。这样的溜索，叫作单溜索。另外有一种双溜索，横过河身架上两条绳子，都成斜着下垂的形式，人或牲口过河，一上索子，一溜便到了对岸，速度很大，快到达对岸的时候，索端微向上掀，恰好两足着地，非常安全。再调皮的马，一过这种双溜索，便很老实了。第三种渡河工具是皮船，用木棍捆成半圆形的骨架，上边系着牛皮，接缝处糊着松脂油，这样便做成了一个直径七、八尺的皮船样子，有点像北方的圆笸箩。船是圆的，在急流中易于分水，阻力小，可以渡到对岸。不过这种船很轻，船夫可以背着来回走，找他要下水的适当地点。

以上三种过河的交通工具，都是山高谷深，水流湍急，在人和地形斗争下产生的特殊交通方式。在处理教材时，从人们的生活方式入手，引申到那里的地形全貌，指示出那里有什么山，什么河，山海拔多高，谷如何深，水怎样急，学生一定会感到兴趣，乐于接受。

再就川康山地的土地利用来讲，各河主流和支流沿岸的平坝里，种着稻子；山坡的下方，水田不见了，变成旱地，种着杂粮，内以玉米居多；从旱地再往上去，常看到花椒树和耐寒的荞麦地，再向上有高山森林，有高山短草，最高的山顶，连草的生长都困难了。从大相岭顶上，向下走，经青溪县城到汉源，在大半天的行程中，差不多等于从寒温带到了亚热带。以人生做出发点，讲到那里的地形和气候，才能使学生真正了解那里的具体情况。

为了加强“从人到地”这个原则的说明，再举个实例。兰州一带，最特殊的耕作方式是砾幕田，田的面上铺着一层石子，本地人称作石子田，石子越多的地，越是好地，和沿海一带恰恰相反。这是因为砾幕田，第一在下雨的时候，容易存水，不使珍贵的雨水流去。第二，石子能够避免强烈日光的蒸发，从这样的讲解去联系自然，学生才容易接受，也只有这样处理教材才能把“死”的知识变成“活”的有用的材料，才能结合实际。

（2）从现象到理论——一切推理的讲解，特别是关于自然条件方面的理解，很苦涩的生硬的去解释原因，学生不但不容易获得彻底的了解，并且不感兴趣，反过来，如果从和生活有切实关系的事物现象做出发点，引申到推理，学生便乐于接受，而且印象深刻。

例如讲地中海式气候，先从意大利的葡萄酒和用小麦制成的通心粉讲起，再讲到植物和地中海式气候的配合（那里是冬季多雨、雪，到了春末夏初，便转入干季，很适合小麦和地中式果[①]的栽培），最后再讲到这种气候的成因，比上去就作理论的讲解，收效要大得多。

又例如讲赤道气候区的气候，以南洋群岛作实例，那里是每天早上，天气晴朗，万里无云，十时左右便开始油然生云，十二时前后，闪电交加，一时前后，便大雨倾盆而降，到了下午三四点钟，雨过以后，天即放晴，凉爽宜人，成了社会活动最活跃的期间。从这种具体现象，再引申到那里雷雨的成因，学生一定会在轻松愉快的情绪中，接受了教师的理论讲解。

又例如讲地形性降雨，那种现象，古人和乡农，都很清楚。在欧阳修的归去辞中，曾说到：“云出西山之岫”，并不是西山的山峰里，会油然作云，是未达饱和的气流，在前进途中，遇到山的障碍，被迫上升，便要冷缩饱和，凝结降雨，从这种常见的现象，归结到原理，学生比较易于接受。

讲雹的成因时，单刀直入的讲雹是怎样生成的，不如从今夏河北西部遭了雹灾，农民用向天空打土炮去和雹斗争（错误的斗争方法）的事实，说到推理。

（3）从个性到全貌——一洲一国或一省，在社会发展和自然条件的联合动作下，便产生了该地区的地理个性。在处理教材时，从个性作出发点，把经济发展和自然条件融合在一块，去组织教材，发挥教材，才富有地理意义，才会收实效。

例如讲黄土高原，“黄土”便是那里的一个特性。那里的地形、交通方式，农田分布和家屋，都可以归纳在黄土这个特性下去讲解，总结到那里的地理全貌。又例如讲瑞士，在它的特性中最显著的一个，就是精细工业著名全球，抓住这个特性，说明其位于大陆内陆，不靠海洋，对外交通多阻，缺乏矿产，不利于发展笨重工业；但因地形的关系，水力资源丰富，山多田少，可以而且需要发展工业，可是以发展量小，用原料少而价昂的精巧制品才最上算。

讲中国的气候，一般都是按照气温、气压、雨量、气候类型做呆板的叙述，这样是“死”知识。要是以中国气候的特性和它给我们提供的条件为中心，结合着经济生活，去处理教材，那才有意义。我国气候最显著的特性：

（1）是南北各地冬季温差虽大，但夏季温差却很小，从哈尔滨坐火车，经北京、汉口到广州，途中更换衣服的情形，可以生动的说明气温变化的具体情况，再用等温线的分布作个说明，学生便能获得亲切的透彻了解；这一特性是扩大了我国农耕范围的一个重要因素。

---

① 地中海式气候的水果，比如柑橘、葡萄、橄榄等。——编者注

（2）是全国各地普遍的是夏季多雨，多雨期和高温期同时出现，对中国农业，又提供了一个很好的条件，从这一个条件，可推论到我国雨量的分布，雨量的变率，降雨的时期，降雨的强度等等，归结到中国雨量的全貌。

今天因为时间的关系，所举的例子，都不够详细，不过可以得个结论：只有用从人到地，从现象到理论，从个性到全貌这三个原则去处理教材，才能把“死”的知识变成“活”的运用，才能收到教学宏效。

（二）处理教材的“坏”方法和改良办法

一般的课本和好些教师，在处理教材上，往往采用这么两种方式，一是把疆域位置、地形、气候、物产、工商、交通、都市，一条一条的排列下去，这可称之为“分条列述法”或“条述法”。一是把教材，分成自然概况和人文概况两部分，各部分内的纲目，还是地形、气候和产业、工商等，把人和地割裂起来，对立起来，这可称之为“人地对立法”或简称之为“对立法”。

这两种方法，都是呆板的“死”知识的堆积，失掉了地理的意义，失掉了地理教学的作用，是最久的，也是最“坏”的两种方法。但是，条理清楚，在初中的低年级侧重基本知识的讲授时，偶而也可以采用，不过必须得加以改良，变换方式。

改良的办法，就是在讲某省或某国之前，先把各项地理因素的重点或特色找出来，作为标题；内容的处理，都以重点作中心。例如讲河北省，如果用条述法，可以讲这样的五个题目：

（1）省区的变更——说明位置，增减部分和理由，以及疆域形势。

（2）大部是低平的沃野——针对着这一标题，把河北的山川形势，沃野分布，以及其在经济生活中所起的作用，作个介绍。

（3）灾荒的斗争——从自然条件（气候和地形）和社会条件（过去反动统治给造成的灾害）来说明灾荒的成因和理由；并应加强讲述在人民政府和共产党的领导下，对灾荒进行斗争的方法和成果。

（4）国民经济以农为主——说明农、矿、工的发展情况。

（5）物资的交流——说明交通、贸易和重要的商业中心。

这样处理教材，表面上看去，依然是分条列述，实际上把教材作了“活”的运用。

经改良的条述法，是可以采用的，但依然是呆板，仍以不常用为宜。

（三）根据教材单元的内容来决定处理的方法

组织教材，有多种多样的方法，可以运用，兹列举如下：

（1）重要问题组织法，简称要题法——这一方法，就是按着要讲授的教材单元的内容，以现政治、现经济作出发点，抓住三个重要问题，把全部的教材，分别归纳在这些问题里，作灵活的组织，来说明现实的问题，使学生了解这一区的具体地理情况。例如讲台湾可以提出这样两个问题：一是“地位的重要”，从位置、面积、对中国大陆和太平洋的军事形势，海岸和港口，特别是军港，民族成分，国民党匪帮和美帝国主义的阴谋，以及劳苦大众对反动统治作斗争的情况，来充分发挥。二是“经济价值的伟大”，凡是和这一问题有关的教材，如生产富庶的理由，富庶的程度，经济发展的现况，交通都市和经济的联系，反动统治和美帝国对经济的榨取，人民大众的贫困等等，都归纳在这一问题下，去组织去讲授。用这个方法，处理教材，进行讲解，才能联系实际，贯彻政治思想教育，才能使学生对台湾的地理有了真正的了解，感觉兴趣。

（2）分区组织法，简称分区法——有很多省份或国家，区域差别性很大很显著，难以找出能够笼罩全部教材的重要问题。例如陕西省，北、中、南三部，无论是在地形上，气候上，生产上，交通上，工业、商业上，以及解放形势的发展上，都不一致，这样便不如分成三区，一是解放最早的陕北高原，二是经济发达的渭水平原，三是带有南方色彩的秦（岭）巴（山）山地，来分别归纳教材。又例如澳大利亚和意大利都是区域的空间差异性很大，都以用此法为佳。用分区法组织教材，在讲授之前，要先指导学生作全部的地区阅读，在讲授之后，要再作一整体的总结，免得教材成了割裂现象。

（3）中心问题组织法，又称凸聚法——就是按所授区域的性质，找出一个最重要、最显著、能贯彻全部教材的问题，作为中心，来处理教材。例如，英国在过去是以“日不落国”著名，近年它急剧的衰退了，走到“日落中”的地步了，目前它地地道道的是个“日落中的日不落国”，可以拿这问题做个中心，把全部教材凸聚到这一点上去讲解。这个中心问题的下边，可以分三大段落：一是“日不落国”称号的由来，二是“日不落国”的发展，三是走上“日落中”的道路和前途。

用这个方法，等于作一个专题讲演，最容易使学生发生兴趣，对所授区域的真面目得到深切的认识。但组织教材，相当困难，第一，找中心问题困难，第二，把凸聚点找出以后，如何绕着这个中心去组合材料，如何不遗漏教材，而且还尽可能的避免重复，又很困难。第三，如何不使内容走入纯政治的范畴，失去了地理教学的意义也很困难。的确这是个最好的组织方法，也是最难的一个方法。今天因限于时间，无法把实例作详细的说明，可参考师大附中第一部高三所发的讲义（这份讲义，正在付印，不久可以全部出版）。

用这个方法去讲授，需要注意下列三点：第一，并不是每个国家或省份，都能采用，不要勉强的用，第二，在高中用最能收效，在初中因为学生的基本地理知识还薄弱，比较困难，第三，在讲授之前，要先使学生对美国做地图的阅读，给他们树下理论的基础。

（4）比较组织法，简称比较法——凡大致相同的教材单元，甲单元讲后，乙单元可以用和甲单元作比较的办法，来处理教材。这样可以使学生从旧教材的复习中，去理解新教材，印象特别深刻。但运用方法要灵活，否则很容易流于对比的形式，变作乏味的死知识的堆积。江西和湖南，有许多方面很相似，可以采用此法。

（5）旅行组织法，简称旅行法——凡有显著交通线而且这些交通线能充分表示地理特性的地区或国家，可以拿三两条交通线做骨干，把教材归纳在这边，用率领学生作旅行的方式，去处理教材，进行讲解。此法在初中最能引起兴趣，收效最大，但教师对所授区域要有实地了解，要善于组织教材，不使教材失于凌乱繁琐。例如湖北省，可以顺着京汉铁路的火车和长江、汉水的船，把全省作整个的介绍，用此法易于使教材支离破碎，末尾一定要作个全省的总结，使学生获得整体的、有系统的认识。

（6）示范组织法，简称示范法——在一省或一国的不同地区中，各选出一个具有代表性的家庭生活，用故事的方式很生动的扼要写出来，作为范例，再归结到教材的全局。此法也很容易使学生感觉兴趣，但在处理教材上，也相当困难。

（7）综合组织法，简称综合法——上面所举的各种方法，都有其优点，但亦各有缺陷。最好综合起来作灵活的运用。例如讲平原省，总纲如果采用改良的条述法，在细目方面，可以斟酌内容，搀用要题法、凸聚法或其他。这样可以吸取各法的优点，避免了缺陷，是最好的方法，应该作为最常用的方法。

（四）总结处理教材应注意之点

（1）内容方面：取材要适合学生的程度和需求，不使之过深，亦不过浅；在分量上，宁使之过少，不要太多，分量虽少，只要学生真正消化了，获得了，比材料多学生不能接受，要好得多。教师要具有割爱的精神，凡稍微不必要的和不易联系实际的教材，尽管大胆的删去。要常变换组织的方法，不要老啃着一种方法。无论用哪种组织法，在各段教材间，必须有充分的连贯性，哪些教材应放在前边，哪些放在后边，怎样联系，必须详加斟酌，把一个单元教授讲完，预期能达到有始有终，天衣无缝。此外像措词用字，都不能放松。

（2）形式方面：大纲细目，应力求简要，排列的非常清楚，文字要通俗简明。

三、怎样教才能使学生感觉兴趣，印象深刻，收效宏大

（一）基本因素计有四点

（1）要有丰富的、渊博的地理知识，这样才能运用自如，左右逢源，发挥尽致。要抓紧学习，世界情况瞬息万变，地理教材日新月异，只有抓紧学习，才能跟上时代，才能联系实际，才能给学生崭新的教材；报和新的杂志，都是新地理教材的主要来源。

（2）要具有“四教的精神”：第一是“会教”，能教到好处。要想达到这个目的，自己对于搜集教材，选择教材，组织教材，编制课文，绘制图表，便一步不敢放松，一点不能偷懒，这一精神，是教师进步的动力。第二是“肯教”，有坚决做人民地理教师的意志，内心的乐于从事教学的工作。第三是“苦教”，把迎接文化高潮，完成地理教学目标，当作自己的任务，不计较工资，不择地点，无论多么苦，我都是教下去、教下去。第四是“总教”，认定教学是自己终身的职业，不见异思迁，不怕任何困难，学到老，教到老。

（3）教师要下乡，要深入群众，和学生切实的打成一片，从学生的学习中，发掘问题，解决问题；从学生的反应中，吸取经验，改进教法，真正作到了师生互助，教学相长。

（4）要热诚和蔼，热诚才能和学生真正的打成一片，和蔼才能使学生接近自己，得到学生对自己教学的真正反映，但是“和而不能流”，不能作了学生的尾巴。

（二）要常变换教法

在处理教材上，不能老用一种方法，同样的在运用教法上，也不能一成不变，需要常在变化。一般的教法，计有下列数种：

（1）有些教师，把讲地理和讲国文一样，照着课本解释，这种方法，可称之为“照本宣读法”，是最坏的方法。因为第一，地理教材变化很快很大，很难有及时的理想的教本。第二，很容易使学生感觉课文上的生字句，他都懂得，先生毫无再讲的必要。

（2）一般教师最常用的方法，是抄黑板，作讲解，令学生照着抄录。有的是一上课先抄写后讲解，有的是先发挥后写黑板，这种方法，可称之为“板书讲解法”。如果教师准备要学生抄写的东西很好很简单，在讲授时又很会发挥，这个方法，在初中是可以采用的。但板书耗费时间，板书时学生容易感觉乏味，教师忙于写黑板，不能照顾学生，易生流弊，故以不轻用此法为宜，尤其在高中。

（3）教师事前把教材好好的准备起来，到讲授时，有计划的，有步骤的，扼要解释，令

学生且听且自作记录。这样能同时运用学生的听力、视力、手力、记忆力和理解力，能够把学生的思想集中起来，使他们感觉时间过的很快，印象深刻。但在运用时，必需材料精致，纲目简明，词句通俗扼要，并且常变换词调，使学生感觉很容易记，一点不困难。教师的目光要时时顾着全体学生，一发现有记录感到困难的，马上设法补救。此法可称之为“口授笔记法”，是相当好的方法，唯进度较慢，如何掌握教材，保持进度，应特别注意。

（4）上边三种教法，都是或多或少的注入知识，不合乎学生自动学习的原则。最好的办法是教师事前印发学习提纲，令学生分组讨论，由教师作总结，这可称之为“分组讨论法”，是最合理想的教法。唯运用时必需有充分的、现实的参考资料，教师能够提起来学生自学的情绪，而且能掌握学生的讨论，作起来相当困难。

（5）一切地理知识，最好是使学生从具体的，直观的东西里——如地图、模型、表格、照片等——去观察、记忆和理解。这种方法可称之为“形象教学法”。它的原则有三：第一，一切知识都是用最简单的文字去说明，最具体的图表去表达。第二，大胆的精简教材。第三，保持一定的水平。这样做去，必须设备相当完善，多绘制图表，教师每限于时间，难以作到理想。

（6）在学校的适当地方，要准备着一个大的沙坑，讲一省或一国时，令学生围坐在沙坑的四周，一面讲，一面把重要的知识，在沙坑中具体的堆塑起来，使他们获得直观的认识。此法最容易使学生感到兴趣，印象也特别亲切，可称之为“沙盘直观教学法”。

（7）有些教师，把讲授大纲，印发给学生，但大纲下的细目却都空着，到讲授时，令学生在讲义上，自己填注细目，这样可以收到口授笔记法的长处，弥补进度慢的缺陷。在缺乏完善教本的今天，这个“填注细目法”，是可以采用的。

（8）尽可能的要常领着学生，在学校附近，作野外的实地观察。特别是讲自然地理，只有从实地视察中，才能使所学的格外亲切，不是教条，这可称为“野外实察教学法”。

综上所述，教法种类很多，教师只要常常变化，灵活运用，学生一定会感到津津有味的。

（三）应注意的细节

声调、板书、教态、手势、教室管理，在教学中都起着一定的作用，一般人往往把它们看作细节，其实都是不容忽视的事项。

要按照教室的大小，人数的多少，使声调高低适度，吐字要非常清楚、说话要悦耳动听，丝毫没有噪音，要有抑扬顿挫。必要的时候，措词还要带有几分幽默，变换教室内的空气，使学生感到很轻松愉快。

板书应工整悦目，切忌写错字别字。在黑板上绘草图要快，要相当正确而且美观。板图对教学辅助很大，应该多利用。

姿态要端正自然，目光要对着全体学生，手势要运用的很得法，要照顾到个个学生。

在教学的进行中，是失败是成功，自己很清楚，用不着问学生。如果自己觉得津津有味，时间过的很快，学生比先生的兴趣还要浓厚。如果自己就觉得乏味，满头大汗，时间很长，恨不得马上听下课的钟声，学生一定比自己还苦；一感到了这种情形，就应该马上改变教法，以能保持堂堂使学生满意为原则。

今天所要讲的，到这里结束了，希望同志们多提意见，多加指教。

（一九五〇年八月九日讲于北京市中等学校暑期地理学习会）

掌握地理教学特点，提高教学质量*

王钧衡

上学期末，天津市教育局通过重点测验，检查地理教学质量，得出的结论是：学生的地理知识欠巩固，知识孤立片断。目前中学地理教学质量不够高，学生不喜欢学，这带有一定的普遍性。造成这种现象的原因是多方面的，但教师不能或不大掌握地理教学的特点是主要原因之一。

任一门学科的教学，都有它自己的特点。学科的教学特点，是由本门科学的特有本质和教育科学的理论而产生的。

实验是物理、化学教学的特点。演算是数学教学的特点。讲读课文和指导学生阅读课文在语文教学中占有独特重要的地位。让学生记忆重大的历史年代是历史教师不应忽视的工作。地理教学的特点是什么呢？

一、联系乡土教材

“百闻不如一见”这句古话在教学法上有极大的意义。教学法专家早已证明了：必须在学生直觉基础上进行教学，教学时应尽可能地让学生看到实物实景，特别是对低年级学生，这是一条真理（诺维科夫）①。

学生对本地的、近处的事物，无论是自然界的、人类生活中的，还是经济方面的，都比别处的、远方的容易了解。地理教师讲到异乡异土，以及整个地球的地理景象时，用本地的实际情况同外地的相比较，常常可以收到意外的效果。

以在首都教书为例，讲黄河下游的水文，同永定河的相比较；讲江南丘陵的地貌，从北

---

* 本文发表于《地理教学丛刊：1959 年第二辑》，上海：上海教育出版社，1959 年，第 17～23 页。

① 诺维科夫在他写的《论儿童的教育和教导》一文里曾说：“凡是你们的孩子亲自能够看见的，能够听见的，能够感觉到的东西，你们就不必强迫他们从书本里学习，也不要用口头上教导他们去学。”

京市山区相比较，讲东南亚诸国热带气候区的降雨情景，同首都夏季的雷雨相比较；讲资本主义国家殖民地国家统治阶级不但不对自然灾害作斗争，而且助长它的发展，以致广大劳动人民陷于水深火热困苦颠连的惨状，同首都劳动人民在党的领导下向今年特大洪水进行顽强斗争终于克服自然灾害的动人场面相比较，学生会感到十分亲切、生动和具体，课堂空气会活跃起来，思维会不停地在活动。这样，再抽象、难解的东西，学生也会感到具体、易解。

从本地的、学生接触到的地理事物、现象出发，用已知比未知，这是使学生获得牢固知识取之不尽的泉源。尼·尼·巴朗斯基曾说："地理教学不是地理课本而是生活本身"（1956：869），这句话是任何一个地理教师都应该深入玩味并掌握的。

据上所述，发展学生的熟悉地方的本能，联系乡土知识充分运用比较法，显然是地理教学的特点之一。其所以构成地理教学的一个特点，在于它符合由感性到理性，由已知到未知的原则，符合科学的认识论的基本理论。

为了很好地掌握运用地理教学的这一特点，教师应抓住一切机会尽量扩大加深学生对当地自然和经济的感性认识，通过教学使他们能够从本乡本土这一滴水里反映出整个世界。

二、运用地图和阐明地理因果关系

地理是以全国、各洲以及整个地球为学习对象的。本乡本土在这个广大的范围之内，简直渺小的连"沧海之一粟"都不到。单单借助于联系乡土教材运用比较法这一种教学手段，再善于描述的教师无论如何也达不到"百闻不如一见"那个"见"的要求，满足不了由具体到抽象的要求。因为一则它所依赖于学生的感性认识有极大的局限性；二则教师口头描述的本身带有很大的抽象成分；三则如果教师对异乡外地的地理面貌掌握的不十分确切，如果比较的不十分恰当，会歪曲知识，形同虚构，在学生意识中造成无法弥补的错觉。

这样说来，最好是用实物实景缩影的照片或画片。没有见过沙漠的孩子，通过照片可以十分正确地想象出沙漠的地理特征，没见过黄河皮筏的人，通过画片可以把皮筏的轮廓映入脑海。我们不否认照片画片在地理教学中的巨大作用，但是这些教具只能反映个别地理对象的外形和某些整体对象的局部面貌，更重要的是在课堂上运用这些教具具有很大局限性。在讲课中传阅照片画片会给教学带来不少麻烦，收不到应有的效果。

表示广大面积如一国、一洲、半球以及整个世界的地图，显示地理现象空间配置的地图，画满各种详细地理对象的地图，却完全两样。具有地理知识和技能，哪怕是初步掌握的人，到任何地方总是首先搜罗该地的地图，按图追索一切。

通过地图可以使学生明确地区的空间概念，明确一区、一国的空间领域是学习地理的第一步和基础。缺少这一步就无法走第二步第三步……以至登堂入室。通过表示各种要素的地图可以使学生理解地理的内容实质。理解是由许多智力活动形成的。地理方面的理解，归根结底是现实世界各种地物和现象的内在联系的反映。

地图是地表的图形描述，书籍是地表的语言描述。画满多种详细地物和材料的地图本身就是学习和研究的对象。地图是地理的第二种语言。萨乌什金（1958）认为地图的语言好像数学公式、物理常数和化学公式的语言一样。“地图和书籍一样在许多情况下，是独立的地理知识泉源”（依・依・札斯拉夫斯基，1957）。早在十九世纪末叶，教学法专家已明确指出：地图是教师、学生，以及地理专家和地理爱好者用以理解地理必不可少的工具。

地图在地理教学中的独特地位，人尽知之。问题还不在于用不用图，而在于怎样用法。不应把地图看作教学的装饰品，不应只在讲位置时随便一指那种表面的形式地用图。一张挂图主义固然不对，而多多益善把教室变成地图展览室，人为地分散学生的注意力，也是错误的，必须在图上启发指导学生，通过分析、比较、综合、推断等智力活动来理解地图。一句话，必须充分而正确地运用地图。

显然，充分而正确运用地图，包括挂图和桌上地图，是地理教学的又一特点。

其所以构成特点之一，在于它是从和地图结着不解之缘的地理科学的本身产生的。只有这样才能使学生获得显明而具体的知识，才能使学生在直觉基础上理解知识。

三、培养地理思维

要求教师掌握上述两个特点内容实质的最终目的，是为了使学生获得牢固的知识。而知识之能否巩固，关键又在于学生是否理解知识。

地理不是事物的一览表，不是位置、地形、气候、土壤、植物、经济、交通与城市等加在一起的账目单。如果教师不能阐明地理事物间相互制约的关系，不能使学生从地理的因果关系中进行学习，而是让他们呆读死记，学生永不能获得系统的、理解的知识，从而也无从牢固地掌握知识。机械的记忆是一种最笨的办法。用理解去帮助记忆时，结果就完全两样了。凡是自己理解了的东西，甚至想把它忘掉都办不到（尼・尼・巴朗斯基，1956：189）。

理解是一系列思维活动的过程。如果教师只是作到了阐明地理的因果关系，而不善于启发、培养学生的地理思维，还是不能达到巩固知识的目的。

不能揭露地理的因果关系，就无从启发、培养学生的地理思维，不能在引导、发展学生地理思维的基础上讲课，也无从使学生获得理解的知识，阐明地理的因果关系，培养学生的地理思维，是一个问题的两方面，是地理教学的又一特点，而且是最重要的一个特点。

那么，什么叫思维？什么叫地理思维？在什么条件下才会发展学生的地理思维呢？

当学生为了解答某一问题，需要把平时积累的有关知识联系起来，通过分析、判断并概括起来创造性地解决这一问题，这样一个过程就叫思维。用心理学的术语来说，“思维是事物之间有规律的联系与关系在人脑中的概括的反映”（查包罗塞兹，1954）。

地理思维，照萨乌什金（1958）的说法就是自然综合体各个要素之间，经济综合体各个要素之间，以及自然与经济之间所产生的矛盾与统一的发展，在人们意识中的反映。简言之，地理思维就是地理事物、现象之间有规律的联系与关系在人脑中的概括反映。

只有当教师向学生提出新问题、新任务时，他们的思维才开始活动。在教学中，不允许教师唱独角戏，必须常用谈话法（问答式和启发式）的理论基础就在这里。

学生的思维动起来后，能否得到发展和培养，要看问题的性质。如果问题过易，如珠穆朗玛峰高不高，就不需思索。如果问题过难，则无从思索；这样学生的思维都不会得到发展。只有当学生需要运用以前积累的大量地理知识进行创造性的劳动时，只有当他们需要把有关的地理事物、现象联系起来加以分析概括才能解决新问题时，只有在这种情况下，学生的思维才能得到发展和培养。由此可以看出，思维活动的条件有二：一是启发提问给思维发出动力；二是需要把有关知识联系起来创造性的解决新问题。思维、理解和记忆是互相联系互相制约着的。思维是理解的根本，只有理解了才能记住，同时也只有平时积累知识，只有掌握巩固精确的事实知识、牢记所研究的教材的学生才有思维的基础（B. Д. 叶西波夫，1956）。

在进行地理思维的过程中，在分析综合的过程中，既要把与解决新问题有关的知识的主要的、本质的方面抽出来，也就是说需要抽象（维诺格拉多夫、库兹明，1956），又要判断和推理。判断就是把有关对象及其属性加以肯定或否定，来解决新问题的一种思考（维诺格拉多夫、库兹明，1956）。“推理是我们借以由若干出发的知识获得新的、推出的知识的一种思维方法”（高尔斯基、塔瓦涅茨，1957）。

阐明地理因果关系，培养学生地理思维之所以构成地理教学最重要的一个特点，在于它不只符合以自然、经济综合体为研究对象的地理科学的本质的要求，更重要的是就教学法的观点来说，它符合教育科学（包括心理学和逻辑学）的理论的要求。

四、小结

归纳起来，联系乡土教材，运用地图和阐明地理因果关系，培养地理思维，是地理教学的三个特点。地理教师谁掌握这些特点，教学质量就会大大提高，否则就会在一定水平上停留下来。

同时也不应忘记，要想使教学理论在指导教学实践中发挥它的最大作用，必须辅以教学方法的正确运用。只掌握理论，不辅以良好的教法是不能达成目的的。如何才能更有效地联系乡土教材、运用地图和培养地理思维、都必须缜密考虑和研究。限于篇幅，拟另文探讨。

参考文献

[1] В. Д. 叶西波夫："初等学校教学过程中的思维培养"，载柯罗列夫等：《苏维埃教学问题》，上海：正风出版社，1956 年，第 175 页。
[2] 查包罗塞兹：《心理学》，北京：人民教育出版社，1954 年，第 124 页。
[3] 高尔斯基、塔瓦涅茨：《逻辑学》，生活 • 读书 • 新知三联书店，1957 年，第 145 页。
[4] 尼 • 尼 • 巴朗斯基：《学校经济地理教学法概论》，北京：人民教育出版社，1956 年，第 189 页、第 869 页。
[5] 萨乌什金："学校地理教学同生活的关系"，《苏联地理教学杂志》，1958 年第 5 期。
[6] 维诺格拉多夫、库兹明：《逻辑学》，北京：人民教育出版社，1956 年，第 20 页。
[7] 依 • 依 • 札斯拉夫斯基：《地理课堂上的地图》，北京：人民教育出版社，1957 年，第 1 页。

当前我国中学经济地理教学中的几个问题*

段宝林

长时期来，地理学在普通学校的教学科目里，就占有了一定的地位。在伟大的十月社会主义革命以后，在世界上第一个社会主义国家——苏联，经济地理学也成了普通学校里一门重要的科目。第二次世界大战以后，其他社会主义国家的普通学校里也开设了经济地理课程。

解放以后，我国中小学的地理课程进行了很多根本性的改革。从1952年起，我国高级中学开设了中国经济地理和外国经济地理课程，这是我国地理教育根本性改革的一个重要标志。

几年来，在党的领导下，经济地理工作者和地理教师在经济地理教学上做了许多重大的努力，也取得了一定的成绩。但是，整个说来，我国经济地理教学的情况，还是不能令人满意的。这主要表现在三个问题上：第一，高中经济地理课程内容和初中中国地理、世界地理重复。第二，教学中的教材罗列和死记硬背现象。第三，和上面两个问题相联系的，经济地理课程没有能够全面达成自己的任务，特别是没有注意培养学生的经济地理思维。

这些问题是十分重要的，必须对它们求得正确的认识和合理的解决。

一、关于高中经济地理与初中中国地理和世界地理内容重复的问题

这个问题目前全国各地都感到十分严重，尤其是外国经济地理与初中世界地理的重复显得更为突出。产生这种现象的根源在哪里呢？

近年来，我国中学的地理课程是在学习苏联先进经验的情况下安排的。根据《苏联中学

---

* 本文发表于《北京师范大学学报（自然科学版）》，1959年第1期。

作者简介

段宝林（1925～1979），著名经济地理家。1951年于北京师范大学地理系毕业后留校任教。主要从事经济地理学研究与教学工作，改革开放后北京师范大学经济地理学的学术带头人之一。

地理教学大纲》（人民教育出版社，1955 年 6 月版）[①]规定：六年级（相当我国初中二年级）的地理课程“要把有关世界自然地理的知识传授给学生，并且请他们认识现代世界政治地图”。所谓“认识现代政治地图”就是要学生掌握“苏联、各人民民主国家、主要的资本主义国家在地理位置方面的特征”。七年级（相当于我国初中三年级）地理课程，“讲述苏联自然地理概观和各区概观，同时要扼要地说明经济特征。”

我国教育部制定的《中学地理教学大纲（草案）》（1956 年 6 月人民教育出版社出版）规定:“初中二年级的世界地理，要向学生介绍各大洲和我国以外若干主要国家的自然地理概况，并对这些国家的政治制度经济情况作扼要的说明。”“初中三年级的中国地理，要让学生学习中国自然地理概况，学习中国各区自然环境和经济特征。”并且特别指出世界地理教学“重点应放在自然地理方面”，而初三中国地理讲述居民和经济时“只要简单扼要地指出最突出的生产活动跟经济特征就可以了”。

教学大纲已经清楚地告诉我们，初中的中国地理和世界地理本质上是区域自然地理。在这两个课程中扼要地讲到区域或国家的经济特征，是为了使学生对于人类利用自然的方式有更丰富的概念（参看《苏联中学地理教学大纲》第 7 页），也是为了对区域（或国家）不限于纯自然的描述，使不继续升学的初中学生能获得比较完整的地理知识。这部分教材在数量上远远少于高中的中国经济地理和外国经济地理，在内容上则只限于对各国各地区最主要的经济现象做极概括的叙述，而不进行具体和全面的分析。

很明显，区域经济地理的对象和内容绝对不同于区域自然地理的对象和内容，二者不应该发生彼此重复的现象（某些知识的必要的再现不能算做重复）。但是，实际上却出现了这种重复，而且重复得相当严重。

这种重复现象主要是我们现行的教学大纲和课本造成的。我们可以举出教学大纲中两个单元来做例子（中华人民共和国教育部，1956）。

除了初中地理的自然条件比高中经济地理详细一些以外，其他的重要区别就不大容易找得出来了。按照大纲的条文，有些地方（例如越南和内蒙古的城市，内蒙古的经济等）初中二、三年级比高中一、二年级说得还要更详细些。同样的例子在大纲中还有很多。在这个大纲指导下，两个课程的重复当然是不可避免的了[②]。

---

① 我国制定的中学地理教学大纲主要参考这个大纲，所以本文也都引用这个大纲而不用较后的苏联中学地理教学大纲。

② 造成这种情况的原因之一，是在制定教学大纲时对不继续升学的初中毕业生的需要考虑得多了些，对初高中地理学科的特点则注意不够。现行小学地理教材的内容和初中地理课程的衔接上也有类似的情况。我国高级小学地理课本几乎可以说是初中中国地理和世界地理课本的摘要。它包括了中国自然地理总论和各区的特征描述，也包括了世界主要国家的概括描述，以致学生感觉到初中地理课本（特别是《中国地理》）和高小地理课本的词句都差不多。

【例一】 越南民主共和国

初中二年级　世界地理 （一课时） 地理位置。 越南民主共和国的建立。印度支那停战协定的签订。越南人民为实现祖国的和平统一、独立民主和富强而斗争。 地形。越南山。红河三角洲和湄公河三角洲。红河和湄公河。矿藏（煤和有色金属）。 热带季风气候，热带植物。 居民。 经济。农业和工业。越南民主共和国的民主改革和经济建设。在美帝国主义控制下的越南南部。 城市：河内（首都），海防，西贡。	高中一年级　外国经济地理 （一课时） 地理位置。 越南民主共和国的建立。印度支那停战协定的意义。越南人民为维护独立、主权、争取统一和领土的完整而斗争。 自然条件。煤矿和其他矿物资源。 居民。 经济。越南民主共和国的民主改革和经济发展上的成就。以稻米为主的农业生产。工业。运输。在美帝国主义控制下的南越。 城市和海港：河内（首都），西贡。

【例二】内蒙古自治区

内蒙古区 初中三年级　中国地理 （二课时） 包括的区：内蒙古自治区 地理位置。 地形。内蒙古高原。东部边缘一带的平原（东北平原的西部边缘）。黄河沿岸平原：河套平原，呼和浩特平原。山脉：大兴安岭、阴山、贺兰山。 气候。显著的大陆性气候。东西二部的差异。 河流和湖泊。 土壤和植被。漠钙土。草原。森林。 居民。民族成分。 中国的主要牧区。灌溉农业。 矿藏的分布和采矿工业：铁、煤、盐、天然碱。包头钢铁工业基地的建立。食品工业毛织和制革工业。伐木工业。 交通。集二铁路。 城市：呼和浩特，包头，海拉尔，满洲里。	内蒙古自治区 高中二年级　中国经济地理 （二课时） 地理位置。 自然条件。丰富的铁矿和其他矿物资源。森林资源。 居民。人口分布。民族成分。 经济。发达的畜牧业和主要农作物。木材工业。新钢铁基地的建设。其他工业。 运输。 城市：呼和浩特，包头，海拉尔。

可见，高中经济地理课程和初中中国地理与初中世界地理课程内容的重复，是由于教学大纲造成的，而不是两个学科本身所固有的。只要把大纲的原则性规定（初中是区域自然地

理，高中是经济地理）认真贯彻到四个课程里去，这个问题就可以迎刃而解了[①]。

二、教学中的材料罗列和死记硬背的现象

教学内容科学系统性不强，教材缺乏内在联系而流于材料罗列，而且其中还包含了过多的时事政治材料，因而学生学起来只能死记硬背，费力多而收获少。有些教师也为这个问题感到苦恼。这是当前我国中学经济地理教学中比较普遍存在的另一个问题。

经济地理课程的教学内容，是不是只能是材料堆积呢？是不是只能是死记硬背呢？是不是“暂时性的材料”呢？

实际材料的掌握，必要的记忆，对任何科学（或学科）说来都是必要的，就连体系十分严密的数理科学也不例外。经济地理研究极其复杂的社会经济现象，而且又是从地区分布的角度研究这种现象，因而包含有大量的实际材料。其中很多材料是需要记忆的。其所以需要记忆，并不只在于经济地理包括的实际材料多，而且也因为这些材料是有用的，是一个有社会主义觉悟的有文化的劳动者所必须具备的。

但是这并不是说学生学习经济地理时要死记硬背它所牵涉到的所有材料。学生应该记住的只是最基本的事实。例如：主要国家和地区的位置和规模，最大的工业中心和城市，最主要的交通干线，主要国家和地区的经济特征和最重要的生产指标等等。至于次要的事实就没有必要也没有可能全部记住。在教科书和课堂里所以要讲到它们，主要是为了形成区域（或国家）经济综合体的概念。而形成这种概念，同时培养学生用地理的方法分析和综合他周围的社会经济现象的能力，比记忆那些很容易忘记的事实要重要得多。而且如果我们能够真正做到这一点，真正把一个国家或一个地区的经济现象做综合的、整体的了解，“把逻辑上有联系的大量细小的事实连成一个完整而严密的概念”（巴朗斯基语），那么，看上去很枯燥的材料，就构成了活生生的有机整体。当学生一旦对一个国家（或地区）已经形成完整的概念以后，很多实际材料，就很自然地印在他的脑子里而不是轻易忘掉了，所谓材料堆积，所谓死记硬背也就不存在了。巴朗斯基说得好：“单凭记忆力记住的东西，除去花费的劳动特别多以外，还掌握得非常不牢固，并且很快就会忘记。机械的记忆是一种最奸猾的东西，它总

---

① 苏联中学地理教学大纲里就完全没有这种现象。例如苏联六年级世界地理教学大纲中规定（李德方、沈崇岐，1955），亚洲共讲授 16 课时，其中亚洲概观占 12 课时（全部自然地理），亚洲的居民和政治地图只占 4 课时，这显然可以看出主要讲授内容是偏重区域自然地理。与九年级外国经济地理并无重复。再看我国部分中学地理教学大纲（草案）中，初中二年级世界地理中亚洲概述占 12 课时，亚洲的国家却共占 13 课时，而高中外国经济地理亚洲国家的概述也只有 18 课时，仅比初二世界地理分国部分多 5 个课时，这就不可避免地造成严重的重复现象。

爱让人上当。”而“凡是自己理解了的东西，甚至想把它忘了都办不到”（尼·尼·巴朗斯基，1956：189）。

经济地理的特点之一就是，和很多其他学科比较起来，它所研究的特定的客观事物的变动性特别大。这是因为经济地理研究的是生产的地理配置，而“生产的第一个特点就是它永远也不会长久停留在一点上，而是始终处在变更和发展状态，……”[联共（布）党史简明教程，1948]。唯物辩证法告诉我们，当人们了解一个事物的现状时，他所了解的只是整个事物发展过程中的一个片段。从这个意义上说来，经济地理知识是具有“暂时性”的。但是既不能因为这一点而否认经济地理知识的重要性，也不能因为这一点而得出结论说：经济地理知识只是一些暂时性材料。

一个有社会主义觉悟的有文化的劳动者，永远不能对祖国和世界的发展漠不关心。而要想真正了解这种发展，就不仅要了解它的过去（这个任务由历史学科来负担），而且要全面了解它的现状。没有对世界各国和祖国及其各地区现状的全面了解，就不可能真正深刻地了解每时每日发生的事件。结果必然会出现这种情况：新的工业企业和电站一个个地建立起来了，新的交通线一条条地开通了，新的城市一个个的出现在祖国的地图上，这一切对他说来都是鼓舞人心的，但是他感到眼花缭乱，不能系统地了解它们，当事情过去之后，印象也就消失了。祖国到底是什么样子，其他国家现在是什么情况，他了解得并不确切。如果有了系统的经济地理知识，他就会从这些事实中不断形成系统的概念：祖国新的部门在建立起来，薄弱的部门在壮大，无数生产的地区综合体在出现和日益完整，我们的兄弟国家的面貌已经发生了怎么样的变化，帝国主义在怎样一天天烂下去。一件件零星的事实在他的头脑里都是有归宿的。原有的“暂时性材料”加上新出现的事实，使他永远对世界各国、对祖国和它的各地区有完整的概念。

还应该看到，尽管经济地理中的某些实际材料（特别是数字材料）是常常变化的，但是，它的最基本内容在相当时期内却是相当稳固的。例如：东北经济协作区是我国重工业基地；西北经济协作区将成为我国强大的石油、有色金属与稀有金属及多种特殊矿产的基地和全国细绒棉与细羊毛的基地；鞍、本、抚、沈地区是一个综合发展的重工业区；马来西亚的经济是片面生产橡胶和锡的殖民地型经济等这些概念，在相当长的时期内却不会因为某些产品数量在一定范围内的增加或减少，某些企业的建成或关闭（在资本主义国家）而有所变化。而这些基本概念也正是经济地理教学中最重要的内容。

所以，经济地理知识是系统的基础学科知识，而不是材料堆积，更不是暂时性时事政治材料的堆积。

那么，为什么当前我国中学经济地理课程的内容往往成了材料堆积和死记硬背的东西呢？为什么当前我国中学经济地理课程中常常包含有大量的暂时性材料呢？

经济地理学还是一个十分年轻的科学，马克思列宁主义经济地理学在我国得到广泛传播还是解放以后的事。新中国经济地理学从旧中国的遗产中所能继承的几乎只能是一些零散的、为量不多的资料。解放后，我们进行了很多工作，大力学习苏联已有的科学成就，翻译出版了苏联的经济地理著作。这对我国马克思列宁主义经济地理学的发展起了重要的作用。但是，任何新事物的成长都是需要时间的。短短几年之内，我们没来得及对苏联的先进经验做深入的研究和吸收；干部的成长更需要时间。同时我们对祖国和它的各地区，对世界和世界的各地区和各国家都没有来得及进行深入的系统的研究。这种情况，不能不反映在经济地理教学上，特别是教学内容上。

从经济地理科学这个角度来说，我们的经济地理教师队伍还是一支新的队伍。他们绝大多数过去没有学过地理专业，对马克思列宁主义经济地理学的学习更都是开始不久，因而从事经济地理教学工作都有程度不等的、但是不小的困难。为了教育事业发展的需要，他们勇敢地承担了这个任务，并且绝大多数人在党的领导下做了很大的努力，推动了经济地理教育事业的发展。但是困难毕竟不是短时期内可以克服的。在相当长的时期内，他们还不得不把教科书作为教学的唯一依据，要想对经济地理学独立进行进一步的深入钻研，在客观条件上还有着很大的困难。唯一可以帮助他们丰富有关专业知识的是一些报刊杂志，而这些报刊杂志，一般只限于提供一些新资料（并且主要是经济政治方面的），很少谈到经济地理学的科学性质、科学方法和教学方法这些根本问题。在专业杂志上有些这方面的文章也是非常不系统的，而且往往不够深入。在这种情况下，教师们只能根据自己的理解按照课本传授经济地理知识。于是，本来应该是系统的、有内在联系的关于地区和国家的经济地理知识，往往“很容易地”被变成了材料的堆积，很难使学生对区域或国家形成容易理解的、整体概念。而要掌握不能理解的知识，除了死记硬背以外，就没有其他办法①。另一方面，有些教师为了使教学与实际密切联系，在教材中补充了一些时事政治材料和国家经济建设新成就的材料。这当然是非常正确的。但是如果这类材料引用得过多，或者是如果这种材料没能和经济地理的科学内容密切联系起来——引导学生利用所学的经济地理知识去分析和理解当前时事政治事件或者用当前的时事政治事件说明国家或地区的经济地理特征——那么，这些补充材料就会变成新的材料堆积，同时也就只有“暂时性”的意义。

还不能不提到中学的经济地理教科书。在上述条件下，我国编写中学经济地理教科书的困难是可以想象的。尽管教科书的编者做了很大的努力，但是理想的教科书绝不是一下子能编出来的。教科书还没有达到比较完善的程度。这也是造成经济地理教学水平不高的一个很重要的原因。

---

① 必须指出，这种情况在我国地理教学中虽然是在不同程度上比较广泛存在的，但绝对不是一概如此。很多地理教师能够给学生综合的整体知识，并且收到良好的效果。有些学校的学生因此对经济地理课程有十分浓厚的兴趣，并且尝试着用他们学到的知识去理解生活中的事件。

当然，任何著作，包括教科书在内都不可避免地会有缺点甚至错误，但是在我国现行的经济地理教科书中存在的某些问题却是应该引起我们充分正视的。

例如，在外国经济地理中“英国”一节中，讲到了“垄断资本统治着英国工业的主要部门”（其实不只是统治着工业的主要部门，也不仅仅是统治着工业），讲到了英国的工业可以分为老的部门和新的部门和各部门概况，讲到了“英国农业处于不重要的地位”，也讲到了英国经济对外国市场的依赖性等等，但是完全没有提到英国是世界上最早的资本主义工业国这个概念。而正是这一点可以帮助学生理解英国上述的那些经济特征和生产分布的基本特点。也完全没有提到现在的英国是世界上第二个凶恶的帝国主义国家和最大的殖民地的帝国主义国家。在讲欧洲人民民主国家如关于匈牙利、罗马尼亚、保加利亚和阿尔巴尼亚时，叙述了它们的自然条件和主要部门的分布，但是关于它们经济发展水平的最简单的指标都没有提到。在讲印度时，例举了印度的主要作物，指出它工业的落后，例举了印度原有工业的主要部门和新建的主要企业和主要工业中心，但是却没有明确提到印度在世界经济政治上所处地位的特点，更没有谈到形成这些特点的原因。因而这些材料就没有“归宿”了（《高级中学课本　经济地理（上册）》，1958）。

又如，在北京教师进修学院本年度新编的《高中经济地理参考教材》中，讲到东北经济协作区时，和讲中国经济地理总论一样，分别讲述它的工业、农业等部门。在工业中照样是列举出主要部门和最大的中心。和总论不同的似乎只是所列举的主要中心比总论里面更简单了（因为在总论中一个部门可以分配到两课时，在东北区中全部重工业才只分配到一个课时，而中国重工业的最重要中心又大部在东北），至于东北区主要工业区和工业中心的整体概念，诸如沈阳、鞍山、本溪、抚顺地区综合发展的重工业区，以海港为基础的旅大工业中心（交通运输和化学工业中心），长春、吉林运输机器和化学工业中心，哈尔滨工业中心，齐齐哈尔—富拉尔基工业中心和黑龙江东部动力基地等等的概念却完全没有提到。结果，学生记了很多部门和中心，却不了解这些部门之间具体是怎样联系着的，不了解这些经济中心是怎么形成和发展起来的，它们彼此之间是怎么联系和协作的。在讲到其他经济协作区时，情况也是一样（北京市教师进修学院，1959）。于是“地区经济综合体”被各生产部门材料的罗列替代了，活生生的经济地理学被弄得支离破碎了。如果教师完全根据这种教材去讲授，也就很容易流于材料堆积，学生学起来就免不了死记硬背，即使记住了也很快就会忘记，在他们的脑子里，关于经济地理的概念却没有形成。

很明显，材料堆积、死记硬背，不是经济地理学所固有的特点，而是我们没有精通经济地理科学的结果。马克思列宁主义经济地理科学在我国传播和发展的时期还不长，则是我国经济地理教学中（包括高等学校在内）或多或少地出现这种情况的历史根源。但是，时间已经过去将近十年了。将近十年的经验，给解决这个问题提供了一定的基础。我们应该而且也有可能在这个基础上做进一步的努力，使经济地理教学内容得到彻底的改善。

三、注意培养学生的经济地理思维，更好地达成经济地理的教学目的

几年来，我国有些人对经济地理这门科学和学校的经济地理学科有过怀疑。在前几年，有人说：经济地理知识只是一些普通常识，在课堂上讲讲还有些用处；但是在国家建设，特别是经济建设上却没有什么用处，因而经济地理只能成为一个学科，不能成为一门科学。但是几年来，特别是1958年工农业生产“大跃进”以来，经济地理科学在国家经济建设上起了明显的作用，显示了它作为一门科学的生命力。因而，经济地理不是科学，经济地理学没有实际用处的提法近来已经不大听得到了。

但是，现在又出现了另一种完全相反的提法：经济地理作为一门科学是有用的，而且是相当“深奥”的。但是，作为一个学科，它只传授一些简单的知识；虽然这些知识也是有用的，但是，不包括什么必然的道理，没有什么难懂，单独设课没有必要。

人们认识上的这种变化是有它的客观原因的。一方面，经济地理作为科学和学科已经存在几十年了，人们不可能完全否认这个事实。但是由于经济地理作为学科和科学还是比较新的，因而人们对它的认识又是不巩固不深刻的。开初，我国的建设实践还没有向经济地理科学提出大量任务，因而经济地理学在实际生活里还没有显示出它的作用。这时候，人们怀疑经济地理科学在实践中的作用是很自然的。今天，实际生活已经对这种怀疑做了明确的答复。在目前，我国社会主义建设实践还没有广泛地暴露出因工农群众缺乏经济地理知识所产生的明显后果。这时候，人们怀疑经济地理这门学科的必要性也是很自然的。人的认识永远落后于实际，新生东西的成长也永远不会是一帆风顺的。

上面说的只是问题的一个方面，就经济地理学科说来，还有问题的另一个方面。这就是，由于上面已经谈到的那两个问题（课程内容与初中地理重复和教材内容没有能体现经济地理的科学性、系统性）的存在，使得经济地理课程没有能全面达成自己的目的和任务。这种情况，就使得人们不能真正认识经济地理课程的重要性，因而也就容易怀疑经济地理课程的作用。

经济地理课程的目的任务是什么呢？对一个有社会主义觉悟的有文化的劳动者说来，经济地理知识究竟有什么重要性呢？当前我国中学经济地理教学在哪些方面没有能够或者没有能够很好地达成自己的任务呢？

关于中学经济地理课程对培养青年一代所起的作用，尼·尼·巴朗斯基在他的《学校经济地理教学法概论》一书里做了明确的说明（1956：9～31）。他指出，普通学校经济地理教学目的有四个。大致可以归纳如下：

（1）使学生得到一定范围的关于祖国和外国经济地理方面的实际知识；

（2）发展学生从地理上进行思维的能力和习惯（我们把这一点概括为培养和发展学生的地理思维）；

（3）培养学生具有某些在生活里可以直接应用的实践性熟练技巧；

（4）促进共产主义教育。

用这四个目的来考察当前中学的经济地理教学，我们在哪些方面完成了任务，在哪些方面做得不够呢？

我们的中学经济地理给了学生很多必要的实际知识；培养了学生的某些实践性的熟练技巧；在对学生进行共产主义教育方面也起了不小的作用。当然，在这些方面也还存在很多缺点，而且如上所述，有的缺点还是很严重的。但是我们毕竟有意识地在这方面做了不少努力。

值得指出的是，在当前我国经济地理的教学实践中，关于培养和发展学生的地理思维这个问题，似乎还没有被提到日程上来。一般说来，我们的经济地理教学虽然使学生掌握了一定的知识，但是却没有能在这些知识的基础上形成什么重要的概念和发展思维能力。有些人虽然在一定程度上培养和发展了学生的地理思维，却往往不是自觉的。很明显，地理思维这个问题还没有被普遍地认识到，更不必说对地理思维的重要性的认识了[①]。

什么是地理思维呢？地理思维（或者是思维的地理方法）的最主要含意就是形成地区综合体的概念的那种能力，也就是对一个国家或地区的各种现象（自然的、居民的、经济的）能够做综合的理解，从而对它形成一个完整概念的那种能力；也可以说是理解一个国家或地区的地理特色的那种能力[②]。Ю. Г. 萨乌式金（1958）认为："地理思维方法的实质就在于认识现象的领域联系（不同类型领域综合体的发展）。"

自然地理教学帮助学生了解自然各要素之间的联系，形成区域自然综合体的概念。经济地理教学帮助学生了解经济现象之间，以及经济现象和其他现象（自然条件、历史特点、居民、其他社会条件等等）之间的联系，形成关于区域经济综合体的概念。这种形成区域经济综合体的概念的能力，关于理解区域的经济特点的能力，我们可以叫它作经济地理思维。

具有经济地理思维，就是意味着习惯于注意各个地区自然条件、历史特点、居民、社会条件和经济状况等方面的差异，习惯于找出一个地区不同于其他地区的各个方面，同时寻求形成这些差异的原因。具有经济地理思维，也就是意味着能够从经济观点评价自然条件和自然资源，具有综合利用区域资源的概念，具有估计地方生产条件的概念，具有生产的部门联

① 我国很多专门讨论经济地理教学的文章以及地理教学法的讲义，差不多都没有提到"地理思维"这个概念就是证明。

② 尼·尼·巴朗斯基认为，地理思维的另一方面是"把推论放在地图上，跟地图联系在一起的思维"（见《学校经济地理教学法概论》，第23页）。

系和地区综合的概念。

具有经济地理思维，也就是具有上述的那些概念，对一个社会主义国家的普通劳动者说来有十分重大的意义。一个具有经济地理思维的劳动者，就不只是一般地看到孤立的各种生产现象，而是能看到这些现象之间的联系，因而会注意到对地区自然利用的合理程度；注意到生产与地方条件相适应的程度；注意到区内各部门各企业间、区内各地区间，以至本区与其他地区间生产联系合理的程度。也就是说，他不只是在本企业、本单位内的范围内关心生产的发展，而且还能从生产的地区结合的观点出发，用区域综合发展的观点，关心生产的合理组织和发展。社会主义生产发展得愈迅速，社会主义国家各地区生产面貌与生产联系也就变化得愈迅速。社会主义经济计划性愈强，国家和人民群众在经济管理中的作用也就日益加强。这一切也就愈加要求每一个普通劳动者不仅能够从自己的具体工作岗位上，而且能够从区域综合发展的角度，关心国家生产的发展。因而经济地理知识和经济地理思维，也就愈来愈具有重要的实践意义，培养经济地理思维的问题，也就不只是一般理论上的问题了①。

整个中学经济地理教学的过程，就是中学生经济地理思维形成的过程。教师应该进行不懈的努力，自觉地发展学生的思维能力，帮助学生形成经济地理思维。

中学生的经济地理思维是正确的经济地理教学的必然产物，并不需要教师在日常教学工作以外，再做什么“额外的”工作。在经济地理教学过程中，我们把国民经济结构和生产的部门联系与地区联系的知识教给了学生，也把一个个的地区经济综合体（本国的和外国的）介绍给了学生，在这些知识的基础上，经济地理思维就可以逐渐形成和发展起来了。

但是，只有当我们所传授的知识是真正科学的经济地理知识而不是材料堆积时，只有当我们是在使学生合乎逻辑地理解这些知识而不是在机械地记忆这些知识时，经济地理思维才能形成。巴朗斯基说得好：“如果单纯地机械地把这些知识死记硬背下来，不但不能促进学生智力的发展，在大多数情况下，反而能够使‘记忆混乱’，使学生越来越不善于独立思考。”

所以，培养学生经济地理思维的最主要的方法，在于克服经济地理教学中的材料堆积和死记硬背的现象，在于加强经济地理教材内容的科学性。

正确的教学方法，是培养中学生经济地理思维的必要条件。例如只有在教学中广泛地利用比较法，引导学生注意和了解各国各地区的异同时，才能培养学生对现象进行比较的习惯和能力。只有在教学中认真地启发学生思维，引导学生分析不同现象产生的原因时，才能培

① 1959年，苏联各经济行政区根据苏共中央和苏联部长会议上关于1959～1965年发展国民经济长期计划的决定，在拟定经济行政区的国民经济七年远景规划时，一般都是先由各个企业的职工进行充分讨论，提出关于计划的基本意见，再由国民经济委员会所属各管理局进行讨论，然后交国民经济委员会审查（《人民日报》，1958）。在“苏共中央全会关于进一步改善管理工业和建设组织的决议”中，就明确提出要“更广泛地吸引群众参加生产管理”（《新华半月刊》，1957）。各经济行政区的国民经济委员会的成员中，包括有工人、工程技术人员和其他社会阶级的成员。

养学生把各种现象联系起来进行理解的习惯和能力。在教学中经常和恰当地运用地图和数字，并帮助学生独立利用这些工具分析问题和广泛地利用生产联系图等，都十分有助于经济地理思维的形成和发展。而对经济现象的实地观察（例如参观工厂、农场、火车站和码头等）则能使经济联系和地区特色的概念具体化，在经济地理思维的形成上也有不容忽视的作用。

几年来，我国中学经济地理教学有了很大的发展，也取得了一定的成就，给今后中等学校经济地理教学的进一步发展奠定了基础。

当前我国中学经济地理教学中存在的问题是不容忽视的，我们应该正确地对待这些问题：一方面要认识这些问题的严重性，另一方面也要正确认识问题的性质和根源，特别是产生这些问题的历史根源。

尽管关于普通学校地理课程的安排问题还有待进一步研究。但是，必须使我们的青年掌握一定水平的经济地理知识则是肯定的。因此，我们必须用积极的态度，对待上述问题，以把我国经济地理教学推到更高的水平。

参考文献

[1] Ю. Г. 萨乌什金：“学校地理教学与生活的联系”，俄文《地理教学》，1958 年第 6 期。
[2] 北京市教师进修学院：《1958/1959 学年度第二学期高中经济地理参考教材》，1959 年油印本。
[3] 《高级中学课本　经济地理（上册）》，人民教育出版社，1958 年。
[4] 李德方、沈崇岐译：《苏联中学地理教学大纲》，人民教育出版社，1955 年。
[5] 联共（布）中央特设委员会：《联共（布）党史简明教程》，外国文书籍出版局，1948 年，第 153 页。
[6] 尼・尼・巴朗斯基著，李德方、马广志译：《学校经济地理教学法概论》，人民教育出版社，1956 年，第 9～31 页、第 189 页。
[7] 《人民日报》，1958 年 1 月 30 日。
[8] 《新华半月刊》，1957 年第 6 期，第 168 页。
[9] 中华人民共和国教育部：《中学地理教学大纲（草案）》，人民教育出版社，1956 年，第 25 页、第 56～57 页、第 53 页、第 71～72 页。

结合地理教学进行爱国主义教育*

宋春青

"祖国"是一个美好的、神圣不可侵犯的名词，在千万人的心目中都凝聚着热爱祖国的深厚感情。但爱国主义思想并不是抽象的东西，也不是凭空产生的，而是受生活环境的影响，特别是教育培养的结果。如果教师能够结合所教的专业课程，或结合自己的实际经历和感受，利用各种机会，采取多种方式，对青年进行爱国主义教育，则会收到很好的效果。

一、学习地理知识　加深对祖国的热爱

（一）明确学习地理知识的目的和意义

我是师范大学地理系的教师，学生们所学的是地理专业，将来当中学地理教师。但是，由于在十年动乱期间，削弱了地理教育，再加上社会上的某些偏见，认为地理学是一种死记硬背和描述的学科，不是什么科学；认为中学地理教师也不被人重视，因此，地理系的一部分学生一不愿学地理，二不愿做中学地理教师。针对这些思想，我首先向同学们介绍现代地理学的内容，说明了解祖国地理的重要性。我给同学们讲过一些不懂地理闹出的笑话。例如，有三个中学生到邮局给他们的昆明朋友寄复习材料，但不知道昆明在哪一省，一个说在四川，一个说在青海，最后终于在封皮上写了"青海省昆明市"。又如，有一个大学生在现代史课中听老师提到阎锡山，就以为这是一座山名。他在山西省地图上怎么也找不到，反倒很奇怪地问："怎么地图上有吕梁山、五台山，却偏偏没有阎锡山呀？"据说还有的学生竟把拉丁美洲

---

* 本文发表于《高教战线》，1983 年第 11 期。

作者简介

宋春青（1919～2004），自然地理家、地理教育家。1946 年于北京师范大学地理系毕业后留校任教。主讲地质学课程，主编大学地理教材《地质学基础》，主编中学地理教材《地学》，对我国近代地理学史多有著述，在地理科普方面做了大量工作。

理解成拉壮丁的洲。试想这样连起码的地理知识都不知道的学生能够担负起“四化”建设的重任吗？能够胸怀祖国、放眼世界吗？

我还对同学们讲，地理学的内容远远不只是山脉、河流、物产和城市等，可以说当前全世界所面临的能源、资源、粮食、人口、环境等严重问题，都与地理学有关。我国有九百六十万平方公里的土地，有一万八千多公里的海岸线，有大小五千多个岛屿，有高山大河、肥田沃野，有丰富的矿产资源，还有五千年的悠久历史，这是我们的骄傲。但是，我们还面临着认识自然、改造自然、整治国土、实现“四化”等一系列艰巨的任务。这样，把学习地理和建设祖国的任务结合起来，不仅可以调动学生学习的积极性，而且可以激发学生热爱祖国、建设祖国的感情。

（二）通过教材内容进行热爱祖国的教育

我主要是教《地质学基础》这门课程，课程内容看来是些没有生命的矿物、岩石、地质构造、地层、化石以及地球历史等，似乎与思想政治教育关系不大。实际上通过教材内容不仅可以对学生进行辩证唯物主义思想教育，还可以从多方面进行爱国主义教育。例如，通过对新旧中国地质事业的对比、对我国古代地质学者的介绍、我国在地质学领域中的贡献、我国各种矿产资源的勘探和探明的储量增长、对中国贫矿论的批判、我国新矿物的不断发现、某些命名来源于中国的矿物或地层介绍、中国古人类化石的发现和在世界上的地位，以及受到世界重视的中国各个大地构造学说的创建等等，都可以具体阐明我国在这一科学领域中的伟大成就和贡献，从而引起学生的强烈民族自豪感以及为建设祖国、振兴中华而努力学习的兴趣和决心。

就拿“矿物”这一章来说，其中包括六、七十种矿物，内容繁多，不易辨认，学生学习时感到枯燥乏味。我除了改进教学方法外，总是给同学们介绍有关我国矿产资源的现状。比如，我给同学们讲到我国已发现的矿点近二十万处，探明储量的矿产地有一万四千多处，探明储量的矿产达一百三十四种，其中钨、锑、锌、稀土、锂、钒、硫铁矿、菱镁矿和硼等的储量都居世界首位，而铁、铜、锡、铅、钼、汞、锰、镍、磷、砷、石棉、萤石、明矾石、盐，以及煤炭、石油等也都列居世界前茅的时候，大家往往表现出一种眉飞色舞，十分高兴的神情。不过，在兴奋之余，我也告诉大家这样一些事实，比如，我国的铁、锰等矿产，储量可观，但富矿少、贫矿多；我国发现了若干重要的多金属共生的矿产基地，但在采矿、选矿、回收、冶矿等方面还存在着许多急需研究和解决的问题；我国目前还有一些等待急需发现的稀缺矿产或储量还不多的矿产，如铬、铂、金刚石、钾盐等，而且即使是那些储量居于世界前列的矿产，人均占有量却显得很低；我国的能源种类和分布很不平衡；虽然如此，我国有广袤的国土，有广阔的海域，我国具有等待揭示的各种矿产资源的“潜在优势”，只要我们努力学习、发愤图强、艰苦奋斗、勇于攀登高峰，就一定会使日益增多的矿产资源为祖国的建设服务。

（三）通过野外实习激扬热爱祖国的感情

根据教学计划的安排，我每年都要带领学生到野外进行现场教学和实习。无论是在往返途中，在高山绝顶，在河流岸边，还是在矿山农村，我都随时随地给同学们讲述历史故事、名胜古迹、大好河山和今昔变化，这不仅丰富了野外生活，而且也在有意无意之中把大家热爱祖国的感情融汇于歌颂祖国的欢声笑语之中。例如，在去北京郊区南口的路上，我总是愿意讲当年詹天佑修铁路和蔑视帝国主义的故事；在八达岭讲讲长城的历史和 1644 年农民起义领袖李自成攻破居庸关、南下昌平、攻克北京的故事；在土木堡讲讲明英宗被俘和于谦保卫北京的故事等等。在永定河边我总愿介绍这条河从无定河改称为永定河的故事，以及从 1912 年到全国解放前的三十多年中就决口七次、大水为灾的历史。只有在解放后，在怀来盆地修起一座面积达 230 平方公里的官厅水库后，才使永定河下游基本免除了水灾的威胁。又如，在玉带山（位于河北省下花园）顶，在考察了周围地质地貌之后，我就让大家观察欣赏“太阳照在桑干河上”的壮丽景色。因为许多同学都读过丁玲的《太阳照在桑干河上》，此时此刻，大家面对阡陌纵横、稻田遍野的涿鹿盆地，很自然地体会到这里在解放后发生的翻天覆地的巨大变化。

（四）普及地学知识，宣传热爱伟大的祖国

我除了在学校内担任教学科研工作外，从五十年代起还走向社会、深入到校外广大青少年中间，结合普及地学知识，宣传要热爱我们伟大的祖国。在三十年当中，我以《建设祖国的地理条件》《伟大的祖国》《伟大的首都》《我国丰富的矿产资源》等为题，共做过上百次的科普报告；也写过许多科普文章；还利用星期日或假期带领中学教师和中学生进行野外考察；还多次担任青少年地学夏令营的营长。这些工作和活动，虽然都是分外的事，但我总是把它看成分内的职责，加以认真对待，并收到一定效果。

二、坚定共产主义信仰　献身祖国建设事业

一般来说，教育青年树立爱国主义思想是比较容易做到的，但是要使每个青年认识到祖

国富强、人民幸福同个人前途的关系，愿意勤勤恳恳为祖国建设而埋头工作，则还需要进行耐心的认真的工作。

首先，爱国主义教育必须和社会主义教育结合起来，爱国才有正确的内容和明确的方向。在与同学座谈中，我常跟他们讲，我们的一山一水、一草一木都是可爱的，但旧中国的社会制度却是可恶的。我以亲身的经历讲述旧社会的那种天灾人祸，赤地千里，民不聊生，饿殍载道的悲惨情景，特别是讲到自己幼年随父母逃难乞讨、饥寒交迫的情况，使同学们很受感动。我说，只有在共产党领导下推翻了三座大山，砸烂了吃人的旧制度，我们的山山水水才更加可爱，我们的国家才有光明的前途，我们个人才有幸福可言。我们热爱祖国正因为她是一个欣欣向荣的社会主义国家。

其次，要教育青年树雄心，立壮志，要有崇高的理想和伟大的抱负。热爱祖国不能停留在口头上，而必须用实际行动投身于社会实践当中，在平凡的工作岗位上做出出色的成绩，使我们的社会主义祖国日益强盛。我常对同学们讲，作为一个未来的地理教师或地理工作者，有许多重要任务和课题等待我们去完成。特别是在这科学技术日新月异、突飞猛进的时代，我们不仅要研究地面环境，而且要研究地面环境的延伸，即地球的外层空间；我们不仅要在地球上研究地球，而且要立足空间，面向人间，从天上来研究地球；我们不仅要研究地上，而且要研究地下即上地幔的物质活动规律；我们不仅要研究占地球表面 29%的大陆，而且要研究占地球表面 71%的海洋。总之，我们不仅要“上九天揽月”，也要“下五洋捉鳖”。这就是我们的理想和抱负。

第三，要引导青年有坚定的信仰，有信仰才有动力，才能牺牲一切为一个共同目标而工作。信仰什么？信仰社会主义必胜，共产主义必然实现。有的同学问为什么这样？我说因为这是科学，我相信社会发展规律。有人问：许多科学家如爱因斯坦不信仰共产主义，照样作出重要贡献。我说，爱因斯坦说过一句话：“人只有献身于社会，才能找出那短暂而有风险的生命的意义。”可见，有伟大奉献的科学家也有信仰，即热爱科学，热爱人类，追求正义，追求真理，他们的不朽业绩是和他们的积极的进步的人生观相联系的。也有人问：没有信仰也许会更有自由，更能发挥个人才智。我说那不对。比如海阔凭鱼跃，天高任鸟飞，但鱼不能跃到天上去，鸟也不能飞到水里去。可见没有不受任何限制的绝对自由。一个人的行动总是要受到客观规律的限制，而且只有在认识和正确运用客观规律之后，才能获得更多的自由。自由让个人的脚步与历史车轮同步，才能有崇高的思想境界，才能在广阔的天地中自由飞翔。

青年是祖国的未来和希望。作为一个大学教师，既要教书，又要育人。当前，对青年学生进行广泛的爱国主义教育具有现实意义。我虽然已经年过花甲，但仍感壮心不已，今后要结合专业教学，把教书育人的工作做得更好。

地理教育发展与存在问题*

张兰生、李之保、邬翊光、赵济、冯嘉苹

一、高校地理教育

张兰生

地理学一向强调研究人地关系，强调研究地球表层各要素之间的总体关系。当今得到世界各国普遍响应的全球变化研究，倡议将地球上相互作用的各组成部分作为一个统一的整体来研究，要求了解支持生命系统的环境，了解受人类活动影响的全球变化，命题与地理学思想非常接近，但这个计划是1980年代才提出来的。因而，应该说地理学对学科研究目标在认

---

* 本文发表于《地理学报》，1992年第6期。

作者简介

张兰生（1928～2020），著名地理学家、地理教育家。1952年始于北京师范大学地理系工作，曾任地理系系主任、校教务长，中国地理学理事长、地理教育专业委员会主任、国际地理联合会教育委员会委员。主要研究领域包括中国自然地理、环境演变、自然灾害和地理与环境教育，是我国地理学界环境演变研究和自然灾害研究和环境教育的主要倡导者和推动者之一。

李之保（1930～ ），教育管理学家。1954年北京师范大学地理系毕业后留校工作，20世纪50年代曾任地理系副系主任，改革开放后任校教育管理学院副院长、国家高级教育行政学院副院长。长期关注高等师范地理教育改革，曾参与人民教育出版社九年一贯制地理教材和北京师范大学出版社出版的高中《地学》教材的编写。

邬翊光（1931～ ），著名人文地理学家、地理教育家。1954年北京师范大学地理系毕业后留校工作，曾任地理系系主任。主要从事经济地理学、人文地理学研究和教学工作，是20世纪80～90年代北京师范大学地理系经济—人文地理学专业的学科带头人。20世纪90年代曾任教育部教材审查委员会委员。

赵济（1930～ ），著名自然地理学家、地理教育家。1953年北京师范大学地理系毕业后留校工作，曾任地理系系主任。主要从事自然地理学、区域地理学、遥感应用方面的研究和教学工作。主编大学教材《中国自然地理》《中国地理》。长期担任教育部教材审查委员会成员。

冯嘉苹（1936～ ），经济地理学家、地理教育家。1959年北京师范大学地理系毕业后留校任教，曾任地理系系主任。主要从事中国经济地理学、人文地理和普通地理教育的教学和研究，参与大学和中学地理教材的编写。

识上是先进的、超时代的。然而，地理学在这些方面长期没能做出重大的成绩来，原因在于对于研究如此复杂的巨系统，缺乏相应的手段和指导其进行研究的方法论。在人才培养方面因而也难见其特色，这是时代的限制。现在，至少有三个方面的条件有了极为重要的改变：研究人地关系的必要性、迫切性，研究全球环境的总体规律，已经得到普遍的承认和重视，得到了广泛的支持；方法论有所突破；高技术的支持——实验手段、信息的取得和分析，都有了较好的保证。地理学应该可以发挥本来应有的处于自然和人文学科之间、具有桥梁地位的学科作用，现在的关键在于培养出具有系统观、综合观而又掌握或至少是了解高新技术，能胜任这一任务的一代新人。这是学科发展的要求，也是时代的要求。这样的人才培养计划，首先，应体现在高校地理系的专业设置和课程结构上。需要改变沿袭至今的 1950 年代的旧格局，拓宽基础，加强实践。传统的地理课程，不论是部门地理或是区域地理，必须减少一些综合、交叉的课程，方法论、技术训练方面的课程必须增加进去。既要革新，对原有的课程甚至专业来说，关、停、并、转恐怕是难免的。挑战与机遇并存，迟早总得改，晚改不如早改。

李之保

我国中等与高等地理教育教学改革，要坚持社会主义方向，紧密联系我国社会主义建设实际，面向现代化、面向世界、面向未来，着重地理教育内容的改革，大力提高教育质量。通过地理教学，进行基本路线教育，是我们面临的一项重大的任务。通过地理教育使学生具体了解社会主义祖国经济政治面貌的巨大变化，从而加深认识党的基本路线的正确，坚定长期坚持基本路线的信念和决心。例如，通过讲授农村改革带来的我国农业地理和农村乡镇经济地理的变化与迅速发展；通过讲解对外开放，沿海开放带与边境开放地区取得的巨大成就以及我国在世界经济、贸易地位的空前提高等，一方面，对学生进行生动的路线教育；另一方面，使他们掌握有关国际自由贸易区地理、国际区域经济集团地理等一类应用知识。又如，根据“科学技术是第一生产力”这条马克思主义理论，在地理教学内容中，试验开设“高科技产业地理”等新的课程或章节。结合国际上众多类型的著名的科技园区和我国已在建设的 27 个国家级高新技术产业开发区的发展，充实生产力布局原理的讲课内容。通过这样的地理教学，强化学生的科技意识，这是未来新人必备的重要素质之一。外层空间地理也有必要单独开设专章或专课。人类地理环境已经超越地球表面的陆地与海洋而延伸到地球外层空间。要增加外空环境特点、开发现状与前景等地理科学知识与技术应用知识，并可结合我国外层空间事业的辉煌成就进行生动的热爱社会主义、热爱祖国的教育。

邬翊光

地理系学生培养问题，在新形势下如何办地理系？培养地理系学生有三个问题必须明确：

①专业是宽些好，还是窄些好，也就是博与专的关系。前些时期，有些单位的学生，追求专深而忽视宽阔的基础，不仅把人文地理与自然地理的界线划得很清楚，而且，在人文地理之中，又强调自己是学某一部门地理的。这种倾向，既不符合地理科学特点，也不能适应社会需要。因为地理学是具有鲜明综合性的科学，其特长是综合，更重要的是现实社会需要综合分析人才，同时，社会主义人才的需求是经常变化的，只有较宽的专业基础，才能有较强的适应性，可能某一时期，农业区划、土地利用需要较多人才；而另一时期国土整治、城市规划又需要更多人才。如果有宽厚的基础，就能适应不断变化的情况；②是知识积累与能力培养间关系，当然二者都重要，也互相有关，但更重要的是能力培养，因为，当代是社会飞速发展的时代，我们面临着知识更新知识爆炸的现实，如何适应新形势，最重要的是培养学生掌握地理学研究的最新技术手段和应用能力，包括资料搜集、分析、解决实际问题的能力；③是继承与发展的关系，应培养学生继承传统地理学的理论和研究能力，但是，为了面向未来，面向新技术革命的挑战，必须重视当代自然科学研究的前沿，使学生有必要的理论储备，将来在地理学研究上有所突破和创新。

赵济

高校如何培养适应现代科学技术发展的高质量人才，是一个涉及办学条件、方案制定、师资力量、生源素质、学校管理等多方面的复杂问题。其中关键因素之一是师资队伍的水平。提高教学质量，必须有一支素质较高的师资队伍作保证。提高教师的质量。首先，是思想素质的提高，要有乐于献身社会主义教育事业的精神；其次，是业务素质的提高，除了具备扎实的专业基础理论、丰富的知识和技能外，还需要有较高的教育理论修养和较强的教学能力。目前，我国高校具有一批德高望重学术造诣高的老教师和具有开拓精神的中年骨干，还有一批思想活跃、掌握新技术手段的青年教师，但从全国范围看，相当多的教师有待继续提高质量，而且青黄不接断档现象十分突出；再次，是相当多教学经验丰富的教师，主要精力没有放在本科生的教学上，以致出现教学质量下降的趋势。应当重视本科生基础课教学质量的提高，学生只有打好基础，才能有所发展。教师工作的重点要放在学生身上，致力于教学质量的提高，学校应开门办学，邀请社会上各方面的专家到校任教。

对学生能力培养是大家关心的问题，也是培养目标中的核心的问题。近来出现的“高分低能”现象引起社会各方面的重视。对地理系学生来说，应加强以下四方面能力的培养：第一，学生应当具备独立学习，更新知识的能力。当前，科学技术发展异常迅速，新的信息不断涌现，课堂教学只能讲授基本原理、基本规律，学生学习不能只读讲义教材，必须养成阅读文献的习惯，提高自学能力，不断拓宽知识领域。第二，培养综合分析问题能力，地理学研究领域十分广阔，研究对象非常复杂，需要用综合的观点、方法去研究解决。另外，科学界对一些问题经常有争议，也可能有不完整，甚至错误的见解。教师应引导学生探讨这类问题，逐步培养综合分析能力。第三，加强野外实践训练，培养野外观察分析问题的能力，初步掌握采集样品、分析化验、制图等一系列本领。通过多次实践训练，培养学生理论联系实际的能力和创新精神。使学生毕业后，到工作岗位能较快地适应新的工作环境。当前，许多学校地理系由于经费短缺，野外实习削弱，原来建设的野外实习基地都已撤销。学生得不到应有的训练，希望教育领导机关、学校领导在地理系野外实习方面，采取适当倾斜政策。第四，培养学生的表达能力，学生应有良好的文字、口头表达能力。师范院校地理系的毕业生，应该加强教学能力的培养，在校期间应加强习作、学年论文、毕业论文、课堂讨论、教学实践等方面的训练，使学生得到多方面的训练。

二、中小学地理教育与地理教师的培养

张兰生

基础教育地理课程要想革新，必须彻底否定知识堆砌的这条老路，原先是城市加物产，厂矿加铁路。如果总体指导思想不明确，换成板块加季风，或者为了增加一点人文色彩，再加一些人口和经济，与前者只不过是知识有所不同，堆砌的实质并没有多大改变。

地理教育与地理学之间关系十分密切，但绝不等同。特别是基础教育中的地理课程，更是不必要遵照地理学的体系去开设。但回顾 40 年来的情况，基础地理教育的格局过于拘泥于传统地理学的模式。基础地理教育改革需要突破的另一个思想认识上的关键，就是要摆脱这种局限。基础地理教育应该从 21 世纪我国公民应具备的地理素养的高度上去考虑本身的内容与体系。工、农、兵、外交、第三产业任何一行现代职业，都需要具备丰富的地理知识，这是一个一辈子的积累过程，是无法靠课堂教学来完成的。学校地理教育的有限课时，应该用于训练学生掌握工具和方法，以具有能力在未来的现实生活中，根据不同的需要去获取、处理、更新自己所必备的地理知识。与此同时，基础教育应在培养学生形成正确的世界观方面发挥作用。在基础教育的众多课程中，引导青少年对人口、资源、环境、发展具有正确的观点，地理教育应该承担更大的责任，也具备更大的优势。美国总统把地理列为基础教育的五六门核心课程之一，担当着上述任务的课程，当然是当之无愧的核心课程。

世界变得愈小，每个公民必备的地理知识量愈增大；随着人地关系的复杂化，地理知识日益深化。地理教科书中充满了地理知识，但相对于总的知识量来说，只可能是极其有限的一小部分，它们都只应是围绕着完成主要的培育目标而精选的一小部分，而且还必须随着发展而更新。

三、地理与国情教育

邬翊光

国情教育的主要目的，是进行具有中国特色社会主义的基础教育，包括爱国主义教育、科学世界观教育。最主要内容是建立人口、资源、环境和社会经济协调发展的观点，研究地理科学体系中这些子系统之间相互作用的机理、功能、结构和整体调控的对策。对我国地区差异大这个基本国情分析研究很不够，在强调发挥优势时，忽视缩小城乡差别和地区差别，其结果是效益下降、生态环境效益下降。因此，进行国情教育必须防止片面性，应该用辩证唯物主义思想，教育学生树立正确的人口观、环境观和资源观，这是地理科学义不容辞的任务。因为，地理科学的特点之一，就是综合性。

冯嘉苹

中学的政治、历史、地理、语文各门学科中都含有丰富的国情教育内容。但是，国情教育不等于政治、历史、地理、语文等各学科中有关国情知识的简单叠加，它具有以下特点（以地理学科为例）：

（1）国情教育具有特殊的教育目的。国情教育要求学生在掌握丰富的地理基本知识基础上，激发学生的爱国主义情感，树立民族自豪感和自信心，增强学生建设社会主义的责任感和紧迫感，坚定不移地走社会主义道路。

（2）国情教育的内容是地理知识的外延和深化。国情教育要把地理知识和我国有关的基本国策及法令、法规结合起来，才能达到其特殊的教育目的。例如，在人口地理的教学中，要在掌握我国人口数量、质量、构成和分布的基础上，全面和辩证地认识人口和经济发展的关系、我国人口发展和社会主义建设的关系，并进一步引申出“控制人口数量，提高人口素质”的基本国策；土地资源的讲授要结合分析“珍惜和合理利用每一寸土地”的基本国策；矿产资源的讲授要联系“十分珍视，合理开发，有效保护”的方针；讲农业生产发展要以“决不放松粮食生产，积极开展多种经营”为指导思想；讲经济发展可分析为什么要加快改革开放的步子，沿海和内地如何因地制宜地发展等等。这样才能有效地同步完成地理知识传授和国情教育的双重任务。

（3）国情教育以正面宣传为主，多门学科互相配合。所谓正面宣传，并不是夸夸其谈，更不是“穿靴戴帽”，而是坚持以马克思主义全面和辩证的观点，采取实事求是的分析态度，把我国进行现代化建设中的各种地理条件的优势、劣势讲清楚，把我们所面临的机遇和挑战，如实地告诉学生，使他们既不是盲目乐观，又不是悲观失望，而是站在祖国“现实”的土地上，树立远大的理想和抱负。

国情教育需要相关的学科互相协调、配合地进行。在地理教学中，首先要求把自然地理和人文地理有机地结合起来。这种结合不能简单地理解为有什么样的自然条件就有什么样的农业，有什么自然资源就有什么工业。而是要以“人”为主线索，正确地把握人地关系，把我国的各种自然和人为环境因素，作为我国社会主义建设的条件来分析；从社会主义建设的需要出发来评价自然环境因素的优与劣；根据我国劳动人民在利用、改造自然环境中的经验、成就和问题，把人、资源、环境有机地结合起来。这样才能使学生正确而全面地认识我国国情的一个重要方面——我们国土上的一个完整的地理环境。

李之保

在国情教育中，不仅向学生讲授一般的中国地理环境、人口与资源等知识，还应在更深层次上，引导全面认识我国的优势与不足。通过国际差距对比，使学生体会全国人民生活达到小康水平，进而达到中等发达国家水平的可能性与艰巨性，看到在国际上综合国力激烈竞争中，“不进则退”乃至“慢进则退”的严峻形势和深刻道理，从而增强他们的加快以经济建设为中心的我国社会主义建设的紧迫感与历史责任感。这同样是未来一代新人需具备的建设速度意识和素质。

基础地理教育的改革*

张兰生

一门学科的兴衰，一门课程的存废，起决定作用的前提是：是否符合社会的需要。当今，随着现代化交通的发达，世界正在日益缩小，星际交往也已不是不可及的了；由于人口压力的加重和经济的快速发展，人地关系日益复杂，矛盾也日趋尖锐化。这两条表明，现代社会对于地理知识的要求，范围更广，面更宽了；对于地理环境的认识，要求更深入、更迫切了。因而，从外部条件来说，地理教育以至地理科学，都应该日益受到重视，得到发展，而绝不会衰落、受冷遇的。

《地理教育国际宪章》（参见《地理学报》1993 年第 3 期，《中学地理教学参考》1993 年第 7 期）指出："要解决我们这个世界面临的主要问题和困难，需要全人类世世代代的全心投入，下列问题都有很强的地理成分：人口增长、食物和饥荒、城市化、社会经济差异、移民、动植物的绝灭、砍伐森林、土壤侵蚀、荒漠化、自然灾害、有毒废弃物和核废料、气候变化、空气污染、臭氧空洞、资源的有限性与增长的极限、土地利用……上述困难和问题所造成的冲突向有志于给人类以希望、信心和能力，以建设一个美好世界的地理教育工作者们提出了挑战。"

这段话至少有三层意思值得思考：

第一，这个世界上问题和困难真够多的，而许多问题又都与地理有关。如果世界上的每一个公民都接受过有关方面的基本教育，其素质高一些，矛盾就会缓和一些，如果都是盲目行动，特别是如果负主要责任的领导者们对这些问题都一无所知，瞎指挥，地方的、国家的、全世界的紊乱以至最终的崩溃，只怕是难以避免的。英国历史学家 A. L. 罗斯说过一段非常深刻的话："历史上重大的民族灾难都有一个共同之处，即这些国家的人民都不曾真正了解发生在他们身边的事情。"历史可以借鉴于今日，国家可以扩大为全球。

第二，在基础教育有限的课程中，有关上述这些"有很强的地理成分"的重大问题的教育任务，应该由谁来承担？有许多问题是需要多方面的学科共同来负担解决的，但总体来说，

---

* 本文发表于《中学地理教学参考》，1994 年第 9 期。

地理教育负有首位的、不可推卸的责任。基础教育的根本任务是提高人民的素质，是素质教育，但过去几十年偏差极大，几乎成了应试教育，小学进初中、初中进高中、高中进大学，一关比一关难过，学生以取得考试的高分为己任，课堂教学、突击辅导也都围绕着这一个中心转，甚至教师的水平也都依升学率来评定。在这种导向下，两门对提高学生素质以适应当今和未来自然、社会环境负有最主要责任的课程：生物与地理，反而被放在了最不受重视的地位！

第三，地理教育工作者们应该认识到自己的工作在“给人类以希望、信心和能力，以建设一个更美好的世界”方面的意义。《地理教育国际宪章》的序言中说：“国际地理联合会地理教育委员会深信：地理教育为今日和未来世界培养活跃而又负责任的公民所必需；认为：地理在各个不同层次的教育中都可以成为有活力、有作用和有兴趣的科目，并有助于终身欣赏和认识这个世界。”这里要特别强调“活跃而又负责任的公民”以及“终身欣赏和认识这个世界”这两句话，每一个从事地理教育工作的同志都应该而且必须首先对此也表示“深信”和“认为”，然后才有可能完成自己应承担的任务。

基础教育的课程中，有两门是始终放在首位从来都不受冲击的，一门是语文，一门是数学，现在又有了第三门：外语。分析一下，原因就在于这几门课程都不限于是知识的传授，它们一是给了学生以某方面的技能或者也可以称为工具，而且任何人只要他要在社会上生存和获得发展，这几门工具是终生不可缺少的；二是这些课程对于学生的思维能力、思想方法等方面的训练都起了很大的作用。

地理教育不妨借鉴于这几门课程来检查一下本身存在的问题：何以会得不到应有的重视。

1992 年 1 月，中国地理学会地理教育委员会与《地理学报》编辑部曾联合召开过一次关于“地理教育发展与存在问题”的座谈会（见《地理学报》47 卷第 6 期），对于基础教育中地理课程的改革我曾发表过意见，不妨重述一下：

一是必须彻底否定知识堆砌的这条老路。如果总体指导思想不明确，把原先的城市、物产、铁路换成板块、季风、人口，知识堆砌的实质并没有改变，似乎更新了，不适应当前社会的需要如故。当前是信息社会，“知识爆炸”，工农兵、第三产业、内政、外交，任何一行现代职业都需要具备丰富的而且是不断更新的地学知识。这是一个一辈子的积累过程，而且各有所需，不是、也不可能由有限课时的课堂教学来完成；同时，现在传播知识的媒体何其多，电视、广播、报刊等等，从一般的知识普及来说，它们传播的，可能远比课堂教学能做到的更生动，更直观。应该把大量一般地理知识的传授这一职能移交给它们去干。

地理课程的有限课时应该转过弯来，着眼于训练学生掌握工具和方法，使学生具备在未来现实生活中根据各自工作的需要，去获取、处理、更新自己所必备的地理知识的能力。当然，这种训练过程本身是和知识获得的过程结合在一起的。但这些知识就是根据能力训练这一目标选择出来的最基本的知识内容了。举个不一定恰当的例子，如果中国只有一条铁路，地理教科书中对这条铁路应该大书特书，但当有了一个铁路网时，一条条铁路的叙述就没有必要了，应该让位给《铁路交通指南》，若有需要，学生自己会去查阅每条铁路的起止以及沿线站点，倒是教会他们如何阅读各类交通图表更有必要。学了要有用，今天背诵一遍，考完忘个干净，这种为了忘却的教学是不会有前途的。

地理教育的另一个重点，应在培养学生形成正确的世界观方面发挥作用。从地理的角度来说，应该引导青少年在人口、资源、环境、发展这四大方面具备正确的观点，这样的公民才可能是21世纪的社会所需要的活跃的、负责任的公民。现在的许多对社会不负责任的、胡作非为的公民，以及更多的不起作用、难以活跃起来的公民，大致都缺乏这方面的训练，素质低下。

知识—技能—世界观，三者结合，形成整体，这样的地理教育对每个公民来说是终生不可欠缺，大概哪个政府哪个社会都得重视，在学校里将是核心课程，各个层次的教育都会将它列为重要课目。

基础地理教育改革的另一个突破点是必须摆脱拘泥于传统地理学体系的模式。地理教育与地理学关系十分密切，真正是休戚相关、荣辱与共，地理学得到发展，地理教育才可能进步，地理教育声誉如何，也牵连到社会上对地理学的承认程度。但地理教育与地理学不能画等号。基础地理教育应从21世纪公民应具备的地理素养的高度上去选择内容，形成自己的体系。地质、地形、气候、城市、交通……建国四十多年来，这套“老八股”已证明是不会被社会接受的，同样，如果有什么“新八股”，也同样不会受欢迎。

由于地理课程是基础教育中唯一的一门地学课，摆脱传统地理学框架束缚的另一含义是：应该考虑如何恰当地从“地理”扩大到“地学”的问题，选择的标准也只是一条：21世纪公民素质培养的需要。

现代社会不能没有地理教育，地理教育具有无可取代的重要地位，所要考虑的只是如何使地理教育充分发挥自己应有的作用。乞求在高考课目中增加地理，企图从而维持地理课程的地位，解决不了根本问题。

国际地理教育委员会在讨论地理课程中增加环境教育的内容时曾谈到过改革会有三大难题：一是没有课时容纳新内容，二是缺乏合适的教材，三是师资问题。整个地理教育改革所面临的，也有同样的难题。

从1972年斯德哥尔摩第一次“人类环境会议”以来，直到1992年里约热内卢“环境与发展大会”通过的《21世纪议程》，环境、资源、可持续发展等，仅此一端，应体现到地理教育中去的思想、内容已实在不少，解决课时矛盾的最简单办法，只能是将原有课程中可有可无或者根本不需要列入课堂教学中的部分大刀阔斧砍掉，这样，就有可能腾出时间容纳新的内容了。

第二个难题更难解决一些，新编教材需要时日，现在我们的地理教科书已经从“一纲一本”迈向了“一纲多本”，前进了一步。不过从现有的“多本”来看，步子迈得实在是不大。这一“纲”，限制住了“多本”，使得各本之间难见特色。教科书应有基本的要求，所以应有个“纲”来保证，但“纲”不必太详细了，应是个“大纲”；教科书也不要写得过于琐碎，不必要求得过于划一，地理既有区域特征，又有时间变化，应留有余地，让教师能得到发挥。只要求一个简化的纲、简化的本，出台就会容易一些，用起来也更能适应不同水准的要求。

纲、本简化，实际上是提高了对教师的要求，这就到了第三个最大的难题了。中国历来讲究尊师重道，而对教师也要求“道德文章”、为人表率。“道德”对所有的教师是标准一致的，“文章”对今日的不同学科内容就不同了。地理学横跨自然科学与社会科学，地理教师的学识必须是自然—社会—经济纵深而又广博。在现有的基础教育课程中，地理处在极为特殊的地位：与其他所有课程都有不同程度的关联，不难相互为用，这是提高教学质量的好办法。但要能“用”得上别的课程，又能主动为其他课程的教学提供某些先导，就得看教师的素质了。地理又与现实生活关系密切，易于联系实际从而取得良好的效果，这又取决于教师的水平。第二课堂是发展提高地理教育的重要手段，是否能开展起来视教师的能力而定。凡此，都表明对一个地理教师的要求之高、培养一个合格地理教师之难。解决这个难题一是需要现有的高校地理系加快步伐，瞄准 21 世纪地理教育的要求，对培养目标、课程设置进行全面改革，以期供应能胜任这一主要任务的、有创造性的合格教师，二是开展继续教育，使已经从事若干年教学工作的教师得到重新学习的机会，以使自己始终保持着处在学科前缘的位置，始终能符合不断革新提出来的要求。这确实是个牵涉面广泛的高难度问题，但跟现在国家面临的局势一样，要想突破困境，只有改革一条路。一支合格的教师队伍是改革取得成就的根本保证。

中国地理教育的改革问题*

张兰生

地理教育与地理科学关系密切，地理学的发展兴旺必然促进地理教育的发展、兴旺，地理教育的深化普及又必将为地理学的研究、发展提供良好的基础。Preston James 在他的名著 *All Possible World: A History of Geography* 中将 1874 年德国大学创立地理教育作为近代地理学发展时期的开始，说明了地理学与地理教育的密切关系。

然而，地理教育和地理科学的发展又都受到社会要求的影响。特别是地理教育，受影响更直接、更深。教育实际上是一种手段，按照一定的社会目标来引导甚至是控制受教育对象的发展，要求他符合社会期望，形成社会需要的品质，成为一定社会中“合格”的成员——否则，就遭到排斥，甚至淘汰。地理教育既受地理学的“科学目标”的影响——地理学的“科学目标”本身已存在“社会需要”的背景——更重要的是还受一定的“社会目标”的制约。

从上述前提出发，比较容易明白半个世纪来中国地理教育的问题和适应新世纪要求应作出的改革了。

地理教育存在两个层次：基础地理教育和高等地理教育。为五四运动营建了摇篮的蔡元培先生提出他对教育的看法：“教育的根本目的是人的精神境界的提高和人格的发展和完善。”这个“根本目的”是从基础教育到高等教育都需要贯彻到底无一例外的，但为了分析的方便，暂且把这个“根本目标”纳入到基础地理教育的全民素质教育中来论述，而对于高等地理教育，偏重于培养具有何种“地理功能”的社会成员——地理学家、地理工作者、地理教育工作者——方面来讨论。

---

* 本文发表于吴传钧、薛凤旋、张家桢：《迈向廿一世纪的中国——地理学的理论与方法》，香港：香港中文大学香港亚太研究所，1999 年。亦见张兰生：《此生——张兰生地理与环境教育文集》，北京：人民教育出版社，2018 年。

一、高校地理教育

原本就是地理学家的 Strahler 父子，在编著了自然地理教科书之后，又在 1974 年——斯德哥尔摩“人类环境会议”之后两年——出版了《环境科学原理》（*Introduction to Environmental Science*）。在该书的序言中说道：“过去四年中，社会上和学术界对环境问题表现出前所未有的关注，激励了一门新学科的产生，就是环境科学。这门学科的组成成分并不新，因为这些成分是从已有的学科——生物学、化学、物理学和地学中吸取得来的。新的地方在于它的观点——它的研究方向是整个地球的问题，它的地球概念是把地球看成一组相互联系、相互作用的系统，而它所重视的是作为这个系统一部分的人类。”对于这段话的后一半很值得商榷。

“把地球看成一组相互联系、相互作用的系统”“研究方向是整个地球的问题”，以及着重于人—地关系决不是“新观点”，而是甚至可以追溯到上个世纪洪堡、李特尔时期的地理学的老观点，并且这个观点是随着时代的进展而不断得到深化的。中国的地理学家黄秉维先生早在二十世纪五十年代末、六十年代初就曾说过：“自然地理学是研究地理环境的成分及各成分之间的物质、能量交换及其地域差异的科学”，是要“研究多对象之间总的联系”，“关于地理环境中的现代过程的综合研究业已发展起来的有三个方向：一是地表热量、水分的分布、转化及其在地理环境中的作用的研究；二是化学元素在地理环境中迁移过程的研究；三是生物群落与其环境间物质、能量交换的研究……毫无疑问，不久的将来，它们是可以合并成一个体系的。”

不妨再对照一下国际科学联合会（ICSU）提出来的《国际地圈—生物圈计划》（IGBP），此项得到世界各国科学家广泛响应的研究项目的第一项研究目标就是：“描述和了解控制整个地球系统的关键的相互作用的物理、化学和生物学过程”，并提出了将物理气候系统与生物地球化学循环联系起来以了解地球系统行为的全球变化模型。酝酿、提出 IGBP 计划是在八十年代中期，正是黄先生预计的“不久的将来”，即四分之一个世纪之后。

仅此一例，已经可以看到 Strahler 之有失公允，而且地理学不仅在观点上，并在研究方向上都是具有超前认识的。

然而先进的思想并没有在人才培养方面（以及研究成果方面）得到应有的成功。地理教育，不论是在高等教育或是基础教育中，五十年来都并不为社会所看重。高校地理系改名、中学地理教师改行等，都无可争辩地表明了事实真相。原因是多方面的，既有学科本身即主观上的认识，也更多地有客观上的问题。

对地理科学发展十分关怀，并热情地加以提倡、鼓吹的非地理学家钱学森先生认为：地理系统是“开放的巨系统”。从系统的概念出发，认为“整个人类存在的环境（钱先生称之为‘地球表层’，即地理科学研究的对象）是一个系统”，并认为“从一个侧面去考虑（或者是气象问题，或者是生态问题）都是不够的”。

“从一个侧面去考虑”，现在大体上是有理论、有方法，可行的了，但面对这么一个巨系统，要整个地考虑，从何着手？确实，这是制约地理学、地理教育发展的学科本身的大问题。所以钱先生十分宽容地说:“搞地理的人确实处在一个困难的位置上,要处理的对象是一个‘开放的复杂巨系统’，而又没有一个现成的研究‘开放复杂巨系统’的方法。”

第二个限制发展的原因是二元论的影响。

地理学之所以在众多分支学科陆续从母体中分离、独立甚至分离之后拒不承认与母体之间曾存在关系的情况下，仍能保持自己的地位，虽衰而不绝，而且现今大有走红之望，以致观点都会被其他学科觊觎，关键就在于一直主张将地球表层各组分看成为一个整体的系统来综合研究，特别是将人—地关系作为核心，将自己放在“自然科学与社会科学的桥梁、纽带”的位置上，为其他学科所未能取代。

社会科学和自然科学确实存在差别。但即使原本是真理，多跨出一步即成谬误。几十年来二元论强调得过分的结果，使地理学已经丧失了自然—人文的综合，也就是从本质上抹杀了地理学。连学科本身的发展都丧失了方向，相应的学科教育自然也难以成功。所以，几十年来地理教育不能说没有为分支学科培养出人才，但却缺少真正的地理学人才。

二元论从表面上看是学科本身主观上的理论问题，实际上却是社会存在的影响所致，是由于客观因素造成的。

另一项完全属于客观影响的因素则是社会需要的问题了。若是具备某项功能的成员，这个社会对之根本不需要，学校教育自然不可能着意于对此类人员的培养。这第三个限制地理学与地理教育发展的因素，是最重要的一个因素，或者可以称之为是急功近利的实用主义的影响。

综合研究工作无从下手，二元论加上实用主义，在高等教育方面的具体表现就是偏向自然、抹杀人文，部门地理分化、专业设置越来越细，到了所分出来的“专业”“方向”不必一定从属于地理学的程度时，就会出现只有“专业”“方向”而没有学科的局面了，也就难怪社会上对这一学科的不理解。

上述各种困扰，近年来由于“改革、开放”、科技进步，都程度不等地有所缓解。“改革”使有可能检讨过去的缺失，“开放”得以引进外界事物与观念。国内高校在八十年代初开始有计算机。计量、遥感、GIS、计算机制图、模型模拟等等，凡是国际上地理系所开设的分析手段方面的课程，现在一般都开设齐全了，在研究手段、方法方面已大大改观。

IGBP 肯定综合研究地球表层各“圈层间”、各“过程间”的关系，并提出：“实际上，全球变化的根本问题是：人类正在以没能认识得很清楚的各种方式，根本地改变使生命得以存在的各种系统和循环”，强调了人—地关系的研究。

《21 世纪议程》要求“通过对地球系统的目前情况和未来前景的科学评价”来“支持可持续发展”，要求“更精确地估计地球承载能力和它对人类活动所施加的许多紧张负荷的复原力”；提出“统筹规划和管理陆地资源的所有用途”，“一方面要考虑环境、社会和经济等所有因素，另一方面要全面考虑环境和资源的所有组成部分”；“提倡把环境与发展概念列入所有教育方案内，尤其是要分析当地的重大环境和发展问题……并特别强调各阶层决策者的进修”，因为“教育是促进可持续发展和提高人们解决环境与发展问题能力的关键”。可以说，《议程》是从科技、规划管理、教育等多方面为地理学综合性人才培养的社会需要澄清了疑虑。

面临大好形势，能否及时把握时机，如环境科学、生态科学那样因时而起，是对高校地理教育的严峻考验。调整专业、拓宽基础、拟定符合要求的课程结构、加强技术系列训练都是必要的，但积重既久，改革不见得能那么轻易就见效。二元论、专业分化过细的后遗症，难以一朝一夕就得到消除。高校一些综合性基础课程的开设已感到缺乏真正能胜任的教师，普遍的现象是“自然地理学”的开设长期以来就已需要几个教师来接力，其结果难免只是各个部门地理的叠加、拼凑；区域地理虽一再强调人文与自然的融合，实际上即使课程合并了，内容始终是泾渭分明；至于“地理学”更是连列入教学计划都困难，不只是内容问题，重要原因是难望有教师能承担；而在遥感、GIS、模拟等技术手段的引进后，又出现了一种新的偏向，从研究生的论文、学生的就业趋向中往往可以看到：空有操作技术和数据、模型，却是言不及义，缺乏真正的“地理”的涵义。描述地理事实的空间分布的“老”地理学是有“地”无“理”，现在也许可以说是属于有“理”无“地”了。这也许是一个必须有的过程，俟之以时日吧！

二、基础地理教育

基础地理教育这几十年来之所以每况愈下，也有主、客观两方面的原因。

随着“以阶级斗争为纲”转向“以经济建设为中心”，十几年来，开始体会了国民素质对经济建设的重要性。所以，在《中国 21 世纪议程》中，除了提出要“建立一支门类齐全的、整体素质好的科技人才队伍”之外，也特别提出了要有“广大具有一定劳动技能和科学文化素质的劳动者大军”。

广大劳动者的“科学文化素质”主要依靠基础教育来培养。《议程》提出，要“加强对受教育者的可持续发展思想的灌输，在小学自然课程中、中学地理等课程中纳入资源、生态、环境和可持续发展内容”。基础地理教育这一回是得到了特殊的关注。

1972 年斯德哥尔摩“人类与环境会议”，中国虽然派了代表团与会，但对中国几乎是没有什么影响，“代表团为政治斗争而去，完成了任务胜利而归”，“因为，按照当时极左路线的理论，社会主义制度是不可能产生污染的”，我们只是“颇为自负地评论西方世界环境公害是不治之症”[①]。所以，长期以来，环境、资源、生态等等，在基础教育中是没有地位的。既然这些原应该组成地理教育核心内容的内容都是社会所不需要，而传统的那些山脉、水系、城市、交通等等的分布又不属于高校考试的敲门砖之列，基础地理教育的不可能得到重视自是必然的了。

国际上提出了可持续发展战略，国内的一系列问题：淮河的污染、黄河的断流、长江的洪水等等，终于使日益严重的人口、资源、环境、生态等问题受到从国内到国际、从最高领导到一般群众的广泛重视。中国的这些问题能解决得好，是全人类的幸福；如果有哪个方面崩溃，则将是一场世界性的灾难。在这一共识的背景下，基础地理教育的发展得以解除了原先客观存在的不利影响，获得了机遇。

国际地理联合会地理教育委员会拟定的《地理教育国际宪章》（以下简称《宪章》）开宗明义在序言中提出：“地理教育为今日和未来世界培养活跃而又负责任的公民所必须。”要承担起为世界培养“活跃而又负责的公民”的任务，中国的基础地理教育需要利用现有的机遇对教学作出多方面的改革。

首先是课程体系的改革。长期以来，由于整个基础教育的目标有所误导，地理教育始终没有自己的符合培养目标的课程体系。从初中到高中，是自然、经济、通论、区域，从中国到外国；一本教科书之内，是总论、分论，从地质、地貌开始到城市、交通结篇；完完整整地缩微了高等地理教育的课程体系、结构。由于不符合实际需要，难怪从听讲的学生到讲课的教师本人都会感到厌烦。近年来这一套八股虽是打破了，但立新难望一蹴而就，是需要研究设计，需要实验的。

教学改革“思想变革是先导，内容改革是核心”。认清了目标是提高公民素质，摆正确了在提高公民素质的任务中本学科所处的位置、应承担的责任，内容选择就能有所依据了。

课程内容的改革是需要跳出知识充填的框架，着重于能力的培养。《宪章》认为：“地理在各个不同级别的教育中都可以成为有活力、有作用和有趣的科目，并有助于终身欣赏和认识这个世界。”“欣赏”这个世界，“认识”这个世界是一种高级的能力，是一种终身需要的能力。《宪章》着重指出，应培养学生对国际、国内“经济、政治、文化、环境和安全等广泛的项目上”能具有独立判断、做出正确结论的能力。这是地理学所强调的高级综合能力了，此类能力，可能并不是学校基础教育所能独立完成的，甚至可能是一个终身提高的过程，但基础地理教育若能以此为己任，对学生起到启蒙的作用，就应该认为是为“建立一个更美好的

---

① 曲格平：《我们需要一场变革》，长春：吉林人民出版社，1997 年。

世界”（《宪章》），为国家的发展、世界的进步尽到了在国民素质教育中应尽的责任了。

曾经与许多教师谈论过他们对自己职业的看法，存在两种极端。一个极端是“讨厌”当地理老师；另一个极端的回答来自一位澳大利亚年轻教师，认为地理学是“最有力的”（most powerful），地理教师是在“塑造未来”（shaping the future）。前一类，估计是始终在“念八股文”，但愿后一类能日益增多。有后一种体会的教师，应是认识到了地理教育在培养形成正确的人地观、可持续发展观以至整个世界观方面的意义的了。

现在国际上很热门的环境教育强调，与其他教育比较，它有一个很大的特点：各类教育都只在于为“人”，即为了受教育者；而环境教育除了为“人”，使受教育者形成良好的“环境意识”以外，还有一个为“环境”的目标：即将带来一个美好的环境。地理教育应该能与之相比拟，它不仅要使受教育者形成正确的世界观念、并将从而带来一个美好的世界。

地理课当然要传授地理知识，但当今世界“地球越来越小”，“人地关系”越来越深化，地理知识几乎可以认为是无限多。若是用有限的课堂时间来追逐这个无限的知识，是绝对没有不失败之理的。当今世界，地理知识的获取将是一个终身的，而且是各个行业各取所需的过程，基础地理教育不可能取代学生的这一自我学习过程，只是应该启发、训练学生，在利用多种传媒、手段，根据个人的需要，自我获取多方面地理信息的能力。

地理是一门“学习范围广泛、研究方法多样化”（《宪章》）的课程，对于这种性质的课程，应该让教师视时间、空间的不同，结合实际进行教学，更多地发挥他的主动性。教学方法应是多样化的，而且不应该把教学仅仅局限在课堂内。台湾大学郑胜华教授在她的一篇文章中谈到地理学科的教学方法时，提出以下六个方面的改革①：

“一宜转移讲授式的教学过程，为指导学生自动自发解决问题；

二宜转移以教科书为主的教授方式，采用实际问题为中心的教材教法；

三宜打破划学科自限的观念，为注重跨学科之完整经验的学习；

四宜打破偏重知识教育的观念，注重德智体群美的均衡发展；

五宜打破视全班为同一教法与评量标准的单一教法，为多元化教法；

六宜尝试不同教学法经验及过程，俾备能因材施教以及因应教学设备改变而调整教学法的弹性。”

这些很好的意见如得以在地理课程教学中实施，必将大大提高基础地理教育的地位和效果。

---

① 郑胜华：“地理学科网络教学的发展潜力与资源中心建构的概念”，21 世纪的中国和世界国际地理学术讨论会（香港），1998 年 8 月。

第三部分　当代之声

改革开放后成长起来的中青年地理工作者们，在传承北京师范大学地理教育思想的基础上，继往开来，与时俱进，立足新时代、关注新青年、探索新变化，思考地理学的特色、优势与学科发展，在地理学专业人才培养、当代公民地理素养培养等方面，倡理念之先、求实践之新、发时代之声。

本部分通过约稿的方式，重点围绕学科发展与大学教育教学改革，基础教育与国民素质培养，汇编了在校教师和校友的地理教育教学理念和观点论作。

高等教育理念与观点

新时代高等学校地理学科建设理念与实施策略*

宋长青

学科建设是一项长期任务，学科建设又是一项面向未来的工作，只有把握时代特点，构建时代理念，确定可行策略，才能达到科学研究有水平、人才培养有提升和社会服务能落地的理想效果。

一、明确新时代科学发展特点，构建适应时代发展的建设理念

人类社会发展进入21世纪，学科发展随着科学研究范式的进步发生了明显的改变，以物联网、大数据、云计算和人工智能等为代表的通用技术与科学相融合的学科研究范式得到快速发展。在新技术和新科学思维的支撑下，逐渐构建系统思维模式，并应用于复杂理论和实践问题的解析。与科学进步相对应，人才培养的理念、内容、方法和过程等应给予时代特征，从而为广泛的社会需求提供源源不断的人才，同时，提供解决实际问题的知识。

（一）当前国内外地理学科发展状态与趋势

把握学科发展状态、理解学科发展趋势是学科建设的关键，基于国内地理学的最新研究现状，可将地理科学研究的现状和趋势总结如下。

---

* 本文发表于《北京师范大学学报（自然科学版）》，2022年第3期。

作者简介

宋长青，北京师范大学地理科学学部教授，部长。2016年于北京师范大学工作至今。

1. 学科融合发展成为国际新潮流

地理学以陆地表层自然和人文要素以及由多要素构成的陆地表层系统为核心研究对象，并强调对空间格局、演变过程和驱动机制的规律性研究。生态学研究不仅关注生命系统本身，同时关注影响生命系统的环境条件，如水热条件。环境科学不仅关注人造污染物质，同时关注自然环境要素的人为影响过程，形成以研究对象聚集、方法各异的研究新格局。但是，由于传统的自然科学研究深受“还原论”思想的影响，导致“整体论”的系统思维受到很大局限，形成以单要素研究相对深入、系统研究驻足不前的不利现状，影响了学科的整体进步。

2. 学科探索与技术融入成为新趋势

传统科学研究以问题为导向，基于简单数据、经典的宏观物理学的运动和状态分析，化学的结构分析方法，构建的数据模型和要求的计算设备同样相对简单。随着互联网、物联网的发展，所获取的数据呈指数增长；随着计算技术的不断提升，研究精度成倍提高，实现从区域典型性研究到全域格网式研究的转变；随着复杂系统和人工智能技术的出现，部分实现了系统研究的探索。但是，对陆地表层系统的复杂性解析能力尚显不足。

3. 原位观测成为学科研究的新手段

原位观测特指观测对象原有状态的特征数据采集，与移位分析数据获取的差别在于能够更加准确地体现研究对象的本质特征与功能特征，突破了传统化学成分分析、物理结构分析的局限，真正体现地理实体结构特征影响下的功能特征。由于认识水平的局限，原位观测的能力建设尚显不足、观测对象尚不清晰。

4. 人地关系成为学科研究新前沿

人类活动已成为影响自然变化的最强影响力，自然演化的不确定性和脆弱性已开始威胁人类的正常生产和生活。人与环境协同关系、自然要素相互制约关系、人文要素相互扰动关系已成为国际学术界关注的核心科学问题。这一关键问题的解决将直接影响可持续发展、绿色发展和高质量发展的结果。为此，国际上设立了相应的研究计划，如美国国家科学基金会（National Science Foundation，NSF）于 2001 年开展了自然与人类耦合系统动力学（coupled natural-human，CNH）研究计划，2019 年推出 CNH2——社会—环境系统动力学研究计划。目前，国内学术界也聚集这一领域，开展系统研究。但是，由于人与环境系统是多要素、多过程和多尺度构成的复杂系统，解析的方法论支撑尚显不足。

5. 需求牵引成为学科研究的新方向

“将论文写在祖国大地上”的核心内涵是开展有用的研究，随着我国地理学近年来的长足发展，其成果产出数量与国际发达国家相比已经接近，但是，在成果质量与解决问题的能力方面存在较大差距。随着“破四唯”的提出，未来的科学研究中，越来越强调科学研究对知识贡献和社会服务的有效性，瞄准国家需求调整科研方向，贡献有用知识、支撑人才培养和社会服务是未来阶段的重要任务。从目前的研究来看，科学研究成果形式、方向尚不能满足国家的全方位重大需求。

6. 我国地理学科发展面临新挑战

从我国地理学整体发展而言，学科发展取得长足进步，其主要表现如下：

（1）学科融合发展得到初步共识。地理学、生态学、水科学、环境科学等共同关注陆地表层环境要素的协同演化过程，陆地表层系统的思维模式在科学研究中得到了不同程度的体现。地理学率先提出人地系统的研究框架，为全面认识和理解陆地表层系统，解析人与环境的关系奠定了思想基础。但是，从国家重大战略需求出发，现有学科融合深度和成果产出尚无法满足需求。

（2）技术融入科学研究全过程得到充分体现。物联网技术为地理学研究提供了海量的观测数据，互联网、移动互联网提供了大量人文活动行为数据，高性能计算平台解决地表过程海量地理网格单元的计算难题，为精细化地理时空分异规律的认识提供了工具基础。但是，对不同技术提供的数据如何使用，其表现地理特征的能力尚有待于深化研究。

（3）地理研究的原位观测手段得到足够的重视。针对气象、水文、土壤等要素的时间序列观测取得了丰富的成果。但是，针对国家重大战略需求和科学前沿所牵引的重大问题涉及的原位观测内容、观测密度尚显欠缺。

（4）人与环境关系研究成为地理学方兴未艾的研究方向，已经完成了数据系统构建、方法系统遴选，形成基本的概念框架。但是，这一研究是从复杂系统的认知出发，尚需对复杂地理系统行为进行科学定义，对行为功能进行合理表征。

（5）地理学是支撑国家重大战略需求的综合性学科，通过地理学有效地创新知识供给，可为“人类命运共同体”“山水林田湖草生命共同体”“区域高质量发展”“国土空间规划”以及“防灾减灾”等目标的实施提供科学技术支撑。但是，由于以往的研究过分强调以论文为导向，忽视了针对社会服务的知识产出，从而影响了服务能力的提升，也影响了人才培养的质量。

（二）构建适应时代发展的学科建设理念

科学发展进入新时代，学科呈现出与传统形态迥然不同的特征，构建先进的学科建设理念是推动学科健康发展的关键，也是学科可持续发展的重要保障。围绕学科建设的三大任务，应要明确核心建设理念。

1. 把握学科特征、契合科学前沿，创造和完善新时代学科知识体系

学科是认识世界的工具，具有确定的内涵、独立的研究对象和独特的理论、方法和技术体系。在强调学科交叉研究和交叉学科建设的同时，应牢牢把握母源学科的核心内涵和本质特征，形成与相邻学科的借鉴和提升。另一方面，随着科学和技术的整体进步，地理学应面向科学发展的前沿问题，通过不断加持新技术、新方法以实现学科水平的提升，形成学科的创新知识，不断完善面向新时代的知识体系。

2. 把握专业和行业需求、明确人才培养目标，造就社会发展的建设者

立德树人是人才培养的根本要求，学科建设应本着制度需求和文化自信的视角，培育人才“立德”内涵。地理学研究面向广阔的自然世界和身边的人文社会，是培养学生家国情怀的优良学科素材，科学、恰当、自然地融入立德教育内涵是地理学人才培养的重要内容。另一方面，需要本着时代的专业和行业需求、前沿知识体系和持续能力，作为“树人”的根本。地理学是面向复杂系统对象进行研究的科学分支，明确地理学的时代特征和不可替代作用，并将学科先进的知识体系贯彻在实践教学过程中是学科树人的关键。通过立德树人造就政治素质好、业务本领强的社会主义接班人和建设者。

3. 把握国家重大需求、结合学科专长，贡献社会服务能力

高等学校作为国家重要的战略科技力量，在不断从事科学技术创新的同时，应瞄准社会发展的重大需求，结合学科特色，发挥学科优势，将科学研究有效地应用到社会服务中。地理学科的知识体系是当前我国生态文明建设、资源开发利用、减灾防灾以及国土空间规划等国家重大任务的迫切需求。

（三）明确地理学科建设的社会意义

自然和人文要素是地理学经典的研究内容，在过去相当长的一段时间里，地理学更多关注环境要素的格局特征、演化过程和驱动机制。通过这些研究，很好地服务了工业布局、农业生产等产业活动。随着社会经济的发展，人类社会衍生出一系列系统问题，如区域可持续发展、山水林田湖草生命共同体建设、区域高质量协调发展等，迫切需要地理学提供系统的理论、方法和技术支持。

1. 地理学带动宏观学科的整体发展，为可持续发展提供科学支撑

地理学的人与环境关系研究是提供区域协调可持续发展的科学基础。人与环境的关系一直是地理学研究的核心主题，地理学研究旨在解析自然环境各要素与人文环境各要素的共生、制约、协调关系。由于过去几十年里数据、方法的局限性，鲜有突破性研究成果。随着数据种类的不断扩充、研究方法的不断丰富，为开展人地关系提供了良好的基础。另一方面，可持续发展已经成为全世界各国家、各地区共同关注的重大发展问题，其核心要义是寻求人类社会、经济等多方面在自然禀赋的支持下协调发展，从而达到自然和社会可持续发展的目的。地理学人与环境关系研究是破解这一命题的关键所在。

2. 地理学是解析人与自然相互作用的关键，为区域生态文明建设提供技术支撑

地理学自然要素的研究是解析“山水林田湖草生命共同体”演化机制的关键，可为资源合理利用、环境有效保护、自然灾害防范提供技术支撑。自然要素经历千百万年有序的演化形成协同共生的自然环境系统，其中，水、土、气、生要素的内在制约本质和协同机制决定自然环境系统的演变趋势。在地球内外营力的作用下，形成自然环境系统的不同表现形式。地球表面的水热组合特征，驱动地球陆地表层区域各异的土壤和生命形态。自然要素构建了自身的区域自然系统结构、特征与功能。随着工业革命的到来，人类活动逐渐成为驱动自然环境系统演变的核心动力源，人类活动对自然环境系统驱动的频率、强度、时空变异速率在一定程度上远远超出了自然驱动力。另一方面，人类进步与发展依赖于自然提供的物质基础，由于人类过度地开发自然资源引发生态环境的快速恶化，以及自然灾害的频繁发生，自然环境系统的原生结构发生着剧烈的、非常态的变化。地理学自然环境系统研究的科学技术贡献将更好地指导人类合理利用自然、有效保护环境、防范自然灾害，保障“山水林田湖草生命共同体”合理、有序地演化。

3. 地理学是区域高质量发展的支撑学科，为国土空间规划提供客观目标依据

地理学的人类活动社会行为研究是国土空间规划的根本依据，是构建区域高质量发展的依据。人类活动的时间与空间过程是地理学研究的重要内容，随着数据建设的不断积累、制度体系的不断完善，人类活动逐渐由弱组织向强组织、由弱次序向强次序转化。进而带来人类活动的研究由静态向动态、由局部向全局转化，更加强调区域空间的组织效率、人地和谐发展的思路。面向高质量区域发展的规划突破以部门为主的行为，如单一的土地规划、城市规划、生态规划、环境规划，形成综合的、效率的、生态的、全空间的、可持续的国土空间规划。地理学的人类活动综合研究的特点，可为国土空间规划提供可靠的依据，更是构建区域高质量发展模式的重要科学技术基础。

4. 地理学是综合理解国际关系的核心学科，为国际构建“人类命运共同体”提供合理依据

地理学的国别与地缘关系研究可为“一带一路”倡议的实施提供切实依据，是构建“人类命运共同体”的科学依据。“一带一路”倡议的是新时代人类合作的新模式，是构建“人类命运共同体”的科学尝试。以国家为单元开展国别研究，以及开展全球各国之间政治、军事、经济、文化等人文要素的关系研究是地理学的新兴方向。通过上述研究可以深入理解不同国家的国际诉求、国际行为、国际地位以及未来在世界格局中的作用。对国家战略的布局、全球治理的路径选择，提供重要科学依据。

二、明确学科建设条件，制定可行的学科建设的实施策略

针对学科建设的三项核心任务，即人才培养、科学研究和社会服务，不同的院校具有不同的基础条件，以及相对其他院校的比较优势。在学科发展过程中，院校应该明确自身条件、

未来的发展潜力，设定本单位发展的目标和核心任务，以期达到最理想的效果。

（一）协调学科建设任务，提高建设效率

在学科建设的三项核心任务中，科学研究是基础。科学研究的本质是认识客观事物的发展规律，通过科学研究实现有用的知识创造，其中“有用”的标准是能够应用于人才培养过程中，能够应用于社会实践过程中。因而，地理学科建设中科学研究方向的选择将成为影响人才培养和社会服务的重要因素。

在学科建设的三项核心任务中，人才培养是核心。人才培养的宗旨是立德树人，“立德”是培养具有时代意识、家国情怀、责任担当和面向未来的专业、行业人才，造就社会主义的接班人和建设者；“树人”是培养具有专业特色、扎实本领和持续创新能力的人才。地理学应该充分利用学科优势，构建课程思政体系，完成人才培养过程中的“立德”任务，同时，地理学也应该面向未来社会发展的趋势，提升人才的思维、理论辨析能力，技术应用能力，以及不断自我完善的能力。

在学科建设的三项核心任务中，社会服务是重要目标之一。高等院校作为国家的重要战略科技力量，服务国家社会经济发展是其责无旁贷的义务。高等院校的服务内容应体现重要科技内涵，通过创新性科技成果助力解决国家重大战略需求。

健康的学科发展离不开相应条件的支撑和正确的路径选择，合理、优质的人才队伍建设是先决条件，先进的平台是重要基础，合理的项目构成是重要支撑，广泛的国际合作是重要的途径。

总之，合理构建学科建设的三项任务，即人才培养、科学研究和社会服务的关联，是提升学科建设水平的关键（图 3-1），组织适当的条件、选择正确的路径是提升学科建设能力的关键，有序安排学科建设任务，配备合理的建设资源是提升学科建设效率的根本保障。

（二）明确学科建设结构，整合支撑条件

不同的院校经历了长期的发展，形成了不同的学科格局、学科建设水平和学科建设能力。从我国目前地理学科发展状态出发，大体存在如下特点：

从专业结构方面来看，少部分学校专业齐全，发展水平比较均衡，学科整体建设能力较强，人才培养、科学研究和社会服务三项核心建设任务整体水平较高。这类学校多年形成良好学科建设条件，具有良好的科研平台，优质的师资力量，形成了完善的人才培养体系和突出的社会服务能力。另有一类院校，突出部分专业特色，个别专业方向的建设具有突出能力，

形成局部高地，多年来，这类院校形成了建设特有专业方向的传统和经验，具备了特殊领域的优势资源和条件，成为独具特色的优势方向。

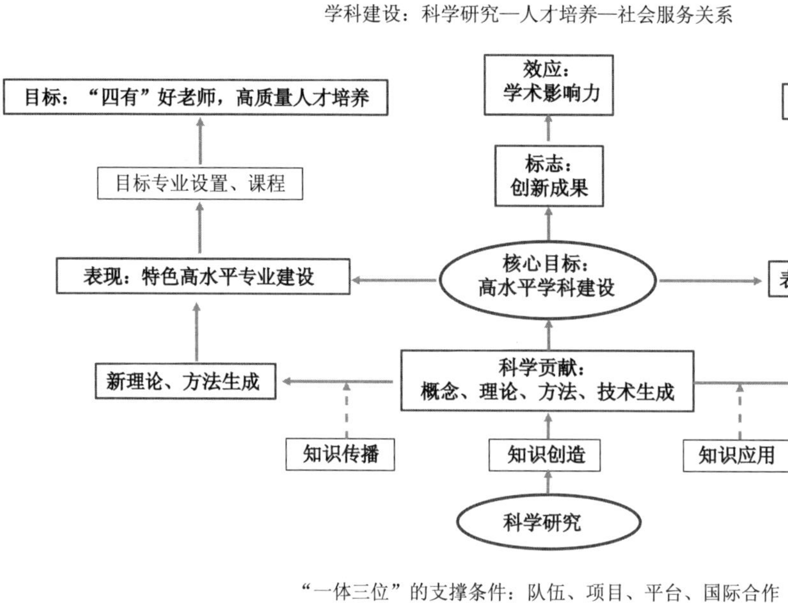

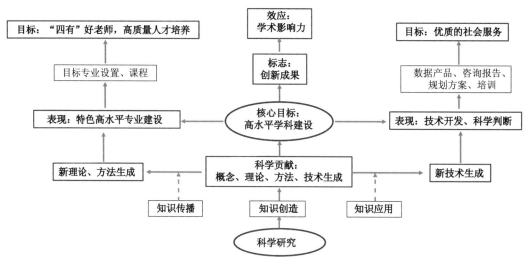

图 3-1　学科建设任务与建设条件关系

学科建设结构与建设水平取决于支撑条件，应根据院校所提供的条件确定学科建设结构与建设任务的发展目标。以地理学三大基础专业为例，自然地理学需要更多的经费支撑，高水平的建设需要室内分析平台、野外观测平台和数据分析模拟平台；地理信息科学需要更多的技术体系支撑，同样需要投入相当的经费支持；人文地理学经费需求程度相对低些，但也需要基本保障。

学科建设的核心条件是人才队伍，在学科建设过程中应根据学科具备的人才队伍体量，制定学科结构，明确学科任务，精心设计人才队伍的专业结构，实现学科水平的提升。

（三）规划专业建设梯次，实现有序衔接

学科是专业构成的整体，学科也涵盖专业存在本质的联系，学科发展是由小到大、由弱到强的长期过程。从另一个角度审视，学科建设在考虑到专业建设之前，存在着多角度切入的特点。由于地理学的研究对象涉及自然和人文两类要素，同时具有区域性、综合性和复杂性的特征，在优先建设专业的选择上应充分考虑相关学科的支撑作用，确定专业建设的先后次序和梯次结构。另一方面，尚需要根据学科建设条件，明确学科建设三项任务的侧重，在

有限的条件下，提升学科任务建设水平，实现专业建设的有序衔接，促进学科的快速发展。

三、研判学科长远发展路径，力求学科持续发展

以经济发展动力作为标志的社会发展经历了动力时代、资源时代、技术时代，以及我们正在经历的数字时代，其时代的进步以科学技术的形态、水平和范式作为主要标志。学科作为科技知识的划分单元，在不同的社会演化阶段起着不同的作用。因而，学科建设应该清醒地认识到特定学科的社会经济地位，以及在科技体系中的作用，确定学科的发展路径。

（一）明确学科发展目标与路径

学科发展一般经历了从无到有、从低到高、从单一到全面的过程。高等院校作为学科发展的主体，一般从人才培养入手，对于多数院校而言都将这一学科建设任务放在首位，且经历相当长的阶段。地理学科是一个专业结构清晰的学科，包括自然地理与资源环境、人文地理与城乡规划和地理信息科学三个本科专业，以及自然地理学、人文地理学、地图学与地理信息系统三个研究生专业，以及部分自设研究生专业。针对不同的学科发展阶段，首先，需要理清专业发展顺序，确定专业发展水平，建立专业相互联系。其次，随着学科发展水平的提高，学科建设需要强化部分方向的科学研究，一方面通过科学研究可以提升人才培养质量，另一方面可为参与社会服务奠定相关基础。当今学科发展过程中，科学研究方向的选择是学科建设的关键，需充分统筹资源禀赋和资源潜力，以期达到事半功倍的效果。再次，社会服务是学科发展高级阶段的目标，传统的地理学社会服务体现地理知识在社会经济发展需求中的应用，而缺少地理产品和地理技术的开发与转化，表现为被动式服务。当今的学科社会服务需转化为主动式服务，寻找市场需求，开发学科技术，形成特色产品，创造社会价值。

学科是科技知识的加工厂，在科学研究过程中不断创造新知识！

学科是科技知识的转运站，在人才培养过程中不断输送新知识！

学科是科技知识的消费源，在社会服务过程中不断应用新知识！

（二）强化学科能力建设，力求学科持续发展

在科学发展的历史长河中，一批又一批新兴学科、交叉学科不断涌现，也有一些学科逐渐被淡忘和淘汰。新兴学科、交叉学科的涌现随着科学发展水平的提升，是社会需求转型作

用的核心驱动力。一般而言，它们的出现和成长都依赖于母源传统学科的基础，因而，现实中的学科建设，应充分考虑学科整体发展水平和特点，创造学科的进化能力，不断更新学科的思维体系和技术体系，提升现实学科的能力建设，寻找新兴学科和交叉学科的增长点，方能使学科具有更强的生命力。地理学是一门古老而传统的学科，经历了漫长的发展阶段，形成完整的学科体系，同时，地理学也派生出一批交叉学科。随着科学的发展和社会需求的推动，以地理学为母源还将派生新的学科分支，应充分理解地理学与其他学科的亲缘关系，在完善地理学自身建设的同时，推动新兴、交叉学科的发展。

学科作用有大小，学科发展有兴衰。在学科成长过程中，特别需要加强学科能力建设，即提升学科在科学体系中的影响力，建立科学体系中的学科引领地位；同时，加强学科在社会实践中的贡献度，通过不断更新学科知识，提供社会、经济发展过程中的重大科技支撑，为学科持续发展创造条件。

构建现代地理学与大学地理教育的融合发展体系

史培军

社会经济发展的需要是地理学发展的基础，地理教育则是地理学发展的核心。地理学学科发展与地理学人才的培养密不可分，地理学学科发展驱动人才培养，地理学人才培养保障学科可持续发展。

由于在大学工作，本人参与了一系列的关于学科建设的讨论和建议书的编写，深刻体会到学科的发展涉及诸多因素，例如人才培养（本科生、研究生等）方案，学科队伍（团队、梯队等）建设，实习实验平台（实习基地、实验室、野外站、数据中心等），科学研究，国际学术交流与合作等。其中学科的发展与大学学科教育最为密切，互为基础，堪称“鸡与蛋”的关系。学科发展了必有学科教育的发展，学科教育发展一流了必有学科发展的领先。本文基于对地球科学，特别是地理学学科发展过程中，倡导发展资源与环境学科（资源科学与技术、环境科学与工程、遥感科学与技术、灾害风险科学、地球系统科学、全球变化科学、可持续性科学等）长达三十多年的讨论、建议与建设实践，分析了影响大学地理教育的主要因素，提出构建现代地理学与大学地理教育融合发展体系，请教地理学同行。

一、社会经济发展需要是地理学发展的基础，亦是地理学人才培养的重要目标

我们这一代从事地理学教育、科研、管理、产业等的工作者，大多是 20 世纪 70 年代末

作者简介

史培军，北京师范大学地理科学学部教授，青海师范大学校长。1986～1988 年在北京师范大学地理系攻读博士学位，师从周廷儒院士。1989 年留校工作至今。

乘国家恢复高考之东风，相继进入高等学校学习地理学、地球科学下的其他地学分支学科，以及与地理学相关的其他学科的。本人作为国家恢复高考第一届（1978 年 3 月入学）的地理学本科生，在内蒙古师范学院（现为内蒙古师范大学）地理系学习地理教育专业，至今年已有 45 个年头。回顾我这近半个世纪的地理学生涯，深深感到社会经济发展需要是地理学发展的基础，这有可能就是国家提出的“扎根中国大地办大学”的一种具体体现。

（一）社会需要就是地理学研究的方向

1978 年 3 月到 1989 年 12 月，我相继完成了地理教育、自然地理学、古地理学的学习，获得理学学士（内蒙古师范学院，1982 年 3 月）、硕士（中国科学院兰州沙漠研究所，1984 年 9 月）、博士（北京师范大学，1988 年 12 月），其间（1984 年 10 月～1986 年 8 月），我在内蒙古大学自然资源研究所工作。这期间，我国北方沙漠化形势严峻，防治土地沙化成为当时迫切的国土整治任务。内蒙古师范学院林儒耕教授（北京师范大学地理系的 1956 届本科毕业生）组织师生开展内蒙古土地沙化研究，我的本科毕业论文就选择了这一方向，在林儒耕教授的指导下，完成了《南毛乌素沙带的形成与利用》的学士学位论文。以中国科学院兰州沙漠研究所为首的广大地理学工作者，与生态、林业、草原等学科专家紧密合作，开启了以地理学为主导，生态学、林学等协同对我国北方沙漠化土地防治的研究。我作为中国科学院兰州沙漠研究所的首届自然地理学硕士研究生，选择了科尔沁沙地沙漠化土地防治进行研究，在朱震达研究员、刘恕研究员指导下，完成了《科尔沁沙地大青沟地区土壤风蚀量化研究》的硕士学位论文。不仅中国科学院兰州沙漠研究所的地理学如此，内蒙古大学自然资源研究所的生态学、北京师范大学的地理学也如此，广泛开展内蒙古草原遥感研究、地理环境演变研究，探讨沙漠化土地的监测、气候变化与沙漠化土地扩张的关系等。在这一需求下，我在周廷儒学部委员（现称院士）的指导下，完成了《地理环境演变研究的理论与实践——鄂尔多斯地区晚第四纪以来地理环境演变研究》的博士学位论文。由此可以一窥全貌，当时，以土地沙漠化防治为主的社会需求，召唤地理学、生态学等学科为此作出贡献。同时，以防治土地沙漠化为己任的地理学、生态学等学科，必然把其教育与此紧密结合，培养时代需要的地理学、生态学等学科人才。1978 年成立的中国环境科学学会应为此期间地理学等学科推动面向社会经济发展的标志。

（二）学科发展与人才培养需要学科组织与平台

1991 年 6 月～1999 年 9 月阶段。1988 年 9 月我于北京师范大学完成博士学位论文答辩，然后留校，在地理系开启我的地理学教学与科研工作。从 1991 年 6 月起，我相继出任地理系副系主任，1993 年底出任资源与环境科学系（地理系调整为资源与环境科学系）系主任，1994 年兼任资源与环境学院副院长（该学院由资源与环境科学系与环境科学研究所组成，该院为学校非独立建制的协同单位，张兰生教授兼任院长，时任环境科学研究所所长赵俊琳教授也兼任资源与环境学院副院长），1997 年 2 月组建资源科学研究所并任所长（本人卸任资源与环境科学系系主任），1999 年 9 月我担任学校副校长。

这期间，我国快速的经济社会发展，引起了一系列的资源环境问题，迫切需要地理学等相关学科解决。响应国家需要，1983 年学校已组建环境科学研究所，该所的建立基于地理系的土壤地理、化学地理等教研室。此后的 1993 年，时任地理系系主任的邬翊光教授、前任系主任赵济教授、前任教务长张兰生教授和包括本人在内的地理系的大多数教师，将地理系调整为资源与环境科学系，以地理学为基础，开展资源环境问题的研究，以资源与环境科学为引领，面向资源环境问题，开展科学研究和人才培养。自此，北师大地理学学科发展与人才培养进入了一个新的发展阶段。

面向资源环境问题，北京师范大学与清华大学、北京大学、中国科学院生态环境研究中心，共同组建“环境污染模拟与控制国家重点实验室”，中国科学院地理所组建“资源环境信息系统国家重点实验室”，北师大将 1964 年由教育部批准创建的“古地理研究室”调整为由国家教育委员会批准的首批开放实验室——“环境演变与自然灾害开放实验室”(1994)，1997 年调整为教育部重点实验室。以地理学为基础，多学科合作开启了我国资源与环境问题的全面、系统的研究，一批从事资源与环境问题的人才得以培养，成为推动资源与环境问题研究的中坚力量。1980 年 9 月经中国科学技术协会批准成立中国自然资源研究会，于 1993 年 2 月更名为中国自然资源学会，应为此期间地理学等学科推动面向社会经济发展的又一标志。

（三）学术研究提升与人才培养提质需要紧抓发展机遇

1999 年 10 月～2016 年 10 月，北师大借助国家高等教育领域实施“211 工程”“985 工程”，加快和加大了人才培养力度，按照“教育要面向现代化，面向世界，面向未来”的重大部署，学科建设和人才培养都得到了前所未有的加强。地理学学科的发展乘势而为，得到了有力的建设。面向国家应对全球变化、加强资源可持续利用、加强防灾减灾等亟需，以地理学人才培养为基础，加大对资源科学与工程、遥感科学与技术、灾害风险科学、全球环境变化科学等学科人才的培养，加快了新时期对土壤侵蚀与水土保持、资源可持续利用与减灾、遥感对地观测与全球变化等的系统研究。为此，2003 年北京师范大学资源与环境科学系调整为地理学与遥感科学学院，资源科学研究所调整为资源学院，2003 年中国科学院遥感应用研究所与北京师范大学组建遥感科学国家重点实验室，2006 年依托环境演变与自然灾害教育部重点实验室组建民政部—教育部减灾与应急管理研究院，2007 年联合学校生态学研究所，组建“地表过程与资源生态国家重点实验室”，2008 年新建“全球变化与地球系统科学研究院”。与此同时，2003 年环境科学研究所调整为环境学院，2005 年组建水科学研究院。至此，北师大在地理学科基础上，不仅建设了遥感科学与技术、环境科学与工程、水利工程、国家安全学等四个面向国家需求的一级博士学位授权学科，而且完善了地理学一级学科下的学科方向，即在自然地理学、人文地理学、地图学与地理信息系统基础上，发展了当时经国务院学位办批准在地理学一级学科下自设自然灾害学、资源科学、全球环境变化科学等二级学科。从自然地理学到自然灾害学、从人文地理学到资源科学、从地图学与地理信息系统到全球环境变化科学，北京师范大学的地理学学科像全国各大学的地理学一样，不忘初心，始终面向国家需要，培养具有时代特质的地理学人才，不断完善地理学科体系，特别是加强现代地理教育，按照“教育要面向现代化，面向世界，面向未来”的要求，把地理教育与现代地理学发展紧密联系起来，提高地理学学科创建世界一流学科的能力。

2016 年 10 月后，学校响应国家高等教育“双一流”建设规划，地理学被列入世界一流建设学科（全国共有三个大学的地理学列入，为北京大学的地理学、北京师范大学的地理学和南京师范大学的地理学），同时，对学校下设的地理学二级单位进行了整合，形成“地理科学学部”。北师大地理学科的建设发展、地理教育的提质增效，由此开始了新的一页。

二、对现代地理学发展与地理教育的思考

如前所述，现代地理学发展与地理教育一天都离不开社会经济发展的需要，一天都离不开现代科学技术的创新，只有将其与社会经济发展密切融合起来，只有不断吸收相邻学科的新知识和先进技术，发扬传统优势，坚持改革创新，加强自身服务社会经济能力的可持续提升，才能壮大学科实力，为世界、国家和地区可持续发展提供科技与人才支撑。

（一）坚定不移地把地理学取得的最新进展写进教材、带入课堂

全球、国家和区域社会经济的发展，现代科学技术的不断创新，以互联网络系统为标志的大数据、人工智能、可视化等对教育与学习产生广泛而深刻的影响，使大学地理教育必须通过人才培养方案的周期性更新、教材完善与更新、教师课堂讲授、网课学习（如慕课）等途径及时把地理学的新知识（新发现、新成果、新方法、新技术等）传授给学生，进而启发学生对地理学的新思考。地理学新知识进课堂、进教材，地理学新分支学科进培养方案，不仅不会影响学生对地理学经典内容的学习与掌握，而且还会激发学生对地理学经典内容的再

思考，针对人类面临的新问题、应用新技术开展新领域探索，深化传统问题等的探究，从而提升其对地理学学习与研究的兴趣。

（二）通过整合“三个课堂”提升地理学研究与教育适应时代选择的能力

传统的大学教育强调“课程教学”和“实践教学”（两个课堂）的有机结合，以此提高学生理论与实践学习和分析解决问题的能力。在互联网络系统广泛覆盖、超海量信息无处不在、通信和计算机等交流设备极其方便的信息化时代，网络教学、虚拟实习，以“手机微信群”为核心的“第三课堂”正在兴起，团队群、项目（课题）群、班级群、师生群等等“手机微信群”已成为科研、教学、人才培养等学术交流的重要载体。因此，学校、学院、教师必须因势利导，充分发挥互联网络的巨大力量，整合由“课程教学”“实践教学”“手机微信群”组成的“三个课堂”，以此加强地理学探究式教育与学习，畅通和提高地理学学术交流效能，培养和提升地理学创新研究与人才培养适应时代选择的能力。

（三）通过教师承担科研教学研究任务提升地理学的研究与教育能力

地理学作为一门基础学科，依赖对其他自然科学（如数学、物理学、化学、天文学、生物学、计算机科学等）和人文社会科学（文学、史学、哲学、政治学、经济学、法学、社会学）的知识掌握，还要学习、探究地理学独有的知识体系。多年的地理学学习、研究和教育与管理，使我深刻认识到：地理教育质量的提升，必须通过教师承担地理学科研教学研究任务，提高教师的地理学水平。教师应及时了解地理学学科（包括各分支学科）的新进展，并把自己研发的新成果、学科的新知识传授给学生。没有教师高水平、高质量的地理学研究成果和教育能力，就很难有高质量的地理教育。

（四）通过多学科融合提升地理学团队的研究水平与人才培养能力

地理学涉及多个学科领域，有人称它“包罗万象”。地理教育包括理论、实践与应用多个方面，属理科还是属文科争论不断。至今，在不同的国家学科划分目录中，有属理科范畴的（如中国、俄罗斯等国家），也有属文科范畴的（如美国、英国等国家）。这就决定了地理学团队建设必须兼顾理学、人文社会科学和包括计算机科学与技术、遥感科学与技术等工学领域人才组成的多学科教师融合队伍。多学科交叉、相互学习与借鉴，形成思维、知识、技术等多方面互补与协同的学术共同体。多学科融合的地理学团队，通过相互学习、取长补短，不仅有较强的组织攻关能力，还有较强的适应时代变化的能力，更有满足学生对多学科、新知识需求的能力。团队带头人的选聘在多学科融合的地理学团队建设中具有举足轻重的作用，他（她）不仅要有较高的业务水平，还要有较高的人格魅力，更要有为团队服务的品质。“三军易得，一将难求”道出团队带头人的难得及其重要性。

（五）通过学科平台建设提高地理学的研究水平与人才培养能力

地理学是一门理论与实践紧密相联的学科，堪称“唇齿相依”。没有室内的实验室、数据中心，野外台站、实习基地等平台，很难开展高水平的地理学研究，也很难培养学生的创新研究能力。我的导师周廷儒先生于1964年在北京师范大学创办古地理研究室，旨在强调大学地理学研究与教育必须有各类学科平台。大学的地理学学科在实验平台建设方面，同期与地理学专设科研单位相比，差距明显。因此，加强大学地理学学科平台的建设，对开展高水平研究和高质量人才培养至关重要。近年来，各高校地理学科在中央和地方政府的支持下，开展地理学研究与教育的学科平台建设有了明显的发展，国家级、部省级的重点实验室、工程技术中心、野外台站等落户高校地理学教学机构，这对高校承担国家级、部省级的重大和重点科研项目有着重要的支撑作用，对高质量地理学人才培养也有着十分重要的保障作用。

（六）通过国际学术交流与合作提高地理学的研究水平与人才培养能力

地理学涉及古今和中外，在当今全球化的浪潮下强调“人类命运共同体”建设，我国政府正在加强大学的“双一流”建设，利用这一难得的机遇，加强地理学研究与人才培养的国际交流与合作，已势在必行。近年来我国政府加大对高校开展国际交流与合作的支持力度，如设立学科创新引智计划（“111”项目），鼓励主持和参加国际科学计划、合建国际科学中心、合办“国际实验室”、联合培养硕士博士项目，以及常规的国家留学计划等。当前，虽全球都在遭受新冠肺炎疫情的影响，但通过多种途径仍可开展相关工作。一是重视线上与线下的国际学术会议的举办、参办和参加；二是参加线上的国际教育教学计划，特别是参加各类留学项目；三是合作举办线上与线下相结合的暑期学校；四是创办或合办国际学术刊物等。高校地理学开展国际合作与交流，不仅开阔了师生学术视野，更能利用国际地理学学术资源和先进的学科平台，产出高水平的地理学成果、培养高质量的地理学人才，提升我国高校地理学的国际竞争力，推动世界一流地理学的建设。

三、构建现代地理学与大学地理教育融合发展体系

在全球变化和全球化的大趋势下，当今地理学已从学科边缘走向学科中央，承担着繁重的学科建设与创新人才培养任务，承担着满足社会经济发展众多需求的责任，现代地理学与大学地理教育正面临难得的机遇与严峻的挑战。在此形势下，如何构建现代地理学与大学地理教育体系，如何在对地观测与系统模拟技术、大数据与人工智能技术、可视化与现代网络系统技术（5G、6G等）等现代技术支持下，重新发现并展现地理学的价值和与其他学科相比不可替代的作用，就必须完善对地理学的理解，发扬和重塑地理学的功能，培养走在时代前沿的新一代地理学者、地理学家、地理学将才、地理学帅才，让地理学在可持续世界、“人类命运共同体”建设中大放异彩。

（一）从理解“人—地关系”到设计“人—地协同”

本人与宋长青等合作者曾在《地理学报》发表《地理协同论——从理解“人—地关系”到设计“人—地协同”》（史培军等，2019）。该文从地球进入“人类世”（Anthropocene）之后，实现世界可持续发展、建设“人类命运共同体”的角度出发，就地表系统的复杂性、人类面临的各种灾难，以及将要面临的各种资源短缺和环境风险等问题，提出发展“地理协同论”，即地球表层系统与区域可持续性机理、过程与动力学，以实现地理学研究从理解“人—地关系”到设计“人—地协同”的转变。着眼于“人类世”时代地球表层系统由多尺度、多过程等组成的复杂性，回顾了区域论、综合论、系统论等经典地理学理论，从自然单元与社会单元的结合、自然资源利用与自然灾害防御、人类功与过的评价、自然地图与行政地图间的关系、动力学与非动力学的耦合等主题入手，深入讨论了现代地理科学与技术问题。通过理解灾害系统及其致灾成害机理、过程和动力学，构建凝聚度指标，量化综合减灾系统的复杂性。利用协同宽容、约束、放大和分散原理，以灾害风险防范共识最高、成本最低、福利最大、风险最小化为目标，构建以政府为主导、企业为主体和社区全面参与的综合灾害风险防范凝聚力模式。在分析都江堰工程如何实现除害与兴利并举的基础上，综合阐释了“人类世”时代“适度改造自然”，以实现人与自然的协同。当今的世界和中国，太需要千千万万个此类“都江堰工程”了，也期盼千千万万个“人—地协同”工程设计的地理学家。

（二）中国地理教育的继承与创新

本人与宋长青等合作者曾在《地理学报》发表《中国地理教育：继承与创新》（史培军等，2003）。该文从面对国内外高度重视创新人才培养的形势，以及培养在中国市场经济体制下地理学各专业人才的就业竞争力出发，指出中国地理教育在继承优良传统的基础上必须创新，中国地理教育必须对基础地理教育和高等地理教育进行全面的改革。为此提出实施地理学跨越式发展的三条对策，即在地球系统科学与可持续发展科学的框架下，构建中国地理教育的新体系；在国家标准和适应国际规范的前提下，规范高等地理教育的学科划分和课程体系；在国家自然科学名词审定前提下，规范高等地理教育中的地理科学术语。

近 20 年过去了，我们更需要在地球系统科学与可持续发展科学的大学科框架下，调整地理学的二级学科框架。不久前中国国家自然科学基金委员会公布了新的地理科学申请代码，地理科学下设 17 个分支代码，体现了地理科学关注的主要内容（熊巨华等，2020）。与此同时，为了规范一级学科下设的学科方向，国务院学位委员会办公室地理学科评议组也拟定了地理学一级学科下设的学科方向，即从自然地理学、人文地理学、地图学与地理信息系统，调整为自然地理学、人文地理学、经济地理学、地图学与地理信息科学、灾害与风险地理学、景观与区域地理学、自然资源与国土空间规划学、全球变化与世界地理学、地理教育学。地理科学申请代码的调整、地理学一级学科下设学科方向的调整，都顺应了社会经济发展对地理学的需求，必将推动大学地理教育课程体系、培养方案、学科平台、团队建设、国际合作与交流等地理学科建设中各相关重要工作的调整和完善。

（三）现代地理学与地理教育新领域的开拓

本人近年来在北京师范大学地理学学科建设与发展中，面向国家和世界可持续性的需求，倡导拓展地理学研究与地理教育领域，在地球系统科学、可持续性科学的大旗下，遵循著名帅才科学家钱学森先生的倡导，促使地理学向地理科学转变，以地理学为基础，推动资源科学、灾害风险科学、全球变化科学、遥感科学与技术、国家安全学等学科的发展，从而形成现代地理科学体系，即现代地理学。本人与合作者在《地理学报》发表《当代地理学之人地相互作用研究的趋向》（史培军等，2006），阐述了当代地理学之人地相互作用研究的主要领域和发展趋势，认为人地系统除具有区域性和综合性特征外，还具有脆弱性、风险性、恢复性与适应性特征。当代地理学从地理要素与格局的综合研究转向现代地理过程的综合研究；从自然地理与人文地理的集成研究转向现代资源与环境的系统研究；从地理环境重建研究转向现代综合灾害风险管理研究；从地理格局与过程的动力学研究转向资源保障与区域安全系统仿真研究；从区域人地系统相互作用机制研究转向全球人地系统相互作用机制研究。为此，如前所述，北京师范大学在地理学基础上，相继组建了资源学院、减灾与应急管理研究院、全球变化科学与地球系统科学研究院、国家安全与应急管理学院。

本人与合作者（史培军等，2014）在《地球科学进展》发表《灾害风险科学发展与科技减灾》，对近期召开的一系列国际灾害风险会议讨论的灾害风险科学关键前沿问题进行了分析。针对正在制订的国际减轻灾害风险"后兵库战略框架"（post-Hyogo Framework for Action），就未来灾害风险科学发展与科技减灾趋势作了综合研判。提出加深对灾害系统复杂性的认识，即从灾害系统各要素的相互作用认识灾害系统的复杂性，从全球变化的区域特征与成因机制认识气候变化风险的复杂性，从区域发展水平与模式认识巨灾风险的复杂性。提出从灾害系统的复杂性厘定科技减轻灾害风险的战略与对策，即建立一体化的综合风险防御范式，建立多空间尺度的综合风险防范体系，建立多功能的巨灾风险防范金融体系，建立多利益相关者防范灾害风险的凝聚力模式，建立风险信息服务与对策仿真模拟综合集成平台。

本人在《自然资源学报》发表《关于资源学科定位及其学科与人才培养体系》（史培军，2003）认为，环境问题的根源是资源利用问题。加强资源问题的研究是解决资源利用所引起的环境问题的关键措施。在环境问题研究日趋完善与深化的今天，加强对资源学科体系和资源领域人才培养体系的建设显得更加迫切。依据近年来从事资源问题研究和资源领域人才培养的实践，以及推动资源学科建设的行动，就资源学科定位、学科体系及其人才培养体系构建，提出一个初步的框架。对资源问题的研究可归纳为"资源学"，作为"交叉学科"门类，与理学、工学、管理学等学科门类同级。资源学可进一步划分为资源科学、资源技术学与资源管理学。2021 年国务院学位委员会正式设立了交叉学科门类，并把与地理学、测绘科学与技术、信息科学与技术密切的"遥感科学与技术"列为交叉学科门类的一级学科（授理学或工学学位）。

目前，在地理科学学部，设有地理学院、自然资源学院、灾害风险科学研究院、遥感科学与工程研究院、陆地表层系统科学与可持续发展研究院、地理数据与应用分析中心等，在学校还设有应急管理部—教育部减灾与应急管理研究院，全球变化科学与地球系统科学研究院、国家安全与应急管理学院，现代地理科学体系初显端倪。

四、结语

本文从社会需要就是地理学研究的方向、学科发展与人才培养需要学科组织与平台、学术研究提升与人才培养提质需要紧抓发展机遇，明确了社会经济的发展需要是地理学学科发展的基础，亦是地理学人才培养的重要目标。从坚定不移地把地理学取得的最新进展写进教材带入课堂、通过整合“三个课堂”提升地理学研究与教育适应时代选择的能力、通过教师承担科研教学研究任务提高地理学的研究与教育能力、通过多学科融合提高地理学团队的研究水平与人才培养能力、通过学科平台建设提高地理学的研究水平与人才培养能力、通过国际学术交流与合作提高地理学的研究水平与人才培养能力，促进现代地理学发展与大学地理教育的提质增效。从理解“人—地关系”到设计“人—地协同”、中国地理教育的继承与创新、现代地理学与地理教育新领域的开拓，探讨了构建现代地理学与大学地理教育融合与渗透的发展体系。

由于作者对现代地理学与大学地理教育理解不透、地理学知识有限、地理学工作经历不足等原因，一些看法可能与同行不同，错误和不足在所难免，敬请各位同行和同事批评指正。

参考文献

[1] 史培军：“关于资源学科定位及其学科与人才培养体系的建设”，《自然资源学报》，2003 年第 3 期。

[2] 史培军、孔锋、叶谦等：“灾害风险科学发展与科技减灾”，《地球科学进展》，2014 年第 11 期。

[3] 史培军、宋长青、程昌秀等：“地理协同论——从理解‘人—地关系’到设计‘人—地协同’”，《地理学报》，2019 年第 1 期。

[4] 史培军、宋长青、葛道凯等：“中国地理教育：继承与创新”，《地理学报》，2003 年第 1 期。

[5] 史培军、王静爱、陈婧等：“当代地理学之人地相互作用研究的趋向——全球变化人类行为计划（IHDP）第六届开放会议透视”，《地理学报》，2006 年第 2 期。

[6] 熊巨华、王佳、史云飞等：“国家自然科学基金地理科学申请代码的调整优化”，《地理学报》，2020 年第 11 期。

现代地理学与大学通识教育

贺灿飞、黄宇[1]

现代大学的通识教育是发端于古希腊时代“自由教育”（liberal education）的教育理念，是大学教育乃至整个教育领域中保有巨大影响力的教育思潮之一，与“博雅教育”“普通教育”“一般教育”等理念互为表里。随着时代的变迁，通识教育内涵延伸，尽管尚未形成统一的规范性表述，但始终保有若干一脉相承的基本属性：教育方法强调不要束缚学习者的身心自由性（liberation），教育内容强调对所有的学习者都有必要的基础性和普遍性（fundamental and generality），以及教育目标不强调现实价值而强调纯粹的知识和能力成长的内在价值目标（intrinsically valued ends）和理性（reason）（石中英，2003；何玉海，2004）。尽管在不同的时代，受到不同教育思潮的影响，通识教育的价值取向总是在科学主义和人文主义两端摇摆，但都无法偏离和改变基于以上属性的理性主义、人本主义和民主主义三方面的精神。因此，通识教育其实反映了大学教育在人的发展方面要达成的最高目标，是着眼于人的全面发展的教育。它不仅仅意味着“理性的发展”和“心灵的装备”，也不仅仅注重“生存的能力”和“实用的技能”，而是希望让受教育者能够超越学科的分野和壁垒、穿越“变化的时代或时代的变化”，涵养和提升智慧，从而成为“虽然没有受过任何类似对付今天各种问题的培训，但却有教养、善用智识、以广博的视野处理所在时代不断变化之问题的人才”（亚伯拉罕·弗莱克斯纳，2001）。

通识教育的理念历久弥坚，但通识教育的模式却不是一成不变的。通识教育必须要和时代发展契合，要与当时的社会环境契合，要与学生的需要契合。在大学教育的历史长河中，时代发展对人才培养的要求随着观照主题的迁移和不同思潮的激荡经历着深刻而巨大的变

作者简介

贺灿飞，北京大学城市与环境学院教授，院长。1990～1994 年在北京师范大学地理系攻读学士学位，1994～1997 年在北京师范大学资源与环境科学系攻读硕士学位，师从梁进社教授。

黄宇，北京师范大学教育学部国际与比较教育研究院副教授。1990～1994 年在北京师范大学地理系攻读学士学位，1994～1997 年在北京师范大学资源与环境科学系攻读硕士学位，师从张兰生教授。1997 年留校工作至今。

化。当今世界正处于“百年未有之大变局”，复杂性、多元性、不确定性成为重要的时代特征。气候变化、重大公共卫生事件、自然灾害、社会经济体系治理等全球性重大挑战亟需找到有效的解决方案；解决全球性重大挑战背后的核心科学问题也在推动科学研究范式发生根本性的变革。面对复杂多变的世界，弗莱克斯纳所强调的具有“适用于任何领域的智慧”的人才之重要性愈加凸显出来，重新认识和设计大学通识教育以培养此类人才之重要性愈加凸显出来。正如大卫·W. 奥尔（David W. Orr）所言，“重塑人类自身来适应一个无穷的星球，远比重塑这个星球来适应我们无尽的欲望要好得多……这个星球已经不需要更多的成功者，但却比任何时候都更需要和平的缔造者、创伤的平复者、破坏的复原者、故事的讲述者和仁爱者。它需要人们在他们的地方好好地生活。它需要具有道德勇气的人们加入一场战斗，以使这个世界变得适于居住，更人性化”（Orr，2004）。

显然，在“重塑人类自身”，形成“智慧”的通识教育过程中，地理学扮演着重要的角色。联合国教科文组织认为，“可持续发展公民必须掌握一些重要能力……（包括）系统思维能力、预期能力、规范能力、战略能力、协作能力、批判思维能力、自我意识能力、综合的解决问题能力”（UNESCO，2017）。经济合作与发展组织则提出，未来的全球公民需要“能够体察本土、全球和跨文化问题；能够理解并欣赏他者的观点和世界观；能够参与开放、得体并有效的跨文化互动；能够为集体福祉和可持续发展采取负责任的行动”（OECD，2018）。不难看到，学习地理在培养这些跨领域、横断学科的“可持续发展素养”和“全球胜任力”方面具有独特的功能，可以发挥重要的作用。因此，重新审视当代大学通识教育中纳入地理学的意义和地位，重新探索当代大学通识教育中实现地理学价值的方法和路径，重新设计当代大学通识教育中教授地理学的内容和载体，无疑可以帮助我们明了地理学和大学通识教育的关系，确立地理学在大学通识教育中的地位，厘清地理学面向通识教育的转变方向。

一、通识教育地理学具有独特功能

长期以来，社会公众对地理学存在一些认识误区，且产生了深远的影响。例如，“表记论”，认为“地理学直一种琐碎庞杂之表记耳，安得谓之科学哉”；“方志论”，把方志等同于地理学术著作，认为方志即为“地理专门”；“文科论”，错误理解学科属性的文理之别，把基础教育考试中的学科分类等同于科学分类，认为地理学只是文科生的学习科目；“无用论”，用狭隘的“工具主义”思维来否定地理学习的价值，觉得学地理和其他科目相较而言在日常生活和职业生涯中用处不大；“非科学论”，把“经验实证”作为判定科学的唯一标准，认为地理学研究缺乏可证伪性，也没有归纳实验的条件，因此不能称之为科学。产生这些认识误区的原因固然复杂多样，但在世界范围内很长时间对不同层次受教育者开展的偏颇失衡乃至错误的地理教育恐怕要负上重要的责任。对于未来不会从事地理学专门研究工作但接受大学程度教育的受教育者而言，在基本的“导论”层面上了解地理学要培养什么样的人，地理学能培养什么样的人，地理学怎样培养人，是理解地理学和大学通识教育正确关系的基础。在这个意义上，至少应当对现代地理学在人才培养方面的独特功用有所认识。

（一）地理学提升受教育者的人生品质

基本的地理学知识是人们得以正常生活的保障。日常生活离不开地理学。穿衣饮食，出行购物，择校置业，在各种常见的生活场景背后，其实都有地理学知识在发挥作用。即使是信息技术设备高度发达和普及的今天，看地图寻找道路和位置，了解天气信息选择着装和随身物品，根据目的地的地形地貌特征制订出行计划，熟悉不同地方的风土人情和景观特点以更好地享受旅游生活，仍然是每位现代公民必做的功课。在面临各种自然灾害和突发事件时，具备基本的地理学知识更能帮助人们做出正确的判断和计划，实施安全合理的避险和救助行动。由此可见，地理学并不遥远，它一直潜移默化影响着我们的日常生活。

基本的地理学知识是人们树立正确自我意识的基础。在古希腊哲学家看来，“认识自我”是人类发展的高峰，也是道德产生的根源。而自我意识的确立，实际上和人们在自身与他人的关系、自身和环境的关系问题上的认知和发展有着根本性的关联。地理学研究地球和地球上自然环境、物理环境和人文环境的关系。“地理学使得从地方尺度到全球尺度研究人类活动及其相互关系、人类与环境之间的相互作用成为可能。”“受过地理教育的公民能够理解人与人的关系，也能够理解个人对自然环境和他人的责任。地理教育能帮助青少年学会如何与所有生物（包括人类自己）和谐相处”（国际地理联合会地理教育委员会，2016）。

基本的地理学知识是人们达成更高需求层次的支撑。马斯洛的需求层次论指出，人类需求可以从低到高划分为五个层次，即生理需求、安全需求、社交需求、尊重需求和自我实现需求。自我实现的需求是最高层次的需求，是实现自我理想，发挥个人潜力，获得精神满足的需求。因此，达成更高的需求层次，实际上是要树立崇尚精神的生活质量观，不再推崇物质财富和过度的物质享受，而把拥有智慧认为是一种幸福。作为塑造心灵，启迪智慧的重要内容，地理学无疑是使人类追求高层次需求的支撑。“即使学生们不再进一步学习地理学课程……他们也已接触到本学科丰富而广博的内容，并且作为一个有教养的成年人为了完成当前和未来的任务而掌握了新的洞察力和理解力”（阿瑟·格蒂斯等，2013）。

（二）地理学润泽受教育者的人文情怀

地理学一向强调研究人地关系。威廉·莫里斯·戴维斯（William Morris Davis）就曾指出，地理学是研究地球上各种事物和人类关系的一种科学（张兰生，2018）。戴维斯所说的“地球上各种事物”，也就是人地关系的“地”，就是现代地理学里所讲的“地理要素”“地理综合体”。因此，在戴维斯看来，地理学固然要说明地球表层各要素的差异、分布、演变和过程规律，但更重要的是要把地球视为人的世界来了解它，要把人作为地理学研究的出发点和终极目标，而不仅仅是把人视为一种地理要素来看待。在这样的人文精神观照下，“地理学的两个方面：一是把地球看作一个行星而探索其科学奥秘，二是把地球看作是人类之家而从中寻求实际效益”（张兰生，2018）便得到了统一。

作为人类历史上的最古老学科之一，地理学为人类的生存和延续作出了巨大而独特的贡献。“地理学的最大贡献，一是提供了从空间观察事物的尺度，从而导致了社会、经济、文化、历史的区域研究；二是从地理环境的演变过程中考察人与自然的动态和辩证的关系。这两个方面，一是体现了对人类的生存和未来命运的关怀，二是体现了对人类社会发展道路空间异同的关心，所以地理学的本质，或至少它的终极追求也是人的科学，而绝非无生命的岩石、土壤和水”（赵世瑜，1997）。

基于这样的认识，可以看到“人文关怀”在地理学的发展过程中绵延不绝。尽管地理学研究的发展过程中“地球科学传统”由于在解决现实紧迫的资源环境问题过程中表现出的有效性而备受关注，但地理学家并没有完全忘记，这些问题的提出本身就是出于对人的生存的关怀，同时解决这些问题需要把人和社会的因素考虑进去。因此，接受地理学的训练无疑让人能够更深切地关怀人的品性和情感，关怀人的生存状况和意义。这正与当前世界教育发展强调人的主体地位，发扬人类的主体意识，要求恢复、强化和充分发展人类的理性意识和责任意识的趋势高度一致。

（三）地理学培养受教育者的综合能力

“综合”几乎可以认为是地理学最为重要的思维方式。在哲学上，“综合”是辩证思维的一个方面，“是把通过分析揭示出的普遍性和本质作为基本线索，使原先被撇开的特殊性和现象，重新和普遍性和本质统一起来的一种逻辑方法”（汪馥郁、姜成林，1983）。是紧随在机械分析思维方式之后诞生的四种基本思维方式历史形态之一（尹星凡、王斌，2003）。

在地理学的研究中，综合思维贯穿始终（傅伯杰等，2015）。生活中，人们运用综合的观点认识地理环境的思维方式称为地理综合思维。而具有地理素养的人，地理综合思维的水平更高（卢晓旭等，2022）。从发展上看，地理综合思维集成了整体思维、联系思维和系统思维（蔡德贵，2007；王文洁、张琦，2018），实际上是哲学辩证的分析在地理学领域的独特运用。

尽管综合思维并不是地理学仅有的思维方式，但无疑是最重要和最独特的思维方式。现代地理学研究进一步阐释和发展了“史地合一”“时空交织”的方法论内涵，认为地理综合思维具有要素综合、时空综合和地方（区域）综合三个维度。没有任何一个学科，像地理学如此强调综合思维的意义和价值，甚至提出将其作为自身存在和发挥作用的根本（闾国年等，2021）。地理学研究对象的整体性与关联性、地理学与其他学科的关联交叉性，使得地理学研究必须遵循综合性的原则，使得地理学成为现代科学中运用综合思维最好的示范，也使得地理学习成为受教育者发展综合能力的有效途径。

（四）地理学促进受教育者的战略思维

战略思维是思维主体对事物进行全局性、长远性和根本性认识和谋划的思维方式，是认识、分析和解决宏观性、前瞻性等重大战略问题的一种科学方法（吴建伟，2021）。战略思维的根本特征是正确处理“实践活动中各方面、各阶段之间的关系，以达到全局的最佳效果”（杨春贵，2010），可以说是时空统一的全局思维。

战略思维不是统帅或者领导专有的能力。无论个体处于何种地位，都会面临全局和局部的关系问题，都有必要增强全局意识，了解战略大局。现代社会政治经济的复杂变化对人们提出了一系列挑战性的战略问题，需要人们用新的思维方式给予回答。在充满着空前复杂和不确定性的风险和挑战，又蕴含着稍纵即逝机遇的新时代，对具备战略思维能力的人才需求从未如此紧迫。因此，战略思维可谓是每个现代公民应当具备的基本素质。

从古至今，为不断增长变化的社会需求提供服务一直是推动地理学发展的动力之一。在局地、区域和全球不同尺度环境变化和经济发展决策中，地理学均扮演着重要角色。无论是自然资源开发利用、自然环境保护与整治、环境演变和全球变化、自然灾害预防与治理，还是社会生产力优化配置、旅游资源和土地资源开发利用与保护、人口控制与社会经济协调发展、重大经济建设项目和工程的合理布局等，在一系列不同层次的战略性问题决策过程中，地理学人才所具备的前瞻性、全局性、长远性、务实性的战略思维品质均发挥着不可替代的作用。地理学可以被视为一门服务不同层次决策的战略科学，也为受教育者形成战略思维能力提供了独特的思想范式和实践场域。

二、地理学在大学教育中占有必要地位

第二次世界大战之后，特别是20世纪90年代以来，包括通识教育课程在内的美国高等教育模式传播到许多国家和地区，使得通识教育成为现代大学教育中普遍的组成部分。在不同的国家和地区，通识教育有着不同的课程形态和实施方案。一般来说，通识教育由校级统筹，跨院系、学科开设，主要以选修课的形式开展。选修课通常由学校安排相应的主题模块，或实行开放课程体系，鼓励本科生跨专业选课。无论在国外还是国内大学，地理学均在通识教育体系中占有一席之地。

（一）国外大学通识课程体系中的地理学

地理学领域的通识课程在国外高校很受欢迎。一方面，地理学课程覆盖面广，能满足不同专业背景学生拓宽视野的需求；另一方面，校方、院系对地理学重视程度高，地理学教学力量较强的学校通常将其贯穿在大多数专业学生的培养方案中。与国内高校有所不同，国外大学提供的“通识选修”知识深度相对较高。一方面，学校通常将全球议题设置为课程模块的核心，从大角度切入，鼓励学生结合各自的专业知识修读课程；另一方面，通识课对思维方式、基础知识要求较高。

在北美地区，高校本科通识教育课通常是模块必修课，以“超市型”课程开展本科生通识教育（强海燕，2012）。通识教育课程往往分为不同模块，每一模块均提供一系列课程。本科生需要在每个模块中选修至少一门课程，了解交叉学科知识，在自己专业之外掌握观察社会、观察自然的独到视角（谢鑫等，2021；张会杰、张树永，2013）。地理科学知识渗透在这些模块的课程之中。例如，哈佛大学伦理与公民模块提供“气候变化伦理学”（Ethics of Climate Change）课程，要求学生系统了解气候变化的成因与过程，了解应对气候变化政策的提出与实施。自然地理是这门课程的基础，在此之上结合经济地理、政治地理等理论方法，系统探索气候变化与社会发展的关系。麻省理工学院设置的地理类通识课覆盖科学、人文以及实验板块，旨在促使学生掌握地理学思想方法，树立全球意识（高皇伟、吴坚，2016）。多伦多大学提供30余门地理类通选课，主题大多与全球环境、城市社会、文化历史等相关，重点培养学生对全球议题的关注度与思辨能力（强海燕，2012）。

欧洲地区高校通识选修课种类更多，覆盖全校本科生课程，给学生提供了丰富的选择。在地理学相关领域实力强劲的大学会更多地提供地理科学课程作为自然科学、社会科学的交叉点，开课量处在通识选修课的前列。例如，伦敦政治经济学院为本科生提供必修通识模块

(LSE100)。“LSE100”主要关注世界议题，要求本科生将自己专业知识与模块内容相结合，形成相关领域的系统思考（郭德红，2007）。“LSE100”课程对于全球性问题的探讨通常离不开地理科学的内容和方法。再如，阿姆斯特丹大学本科生在第三年可以选择多门地理课程，包括“金融与经济地理”(Financial & Economic Geography)、“政治地理”(Political Geography)等专门性很强的课程。俄罗斯圣彼得堡国立大学则为部分院系本科生开放地理学领域前沿课程，例如“水文动力学”“城市发展管理”“区域规划治理”等。这些课程多以英语授课，成为了吸引国际学生、复兴人文素质教育的重要砝码（刘金花，2017）。

在亚太地区，地理学作为悉尼大学选修课的一大模块，有超过40个专业将其列为选修内容，覆盖农学、经管、艺术、人文、自然科学等多个领域。新加坡国立大学与日本早稻田大学主要实行学院/学部内选修制度，本科生可以在学院/学部提供的课程中进行多样化选择；除此之外，剩余学分可以进行跨学院/学部修读。学生可以选择大量地理学科目进行学习。课程把“以人为本”作为出发点，旨在提高学生综合思维能力（乐传俊，2017）。

（二）国内大学通识课程体系中的地理学

近年来国内通识教育也掀起了新一轮的改革热潮，对通识课程进行结构优化与平衡，以满足国家对通识教育与专业教育相结合的培养制度的需求（陈廷柱、张静，2016；冷琳琳，2021）。地理学课程也被纳入通识教育体系，并在其中发挥了重要作用。

北京大学在2000年设立了本科生素质教育通选课，并从2003年开始修订本科生教学手册，以推动通识教育改革。北京大学的通识教育以立德树人为根本，以学生的人格塑造与德性养成为主要目标，旨在提升学生的人生境界和思想品质，培养学生健全的人格和公民意识，使学生掌握阅读思考能力、反思创新能力和沟通表达能力，培养“懂中国、懂世界、懂自我、懂社会”的卓越人才（北京大学教务部，2022）。截至2021年，北京大学共设立了291门通识课程，共分为四个系列：①人类文明及其传统（74门）、②现代社会及其问题（106门）、③艺术与人文（53门）、④数学、自然与技术（58门）。其中，地理学相关课程共18门。从2010年起，北大开始打造通识教育核心课程，以进一步完善原有通选课体系。课程注重将通识教育理念贯穿在教学全过程中，探寻更具成效的教育方式，以作为“种子”帮助学生提升。截至2021年北京大学共有核心课程87门，其中地理学相关的共7门。地理学在北京大学通选课中占据了较为重要的地位，且课程相对全面系统，包括自然、人文、历史、经济社会、艺术审美等多方面。

北京师范大学通识教育课程将促进人的全面发展和适应社会需要作为衡量人才培养质量的根本标准，以培养面向未来的卓越教师和拔尖创新人才，旨在使学生通过通识教育课程的学习，在知识掌握、能力发展和综合素质提升方面获得长足进步(北京师范大学教务部，2019)。

北京师范大学通识教育课程共分为六个模块：家国情怀与价值理想、经典研读与文化传承、数理基础与科学素养、社会发展与公民责任、国际视野与文明对话、艺术鉴赏与审美体验。其中地理科学学部开设的通识教育课程共 59 门，主要分布在数理基础与科学素养、艺术鉴赏与审美体验、社会发展与公民责任模块之中。近年来，为进一步推进通识教育改革，北京师范大学又推出通识教育核心课程，以引导学生深刻理解未来世界变化、把握大数据和互联网时代特征、洞悉绿色发展价值和依法治国理念。通识教育核心课程共 54 门，其中地理学相关共 4 门，均属于数理基础与科学素养模块。

清华大学通识教育以价值塑造、能力培养、知识传授“三位一体”，总体目标为“立己达人、全人格的价值养成；慎思明辨、批判性的思维能力；文理兼备、跨学科的知识结构”。不仅仅要培养出适合各领域、各岗位的优秀人才，更要培养出各行各业的领军人物与思想领袖。通识课程共近 400 门，分为必修与选修，通识必修课程为“写作与沟通”课程，选修课程包括人文、社科、艺术和科学四个课组（清华大学教务部，2021）。其中地理学相关课程共 17 门。

从国内外若干大学的案例可以看到，地理学在当代大学通识教育体系中尽管并未成为核心的基础性课程，但依然占有重要地位。总的来看，目前地理学在国内外通识教育体系中的地位大致表现在以下三个方面：

一是作为基本素养的一个方面。地理学是一门“经世致知”的学科，与日常生活息息相关，强调开阔视野，知行合一。通过对时空的深入分析，学生可以更加深刻地理解人地关系，认识世界与区域。因此，在通识教育中设置地理学相关课程，以让学生更好地“懂世界、懂中国、懂社会、懂自己”（高翔等，2014；付勇等，2020）。

二是作为科学基础的一个方面。地理学是自然科学与社会科学的交叉点，可以培养系统思维与空间视角。地理学本身是一门综合性极强的学科，研究方向涵盖了人文社科、数理自然、艺术审美、历史信息等多方面多角度。对地理学进行系统性的学习有利于培养学生的科学思维、综合思维、批判思维、空间思维、尺度思维、关联思维等，提升其阅读思考能力、写作沟通表达能力、科研创新能力。因此，把地理学纳入通识教育，是出于完善学生科学基础的需要（王宇会等，2020）。

三是作为技能方法的一个方面。地理学在现代技术和方法支持下，具有与信息科学、数据科学融合的优势，也对其他学科提供着基础性支持。随着信息科技的发展，地理信息系统不仅仅对地理学专业，而是对更多的学科至关重要（李国伟等，2022）。空间与时间是一切的载体，包括规划设计学、考古学、艺术学、工程学、经济学等诸多学科需要用到地理信息系统的相关知识来研究其专业问题。将地理学纳入通识教育可以满足其他学科对于地理信息技术与方法的需求，为各类专业学生未来的深入研究奠定坚实的基础（赵怀琼，2008；杨文华，2014；贾军涛等，2017）。

三、通识教育地理学应有清晰取向

通识教育并不是一般性的空泛教育，也不是无所不教的教育，而是在学生受教育的过程中，让学生可以被培养为负责任的公民和有教养的人，具备独立思考、逻辑推理、清晰沟通、适切判断等素质，发展成为完整的人（Harvard Committee，1945）。通识教育地理学应当秉持以学生为中心的理念，从育人的需求出发，重视人的全面发展，将社会发展、学科发展与人的发展相统一（图 3-2），培养具备远大眼光、通融识见、博雅精神和优美情感的人（江海，2015）。由此看来，通识教育中的地理学必然要体现人与人、人与社会、人与环境整合性的思维与全关怀（何昕家，2016）。它不能等同于地理常识的普及，也不能等同于地理专才的培养，而是需要秉持以学生为中心的理念，从育人的需求出发，将社会发展、学科发展与人的发展相统一。从国内外高校通识教育的情况来看，虽然地理学在通识教育体系中占据了一定地位，但目前的课程设置仍然不够系统全面，没有充分发挥地理学的潜在影响力（黄秋燕等，2019）。通识教育应当从人的发展、学科发展和社会的发展出发，将地理学全面系统地纳入到通识教育基础体系中去，更好地培养学生思维与能力（阎光才，2021；谢淑云等，2021）。面向通识教育的地理学，应当构建人的发展、学科发展和社会发展“三位一体”的体系，应当树立观念，养成思维，传授知识，训练能力，涵养德性，转变行为，全面系统地融入到通识教育基础体系中去。

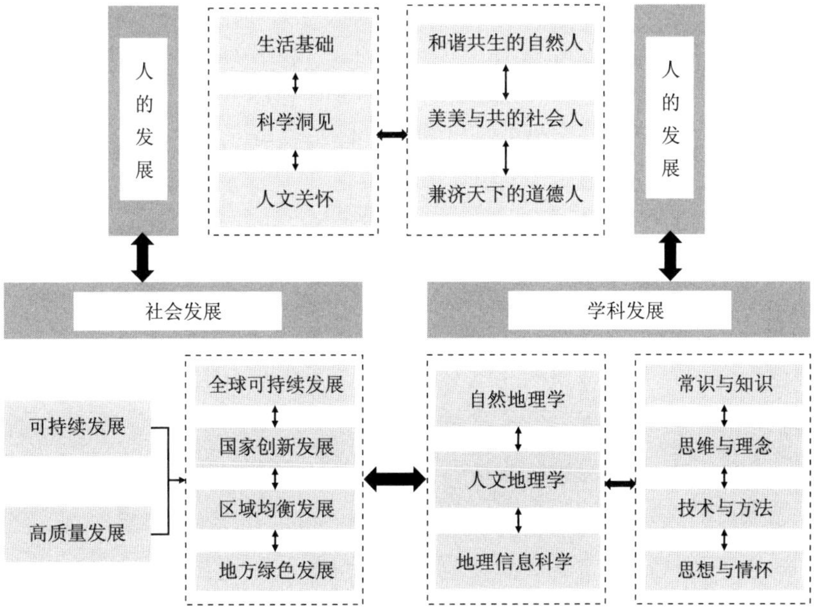

图 3-2　通识教育地理学体系

（一）通识教育地理学应以人的发展为根本旨归

通识教育中的地理学要依从通识教育的基本原则，发挥在人才培养方面的独特功用，把促进受教育者的全面发展作为自己的根本任务。通识教育地理学不以直接解决地理学问题为目的，也不仅仅是帮助学生了解地理学本身，更是教导学生利用地理的视角来理解我们赖以生存的地球（Harper，1992）。因此，通识教育地理学在人的发展方面的首要目标应当是使学生发展起地理学独特的价值观念和思考态度，“为当今和未来世界培养活跃而又负责任的公民”（国际地理联合会地理教育委员会，1993）。它帮助受教育者奠定生活基础，获得科学洞见，养成人文关怀，最终成为和谐共生的自然人、美美与共的社会人、兼济天下的道德人三者统一的合格公民。

因此，通识教育地理学需要特别关注受教育者地理学特征的观念和思维的养成，要为受教育者提供基本而不可替代的思维品质和思维训练。从观念方面来看，地理学独特的思考态度和思维方式可以归结为人地观、人口观、资源观、环境观、乡土观、他国观、国家观、全球观等，其中又以人地观为核心和基础。从思维方面来看，地理学可以训练科学思维、美学思维、系统思维、综合思维、空间思维、关系思维、尺度思维等，其中又以综合思维为核心和基础。因此，人地观和综合思维，无疑应当是通识教育地理学的主线。

（二）通识教育地理学应以学科发展为基本依托

地理学是一门不断发展变化的学科。从古代地理学、近代地理学到现代地理学，它不断衍生出新的学科分支，又不断拓展新的研究领域。随着人类科学的不断进步和发展，它的研究对象、研究方法和观念逐渐更新，形成了包含众多分支的大学科体系。就地理学整体发展而言，已经从经验科学走向实验科学，从对宏观格局的研究走向微观过程和机理与宏观格局相结合的研究，从要素和过程的分离研究走向综合集成的研究（宋长青、冷疏影，2005）。多维、动态、集成、交叉，是地理学科发展中形成的重要特点。自然地理学、人文地理学和地理信息科学是地理学科发展中形成的三大集群，也是通识教育地理学发展的基本依托。地理学的传统内容和现代观点、技术，都应当成为大学通识教育的一部分，为受教育者提供丰厚的常识和知识、思维和观念、技术和方法、思想和情怀方面的教育内容。

与其他学科相比，通识教育地理学一方面可以提供丰富的交叉学科知识。例如，自然地理学与物理学、化学、生物学交叉，人文地理学与政治、经济学、社会学、人口学、文化学等交叉，地理信息科学与计算机、人工智能、大数据等交叉。这种多学科知识的碰撞，也为接受通识教育者提供了形成贯通不同学科领域的大概念的基础。另一方面，通识教育地理学还可以提供独特的认知性技能、操作性技能、技术性技能、合作和交流技能方面的训练。例如，信息处理技能、问题解决技能、科学观察和探究技能、计算思维和交流技能、设计思维和创新技能、操作仪器设备的技能、团队合作和交流技能等。这些不仅是科学工作者必备的素质，也是接受高等教育者应具备的修养。

（三）通识教育地理学应以社会发展为持续追求

众所周知，当今的自然和社会、经济、文化系统都处在深刻、迅速、令人眼花缭乱的变动之中。人类只有重新认识世界，认识自然，认识自我，才能在文明发展的道路上继续前行。为了能够有效地应对国内外挑战，有效地参与全球事务，国家的领导人和公民必须对地球上的区域和人民有着清楚的认识，对自身的责任和使命有着清楚的认识。这恰恰是“经世济用”的地理学可以发挥作用的关键之处。当然，这些认识在大学前的教育中就应当形成，但在大学教育中也是必须的。在这个意义上，通识教育地理学是进行国情教育、爱国教育、环境教育、国际理解教育以及可持续发展教育的最好素质教育（王树声，2012）。

地理学自产生之日，便与社会发展、时代变化紧密地结合在一起。回应现实需求，服务国家发展，推动人类命运共同体的建设，更是当代地理学的使命和追求。在这个意义上，地理学可能是最具时代感、紧迫感和使命感的科学。当“形成绿色发展方式和生活方式，坚定走生产发展、生活富裕、生态良好的文明发展道路”成为人类的共同愿景和坚定决心的时候，当构建“求同存异”“美美与共”“共赢共享”的命运共同体成为人类的文明趋势和发展走向的时候，地理学更进一步凸显出在应对人类社会面临的重大挑战方面所具有的其他学科无法比拟的优势。

在社会发展方面，通识教育地理学应当是一种价值观教育。首先，地理学让受教育者认识到“只有一个地球”的价值。赫特纳曾说：“它（地理学）既叫我们认识到人类改造自然，也让我们了解人类受制于自然，使我们相信人类不是在自然以外而是在自然之中，要服从自然的规律，构成宇宙的一部分……这就是地理认识对于教育和品德的另一种价值”（张亚南，2007）。其次，地理学让受教育者认识到国家的价值，增强国家责任感，培养家国情怀，高举爱国主义旗帜。再次，地理学还让受教育者认识到世界的价值，认识到世界上不同民族的相互依存关系以及个人对促进国际理解与和平的责任。

通识教育地理学绝不仅仅是一种价值观教育，也需要关注在价值观指导下的行为模式，并且通过理论和实践相结合，改变个人和社会的行为模式。地理学研究具有很强的实践性，这也要求通识教育地理学必须注重现场性的实践教学，注重和解决实际问题相结合，注重和日常生活相结合，让受教育者感受到知识对实践的指引和行为对理念目标实现的意义。

四、结论与讨论

通识教育是着眼于人的全面发展的教育，它并不是一种纯粹的职业教育、专业教育、技术教育或文科教育，也不是什么都懂的“通才教育”。它传递人类的普遍知识，促进人的理智发展、灵魂陶冶、个性自由和人格健全（易红郡，2012）。要达到这一目的，通识教育“应该是使学生既掌握某种特定的职业或技艺，同时又掌握作为自由人和公民的普遍技艺”（哈佛委员会，2010）。大学通识教育在坚持“学以致用”的同时，帮助莘莘学子不忘家国情怀，帮助他们在掌握“以何为生”本领的同时，懂得“何以为生”的缘由，成为既“为稻粱谋”，又“为天下忧”的栋梁之才（龚放，2020）。由是，在当代大学通识教育中，地理学至少可以发挥四个方面的独特作用，即提升人生品质，润泽人文情怀，培养综合能力，促进战略思维。目前在国内外大学的通识教育体系中，地理学已经初步表现出在人才培养方面不可替代的作用，但还未能充分体现地理学的育人价值。面向通识教育的地理学，应当从人的发展出发，树立观念养成思维；从学科发展出发，传授知识，训练能力；从社会发展出发，涵养德性，转变行为，全面系统地纳入到通识教育基础体系中去。

要完整地发挥通识教育地理学的作用，全面达成通识教育地理学的目标，无论是开发新的示范性课程，还是改进现有的相关课程，都必须选择适切的通识教育地理学课程模式。目前世界上通识教育的开展模式大致有四种，即分布模式（“自助餐”模式）、核心模式（经典名著研读模式）、概况模式和探究模式（王晓阳、曹盛盛，2015）。这四种模式各有优缺点，但总体来看，强调“授人以渔”的探究模式最能体现通识教育的内涵，恐怕是通识教育的最佳模式，也应当是通识教育地理学的未来方向。不过，这种模式也是投入最高、难度最大的，还需要较长的时期加以发展。

在大多数大学中，可以通过改进现有课程，引入新的教学方法和强化教师教学能力来提升通识教育地理学的课程质量。但从目前大学教育的现实来看，通识教育地理学课程建设仍然存在一些困难和挑战。通识教育地理学固然不能沦为知识堆砌的“地理八股”，成为“常识教育”，却也不能成为地理专业人才训练的初级阶段，成为“专识教育”。如何在“常识”和“专识”之间达成平衡，培养真正的“通识”，殊非易事。另外，地理学自身长期以来的自然与人文对立二元论和专业分化过细的毛病，一方面在内容上让真正的学科贯通融合难以实现，另一方面也让胜任这样全面整合教学的教师难以培养，导致通识教育地理学的课程建设难以推进。再如，当前对于“通识”层次的教学资源建设仍有欠缺，特别是缺乏适应于中国特色地理学的中文教材、实践设计等，仍需假以时日充分发展。再如，由于通识教育地理学的重要性往往不被学生理解，重视程度不及专业课程，导致学业评价流于形式，达不到“学有所得”“学以致用”的效果。如此种种，也需要认真讨论，充分研究，小心求证，加以克服。

随着科学技术和社会发展，随着现代高等教育规模、类型和层次的发展，现代大学通识教育受到更加广泛的重视，通识教育更加注重“全人”的培养，通识教育的理念也在专业教育中得到越来越多的体现。在这样的背景下，地理学更需着眼未来，创新培养理念，改革教学内容，强化核心能力，打造精品课程，让地理学真正成为通识教育体系中的重要内容，成为培养未来公民不可或缺的关键科目。纵观地理学发展史，从古代地理学、近代地理学到现代地理学，尽管不同历史阶段的地理学在理论、手段和方法上变化显著，地理学的时代主题各有不同，但地理学“经国”“济世”“育人”的三大使命没有变化（张兰生，2018）。“经国”以求国家进步，“济世”以求世界大同，“育人”以求人生美善。在这其中，“育人”无疑是地理学实现其他使命的重要基础和前提。只有具有正确人地观和思维能力的人才得以辈出，才能有符合时代背景的指导理论和应用技术的出现和发展，达成“经国”和“济世”的社会责任。地理学的知识体系不仅能为现代人才的培养提供不可替代的思想品质，还能从常识、理论、技术、方法、技能、价值观等方面提供丰厚的学习内容。在培养未来人才的通识教育课程中，地理学无疑应当承担更大的责任，也具备更大的优势。

参考文献

[1] Harper, R. A. 1992. At issue: What is geography’s contribution to general education? *Journal of Geography*, Vol. 91, No. 3.

[2] Harvard Committee. 1945. *General Education in a Free Society. Cambridge*, MA: Harvard University.

[3] OECD. 2018. *Skills for the 21st Century: Findings and Policy Lessons from The OECD Survey of Adult Skills*. Paris: OECD.

[4] Orr, D. W. 2004. *Earth in Mind: On Education, Environment, and the Human Prospect*. Washington, DC: Island Press.

[5] UNESCO. 2017. *Education for Sustainable Development Goals: Learning Objectives*. Paris: UNESCO.

[6] 北京大学教务部：“北京大学本科生选课手册”，http://www.dean.pku.edu.cn/userfiles/upload/download/202201071428272054.pdf，2022-01-07[2022-02-28]。

[7] 北京师范大学教务部：“北京师范大学通识教育课程介绍”，https://jwb.bnu.edu.cn/zyykc/tsjy/eac1572385244762a553d22016667c21.htm#:～:text=%E5%9F%BA%E4%BA%8E%E5%AF%B9%E5%A4%A7%E5%AD%A6%E5%9F%B9%E5%85%BB%E7%9B%AE,%E5%8F%91%E5%B1%95%E4%B8%8E%E5%85%AC%E6%B0%91%E8%B4%A3%E4%BB%BB%E3%80%82，2019-03-17[2022-02-28]。

[8] 蔡德贵：“综合思维方式与儒学是否宗教的问题”，《文史哲》，2007 年第 6 期。

[9] 陈廷柱、张静：“国内外高水平大学通识教育课程改革的基本走向”，《高等教育研究》，2016 年第 11 期。

[10] 国际地理联合会地理教育委员会，冯以浤译：“地理教育国际宪章”，《地理学报》，1993 年第 4 期。

[11] 国际地理联合会地理教育委员会，杨洁、丁尧清译：“地理教育国际宪章 2016”，《中学地理教学参考》，

2016 年第 8 期（上半月）。

[12] 傅伯杰、冷疏影、宋长青："新时期地理学的特征与任务"，《地理科学》，2015 年第 8 期。

[13] 〔美〕亚伯拉罕・弗莱克斯纳著，徐辉、陈晓菲译：《现代大学论——英美德大学研究》，杭州：浙江教育出版社，2001 年。

[14] 付勇、邹妞妞、郭川："自然地理学通识教育课程教学改革探索"，《教育教学论坛》，2020 年第 18 期。

[15] 高皇伟、吴坚："麻省理工学院通识教育课程模式剖释"，《外国教育研究》，2016 年第 6 期。

[16] 高翔、高超、王腊春："在自然地理实践教学中实施通识教育"，《中国大学教学》，2014 年第 1 期。

[17] 〔美〕阿瑟・格蒂斯、朱迪丝・格蒂斯、杰尔姆・D. 费尔曼著，黄润华、韩慕康、孙颖译：《地理学与生活》，北京：世界图书出版公司，2013 年。

[18] 龚放："提升智慧水平：当代大学通识教育理念与路径选择"，《高教发展与评估》，2020 年第 5 期。

[19] 郭德红："伦敦政治经济学院的办学特色"，《比较教育研究》，2007 年第 4 期。

[20] 哈佛委员会著，李曼丽译：《哈佛通识教育红皮书》，北京：北京大学出版社，2010 年。

[21] 何玉海："自由教育：高等学校教育的历史必然"，《上海师范大学学报（哲学社会科学版）》，2004 年第 1 期。

[22] 何昕家："探究通识教育与环境教育融渗取径"，《通识学刊：理念与实务》，2016 年第 1 期。

[23] 黄秋燕、邓树林、邓兴礼等："中美地理信息科学专业本科课程设置比较分析"，《南宁师范大学学报（自然科学版）》，2019 年第 4 期。

[24] 贾军涛、陈清华、冀国盛等："推动高校地球科学通识教育的必要性与可行性"，《中国地质教育》，2017 年第 1 期。

[25] 江海："哈佛大学通识教育实践及其启示"，《教育评论》，2015 年第 2 期。

[26] 乐传俊："无围墙的新加坡国立大学本科教学引思"，《常州工学院学报》，2017 年第 2 期。

[27] 冷琳琳："哲学在大学通识教育中的作用"，《理论观察》，2021 年第 4 期。

[28] 李国伟、孙士斌、陆后军："'工业 4.0：互联网+智能制造'通识教育课程建设的探索与实践"，《工业和信息化教育》，2022 年第 2 期。

[29] 刘金花："俄罗斯大学通识教育的探索与实践——基于圣彼得堡国立大学经验的分析"，《比较教育研究》，2017 年第 8 期。

[30] 卢晓旭、罗茜、陆玉麒等："地理综合思维的认知结构及其检验——基于高中生样本的研究"，《地理科学进展》，2022 年第 2 期。

[31] 闾国年、周成虎、林珲等："地理综合研究方法的发展与思考"，《科学通报》，2021 年第 20 期。

[32] 强海燕："世界一流大学人文课程之比较——以哈佛大学、斯坦福大学、多伦多大学为例"，《比较教育研究》，2012 年第 11 期。

[33] 清华大学教务部："清华大学通识教育学生手册"，https://book.yunzhan365.com/pnsru/tuln/mobile/index.html，[2022-02-28]。

[34] 石中英："自由教育三题"，《湖南师范大学教育科学学报》，2003 年第 1 期。

[35] 宋长青、冷疏影："当代地理学特征、发展趋势及中国地理学研究进展"，《地球科学进展》，2005 年第 6 期。

[36] 汪馥郁、姜成林："辩证的分析与综合——现代科学思维的重要方法"，《社会科学辑刊》，1983 年第 6 期。

[37] 王树声："自觉提高素养，争取持续发展"，载方修琦：《区域地理论丛：地理教育与地理教师》，北京：北京师范大学出版社，2012 年。

[38] 王文洁、张琦："地理综合思维溯源"，《地理教学》，2018 年第 12 期。

[39] 王晓阳、曹盛盛："美国大学通识教育模式、挑战及对策"，《中国高教研究》，2015 年第 4 期。
[40] 王宇会、余旭、谢耀雯等："地图教育的重要性及在通识教育中的探索与实践"，《高教学刊》，2020 年第 25 期。
[41] 吴建伟："思政课教学加强培养大学生战略思维能力的思考"，《教育教学论坛》，2021 年第 2 期。
[42] 谢淑云、戴意蕴、散飞雪等："以'六创优'为抓手 全力打造地学通识教育'金课'"，《中国地质教育》，2021 年第 4 期。
[43] 谢鑫、王世岳、张红霞："哈佛大学通识教育课程实施：历史、现状与启示"，《高等教育研究》，2021 年第 3 期。
[44] 阎光才："关于本科通识教育的林林总总"，《中国高教研究》，2021 年第 32 期。
[45] 杨春贵："如何提高战略思维能力"，《人民论坛》，2010 年第 31 期。
[46] 杨文华："高等院校开设历史地理通识课程的意义与策略"，《教育与职业》，2014 年第 15 期。
[47] 易红郡："英国大学通识教育的理念及路径"，《华东师范大学学报（教育科学版）》，2012 年第 4 期。
[48] 尹星凡、王斌："论思维方式的四种基本历史形态"，《南昌大学学报（人文社会科学版）》，2003 年第 1 期。
[49] 张会杰、张树永："哈佛大学通识教育课程体系及其特点"，《高教发展与评估》，2013 年第 2 期。
[50] 张兰生：《此生——张兰生地理与环境教育文集》，北京：人民教育出版社，2018 年。
[51] 张亚南："地理教育的价值"，《地理教育》，2007 年第 1 期。
[52] 赵怀琼："高校通识教育中的地理和环境素质教育研究——以皖西学院为例"，《皖西学院学报》，2008 年第 5 期。
[53] 赵世瑜："从空间观察人文与地理学的人文关怀"，《读书》，1997 年第 5 期。

附表 1　国外部分高校地理学科通识课程汇总

通识课类型	主流地区	学校案例	课程案例	地理学科作用
模块（Module）课程	北美	哈佛大学	Ethics of Climate Change	贯穿于每一模块中；通常作为自然科学、社会科学相关模块核心课程；培育学生正确的人—地价值观，以理性视角看待全球问题
			Water and the Environment	
		麻省理工学院	Environmental Earth Science	
			Globalization: the Good, the Bad and the In-Between	
		多伦多大学	Global Cities	
			Geopolitics	
必修（Major）+选修（Minor）	欧洲	伦敦政治经济学院	LSE 100	必修通识课中地理学科主要目的是培养学生全球视野、国家意识、系统思维；选修课通常覆盖地理学专业课程，满足学生对不同领域地理知识的需求
			Introduction to Geography	
			Human Geography and the City	
		阿姆斯特丹大学	Financial & Economic Geography	
		圣彼得堡国立大学	Urban development Management	
	亚太	悉尼大学	Environmental and Resource Management	
			The Geography of Cities and Regions	
			Urban Citizenship and Sustainability	
限定选修	亚太	新加坡国立大学	Urban Land Use and Development	相关专业提供地理类课程，其中自然科学领域选修课更强调自然地理学习，人文社科领域选修课以人文地理为主，培养学生跨学科思维能力
			Principles of Real Estate Economics	
			GIS for Real Estate	
		早稻田大学	宇宙—地球科学	
			人文地理学	

附表 2　国内部分高校地理学科通识课程汇总

学校	课程类型	模块类型	地理学课程	通识核心课程	地理学作用
北京大学	模块课程	人类文明及其传统； 现代社会及其问题； 艺术与人文； 数学； 自然与技术	现代社会及其问题：经济地理学	经济地理学、现当代建筑、矿产资源经济概论、中国历史地理、世界文化地理、地球与人类文明、地球与空间	地理学课程占据了较为重要的地位，且课程相对全面系统，包括自然、人文、历史、经济社会、艺术审美等多方面，但另一方面现有课程对信息技术方面强调相对不足
			艺术与人文：现当代建筑		
			数学、自然与技术：中国历史地理、世界文化地理、生态学与环境变化、自然保护学、生态学导论、海洋科学导论、地球与人类文明、地球与空间、矿产资源经济概论、太阳系中的科学、太空探索、自然资源与社会发展、地球历史概要、地震概论、地史中的生命、地球环境与人类社会		
北京师范大学	模块课程	家国情怀与价值理想； 经典研读与文化传承； 数理基础与科学素养； 社会发展与公民责任； 国际视野与文明对话； 艺术鉴赏与审美体验	数理基础与科学素养：地理信息系统、遥感、信息工程、编程、气候土壤地貌自然、测绘、环境、智慧城市、历史地理等等诸多方面	GIS 在社会科学中的应用、GIS 在自然科学中的应用、地理信息系统（GIS 导论）、地理科学导论	地理学课程占据了非常重要的地位，但在“核心通识课程”中仅仅强调了地理信息系统、技术应用、自然资源方面，对地理学在历史、人文、社会、艺术审美的作用强调不足
			艺术鉴赏与审美体验：旅游资源与审美、宝石学概论与宝石鉴赏		
			社会发展与公民责任：环境与遗产解说、环境与健康、全球变化与水科学、全球水资源与人类文明、生态系统与人类福祉		
清华大学	必修+选修	必修： 写作与沟通	无	建筑与城市文化	地理学课程相对有限，且多集中于艺术审美、规划设计、自然与环境方向，对其他方面涉及较少
		选修： 人文课组； 社科课组； 艺术课组； 科学课组	人文课组：建筑的文化理解、中国历史地理、世界历史地理		
			社科课组：气候变化与全球发展		
			科学课组：建筑与能源、环境和气候变化、新城市科学、健康建筑、绿色建筑与可持续发展、城市设计导读、中国城市规划史、地球与人类环境、基础地质学		
			艺术课组：建筑与城市美学、空间认知和设计概论、中西古建筑踏查、体验建筑		

北京师范大学地理学人才培养的理念与模式

葛岳静、程杨

北京师范大学地理教育思想，既有历史的继承，又有时代的发展。在不断发展的地理科学时代性和北京师范大学人才培养目标定位转型的历史背景下，北京师范大学地理教育经历了从培养优秀教师，到协调“师范性”和“研究型”的统一，再到“培养优秀教师，培养地理科学研究方面的优秀人才，培养满足社会需求的实用人才”“三位一体”的人才培养目标的转变。继承北京师范大学地理先贤创立和奠定的培养师范性和研究型的地理教育人才培养目标和特色，依托日益壮大的学科队伍、雄厚的学科平台，以及“地理学国家理科基础科学研究和教学人才培养基地”“基础学科拔尖学生培养计划 2.0 基地”“国家级一流本科专业”等国家级教学平台，北京师范大学地理学科既为国家基础教育培养了数以万计的优秀地理教师，也为国内外高校和科研院所培养了一大批地理科学家、一大批服务于社会各行各业的高级实用人才。

一、北京师范大学的人才培养理念与培养模式

1902 年，北京师范大学前身京师大学堂师范馆在“办理学堂，首重师范”的理念下应运

作者简介

葛岳静，北京师范大学地理科学学部教授。1981～1985 年在北京师范大学地理系攻读学士学位，1985～1988 年在北京师范大学地理系攻读硕士学位，师从李文华副教授，2001～2006 年在北京师范大学资源与环境科学系攻读博士学位，师从樊杰研究员。1991 年于北京师范大学工作至今。

程杨，北京师范大学地理科学学部副教授。1999～2003 年在北京师范大学资源与环境科学系攻读学士学位；2010～2012 年在北京师范大学地理学与遥感科学学院博士后流动站，合作导师为梁进社教授。2012 年于北京师范大学工作至今。

致谢

杨胜天、朱华晟、张科利等为本文第四部分的撰写提供了教学工作报告等重要参考资料。

而生，开启了中国现代高等师范教育的先河，成为国内最重要的培养人民教师的摇篮。改革开放之后，北京师范大学的整体发展态势良好，“七五”“八五”计划期间成为国家重点建设的十所大学之一，“九五”计划时期被列入国家“211 工程”建设计划，“十五”计划期间进入国家“985 工程”建设计划，“十三五”规划期间成为国家首轮“双一流”建设高校。

《北京师范大学“十五”发展规划纲要》提出，百年师大实施世纪转型，建设综合性、有特色、研究型的世界知名大学。“十五”计划期间，基本完成包括学科、专业设置和课程建设在内的结构性调整，建设适应社会主义现代化建设需要，符合高等教育发展规律的学科、专业和课程体系，实现北京师范大学向以教育学科、文理基础科学为主要特色，文、理、工、管协调发展的综合性、研究型大学转型，为实现学校办学目标奠定坚实的基础。自此，北京师范大学开启了肩负为建设创新型国家培养拔尖创新人才和为国家实施科教兴国战略培养创新型教师的双重使命。

在新世纪北京师范大学创新型人才培养方案的整体设计中，针对开放式国际竞争态势和开放式学生自主选择特点，构建了在宽厚通识教育平台之上的“开”字形开放式、多元化人才培养框架（图 3-3）：以通识教育为基础，形成两条培养主线——学科型、教师型（“开”字的两竖）。在整个培养过程中，校内外、国内外学习资源互通（“开”字的下面一横），两条主线的学习内容通过专业二次选择、主辅修、模块互选、校际交换培养等方式，为学生提供个性化培养平台，培养出符合社会需要和学生个性选择的两类创新型人才（“开”字的上面一横），即服务创新型国家需求的创新型学科人才、服务国家基础教育的创新型教师（钟秉林等，2009）。其中，学科型人才培养模式强调通识、学科、专业教育“三位一体”（图 3-4），各阶段

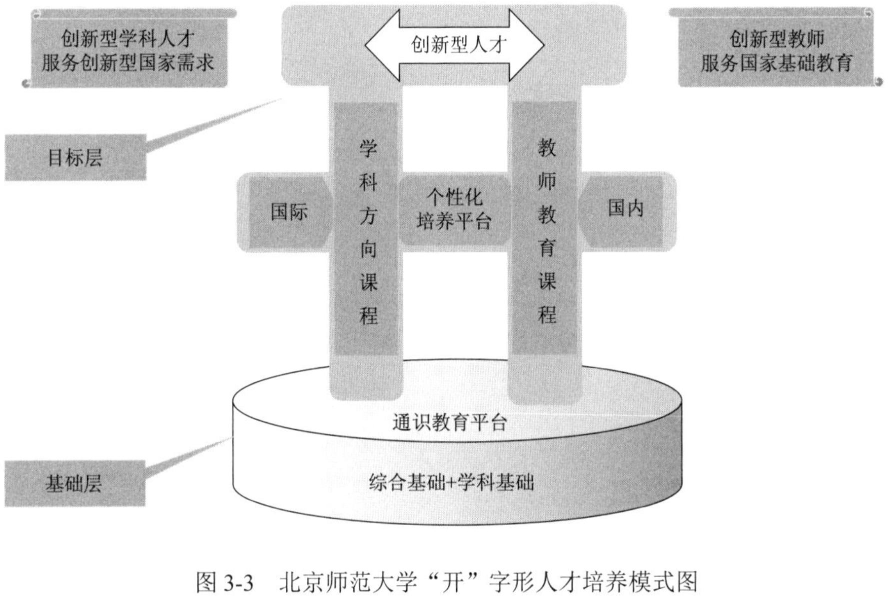

图 3-3　北京师范大学“开”字形人才培养模式图

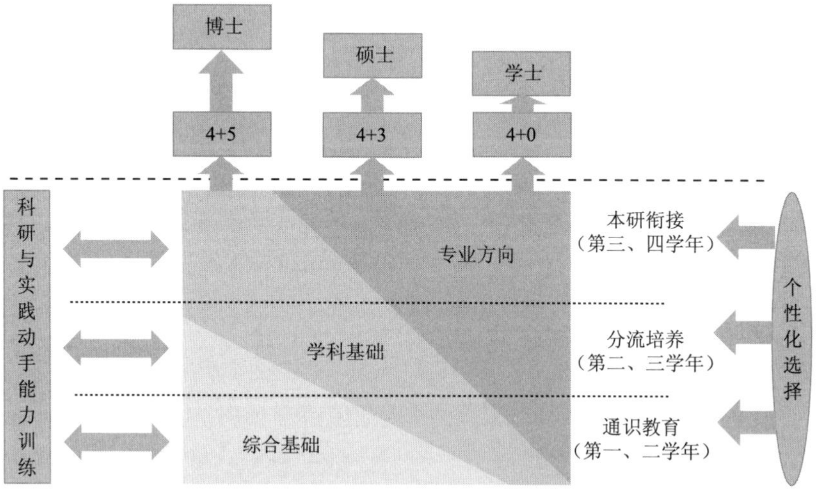

图 3-4 北京师范大学“三段一体”式学科型人才培养模式

有阶段知识结构重点，但个性选择、科研训练、实践创新能力培养贯穿始终。教师型人才培养模式强调在宽厚的综合基础和学科基础课程之上，通过“4+X”模式形成多元化、多渠道的教师教育体系（图 3-5）。这项综合教育教学改革实践荣获 2009 年北京市普通高等教育教学成果特等奖、国家级教学成果一等奖（获奖人：钟秉林、董奇、葛岳静、方瑾、何丽平）。

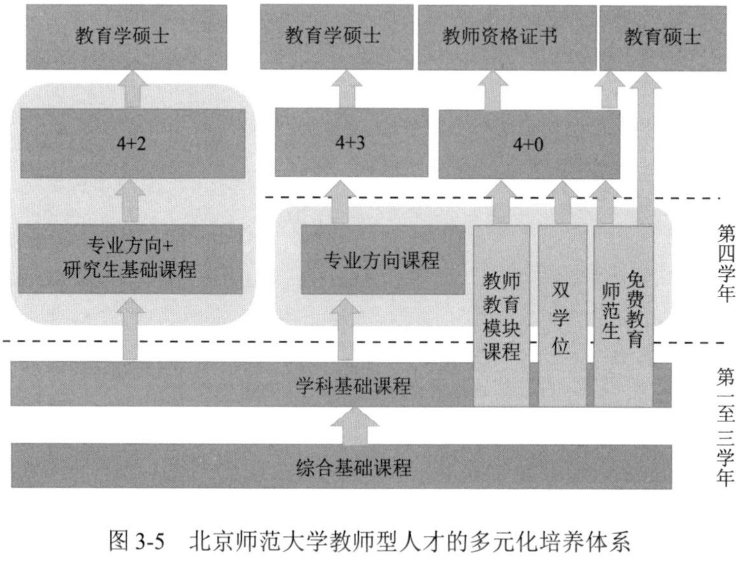

图 3-5 北京师范大学教师型人才的多元化培养体系

二、作为国家人才培养基地的地理学人才培养模式

根据苏步青等科学家的建议，从 1992 年到 1997 年，原国家教育委员会共批准了四批共 83 个理科基地点，目标是重点建设一批“少而精、高层次”、代表国家水平的“基础科学研究及教学人才培养基地”。北京师范大学地理学继兰州大学、北京大学、南京大学之后，于 1996 年与华东师范大学一起，入选国家第四批“国家地理学理科基础科学研究及教学人才培养基地”[①]。此后，福建师范大学、武汉大学也入选其中。

北京师范大学地理学理科基地，以培养地理学研究的高素质后备人才为目标，基于多项国家级研究项目，形成了理科基地的研究成果和实践成果。

（一）地理学理科基地研究项目与成果奖励

国家对理科基地的管理由初期的拨款建设方式改为项目制。2006 年开始，教育部和国家基金委改革国家理科基地的资助体系，由国家自然科学基金委员会设立人才培养基金，全国理科基地采用项目制竞争性申请基地建设项目。以 2002 年国家自然科学基金委员会委托项目“师范院校国家理科基地人才培养目标研究”（主持人：葛岳静，时任北京师范大学教务处处长）为基础，北京师范大学获得了全国地理学理科基地最早、最多的建设项目（表 3-1）。

表 3-1　北京师范大学地理学理科基地获资助项目

资助项目	负责人	时间	内容
国家基础科学人才培养基金 NFFTBSJ0630532 资助项目——大学生能力提高	葛岳静，时任北京师范大学地理学与遥感科学学院地理学理科基地负责人	2006～2009	以理科基地学生深入开展本科立项科研，提高大学生科研创新能力
国家基础科学人才培养基金 NFFTBSJ0730535 资助项目	葛岳静	2007～2010	以地理学野外实习基地建设培养理科基地学生的地理学野外实践能力，并加强与全国理科基地的成果共享
国家基础科学人才培养基金 NFFTBSJ1103403 资助项目	杨胜天，时任北京师范大学地理学与遥感科学学院地理学理科基地负责人	2012～2015	深化地理学野外实习基地建设成果

① 本文中以下简称“地理学理科基地”。

北京师范大学地理学理科基地所获成果如下：

①2000年，教育部对国家理科基地开展中期评估，北京师范大学地理学理科基地获评“优秀”；2004年顺利通过理科基地验收；

②2001年，“地理学基地创新型人才培养模式的实践”获北京市高等教育教学成果一等奖，获奖人：资源与环境科学系；

③2005年，“地理本科生科研能力培养的研究与实践”获国家级教学成果二等奖。获奖人：王静爱；

④2013年，“国家理科基地地理学三维多元创新人才培养体系建设与实践”获北京市高等教育教学成果一等奖，获奖人：杨胜天、王静爱、葛岳静、周尚意、朱良。

（二）地理学理科基地建设目标与思路

①人才培养目标：培养数、理、外语基础好，专业知识扎实，养成良好学习习惯，掌握先进的学习方法，具有科学推理和逻辑思维能力，掌握计算机和地理信息系统基础知识，具备一定野外和实验技能，思想品质好，热爱科学的研究型后备人才。

②建设思路：实施宽口径招生，因材施教，分流培养。培养方式按学校的“4+0”“4+2”“4+3”三种模式进行。从中挑选学习成绩好，愿意献身科学事业、坐得住冷板凳、能吃苦的学生，加大投资力度，培养成为科学研究型人才。

（三）地理学理科基地的管理模式

①设立基地班。大学一年级末在学院三个专业中以自愿报名、择优选拔的方式选出20名学生组成基地班，实施过程滚动管理。二年级结束进行第一次调整，排名前50%的学生保留，后50%的学生与学院其他班级的学生重新参加选拔，平均2人调整。三年级结束进行第二次调整，前75%的学生保留，后25%的学生进行重新选拔，平均2.5人调整。

②教学方案统筹安排。全院共设三个地理学本科专业和一个理科基地班，大学一、二年级进行通识培养，三、四年级以自主选修课程进行专业选择，理科基地班减少限选、增加自主任选课程，加强数理基础、外语和新技术技能学习。

③多渠道科研训练。亲历科研项目的全过程是培养学生科研能力的最佳方法。主要渠道包括：积极争取学校科研项目、设立理科基地基金项目、参与教师科研项目，并将参加学校、基地、教师科研项目与生产实习和毕业论文结合。

三、研究型地理学人才培养的理念与实践

在综合性、研究型大学更加侧重培养高层次精英人才和创新人才，必须加强大学生的科研训练。本科阶段是培养高素质地理研究后备人才、研究型教师的起步阶段，对本科生研究兴趣和能力的培养就成为教育教学工作的重要环节，是研究型大学的重要标志。

（一）“阶段—学科—能力”三维培养体系的大学生能力提高综合体系

2006 年，国家自然科学基金委员会批准了“地理学本科生科研能力训练体系的构建与实践”项目后，北京师范大学深入研究高等理科教育规律、创新型人才培养的教育教学理论与国内外成功经验，以及地理学人才的核心素养，基于北师大的地理学学科特点，设计并实践了一套多学科平台、多元模式、多阶段的因材施教的“阶段—学科—能力”三维培养体系（葛岳静等，2010），旨在大力度提升大学生科研创新能力（表 3-2）。

表 3-2　北京师范大学地理学本科生多学科平台、多元模式、多阶段科研训练体系

<table>
<tr><th>类别</th><th>A</th><th>B</th><th>C</th><th>D</th></tr>
<tr><td rowspan="2">科研训练目标</td><td>兴趣、励志与视野：培养科学精神和科学价值观</td><td>野外实践能力；实验技能</td><td>信息获取—交流　加工—共享；地表过程和空间分析能力</td><td>综合素质和立体能力</td></tr>
<tr><td colspan="4">发现问题、提出问题、分析问题、解决问题</td></tr>
<tr><td rowspan="2">科研训练平台</td><td>名师系列讲座</td><td>野外实习、实验等</td><td>课程</td><td>实验室与科研项目</td></tr>
<tr><td colspan="4">自然地理国家重点学科、遥感科学国家重点实验室、环境演变与自然灾害教育部重点实验室、环境遥感与数字城市北京市重点实验室等</td></tr>
</table>

该体系立足于本科生的教学活动，探索有利于本科生科研动手能力提高的、有利于本科生创新素质教育的能力本位性课程（有别于学科本位），从课堂教学到实验教学、野外教学，从课程体系到教学内容、方法手段，鼓励学生提出问题，为有科学问题的学生提供调查、探索的经费和学术指导，旨在培养品德高尚，基础扎实，学习习惯良好，科研兴趣浓厚，创新意识强，掌握现代信息技术，具备一定的野外和实验技能，愿意献身科学的研究型后备人才。在总目标的基础上，构建适合不同学习阶段（不同的认知和实践特点）和不同学科平台（不同能力趋向）的因材施教的立体多元科研能力训练体系，加强本科生的科研素质和科技能力培养，使学生的知识、能力、素质相辅相成，学生得到全面发展（表 3-3）。

表 3-3 北京师范大学地理学本科生能力提高项目系列

依托平台	项目名称	负责人
名师系列讲座	科研视野、兴趣和励志教育与实践	戴永久、梁进社、杨胜天
野外实习、实验	地理野外研究方法训练与能力培养	邱维理、谭利华、张科利、张光辉、邱扬
	开放实验室与学生实验操作能力培养	温淑瑶、王晓兰、高晓飞、刘素红、林冬云
	地理综合创新性研究实习	杨胜天、黄大全、苏筠、孙睿
课程：课堂教学、研究性学习、研讨课等	人文地理学与经济活动空间研究方法训练	周尚意、吴殿廷、朱青、朱华晟
	从空间信息分析能力到地理综合能力训练	刘慧平、刘锐、章文波、张晶
	增强本科生地理空间信息表达能力的训练	朱良、温良
	高分辨率三维重建能力训练	张立强、张吴明
	区域多元信息—多教学环节—师生双向反馈的研究能力训练	王静爱
	基于“世界地理”课程的 RAGs 科研基本素养训练	葛岳静、黄宇
	北京城—乡小样带调查	苏筠
实验室与科研项目	遥感实验与图像处理能力训练	刘素红
	基于树木年轮的气候变化重建	方修琦
	城市绿地水分及 CO_2 交换研究	孙睿
	基于地理知识综合应用的流域规划与管理	符素华、刘宝元
	黄土丘陵小流域生态退耕的时空格局及其生态效应	邱扬
	北京城市边缘区居民居住与就业的空间错位研究	宋金平
	北京市外商直接投资区位特征及其影响因素研究	张文新
	北京市中心城区土地利用转换的时空演变研究	朱青

（二）地理学本科生科研能力训练的构成要素和培养重点

科学研究的一般规律，是从发现科学问题开始，以问题为导向，提出科学假设，收集与整理相关资料，分析资料对假设的支持程度，得出分析问题的思路和解决问题的方法，最后上升到理论分析（图 3-6）。

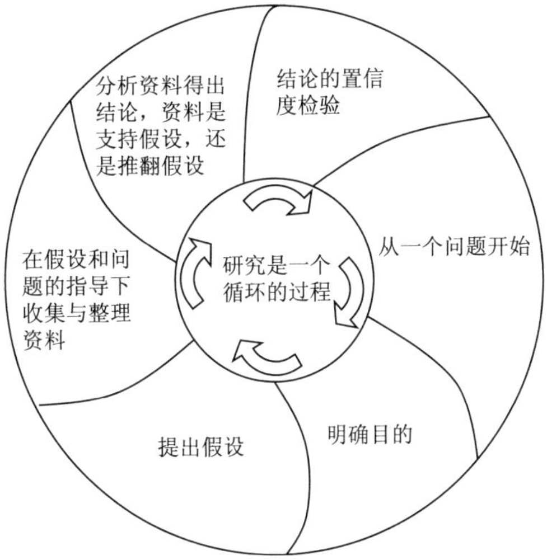

图 3-6　科研训练的科学逻辑图

资料来源：刘宝元教授绘制。

在这样一个循环的探索过程中，形成了“阶段—学科—能力”三维体系来思考和分解大学生科研能力要素（图 3-7）。这一科研能力立方体，较好地概括了具有地理学学科特色的科学研究能力要素，有利于因材施教地对大学生开展全员、全程、全方位的科研训练。

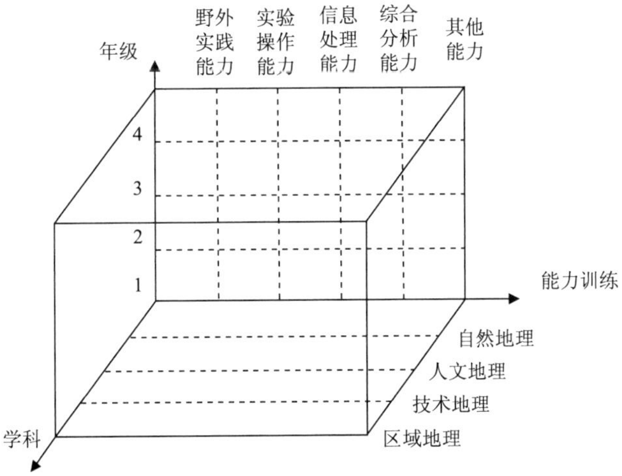

图 3-7　“阶段—学科—能力”三维科研训练体系

资料来源：王静爱教授绘制。

在实践中，教师们不断细化和丰富这一能力体系构件，形成了大学生能力提高、科研训练的重点：通过调查、观测和实验的一手数据获取方法；通过数理统计、GIS、RS、地图分析进行数据分析加工的方法；借助经验主义和实证主义的研究方法论，并不断强化数据分析的基础理论依据。

（三）地理学本科生科研能力训练模式

北京师范大学地理学本科生科研创新能力在校系立项驱动、教师课题驱动、勤工助学驱动、个人兴趣驱动、成才目标驱动、保研驱动和课程驱动等本科生科研训练驱动机制促进下，探索了让全体学生受益的几种科研训练模式。

本科生科研训练的**“点面结合”模式**。“面”上，基于专业课程平台探索能力本位的教学内容和教学方式的改革，把科研素养训练的思想和实践融入教学内外，让全体本科生感受科研，使之普遍形成尊重学术规范、重视科研创新氛围的意识，由此提高科研素养，本科生受益面可以达到100%。“点”上，培养科技“行动队”，让前1/5的学生在科研实践中“做中学”，以其浓烈的科研兴趣和良好的沟通能力参与到教师的科研课题组，或主持“大学生创新创业项目”，并在过程中进一步“过程分拣”“大浪淘沙”，把不足10%的学生培养成人才培养金字塔塔尖的拔尖创新人才。

本科生科研训练的**“从游式”模式**。教师通过更新教育教学理念，发掘本科生科研训练的资源、拓宽本科生科研训练路径，把优秀本科生吸纳到研究生小组，开展教师—研究生—本科生“从游式”濡染培养，导师指导研究生、研究生带本科生，本科生有更多机会参加学术讨论、会议，进行交流、展示、批判、体验成功，在师生讨论的过程中，不仅可以推动科研创新，同时促进教学相长，有助于师生共同进步。

（四）基于课程平台的地理学本科生科研能力训练实践

研究型大学的教学，不仅仅是知识的传授，更是大学生在教师的指导下不断进行发现的过程。基于课程的本科生能力训练的基本理念，一是强化课程的研究性，实施学生从“学习”到“学问”的能力提升；二是适应课程手段的现代化，实施学生从“理论”到“技术”的应用；三是建构优化的课程能力体系，实施学生从“一门课”到“多门课”的能力整合。

课程平台的能力训练特点，一是课时限制训练，因此每一项训练实践通常是较短的片段；二是与课程内容和进度相关，能力提升的反馈快速，因此每一项训练实践的效果明显；三是课程有训练的规定动作，能力训练偏重基础，因此每一项训练实践都可以形成规范和手册；四是课程类别有群聚性，侧重空间多源信息综合应用能力训练和区域综合分析能力的训练，因此，对每一个学生的每一项训练实践，可以形成有机结合的能力训练系统。

基于课程的本科生能力训练的主要任务，一是培养学生信息获取—交流—加工—共享能力；二是培养学生地表过程和空间分析能力。在“大学生能力提高”项目资助下实施能力训练的课程共计 16 门，16 名指导老师分别开展了 23 个环节的能力训练（表 3-4）。

表 3-4　北京师范大学地理学基于课程平台开展大学生科研能力训练体系

子课题与课程	能力体系
课题：人文地理学与经济活动空间研究方法训练 课程：人文地理学、城市规划、经济地理 导师：周尚意、吴殿廷、朱青、朱华晟 学生：二至四年级学生	建立经济活动空间概念； 掌握空间分析方法、观察、发现并辨识空间现象与客观规律； 增强实地观察、数据信息搜集处理和综合分析的能力； 研究性学习环节中能够正确地选择方法论
课题：从空间信息分析能力到地理综合能力训练 课程：地理信息系统、GIS 分析与应用、环境学、地学统计 导师：刘慧平、刘锐、章文波、张晶 学生：基地班学生 20 人，GIS 专业学生约 15 人	掌握应用 GIS 软件进行空间数据录入、成图、图层叠加分析等技能； 应用 GIS 进行环境因子空间分布分析、专题分析； 将地学统计分析方法与 GIS 相结合； GIS 在生态、土地退化等的应用； 地理学综合实习
课题：增强本科生地理空间信息表达能力的训练 课程：地图学、地理多媒体教育技术 导师：朱良、温良 学生：大学一年级学生	专题系列地图的内容设计、数据收集、处理到系列地图编制、成果整饰； 以多媒体方式扩展空间信息的表达形式和功能的训练； 掌握地理空间信息的不同图形、媒体表达方法，以及现代地理信息的基于视觉思维的分析和处理技术
课题：高分辨率三维重建能力训练 课程：摄影测量、遥感图像处理、计算机图形学、GIS 软件分析 导师：张立强、张吴明 学生：大学二、三年级学生	用高分辨率遥感影像快速提取； 遥感影像解译能力和遥感影像处理能力； 重建三维建筑模型能力训练
课题：区域多元信息—多教学环节—师生双向反馈的研究能力训练 课程：中国地理 导师：王静爱 学生：大学三年级学生	区域地图应用与综合分析； 区域视频应用与综合分析； 区域遥感应用与综合分析
课题：基于“世界地理”课程的 RAGs 科研基本素养训练 课程：世界地理 导师：葛岳静、黄宇 学生：大学三年级学生	地理要素在区域内的集成和区域间关联分析； 全球、系统、关联、比较，多视角地思考问题； 综合分析、表达、组织、批判等能力
课题：北京城—乡小样带调查 课程：乡土地理 导师：苏筠 学生：大学三年级学生	用仪器测量、社会调查等方法获取站立点区域的相关地理要素的基础信息； 综合集成、分析从城市到乡村的区域地理特征的变化及规律

上述研究型地理学人才培养的理念与实践，结合区域地理国家级教学团队的研究与实践经验，已编辑出版《区域地理论丛：2010 年专辑》（主编：王静爱；分册主编：葛岳静、黄宇，北京师范大学出版社，2010 年）。

四、野外实习中的地理实践力培养

地理学研究地理要素和地表各圈层组成的地理综合体的空间分异规律、时间演变及区域特征，野外实习是地理学人才培养不可缺少的支撑环节。作为一个有着百廿年历史的学校，北师大历来重视野外教学实习，并在 21 世纪以来，在多年野外实践教学基础上，与时俱进地根据现代地理学的发展趋势，通过教学内容的拓展、设备与技术的更新、实习过程与方法的改革创新，以优势学科为支撑，建立了面向创新型教师教育的室内与野外、国内与国外、虚拟与现实相结合的地理学野外实习教学体系。

（一）双元结构与多层次的地理学野外实习教学模式

在 21 世纪，北京师范大学的发展定位向综合性、有特色、研究型大学的转型，也促进了地理学野外实习教学体系的世纪转型。秉承“科学教育与人文教育相结合、专业教育与创新教育相结合”的野外教育教学理念，以地理科学研究与地理专业教育为二元核心，以网络平台和实体基地为二元支撑，通过“样带—样区—样点”三个空间尺度的野外基地体系，形成“三维三融”的野外实践教学功，构筑地理学认知实习、综合实习与创新研究实习的多层次实践教学体系，进而形成新的地理学野外实践教学模式。

双元结构是指以地理科学研究与地理专业教育为二元核心、以网络平台和实体基地为二元支撑，在此基础上构建地理学认知实习、综合实习与创新研究实习的多层次实践教学体系，进而形成新的地理学野外实践教学模式（图 3-8）。

具体教学方法是以高素质创新型人才培养为目标，以宽厚优质的地理科学和优势特色的地理教育学科为两翼，注重地理科学和地理教育创新；通过地理学认知实习，提高学生综合素质、锻炼面向地理教育的实践能力；通过地理创新研究，夯实学生专业基础、提升科学研究方法；从而形成面向问题的社会实践训练和面向学术的科学研究训练双向培养过程，既为社会培养创新型国家需要的地理科学拔尖创新人才，又为国家科教兴国战略的实施培养高质量基础教育师资。

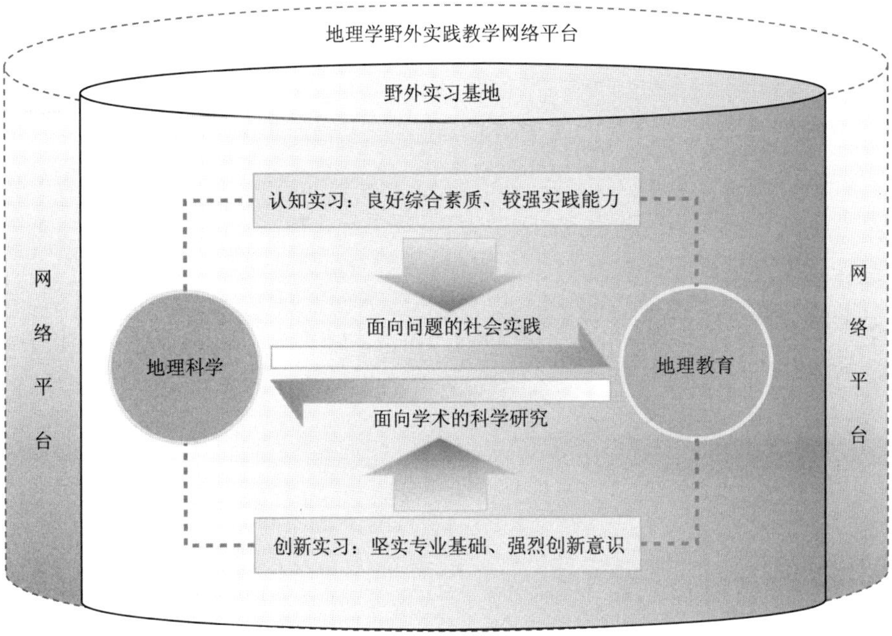

图 3-8 双元结构、多层次的地理学野外实践教学模式

双元结构、多层次的地理学野外实践教学模式的实践过程，也促成建设了以首都北京为中心，以首都社会人文空间结构—平原山地地貌—农牧交错带生态为区域特色的“点面结合、三环一点”综合性野外实习基地，既有以地理学认知实习为主的地理学野外综合实践能力训练北京基地，也有河北小五台地质地貌实习基地、河北丰宁坝上植物土壤实习基地、以地表过程创新研究为主的地理综合实习北京延庆基地，为全国乃至国外大学提供了地理学综合实习的示范。2016 年之后，为深化实践，北京师范大学地理科学学部新建了生产实习基地，比如河南嵩县的自然地理专业生产实习基地，浙江湖州市城市规划设计研究院的城乡规划实习基地等，也组织了一定规模的海外野外实习，如香港地理学综合实习、加拿大金斯顿—多伦多（Kingston-Toronto）人文地理学实习、美国马里兰大学（University of Maryland）地理信息科学实习等。

在国内，通过地理学理科基地联合实习机制，众多高校与北师大共享实习基地资源，包括华东师范大学、北京大学、南京大学、复旦大学、南京师范大学、华南师范大学、太原师范学院等。国际方面，相继吸引瑞典哥德堡大学和美国新泽西斯托克顿大学的本科生多次来中国开展自然地理学野外实习，开放接待了美国马里兰大学、英国西交利物浦大学、美国加利福尼亚大学洛杉矶分校、荷兰乌特勒支大学、德国慕尼黑工业大学进行人文地理学实习，既扩大了国际影响，又加强了合作交流。

依循双元结构、多层次的地理学野外实践新教学模式的创新思路，地理学野外实习已不仅是一项单纯在野外空间进行的教学活动，而是贯穿于野外实习基地、实验室、专业研究院所、网络平台等多种实践教学环境之中，包含观察印证监测、综合分析论证、专题研究创新等多层次内容，并通过网络平台连接整合成一个相互融通的野外实践三阶段综合教学系统（图 3-9）。网络平台与实体环境二者虚实结合的具体实施是这一教学系统的重要保障。“虚实结合”是指网络环境和实地环境两个不同的实习平台，前者主要针对知识性、印证性内容及多方信息传递平台，以网络学习、交流过程为主；后者突出实际体验、操作、探究和探索性过程，以实地过程为主。

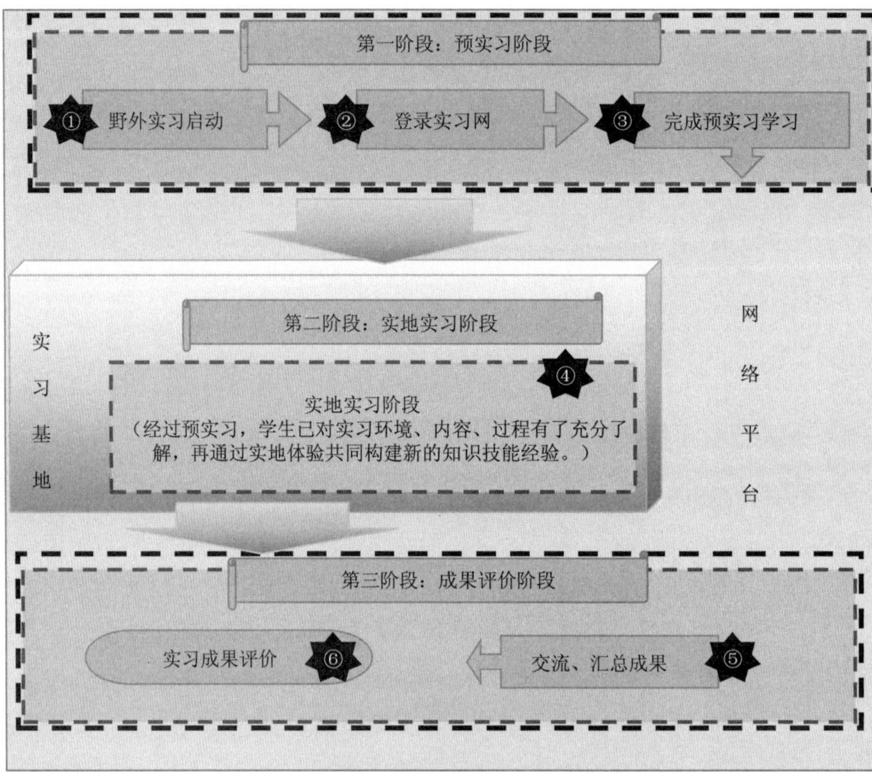

图 3-9　地理学野外实践教学的三阶实习模式

双元结构与多层次的地理学野外实践教学思路经由教师实践，于 2013 年形成“国家理科基地地理学三维多元创新人才培养体系建设与实践”成果，获北京市高等教育教学成果一等奖（获奖人：杨胜天、王静爱、葛岳静、周尚意、朱良）。

（二）地理学野外实习教学的三角支撑架构

1990年代以来，随着我国经济建设的迅速发展和全球化过程的加快，以及全球环境变化加剧，政府部门和国际组织在区域、国家、全球三个层次上对地理科学提出了更高的需求；随着航天技术、信息技术、计算机技术、通信技术及地球科学、环境科学、生物学等学科领域的飞速进步和学科交融，特别是地球系统科学的发展，推动地理学发展到一个新的阶段。对地球系统动态与物理机制的准确理解是地理学理论研究的关键环节，新的对地观测与分析手段是地理学的重要支撑，基于物理机制的空间动力模型是对于地理环境系统进行模拟和预测的关键技术。针对地理学发展的新形势，通过多年的实践，北京师范大学建立了野外实习规范、实习数据获取技术和数据分析技术的三角架构，支撑创新型地理野外实习教学（图3-10）。

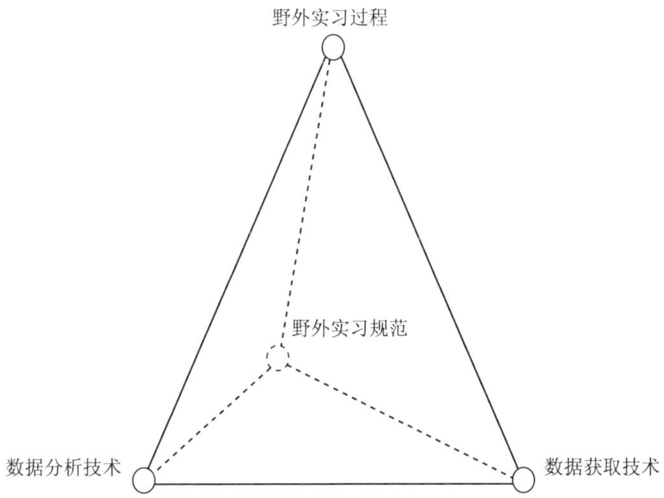

图3-10　地理学野外教学的三角支撑架构

资料来源：杨胜天教授绘制。

（三）多尺度进阶性创新实践教学体系

根据教育学的进阶学习规律、多年来的实验教学经验，并借鉴国内外高等地理教育的经验，梳理了地理实践力的类型，并根据学龄、学情等不同层次进行梯度划分，构建了人文地理学实践教学体系（图3-11）。既包括基于田野调查能力、科研能力，还包括运用地理学理论、方法与技能开展创新创业活动，参与国家、地方以及其他社会机构的规划管理与决策的能力。系统设计包括行为主体—街区—城市—都市区—全球等多尺度实践项目，增强学生对尺度与转换的认知与理解；通过实践教学，帮助学生建立并夯实人文地理基础实践能力、综合实践能力、创新实践能力。

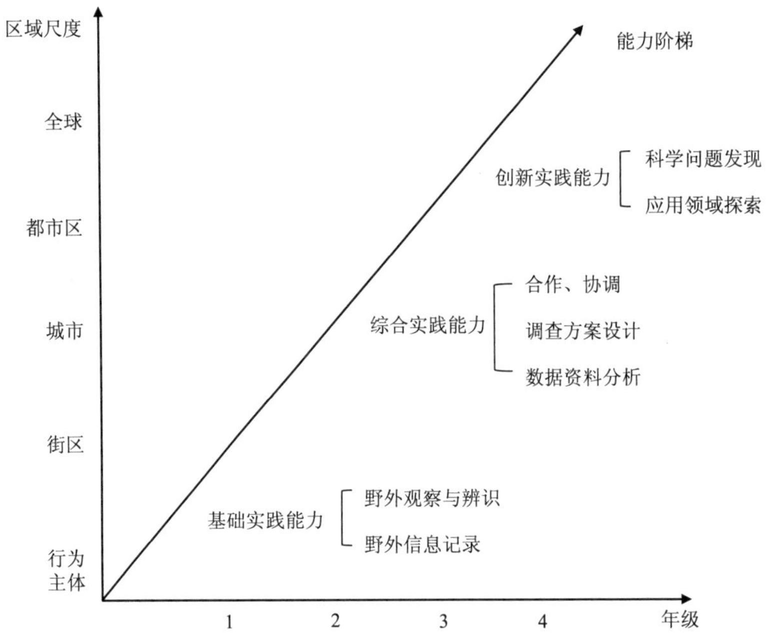

图 3-11　多尺度进阶性创新实践能力培养模式

资料来源：朱华晟教授绘制。

基础实践能力：以地理认知和方法运用为主的基础实践能力提升为重点。人文地理专业课程均设有实践环节，包括城市规划制图实习、城市地理实习、社会文化地理实习、经济地理实习、都市区土地利用规划实习等，其中有六个已经形成成熟实习基地或实习线路。

综合实践教学：1980 年代初中国大陆刚恢复人文地理学，时任北京师范大学地理系系主任周廷儒学部委员提出要建设人文地理学综合野外实践基地。北京师范大学从 1981 年起，以前“中央研究院”中国地理研究所和中国科学院南京地理与湖泊研究所在太湖东山的考察资料为基础，经过三代人的共同努力，建立了国内高校建设历史最长、最持续的人文地理学综合实践基地。目前，人文地理综合实践教学包括人文地理综合实习（1981 年起，于苏州吴中区东山镇）、城乡规划实习（2017 年起，于湖州）、境外实践教学（2018 年起，于加拿大）三个部分。人文地理综合实习通常采取探究式项目，培养、提升创新实践能力；城乡规划实习以规划项目实训或实操的方式，更注重应用能力的培养；境外实践教学以实践能力迁移为重点，提升学生对异国区域的地理认知和对比分析，进一步开拓问题意识、思维方法和创新能力。

创新实践教学：包括以科研创新和应用发展能力提升为主的科研项目及科技竞赛活动、社会实践项目和毕业论文。

2018 年，“人文地理学多元开放野外实践模式的长期探究”获得北京市普通高校教育教学成果一等奖（获奖人：周尚意、朱华晟、黄大全、朱青、张文新）。

“大学之大，非谓有大楼之谓也，乃谓有大师之谓也”（清华大学前校长梅贻琦先生语）。北京师范大学地理学人才培养就是一代又一代教师与时俱进、承前启后的智慧结晶。具有全人教育理念的北京师范大学地理学科，很好地抓住大学本科这一创新人才培养的关键时期，以研究型教学和科研互动的理念，依托北京师范大学地理学理科基地，所拥有的国家、教育部和北京市重点实验室，国家“双一流”建设高校和学科等学科平台，国家级科学研究和教学研究项目等丰富的科研资源，以及院士、长江学者、杰出青年基金获得者、国家“万人计划”教学名师等高水平的教师团队，建立并完善本科生科研立项制度，注重大学生早期的科研训练，构建多学科平台、多元模式、多阶段因材施教的科研训练体系，加强本科生的科研素养和科技能力培养，使学生的知识、能力、素质相辅相成，得到全面发展，为国家和社会输送了大批创新型人才，教师们也在培养学生的过程中体会着作为人类灵魂工程师的使命感和责任担当。

参考文献

[1] 葛岳静、王静爱、杨胜天等：“地理学本科生科研训练体系的构建与实践”，《地理科学进展》，2010年第5期。

[2] 钟秉林、董奇、葛岳静等：“创新型人才培养体系的构建与实践”，《中国大学教学》，2009 年第 11 期。

北京师范大学区域地理教学团队、课程与教材建设

王静爱、苏筠

地理学是从地区的独特性、区域的差异性以及人地关系地域系统的视角，利用野外实地考察、社会调查、遥感技术、地理信息系统和空间分析等手段解释全球性和区域性的人口、资源、环境、自然灾害、发展等问题，并辅助有关决策（赵济等，2001）。区域地理是地理学研究的核心。区域分异规律与地带性学说、人地关系地域系统等在地理学理论研究中具有重要地位。“地理地带性规律与地域分异理论”被列入20世纪地球科学重大成就之一（中国科学院地学部“中国地球科学发展战略”研究组，2001）。区域地理学也是北京师范大学地理学重点建设的二级学科之一。由于师范教育的需要，从北京师范大学成立起，区域地理教学就成为本科生地理课程建设的重点，经过几代人的努力建设和积淀，形成了“教师—课程—教材”为一体的本科（师范生）教学系统（图3-12），一直在全国高等师范教学与本科人才培养中占有重要地位（赵济、朱良，2014）。

作者简介

王静爱，北京师范大学地理科学学部教授。1988年于北京师范大学工作至今。

苏筠，北京师范大学地理科学学部教授。1992～1996年在北京师范大学资源与环境科学系攻读学士学位，1996～1999年在北京师范大学资源科学研究所攻读硕士学位，师从史培军教授。2002年于北京师范大学工作至今。

致谢

本文2000年以前的相关历程，在2010年曾经通过电话专访或电子邮件等方式与李文华、高如珊、冯嘉苹、周尚意、杨明川等老师进行过交流、核实。本文的写作与修改过程中，赵济、邬翊光、葛岳静、吴殿廷、史培军、刘宝元和岳耀杰提供了部分资料和修改建议。

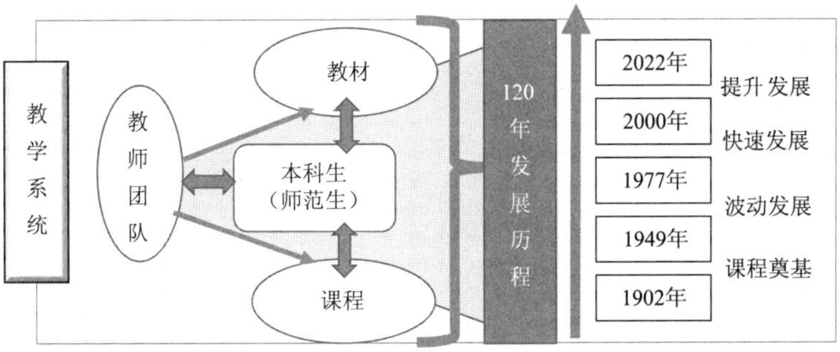

图 3-12　区域地理“教师—课程—教材”为一体的本科（师范生）教学系统及发展

一、20 世纪区域地理课程与教材建设回顾

（一）中华人民共和国成立前的区域地理课程建设（1902～1949 年）

从北京师范大学建校起，一直到 1949 年中华人民共和国成立，区域地理课程在教学计划中都占据重要位置，是当时地理系课时最多的核心课程。京师大学堂建立之初，就开设了“中国今地理”“外国今地理”，第一学年各讲 5 课时/周，第二学年各讲 4 课时/周，第三学年各讲 3 课时/周，是教学计划中课时最多的课程之一。1928 年地理系独立建系，区域地理课程内容和学分增加，“中国地志”占 12 学分，“世界地志”12 学分。1933 年修订教学计划，“中国地理”占 36 学分，“外国地理”分设“亚洲地志”3 学分，“欧洲地志”与“美洲地志”4 学分，“非洲、大洋洲、两极地志”3 学分。

区域地理教学师资力量雄厚，从北师大地理系建系之初起，一些地理系系主任、有名望的教师都曾经讲授过区域地理课程。早期史地部教授兼主任白眉初讲授“中国总论”“中国地志”，并任地理实习指导。地理系第一任主任为留学日本的王谟，1925 年 9 月到北师大地理系任教，曾讲授“美洲地志”“欧洲地志”“亚洲地志”等区域地理课程。黄国璋留学美国，是我国第一位经济地理学硕士，在 20 世纪 30 年代和 40 年代两度任地理系系主任，他促进了地理学发生从传统描述地理学向近代科学地理学的变革，是区域地理学发展史上重要的代表人物。他用现代地理思想完善本科教学计划，开设了“中国地理”“北美经济地理”等新课程。邹豹君在英国留学，回国后讲授“欧洲地理”课程，其编著的《欧洲地理》（邹豹君，1948）在全国各大高校沿用。另外，根据美国著名地理学家葛德石（George Babcock Cressey）教授 1934 年出版的《中国地理基础》（*China's Geographic Foundations*），前后两部分翻译而成的两本教材：《中国区域地理》（葛德石，1941）（由谌亚达翻译）和《中国的地理基础》（葛德石，1945）（由北师大薛贻源翻译），在中华人民共和国成立前为各大学地理系普遍采用。

早期区域地理教学很注重野外实践。黄国璋曾经对四川西部进行野外实地考察。1930年代初，周廷儒所组织的嘉陵江考察队，沿江步行400千米有余，绘制了嘉陵江流域地形考察报告。此后，每年都在野外工作，对西北、华北、华南等区域进行实地考察。

（二）区域地理课程发展与波动（1949～1977年）

中华人民共和国成立之后，1952年以苏联列宁师范学院地理系的教学计划为蓝本，区域地理课程设置是以中国自然地理、中国经济地理、外国自然地理、外国经济地理为主，授课时数各为160学时，在教学计划中课时最多，统称为“四大门”。1958年开展教学改革，在课程安排中注意提高学生地学基础水平，增加了“气象与气候”“水文学”等课程，“四大门”陆续减为120、90学时。

1949年，谌亚达由台湾返回北京，受聘北京师范大学地理系教授，讲授“亚洲地理”“中国地理”“中国经济地理”等课程，并先后担任经济地理教研室主任、地理系资料室主任。1952年，“中国自然地理”课程由周廷儒先生创建，后来由张兰生先生接续。“中国经济地理”课程由黄国璋、谌亚达、金瑞莘讲授。“外国经济地理”课程由黄国璋、盛叙功、杨曾威、段宝林等主讲。万方祥于1954年调入北师大地理系，主讲各洲自然地理。1955～1957年聘请了苏联经济地理专家拉科夫斯基（列宁师范学院地理系副教授、莫斯科大学地理系副博士）来系讲学，并举办了外国经济地理进修班，介绍苏联以巴朗斯基、沙乌什金、科洛索夫斯基为代表的区域学派。这扭转当时系里忽视自然地理、自然条件、区域特征的偏向，充分强调了经济地理属于地理科学、充分肯定了地理环境的作用，深刻批判否定自然条件的观点。经济地理进修班到京津唐、山东、上海、珠三角等地考察实习，结合实际，讲述自然条件和地理环境对经济建设、生产布局、地区经济发展的重要作用。此后，还翻译了大量外国经济地理讲义。同时，还开办了两届中国自然地理研究班。这一时期的区域地理，特别是外国经济地理发展很快。

区域地理人才培养影响了全国范围内的区域地理教学，全国各大院校的区域地理教师很大部分是北京师范大学毕业。我系所培养的研究生、进修生多成为全国各院校区域地理教学的骨干，为全国高等师范院校输送了一批师资。北京师范大学地理系完成了主要教材的编著，指导院校间讲义交流。1955年周廷儒先生所起草的中国自然地理课程的教学大纲，经教育部审核，在全国师范院校地理系广泛使用。

这一时期我系教师所编著的区域地理教材也在全国范围内产生影响。万方祥编著了《北美洲自然地理》。周廷儒经多年的辛勤努力，参与编写、完成了《中国自然地理·古地理（上册）》（中国科学院《中国自然地理》编辑委员会，1984），刘培桐、王东华、张兰生等参与了

《中国自然地理·地表水》（中国科学院《中国自然地理》编辑委员会，1981a）部分的编写，赵济先生参与了《中国自然地理·总论》（中国科学院《中国自然地理》编辑委员会，1981b）的编写。周廷儒和刘培桐（1956）合著了《中国地形与土壤概述》。"文革"期间编写了外国经济地理的课程讲义，接受中宣部任务，翻译了美国、北美洲、黎巴嫩和叙利亚等区域地理书籍。

区域地理教学改革推动了学科发展，教学与野外实践相结合，实践丰富了教学内容，在全国区域地理教学中处于领先地位。1952 年周廷儒先生在与施雅风、陈述彭撰写的《中国地形区划草案》（周廷儒等，1952）中，首次提出了中国地形三大区划分的思想，提出了低山、中山、高山的划分标准，并完成了东北区、华北区地形区划的研究。邬翊光曾经对西南地区进行野外考察。1956 年至 1959 年周廷儒和赵济对新疆进行野外考察，编制《新疆地貌》（中国科学院新疆综合考察队等，1978）。此外，这一时期区域地理野外考察还涉及了黄土高原环境、气候、工业布局以及土地利用的考察，山东半岛辽东半岛海平面研究，北京市古河道变迁研究等。李文华曾接受完成多项国家生产任务，形成了如铁路选线报告（江西、广东地段）意见（1958 年交铁道部设计院），北京昌平县、十三陵地区、大兴芦城、延庆康庄、房山城关等地的土地利用、县工业规划等调查报告（1960 年左右向各县委提交报告书，均得到好评）。

在"大跃进"时期，外国经济地理教学以"反帝、反修"为主线，中国经济地理教学以进行爱国主义教育、宣讲"大跃进""三面红旗"为主要内容，极大地削弱了经济地理学的科学性。"文革"时期，与人文经济地理相关区域地理课程被停开。李文华参加教育部组织的五省市汇编中学地理教材一年，1975～1976 年还为北京中学地理教师举办世界地理短训班。

（三）区域地理从要素到综合快速发展（1978～2000 年）

在 1977 年高考恢复，1978 年改革开放的背景下，北京师范大学高度重视区域地理课程和教材建设，经历了区域地理"四大门"的迅速发展时期。之后随着教育部地理专业教学指导委员会的学科调整和地理师范人才培养的国家需求，进一步从要素到综合，整合课程并编写教材，进入到区域地理"两大门"的发展时期（图 3-13）。

1. 区域地理"四大门"迅速发展时期（1977～1988 年）

1977 年恢复高考，1978 年两届学生先后入学（1977 级、1978 级）。区域地理设置了"中国自然地理""中国经济地理""世界自然地理""世界经济地理"等四大区域地理专业课程。每学年均为 160 学时；"中国自然地理"和"中国经济地理"在大学三年级分上、下学期开课；"世界自然地理"和"世界经济地理"在大学四年级分上、下学期开课。

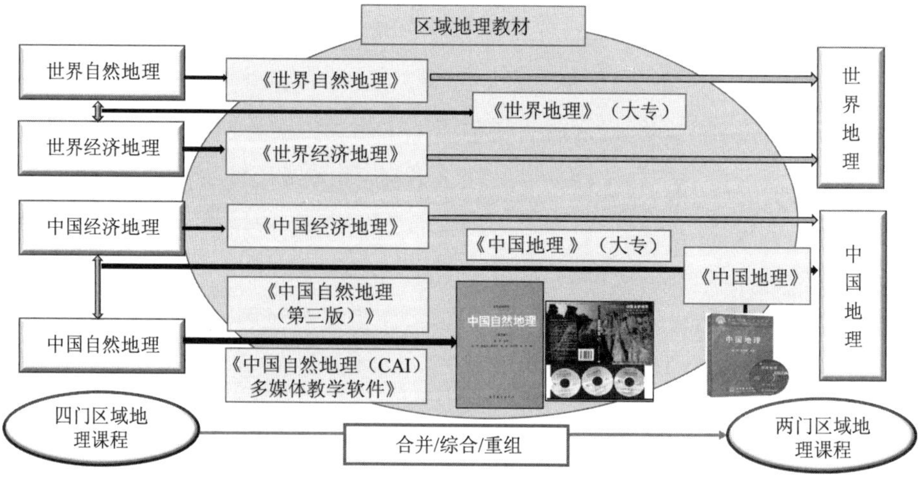

图 3-13　区域地理专业课程/教材建设与发展格局（1978～2000 年）

赵济主讲“中国自然地理”，还有叶玲玲、卢云亭讲过其中部分内容。1978 年编写高等学校教材《中国自然地理》（上海师范大学等，1979）。冯嘉苹承担“中国经济地理”的主讲和建设，冯嘉苹参加了全国高等学校教材《中国经济地理》第一版（华东师范大学、东北师范大学、北京师范大学等，1983）的编写。20 世纪 80 年代，由中宣部和新闻出版总局组织编写了“中国省区地理丛书”；由国家计委组织编写了“中国经济地理”丛书，邬翊光为两套丛书的常务编委。1986 年邬翊光主编了《中国经济地理》（邬翊光，1992）（党校教材）。

贾旺尧主讲“世界自然地理”，吴廷辉、彭庆祥讲授其中部分内容。段宝林、李文华和金陵主讲“世界经济地理”，王淑芳、杨立、杨明川讲授其中部分内容。贾旺尧参与高等学校《世界自然地理（上下册）》（吉林师范大学地理系等，1980）的编写。李文华任副主编，金陵、王淑芳等参与，与东北师大等高校合作编写了《世界经济地理》（陈才、李文华，1989）。

综上所述，这一时段北师大的区域地理四大课程全面开设，教师阵容强大并全面参与教材编写，是区域地理教学的又一个春天。区域地理科学研究大发展，一方面形成遥感技术在区域地理中应用的一个新的增长点，另一方面继承和发扬北师大区域地理强调过程研究，即中国自然环境演变的传统。北师大区域地理的建设，特别是在区域自然地理方面，在全国占据重要地位，曾获得国家级和省部级的奖励。

2. 区域地理课程整合和教师新老交替（1988 ~ 1994 年）

1989 年，赵济和王静爱共同主讲“中国自然地理”，至 1994 年由王静爱主讲，赵济和史培军参与部分课程讲解，由此完成了教师的新老交替。赵济主编出版了《中国自然地理（第二版）》（《中国自然地理》编写组，1984），授课中加入了人地相互作用的内容，开始向自然、人文综合方向迈进。这一时期，“中国经济地理”由冯嘉苹主讲，冯嘉苹、程连生主编了《中国地理》（冯嘉苹、程连生，1988）（大专教材）。

1988～1990 年，金陵、周尚意、杨明川等老师共同主讲“世界经济地理”，贾旺尧主讲“世界自然地理”，金陵、王淑芳主编了《世界地理》（金陵、王淑芳，1990）（大专教材）。1991 年“世界自然地理”和“世界经济地理”课程合并为“世界地理”，由周尚意和葛岳静主讲。1991～1993 年周尚意主讲“加拿大地理”，该课程是加拿大 FEP 项目与北京师范大学合同课程，该课是在“世界地理”课程中专设的子课程。1993 年在该课程进行了三轮教学后，合同期结束，课程总结上交学校外事处和加拿大使馆文化处。

1993 年地理系改名为资源与环境科学系，对区域地理课程的定位和学时进行了调整。首先是课时压缩，各门课由每学年 160 学时压缩为 120 学时，课程定位由专业课改为专业基础课，开课时间较原来提前一年。

基于上述，该时期区域地理形成了新、老教师“传帮带”的良好梯队。科研与教学相互促进。在教学上区域地理的综合趋势凸显。中国地理的教学中，教学内容和方法改革，特别是增加了土地退化、自然灾害等重大的人文区域问题的讲述和讨论，1993 年中国自然地理教学改革获得北师大教学成果奖（获奖人：王静爱）；世界地理的教学，基于全球自然基础，讲述区域经济及地理特征，全面进行教学改革，特别是注重学生能力的培养。在研究生的培养上更凸显以自然为特色或以经济为特色的区域综合。北京师范大学区域地理的影响力通过教材编写、教学研究会、中学教师培训等方式向全国师范院校和中学教师辐射。

3. 区域地理“两大块”发展时期（1995～2000 年）

1995 年国家教委高等学校地理科学类专业教学指导委员会进行课程合并与专业调整，这是区域地理教学与学科调整的关键时期。主要变化有两个方面：一是设定区域地理为十门地理学骨干课程之一；二是取消区域地理硕士点和学科设置，将地理学分为自然地理学、人文地理学、地图学与地理信息系统。与之相应的北京师范大学区域地理课程整合为“中国地理”和“世界地理”两门必修课程，此外，还开设“乡土地理”选修课程。

由王静爱主讲“中国地理”课程，赵济和史培军参与建设，课时为每学年 120 学时，在大二下学期开课，属于地理学专业的必修专业基础课。赵济教授与北京大学陈传康教授主编了面向 21 世纪课程教材《中国地理》（1999），王静爱、葛岳静、周尚意、史培军参与了编写。这本教材于 1995 年开始编写，1999 年由高等教育出版社出版。赵济主编《中国自然地理（第三版）》出版（赵济，1995）。吴殿廷、葛岳静参编的普通高等院校教材《中国经济地理》推出第四版（1998）。

“世界地理”课程由葛岳静主讲，周尚意、黄宇先后参与。课时为每学年 120 学时，在大三上学期开课，也属于地理专业的必修专业基础课。李文华担任副主编，金陵、葛岳静等参编的《世界经济地理》（陈才、李文华，1999）由北京师范大学出版社出版。周尚意、李文华、葛岳静、杨明川的“世界地理教学改革与实践”获得北京师范大学教育教学成果一等奖、北京市高等教育教学成果二等奖。1997 年李文华作为副主编参与的《世界经济地理》教材获得教育部“九五”优秀教材奖。

“乡土地理”由张亚立主讲，王静爱参与建设，是专科和函授生的专业课、本科生的选修课，课时为每学年 30～40 学时，为所在区域的中学地理教学服务。教材都是教师自己编写的，针对不同区域的函授生或者专科生，编写不同区域的教材和实践脚本，例如《北京地理》《山西地理》等。

主讲和参与课程建设的教师，形成老先生引导下的中青年教师梯队，从总的趋势看有三个特点：一是教师参与科研项目的人数、层次和区域范围增多，这对区域地理教学内容的改进有十分重要的作用；二是重视教学相长，吸引本科生参与科研；三是引入相关学者进入课堂讲授区域地理专题，开阔了学生的视野，促进了教学质量的提高。

4. 主要教材介绍

全国各类地理教学研究会是课程建设和教材编写的重要平台。中国自然地理教学研究会是全国高校中国自然地理课程教师研讨教学的平台，成立于 1980 年，周廷儒先生担任顾问，赵济先生先后担任理事、副理事长和理事长。李文华则是担任全国高师院校世界经济地理教学研究会副理事长。邬翊光和李文华都曾任全国经济地理教学和教育研究会世界经济地理专业委员会副主任，周尚意和葛岳静先后担任委员和副主任委员。北京师范大学区域地理的教师、课程和教材建设在全国同行中有重要的影响力，例如赵济主编的《中国自然地理》《中国地理》和《中国自然地理（CAI）多媒体教学软件》（赵济、张超，2004）等，一直支撑中国自然地理和中国地理课程，是高校特别是师范院校使用的重要教材。

（1）《中国自然地理》系列教材

“中国自然地理”是我国高等院校地理系的一门重要的基础课程，其内容涉及中国自然地理环境的特征、形成与演变，区域分异规律，自然资源的分布与利用，以及国土整治等方面的问题。《中国自然地理（第一版）》（陈永文等，1980）于 1980 年出版，由华东师大、东北师大、北师大等六所师范院校参加编写，获 1979～1981 年第一届全国优秀科技图书奖。1981 年 5 月，于西安举行的中国自然地理教学研究会第二次会议对《中国自然地理（第一版）》作了专题讨论，并提出修改意见。由赵济、陈永文、刘炎昭、韩渊丰、李祯五人负责修订后，《中国自然地理（第二版）》（《中国自然地理》，编写组，1984）于 1984 年出版，并获得了第一届全国高等学校优秀教材奖（1987 年）、全国首届优秀地理图书（教材类）一等奖（1994 年）。1992 年 8 月，呼和浩特举行的中国自然地理教学研究会第八次会议，高等教育出版社组织《中国自然地理（第二版）》的编者进行讨论，重新制定编写大纲，并广泛征求全国高等院校地理学相关专业教师的意见。1995 年赵济主编的《中国自然地理（第三版）》出版。

《中国自然地理（第三版）》内容分设四篇，共 24 章。第一篇是“中国的自然地理环境”，包括国土概况、地貌、气候、陆地水、中国近海、土壤地理、生物地理、环境演变；第二篇是“中国的自然资源”，包括土地资源、水资源、气候资源、生物资源、海洋资源、矿产资源；

第三篇是“中国自然地理区划与地理区域”，包括东北区、华北区、华中区、华南区、西北区和青藏区；第四篇是“自然环境、资源的保护与国土整治”，包括资源环境保护与可持续发展。与《中国自然地理（第二版）》相比，加强了环境、资源、可持续发展的内容；更加关注人与环境之间的协调问题，以及全球环境变化对区域环境承受能力的影响；在7个自然区划分的基础上，进一步划分出35个自然地理副区。

基于《中国自然地理（第三版）》，配套编制了多媒体教学软件。该软件是由赵济、张超（华东师范大学）等主持，北京师范大学王静爱、刘慧平、彭望琭、朱良等参加，北京师范大学、华东师范大学、河北师范大学三校合作完成“九五”国家重点科技攻关项目——高等教育重点课程的研制与开发（1998～2000年）。我国第一套与高校地理教材配套的《中国自然地理（CAI）多媒体教学软件》（2000年出版），开发了包括中国地貌、中国气候、中国水文、中国土壤地理、中国生物地理、中国自然环境演变与自然灾害六个方面的教学课件。教学目标是增强学生全方位观察、多层次分析的能力，培养他们时空对比思维，以及由抽象到形象再到抽象的思维方法。在《中国自然地理（CAI）多媒体教学软件》开发中，根据教学目标和用户背景，设计了一般教学辅助软件中都具有的普通交互和练习交互；并结合中国自然地理的地学特色，设计了文字框图交互、地图交互、时空交互等。

（2）《中国地理》教材

《中国地理》由赵济和陈传康（北京大学）主编，北京师范大学、北京大学和兰州大学的多位教师合作完成，是面向21世纪课程教材。该教材一改区域地理先写自然地理各要素，后写人文要素的写法，以全新体系整体介绍中国范围内的自然环境、自然资源、人文资源、经济发展以及区域特征，尽可能将人、地要素融为一体，强调人地关系对区域开发、保护资源和环境、改善生态平衡、发展经济、实现可持续发展的重要意义。教材编写的基本思路：一是以中国区域自然结构为基础，开展经济和社会文化结构的综合研究；二是关注中国区域内人地关系的系统研究。

本书分为“总论”和“区域分析”两篇，共16章。总论篇，系统论述全国性的主要地理问题，包括区域与疆界、自然结构、海岸及海域、人口与经济发展、传统文化与现代化的空间进程、灾害与环境、景观与区划、国土整治与区域发展战略等；区域分析篇，将全国分为八个综合区，包括东北区、华北区、晋陕内蒙古区、长江中下游区、东南区、西北区、西南区、青藏区，分区阐述区域发展的资源环境条件、经济发展特点、开发利用中的问题及区域发展方向。

为了方便教师和学生更有效地使用面向21世纪课程教材《中国地理》，依托教育部“国家理科基地创建名牌课程项目”，创建了区域地理名牌系列课（王静爱主持，1998～2000年），制作了《中国地理电子教案》（光盘）（高等教育出版社、高等教育电子音像出版社出版，1999年）。该电子教案以PPT的形式呈现，与教材一起发行，内容的章节结构与教材保持一致。

在教材原有内容的基础上精简文字，对每个篇章增加了内容结构框图、教学重点说明、关键词、教学活动建议、相关网站以及思考题等参考内容。《中国地理电子教案》为教师授课和学生学习提供了思路和教学框架参考。该电子教案是一个开放系统，使用过程中可以根据教学实际进行调整和修改。

二、21 世纪区域地理全面建设与提升发展

北京师范大学区域地理教学基于国家教学质量工程，展开了教学团队、精品课程和规划教材的系统建设。区域地理教学团队形成了“老中青”有机结合的教师梯队，获批国家级教学团队。区域地理课程以“中国地理”“世界地理”和“乡土地理”为核心，由六门课程组成课程体系，其中“中国地理”获批国家精品课程、国家精品共享课程和国家一流课程建设。主编并出版了《中国地理教程》《中国地理（第二版）》、《乡土地理教程（第二版）》等课程教材，主编并出版了两本参考书和一套“中国省市区地理”丛书。图 3-14 给出质量工程支撑下的北京师范大学区域地理团队—课程—教材体系。21 世纪以来，北京师范大学区域地理展开全面建设，实现提升发展。

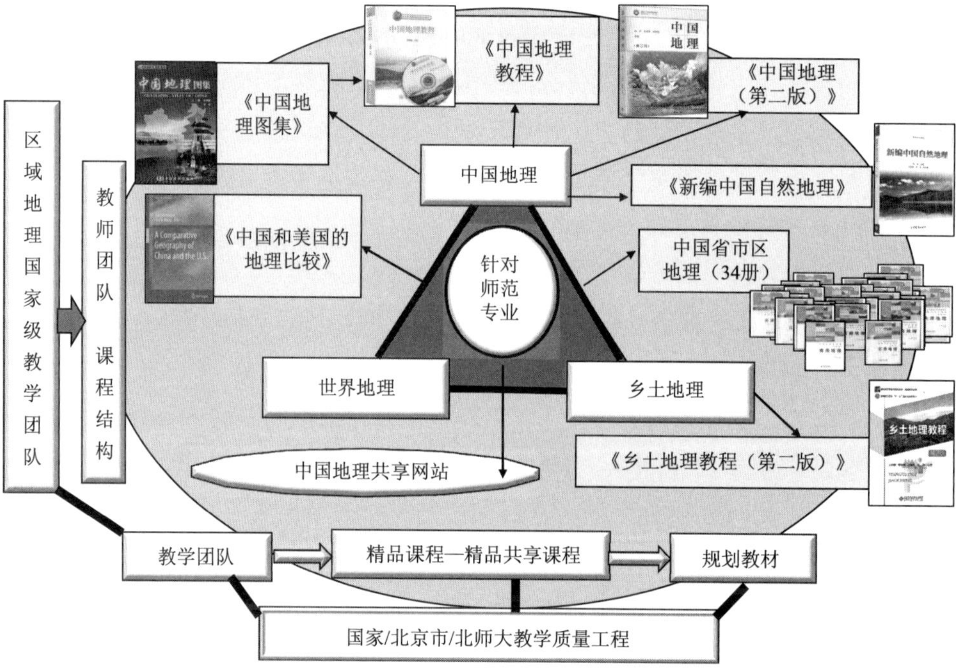

图 3-14 质量工程支撑下的北京师范大学区域地理团队—课程—教材体系

（一）国家级区域地理教学团队课程教材建设

1. 教学团队背景及目标

北京师范大学区域地理教学团队具有很深的历史积淀。教学团队以教研室为单元，以区域地理课程建设为标志展开建设。从 1991 年开始，进行了区域地理系列课程的改革，将高等师范院校从 1952 年开始沿用了半个世纪的“中国自然地理”“中国经济地理”“世界自然地理”“世界经济地理”四门课程整合为“中国地理”和“世界地理”，加强了地理要素的综合。1998 年以来，该团队承担了区域地理课程教改项目①，之后连续承担了两期国家理科基地“区域地理系列课程创建名牌课程”教改项目②，提出并实践了以“区域分析与规划”为方法论课程，“世界地理”“中国地理”和“乡土地理”为实践课程，同时增加历史维度的“全球变化”、特色专题的“流域管理”、小区域“地理综合创新性研究实习”的课程建设思路。赵济、王静爱、葛岳静、吴殿廷和史培军总结并申报的改革成果“区域地理课程体系建设与改革（课程—教材—教法—教研—师资队伍）”，2001 年获得国家级教学成果一等奖。区域地理重点建设课程“中国地理”先后在 2003 年、2005 年获批北京市级、国家级精品课程，“地理综合创新性研究实习”也获得了国家自然科学基金重点资助。2007 年，《教育部、财政部关于实施“高等学校本科教学质量与教学改革工程”的意见》（教育部、财政部，2007）决定在高等学校本科教学质量与教学改革工程中展开教学团队建设项目，北京师范大学“区域地理教学团队”和兰州大学“地球系统科学教学团队”作为地理学科的教学团队入选教育部第一批国家级教学团队，2008 年获得北京市“优秀教学团队”称号，成果之一系统集成《区域地理论丛》六本（王静爱任总主编，于 2009～2012 年陆续出版）。

区域地理教学团队的发展优化建设目标是继续优化团队成员结构，建设一支国内一流、国际有影响的敬业乐教、专兼协作、优势互补、可持续性强的区域地理教学队伍；完善以国家精品课程“中国地理”为核心的区域地理课程体系，建设全国区域地理教学研究中心和骨干教师培养基地；实现课程—教材—科研项目—科研成果向教学转化的有机统一；引领中国区域地理研究与教学发展，并快速迈向国际化；凸显北师大教育教学优势；以本科区域地理为平台，向研究生、中学教师辐射；支撑以区域地理教学为核心的国情教育，面向国家需求，培养学生成为区域发展与和谐社会的建设者。

---

① 北京师范大学高等教育面向 21 世纪教学内容和课程体系改革项目“区域地理的教学改革”（1998 年到 1999 年，王静爱主持，葛岳静和吴殿廷参加）。

② 国家理科基地创建名牌课程项目“创建区域地理名牌系列课”（王静爱主持，2018 年第一期，2020 年第二期）。

2. 团队课程与教师构成

区域地理教学团队由 17 名“老中青”教师组成，王静爱为带头人，赵济为教学指导。涉及本科生区域地理主干课程共计六门，课程名称、教师梯队及其相互关系如下（图 3-15）。

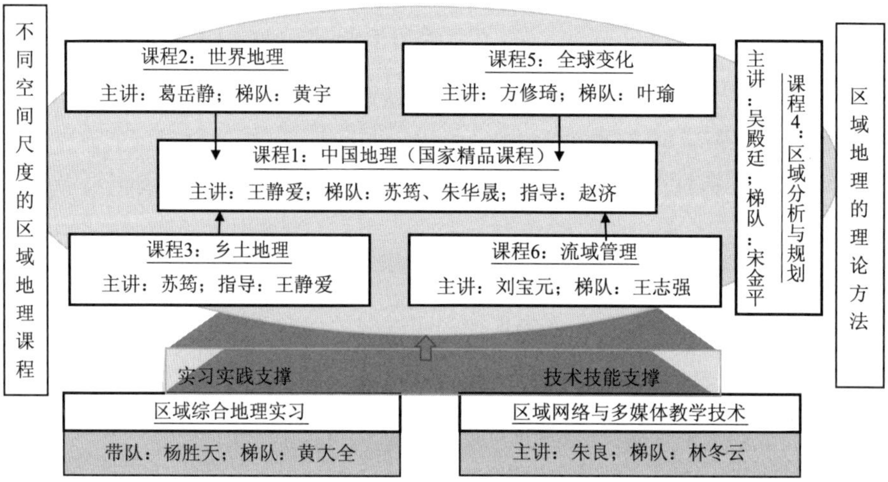

图 3-15　区域地理教学课程—人员组成（2010 年）

区域地理教学团队基于现代地理学集理论、应用、技术为一体的教学观点，从理论区域（说理）、实证区域（野外）和数字区域（计算机）的视角，构建了区域地理课程的结构体系①。以“中国地理”“世界地理”“全球变化”（“中国自然环境演变”）“乡土地理”“流域管理”“区域分析与规划”为主干课程，其中“世界地理”“中国地理”“乡土地理”为不同空间尺度的理论—实践课程。以“区域综合地理实习”作为实习和实践支撑；以区域网络与多媒体教学技术为技术技能支撑，构建学生能力训练与创新型人才培养体系。

“世界地理”课程一直由葛岳静主讲，形成了如下的教学特点：一是在教学设计和教学组织上，以“总论”“分论”“专论”三组教学章节，把全球地理、区域地理、国别地理有机衔接，集成世界自然地理和人文/经济地理，重视将环境、资源、遥感、经济、社会文化等学科最新成果和世界变化的国际时事融入教学内容；二是通过“典型化菜系式教学体系”科学协调了世界地理教学内容的庞杂，突出典型地理要素、典型区域的地理格局分析，点面结合。三是创立了知识竞赛—课堂讨论—论坛模拟的教学模式。通过 RAGs（reading & analysis groups）的小组学习活动作为“世界地理”课程自主学习内容的重要组成部分，实践科研全过程，锻炼学生发现问题、分析和解决问题的能力，表达能力和团队合作意识。RAGs 活动课在确定

① 该课程体系中的“区域分析与规划”放入人文地理板块，“全球变化”和“流域管理”放入自然地理板块，在此不展开阐述。

分析主题后，让学生以小组学习的方式，尝试自主式、合作式和探究式的学习，至少进行三轮的课外阅读和四次小组讨论，最后每个小组所有成员合作，通过 PPT 讲演、知识竞赛、角色扮演课堂剧和辩论赛等各种形式来展示和交流他们的研究成果与学习经验，也有学生把小组学习成果形成期刊学术论文获得发表。四是把最新研究成果转化成教学，开设“世界地理”的系列课程“全球化与世界经济地理”和“地缘政治与亚太地理”（全校通识课），提高世界地理研究的应用价值，同时提升学生的国际视野和家国情怀。

“中国地理”课程先后由王静爱（1995～2014 年）和苏筠主讲（2014 年以来），“乡土地理”课程先后由王静爱（1989～2002 年）、苏筠（2003～2008 年）和岳耀杰主讲（2009 年以来）。2010 年王静爱创设并主讲全校通识课程“遥感中国（区域）”（2010～2020 年），后由赵祥主讲（2021 年以来）；基本完成了主讲教师的新老交替。

3. 区域地理教学团队支撑下的教材建设

基于北京师范大学区域地理教学团队的师资和教学资源，在“中国地理”课程教材建设的同时，重点进行了两方面的配套教材编写：一是组织全国各省市区师范院校的力量编写“中国省市区地理”丛书；二是组织国内外两支教师队伍，编写《中国和美国的地理比较》（*A Comparative Geography of China and the U.S.*）（Hartmann and Wang，2014）。

“中国省市区地理”丛书是以中国省市区行政区为单元的丛书，由 35 本图书组成，包括 1 本《中国地理纲要》和 23 个省、5 个少数民族自治区、4 个直辖市和 2 个特别行政区的 34 本分册。自 2008 年，由北京师范大学出版社陆续出版，目前已出版 32 本。该丛书由北京师范大学区域地理国家级教学团队、全国高校中国地理教学研究会、北京师范大学区域地理研究实验室组织编撰，王静爱为总主编，苏筠为秘书，组织全国 30 多所师范大学和综合性大学的地理相关专业院系的教师主编各分册，并有全国地理学、民俗文化、历史等方面的专家担任审稿工作。全套丛书被评为“‘十二五’国家重点图书出版规划项目”。“中国省市区地理”丛书各分册具有统一的体例和结构框架，包括“总论”“分论”“专论”三个部分。“总论”阐述地理基础，主要包括各省市区的地理区位、地理特征和地理区划，是丛书分册之间可比较的部分。“分论”主体内容是辨识省市区内地域的差异，属乡土地理范畴，具有浓厚的乡土意蕴。“专论”是彰显区域综合分析和深入研究的部分，主要阐述省市区有特色的地理问题。该丛书的主要功能，一是作为“中国地理”课程和“乡土地理”课程的教学用书和教学参考书，完善高校师生和中学教师的区域地理教学的教材支撑体系；二是降尺度认识区域地理的科学问题，为区域研究者提供参考；三是从地理视角对中国国情、省情、县情的系统总结，为国民尤其是各级管理人员提供地理信息和国情教育参考。

*A Comparative Geography of China and the U.S.*一书是以中国和美国两个国家的地理对比为主题的教材。由汝迪·哈德曼（Rudi Hartmann）和王静爱担任主编，叶涛为副主编。北京师范大学的 7 位教师（王静爱、葛岳静、史培军、叶涛、苏筠、朱华晟、岳耀杰）与美国的

10 位教师两两组合交叉，共编写了 12 章，涉及中美的地理区划、民族地理/社会地理/人口地理、农业和粮食生产、经济地理、贸易发展以及区域城市经济集群等方面的比较。探索两国地理异同，特别是两国人口、资源、文化、经济等方面的异同，有助于加深对两国人文环境关系的认识，增进和拓宽相互了解。从比较中发现问题和事物发展规律，深刻清晰地认识两国地理，探讨两国“人与自然”的和谐发展模式，对两国学生以及民众了解两国国情以及深刻认识两国地理有深远的意义。该教材于 2015 年由 Springer 出版社出版。

（二）“中国地理”国家精品课程建设（1995～2010 年）①

国家精品课程②的目标是建设具有一流教师队伍、一流教学内容、一流教学方法、一流教材、一流教学管理等特点的示范性课程。北京师范大学“中国地理”课程具有良好的传承传统和持续的建设历程。自 1995 年合并两门课程并更名为“中国地理”以来，经历了校级、北京市精品课程建设，2005 年获批国家精品课程，进一步加速并提升课程建设。图 3-16 给出了课程每一阶段的建设目标、内容和成效。

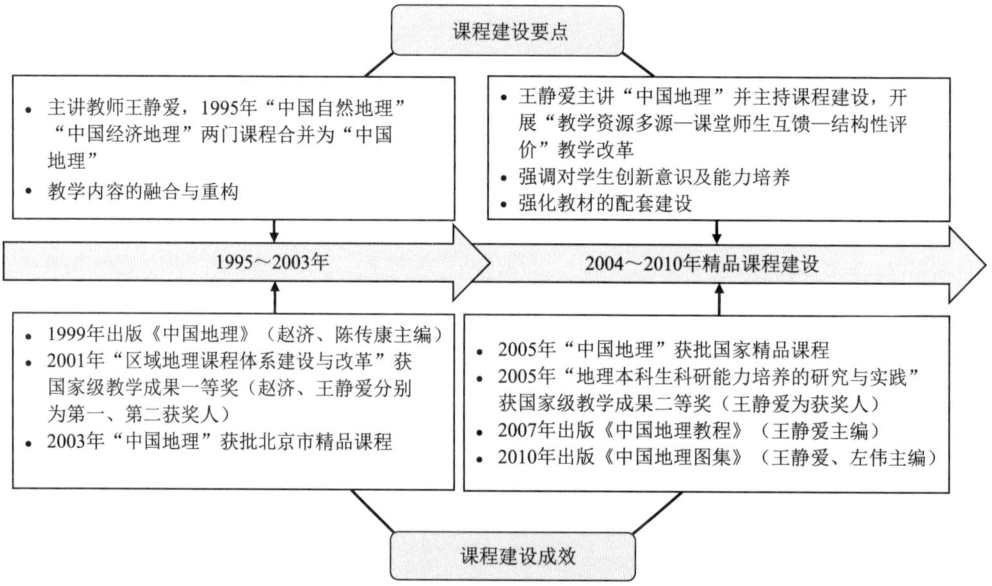

图 3-16 “中国地理”课程主要建设历程及成效（1995～2010 年）

① 这部分内容描述是依据教育部 2005 年度国家精品课程“中国地理”申报书内容编写，王静爱主持。

② 可见《教育部办公厅关于印发〈国家精品课程建设工作实施办法〉的通知》（教高厅〔2003〕3 号）。

王静爱等在前辈的基础上，开设并建设“中国地理”课程，带领教学团队经历了“中国地理”授课内容的整合阶段、现代教学技术的渗透阶段和创建精品课程阶段。21世纪以来“中国地理”课程成为一门在国内产生了重要影响，深受北京师范大学学生喜爱的课程。关于“中国地理”课程的教学建设与改革成果于2001年获得国家级教学成果一等奖；该课程的学生能力培养成果于2005年获得国家级教学成果二等奖。该课程2003年被评为北京市精品课程，2005年被评为国家精品课程。主讲教师王静爱2006年获得国家教学名师奖。

1. 教学队伍结构

围绕课程规划、教材编写、课程讲授、课程网络建设，优化组合了教师团队。教师不仅敬业，而且教学和科研能力很强。多位团队教师主编了多本配套教材，共同创建国家理科基地名牌课程，获得多项奖励。教师以中年为主，“老中青”结合，团队年龄结构合理；自然、人文/经济、技术多学科交叉；教授、副教授、讲师和助教相互衔接（表3-5）。

表3-5 “中国地理”精品课程教学队伍人员构成（含外聘教师）（2005年）

姓名	职称	学科专业	在教学中承担的工作
王静爱	教授	区域地理	课程负责人，主讲“中国地理”，主持课程建设规划
刘昌明	教授	自然地理	学术指导，做区域专题报告
赵　济	教授	区域地理	教学指导，教材主编，课程建设规划，讲授区域专题
史培军	教授	自然地理	编写教材，讲授区域开发专题，课程建设规划
刘宝元	教授	自然地理	参编教材，讲授流域管理模块，课程建设规划
李晓西	教授	区域经济	参编教材，讲授中国经济区划专题
吴殿廷	教授	人文地理	教材建设，讲授区域分析模块
刘学敏	教授	人文地理	教材建设，讲授中国城市化专题，课程建设规划
朱　良	副教授	地图、GIS	CAI教材建设，虚拟野外实习设计
苏　筠	副教授	区域地理	参编教材，主讲“乡土地理”模块，课程建设规划
王　瑛	讲师	GIS	研制中国地理CAI，网络课程设计与管理
岳耀杰	博士生助教	区域地理	课程网络管理，课程建设规划，区域数字平台建设
毛　佳	硕士生助教	区域地理	课程网络资源更新，师生互动信息管理
贾慧聪	硕士生助教	区域地理	管理学生课程档案，英文版网络课程建设

2. 课程模块与内容

“中国地理”课程内容改革体现“区域+综合+可持续发展模式”。依据“整体与局部”“过程与发展”“理论与实践”设计课程模块。从课程内容讲授的逻辑性设计知识模块，从课程学习的认知规律设计类型模块（图3-17）。

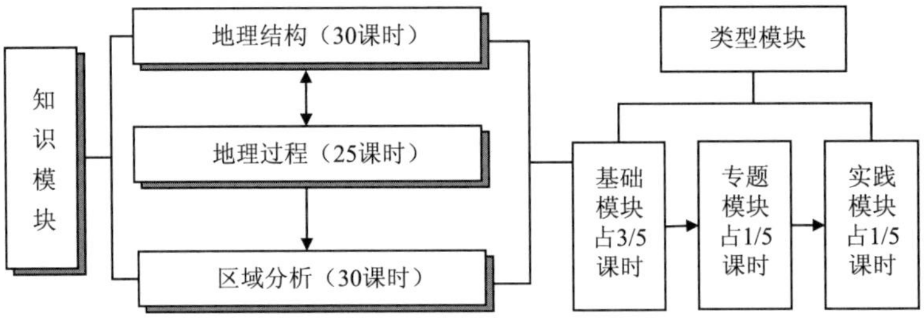

图 3-17 “中国地理”知识模块

“中国地理”精品课程的内容分为三篇。上篇：中国地理结构，讲述地理区位及其地理意义，以及地貌结构、水热结构等自然结构，人口分布、土地利用结构、城市群等社会经济结构。认识中国的地理结构，是课程的基础也是重点部分。其中难点是如何综合地认识中国地理结构和各地理要素结构的关系。中篇：中国地理过程，是重点和难点，涉及若干学术前沿问题。阐述中国自然环境的演变过程，中国的水土流失、风蚀沙化等土地退化及生态建设措施，水灾、地震、旱灾等自然灾害及减灾对策，中国城市化与经济格局变化。下篇：区域综合分析，是应用部分，在地理区划的基础上，以国家开发和建设区、热点区、科学研究深入的地理区为重点，着重分析区域资源开发中的环境问题和环境保护中的资源开发问题，为国土整治和可持续发展提供依据。

3. 教学环节与方法改革

（1）“多源信息—多教学环节—师生双向反馈”教学环节

“中国地理”精品课程经过长期的教学实践，摸索出“多源信息—多教学环节—师生双向反馈”的教学环节（表 3-6）：通过课堂讲授、课堂讨论或辩论、应用多媒体辅助教学软件、听取学术报告、进行面试和笔试、开展实习、完成作业等多种教学环节，综合运用教材、地图集、遥感影像、学术文献、视频、实测报告等多种来源信息，在师生相互交流、反馈和互动中完成教学过程，从而提高教学效率。

表 3-6 “中国地理”课程主要教学环节（2005 年）

组织	教师				学生（次）						
方式	讲课	计算机辅助教学	讲座	录像	作业	讨论	问卷	实习	小测验	口试	笔试
上篇	32 学时	5 个课件			2		1	1	2		
中篇	32 学时	3 个课件	3	2		1				1	
下篇	16 学时			1	1	2	1	1			1

（2）创建教学方法与强化教学技术手段

“珍珠—项链式”教学方法（王静爱等，2002）。在教师引导下，将每个学生从实践中获得的知识创新点比作“珍珠”，通过摄像集成，有机地串连成集体学习成果（“项链”），以电视讲演等方式再现于课堂。“珍珠—项链式”教学的核心是：创新能力与互动教学。

CAI 教学方法（王静爱等，1999）。“中国地理”课程从 1998 年开始在教学软件开发的同时进行计算机辅助教学，形成有序又有效的教学方法，减少了 1/4 的总学时，提高了学生学习兴趣和教学质量。根据教学实践，提出四种教学关系模式：先导模式、桥梁模式、后发模式和交互讨论模式。

“合作—讨论式”教学方法。讨论方式有：即兴讨论方式、问题或作业讨论方式和专题辩论方式。

采用多源信息，在传统教学手段的基础上，强化现代技术手段的使用，提高教学效率。

建立中国遥感影像库，应用遥感地学分析，开辟认识区域地理特征的新途径；采用数据库和 GIS 技术，改进作业方式，挖掘学生创新思维并建立可供交流的作业系统；通过 CAI 软件，实现区域地理过程的模拟，加深对地理过程的认识；运用电子教案和网络教学，提高教学资源的使用效率和效果。

（3）实践教学途径与方法

“中国地理”课程的综合性和区域性特点，决定了实践教学的多尺度特性。宏观层面的实践性教学：从太空看中国，运用现代卫星遥感图像，可以实现遥感考察，辨识中国地表结构及演化特征，把握全国地理特征。中观层面的实践性教学：从视频看中国，运用现代多媒体资料，采集区域地理相关的影视片信息，可以实现准区域考察，理解区域人地关系和地理问题，把握区域地理特征。微观层面的实践性教学：从实地看中国，运用野外调查和测量技术，通过对周边区域（如北京小样带）的综合考察或专题调研，理解小尺度区域的人地关系和地理问题，可以增强感性知识和激发原创新能力。

依托课程和科研课题，经过多年的教学实践和研究探索，初步建立起了以“中国地理”课程为载体的本科生科研能力培养的系统。主要包括：建立了基于教师的本科生科研能力培养体系；依托教师项目或国家理科基地班学生科研基金，教师指导本科生参与或立项研究中国地理问题，指导并资助学生撰写发表与中国地理相关的论文；探讨本科生“课程—项目—论文—保研”的导师制人才培养模式。

（4）结构成绩综合评定方法

结构成绩综合评价法包括：①多环节结构成绩：作业、讨论、实习、小测验、口试和笔试成绩；②综合定量评价：平时成绩占 30%，期中考试（口试）成绩占 20%，期末笔试成绩占 50%；③综合定性评价：每份作业或反馈均有评语（书面或口头）。

口试结构成绩评价法：中国地理期中考试为口试，进行过多年，目的是从不同角度发挥和发现学生的长处，适时调整课程。口试成绩也为结构性的，成绩单反馈给每一位学生（表 3-7）。

表 3-7 “中国地理”期中考试（口试）成绩单

<table>
<tr><td rowspan="3">考试成绩</td><td rowspan="2">抽考题号</td><td rowspan="2">总成绩</td><td colspan="6">成　绩　构　成</td></tr>
<tr><td>基本内容（50%）</td><td>思路（15%）</td><td>口头表达（10%）</td><td>回答问题（5%）</td><td>补充发言（10%）</td><td>创新性（10%）</td></tr>
<tr><td></td><td></td><td></td><td></td><td></td><td></td><td></td><td></td></tr>
<tr><td rowspan="2">印象</td><td colspan="2">小组协作</td><td colspan="6"></td></tr>
<tr><td colspan="2">个人感觉</td><td colspan="6"></td></tr>
</table>

4. 教材系统配套建设

中国地理课程教学团队构建“国内—国外、国家—省区”“教材—地图集—辅助教学系统”的教材教辅体系，在原有赵济等主编的《中国地理》（面向 21 世纪课程教材）及《中国地理电子教案》（王静爱、赵济，2004）、《中国自然地理（CAI）多媒体教学软件》（光盘 3 张）之后，王静爱又主编了《中国地理教程》（王静爱，2007）（北京高教精品教材），《中国地理教程辅助教学系统》（光盘）（王静爱等，2008）和《中国地理图集》（王静爱、左伟，2010）。

（1）《中国地理教程》教材

《中国地理教程》由王静爱主编，联合全国 16 所高校相关教师参编，北京师范大学的苏筠、史培军、许嘉琳、江源等参与编写，由高等教育出版社于 2007 年出版。该教材于 2019 年获得第二届全国优秀地理图书（普通高等教育教材）优秀奖。本教材分设三篇。上篇是总论，整体介绍了中国地理区位与特征、地理景观格局及其演变、人口和城市化、自然资源、国土开发以及地理区划。中篇是专论，主要介绍了与中国区域可持续发展密切相关的土地退化、自然灾害、环境污染、生物多样性以及可持续发展对策和地理工程。下篇是分论，分别阐释了中国东部、中部、西部及海洋 4 个地带的 14 个地理区域的人口、环境、资源与区域发展，提出不同区域可持续发展的方向。为了便于学生学习，每章设有章前语、关键词、章后思考题、内容逻辑框架和参考文献。

《中国地理教程辅助教学系统》由王静爱、苏筠、潘东华研制，是为了方便教师和学生更有效地使用教材《中国地理教程》而制作，以光盘形式附在书后。该辅助教学系统以教材为基础，电子教案、教材插图（彩色）等内容与课本章节对应，还设有遥感影像、地理数据、地理文献等模块。所有素材可以下载，以方便读者使用。大量信息是基于北京师范大学区域地理研究实验室的多年积累，得到国家基础科学人才培养基金项目（J0630532）资助。

（2）《中国地理图集》

《中国地理图集》由王静爱、左伟主编，中国地理教学研究会发起（王静爱为理事长），组织全国16所相关高校的近百名老师参加编图，北京师范大学的苏筠、梁进社和岳耀杰等参编。该图集从内容大纲确定到成图定稿历时6年，由中国地图出版社于2009年出版，2010年获得优秀地图作品裴秀奖铜奖。图集的内容结构由序图、总图、分图和附录四个部分组成。序图部分包括中国地理位置与政区图组。总图部分由自然地理、人文地理、资源开发与国土整治三个图组构成。自然地理图组包括：自然景观、地貌、自然环境演变等11个单元；人文地理图组包括：古代疆域、人口、城市与农村等7个单元；资源开发与国土整治图组包括：土地资源与开发、水资源与开发、土地退化与生态建设、综合地理区划等10个单元。分区部分图组与《中国地理教程》的地理区划方案一致，由辽吉黑地区、京津冀鲁豫地区、沪苏浙皖湘鄂赣地区、粤桂闽琼港澳台地区、内蒙古地区、晋陕甘宁地区、川渝地区、云贵地区、新疆地区、青藏地区等10个单元组成。《中国地理图集》为我国高校地理及其相关专业的师生提供了一本"教学、研究和实用参考"的全新专题地图教材，它的性质是一本为全国高校"中国地理"课程教学服务的参考图集。

5. 课程数字资源与网站建设

国家精品课程建设要求有关课程的教学大纲、授课教案、电子教案、教学录像、习题、实验指导、参考文献目录等上网共享。"中国地理"课程的部分资源在2000年开始在局域网运行，2003年本课程作为北京市精品课程，在网上面向全国辐射。2005年作为国家精品课程推出本课程网络教学版的第二版，主要包括：教学队伍、课程介绍、网上课堂、学生实践、网络资源、教学评价等（图3-18）。2006年9月推出课程英文版网站，以互联网为依托，开始向国内外辐射。网络课程结构设计本着教师为主导、学生为主体的原则，以师生交互为线索的思路，按照"谁来教（教学队伍）——教什么（课程介绍）——怎么教（网上课堂）——怎么学（学生实践）——课程补充资料（网络资源）——教得怎么样（教学评价）"的顺序实施教学过程。

6. 课程建设成效评价

"区域地理课程体系建设与改革"国家级教学成果奖鉴定会对有关"中国地理"的鉴定评价如下①："'中国地理'采用多源信息，对自然景观、地理过程、格局实现了可视化，缩短教学时间、提高教学质量，在教学方法的现代化上取得重大突破。""注意教学与科研的结合，加强课程内容的及时更新，使教学内容丰富新颖，也为学生开拓思路和了解学科前沿打下了基础；同时吸收学生参加课题，撰写学术论文和毕业论文，大大提高了学生的动手能力

① 摘自2000年由北京市教委主持"区域地理课程体系建设与改革"国家级教育教学成果奖鉴定会鉴定意见书。

和学术水平。”“探索以学生为主体，信息技术支持下的‘多源信息—师生双向反馈’等模式，培养并提高了学生采集和处理信息、综合分析能力和创新思维能力。”

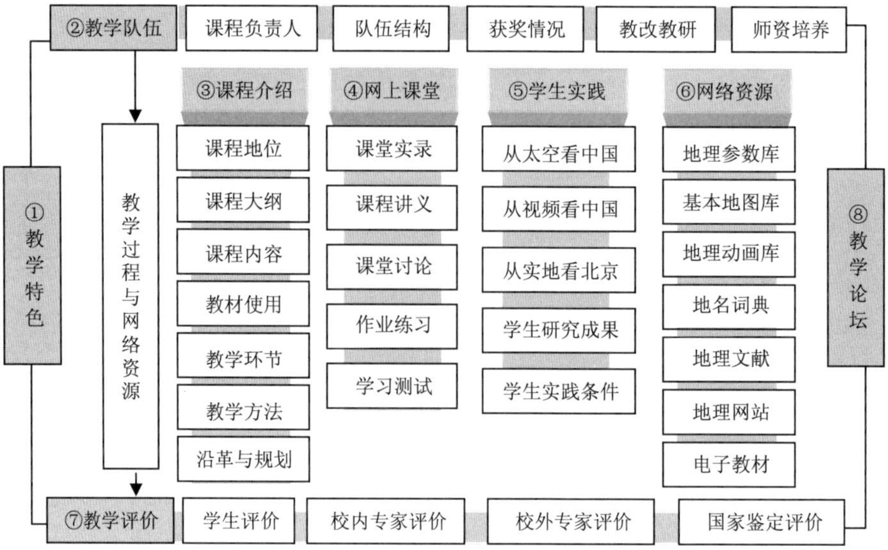

图 3-18　国家精品课程“中国地理”网站结构

“地理本科生科研能力培养的研究与实践”国家级教育教学成果鉴定意见[①]摘抄如下：王静爱教授出色地完成了创建“区域地理系列名牌课”的研究任务。围绕“中国地理”课程教学，创建了“多源信息—多环节—师生双向反馈”学生科研能力培养的模式，形成了一套由课堂教学—科研实践—论文写作等关键环节构成的学生探究能力培养体系，符合循序渐进的人才培养规律，具有很强的可操作性。该成果对提高教学质量和学生综合素质的培养发挥了重要的推动作用，是一项创新性的教学研究成果，建议在全国高校推广。

中国科学院院士郑度研究员（中国科学院地理科学与资源研究所）的举荐摘抄如下：近半个世纪以来，“中国地理”课程在周廷儒学部委员（院士）、张兰生、赵济等教授长期任教的基础上，又经过中年教授王静爱及一批青年教师的不断开拓，将“中国自然地理”与“中国人文/经济地理”整合成“中国地理”，在课程规划、教学内容、教材编写、教学方法等方面形成独特的风格，在全国同类课程中起到示范作用。

北京大学王恩涌教授（北京大学城市与环境学院）的举荐摘抄如下：北京师范大学地理学院在“中国地理”课程建设上积累了丰富经验，成绩突出。近年来，“中国地理”课程的建设更上一层楼，承担教学任务的教师结构合理、整体素质高、教学成果突出。北师大的“中

① 摘自 2004 年由北京市教委主持“地理本科生科研能力培养的研究与实践”国家级教育教学成果奖鉴定意见书。

国地理”课程建设在全国同类课程中具有示范作用，可以作为国家精品课程向全国辐射。

（三）精品课程—精品共享课的升级发展（2011～2022 年）

1. 教师团队、课程、教材建设全面推进

近十年，“中国地理”教师团队、课程、教材建设加速发展，由国家精品课程升级为国家级精品资源共享课程（教育部办公厅，2012）。该时期的发展有四个显著的特点：一是教师队伍进一步优化，实现了主讲教师的新老更替；二是教材编写实现了多版本修订出版、加强教学参考配套教材编写，既有国际化方向的英文教学参考书出版，也有地域乡土化方向的“中国省市区地理”丛书出版；三是基于中国地理专业课程建设，在北京师范大学及西部高校（青海师范大学）新开设本科生“遥感中国”通识课程；四是建成国家级精品资源共享课程，实现了提升发展，扩大了辐射面并取得成效。图 3-19 给出了“中国地理”分阶段的课程建设要点和主要成效。

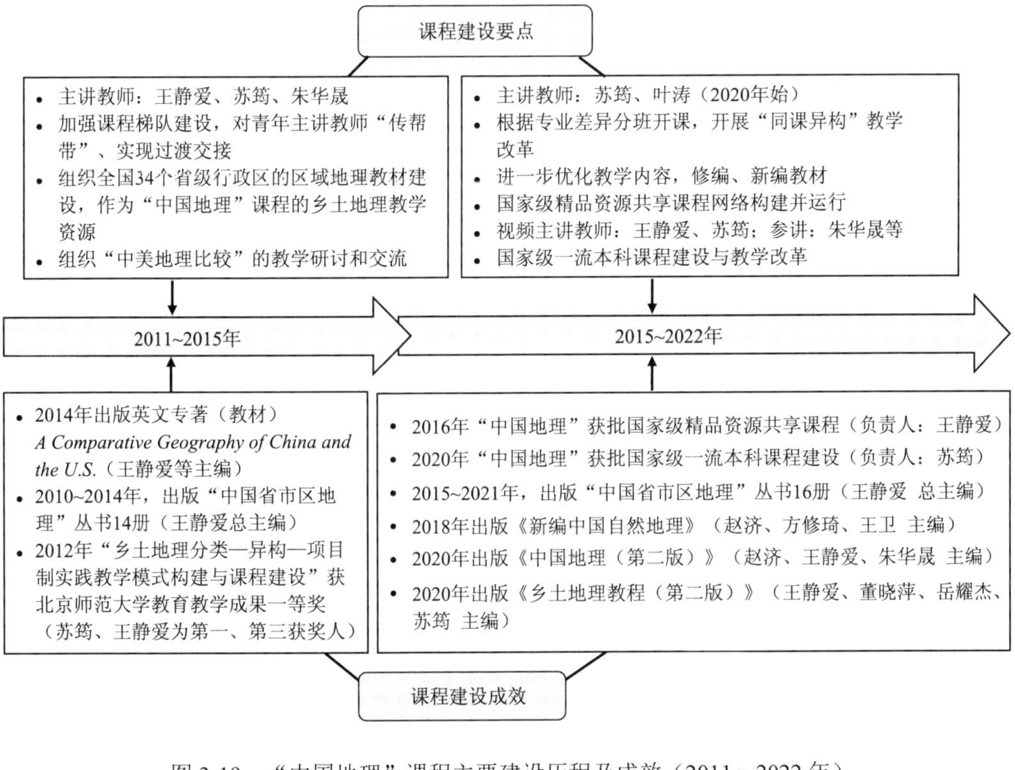

图 3-19　“中国地理”课程主要建设历程及成效（2011～2022 年）

2. 国家级精品资源共享课程建设与运行[①]

2011年，教育部、财政部启动了“高等学校本科教学质量与教学改革工程”，精品资源共享课程建设成为中国国家精品开放课程建设项目的重要内容（教育部、财政部，2007）。对已有国家精品课程升级改造，资源共享课程旨在通过现代信息技术，促进教育教学观念转变，引领教学内容与教学方法改革，推动高等学校优质课程教学资源的共建共享，服务学习型社会建设。2016年，“中国地理”国家精品课程又获批升级为国家级精品资源共享课程，由王静爱主持，苏筠执行建设。在原有基础上共建共享优质课程教学资源，强化了向广度、深度、精度和共享度“四维提升”的理念（王静爱、苏筠，2013）（图3-20），在“爱课程网”[②]上向高校师生与公众全面开放。因此，课程建设核心围绕教学资源的整合与共享、教学过程的可视化、区域多媒体地理信息传输与共享展开，以更好地适应学习者要求。

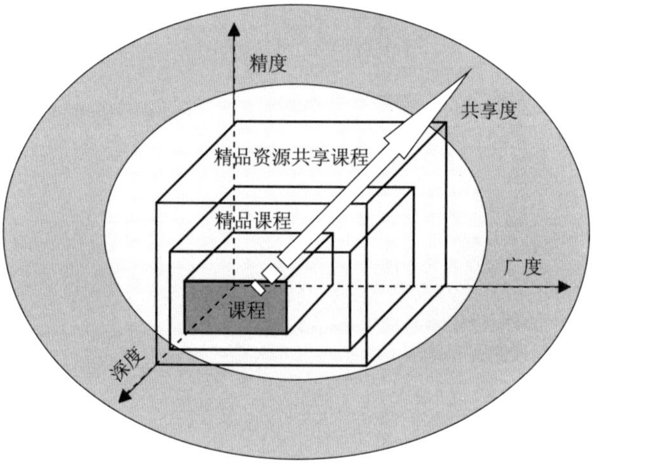

图3-20　“中国地理”国家级精品资源共享课程理念

在教育部统一网站模块结构模式下（图3-21），突出表现为三方面：一是“三配套”资源库的整合与共享，即教材资源库、视频课程资源库、实践拓展资源库的配套，拓展“中国地理”精品课程共享的广度；二是学习过程资源的整合与共享，“中国地理”精品资源共享课程整合的重点由原来指导教学转为指导学习，从教育认识规律出发，构建课程资源框架体系，提升“中国地理”精品课程共享的效率；三是对课程内容进行精细化，“中国地理”共享课程按章节编排课程资源，细化教学要求、教学说明、教学内容等，尽可能完整地重现课堂教学，

① 本部分内容是依据教育部国家级精品资源共享课程“中国地理”上报的课程资料（2016年，王静爱主持）编写。

② 见 https://www.icourses.cn/sCourse/course_3831.html。

开发自主学习，以实现教学资源的最大程度共享利用，加大“中国地理”精品课程共享的深度。

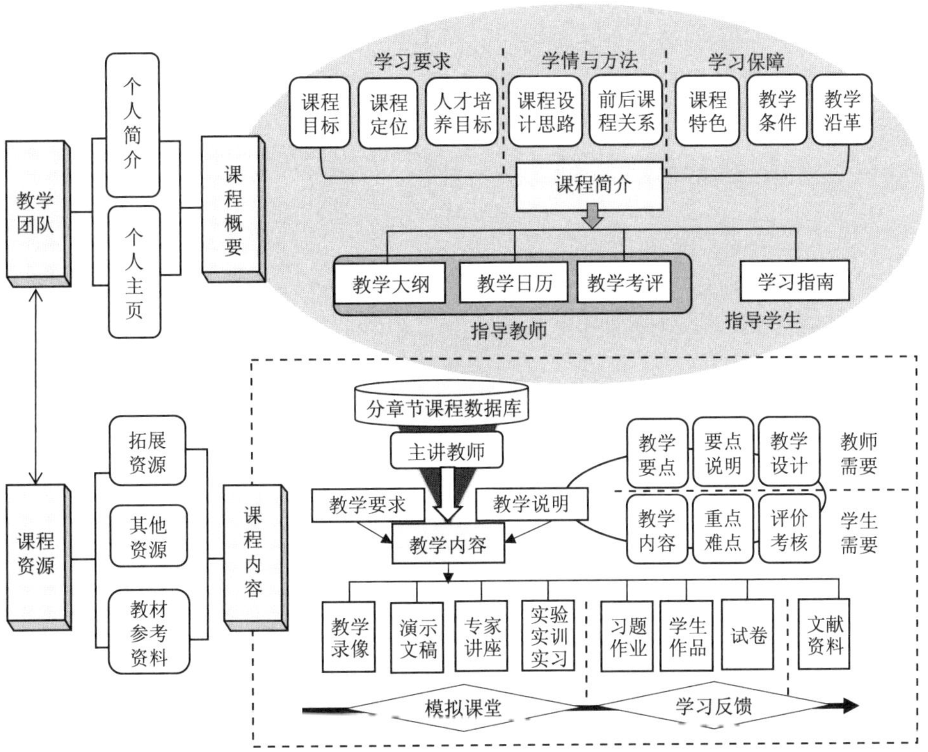

图 3-21 “中国地理”国家级精品资源共享课程网站模块

该课程是基于国家精品课程教学团队，依据年龄/经验、教师专业特长和研究重点，扬长补短配置师资。课程由王静爱和苏筠主讲，朱华晟参讲，史培军、李晓西、刘宝元和刘学敏分专题讲授，岳耀杰等负责网络技术。教学内容结构分为总论、专论、分论三篇，设 17 个章节和多种教学环节，共有 63 段视频（每段 50 分钟左右）。

（四）“遥感中国（区域）”通识课程开设（2010～2022 年）

大学地理通识课程对于培养大学生地理素养及公民综合素质具有重要意义。“人地关系”是地理通识课程开设的基本要素和普遍认知需求，而遥感图像是现代信息技术赋予现代公民认知人地关系的第三种地理语言，亟待普及。基于国家精品课程建设项目，结合北京师范大学地理与遥感的学科优势，综合自然地理、人文地理、遥感技术，2010 年新开设了全校“遥感中国（区域）”通识课程（王静爱、余瀚，2012），来推动大学地理通识课程的快速、优化发展，提升大学生的公民素质。该课程占 1～2 学分，由王静爱主讲（2010～2020 年于北京师范大学授课，2019～2022 年于青海师范大学授课），2021 年以后由赵祥接替主讲。

课程目标设置为面向全校的文科学生与熟悉或爱好地理的理工科学生，使学生能够应用遥感影像认知区域地表特征以及开发利用，普及遥感图像信息区域识别技术，学会初步的遥感地学分析，进行国情教育。

课程内容结构分三个板块。第一板块：掌握遥感图像信息区域识别技术，并学会初步的遥感地学分析。设第一讲“遥感与区域”。第二板块：使选课学生能够应用遥感影像快速跟踪国情的地域变化，提升现代化信息分析能力，深化并提升公民素质。分设第二至第六讲，为“遥感中国——东部地区、中部地区、西部地区和海洋地区”。第三板块：使选课学生能够应用遥感影像快速跟踪全球的地域变化，扩展区域分析视野，深化并提升全球化和全球变化意识。分设第七讲“遥感地球——全球变化与区域响应”和第八讲“遥感世界——全球化与区域联系”。

教学方法研究：以学生为本，重视人才培养，强调学生参与和师生互动。课程具有两个亮点：一是探索出遥感区域的“七维”观察分析方法（Wang et al.，2020），即多时相、多尺度、多角度、多光谱、多属性、多媒体和多产品观察的教学法；二是传统教学与翻转课堂相结合，加大与学生讨论问题的时间投入（与每个学生面对面指导讨论平均在半小时），提升网络环境下学生对问题的思考能力和分析能力[①]。

教学软件开发：“图像判读测试系统”（王静爱等，2019b）采用 Microsoft Visual Studio 2012 软件编写，由素材库和试题库两部分构成，共有 50 套练习。本系统的素材库主要有：遥感影像（150 幅）、专题图片（300 幅）、景观图片（129 幅）以及地区介绍。试题库共 300 道题。题目类型主要有：区域位置、地貌类型、土地利用方式、土地退化问题、自然灾害风险、动态变化成因等 6 种。该系统已投入试运行。

（五）多版本教材编写与修订

随着精品课程—精品共享课的升级发展，教材建设有四个重要发展方向：一是修订原有教材和新编教材，出版了《中国地理（第二版）》（赵济等，2020）、《乡土地理教程（第二版）》（王静爱等，2019a）和《新编中国自然地理》（赵济等，2015）；二是编写与中国省市区对应的乡土教材，“中国省市区地理”丛书（共 34 本分册）陆续出版；三是组织编写国际化的英文教材《中国和美国的地理比较》（*A Comparative Geography of China and the U.S.*）；四是编

① 在 2020～2022 年新冠肺炎疫情严重期间，课程改为线上授课，为传统的线下教学提供了一种新的教学模式。

写与课程网站相关的新形态教材（纸质教材+数字资源），王静爱、苏筠主编的《中国地理纲要》已经编制完成待出版。

《中国地理（第二版）》由赵济、王静爱、朱华晟主编，2020 年出版。该版在上一版的基础上进行了较大的内容调整及资料更新，尽量刻画中国地理环境的特点、经济社会发展的国情以及区域差异。全书分为“总论”和“区域分析”两篇。总论部分系统论述全国性的主要地理问题，包括自然结构、海洋地理、自然灾害与环境、人口与城市、产业与经济、文化与社会空间、区域分异与区划等；区域分析部分将全国分为四大地区，分区阐述区域发展的资源环境条件、社会经济发展特点、开发利用中的问题及区域发展方向。

《乡土地理教程（第二版）》由王静爱、董晓萍、岳耀杰、苏筠编著，2019 年出版。新版在上一版（普通高等教育“十一五”国家级规划教材，2009 年出版）基础上有较大的内容调整及技术方法更新，增加了部分新章节。结构上分为上、中、下三篇。上篇是“理论与方法”，包括乡土地理的科学与教学原理，以物为对象的测量技术，以人为对象的研究方法和乡土地理信息处理方法。中篇是“区域范式”，主要介绍不同尺度乡土地理单元地理实践的原理与方案设计，包含：微小尺度的家户与校园实践，如“五流”与家户生活、资源利用与校园环境的认识与管理等；较小尺度的村落与社区实践，如村落与民俗文化、社区与减灾等；中小尺度的流域与县域实践，如流域与水土资源、县域与经济发展等。下篇是“研究案例”，包含：乡土地理遥感识别探究，教学网站开发研究和专题研究案例。该教材是新形态教材，在方法上引进新媒体工具，通过扫描二维码链接各章的电子课件、扩展阅读资料、相关资料网站等数字资源，辅助教学。

《新编中国自然地理》由赵济、方修琦、王卫主编，2015 年出版。内容分设四篇，共 24 章。第一篇为“中国的自然地理环境”，包括国土概况、中国现代自然环境形成的古地理背景、地貌、气候、陆地水、海域、土壤地理、生物地理；第二篇为“中国的自然资源”，包括土地资源、水资源、气候资源、生物资源、海洋资源、矿藏资源；第三篇为“中国自然地理区划与地理区域”，包括自然区划、东北寒温带中温带湿润半湿润地区、华北暖温带湿润半湿润地区、华中亚热带湿润地区、华南南亚热带热带湿润地区、内蒙古中温带半干旱地区、西北中温带暖温带干旱地区、青藏地区；第四篇为“生态环境建设与可持续发展”，包括中国面临的生态与环境问题、保护修复自然生态与可持续发展。该教材的第二版即将于 2022 年出版。

（六）“中国地理”一流本科课程建设与教改（2019 年以来）

2019 年教育部发布了关于一流本科课程建设的实施意见（教育部，2019），2020 年苏筠主持申报的“中国地理”课程获批国家级一流本科课程（线下课程），团队主要成员有王静爱、叶涛和朱华晟。课程建设以习近平新时代中国特色社会主义思想为指导，坚持立德树人，深入挖掘课程和教学方式中蕴含的思想政治教育元素，建设适应新时代要求的一流本科课程，形成中国特色、世界水平的一流本科课程体系，构建更高水平的人才培养体系。

在原有课程基础上，进一步教学改革的举措主要包括：①树立“两学两度”为导向的教学理念。即：以促进学生发展、促进个性学习为中心，以提升课程目标达成度、提升毕业要求支撑度为导向的教学理念；②构建“一基三性”的教学内容体系。在教学内容上，体现中国地理国情基础，通过综合—整合—结构优化，体现地理学科的综合性、区域性、系统性；③采用“分类异构，能力进阶”的教学方式。根据不同专业的课程目标进行分类并实施差异化教学（图 3-22）；④实施“以学定教，以评促学”的教学管理，采用多元化、形成性评价方式，引导学生关注学习行为、过程、增量，全程促进学生成长、学习获得；⑤强调课程思政的实施，重视国家认同、文化自信、科学精神、学科育人等思政元素的融入，采用教师引导、学生生成的方式，让学生自我教育，强化家国情怀。

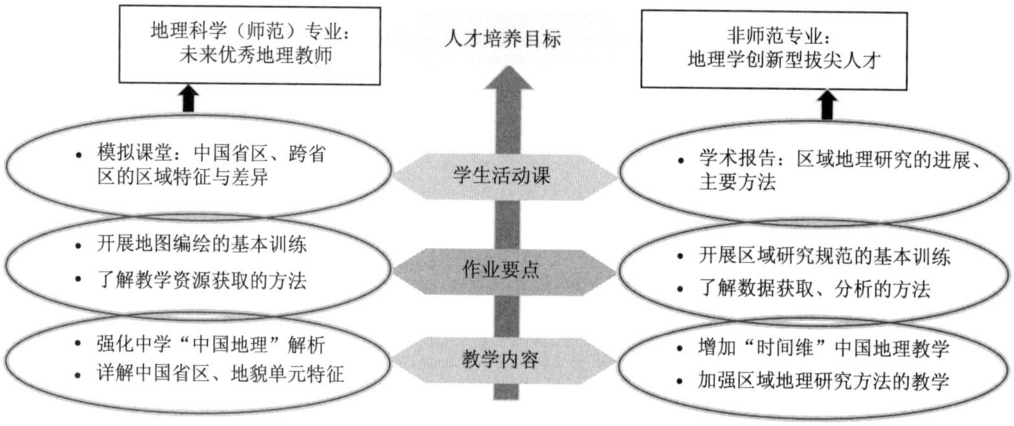

图 3-22 “中国地理”针对不同专业开展“同课异构”

三、展望

第一，基于北京师范大学的区域地理国家级教学团队和“区域地理理论与实践教师团队”全国黄大年式教师团队（刘宝元为负责人，2022 年），优化和强化区域地理教学师资力量，团队成员全面贯彻党的教育方针，坚持立德树人，牢记教书育人使命。进一步更新区域地理课程内容，及时将教育研究和科学研究成果融入教学过程中，注重学生创新能力、科研能力培养，培养具有家国情怀和学术/教学能力的地理学人才。

第二，基于全国高校中国地理教学研究会和全国高校世界地理教学研究会，联合各高校区域地理教师，加强区域地理教学问题研究和教材编写的凝聚力。配套建设、更新和完善世界地理、中国地理和省区地理教材体系，主编出版《世界地理》教材和相关参考书。

第三，依托北京师范大学区域地理校级重点实验室和区域地理课程虚拟教研室建设试点（教育部高等教育司，2021）（苏筠为负责人，2022 年获批），利用“互联网+智慧教育”开展线上线下、虚实结合、内外共建的教学研究。特别是要构建教研—学习共同体，提升任课教师教学能力；采用线上线下、虚实结合的组织方式，扁平化+矩阵型、网络型的管理方式，促进虚拟教研室建设的有效和可持续；共建共享优质教学资源，提升课程的整体水平；深入开展区域地理研究，强化科研反哺教学；专业培训和科普宣传的组织实施，推广中国地理国情教育。

第四，基于“中国地理”国家级精品资源共享课程和国家级一流本科课程建设，加快中国区域地理相关慕课课程的建设和英文教材的编写出版，进一步扩大课程的辐射面和世界影响力。

第五，区域地理课程和教材的内容，将进一步加强区域地理系统“人—地协同”理论研究；多类型—多尺度—多过程区域地理系统综合研究；地理区域分异规律、区划量化与模拟研究；中国地理科学—教学—国情深化认知研究等方面的内容。

参考文献

[1] Gressey, G. B. 1934. *China's Geographic Foundations: A Survey of the Land and Its People*. New York: McGraw-Hill.

[2] Hartmann, R., J. Wang. 2014. *A Comparative Geography of China and the U.S.* Netherlands: Springer.

[3] Wang, J., A. Zhang, X. Zhao. 2020. Development and application of the multi-dimensional integrated geography curricula from the perspective of regional remote sensing. *Journal of Geography in Higher Education*, Vol. 44, No. 3.

[4] 陈才、李文华：《世界经济地理》，北京：北京师范大学出版社，1989 年。

[5] 陈才、李文华：《世界经济地理（修订版）》，北京: 北京师范大学出版社，1999 年。

[6] 陈永文、李天任、李祯等：《中国自然地理（第一版）》，北京：高等教育出版社，1980 年。

[7] 冯嘉苹、程连生：《中国地理》，北京：北京师范大学出版社，1988 年。

[8] 〔美〕葛德石著，谌亚达译：《中国区域地理》，北京：中正书局，1941 年。

[9] 〔美〕葛德石著，薛贻源译：《中国的地理基础》，上海：开明书店，1945 年。

[10] 华东师范大学、东北师范大学、北京师范大学等：《中国经济地理》，上海：华东师范大学出版社，1983 年。

[11] 吉林师范大学地理系、上海师范大学地理系、北京师范大学地理系等：《世界自然地理（上下册）》，北京：人民教育出版社，1980 年。

[12] 教育部："教育部关于一流本科课程建设的实施意见（教高〔2019〕8 号）"，http://www.moe.gov.cn/srcsite/A08/s7056/201910/t20191031_406269.html，2019-10-30。
[13] 教育部办公厅："精品资源共享课建设工作实施办法（教高〔2012〕2 号）"，http://www.moe.gov.cn/srcsite/A08/s5664/moe_1623/s3843/201205/t20120521_137250.html，2012-05-21。
[14] 教育部、财政部："关于实施高等学校本科教学质量与教学改革工程的意见（教高〔2007〕1 号）"，http://www.moe.gov.cn/srcsite/A08/s7056/200701/t20070122_79761.html，2007-01-22。
[15] 教育部高等教育司："关于组织 2007 年国家级教学团队评审工作的通知（教高司函〔2007〕136 号）"，http://www.moe.gov.cn/srcsite/A08/s7056/200708/t20070823_124771.html，2007-08-23。
[16] 教育部高等教育司："教育部高等教育司关于开展虚拟教研室试点建设工作的通知（教高〔2021〕10 号）"，http://www.moe.gov.cn/s78/A08/tongzhi/202107/t20210720_545684.html，2021-07-12。
[17] 金陵、王淑芳：《世界地理》，北京：北京师范大学出版社，1990 年。
[18] 上海师范大学等：《中国自然地理》，北京：人民教育出版社，1979 年。
[19] 王静爱：《乡土地理教学研究（中小学教师继续教育教材）》，北京：北京师范大学出版社，2001 年。
[20] 王静爱：《中国地理教程》，北京：高等教育出版社，2007 年。
[21] 王静爱、董晓萍、苏筠等：《乡土地理教程（第一版）》，北京：北京师范大学出版社，2009 年。
[22] 王静爱、董晓萍、岳耀杰等：《乡土地理教程（第二版）》，北京：北京师范大学出版社，2019 年 a。
[23] 王静爱、顾晓鹤、黄晓霞等："《中国地理》课程项链式教学法探讨"，《海南师范学院学报（自然科学版）》，2002 年 Z1 期。
[24] 王静爱（总主编）、方修琦（执行主编）：《区域地理论丛：地理教育与地理教师专辑》，北京：北京师范大学出版社，2012 年。
[25] 王静爱、高原、江耀等：遥感图像判读测试系统，软件登记：2019SR0778855，2019-05-26b。
[26] 王静爱、葛岳静：《区域地理论丛：本科生科研训练和创新人才培养专辑》，北京：北京师范大学出版社，2011 年。
[27] 王静爱、刘宝元：《区域地理论丛：2010 年专辑》，北京：北京师范大学出版社，2012 年。
[28] 王静爱、宋金平：《区域地理论丛：2009 年专辑》，北京：北京师范大学出版社，2010 年。
[29] 王静爱、苏筠："国家级精品课程共享课的建设与思考——以北京师范大学'中国地理'为例"，《中国大学教学》，2013 年第 11 期。
[30] 王静爱、苏筠、潘东华：《中国地理教程辅助教学系统》（光盘），北京：高等教育电子音像出版社，2008 年 12 月。
[31] 王静爱、吴殿廷：《区域地理论丛：2008 年专辑》，北京：北京师范大学出版社，2009 年。
[32] 王静爱、杨胜天：《区域地理论丛：地理学野外实践教学专辑》，北京：北京师范大学出版社，2010 年。
[33] 王静爱、余瀚："大学地理通识课程的理念与建设——以北京师范大学'遥感区域'通识课程为例"，《中国大学教学》，2012 年第 8 期。
[34] 王静爱、赵济：《中国地理电子教案》，北京：高等教育出版社、高等教育电子音像出版社，2004 年。
[35] 王静爱、赵济、王瑛："《中国自然地理计算机辅助教学（CAI）软件》教学实践与教学模式探讨"，《地理教育》，1999 年第 5 期。
[36] 王静爱、左伟：《中国地理图集》，北京：中国地图出版社，2010 年。
[37] 吴传钧：《中国经济地理》，北京：科学出版社，1998 年。
[38] 邬翊光：《中国经济地理》，北京：中共中央党校出版社，1992 年。

[39] 赵济：《中国自然地理（第三版）》，北京：高等教育出版社，1995 年。
[40] 赵济、陈传康：《中国地理》，北京：高等教育出版社，1999 年。
[41] 赵济、方修琦、王卫：《新编中国自然地理》，北京：高等教育出版社，2015 年。
[42] 赵济、王静爱、葛岳静等: “区域地理课程体系改革与建设”，《中国地质教育》，2001 年第 4 期。
[43] 赵济、王静爱、朱华晟：《中国地理（第二版）》，北京：高等教育出版社，2020 年。
[44] 赵济、张超：《中国自然地理（CAI）多媒体教学软件》（光盘 3 张），北京：高等教育出版社、高等教育电子音像出版社，2004 年。
[45] 赵济、朱良：《北京师范大学地理学与遥感科学学院院史（1902～2012）》，北京：北京师范大学出版社，2014 年。
[46] 邹豹君：《欧洲地理》，上海：国立编译馆，1948 年。
[47] 周廷儒、刘培桐：《中国地形与土壤概述》，北京：生活・读书・新知三联书店，1956 年。
[48] 周廷儒、施雅风、陈述彭：“中国地形区划草案”，载中华地理志编辑部：《中国自然区划草案》，北京：科学出版社，1952 年。
[49] 中国科学院地学部“中国地球科学发展战略”研究组：“地球科学：世纪之交的回顾与展望”，《中国科学院院刊》，2001 年第 2 期。
[50] 中国科学院《中国自然地理》编辑委员会：《中国自然地理・地表水》，北京：科学出版社，1981 年 a。
[51] 中国科学院《中国自然地理》编辑委员会：《中国自然地理・总论》，北京：科学出版社，1981 年 b。
[52] 中国科学院《中国自然地理》编辑委员会：《中国自然地理・古地理（上册）》，北京：科学出版社，1984 年。
[53] 中国科学院新疆综合考察队、中国科学院地理研究所、北京师范大学地理系等：《新疆地貌》，北京：科学出版社，1978 年。
[54] 《中国自然地理》编写组：《中国自然地理（第二版）》，北京：高等教育出版社，1984 年。

国民素质教育理念与观点

地理学应当成为建立生态文明的先行教育铺垫者*

樊杰

就地理学在生态文明建设中的地位，我谈点自己的思考。我阐述的核心观点是，地理学是生态文明教育的主体学科，地理教育应成为生态文明先行教育的铺垫者。

生态文明的核心理念，是协调人与自然的关系，这与地理学研究人地系统的科学内涵是完全一致的。因此，地理学应在生态文明教育中发挥主体作用。2000 年前后，我担任全国初、高中课程标准（地理）研制组组长，此后又主编了人教版的初、高中地理教材。当时艰巨的任务，包括保住中学的地理课程，不被取消；保住地理课程应有的课时，不被大幅度削减。我们高举的大旗，就是地理课程是可持续发展国民素质教育和基础教育的主要课程载体，也是地球科学或者资源环境科学在中学教育中的课程形式。从此后全球地理学和地球科学发展的趋势看，基于地球不同圈层的相互作用机理，探讨全球、国家和地方不同空间尺度的可持续发展模式，成为学科发展越来越聚焦的目标。从我国现代化建设进程看，从可持续发展又迈向生态文明新的发展阶段，对于人与自然系统相互作用的认识是建构新文明体系的科学基础，地理教育无疑是可持续发展、生态文明教育的先行者和主力军。

生态文明理念应该成为现代化建设中每个人的核心素养，是世界观和文化价值取向的高度集成。地理学是承载生态文明教育的主体课程，应该有学科自信。从我国中学教育的现状看，在课程设计理念和价值观教育功能、课程内容与知识体系、基本理论和方法等方方面面，没有任何一门课程能够与地理课程相比拟，同生态文明和可持续发展结合得如此之紧密。从全球地理学发展和应用的现状看，在地理学学科建构上与可持续发展相互促进、对国家可持续发展进程发挥实质性的影响等方面，也没有哪个国家的地理学可与中国地理学并驾齐驱。

---

* 本文发表于《中小学教材教学》，2015 年第 10 期，收录时作者进行了个别修订。

作者简介

樊杰，中国科学院地理科学与资源研究所研究员。2000 年担任北京师范大学资源与环境科学系系主任，其间被推荐为教育部基础教育司地理课程标准研制组负责人。

着眼地理开展生态文明教育，应关注三个方面的内容：

一是生态文明是理念，我们现在正在经历的现实社会还处在工业文明时期，经济关系、经济利益成为阐释许多人与自然、经济社会不同要素间基本作用机理的出发点或驱动力，对生态安全的理解也要借助生态的经济价值来体现。生态文明则不同，需要人们要善待自然，在决策和行动中能够把对生态环境的影响作为重要的考虑因素，但往往在工业文明的体制机制下发展经济是要以牺牲生态效益为代价的。如何建立生态文明理念，除了国家重视法规制度建设、引导社会遵循生态文明规范、迈向生态文明社会之外，就是要加大宣传和教育的力度，生态文明是以人的情感、态度和价值观为基础的，只有变成一个生态文明的“人”，社会才能步入生态文明新时代。地理学承担着科学教育中培育人的生态文明理念的重任，明地理科学之理，可树生态文明之风。

二是地理教育要坚持经典地理学“人地关系”的内核，以及围绕探索“人地关系”而形成的知识体系。生态文明的真谛就是解决人与自然的协调发展问题，两个重要的内容都是地理学的知识重点，一个是人与自然协调，就是要理解资源供给和环境容量的有限性，人类活动不能超越资源环境承载能力，这是人与自然协调的底线；另一个是要因地制宜，发挥地方比较优势，探索区域可持续发展模式，优化国土空间布局，这是人与自然和谐的高级形态。要解决这两个问题，需要地理学方方面面的理论和方法，甚至在现有的学科发展水平同生态文明教育和可持续发展需求还有落差的情况下，需要倒逼地理学科发展。当然，除了人类活动与自然承载力的协调、区域可持续发展模式的分异和演变、国土空间有序结构的优化等问题之外，静止空间与流空间的作用、集聚与分散的空间过程、文化社会空间与生产物质空间的耦合等，也都为生态文明思想和社会的建立提供了一系列地理学前沿思维和认识，在实现生态文明教育的主体功能的同时，也以科学的身份引领着生态文明的发展。所以说，地理学应该担起成为生态文明的先行教育铺垫者的角色。我国地理学经过这些年的徘徊、探索、积累，面向可持续发展目标的学科发展战略曾被质疑，自从全球开展“未来地球”研究计划开始，地理学和地球系统科学解决全球、国家和地方不同空间尺度可持续性问题的探索才名正言顺起来。

三是当地球系统科学、资源环境科学都转向“可持续发展”研究主题时，地理学要把握好在科学体系中的存在价值如何更好地体现、未来生态文明教育的重点应如何选择等战略重点问题。地球系统科学强调不同圈层间物质、能量和信息通过循环和交换等相互作用，形成地球整体，而地球整体是否具有可持续性，以及提升可持续性的路径，是更广泛的地球科学研究的聚焦点。地理学的定位就是要“不忘初心”，持守我们原始的定位。在地球各圈层相互作用中，地理学聚焦点是自然各圈层同人文圈的相互作用，这是地理学应更多占有的研究领域，是地理学的学科核心价值。此外，在倡导研究与决策相结合的过程中，地理学又占据最为有利的应用位置，具有服务国家和地方可持续发展战略的学科比较优势。所以，地理教育要突出人与自然关系的阐释，要结合国家和地方需求进行阐释，要同中国特色社会主义理论体系相结合进行阐释，这是地理学教育不容忽视的三个方面。

此外，地理学在生态文明教育中的作用，要突出基于地理国情认知的爱国主义教育，要突出基于世界地理培育全球观念要着力空间认知和空间理解的能力、素养的培养，这是地理教育很重要的内容。地理教育现代化也在生态文明教育中迎来了发展机遇，应彻底改变知识灌输、通过背知识点来掌握知识的教育路径，适应生态文明教育新需求。我们都知道，地理面对的客观世界通常是可以直接感知的。我们生活在一个地方，感知有两个方面，一是这个地方在不断变化，这就给我们不断提出新的问题；另一个是随着我们年龄、知识的变化，我们认知同一个对象给出的理解和判断也会发生变化。这两个方面都可以让人重新感知到他/她所处的环境和空间对象的变化，如果在教育中把感知变化融入到对客观空间对象的探索中去的话，是可以激发受教育者对前沿问题的思索、对不同观点的讨论、对已形成的理论的批判，通过素质教育获得的就不只是知识量的增加，而是认知能力的提升，这是地理学可以在教学方式上着力探索创新的方向。

对地理课程育人价值的认识

韦志榕[1]

地理课程在基础教育课程体系中历来占有一席之地。研读近百年来（1902～2000年）有关的地理课程文件（《20世纪中国中小学课程标准·教学大纲汇编：地理卷》），可以发现尽管时代不同，具体的课程设置、课程内容不尽相同，但是其中许多知识、观念是稳定不变的，如课程目标中出现频率较高的地理术语、名词有：地理位置、区域、区域差异、区域相互关系、地图、理解能力、思维能力、爱国主义、国际视野、人地协调、审美欣赏等，体现了地理课程一贯重视讲人与环境的关系（曾经称为人与生境的关系），重视培养学生胸怀祖国、放眼世界的情怀。这应该可以看作是地理课程的"基因"，也是一种文化传承。

进入新时代，顺应基础教育课程改革发展的国际趋势，教育部组织课题组研制中国学生发展核心素养框架。中国学生发展核心素养以"全面发展的人"为核心，分为文化基础、自主发展、社会参与三个方面，综合表现为人文底蕴、科学精神、学会学习、健康生活、责任担当、实践创新六大素养，为我们描绘了新时代能够承担中华民族伟大复兴重任的人才样貌。为了建立中国学生发展核心素养与课程教材的内在联系，在2017年版各学科课程标准中凝练了本学科的核心素养。地理学科凝练了人地协调观、综合思维、区域认知和地理实践力四个核心素养，体现了学生通过地理课程的学习之后，应该具备的正确价值观念、品格和关键能力，也体现出地理课程对中国学生发展核心素养的形成具有重要的价值。"人地协调观"是一种自然观、发展观和价值观，对增加学生的人文底蕴、形成健康的生活态度有重要意义；"综合思维"和"区域认知"是看待和分析地理事物和现象的科学思维和方法，对于培养学生的科学精神、实践创新能力不可或缺；"地理实践力"则是在真实的情境中展现出的发现和解决问题的态度和行动能力，对于培养学生责任担当的品格、主动学习的态度有积极作用。由此，从地理课程发展的角度看，无论是历史还是现实，地理课程的育人价值都已经超出了学生通

作者简介

韦志榕，国家教材委员会委员，国家教材委地理专委会主任委员，人民教育出版社编审，曾任人民教育出版社总编辑。北京师范大学地理系1977级本科生，1982年2月在北京师范大学获学士学位。

过地理课程所能获得的地理知识和能力本身，而体现出对一个现代社会公民素养的提升有不可估量的作用。

说到地理育人，我们经常会问这样一个问题：学过地理的人和没有学过地理的人，他们在品格、能力上究竟会有什么差别？在我看来，学过地理的人应该更有生活的智慧、阳光的心态和行动的能力。

一个有生活智慧的人，一定视野开阔，格局远大。地理课堂不仅使学生获得丰富的地理知识，成为“上知天文，下知地理”所谓知识渊博的人，更重要的是使学生有了一双看世界的眼睛。他们不仅会关注到发生在身边的事情，而且会关注到中国、世界上发生的事情，会用地理综合的、动态的思维方式去分析、理解发生的大事小情，不片面、不僵化，在现实生活中充满智慧。

一个有阳光心态的人，一定不惧困难，勇往直前。地理课堂使学生明白许多道理，例如，人与自然是生命共同体；因地制宜是区域人地和谐发展的法则；可持续发展是人类共同的选择等等。自然界有自然规律，人类社会也有发展规律，学生了解了这些规律就能够看得远，对未来始终充满信心，抱有坚定的信念，相信一定能够克服前进路上遇到的大大小小的困难，胜不骄、败不馁。

一个有行动能力的人，一定知行合一，甘于奉献。地理课堂不仅存在于学校，而且存在于大自然、大社会中。学生在自然和社会的大课堂中获得知识，增长才干，并付诸行动。他们真心热爱大自然，积极投身环保；他们敢于接触真实的社会，热心参与社区服务，对社会有高度的责任感。

回到核心素养的语境下，中国学生发展核心素养和地理学科核心素养虽然各有其表述，但都强调了人文精神和科学精神的培养。前面描述的具有地理观念、知识和方法的人，也是具有人文精神和科学精神的人。我们今天提倡的人文精神是具有现代科学意识的人文精神，我们提倡的科学精神应该是充满高度人文关怀的科学精神。对自然环境、经济和社会发展的科学认知，需要运用综合思维和区域认知方法，不断探索求真，而在这个过程中不断树立的人地协调、可持续发展等观念，不断提升的社会责任感，又是人文精神的彰显。因此，地理课程能够将人文精神和科学精神的培养高度融合，对于培育视野开阔、积极进取、具有家国情怀的人有不可替代的作用。我想，这就是地理课程的育人价值所在吧。

浅谈“中学生地理核心素养”*

李秀彬

现在的课程改革强调学科素养的问题，我觉得对于它，我们首先应该理清继承关系，即我们的教材编写和教学实施，从最早强调“双基”，到后来强调“三维目标”，我觉得基本的学科核心素养都包含其中了。所以，“双基”“三维目标”“核心素养”三者之间并不是完全割裂的关系。地理学研究的最核心的内容是人地关系，这是我们地理学最核心的关怀。通过地理学科的学习，我们了解到人与自然的关系，这是最重要的。我想从以下这几个方面提供一些参考意见。

一、能力的培养

第一，空间定位能力。这个很重要。我们上学学的第一堂地理课，就是认识地图、认识家的方位、认识东南西北。尤其现在越来越城市化了，过去我们编教材的时候都提倡编乡土教材，从农村开始认识周边的环境。现在很多人到城里来了，城市化率已经超过 55%了，所以城市和农村，是两个不同的定位系统。你要在农村接触大自然的时候，那你就要看太阳，才知道方位，你进了城里之后，太阳和星星可能有时候就看不到了；你要到了机场、地下空间、地铁里，你要想再用地面的定位系统，那是不行的。人的定位系统，有的时候不是逻辑地通过太阳、星星，而是通过自己的感觉去定位的，实际上到二维空间里你就是用两维的定位，是左或是右。比如，日本东京有一个地铁站有 48 个出口，像这样几十个出口的地方，你怎么出去？怎么有效地把路线找清楚？在这种空间里是左右的定位系统，而不是四至的定位

---

* 本文发表于《中小学教材教学》，2015 年第 10 期。

作者简介

李秀彬，中国科学院地理科学与资源研究所研究员。1979～1983 年在北京师范大学地理系攻读学士学位。

系统，看着标牌走路就变得很重要。所以说空间定位能力是最基本的。有人说学了地理学之后，最基本的是要培养两个能力，一个是别人打电话找你时，你要很明确地告诉人家你在什么地方，让人家能够很容易地找得到你。还有一种是别人告诉你他在哪儿之后，你能够快速准确地找到那个地方，这也是一种能力。我们的教材现在有没有对这种能力进行充分的教学或者说引导呢？所以我觉得空间定位能力是非常重要的。

第二，区域差异的比较和概括能力。

第三，空间相互作用的分析概括能力。

第四，空间分布格局的觉察能力。

第五，简单预测与合理想象地理过程的能力。

以上是《地理教育国际宪章》里提到的五项能力，我想它们应该是地理学能力培养的重中之重。

二、情感态度价值观

这方面主要谈以下几点。

第一，人地协调观、可持续发展观。这个肯定是由地理学科去贯彻的，这是最重要的。

第二，地区联系和相互依存的观点。地理学就是关于区域差异的学科，不同的地方有什么差异，此处为什么跟彼处不一样，这是很重要的。无疑，这样的观点和思路能够帮助我们认识这个世界，但是，现在的问题是我们人类社会处在一个现代化的过程中，而这个现代化的过程把我们与原来的各种联系割裂了。举一个例子，比如教师讲人地关系，讲人与自然之间协调的问题时，学生实际上是不好理解和实施的。过去我们在农村种地时，我们知道化肥施多了，农作物会有什么反应；河流被污染了，我们可能看不到鱼了。也就是说，我们的行为对我们的家乡或者说对我们的家园有什么样的具体影响，我们都是可以亲自感知到的。而现在大家感知得到吗？现在感知不到了。为什么？因为现代化的生活，使我们在空间组织、物质流通等方面与大自然割裂了。我们喝的水从哪儿来的？我们吃的米饭从哪儿来的？可能是日本进口的，也可能是泰国进口的……我们消耗的许多东西并不是我们自己能够看到的那个来源，我们扔的垃圾我们也不知道会影响到谁。在这种联系割裂的情况下，怎么能够让学生理解人地关系、人与自然的协调？关于这种割裂，有的地理学家做过深入的研究，包括我们的五官怎么跟我们的现实感觉割裂了，这些方面都做过探讨。所以，我们要强调地区之间的联系和相互依存，除了我刚才说的人与自然的协调，即所谓的生态方面的联系。另外，经济地理学里除了我们讲的区域差异，即各个地区的不同，还有一个是我们总在强调的区域之间的联系。这可能是需要我们在教学里更加关注的一个问题。我们也知道地区之间的相互依存、人群之间的相互依存，我给你生产什么、你给我生产什么。国外有种论调，说中国的二氧化碳排放得太多了，中国人说我们给你们生产东西了，把污染都留在了我们这儿，这个排放应该按照消费来核算，不应该按生产来核算。国际上关于这方面的争论来源于哪儿？基本都来源于这些基本的概念差异。所以，地区的联系和相互依存的观点是我们应该强调的。

第三，培养学生的全球化视野，反对地域歧视。我们通过地理学知识的培养，使学生从小具备全球的视野之后，就会自觉摈弃狭隘的地域歧视的观念。我们在认识地理空间、认识世界的时候，为了搭建一个概念体系，我们不得不使用“区划”的思想方法，但是，“区划”是一种相对的对地理学的概括，它不是绝对的。所以，我们的教材要告诉学生，地域歧视是不对的，现代青年要有全球的视野。

那么，如何在教学中贯彻、落实这些能力、素养呢？

首先，我觉得要通过素材、资料、数据、案例的探究和归纳来进行教学，这是很重要的。其次，要强调野外的观察。刚才我说了，现代化使我们的现实生活跟我们真实的环境影响产生了割裂，割裂之后使孩子们很难认识到这种关系，教师要对这个问题有意识有准备。再次，不要指望地理课把这些世界大同的教育问题都解决了，还要通过各个学科相互配合。

全面理解“中学生地理核心素养”的概念内涵*

邓辉

中学生地理核心素养，这个题目比较大。我觉得首先需要把这个题目的含义分析一下。“中学生地理核心素养”包含有三个比较重要的概念，一个是“中学生”，一个是“地理”，一个是“核心素养”。在回答中学生地理核心素养这个问题之前，首先需要搞清楚地理学的核心内涵。只有把“地理学是什么”这个问题搞清楚了，才有可能做好中学生的地理核心素养教育。

一、全面理解地理学的内涵

我一直在大学从事地理方面的教学活动，也曾经接触到一些中学生的地理教育，对地理学的人才培养有一点感性认识。地理教学的过程很复杂，它跟纯粹的科学研究还不太一样，需要搞明白地理科学内容与地理的教育对象两方面的事情。地理学的内容很庞杂，“人地关系”是一种高度的概括，还不能完全涵盖地理学的所有研究内容。

在传统地理学中，人地关系是一个核心，但不是全部。到了现代地理学的发展阶段，研究的内容变化更大。中国地理学界喜欢使用“人地关系”这个词，我不知道这个概念的原始出处，英文的地理学文献中很少用“人地关系”这个词，而是使用“文化生态”这个词。在早期经典地理学发展时期，无论是德国，还是法国、英国、美国、加拿大，地理学家都比较关注文化与生态环境，或者是人类社会跟生态环境的相互关系。就人地关系而言，地理学家

---

* 本文发表于《中小学教材教学》，2015 年第 10 期。

作者简介

邓辉，北京大学城市与环境学院教授。1982～1986 年在北京师范大学地理系攻读学士学位。

既可以很客观地、定量地分析自然地理的各要素，也可以实证地或非实证地研究人文现象，研究文化的时空分布与差异。“人地关系”这个概念已经不能把地理学涉及的所有内容都涵盖进去了。在中学，地理学的位置很尴尬，现在的中学生很少把地理学看成理科，一说起地理学就认为是文科，是背诵国名、省名和铁路线的。高考的考试科目里也把地理试卷放在文综考试里，地理是文科生的必考科目，而理科生是不用考地理的。

中学地理的尴尬，与地理学的学科属性有关系。地理学确实很特殊，它有一半是在自然科学领域里，是以寻找客观规律为目的的；还有一半是在人文科学领域里，这一类的研究很多是属于非科学的，与客观规律不相关。地理学科包括自然和人文两方面的内容。植被、土壤、河流、山脉、温度、降水等，是自然的要素；人口、城市、民族、宗教、语言等，是文化的要素，它们都可以做实证的研究。除此之外，还有一些工作超越了对客观事物的实证研究的范畴，超越了传统地理学的自然和人文两个方面的内容，转而去研究地理意识、地理意象的内容，研究形而上的东西，研究主观唯心的东西。

地理学的研究内容虽然很复杂，既包括自然、人文等客观要素，也涉及思想、意识、认知、心理等主观要素，但地理学的各种研究都有一个共同的特点。空间性可能是地理学最重要的特点，无论是地理学的学科建设，还是地理学的人才培养，都需要重视空间分析，学会空间区域的划分，学会在区域里进行综合分析，这可能是地理学最核心的东西。

但是，地理学不光具有空间属性，同时还具有时间属性。在地理学研究里，空间与时间是相互联系、不可分割的对立统一体，空间里有时间的活动，时间里有空间的变化。如果我们仅仅开展现代的文化地理现象的空间研究，你可能是说不清楚这种空间差异的形成原因的。在文化地理的研究里，文化现象的时间变化，或者文化景观的时间变化的过程研究是非常重要的。我们在研究空间差异的时候，一定不要忘了空间差异之下还有一个时间的变化，也就是说，地理学研究是“四维”的，即三维的空间加上时间的变化，这一点很重要，而这一点常常被忽略。

在传统的地理学内部，是比较强调空间研究而忽视时间研究的。这个传统至少可以追溯到德国的阿尔弗雷德·赫特纳（Alfred Hettner），他认为地理学是对地理现象的空间特征进行区域分析的科学，而研究地理现象的发生和变化，则是历史学。这种思想在美国地理学家理查德·哈特向（Richard Hartshorne）1938 年出版的《地理学的性质》（*The Nature of Geography*）一书中更是得到了充分的发挥。在这本曾具有广泛影响的著作中，哈特向明确提出，历史学是研究时间的科学，地理学是研究空间的科学，时间与空间的研究是不可能相容的观点。二十世纪四五十年代，英美等国的地理学界曾经对所谓的“地理学的空间与时间”问题进行了热烈的讨论，许多学者发表文章，批评在地理学研究中轻视时间过程研究的观点。其中重视对地理现象进行时间过程研究的主要代表人物是英国的亨利·C. 达比（Henry C. Darby）和美国的卡尔·O. 苏尔（Carl O. Sauer）。正是由于他们各自出色的实际工作和系统的理论阐述，才促使哈特向对自己的理论作了修正，肯定了地理要素在时间变化过程中的重要性。

二、中学生的地理核心素养

以上是我就个人认识简单地总结了地理学的研究内容，下面我来说说第二个问题——中学生地理核心素养。

中学地理教育涉及三个方面：教师、学生、教材。毫无疑问，教师、学生是教学过程的主体，但无论教师还是学生，都离不开教材。编写出版好的中学教材，是一件非常重要的事情。我看到现在的高中地理必修、选修教材加起来有好几本，内容很多。中学的地理老师能不能把这些书都讲好呢？这很可能是个问题。中学地理教师的地理学修养可能会有比较大的差别，给他们提供适用的教材是一个非常重要的问题。需要编写出一套好的、容易使用的地理教材，要能够满足教师和学生两方面的需要，即使教师没有讲清楚，中学生也可以自己去阅读教材。所以，中学教材应该尽量编得浅显易懂、图文并茂，能够吸引学生直接去阅读。

我个人感觉现在的中学地理教材里，自然地理方面的内容比较成熟，而人文地理的内容则相对薄弱。而就国内地理学界而言，也是自然地理比较强大，文化地理相对弱一点。就文化地理而言，西方“新人本主义地理学”运动之后，文化地理学除了传统的社会科学实证研究的内容之外，还涉及认知地理学的内容。除了实体的、客观的地图以外，还有一个主观的、意象的地图，它与个人的世界观、认识论、知识结构有关。对于中学生地理素养的培养，应该是全方位的，除了客观的自然地理现象、文化地理现象之外，也要介绍一些地理认识、地理意象的内容。就现在的中学地理教学而言，自然地理做得比较成熟，文化地理做得还不够全面。比如，关于民族、宗教、语言、城市的内容就不够系统，甚至比较碎片化。至于有关认知地理学的内容就基本上没有了。所以，中学地理学的教学内容，我觉得应该比人地关系的内容要稍微大一点，甚至有些主观的、认识上的内容也应该适当增加。在传统地理学里，区域一直被认为是客观的存在，实际上区域的主观属性也是存在的。文化区的划分就存在很大的主观性，导致有些文化区的界线划分差别很大，有时候它又只能是凭感觉的，在图上是画不出来的，只能用文字来描述。所以，我想，人文主义的内容、人本主义的内容、意象地理学的内容是不是也可以适当地加一些进去，让中学地理的知识体系更丰富一些。

对于中学生来讲，我觉得基本的地理核心素养应该包括两个方面，一个是基本的地理素养，或者说基本的地理知识，是以课堂教学为主的；还有一个是地理的学习能力和地理的分析能力，这需要结合一些实习与实践活动。从小学到大学，我们都在强调学生能力的培养。其实，我觉得能力是很难一下子培养出来的，仅仅通过课堂教学是很难达到培养能力这个目标的。地理学是属于实践性的学科，需要有一些实践活动。在中学地理教学中适当增加实习、实践环节是非常必要的。现在，即使是大学里的硕士生、博士生，让他们去独立总结一个区域有什么特点，他们可能还不容易做到呢，对于一名中学生，那就更不容易了。所以，我们在中学阶段还只是培养学生初步的地理分析能力，更深入的分析能力需要在大学和研究生阶段进行专业训练。

另外，中学和大学不太一样，中学的主要目标是培养学生对地理学的兴趣，而不是大量灌输地理知识。我觉得目前的中学地理教材有点像大学的，把大学内容基本上全套拿到中学去了。中学地理教育不一定要按照大学的地理教育模式来进行，要考虑中学的特点和对中学学习的要求，还要考虑到中学和大学地理教育的衔接问题，如果在中学形成了错误认识，到了大学很难矫正过来。

基础地理教育的新使命：为地球学习，为美丽中国行动

刘健

育人是基础地理教育的根本使命，是实现地理课程目标的重要基础与前提。基础地理教育的育人使命要把握地理学的发展脉搏与趋势，反映时代要求，为不断发展的社会需求服务。基于地理学“对于解决当代人口、资源、环境和发展问题，建设美丽中国，维护全球生态安全具有重要作用”(《普通高中地理课程标准（2017 年版)》)，新时代基础地理教育的育人使命可以简要概括为两句话：为地球学习，为美丽中国行动。

“为地球学习”的提法源自联合国教科文组织发起的可持续发展教育，其要点之一是促进变革型教育，以帮助学习者成为负责任、积极的奉献者，为创造健康的地球和可持续的未来作出贡献。为什么基础地理教育完全有能力也有责任承担这个新使命？

首先，地理学将地球视为人类家园来研究它，基础地理教育承担着向青少年传授关于地球的知识、使之了解“家园”的任务。众所周知，作为人类家园的地球正面临着由人类行为引起的人口激增、资源短缺、环境污染、生态退化、发展受阻等多重危机。我们正在耗尽地球的资源。气候变化正在影响着我们以及所有物种，正在破坏地球生态系统，导致前所未有的环境恶化。在基础教育的众多课程中，引导青少年对人口、资源、环境、发展问题具有必备的知识、技能和正确的观点，地理教育具备更大的优势，也承担更大的责任。

其次，地理学研究的是整个地球的问题。从字面意思上看，“地”指的是地球，“理”指的是“道理、规律”，地理学就是一门研究与地球有关的规律的学科。当前基础地理教育课程改革非常强调地球科学，在最新版的高中地理课程标准和义务教育地理课程标准修订版中都增加了地球科学的内容要求。当然，地理学也研究人文现象和规律。北京师范大学地理科学学部名誉部长傅伯杰院士认为，“地理学不仅研究地球的自然性，还要研究它的社会性和经济

作者简介

刘健，人民教育出版社地理编辑室资深编辑，编审。1987～1991 年在北京师范大学地理系攻读学士学位，2000～2002 年在北京师范大学中文系攻读硕士学位。

性。”地理学是自然科学和社会科学之间的一座桥梁，基础地理教育从地理视角引导青少年认识和欣赏地球的自然环境与人文环境。

再者，地理学一向强调研究人地关系。可以说，人地关系是地理学研究的核心内容，基础地理课程改革把“人地协调观”作为地理核心素养之首，有助于学生形成人与自然和谐共生、绿色发展等观念，增强地球责任感。地球正在面临着的资源、环境危机和挑战，归根结底都牵涉到人地关系的失调，或者就是人地关系的问题。在人地协调观里，人与地不再是从属、对立的关系，而是一种相互平等、相互依存和相互促进的关系。只有让青少年从思想深处接受这样一种新的人地关系的思想，才有可能真正对自然有所敬畏和珍惜爱护，形成尊重自然、顺应自然、保护自然的生态文明理念。

最后还有一点，也是最重要的一点，就是基础地理教育的育人价值能够落实“为地球学习”的使命。非常有影响力的地理教育纲领性的文件《地理教育国际宪章》（1992 年版）明确指出地理教育为今日和未来世界培养活跃而又负责任的公民所必需，并有助于其终身欣赏和认识这个世界，积极面对并有能力解决人类面临的生态破坏和环境污染的种种环境问题。2016 年新版的《地理教育国际宪章》再次指出：受过地理教育的公民能够理解人与人的关系，也能够理解个人对自然环境和他人的责任。地理教育能够帮助青少年学会如何与所有生物（包括人类自己）和谐相处。

人类只有一个地球，各国共处一个世界。把“为地球学习”作为基础地理教育的新使命，最终目的是要落实“人类命运共同体”思想，从生态方面推动构建人类命运共同体，保护好人类赖以生存的地球家园。通过地理课的学习，学会如何珍视、关爱和保护我们赖以生存的地球家园，携手共建生态良好的地球美好家园。

如果说“为地球学习”的使命指向“人类命运共同体”思想，那么“为美丽中国行动”就是聚焦在国家的发展上。地理学是一门既古老又现代的学科，与国家的发展密切联系。北京师范大学地理学科开元的系主任白眉初先生曾经说过一句话：爱国是地理之首，建国是地理之本。白先生的这句名言道出了地理教育之基本内涵。地理教育帮助每个人认识自己的家乡和祖国，地理教育普及国情，促进爱国主义教育，为建设祖国培养地理人才。在当今中国的发展过程中，地理学发挥了重要的作用，表现出无限的活力。随着新时代“生态文明”战略建设的推进，“美丽中国”建设号角的吹响，在中国没有任何时候比现在更需要地理学，基础地理教育由此也承担了培养美丽中国未来建设者的时代重任。

习近平总书记指出，走向生态文明新时代，建设美丽中国，是实现中华民族伟大复兴的中国梦的重要内容。中国将按照尊重自然、顺应自然、保护自然的理念，贯彻节约资源和保护环境的基本国策，更加自觉地推动绿色发展、循环发展、低碳发展，把生态文明建设融入经济建设、政治建设、文化建设、社会建设各方面和全过程，形成节约资源、保护环境的空间格局、产业结构、生产方式、生活方式，为子孙后代留下天蓝、地绿、水清的生产生活环境。

有什么样的意识，就会有什么行为。把“为美丽中国行动”作为基础地理教育的新使命，是要让地理课堂成为大力普及生态文明思想意识的主渠道，倡导良好的生态文明个人行为。真正的美丽中国是基于行动的，需要全社会的每一个人在日常生活和生产中从自身做起，从小事做起，认真对照自己的行为，严格执行每一个有助于美丽中国建设的细节。没有个人的参与，美丽中国的建设只是一句空洞的口号。如何实现这样的育人价值？关键是引导年轻人积极行动，并在行动中活跃起来，关注、欣赏这个世界，对其面临的各种问题承担责任。积极行动的意识和能力，需要依靠“地理实践力”这一核心素养的落实，在真实情境中通过地理实践活动，强化可持续发展社会参与的行动指向。

贯彻“人类命运共同体”思想，探寻与生态文明建设、绿色发展等国家战略相适应的育人创新之路，是我国基础地理教育面临的重大课题。“为地球学习，为美丽中国行动”应该成为新时代基础地理教育的新使命，这需要我们所有基础地理教育工作者的共同努力。

从《地理知识》到《中国国家地理》——今天的中国，为何需要科学传媒

李栓科

哲学家认为，科学、艺术和宗教是人类文明的三个重要支点，人类文明若离开这三样，便如白纸一张。她们相互搀扶着、渗透着，却又互不隶属，照耀着人类，使之穿过蛮荒与黑暗，迎来一个又一个更高级的文明时代。由此思考，科学传媒不仅要追踪报道科学的新发现、新进展、再发现和再认识，还要插上艺术的翅膀；不是鼓吹科学的完美无缺，而是要传递科学是阶段性正确的，科学也需要不断地证实、证伪和创新超越。

科学有力量，它引人入胜，饶有趣味。对科学从业者来说，其使命是求真，在追求真理的路上，“科学请求被超越，被相形见绌”。不管是自然科学还是社会科学，所有的研究都承认自己的不足并可被后人不断超越，如此才常变常新。对于公众，科学早已走下神坛，变成了我们日常生活中的话题和谈资。它可以是飞在太空中的“嫦娥”，浩瀚的星空，也可以是家门口的一条河，正在把玩的智能手机，或者我们皮肤上的微尘。

青年时期，我随国家组织的综合科学考察队在南极、北极和青藏高原做科考，爬冰卧雪十来年。人们常有惊叹，这人竟在企鹅、北极熊和藏羚羊的世界里过了十年！想当初，在北冰洋剪切带被大范围冰裂所困、在南大洋赶上超级飓风以及在克里雅河谷突遇冰川泥石流，几次死里逃生，确有那么几许运气和传奇。极地的恶劣气候和艰苦的野外环境，练就了我超强的感受力和耐受力，也让我看淡了人生中的得与失。这大概是地理科学家所共有的底色：但凡在野外长期工作或生活的人，心胸大都会变得非常开阔。

原以为自己会在地学研究中过完一生，没想到33岁那年，竟有了做传媒的机缘。那时，我已是中科院地理研究所的研究员了，思量再三，我这个西北汉子决定挑战自己：年轻人，

作者简介

李栓科，中国科学院地理科学与资源研究所研究员，《中国国家地理》杂志社社长兼总编辑。1980～1984年在北京师范大学地理系攻读学士学位，1984～1987 年在北京师范大学地理系攻读硕士学位，师从周廷儒院士。

怕什么！越是不可能的事，我越要尝试。从地理学家变成传媒经营者，我和同事们一起把科普期刊《地理知识》做成了今天的《中国国家地理》，一本有着百万级发行量、讲普通人关心且又能听得懂的科学传媒杂志。

转眼，在这条路上已跋涉了廿五年，同行的其他科学传媒越来越少，而公众的科学热情却是与日俱增。我便有问要发：科学精神之于中国到底是什么？今天的中国需要怎样的科学传媒？这些问题尽管宏大，但对于立志传播科学精神与理性思辨的媒体来讲，这些话题牵系着其精神之内核。如此，我们且借纸谈，铺陈开去。

一、科普 VS 科学传媒

做科学传媒和做科普（即科学普及）是两码事。接手《地理知识》时，我并不确定要把这本杂志具体做成什么样。不过有一点我非常明确，一定不能做成一般的科普类杂志。

《地理知识》创刊于 1950 年，最早由中国科学工作者协会南京分会地理组编辑，办刊目的是“为人民普及地理知识”，主要读者为中学地理教师、大中学生和各级干部。1953 年，《地理知识》改由新成立的中科院地理所主管，时任中科院院长的郭沫若为杂志题写了刊名。1959 年，编辑部随中科院地理所从南京迁至北京。之后，杂志在 1960 年和 1966 年遭遇两次停刊。1972 年 10 月，顶着“文化大革命”的风浪，《地理知识》复刊了，封面图片为“红旗渠”。复刊号中关于“气象卫星”的文章，语言虽有些刻板，却有勇气在“知识越多越反动”的年代向读者介绍气象科学的最前沿信息。

复刊时，编辑部就开始思考：如何以生动活泼的形式、短小精悍的文章来表达地理科学的趣味内容[①]。努力归努力，可杂志并没摆脱课本式的科普风格，没能真正活泼起来，更不用说将科学的思辨精神以大家喜闻乐见的方式讲出来。

1977 年我国高考制度恢复，得益于考试催生的市场需求，《地理知识》成为国内少有的热卖期刊，曾连续 5 年每期发行量在 40 万册左右。1982 年，高考制度改革，地理不再作为高考主科，《地理知识》月发行量锐减至 20 多万册。待到 1990 年代文化市场开放，人们的阅读态度发生大转变，那种枯燥的、居高临下的说教式刊物已经很难被读者接受了。加之期刊市场的繁荣、人们阅读选择范围的扩大，这使仍然端着“我教你”“我想说”这种科普腔调的《地理知识》，月发行量在 1997 年跌至 1.5 万册，面临严峻考验。这种考验对传统科普期刊来说，是必然也是警钟：时代不需要你了。

而从另一方面来说，科学传媒，或科学传播，因其深入浅出、有趣耐看的特点，成为

① 见《地理知识》，1972 年第 10 期“编者的话”。

新的社会刚需。我们从《地理知识》到《中国国家地理》的跨越，就是抓住了这样的机遇和变化。

不说杂志，作为地理工作者的我，也亲身经历了“我想说”到“要你说”的转变。1990年代中期，我曾给《地理知识》供稿，连载16期，讲述我在南极越冬的故事。我呕心沥血写出的稿子，论文气过重，只得反复修改。编辑痛苦，我自己也痛苦。一次，我想起在南极看到幻日，即五六个太阳同时出现在天上的奇观，颇有“后羿射日”的光景，内心极为兴奋，便在专栏里写道：“老祖宗看到的太阳可能是真的！”可惜那时不知“要你说”该怎样说，还是以“我想说”的语言体系来讲述南极洁净空气中的冰晶雨。虽然也曾引起轰动，毕竟再现了神话中的“十个太阳”，但今日再看，并不觉得怎么有趣。确实如此，很少有科学家能把专业知识深入浅出地讲给大众听。难道公众不关心科学吗？关心的。经常有大众媒体写科学现象或描述某项科研进展，语言明快，阅读感强，可专家一看，“哟，这个点不对啊”。一边是茶壶里煮饺子倒不出来，另一边是十万个为什么一个接一个。这种信息不对称，反映出来的就是专家语汇与公众之间的障碍，而科学传媒正是架起两者的极好桥梁。

在这里，我并没有否定科普在历史时期的重要性，而是讨论当下国家和市场对科学传播的真实需求。其实，科普和科学传播之间是有继承性的。初识科学的力量，有识之士就呼吁培养公民的“科学意识”（awareness of science），由此催生了“科普”，解释“是什么、为什么”。比如，在我出生的1960年代，点煤油灯的人恐怕不能想象电是什么，但是有科学意识的人会知道，电是个好东西，哪怕他并没有见过。后来，努力的方向变成让公众“理解科学”（public understanding of science），科学传播出现了，语言妙趣横生、贴近人们的生活，科学也从知识变成了公众的话题和谈资。我们从《地理知识》到《中国国家地理》的转型，就是发生在这个阶段的事儿。眼下，“科学”已经飞入寻常百姓家，成为我们日常生活中的一部分了。比如，每个人都知道六级以上的地震非常可怕。拥有理解科学的能力后，公众开始参与科技发展（public engagement of science and technology），理论性的科学、实践性的技术和公众之间有了现实意义上的互动，科学传播的内容和载体也越来越丰富了。如雨后春笋般建起来的科学博物馆、自然课堂和地理公园，就是公众参与和体验科学的新方式。

因此，我最不愿将《中国国家地理》划入科普行列。第一个原因，科普在中国，正如我们之前说过的，它的语汇体系太古老——“我是权威，我来告诉你它是什么、为什么”，这种居高临下的姿态，自然形成“拒人于千里之外”的疏远感，是它的第一大弱点。第二个原因，科普长期由政府包办，从中央到地方都有官办组织，国家财政拨款维系着这个庞大的体系，跟市场并无紧密关联，也不贴近大众的日常生活，很难引起读者共鸣，运作效率也不高。第三个原因，目前科学已经发展到了需要庞大经费、有组织、有协作的集团行为了，科研经费的投向和使用决定了科学成果和科学议题的产生，但自上而下的科普不会让公众了解科学的组织结构、运作机制以及科学结论的产生，而这些也许比知识本身更重要。另外，科普普及的是知识，不在意公众的参与和互动，因而不够活泛，生命力有限。科学传播则是动态的，通过激发大众对科学的热爱与思辨来完成它最重要的使命，即提升民众的科技素质与涵养。

科学，从来都不完美，永远都是阶段性或片段性正确，科学家总是在质疑、传承前人的成果，进而创新并推向新高度，这是我 1984 年从北京师范大学地理系大学毕业，同年又跟随地理学泰斗、中国古地理奠基人周廷儒院士和著名的地貌古地理学家李华章教授攻读硕士研究生，在第一堂课上所学到的。导师先让我们研读他们多年的著述，并找出问题，尤其是错误，进而列题质疑甚至批驳，导师说，如果你们连我几十年间的学术缺点都发现不了，说明你们缺乏科学的敏锐度，如果你们连我的问题都没有勇气和逻辑证据去质疑和纠正，怎么可能在科学研究上有突破和创新。这些醍醐灌顶的教诲，让我终身受益。而这大概就是科学的魅力所在。任何一项科学发明，都不是百利而无一害的，也并不是所有的科学都造就了恶魔。原子的发明让人类获得了高效的核能，但是它也催生了终极武器原子弹。所有的科学都有两面性，关键在于我们如何理性地认识它。然而，这种理性与思辨精神，在当下是稀缺的。移动互联带来的信息巨流和碎片化阅读，造就了大量的“知道分子”：我什么都知道，我多少都知道一点，但是什么我都只能说上一句半，再往下我就不知道了。即便不知道背后的原因，“知道分子”也要参与表达自己的意见。为什么我们社交媒体上的舆论浪潮今天向东漂、明天浪又回来了？这种来回过山车般的传播现象，不仅出现在中国，全世界都面临着这样一个问题，这是时代问题。

如此说来，科学传播的使命更加重大，那就是要把大量的“知道分子”变成有独立思考能力、有批判精神、有行动力的“知识分子”。当一个社会知识分子越来越少的时候，很难期待这个社会科学上有创新、文化上有迭代、技术上有进步、商业模式上有颠覆。我们太需要把“知道分子”转化为“知识分子”，而不是任凭“知识分子”自甘下沉为“知道分子”。而我能想到的，就是通过科学传媒，引领公众热爱科学并参与其中。

二、传播什么？

既然要做科学传媒，以内容为驱动力的媒体，我们思考的第一个问题就是：传播什么？

面向大众的科学传媒，和其他媒体一样，其核心在于筛选并解读社会热点、难点和疑点问题。如果我们选择的传播要素和途径合理，优质内容一定能传能播。由此，取材和传播方式很关键。首先，并不是所有的科学都能传播，一些有着复杂论证或者过于晦涩的科学项目就很难成为公众话题。其次，取好材后，我们还要在讲透故事的同时传递科学的思辨精神。这两点看似简单，但对于一本按月出刊的杂志来说，就不容易了。

假如我们以化学为着眼点，做一本面向大众的趣味期刊，可能用不了多久就会关门。虽然化学现象有趣，但讲述其原理的化学语言诸如元素、分子和方程式，和解析几何一样，很难为公众接受。一来，能看懂的人太少；二来，老百姓谁没事去琢磨化学反应的方程式呢？

细想下来，还真只有地理是专家和大众平分秋色的科学门类，即所谓“平民化的科学”。住在长江边上的人和研究长江的地理学者，都能对这条大河侃侃而谈。地理科学，天生具备亲民性与平民化，贴近民众衣食住行的各个方面，它所描述的东西是我们从生命形成之初、打从娘胎里出来就能感知的。地理不仅关注山川湖泊、风雨雷电、火山地震、气团洋流这些无机世界，也关注有机界的动物、植物和人类。地理学既属于自然科学范畴，也与社会科学相交叉，比如经济地理、历史地理和人文地理。可谓东西南北、四维上下，尽在其中。与地理有关的题材不仅丰富到取之不尽、更有大美于斯，而且和我们的生活息息相关，颇有“天地生人”的况味。更有趣的是，由于地理学体系庞杂，兼采自然科学和社会科学，反而最能培养人的思辨精神：地理世界里，没有单一的因和果，全是一果多因、一因多果。做一本立足地理、面向大众的科学传媒杂志，真是再合适不过了。美国《国家地理》（*National Geographic*）、英国《地理》（*Geographical*）和德国 *GEO* 的风行，进一步证实了我们的判断，也激励我们做一本中国自己的“国家地理”。1998 年，《地理知识》迈向全彩版时代，我们在改版号的封面顶部添加了一小行字：“中国国家地理杂志”。这是我们从科普期刊转型为科学传媒杂志的目标，也是我们的理想和担当。

2000 年，《地理知识》正式更名为《中国国家地理》，“地理”成为描述中国的新语言。以中国 960 万平方千米的领土和 300 万平方千米的领海为核心，《中国国家地理》发现和记录自然的绝妙和人文的精华。我们把自然题材作为优选题材，是因为自然界有接近终极的标准，几乎所有报道的内容和结论都可以验证，经得起不同读者从各种立场的质询。但是，如果为了自然而自然，会落入孤立的科学研究范式，所以《中国国家地理》关注那些与人类生活密切相关，甚至在日常生活中可以接触到的自然现象。可若是为了人文而人文，则在滑向社会科学领地之时，面临难就同一人文现象达成具有共识性描述的困境。为此，我们讲述那些在特定自然环境中出现、演进或兴衰存废的人文景观，以保持自然与人文之间的平衡。“推开自然之门，昭示人文之精华”，恰如其分地诠释了《中国国家地理》的办刊理念。

为了让读者更好地领略自然与人文地理的风采，在表达上我们力求完美。对于文风，我的老搭档，《中国国家地理》的执行总编单之蔷提出：我们理想中的作者，应是“记者+学者+艺术家+哲学家”的综合。像记者那样到现场去，给读者强烈的现场感、新闻感；像学者一样严谨和富有知识；像诗人那样锤炼语言和富有情感；像摄影家那样追求图片的美轮美奂；像画家设计师那样把版面和装帧做得精美雅致；像哲学家一样思考，给文章“魂”一样的东西。对于图片，我们不仅希望它有艺术性，符合摄影和美学的原则，还要有地理科学的支撑以及时代感，这样读者不仅感受到美与愉悦，更能产生好奇心与求知欲，这样我们才有机会与读者分享科学的魅力。我们的这些思考和判断，得到了杂志发行量的验证：仅是 1998 年改版到 2004 年的最初六年时间，我们的发行量就翻了 10 倍之多。

从老牌科普期刊《地理知识》到《中国国家地理》的转型，我以为这本杂志最大的亮点在于其着眼于地理学的本质，即强调区域多样性，通过报道“差异美”和“变化美”来确保内容的独家性，又通过“新发现、新进展”和“再发现、再认识”让杂志的风格流动和鲜活起来。

我经常在想，一本杂志的生命力到底在哪里？让它鲜活的是知识吗？明显不是。可能最接近答案的是，一份杂志能否为公众创造话题和谈资。立足于地理，我们涉足并跟进公众关心的社会热点、难点、疑点，将这些话题进行精准、精彩、精炼的整理和分析，内容造就杂志的价值，即引发公众对社会议题的理性思考。也许，这就是《中国国家地理》区别于旅游杂志的所在。同样讲旅行，《中国国家地理》展示的是出行的由头——这个地方自然之美与人文之美的底蕴和内涵，而旅游杂志更多介绍美的感受和经历。就像汪国真先生的《旅行》写道：“凡是遥远的地方/对我们都有一种诱惑/不是诱惑于美丽/就是诱惑于传说。”我们提供给读者的就是这份美丽和传说，只不过在诗意的诱惑之外，我们还传递着科学的思辨美。

随着《中国国家地理》在新知阶层的风行，我们内部孵化了第一份子刊《博物》，这是青春版的“国家地理”，给儿童和少年的科学传媒期刊。为什么叫“博物”呢？科学有两种传统，一种是博物学传统，一种是数理和实验传统。地理学属于博物学传统，这种流派不喜欢数学、符号、模型和公式，也不喜欢实验室。在 20 世纪中叶曾经有一股潮流试图把地理学“数学化”，不少地理学家把那段时间称为“地理学最悲惨的岁月”。《中国国家地理》所继承的正是博物学传统，关注地理学中非数理部分的议题，将自己划入老少皆宜的博物学视野之中。考虑到博物知识是人类对世界、对自然万物，包括对自身的认识与汇总，我们想和年轻的读者一起探索自然的奥秘、感悟博物带给我们的闲情逸致与审美体验。若少年有科学视野和博物情趣，中国必有科学和博物的未来。

地理学能从时间和空间两个维度记录、传承解读区域之美。2007 年，我们和中华书局合作推出了《中华遗产》杂志，从历史的角度梳理华夏文明。在我看来，《中国国家地理》与《中华遗产》就像一只手的正反两面，是手心和手背的关系。历史与自然，本来就相辅相成。没有自然的历史会失去基石，没有历史的自然或许也只能称为“器物”。与《中国国家地理》不同的是，《中华遗产》是在“叩击历史星空，梳理华夏文明”。

随后，影视、图书和新媒体公司，也加入了《中国国家地理》传播系列，形成了六大内容传播矩阵。无论传播平台和渠道如何更替，我们仍然坚持做内容驱动型的媒体，内容即《中国国家地理》的核心，也是我们作为科学传媒的最大利器。回望过往，岁月悠悠，我们已经深深根植于“地理味”的科学传媒中，向阳生长。

三、大市场

前面，我提到自己为《地理知识》写过“幻日”。然而，《地理知识》对地理圈外的影响委实有限，总有人抓着我问幻日的真假。直到今天，还有人问我，真的有幻日吗？为什么会有幻日？每回答一次类似问题，我都更为深刻地体会到：公众对科学方面的谈资如饥似渴，而地理科学也亟待更加广泛、更加有效地传播。科学传播在中国，不仅有重要的政治、文化和社会价值，它还有广阔的市场前景。

仅从《中国国家地理》的发行来看，2005 年 10 月推出《选美中国》专辑之后，我们的月发行量就呈直线上涨，很快超过 30 万册。2008 年金融危机之前，我们的月发行量一直徘徊在 30 万～40 万册，挺过金融危机，我们过了 50 万的门槛。自 2018 年起，我们有了接近百万级的期发行量。依我看，金融危机是鉴定所有行业的利器，没有真正技术含量的“山寨企业”全部倒地。因为真正有价值的产品溢价会更高，杠杆效应明显；而没有技术含量，没有市场价值的产品自然会退出市场，空出的份额必然由好产品填充。金融危机对于媒体行业也是考验，真正有内容、有价值的产品，它会遇到挫折，但终究会越来越好。

如果我们对标美国《国家地理》发行量，可以进一步预测《中国国家地理》的潜在市场。2015 年，美国《国家地理》在全球一共有 650 万份发行量，其美国本土市场占据其发行量的半壁江山，有 350 万。这样算来，3.27 亿美国人口中，有 1.07%是《国家地理》的读者。如果中国 1%人口能成为《中国国家地理》的用户，我们的发行规模将从百万级跃至千万级。而这种飞跃，并不是不可能的事情，未来十分可期。

肯定有人会问，现在纸媒不是萎缩了吗？你们《中国国家地理》的发行规模真这么大？其实，不仅母刊《中国国家地理》发行达到百万量级，目前《博物》已越过了 50 万的门槛，《中华遗产》也超过 5 万的月发行量。我们经历了金融危机过后纸媒断崖式下跌的惨痛时期，不仅活下来了，还更加强壮了，其中的关键在于以“内容为王”。对于唱衰纸媒的人，这听起来肯定老套，但它确实是市场真实需求的反映。

就我个人而言，且不说发行盈利，一个媒体至少要卖回纸张、印刷、油墨钱，即“造货价”，否则就不可能活。发行不盈利的媒体产品，一定不是有市场价值的产品。同样一份报纸，为什么《金融时报》能盈利别的报纸却亏损呢？根据 2019 年 4 月的数据，《金融时报》在全球拥有百万级的付费订阅用户，2018 年营收总计为 3.83 亿英镑，利润为 2 500 万英镑[①]。

① 资料来源：Financial Times：“FT tops one million paying readers”，https://aboutus.ft.com/press_release/ft-tops-one-million-paying-readers，2019 年 4 月 1 日。

《金融时报》因内容过硬，不可替代，越活越好。报纸如此，杂志也如此。

我们再看中国的白酒市场，一瓶茅台多贵，市值多高。反过来看，中国有太多白酒企业活不下去，几乎天天都有倒闭的。不能因为几个酒厂倒闭，就说中国的白酒行业衰退了。只要有市场需求，就一定有市场赢家。关门的报纸、广播或电视，关张的原因很多，在此我不下断言，但有一条我很确信，那就是它对自己的核心价值定位有问题。价值定位是否合理的唯一检验标准就是有没有人愿意花钱买产品。真正有市场价值的传媒，一定有活路。所以，我不仅认为中国拥有庞大的科学传媒市场，而且坚信这个市场正在变得更大。

首先，科学传媒的市场，以《中国国家地理》杂志社旗下杂志的发行销售为例，近年来，不仅北上广深和发达地区省会城市发行稳定，还有市场下沉的利好消息。这和中国公民科学素质的不断提升有直接的关系。《2018 中国公民科学素质建设报告》显示，中国公民具备科学素养的比例为 8.47%，比 2015 年的 6.2%上升了 2 个百分点[①]。北京、上海、天津、江苏、浙江和广东六省市已经超过了 10%，提前完成“十三五”规划要求在 2020 年达到的目标。其中，北京和上海的这一数值已经超过了 20%，与发达国家水平相当。与此同时，中部和西部地区民众的科学素质增速最快。这意味着科学传媒市场的底盘变大了。

其次，以往科学传媒市场的读者和用户主要为男性，现在女性用户的增幅非常大，打破了只有“钢铁直男”热爱科学的陈旧印象。不仅《中国国家地理》女性读者增多了，更为明显的是，女性已然成为《中华遗产》读者的中流砥柱。因此，女性成为科学传媒市场需要挖掘的核心用户。这种情形不仅发生在中国，也是全球性的现象。被调侃为“直男大报”的《华盛顿邮报》，就在 2017 年为千禧一代的女性创办了一个新媒体品牌，叫 *The Lily*，这份电子订阅杂志延续了母刊的严肃性，将内容以精美的视觉设计呈现，在传递高品质新闻资讯的同时取悦用户。

再次，科学爱好者的年龄分布也越来越广泛，不再为青年所独钟。1998 年《地理知识》初改版时，我们想象中的焦点读者是这样的：一位 35 岁左右的男青年，大学本科以上的学历，喜欢边缘和交叉知识，热爱自然，具有生态和环保的情怀，愿意走向户外。现在来看，不仅“男性”的身份标签被去掉了，“35 岁左右”也不应景了。在中国具备科学素养的人群中，50 岁以下群体的占比达到 90%，其中最为核心的是 18～29 岁的公民[②]。我们《中国国家地理》杂志社旗下的微博网红“博物君”，拥有的千万级粉丝中绝大多数都是年轻人。但是，我们也为 1990 年代时那些 30 岁左右的青年读者感到骄傲，因为如今他们在年过半百之时仍是科

① 中国科普研究所：《2018 中国公民科学素质调查主要结果》，https://www.crsp.org.cn/ uploads/soft/180919/1-1P919200S4.pdf，2018 年 9 月 19 日。

② 中国科普研究所：《2018 中国公民科学素质调查主要结果》，https://www.crsp.org.cn/ uploads/soft/180919/1-1P919200S4.pdf，2018 年 9 月 19 日。

学的爱好者。

总之，以上谈到的三大变化——市场下沉、女性的崛起、读者年龄线的拉长，都说明科学传播已经从小众走向了大众。就跟每个人都是内容创作者一样，在当下这个科技无处不在的“后人类纪”，每个人都可以成为科学爱好者。从这个角度来想，看到的科学传媒市场更为庞大。能否抓住这个朝气蓬勃的大市场，说到底，还是在于我们的商业抓手是否给力。

四、硬商业

“善弈者谋势，不善弈者谋子”。商业，对于自负盈亏、以市场导向型的传媒来说，是要害。

在讨论商业逻辑和布局之前，我们先谈谈做科学传媒最容易遇到的两个困扰：一是，科普以传播科学知识和科学理念为中心，这不是市场而是政府的职能。从中央到地方的各级科研机构、科技部（局）、科协、教育体系等四大体系，践行着媒体和市场无法企及的社会责任。二是，作为企业的科学传媒，其本质是商业公司，有投资人、有股东，要为股东负责，要为政府纳税，也要在社会上打造品牌，因而要抛弃科普概念与“施予”情怀。

就《中国国家地理》的经营来说，我们最基本的商业逻辑就是以“内容为王”，编辑部是整个团队的思想源泉。无论传播渠道、市场和商业模式有怎样的变化，不变的是人们对优质内容的需求。看清了这一点，我们在移动互联时代没有乱了阵脚，而是努力做互联网的引领者。为了保持内容的原创性，旗下三刊的编辑部都采用了“互联网检查制度”，即检查计划选题的内容是否在互联网上已经有了或者是否已经有雷同的作品，一经发现，再好的稿子我们都会撤回。这样的做法让我们在保证选题原创性的同时，既利用了互联网又不受制于互联网。

为了有过硬的内容做基点，我们向影视业学习，将编辑记者培养成“制片人”，与专家的合作方式采用“剧组与明星”的项目签约制度，如此形成了专业化的内容制作模式。科学家是社会公共资源，我们独占不了，也独占不起，所以，编辑部会根据每一期的主题，与相关领域最为权威的专家合作。专家的思维通常是严谨的，他们提供的数据也更翔实可靠，只是他的语汇系统不适合面向大众，而语言转译就成了编辑的工作。

当然，“酒香也怕巷子深”，内容的有口皆碑，终究需要由发行突破。从一个人到一个部门再到一个公司，发行团队变大了，但不变的是一直攀升的发行量曲线。自 1998 年《地理知识》改版以来，发行公司发出了将近两亿册的各类杂志，可以说，发行成就品牌媒体。发行盈利，才是以“内容为王”的注脚，因为每一次的品牌效应，都通过发行来实现。

广告收入是媒体品牌价值的体现。广告创意和策划式营销带来的极致客户体验——广告成为爆款，将品牌价值变成了源源不断的真金白银，更让我们有机会与优质客户一起成长。

虽说发行及广告和编辑部完全独立，但是其业务灵感多半来自编辑部的内容宝库。我们很多发行和广告的大案都来自几百本的杂志报道。与品牌拓展相关的工作人员，需要吃透杂志的内容，以此作为最大的养分来源，这样在对接品牌时能找到最契合地理风格的广告商。让行业津津乐道的广告案例“寻找越野心版图——寻找中国 Rubicon 之路”，奠定了其在中国市场的品牌识别度，更借此探索了国人从未涉足的路线地带：中国国家地理走进了尚未开通公路的墨脱县，穿越了阿尔金自然保护区、黑戈壁和雪域天山。

深信以“内容为王”，我们从内部裂变形成的六大内容传播矩阵——《中国国家地理》、《中华遗产》、《博物》、影视公司、图书公司和新媒体公司，经营性的发行及广告，和我们新近拓展的场景式科学体验，诸如实体书店、地理营地、科学考察和探索中心之间，产生了商业上的“飞轮效应”，即各个业务板块的融合，提供了增加核心用户群忠诚度的机会。这种效应，带来了强大的吸力，让我们在拥有稳定用户群的基础上，不断吸纳新粉丝。我们不仅安心地在垂直领域里深耕细作，也满怀信心地将科学传媒的使命付诸实践。

曾经有人问我，一定有什么东西支撑着《中国国家地理》，而且还是超越了商业模式的。我想了很久，这种“魂”一样的东西，从本真上讲，是理想主义。不仅是我，那些属于 1980 年代的青年，多少都给自己预设了时代的责任和目标。或许，在今天这个时代，讲理想或者使命有点不合时宜，但这的确是我内心所想，也是我的信念和坚守。从地理科学工作者到科学传媒经营者，我的社会角色发生了变化，但我的祈盼从未改变。既然我领略过科学的理性和创新之美，我愿继续鼓瑟吹笙，击鼓传之。

你听见了吗？今日的中国仍在呼唤理性和科学精神，而我们，这个伟大时代的科学家、科学传媒从业者和千千万万个读者，就是它的回响。

第四部分　躬耕之作

为满足国家基础教育对教师队伍建设的需求，北京师范大学培养了一大批师德高尚、专业基础扎实、教育教学能力和自我发展能力突出的高素质、专业化中学地理教师。他们砥砺深耕于祖国各地的教育一线，扎实践行“学为人师，行为世范”的校训精神，身体力行推动国家基础教育事业的发展。

本部分通过征稿方式，精选部分校友的地理教育教学实践成果，划分为地理学科核心素养培养，地理课程、教材与教法研究，地理教学课例开发，地理教育测评研究，地理教师专业发展等五个主题进行展示。

地理学科核心素养培养

论持续发展与中小学环境教育*

王丽

一、持续发展观点和《中国21世纪议程》对基础教育提出了新的要求

《中国21世纪议程》(《中国21世纪议程》编辑委员会，1994，下文简称《议程》)是我国走向21世纪的可持续发展战略，是制定我国国民经济和社会发展的中长期规划的指导性文件。

《议程》在《教育与可持续发展能力建设》这一章中指出："发展中小学义务教育和广泛进行环境保护教育，提高全民族的文化水平和环境保护意识；大力开展科学技术研究等，同时实行计划生育政策，有效减缓了人口增长和经济发展对资源环境造成的巨大压力。这些工作为中国可持续发展能力建设奠定了坚实的基础。"可见，《议程》对中小学教育的目的和意义又赋予了新的内涵，提出了新的要求。国家可持续发展能力的形成，不能仅靠高等教育和专门化的教育，要重视提高人口素质，增强全体公民的环境意识和人地协调发展意识，促进国家可持续发展能力的形成，使跨世纪的建设者具有环境保护的责任感和参与持续发展的能力。这是时代赋予基础教育的责任，是跨世纪基础教育改革要解决好的重要问题。

中小学环境教育的目的，主要是使学生正确认识人类赖以生存的环境和主要由人类活动引起的环境问题，增强环境意识并掌握简单的保护环境、改善环境的基本技能和能力。

自20世纪80年代以来，我国中小学环境教育从试点到普及，逐渐发展。教育方式也从单一向多样化迈进，取得了一定的成果。但目前环境教育在中小学教育中的地位，不像其他必修课程那样，有课程计划和教学大纲作保障，成为素质教育不可缺少的一部分，而是受到

---

* 本文发表于《学科教育》，1996年第3期。

作者简介

王丽，天津市教育教学研究室地理学科室主任，中学地理特级教师。1978～1982年在北京师范大学地理系攻读学士学位。

应试教育的严重冲击和学生课业负担过重的影响，遭到冷落、受到排挤。所以，必须从促进中国走向持续发展的高度认识在中小学加强环境教育的紧迫性和重要性，下大力量研究在中小学加强环境教育的途径和措施。

二、中小学开展环境教育的途径和措施

（一）扩大环境教育在中小学教育内容中的比例

人类经济、社会的发展要从多个领域与环境发生越来越密切的联系。人类要走向持续发展也必须是各个领域、全方位地与环境、资源协调共生。这些都决定了环境教育内容具有综合性的特点，涉及自然、社会、技术、管理、政法等多种学科的知识。随着人地关系研究的深入，各学科领域都会与环境科学兼跨、包容。为此，将环境教育内容按不同类别和不同层次结合到中小学各科教学内容中去，不仅是加强中小学环境教育的需要，也是适应各学科教育自身发展的需要。目前，初、高中地理课是承担中小学环境教育的主要课程。这是由地理学科自身的性质决定的。但有关环境技术、环境经济和环境管理等的许多内容，地理学科难以全部包容。环境教育要强化学生的环境意识，树立环境道德和环境法治观念，使学生具有基本的保护环境和参与可持续发展的能力，仅靠地理、生物等少数学科是不够的。况且目前，地理、生物学科取消进入高考科目后，受应试教育的影响，在学校教育中处于不利地位，所承担的环境教育的任务难以全部落实。

如果另外编写环境教育教材，单独设立环境教育课，就目前来看，困难较多。一是师资队伍建设难以在短时间内完成。二是教材内容会与地理、生物学科的教学内容出现较多的重叠，加重学生的课业负担，甚至会使学生产生厌学心理。三是新设环境教育课若也列为非高考科目的话，仍难以摆脱类似其他“小四门”学科的命运，出现事与愿违的局面。

为此提议：首先，各级教育行政部门要积极努力采取措施，全面贯彻教育方针，切实实施素质教育。如加强会考、高考制度的研究，建立新的、科学的教育质量评价体系，削减升学考试对日常教育教学工作的不良影响，保证地理、生物这些承担环境教育的重点学科的教学目的和任务的全面落实。其次，地理、生物两学科要通过自身教学内容的改革和教材体系的建设，发挥学科优势和应有的教育功能，优质高效地完成所肩负的环境教育的任务。在素质教育的舞台上站稳脚跟，扮演重要角色。再次，也是加强中小学环境教育最重要的途径和措施，就是以当前全国新的高中课程标准修订工作为契机，把实用性、基础性的环境科学知识充实到跨世纪的各科课程标准和教材中去。使学生通过不同学科、不同渠道的环境教育，形成较为系统的环境科学基本知识和环境保护的基本能力。例如：

语文学科可以从环境质量评价和环境美学欣赏的角度，选编一些作品纳入教材，列为必修篇目。激发学生热爱环境的思想情感，提高学生对环境自然美和对人与环境和谐美的理解和欣赏能力。语文课还可以与地理、生物两学科结合，设计环境教育活动课程，让学生带着问题走向自然和社会，以人与环境关系为主题写作文，增强环境意识。

物理学科可将一些基础性的环境治理和保护的物理原理、技术、工艺等知识列为教学内容，还可以结合物理活动课程进行以环保为目的的小发明、小创造。培养学生的动手能力和创造能力，强化学生参与环保工作的意识。

化学教材应突出学科知识在环保事业中具有广阔应用领域的特色，使学生掌握一些基本的环境监测和环境治理的原理和技能。还可以利用化学实验的机会，教会学生处理有害物质的方法，不致因有害液体排放而造成实验室设施的破坏和环境污染，理论联系实际，对学生进行环境道德教育和环保能力的培养。

政治学科可将我国环境保护的政策和法规的有关内容编入教材，使学生树立新的环境道德观、环境价值观和环保行为规范。

对于小学环境教育，可采取类似的方式，将那些贴近生活的环境教育内容通俗、生动地编入语文、自然、社会等科目的教材中，达到思想熏陶和心灵感化的目的。

总之，环境教育具有教学内容综合性、教育对象全民性、教育效益现实性和长效性等特点，必须作为跨世纪基础教育的系统工程予以高度重视和认真设计、实施。在各级教育行政部门的政策支持和措施保证下，由基础教育各学科协调配合完成。

（二）发挥地理学科在环境教育中的优势

地理学科有意识地对学生进行环境教育始于 20 世纪 80 年代初。当时新增设的高中地理课就是以人地关系教育为主线，使学生认识地球的宇宙环境、人类赖以生存的地理环境，以及在世界范围内严重存在着的人口、资源和环境问题等主要内容。可以说，该时期的高中地理教材就是一本很好的环境教育教材。20 世纪 90 年代初，新编的九年义务教育初中地理教材中，有关环境教育的知识也占有相当的比例。

地理学科自觉地承担基础教育中对学生进行环境教育的任务，是由地理科学发展和地理科学体系逐渐形成所决定的。按照钱学森教授的论述，21 世纪的地理科学，将建立新的学科体系——地球表层学（钱学森，1991）。要从能量关系、空间关系、环境演化和区域发展规划等不同角度研究人与环境的关系。可见，地理学对于更深刻地揭示人类发展与环境的内在联系，探求人类与环境协调发展的途径，具有不可替代的作用，理应为解决当今世界所面临的人口增长、资源短缺、环境恶化和区域发展问题作贡献。

此外，《地理教育国际宪章》（国际地理联合会地理教育委员会，1993）也对地理教育与环境教育的关系和地理教育在环境教育中所应承担的责任作了明确的论述。

地理学科对学生进行环境教育的优势，除了决定于学科自身的性质外，还决定于学科进行环境教育的内容特点。那么，地理学科进行环境教育有什么特点呢？这首先要从当今环境问题的形成和分类进行分析。

当今环境问题主要分两大类（王用亭等，1994）。一是不合理地开发利用自然资源，或者过度开发利用可更新资源，造成了资源的枯竭和自然环境的破坏；二是由于城市居民生活和工农业生产过程排放的废物，超越环境的净化能力，造成了环境的污染。不论是哪类环境问题，究其形成原因都是对环境物质和结构的改变以及对环境中物质循环和能量转化的改变。若要让学生认识环境的良性或恶性的改变，首先要使学生认识环境自身的性质和演化规律，了解环境对来自人类的影响的可忍度；其次要了解人类活动对环境改变的影响和调控。这些知识正是地理教育的基本的和核心的内容，也是环境教育的实质性内容。所以，地理学科进行环境教育，不是把着眼点局限在环境问题和环境治理上，就环境问题论环境问题，而是应以人类活动为中心，重视研究人类活动对环境物质组成和结构以及物质、能量的流动和转化。使学生懂得如何调控自身的行为与环境协调共生，如何预防环境问题的发生和恶化。可见，地理学科的环境教育内容更具有全面性和深层性。再加上地理学科自身的地域性特点，极有利于学生获得认识区域环境特征、区域环境问题和区域发展方向的知识、原理和能力。

当前，地理学科要强化环境教育，也面临着知识更新和教学内容结构与功能的调整。在跨世纪的教材中，要用人类与环境和谐共生和持续发展的战略思想统领地理教材的思想教育的内容，把《中国21世纪议程》中重要的地理信息和有关环境教育的内容增加到地理教材中去。还可以编制一些以环保为主要内容的音像教材，如《中华环保世纪行》中的片段，配合课堂教学，既扩大了信息量，又使环境教育直观、生动。就现阶段的地理教学内容而言，用什么方式和方法才能更深入地完成环境教育的任务呢？

（1）在地球、大气、水、地壳及生物等环境组成的基础知识的教学中，要明确向学生阐明这些自然系统和要素与人类活动的联系，以及学习这些知识服务于人类生活和生产的途径和领域。尤其要特别强调各类自然系统和要素的保护措施，突出环境教育的主题。

（2）对于区域地理的教学，要通过教材的处理和教学过程的设计，从区域环境条件、环境问题和区域经济发展与规划等新的角度重组区域自然地理和区域人文地理的知识内容。引导学生用已学的地理知识和原理正确评价我国目前所沿袭的非持续发展的生产模式和区域发展模式，并针对区域发展条件提出持续发展的新模式和新设想。这样的环境教育会有效地实现保护环境与经济发展同步，避免再走“先污染，后治理”的老路。

（3）对于人文地理中的资源、人口、工业、农业和城市等知识的教学，要引导学生树立新的资源观、新的价值观和新的发展观。例如，讲工业布局原理时，要让学生知道，经济增长不等于经济发展，要有全面的经济效益观点，要把经济建设和经济增长对环境资源的破坏进行经济计算和后果预测，并估计出数量相当的经济损失，这样就能使学生认识单纯考虑经济因素、追求经济增长指标的后果，而自觉地抵制急功近利的短期行为，将环境因素和经济因素综合起来考虑设计工业发展规划和地域配置方案。又如，在讲农业时，要用生动的事例让学生认识用化学方法追求农业高产给农业生态环境带来的危害，并介绍典型地区的典型经验，让学生充分认识用先进的农业科学技术和生物技术，因地制宜发展生态农业、生产绿色食品才是农业持续发展的根本出路。

上述的各类教学内容的教学过程，都要采用质疑、探究、引导和发现等教师指导学生参与学习的教学模式和方法。

（三）重视环境教育活动课程，开展多种形式的环保实践活动

心理学家指出：心理只有通过动作才能起到变革客观世界的作用。要强化和深化环境教育的功能，必须重视开展环境教育活动课程，创造条件让学生参与环保实践活动。为此特提出以下建议：

（1）要以地理、生物等学科的环境教育内容为主体，将环境教育阵地扩大到学科活动课程中去。据我市开展环境教育的经验，可开展省（市）、区不同规模的环保知识竞赛、环保文艺竞赛、环保写作和书画比赛等活动，并借助新闻、电视等媒介向社会开放等，这些都是行之有效的方式。各级教育部门和环保部门要对竞赛活动的优胜者和广泛发动、积极组织的单位予以鼓励和表扬，使环境教育活动课程与其他学科的活动课程一样受到认可和重视，并有意识地扩大中小学环境教育在全社会的影响。

（2）教育部门与环保部门要积极配合并争取政府部门的支持，在市、区范围内建立不同类型的环境教育活动基地，如供参观的基地、供调查的基地、绿化基地和环保劳动基地等。有条件的地区可以建设环保教育展览馆，以画面、录像、模型等形式生动、具体地让学生了解各种环保设备和工程，如污水处理设施、生态农业模型、大气净化设备等。这不仅使学生有了环境教育活动的场所，也会对当地的环保工作有促进作用。

（3）在学校内部，依据学生不同年龄特点和已有知识构成的特点，组织具有不同学科特色的环保活动小组。如初一可组织环保文艺小组，创作小型的、以环保为题材的文艺节目，在校内外演出。初二可组织环保宣传小组，在校内利用板报、校刊、广播等形式进行环保知识的宣传。初三可组织环保写作、评论小组，针对环境问题和环保工作进行文学评论和文学创作，既锻炼写作能力，又培养环境欣赏、评价能力，高一可组织环保调查组，鼓励学生写出调查报告，参与社区的环保工作、区域建设与发展规划工作，向环保部门及当地政府上交议案。高二可组织环保科技小组，进行环保科技小发明和小创作。这些小组的活动内容各有侧重，避免了重复，有利于学生在学校成长期间循序渐进地接受环保意识的强化和环保能力

的提升。以这些小组为骨干力量和组织机构，发挥各学科的特色，便将学校环境教育的活动丰富多样地开展起来了。

（4）各级环保部门和学术团体，要对学校环境教育活动给予必要的支持。如提供资料、经费、学术交流和信息交流的机会，鼓励学校教师、学生和教育行政部门领导参与社区环保教育和宣传活动。

（四）将环境教育纳入素质教育质量评价指标体系中去

如前所述，环境教育是基础教育对学生实施素质教育不可缺少的一部分。那么，素质教育质量评价的指标体系中，环境教育也应列为重要的项目。

各级教育行政部门应把环境教育质量作为学校办学质量的重要指标，研究环境教育质量评价的细则，使评价科学化。尤其是现阶段，要采取措施，使环境教育先进学校、先进学科的积极性得到保护，其先进经验也将得以推广。

参考文献

[1] 国际地理联合会地理教育委员会，冯以浤译："地理教育国际宪章"，《地理学报》，1993 年第 4 期。
[2] 钱学森："谈地理科学的内容及研究方法"，《地理学报》，1991 年第 3 期。
[3] 王用亭、开文涌、何强：《环境学导论》，北京：清华大学出版社，1994 年。
[4] 《中国 21 世纪议程》编辑委员会：《中国 21 世纪议程——中国 21 世纪人口，环境与发展白皮书》，北京：中国环境科学出版社，1994 年。

“人地协调观”内涵的解析及与教学内容的对接*

张素娟

“人地协调观”是人们在地理学习的过程中对人类与地理环境之间关系的正确认识、理解和判断，是对协调好人类活动与地理环境关系必要性和可能性的根本看法和认识观点。“人地协调观”是学科基本价值观念，作为地理核心素养的重要组成部分，是地理教育的“灵魂”和核心，是“立德树人”学科育人价值的重要体现。中学地理教学能否有效落实、系统培育学生的人地协调观，是衡量其教育教学成败的关键。

教学实践中，很多教师对人地协调观的理解还很片面。一是内涵“窄化”，将人地协调观仅仅理解为“可持续发展观”，或字面上的“人地关系和谐”，没有对人地观念形成完整系统的认识；二是“人”和“地”的割裂化、观念培养的“泛化”和“虚化”。从宏观层面上对人地协调观素养的内涵进行系统分析和理解，研究其如何与具体教学内容对接，对有效落实人地协调观的课程目标尤为必要。

一、基于人地关系思想理论构建中学人地协调观内涵体系框架

人地关系作为中学地理教学内容的一条主线，整个中学地理课程就是围绕着人地关系而展开相关的观察与研究，可以说，中学地理的所有内容都是涉及人地协调观教育的资源。笔者参考吴传钧的“人地关系地域系统”理论、毛汉英的“PRED 协调”理论和李后强的“人

* 本文发表于《中学地理教学参考》，2018 年第 1 期。

作者简介

张素娟，北京教育学院数科学院地理系教授。1983～1990 年在北京师范大学地理系攻读学士、硕士学位，师从史培军教授。

地协同论”等，构建了以人地协调观为核心的价值观体系框架（图 4-1）。

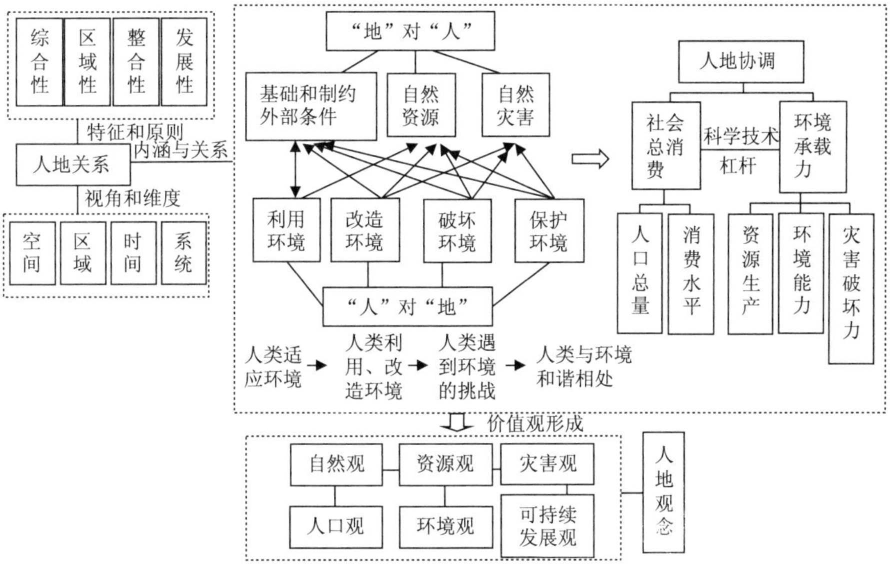

图 4-1 以人地协调观为核心的人地观念内涵体系解析框架

二、人地协调观内涵解析与中学地理教学内容的系统梳理

基于前面框架，我们以人地协调观为核心，分别从“地对人”“人对地”和“人地和谐（相互影响）”不同角度进行系统梳理（程菊、徐志梅，2016），这三个方面既包括了它们之间的影响关系，也包含人们对其关系的认识。从人地关系的基本规律、人地关系的矛盾内涵、人地关系认识演进等方面重点阐述和厘清三个关系。

（1）“地对人”：自然条件差异、自然资源以及自然灾害等限制条件对人类活动的影响和制约。

（2）“人对地”：人类通过能动地适应环境、改造自然、开发利用自然条件和自然资源，规避自然灾害，面对不合理利用带来的资源环境问题，采取措施进行干预和保护环境等活动，这一系列的人类活动对自然环境的影响。

（3）“人地和谐”：人类运用工具和技术对自然环境能动地改造、利用和保护，同时自觉地运用科学技术作为杠杆，将人口总量和消费总量控制在自然环境的承载力范围内，形成和维持人地和谐的统一关系。

以上对人地关系的根本认识是核心观念，是比较宏观、概括性较强的认识；在此基础上，再将核心观念进行分解细化，形成与具体教学内容对接的分解观念。分解观念是蕴含在具体知识和过程、方法中的上位的观念性认识，需要从具体教学内容中进行抽象和提炼概括。上

表 4-1 “人地协调观”的内涵解析与基本内容梳理

核心观念		分解观念（人地观念的内涵表述）	目标主题单元	对应的课标点（示例）
自然观	**“地”对“人”：** 宇宙环境和地球本身的长期发展演变形成地球表面自然环境的差异，奠定了人类活动的空间基础； 自然环境各组成成分存在着平衡，变化相对稳定，但某些要素的异变会产生自然灾害，影响人类活动	地球和地表自然环境有其发生、发展演变的规律（按照其特有的规律不断发展变化）； 地球表面自然环境经过长期演变形成了具有圈层结构，由地质地貌、气候、水文、土壤和生物等各种因素相互影响、相互作用的整体； 地球的宇宙环境以及地球本身的形状、大小、运动等造就了地球表面自然环境空间上的差异 自然地理要素的异变产生自然灾害，给人类生命财产带来损失和影响，造成环境承载力损失； 自然灾害作为一种阻碍社会发展的客观存在，伴随人类历史的始终，人类在不断地同灾害作斗争中发展进步	**“自然观”主题单元内容：**“宇宙中的地球”“自然环境中的物质运动与能量交换”“区”“自然环境的整体性和差异性” **“灾害观”主题单元：**“地震分布与板块运动”“我国的自然灾害”“全球气候变化及影响”“区域自然灾害问题分析”“遥感与灾害监测”	**初中：**地球的形状、大小和运动；海陆分布、海陆变迁；我国的自然灾害；分析某区域存在的自然灾害和某自然灾害对家乡社会、经济等方面的影响 **高中：**宇宙中的地球；自然环境中的物质运动与能量交换；自然环境的整体性和差异性；全球气候变化对人类活动的影响；某种自然灾害发生的主要原因及危害；某区域的自然灾害与环境问题；遥感在资源普查、环境和灾害监测中的应用
	“人”对“地”：人是大自然的一部分，人类活动必须基于环境特征、顺应环境变化，努力做到因地制宜、因时制宜，从而使人类在地理环境中的生产和生活行为顺应自然规律	人是自然环境演变的产物。与自然地理环境演变过程相比，人文环境的演变过程更为复杂、迅速； 人类无法改变自然环境的发展演变和运动规律，但可以利用自然规律改造自然，趋利避害，进行工农业生产等各项活动； 人类通过生产活动干预自然地理过程的某些环节，加速或减缓自然地理过程速率； 当人类不合理的开发利用违反自然规律时，可能会诱发自然灾害或其他次生灾害。面对自然灾害，人类目前的技术能力虽不能做到大范围对其改变和掌控，但可以运用科学技术研究自然灾害发生发展的一些规律，做出预报进而进行相应的防御，把灾害的损失降到最低		

续表

核心观念		分解观念（人地观念的内涵表述）	目标主题单元	对应的课标点（示例）
自然观	**“人地和谐”**：人类应该遵从自然规律利用自然、改造自然，天人合一	人在大自然规律面前需要有敬畏之心，可以遵从规律。可以通过科学技术监测和预测自然的变化规律，预防或减轻自然灾害的破坏，规避灾害，保护环境承载力，做到天人合一	同上	同上
人口观	**“地”对“人”**：区域自然环境具有一定的人口承载力	自然环境为人类活动提供空间和立地场所，是影响人口分布和数量发展的基础条件； 某一区域自然环境有一定人口承载力范围，有适合环境承载力的合理人口容量	**“人口观”主题单元**：“我国和世界人口数量增长和分布特点”“人口问题及影响”“人口增长模式、人口迁移—环境承载力和人口合理容量”	略
	“人”对“地”：人口过多和增长过快会给地理环境带来破坏和影响	人类占据自然地理环境空间； 人要消费粮食和自然资源，人口数量超过区域合理容量范围就会带来资源短缺、粮食紧张等一系列问题； 人口数量增长过快和过度城市化会带来一系列人口问题、社会问题		
	“人地和谐”：人口发展要与自然环境的容量和资源承载力相适应	人口的发展受到政治、经济、文化等多方面因素影响，它的发展对社会的发展起到至关重要的影响。人口的增长必须与一定地域的自然环境的容量相适应，与其资源承载力相匹配		
资源观	**“地”对“人”**：自然环境为人类提供赖以生产和生活的各种自然资源	自然环境为人类提供赖以生产的各种自然资源，以其资源的空间组合特点影响人类生产活动的地域分工； 自然资源是人类社会发展不可缺少的外部条件，但自然资源最终不能决定一个地区的社会发展，只是提供了可能性； 各种资源不论是可再生资源还是非可再生资源，对于人类来说都是有限的； 我国地大物博，但人均资源很少	**“资源观”主题单元**：“自然资源概念、分类”“水资源分布与对社会会经济发展的影响”“土地资源特点与利用”“区域自然资源分布、开发利用状况”“不同生产力条件下的自然资源与人类生存和发展”	略

续表

核心观念		分解观念（人地观念的内涵表述）	目标主题单元	对应的课标点（示例）
资源观	**“人”对“地”**：人类利用资源创造财富满足自身需要； 不合理或过度利用会产生环境、资源短缺问题	人类利用自然资源创造财富推动社会发展。自然资源对人类的影响有阶段性，不同生产力条件下提供的自然资源的数量、质量不同。人类通过科学技术找寻新的清洁能源替代品等方式缓解人地矛盾； 人类不合理开发利用和开发资源的强度与速度超过自然可更新的速度和强度，会造成资源短缺和生态环境破坏、环境污染问题，这些问题反过来影响人类	同上	略
	“人地和谐”：人类的消费总量应该与自然资源可更新的量相适应	在人类运用科学技术寻找新的替代资源以前，人类开发自然资源的强度和速度应该控制在自然资源可更新的数量范围内		
环境观	**“地”对“人”**：自然环境是人类生存、发展的基础。从局部上说，地理环境是人类活动的重要外部条件，但往往不能起到决定性的影响	自然环境是人类生产和生活的物质基础，也会成为人类活动的限制条件； 自然环境的地域分异影响人类活动的空间格局以及活动方式等。地形、气候和水等自然条件影响工农业生产、聚落和交通线分布，以及语言、人种、衣食住行等生活方式和习惯； 随着社会发展，自然条件影响人类的程度在发生变化。自然环境对人类社会的直接影响逐步减弱，间接影响逐渐加强，人类社会与地理环境的关系趋向复杂化	见下	略

续表

核心观念		分解观念（人地观念的内涵表述）	目标主题单元	对应的课标点（示例）
环境观	**“人”对“地”**：人类利用不同自然条件因地制宜进行工农业生产等各项活动，适应、利用和改造自然环境，趋利避害； 人类活动强度超出自然环境容量就会破坏自然环境产生环境问题，遭受大自然惩罚	人类利用不同自然条件因地制宜发展工农业生产等各项活动。人类通过生产活动影响自然环境的物质循环和能量流动，对自然地理景观改变深远而广泛； 通过改变下垫面地貌和土壤、生物性质影响环境要素的空间分布，改变着自然规律的作用和趋势。人类对地理环境之间的作用应该是有限度的，超过限度就会引发水土流失、生物多样性减少等生态破坏和环境污染问题，这些问题反馈给人类社会，必然影响、制约人类社会的持续发展。随着科学技术水平的提高，人类更加深入地利用自然，对自然环境的依赖性相对减少，但与自然环境的关系更加复杂	**环境观主题单元：**①“自然环境影响及人类利用改造环境”：“聚落分布与自然环境”“气候与我国农业生产”“我国工业生产区位因素”“工、农业生产活动对地理环境的影响”“地表形态与交通运输线路分布”“河流水文特征与流域开发利用”“地方文化特色与自然环境”“我国四大地理分区—区域农业生产、能源与资源开发条件分析与开发利用”； ②“生态环境的破坏和环境问题分析与治理”：“大气环境问题及危害”“全球气候变化问题及影响”“臭氧层空洞与危害”“水土流失、荒漠化问题与生态环境的恶化”	略
	“人地和谐”：人类对自然环境的干预和影响，必须在自然环境的承载力和消纳人类排放废弃物的能力范围之内	人类为了自己更好的生存，除了主动索取外，还需有目的地去保护自然环境，协调人地关系。人类可以遵从地域分异规律对不同区域实施合理开发资源、生态修复等行为措施，保护自然环境和恢复良好的生态环境，改善和加强环境系统的作用。人类利用地理环境既要遵循生态平衡规律，又要遵循社会经济规律		

续表

核心观念		分解观念（人地观念的内涵表述）	目标主题单元	对应的课标点（示例）
发展观	**“地”对“人”**：自然环境是人类社会发展的基础	自然环境提供人类赖以发展的基础条件，满足人类社会和经济发展的需求	**“发展观”主题单元**：“区域生态环境保护的重要性”“区域资源的合理开发”“区域环境保护”“区域生态环境修复”“人地关系思想的历史演变”“可持续发展的基本内涵”“区域问题的可持续发展的途径”	略
	“人”对“地”：人的发展是首要的，发展有阶段性，不同阶段人地关系不同	人类发展是首要的。发展要妥善解决人类发展无限需求与自然有限供给之间的矛盾；随着社会发展，科学技术发展的阶段性导致人地关系的阶段性变化； 科学技术是一把双刃剑。在人地关系中，人类活动居能动主导地位，人地关系是否协调不取决于地而取决于人		
	人地和谐观：人类只有一个地球。人类的发展必须保持人类社会与地理环境的动态、持续、协调发展，走可持续发展道路	发展既要实现积极的增长，又要改善增长模式，实施清洁生产、节能技术、生态农业、资源的循环重复利用和绿色低碳等文明消费模式； 确定一个地区的经济结构，必须同自然环境与资源结构大体上相吻合。人类社会的发展，要把自然作为其发展的基础和前提，经济的发展还要关注生态环境的发展，以保护自然为基础，与环境和资源的承载能力相协调，与社会进步相适应； 实现既满足当代人需求，又不损害后代人满足其需求的能力的发展		

述核心观念与观念性认识用陈述句形式表达，这样的表达将宏观隐性的价值观显性化、具体化，便于与具体知识点区别，也容易被学生理解和接受。

从“地对人”“人对地”和“人与地协调”三个维度，围绕初高中地理课标相关内容对这三个关系进行展开和深入的解析，从而构建出与中学地理教学相契合的，包括自然观、资源观、灾害观、人口观、环境观和发展观在内的全面、系统的价值观念内容体系，同时系统梳理初高中课标内容要求，与分解观念对接，形成指向价值观念的目标主题单元（表 4-1）。

需要说明的是，这里的自然观，是从环境观内容中剥离出来的，仅限于人类活动对自然环境空间特征、整体性等所持的科学看法和观点，是关于自然界“怎么样”的认识，不涉及更多的自然界本源等内容。而环境观，则关注于自然环境“有何功用”，更多从自然环境与人类活动的互动关系方面来阐释和梳理。

表 4-1 呈现了以人地协调观为核心的人地观念的内涵体系，以及相对应的初高中地理教学内容。这样系统的解析和梳理可以帮助教师就人地协调观的内涵逐条与初高中教学内容进行对接，并且可以就人地观念的某一主题内容，统筹和组织相关教学内容进行突显价值观目标的单元教学设计，将人地协调观的培养落实在具体教学中（张素娟，2017）。

参考文献

[1] 程菊、徐志梅：“‘人地观念’素养的构建与培养”，《中学地理教学参考》，2016 年第 17 期。

[2] 张素娟：“基于地理核心素养培养的单元教学设计——以‘地理位置’的学习为例”，《中学地理教学参考》，2017 年第 15 期。

加强初中地理实践活动　提升地理学科核心素养*

陈红

地理学历史悠久，兼有自然科学传统和社会科学传统。从自然科学传统看，地理学重视观察与测量、实验、野外考察等地理实践活动；从社会科学传统看，地理学重视社会调查等地理实践活动。“当代地理学研究方法已经从勘察、观测、记录、制图等传统的研究方法向空间统计、对地观测、GIS、室内外模拟、建模、决策系统等现代科学方法转变，继承了地理学原有的传统优势，并逐渐走向综合性、定量化”（傅伯杰等，2015）。基于地理学科的传承与发展，我们在初中地理教学中，既要尊重地理学经典、传统的研究方法，让学生通过野外考察、社会调查等地理实践活动体验学习过程，同时也要重视计算机模拟实验、VR、GIS 等现代技术手段在地理学习中的应用。但长期以来，受传统教育观念和应试教育的影响，初中地理实践活动未受到应有的重视。学生在学校学会了做题，但不会解决生活中的实际问题。显然，这不符合现代社会对应用型人才和创新型人才的需求。新一轮基础教育课程改革明确提出，要不断创新学习方式，引导学生在自然、社会等真实情境中开展丰富多彩的地理实践活动，培养学生必备的地理学科核心素养。

一、开展初中地理实践活动的必要性

《义务教育地理课程标准（2011 年版）》指出，义务教育地理课程具有“实践性”（中华

---

* 本文发表于《中学地理教学参考》，2020 年第 13 期。

作者简介

陈红，北京教育科学研究院基础教育教学研究中心地理教研员，中学地理特级教师。2004～2008 年在北京师范大学地理学与遥感科学学院攻读博士学位，师从王民教授。

人民共和国教育部，2012）。初中地理课程中含有丰富的实践内容，包括图表绘制、学具制作、实验、演示、野外观察、社会调查和乡土地理考察等，是一门实践性较强的课程。课程目标中明确提出：要让学生“掌握阅读和使用地球仪、地图的基本技能；掌握简单的地理观测、地理实验、地理调查等技能”。课标在教学建议中提出：“应积极开展地理实践活动，增强学生的地理实践能力。一方面，立足校园开展地理实践活动。……另一方面，应提倡开展野外（校外）考察和社会调查……”开展地理实践活动不仅能让学生亲身体验地理知识产生的过程，还能培养学生的实践能力和创新精神，对于学生的全面发展是非常必要的。但在实际教学中，由于师资水平、活动设备、课时、安全等条件的限制，地理实践活动的开展不够广泛和深入。

2019 年 4 月，教育部正式发布了《初中地理教学装备配置标准》，并于 2019 年 9 月 1 日开始实施。这对一线地理教师改变教学方式，深入开展形式多样的地理实践活动起到了巨大的推动作用，对全面提升学生的地理学科核心素养具有重大意义。

二、初中地理实践活动与地理学科核心素养的关系

地理学科核心素养主要包括人地协调观、综合思维、区域认知和地理实践力，它们是相互联系的有机整体。地理实践力指人们在考察、实验和调查等地理实践活动中所具备的意志品质和行动能力（中华人民共和国教育部，2018）。地理实践活动能够激发学生的学习兴趣，使学生学会与人合作、学会使用地理工具，形成求真务实的科学态度，养成持之以恒、吃苦耐劳的意志品质，从而提升地理实践力。

区域认知指人们运用空间—区域的观点认识地理环境的思维方式和能力。人类生存的地理环境多种多样，将其划分成不同尺度、不同类型的区域加以认识，是人们认识地理环境复杂性的基本方法（中华人民共和国教育部，2018）。初中地理课程内容以区域地理为主。学生通过学习不同尺度的世界区域和中国区域，掌握学习和探究区域地理的基本方法。在乡土地理教学中，至少应安排一次野外（校外）考察或社会调查（中华人民共和国教育部，2012）。通过考察、调查等地理实践活动，使学生学会运用一定的方法和地理工具观察和认识区域，增强对区域的真实体验，提升区域认知素养。

综合思维指人们运用综合的观点认识地理环境的思维方式和能力。人类生存的地理环境是一个综合体，在不同时空组合条件下，地理要素相互作用，综合决定着地理环境的形成和发展（中华人民共和国教育部，2018）。地理实践活动能够让学生通过观察某地的一两个地理要素（如水文、植被等），分别记录不同地理要素的特征，简要分析它们之间的联系，从而提升综合思维素养。

人地协调观指人们对人类与地理环境之间关系秉持的正确的价值观（中华人民共和国教育部，2018）。通过地理实践活动，学生能逐步认识自然环境（气候、地形、河流等）对农业、工业、交通、饮食、民居等人类生产与生活的影响，以及人类活动对自然环境的影响，从而形成正确的人地协调观。

综上所述，初中地理实践活动是发展学生地理学科核心素养的坚强基石。通过地理实践活动，学生不仅能提升地理实践力，还能在实践中强化区域认知、综合思维，最终形成人地协调观（图 4-2）。

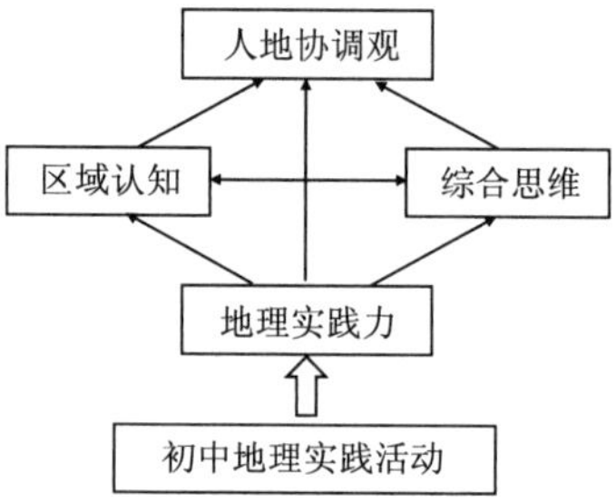

图 4-2　初中地理实践活动与地理核心素养发展框架

三、通过初中地理实践活动培育地理学科核心素养的具体途径

初中地理实践活动分为地理观测、地理制作与操作、地理模拟实验、地理室内观察、地理野外考察、地理参观与调查等六大类（中华人民共和国教育部，2019），不同类别的实践活动体现了不同的育人价值，是培育地理学科核心素养的重要途径。

（一）通过“地理观测”培育地理实践力

地理观测是指通过运用一定的仪器、设备和装置等物质手段，对地理事象进行观察和测量，获得相关地理数据进而认识地理事象特征的学习方式。地理观测主要包括三种：天文观测、气象观测、地理现象观测（中华人民共和国教育部，2019）。通过“地理观测”可从以下几方面提升学生的地理实践力。

（1）激发学生发现问题、探索问题的兴趣。例如，通过一天中日影方向、长短的观测，引发学生思考太阳高度角在一天中的变化规律，并进一步探索正午太阳高度角在一年中的变化规律。通过地理观测，能够激发学生的好奇心和求知欲，提高学生发现问题和探索问题的兴趣。

（2）学会与人合作。要顺利完成一项观测任务，常常需要多人共同协作。例如，进行气象观测时，需要从不同仪表中读取气温、降水、风力、风向等数据，并详细记录相关数据，再绘制成图表，这一系列的工作需要多人的默契配合。长期进行地理观测，能够让学生逐渐养成合作意识和团队精神。

（3）学会使用工具。通过地理观测能让学生学会选择适当的地理工具，并能正确使用。例如，进行气象观测时，需要使用温度计、雨量器、蒸发器、便携式风速风向仪等；进行环境观测时，需要使用 pH 传感器、光照度传感器、PM2.5 检测仪、二氧化硫检测仪、声级计等。

（4）养成持之以恒的意志品质。地理观测常常需要持续较长时间，进行认真观察、测量、记录和分析。例如，观测月相的变化，需要学生花一个农历月的时间进行持续不断的观测，才能完整记录月相从新月、蛾眉月、上弦月、盈凸月、满月、亏凸月、下弦月、残月的变化规律。通过地理观测，能让学生逐渐养成持之以恒的意志品质和认真严谨的科学态度。

（二）通过“地理制作与操作”和“地理室内观察”培育地理实践力和区域认知

地理制作是指为了更好地认识地理事象并加深对相关知识的理解，通过动手绘制、制作地理工具或地理模型等途径获得地理认知的学习方式；以及通过对地理事象的观察并测量，获得相关地理数据进而认识地理事象特征的认知方式。地理操作是指运用地理工具及相关设备、软件、材料，按照一定的程序或方法，实地进行相关地理活动从而获得地理技能，并加深对地理知识理解的学习方式。地理制作与操作主要包括 10 种：①绘制地图；②制作地理模型；③制作观测工具；④制作地理小报；⑤地理演示；⑥地理演练；⑦地理游戏；⑧地理展示；⑨角色扮演；⑩定向越野（中华人民共和国教育部，2019）。

地理室内观察是指在室内通过仔细察看地图、模型、景观图片、标本、电子资源等地理事象，从而获得地理相关组成、形态、结构、分布及动态特征等地理认知的学习方式。地理室内观察主要包括 4 种：①地图观察；②模型观察；③地理景观观察；④标本观察（中华人民共和国教育部，2019）。通过“地理制作与操作”和“地理室内观察”，可从以下几方面提升学生的地理实践力和区域认知素养。

（1）增强学生的动手操作能力。例如，通过绘制平面图、等高线地形图、各种特色地图等，制作简易地球仪模型、地球内部结构模型、各地典型民居模型等地理模型，制作风向标、雨量器、气压计、简易望远镜等观测工具，增强学生的动手操作能力。

（2）提高获取和处理信息的能力。例如，制作地理小报时，学生需要从网络、报刊等渠道收集世界各地、中国各地、家乡的自然地理与人文地理方面的图文信息，按照不同专题（如气候、旅游业、地方文化特色等）进行筛选、处理、加工，并以小报的形式展示，这能提高学生获取和处理信息的能力。

（3）提高学生的观察能力。很多地理知识都来源于敏锐的或长期不懈的观察。观察不仅仅是通过感觉器官去感受，更注重与此相伴的积极的思维加工活动。学生通过地图观察、模型观察、地理景观观察、标本观察，可以提高观察能力，养成良好的观察习惯。例如，观察地形模型时，要观察地形的不同部位，并与等高线地形图进行对照。

（4）促进学生的学习体验和反思。例如，学生在地震防灾减灾演练中，可提高应对地震灾害的逃生能力，掌握基本的逃生技巧；在“小小美食家”的地理展示中，学生结合自己在旅行经历中品尝的各地美食，说出各地美食在食材、烹饪手法、味道方面的异同，可增强学习体验；在角色扮演中，学生可学会换位思考，针对现实问题从不同角度提出见解。

（5）增强学生的空间思维能力。空间思维作为一种渗透力极强的思维形式，对于许多重大的科学发现，对于日常生活、职业工作以及学生的多学科学习均起着重要作用。地理作为一门探究空间秩序的科学，在培养学生的空间思维方面有着独到的价值（袁孝亭，2009）。例如，通过观察地图，关注空间形状（区域轮廓）、空间大小（区域尺度）、方位（地理空间的位置关系）、距离（地理事象随空间距离的增加而衰减的规律）等地理空间要素，增强空间思维能力。再如，通过反复多次地进行七大洲四大洋拼图游戏，可逐渐形成关于世界的心理地图；在“定向越野”活动中，学生可学会在陌生地域利用地图和定向技能找到自己的位置和前进方向，可增强对实际环境的空间感知。

（三）通过“地理模拟实验”培育地理实践力和综合思维

地理模拟实验是指运用相关设备、软件和材料，按照一定的程序或方法，通过相关地理活动以检验地理结论或探索地理现象，进而获得地理事象本质特征的学习方式。地理模拟实验主要包括五种：①地球运动模拟实验；②地质模拟实验；③水文模拟实验；④气象气候实验；⑤计算机模拟实验（虚拟地理实验）（中华人民共和国教育部，2019）。通过“地理模拟实验”可从以下几方面提升学生的地理实践力和综合思维素养。

（1）提高学生的探究意识。初中地理课程中有一些较为抽象的知识，如地球运动、海陆变迁等，由于空间的宏大性和时间的漫长性，学生难于理解。学生针对学习难点提出问题，大胆假设，通过地理模拟实验进行不断尝试和求证。不畏困难，坚持不懈地去探索地理奥秘，可提高学生的探究意识。

（2）养成严谨求实的科学态度。地理模拟实验的重要原则之一就是科学性。首先，应根据课标要求和学科特点设计地理模拟实验，正确设计实验过程，并选取合适的实验器材。其次，在实施地理模拟实验时，学生要有明确的实验目标和详细的实验步骤，通过认真观察、如实记录、科学分析实验现象，养成严谨求实的科学态度。

（3）提升学生的综合思维。有的地理模拟实验中涉及自然环境中的多个变量，通过改变其中一个变量来观察实验结果。例如，学生在进行水土流失模拟实验时，通过分别改变坡度、降水、植被等因子，观察实验现象，列表记录并进行综合分析，认识水土流失是地形、气候、植被等因素综合作用的结果。

（4）培养学生的创新精神。创新是一个民族进步的灵魂，是国家兴旺发达的不竭动力。地理模拟实验正好提供了不同于传统地理教育的学习内容，赋予了学生更为自主和自由的学习空间，使他们可以验证课本上的知识，也可以按照自己的想法去设计新颖实验，形成创新性思维方式，生成对创新的不懈追求（张海，2017）。

（四）通过“地理野外考察”和“地理参观与调查”培育地理实践力和人地协调观

地理野外考察是指通过实地观察、观测、调研的形式，认识一定区域内某地理事象的基本特征、分布特点和影响因素，进而获得有关该地理事象基本特征及形成原因的知识的学习方式。地理野外考察主要包括河流水文特征考察和地质地形地貌考察（中华人民共和国教育部，2019）。

地理参观是指去博物馆、科技馆、工农业基地等场所参观。地理调查是指为了解某一地理事象的实际情况，去实地调查或访谈，分析其主要影响因素，并针对其存在的问题提出合理化建议，以更好地促进区域社会经济的发展而开展的相关考察活动。地理参观与调查主要包括地理参观和社会调查（中华人民共和国教育部，2019）。

通过“地理野外考察”和“地理参观与调查”可从三个方面提升学生的地理实践力和人地协调观素养。

（1）善于观察，提高审美情趣。学生在野外进行河流水文特征考察、地质地貌考察的过程中，要考察河流某河段流速、径流量、含沙量等水文特征，观察山脊、山谷、山峰、陡崖、鞍部等地形部位，以及所考察区域的基本地形类型和地势起伏特点。同时，还要全身心地沉浸在美丽的大自然中，有一双发现美、欣赏美的眼睛，看到潺潺的流水、起伏的山峦、绿色的原野，迸发出对大自然的热爱之情，提高审美情趣。

（2）尊重自然，形成人地协调观。学生在进行地理野外考察时，一方面要“心中有物”，细致观察自然环境中的地形、河流、植被、土壤等，另一方面不能“目中无人”，要善于洞察自然环境与人类活动的关系，如聚落的规模和分布与地形、河流的关系，农业生产与气候、地形的关系，河流的水质是否受到附近工厂的影响等，从而形成尊重自然、与自然和谐相处、因地制宜的意识及人地协调观。

（3）参与社会，增强社会责任感。学生通过地理参观和社会调查，从课堂走向社会，从课本走向生活，在参观当地的博物馆、科技馆、工厂、农业基地时，以及在去超市调查、访谈售货员的过程中，学会与陌生人进行沟通，提高交流和表达能力。在调查学校或家庭附近是否存在环境问题时，利用声级计测量是否存在噪音灾害，或利用 PM2.5 检测仪测量是否存在空气污染，分析原因并提出解决措施，积极为改善当地环境质量献计献策，增强社会责任感。

综上所述，根据教育部发布的《初中地理教学装备配置标准》和学校的实际情况，我们可以开展地理观测、地理制作与操作、地理模拟实验、地理室内观察、地理野外考察、地理参观与调查等六大类地理实践活动。不同类别的地理实践活动体现了不同的育人价值。学生通过参与多种多样的地理实践活动，丰富了学习方式，扩展了学习场所。加强初中地理实践活动，能有效提升学生的地理实践力，不断强化学生的区域认知和综合思维，并让学生在自然、社会等真实情境中深切感悟人地协调观。

参考文献

[1] 傅伯杰、冷疏影、宋长青："新时期地理学的特征与任务"，《地理科学》，2015 年第 8 期。

[2] 袁孝亭："利用地理空间要素发展学生空间思维"，《课程·教材·教法》，2009 年第 8 期。

[3] 张海：《地理实验设计与教学案例》，兰州：兰州大学出版社，2017 年，第 14 页。

[4] 中华人民共和国教育部：《义务教育地理课程标准（2011 年版）》，北京：北京师范大学出版社，2012 年。

[5] 中华人民共和国教育部：《普通高中地理课程标准（2017 年版）》，北京：人民教育出版社，2018 年。

[6] 中华人民共和国教育部："初中地理教学装备配置标准：JY/T0622—2019"，http://edu.gd.gov.cn/ attachment/0/370/370534/2570873.pdf，2020-03-05。

指向地理实践力的高中生野外科学观察能力培养*

周代许

高中地理课程是与义务教育地理课程相衔接的一门基础学科课程，其内容反映地理学的本质，体现地理学的基本思想和方法。地理学是一门历史悠久的学科，其独特的学科思想与研究方法是学科育人价值的重要体现。地理学科育人目标是让学生掌握地理学的基本思想和方法，具备学科核心素养，学会从地理视角认识和欣赏自然与人文环境，在面对不断发展变化的地理世界时能够主动、科学地发现和解决地理问题，实现人与自然和谐共生。地理学是一门跨越自然科学和社会科学的学科，其中科学观察是最基本、最常用的获取地理信息的方法。“授之以鱼”不如“授之以渔”，科学观察能力的培养对学生未来能动地发现地理世界、解决地理问题有重要的意义。

《普通高中地理课程标准（2017 年版）》（以下简称“新课标”）提出要积极建立地理野外实习基地，为学生配备野外实践的基本工具，让学生在真实的环境中开展探究式学习，解决真实问题。地理实践活动的开展包括观察、调查、实验等，学生在对真实世界的感受和体验中提升理性认识，建立起地理知识之间的关联。同时，地理实践活动还能强化学生与真实世界的联系，引发其在感悟、欣赏、价值判断等等方面的变化。2016 年教育部等 11 部门发布《关于推进中小学生研学旅行的意见》，工作目标中提出“让广大中小学生在研学旅行中感受祖国大好河山”，政策的出台为高中地理开展野外实践提供了条件和政策保障。野外实践能力是地理实践力的重要构成部分，学生最终要走进真实的地理野外环境中，对真实、动态、复杂的地理事物和现象进行研究、获取地理信息，才能最终解决地理问题。野外观察是地理野

---

* 本文发表于《地理教学》，2021 年第 20 期。

作者简介

周代许，广西壮族自治区南宁市第三中学地理教师，校科研处主任，中学高级教师。2007～2011 年在北京师范大学地理学与遥感科学学院攻读学士学位，公费师范生；2012～2014 年在北京师范大学地理学与遥感科学学院攻读教育硕士学位，师从王民教授。

外实践的重要研究手段，往往是地理信息获取的第一步，培养学生开展野外科学观察的能力具有重要意义，是实现地理实践力素养培育的重要环节。本文重点探讨地理野外实践背景下的学生科学观察能力培养的实践路径与策略。

一、指向地理实践力的高中生野外科学观察能力

（一）野外科学观察与地理实践

地理实践力指人们在考察、实验和调查等地理实践活动中所具备的意志品质和行动能力（中华人民共和国教育部，2020）。高中生地理野外实践能力一级指标包括地理信息的获取能力、地理信息的处理能力、地理问题的解决能力，而地理信息的获取是第一步，其二级指标包括观察和调查、记录与描述（高翠微、王民，2021）。其中，观察往往是地理实践过程中获取地理信息的第一步。科学观察是指人们通过感官（可借助一定科学仪器）对自然状态下的研究对象进行的有目的、有计划的观察，是获取感性经验材料的科学方法，是获取地理信息和地理知识的重要手段（贾文毓，2008）。自然状态是指没有进行干预与控制，从而与实验观察相区分的状态。观察，不仅仅是用眼睛看，更要调动各种感觉器官，使外部世界的信息进入人的意识之中，所听、所闻、所见、所想，共同构成真正的观察过程，形成最终的观察结果（王续琨，1987）。任何观察必然包含一定程度的积极的思维过程，观察结果是感性经验的结果，也有着理性的过程分析。因此，真正的科学观察可以理解为人脑通过感觉器官对客观对象的感知过程。通过观察，获得对世界的各种经验认识，从而了解观察对象的特征与现象，包括颜色、形状、大小、声音、气味、软硬、冷热、轻重等特征，还包括其发生、发展、变化的过程。通过启动感官，同时借助一定的观察工具进行科学观察，学生可以全面、客观地获取并记录地理信息，结合观察记录对地理事物特征进行描述，从而反映真实的地理现象或地理问题。

整个科学观察的过程，是观察者带着观察目的，进行有意识的、主动的观察。按观察活动开展的过程分为三个阶段：观察前、观察中、观察后。观察者在观察前要明确观察任务、确定观察对象、制定观察方案、准备观察仪器、备好观察手册。观察过程中要科学调动感官进行观察，同时按需正确使用观察工具，合理记录观察数据，整个观察过程要确保观察数据记录的科学、规范、完整。观察后要及时整理观察数据，对不完善的地方及时进行补充观察，同时对观察数据进行梳理和分析，得出观察结果进行分享交流，完成整个观察活动，为进一步的问题研究提供真实可靠的数据（图 4-3）。

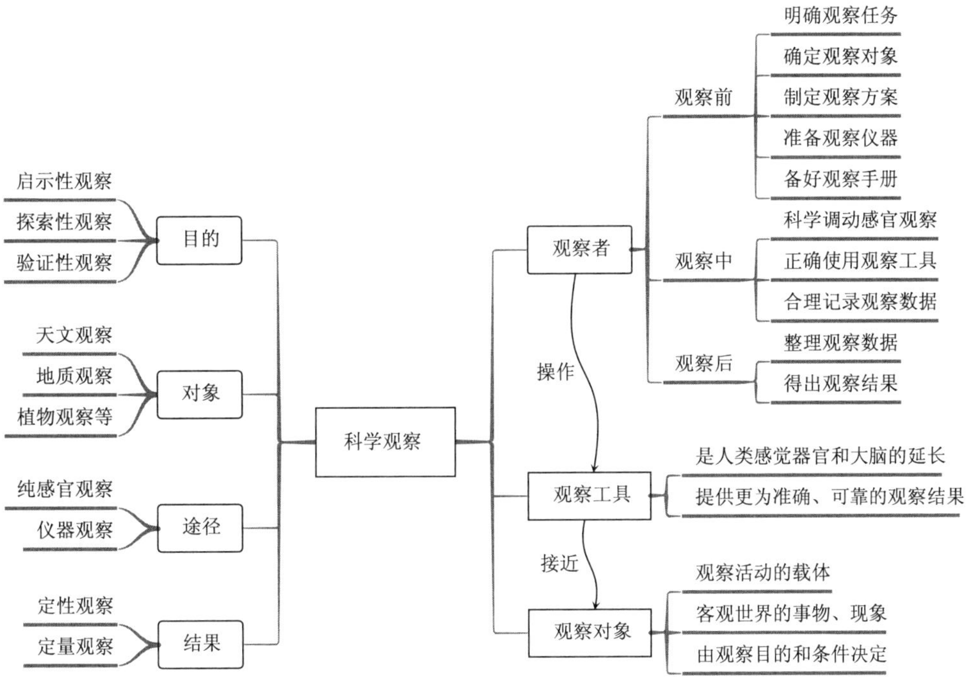

图 4-3 科学观察的分类及要素、过程

(二)指向地理实践力的科学观察能力水平划分

高中地理课程标准把地理实践力对学生观察能力进行了水平划分，从初步观察、细微观察到分类观察、系统观察，体现了从简单到复杂的观察能力进阶（表 4-2）。同时，对信息的分类上，分成了简单信息、信息、较复杂的信息、复杂的信息四个层级，从观察的角度到获取和处理的能力，共同构成水平划分的依据。

初步观察，即对地理景观或现象有简单的了解，看到基本的特征，获取简单的现象和特征。细微观察，强调对地理特征或是自然现象进行详细的特征发现，注重对细节的描述，比如土壤颗粒的大小、月相的变化等。分类观察，强调观察者能够对地理事物或现象进行一定的归类，基于观察目的对事物或现象的属性有一定的了解，能够做出分类，按类别特征进行观察。系统观察，强调将地理事物或现象置于自然系统里进行观察，不仅能够观察其特征、细节，更能在其与其他要素的相互关联与影响中动态地、整体地观察其发展与变化。从水平 1 到水平 4，观察的细节和复杂程度要求在加大，是基于观察者对观察对象的特征把握逐渐升级的。这需要对学生进行针对性的观察指导，从而实现学生科学观察水平的提升。地理世界是个复杂系统，地理观察实践的最终目标是要实现在复杂系统里获取特定的地理信息，并能将其置于系统中进行研究、解释，才是我们认识地理世界的基本方式。

表 4-2 地理实践力素养对学生观察能力的水平分层要求（新课标）

水平	水平 1	水平 2	水平 3	水平 4
地理实践力	能够进行初步的观察，获取和处理简单信息	能够进行细微的观察，获取和处理信息	能够进行分类观察，获取和处理较复杂的信息	能够进行较系统的观察，获取和处理复杂的信息

也有部分研究者将观察能力的水平分层与观察者本身的独立性结合起来，从在教师或同学的指导帮助下、与他人合作下获取信息，逐渐到自主获取，再到独立、自主获取，实现观察能力水平从 1 到 4 层级的提升（表 4-3）。同时还把对信息价值的判断和应用作为水平升级的衡量指标，共同构成学生观察土壤的获取和处理信息能力评价。

表 4-3 观察校园的土壤表现性评价量规

评价角度	水平层级	分值（分）	师评	互评	自评
获取和处理信息	水平 1：在教师或同学的指导帮助下，获取和处理有关土壤的简单信息，较难判断信息价值	1			
	水平 2：与他人合作，获取和处理有关土壤的信息，对信息进行简单的分析处理	2			
	水平 3：自主获取和处理有关土壤的较复杂信息，判断信息价值，较恰当地应用信息	3			
	水平 4：独立、自主地获取和处理复杂信息，较快地判断信息价值，并灵活运用	4			

资料来源：谢利、董瑞杰（2020）。

学业质量水平分层是评价学生学业进阶的重要依据，可以作为教学的依据和方向。地理学业质量水平分为四级，每一级水平反映学生在不同复杂程度的情境中运用各种重要概念、思维、方法和观念解决问题的关键特征。以下单独选取地理实践力部分与观察获取地理信息相关的文字（表 4-4）。高中学业质量标准是学业水平考试命题的依据。水平 2 是学业水平合格性考试命题的要求和把握，水平 4 是学业水平等级考试命题的要求，水平 1 和水平 3 是教学过程阶段性评价的依据，是学习进阶和反馈的基础。

表 4-4　学业质量水平分层：地理实践力（新课标）

水平 1	借助他人的帮助，能够使用地理技术手段和其他地理工具，对自然要素和相关自然现象进行初步观察……
水平 2	与他人合作，能够使用地理技术手段和其他地理工具，对自然要素和相关自然现象进行深入观察，并设计实验，作出简要解释……
水平 3	能够与他人合作，设计和实施较复杂的考察方案，并独立、熟练地运用地理信息技术分析相关自然地理事象……
水平 4	能够独立设计科学的地理考察方案，利用地理技术和相关工具、材料，分析和处理相关数据与信息，对地理事象进行科学解释和评价……

合理的评价指标是实践活动有效开展的重要因素，是学生观察活动的能力发展目标。有效的评价可以及时反馈学情，有利于老师和学生把握观察的品质和进阶的方向。总体来看，观察活动的评价可以从观察情境的复杂性、观察者观察的独立性、观察工具的使用能力、观察获取信息的系统性、观察信息的处理和应用能力、观察方案的设计和评价能力等对学生进行水平层级的评价反馈（图 4-4）。不管是师评、互评还是自评，只有把握好评价标准的制定和不同水平的分层依据，才能实现有效、科学、规范的评价。良好的反馈和评价机制能够推动教学活动的开展，促进实践力素养的落地。

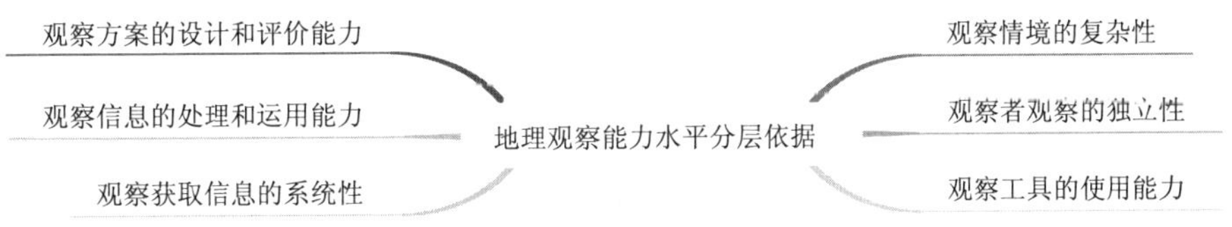

图 4-4　地理观察能力水平分层依据

二、高中生地理科学野外观察活动实施原则与类型

（一）高中生地理科学观察活动实施原则

科学观察是科学家搜集科学事实的基本途径，为科学发展、检验科学假说提供重要依据。让学生参与设计和体验科学的观察过程有助于提高学生对科学研究过程的感知，像科学家一样对地理世界进行观察、发现、解释，有助于养成科学发现和探究的意识。在科学观察过程中汇总掌握科学研究的方法、合理使用观察工具，从而养成科学观察的能力，培养吃苦耐劳、实事求是的严谨的科学精神和态度，最终树立科学研究的远大目标，这具有重要的教育价值。

要保证观察活动的科学教育意义，要遵循以下三个实施原则。

（1）客观性

要培养学生尊重事实和证据，以科学事实为依据，崇尚严谨和务实的求知态度，就要保证科学观察的客观性。客观性是实地考察和观察的关键，要培养学生科学使用观察工具、合理记录科学数据、实事求是运用数据分析科学现象的能力。

（2）全面性

观察必须要全面、多角度、系统地进行。要实现对地理特征观察、现象细节观察、分层观察、系统观察的目标，就要做到多方面、多角度观察。观察前要充分预设观察的要素和角度，尽可能保障观察的全面，以免以偏概全，对地理事象形成片面的认识。

（3）典型性

观察对象的选择要有典型性和代表性。有些地理现象还需要选择合适的时间地点等。结合观察目标，进行前期充分的调研，选好考察点和考察事象，观察点的典型性和代表性，可以保障数据获取的可行性，也能充分节省时间和精力、财力，提升观察的效率。

（二）高中生地理科学观察活动的类型与观察量表设计

课标中对野外观察的内容要求主要体现在自然地理部分，包括地理必修 1 和地理选修 1、选修 9，要求对地貌、土壤、植被、日月、潮汐、云等自然事物进行观察，并对观察结果进行进一步的描述、解释（表 4-5）。

表 4-5　课程标准中“内容要求”对野外观察的要求

必修　地理 1	
内容要求	1.4　通过野外观察或运用视频、图像，识别 3～4 种地貌，描述其景观的主要特点
	1.9　通过野外观察或运用土壤标本，说明土壤的主要形成因素
	1.10　通过野外观察或运用视频、图像，识别主要植被，说明其与自然环境的关系
选修 1　天文学基础	
内容要求	1.6　观察并描述月相、月食、日食、潮汐等现象，并运用图表等资料解释其成因
	1.9　观察并运用图表等资料，描述银河系的外貌和结构，说明其演化过程
选修 9　地理野外实习	
内容要求	9.4　观察某地区地质、地貌、植被、土地利用方式等景观要素
	9.5　学会在野外观察、测量和分析地质、地貌基本形态的方法，并采集样品
	9.7　在野外观察某种地貌，推断其形成过程
	9.8　学会收集并理解天气谚语，在室外观云识天气

基于自然地理教学目标和课程标准要求，地理观察主要是针对自然地理各要素的观察。不同的地理要素观察的研究方法有所差异，需要注意的事项和准备工作有所差异。不同版本的地理教材针对课标进行了一定的活动案例设计，给出了观察的方法和记录要求，可以作为活动设计资料库，结合时间、资源条件进行本土化设计，选择性开展。同时，可以通过研学、学科融合课程等方式，组织综合性的地理实践考察，在一次地理研学实践里实现多个要素的观察。观察可以是在校园内，也可以是在校园外，基于教师前期的充分考察和准备进行。以下从剖面观察、样方分析、天文观测三种地理观察的设计进行举例。

1. 剖面观察

主要适用于地貌、地质、土壤等内容的观察。比如土壤观察，选择一个合适的土壤剖面，对土壤的组成成分、颜色、形态、物质分布规律等进行观察（表 4-6）。野外地貌剖面观察包括定性和定量的特征的观察与记录，也包括对剖面周边环境的观察记录（表 4-7），旨在通过对物质的观察分析，了解其发育因素及演变过程，从而推测其与地理环境的关系。

表 4-6　土壤剖面观察记录表

剖面图	发生层	颜色	质地	结构	松紧	干湿	动物

表 4-7　野外地貌剖面观察记录表

地貌类型	海拔	相对高度	坡度	起伏
破碎程度	形状	厚度	地层产状	化石位置

2. 样方观察

样方分析是指通过以点带面获取当地植被群落特征，从而了解当地的生态环境。样方的选择是基于对整个群落有宏观的了解，对植物生长比较均匀且具有代表性的地段可以选作观察的样地。样方的大小由具体的环境和植物的类型决定，可大可小。植被的观察可以在校内进行，一般校园内大部分属于人工植被，但是也会形成一定的群落。校外的植被有天然的也有人工的，天然林基本分布在农村、郊区，人工植被可以在公园观察。可以和生物学科进行融合教学，注意描述样方选择点的周边环境，作为后期分析的依据（表 4-8）。

3. 天文观察

天文观察是高中地理教学中的重要一部分，包括月相、月食、日食、流星、星座等天体及天文现象的观察，一般需要选择特定的时间、地点、天气，还需要专业观测工具的支持。

部分学校可能会有自己的天文观测工具或者小型天文台，可以开展小型的、简单的地理观察活动。如果是对观察工具要求比较高的天文观察，可以借助当地的天文馆，由专业部门提供工具和技术支持。天文观察有时候不仅仅是单次的观察，而是长期的、动态的观察记录。如果是长期多次的观察，需要制定好观察的计划和时间点，比如月相的观察，可以是一个星期的多次的观察记录，利用规范的记录表方便后期数据的处理和分析（表 4-9）。

表 4-8　植物群落样方观察记录表

种类	生活力	盖度	群聚度	密度
株数	高度	冠幅	胸径	基径

表 4-9　月相观察记录表

<table>
<tr><td>活动 观察月相</td><td rowspan="2">画出观察到的月相形状，记录时间和在天空中的方位
日期：__________
时间：__________
方位：__________
月相：__________</td></tr>
<tr><td>1. 选择观察场地；
2. 制订观察计划（观察次数、时间、观察项目、相关器材）；
3. 观察并记录（方位、高度），绘制草图；
4. 整理观察记录，展示；
5. 讨论观察难点与观察方法的改进</td></tr>
</table>

三、高中生地理科学野外观察活动开展策略

要保障科学观察活动的有效开展，涉及多种因素，特别是野外观察活动，要做好充分的预设与准备。观察前、观察中、观察后的准备工作和活动设计都要进行精心的准备，以保障观察活动安全、高效地开展，最终实现地理实践力提升的目标。

（1）学生参与观察方案设计、确定观察线路与测点。

要培养学生主动参与实践的过程，可以从观察方案的设计、观察路线和测点的选择开始，充分发挥学生的主动性，以小组合作形式设计方案。学生基于观察的目的对观察路线和方案进行主动的设计和踩点，有利于实现高水平地理实践力的培养。教学过程中切忌教师包揽一切。

（2）教师通过启发、引导学生开展观察活动。

科学观察是一种获取地理信息的科学方法，教师要在观察活动开展之前给学生讲解观察、测量和记录的方法、步骤，进行示范，检查学生的记录、核对数据，及时进行反馈指导。野外观察不同于课堂，会有预设之外的情况出现，教师要及时给予反馈和引导，实现教育效果最大化。

（3）科学记录观察数据，做好数据处理和分析。

要做好观察数据的记录工作，包括记录量表的设计与准备、记录设备（包括摄影、摄像等）的提前调试，要尽可能全面、规范地记录、收集地理信息。同时，对于数据的处理和分析要及时，鼓励学生以多种形式分析和展示数据分析结果，对地理问题进行解释和评价。

（4）做好过程评价和总结，给予学生鼓励和及时的反馈。

观察活动要做好评价方案设计，对学生观察过程中优秀的行为和表现给予及时的肯定和鼓励，提高学生参与的积极性。同时，对于学生出现的疑问和不足给予及时的总结引导，有利于让学生对自我的实践目标有清晰的认识，培养吃苦耐劳、求真务实的科学态度和精神品质。

四、反思与展望

野外科学观察是地理学的重要研究方法，是获取地理第一手资料的手段，具有重要的实践指向，是培育高中生地理实践力的重要路径。让学生在真实的地理环境中体验观察地理事象、发现地理问题、获取地理信息、分析和解决地理问题的科学研究过程，有利于培养学生的科学研究能力，感受科学研究的魅力，助力学生爱上科学、爱上自然、爱上地理。

参考文献

[1] 高翠微、王民："高中生地理野外实践能力测评框架的构建与实证分析"，《中国考试》，2021年第4期。
[2] 贾文毓：《地理学研究方法引论——一般科学方法论层次的衍绎》，北京：气象出版社，2008年。
[3] 王续琨：《科学观察》，沈阳：辽宁人民出版社，1987年。
[4] 谢利、董瑞杰："高中地理实践活动的表现性评价量表设计——以'观察校园的土壤'为例"，《地理教学》，2020年第19期。
[5] 中华人民共和国教育部：《普通高中地理课程标准（2017年版 2020年修订稿）》，北京：人民教育出版社，2020年。

地理课程、教材与教法研究

树立面向 21 世纪的地理教育观*

王树声、钟作慈、李岩梅

21 世纪即将来临，21 世纪充满着机遇和挑战。我们能否抓住机遇，迎接挑战，在激烈的国际竞争中实现中国的腾飞，关键在于民族素质的提高和培养出大批适应 21 世纪需要的人才。而民族素质的提高和人才的培养，有赖于教育尤其是基础教育的改革与发展。

《中国教育改革和发展纲要》指出，基础教育必须向素质教育转轨。地理作为基础教育中的一门基础学科，中学地理教育应怎样改革与发展，这是中学地理教育工作者首先要考虑的问题。中学地理教育只有通过改革与发展，才能巩固并加强其在基础教育中的地位，赢得社会的承认。

改革与发展的根本，是树立面向 21 世纪的地理教育观，即跳出传统的对中学地理教育职能、课程设置、教学内容和教学方式的认识，更新教育观念，重新审视中学地理学科在基础教育中的地位和作用，探究其具有的其他学科不可替代的职能。

一、地理教育观念的更新

学科教育与教学观念，反映着教师和教育工作者对本学科职能、目的和作用的认识。20 世纪 80 年代以来，对我国中学地理教育职能的确认，从“双基”到“‘双基’加能力”，再到“基础知识教学、基本技能训练和能力培养、思想政治和品德教育三方面并重”，有了很大的变化。但无论从面向 21 世纪的角度，还是从地理科学和教育科学发展的角度来看，中学地理学科的职能仍在变化，地理教育观念也需要进一步更新。

---

* 本文发表于《中学地理教学参考》，1996 年第 5 期。

作者简介

第一作者：王树声，北京师范大学附属中学教师，中学地理特级教师。1945～1949 年在北京师范大学地理系攻读学士学位。

“可持续发展”的理论与实践，为地理科学的发展提供了新的契机。地理学已不是严格按照自然地理和人文地理的界限，以描述和解释地理事实为目的的科学。21 世纪的地理学，将以如何辨识“人与自然”和“人与人”之间的关系，如何维系充分和谐与协同进化，如何达到利己与利他、当代与后代、自律与互律、环境与发展之间的平衡，如何实现资源优化配置与区域协调发展为内涵，在资源开发、区域发展、国土整治、环境保护、灾害防治和城乡建设等方面发挥作用，并将建立全球发展的伦理道德体系（牛文元，1995）。对于地学人才的培养，除了少数“基础型”人才以外，要大量培养“应用型”人才和中学地理教师（陈宗兴，1995），这就意味着地理科学将真正成为能够应用其理论、技术和人才，服务于我国发展和全球问题解决的有价值的科学。

随着信息时代的到来，教育的价值观念也有了很大的变革。基础教育的基本职能已经不是使学生简单地接受人类已有的知识经验和道德，而是要全面开发人脑资源，培养学生的智能，促进学生的全面发展，使学生具有创造能力和新的文化观念，以适应未来的需要。中学学科教学的主要任务，已不是仅仅局限于向学生传授相关科学的系统理论知识，而是通过符合学生认知规律的教学过程，使学生在掌握一定基础知识的同时，智力得以充分开发，能力得到充分培养，同时接受一定的德育。传统的“学术化”和“专业化”的课程及科目的细分，难以适应 21 世纪对人才的需要。而 21 世纪需要的是通过课程的综合化或综合化的课程，使学生对人类文化有横断式的了解，拓宽文化层面，逐步认识人类社会发展的趋势和面临的各种重大问题，逐步形成适应 21 世纪的思想方法和价值观念，逐步形成解决实际问题的能力和养成正确的行为方式，成为全面发展的、有参与竞争和迎接挑战的潜在能力的人才。

因此，中学地理绝不应是单纯传授地理科学知识的一门课程，也不是一般的培养能力和渗透德育的学科，其作用在于可以教育学生关心并谋求人类的持续发展；可以引导学生树立全球意识和正确的地理价值观念；可以促进学生成为德、智、体全面发展的合格人才；可以对多种学科的教学内容进行综合和广泛联系。从面向全体学生和面向 21 世纪的意义来审视，中学地理教育的职能，绝不应是仅为培养地理专业人才服务，使学生仅具有较为精深的地理专业知识，而是使学生获得日常生活、生产劳动和进一步学习各种科学文化的地理基础知识和基本技能，使学生受到多方面的思想政治和品德教育，使学生的智能得到全面开发和培养。

如果按照这种教育观念来改革和发展我国的地理教育，改革现有的课程设置、教学内容、教学方式、教学方法、教学手段和考试制度，使中学地理学科成为唯一的以人类的可持续发展、人类赖以生存发展的地理环境，以及人类与地理环境的关系为基本内容的学科，培养学生的智能，帮助学生形成地理思想方法和地理价值观念，使学生从经济、社会、生态和伦理道德等方面理解和认识人类所面临的重大问题及应该采取的对策，具有全球意识和参与国际交往、合作与竞争的能力，以及为迎接 21 世纪挑战所需的素质。这就会升华中学地理学科的地位，彻底扭转来自社会和地理教育工作者自身的对中学地理教育的错误认识，使中学地理学科真正成为面向21世纪的、其他学科无法替代的基础教育学科。

二、地理教学内容的变革

21世纪是信息时代，人类将通过各种传媒接受大容量、快增长的科学信息。知识的更新速度极快。但信息高速公路的发展又使得知识的储存、检索和提取变得非常方便。因此，毋须考虑学生在“信息爆炸”的情况下，如何记忆和储存更多的知识，而应考虑使学生在学校学会如何理解、分析、综合各种知识，同时学会运用适当的工具来提取资料和应用资料。面对这种形势，中学地理教学内容势必也要变革，应从系统阐述地理科学知识为主，变为在阐述一定地理基础知识的同时，使学生掌握获取知识的方法和运用资料的方法，逐步形成正确的观点和认识问题、解决问题的能力。这种变革以地理教学内容的基础性、综合性和个性化为主要特点。

基础性，即区别地理基础教育与地理专业教育的不同性质，改变中学地理教学内容过于“专业化”和“学术化”的倾向，减少过多过难的地理原理和地理理论，特别是天文、气象、水文、地质等自然科学的相关理论，应增加人文地理知识，增加区域地理知识，特别要增加有关以PRED为中心的现代人地关系、人类面临的全球性问题和“可持续发展”的内容，使中学地理教学的核心内容变为：使学生了解基本国情，懂得基本国策，理解人类发展与地理环境的关系，逐步树立正确的资源观、环境观、人口观和“可持续发展”的观点。

综合性，即打破自然地理和人文地理的人为界限，改变将地理知识机械地分为自然和人文两大部分的传统做法，实行着眼于地理环境整体和人地关系的自然地理与人文地理的综合，尤其要改革沿袭已久的，将中学地理教学内容中的基础知识按要素和部门加以罗列，先自然后人文，以位置、地形、气候、水文、生物、农业、工业、交通运输业、首都、城市的顺序依次描述的组织方式，以“区域—环境”为重点，突出反映人地关系的典型事物与特征，着重从人类活动的角度，综合认识地理环境的总体特征，分析和评价地理环境对人类活动的推动与制约作用，以及人类活动对环境的影响，强调从人的角度认识地理环境和从环境的角度评价人的活动。还要实行基础知识内容、智能培养内容和德育内容的综合，一方面将智能培养的内容（如地理图像知识、学生活动等）和德育内容显性化和序列化，另一方面注意基础知识的多种教学功能，如中国地理知识的许多内容，既是科学知识，又是国情教育、国策教育、爱国主义教育的内容；又如有关人口、资源、环境问题等的教学过程，既是科学知识的传授，又是科学观点的树立。

个性化，即改变教学内容和教材内容的整齐划一，逐步实现对不同地区或同一地区的不同学生提供不同的教材和教学内容，以适应个体差异和利于个性发展。实践证明“一纲多本”

仍不足以使教材多样化，甚至使不同版本的教材内容趋同。因此，应尽早实行教材的“多纲多本”。同一版本教材，也应加大内容的弹性，增加“阅读”内容，以便于学生自学和选学。在课程设置方面，应在不同类型的高级中学开设不同内容的地理必修课和选修课。

三、地理教学过程的优化

21 世纪的教育，将着力于人的全面发展和个性发展。这一趋势使得教学过程中的能力培养比知识传授更重要，非智力因素的开发比能力培养更重要。而能力的培养和非智力因素的开发，又依赖于教学过程的优化。离开教学过程和教学活动，就谈不上智能培养和全面发展。

通过地理教学过程，可以培养学生的认知能力和行为能力。认知能力的核心是思维能力。行为能力的核心是观察和使用地理图像的能力，以及野外活动能力。中学地理学科教学内容和教学过程的特点，决定了形象思维能力、阅读和使用地图能力，是中学地理学科能力培养的重点。通过地理教学过程，还可以开发学生的非智力因素，促进学生情感、意志、兴趣、动机、品德等个性心理的发展。为此，要求中学地理教学过程，必须是开放的而不是封闭的，必须优化中学地理教学过程。

受传统的封闭式地理教学过程的影响，相当一部分教师，还习惯于“师讲生听”的教学方式。教学信息的传递方式过于依赖教师的讲述，教学信息的流向过于偏向“从师到生”的单一方向，教学环境基本局限在课堂之内，多数课还是注入式的“满堂灌”。开放式的地理教学过程的特点在于，教师应当运用多种教学媒体，通过多种渠道传递教学信息，充分调动学生的积极性，让学生充分参与教学活动，实现教师与学生和学生与学生之间的多向交流，创造各种教学情境，实行课堂教学与课外教学相结合，以便使每一个学生的各种感官都能接受到及时变化的教学信息刺激，都能做到眼、耳、手、脑并用，都有充分表达自己想法的机会。

优化教学过程要把握两个方面：一方面要使教学内容的编排合于地理知识的逻辑关系和内在联系。要避免把学生尚无足够基础知识，包括相关学科知识的教学内容硬“灌”给学生，还要避免简单重述教材，机械地“照本宣科”。应根据学生的实际，整理组织教材，帮助学生理解新知识之间的事理关系和建立新旧知识之间的联系。另一方面，要使各项教学活动的设计和编排合于学生的认知规律。要把握地理学科的特点，避免单纯用语言和文字来阐述内容，机械记忆定义或名词术语；避免过分注重运用概念来推理、论证，而应充分联系学生实际，通过各种图像或实地观察，使学生充分进行感知，并在具有足够的感性知识的基础上，再转入想象和思维，最后再得出结论。在思维方面，应吸收思维科学的最新成果，充分认识形象思维在科学研究和创造性劳动中的重要作用，改变传统的把形象思维作为思维过程的低级阶段的认识，充分发挥中学地理教学在培养学生形象思维方面的特殊作用，加强形象思维的培养和训练。

优化教学过程，势必要有明确的教学目标、恰当的教学内容、灵活的教学方式、适当的教学方法和手段，以及科学的检测评价，这些都是影响教学过程整体优化的重要因素和环节。因此，优化教学过程，可以促进中学地理学科的整体教学改革。由于信息传输方式的变革，特别是多媒体计算机的迅速推广，教学方式将更趋于个别化，而不是全体学生整齐划一。这又会使传统的课堂结构和教学模式发生变化，并促进教学过程的优化。为了适应这一趋势，今后的中学地理教学改革，应当注重以优化教学过程为基点的整体改革，并以“结构—模式”的研究，为优化教学过程的核心。在以区域地理为主的初中地理教学中，可多采用“结合事实、提出问题——展示图像、引导观察——展开联想、促进想象——组织讨论、启发思维——分析归纳、得出结论——练习检测、获取反馈”的课堂教学模式。在以系统地理为主的高中地理教学中，可多采用“结合实际、提出课题——利用图像演示过程和规律——引导观察并建立新旧知识的联系——分析比较、展开想象——推理论证、得出结论——练习检测、获取反馈”的课堂教学模式。

综上所述，面向 21 世纪的地理教育观应是以提高民族素质、培养全面发展的人才和促进学生个性发展为目标，以变革中学地理学科教学内容、优化中学地理教学过程、实现以可持续发展和人地关系为基本内容的开放式教学，使学生具有 21 世纪公民所应有的地理知识、能力、思想方法和价值观念，以提升中学地理学科的地位。

参考文献

[1] 牛文元：“面向 21 世纪的地理学”，《中学地理教学参考》，1995 年第 10 期。
[2] 陈宗兴：“关于 21 世纪地学人才培养的思考”，《中学地理教学参考》，1995 年第 12 期。

借鉴认知领域教育目标分类的思想，改革中学地理课堂教学*

王希穆

应用现代教学理论和方法进行教学改革，培养具有创造能力、适应社会主义现代化建设的人才，是摆在我国教育工作者面前的一个重要课题。本杰明·S. 布卢姆的认知领域教育目标分类就是改革中学地理课堂教学应引进的理论和方法之一。

但是，做一切工作都必须实事求是，从实际出发，改革不能割断历史，不能脱离现实基础。应当看到，我国现行的中学地理教材、中学地理课堂教学的特点与国外有明显的差异，"引进"并不是目的，只是提高我国中学地理课堂教学水平的一种手段。因此，正确的态度应当是从我国的国情和中学地理学科教学的特点出发，借鉴新理论、新方法，切不可生搬硬套。

笔者在从事中学地理教学研究与指导的工作中，借鉴了认知领域教育目标分类的思想，从学生学习的角度确定了"学习目标（学习水平）"分类，作为制定教学目的的依据之一（表4-10）。

表中列出的学习目标（学习水平）由低级到高级依次分为四个层次，只有达到了较低层次的目标之后，才可能实现较高层次的目标。一般地说，"识记"只是初步了解，"领会"才达到了了解，"运用"是通常意义的理解和初步掌握，实现"创造"层次的目标才达到了掌握。

使用该表应注意以下五个问题：

第一，表中对各层次学习目标中的"一般教学目标"和与其相应的"主要能力层次""检测途径"等三个项目只作了概括说明，在实际教学过程中要根据教学内容将其具体化。

* 本文发表于《课程·教材·教法》，1988 年第 5 期。

作者简介

王希穆，辽宁省基础教育教研培训中心教师，中学地理特级教师。1978～1982 年在北京师范大学地理系攻读学士学位。

表 4-10 认知领域内中学地理学科的学习目标（学习水平）分类

目标	含义	一般教学目标	主要能力层次	检测途径
一、识记	感知、记忆：通过各种感觉器官，由教材、地图、各种其他教具以及教师的讲述获取地理知识信息，并以原来的形式存储于大脑	1.识记地理事实材料、术语和符号； 2.识记：①学习、研究解决地理问题的方法步骤技巧；②判断、评价地理事物的准则； 3.识记：①地理特征和地理概念；②地理规律和地理成因；③地理基础知识的理论体系和知识结构	识记地理知识的能力： 1.感知能力，主要为观察能力； 2.直观形象思维能力； 3.记忆能力	让学生准确地或者近似地将地理知识信息再现。 一般形式为：①知识原形式的填空、填图、判断、选择；②设问形式为“什么是……”“……是什么”“叙述……”（含指图回答），等等
二、领会	理解地理知识信息的含义，并将知识信息转换成另一种形式和用自己的语言表述，进而系统地整理获取的知识信息，并与已学过的地理知识以及在生活实际中了解到的有关的地理知识相结合，形成知识网络存储于大脑	1.简单地、一部分一部分地将地理知识信息转换成另一种形式（如文字与符号图表互换）； 2.对学习内容的总体作简要的说明和概括，以及找出内在联系； 3.理解教材中或由教师作出的结论，地理基本原理的内容和适用范围，区分各部分学习内容的地位和作用； 4.在具体的指导下，根据文字、图、表材料概括出地理特征、概念、规律，分析地理成因； 5.对获取的地理知识信息进行分类，明确它们在地理基础知识体系、结构中的地位	领会地理知识的能力： 1.想象能力 2.语言逻辑思维能力 3.抽象、概括能力	让学生根据教材和使用概念、原理的具体要求，或根据教师的提示，将所学习的知识信息用另一种方式表述。 一般形式为：①改变知识信息的原来形式之后填空、判断、选择；②绘简图、示意图，填表、编组；③设问形式为“指图说明……”“绘图说明……”“解释……”“举例说明……”“简述……”“概括说明……”“为什么……”，等等；④以假设为前提的各类型题目等

续表

目标	含义	一般教学目标	主要能力层次	检测途径
三、运用（低层次的创造）	在没有任何提示的条件下，将所学的地理概念和原理用于适当的具体问题；根据一定的目的恰当地使用存储的知识信息对地理事象进行比较、判断、分析、综合，并输出信息解决地理问题（包括实际操作）	1.按已知的研究，解决地理问题的方法、步骤，运用地理概念、原理去分析、解答与已学习过的材料密切相关的实际地理问题； 2.根据结构知识对具体的地理事物进行分析，说明各组成要素的地位、作用和它们之间的相互关系； 3.比较地理事物	分析、解决地理问题的能力： 1.判断、推理能力 2.独立思维能力 3.操作（实践）能力	在不作提示的前提下让学生自己组织材料，分析、解决与教材内容密切相关的具体问题，或应用已学过的原理和方法可以解决的具体问题，以及对地理事物作单因素或多因素对比； 一般形式为：①对教材中未出现过的知识信息作判断、选择；②读图（表）分析；③计算；④设问形式为“用原理说明……”“分析……的成因”“比较（对比）……”，等等
四、创造	独立设计方案来获取、理解新的地理知识信息，掌握技能、技巧，并提出新问题和解决新问题的意见、方案，发现新理论，评价地理事物	1.独立确定学习新地理知识信息和研究、解决新问题的方法与步骤； 2.独立进行分析推理，总结出地理原理或法则； 3.依据判断、评价地理事物的准则，对新的地理问题作出评价	地理学科的创造能力： 1.发现问题的能力； 2.创造性思维能力； 3.评价能力	检查学生设计的学习、研究、解决新问题的方案，让学生说明自己得出的结论，以及用自己总结出来的理论和方法分析具体的地理问题；让学生对未作结论的地理事物作出综合评价。 一般设问形式与二、三两项相似，此外还有设问形式为“评价……”“分析……的优势与不足”“分析……的发展方向”，等等

第二，中学地理课堂教学需要培养的地理基本技能——读图、填图和绘图，地理观察，绘制地理图表，地理计算，地理判断等，依培养这些技能的途径和学生在相应的教学活动中独立程度的不同，可归属于不同层次的学习目标，在实际教学过程中应参考表中各项目的内容将其具体分类。

第三，《中学地理教学大纲》中“基本训练要求”的内容也对应不同层次的学习目标。初中地理的基本训练要求多属“识记”和“领会”两个层次；高中地理的基本训练要求则以“运用”和“创造”两个层次占较大比重。在实际教学过程中也应参考表中各项目的内容将其具体分类。

第四，地理教学中学生的运用地图、图表的能力，和学生走上工作岗位之后，独立获取新地理知识所必需的自学能力，均属于综合性的能力，其中包含了学习目标的各个主要能力层次，可大致分类如表 4-11。

第五，“领会”层次“一般教学目标”中第 4 项所说的“文字、图、表材料”，其中“文字材料”包括教师的语言和文字教材、资料；“图、表材料”包括供教师使用的地图、图表和供学生阅读的地图、图表。

表 4-11　地理学习目标的主要能力层次

	识记	领会	运用	创造
运用地图、图表的能力	阅读地图、图表了解地理事物和现象；填图	绘制简图、示意图、地理图表、缩放地图；指图叙述问题	分析地图和地理图表，绘图说明问题	综合运用各种地图、图表解决新问题
自学能力	阅读文字材料和图表材料，观察标本、模型教具和电化教具等，获取地理知识信息，并做复现式练习	找出问题，并在教材中或向教师寻求答案；理解教材内容的含义，概括教材内容，整理获取的地理知识信息，并作自我检查	使用已获取的知识信息对地理事象进行比较、分析、综合，解决具体的地理问题	评价地理事物；总结、发现新的地理原理或法则，并用以解决地理问题；不断改进学习方法和科学地支配时间，对学习实行自我调控

应用上述学习目标分类，有助于明确中学地理学科各种基本教学方法的适用范围（表 4-12）。

表中按一定次序排列的各种教学方法可以达到的目标和对学生学习能力的要求是依次递增的，与低层次学习目标是高层次学习目标的基础类似，排列在前面的教学方法是其后一种教学方法的基础。因此，一般地说，只有在学生适应了次序在前的一种教学方法之后，才可以采用次序紧接其后的教学方法。但是，根据具体情况选择教学方法这一原则是必须遵循的，在学生适应了对学习能力要求较高的教学方法之后，也不可排斥对学习能力要求较低的教学方法。“问题教学法”是各种探索类教学方法的特例，它以提出并研究、解决一个个的问题为特征，按照教师对学习控制的程度和学习目标的不同，分属于该类的各种教学方法。

表 4-12　中学地理学科基本教学方法的适用范围

教学方法			功能	局限性
类别		名称		
教师讲授为主	复现类	讲授法	识记和初步领会地理知识信息、学习地理知识的方法，形成技能、技巧，培养识记能力。适宜在学生初学时和学习难度较大、学生难以独立解决的理性知识时采用	学生可以识记地理知识或解决某一类地理问题的方法，但不能学会独立运用，因此只能在确有必要时才采用
	探索类	启发式教学法（局部探求法）	识记、领会和初步运用地理知识，提供独立解决地理问题的方法，从而使学生逐步学会独立解决地理问题，培养学生领会地理知识、按照限定的步骤解决地理问题的能力。适宜在学生缺乏独立学习的经验或学习较复杂的理性知识时采用	学生不能自行设计研究、解决地理问题的步骤，也不需要确定各个步骤的相互关系，因此不能全面掌握独立探求知识的方法，不能高层次、创造性地运用知识
学生自学为主	探索类	自学辅导法	识记、领会和运用地理知识，培养学习技巧和独立分析、解决地理问题的能力。适宜在学生独立学习的经验不够充足、自学能力不够强的条件下，学习具有中等难度的课题	学生学习的独立性不够强，不适用于学习难度较大的新知识；学习课题花费的教学时间较长，若教师缺乏必备的教学能力，则容易形成简单的模式：阅读——复现教材，既流于形式，又浪费时间，不能完成应达到的较高学习目标，而仅停留在识记水平
		研究法（含读、议、讲、练法）	识记领会和创造性地运用地理知识；发展学习技巧和独立分析、解决地理问题的能力，掌握探索地理知识的方法，形成创造性学习的能力。适宜在需要培养学生独立解决课题，或在学生已具备足够的知识基础和独立学习的经验、自学能力较强的条件下，学习具有中等难度和复杂性的课题	必须在学生已逐步掌握了独立学习的方法和独立研究、解决新地理问题的方法的前提下采用，不适于解决难度大、复杂的新地理知识；学习课题花费的教学时间较长，而且若教师缺乏必备的教学能力，也容易形成简单的模式：阅读——复现教材，仅停留在识记水平
		发现法	独立运用地理知识和探索地理知识的方法、评价地理事物的准则进行创造性学习，发现新理论、新方法，评价地理事物；发展学习技巧和创造性地学习、研究解决地理问题的能力。适宜学习学生凭现有基础可以解决的、并且适宜用该方法研究的课题，解决未作结论的地理问题	必须在学生具备进行独立学习和研究能力的前提下采用，适宜采用该方法的课题和问题为数不多；学习课题和研究问题花费的教学时间长对教师的教学能力要求较高；在学生程度不齐的情况下，相当一部分学生难以达到预期的学习效果，而且容易放任自流

培养创造能力是中学地理课堂教学的重要任务。对中学生所要求的创造，其含义并不是指发现全新的理论、取得有价值的科研成果，而是指在以前没有遇到过的新情况下运用知识。

因此，实现“领会”层次的学习目标、正确回答教师提出的具有启发性的小问题已包含了创造因素；实现“运用”层次的学习目标属于低层次的创造；总结、发现地理原理（尽管这些原理是前人早已发现了的）和评价教师未作结论（尽管教师可能已有结论）的地理事物等则属于较高层次的创造，学生在地理学科的创造活动只有在掌握了一定的地理知识、技能，和研究、解决地理问题的方法的基础上才能进行；“创造”能力属于最高层次的学习目标，以其他较低层次的能力为基础。因此，培养学生的创造能力，使其能够创造性地进行地理学科学习，这一教学任务必须循序渐进，逐步完成。

新一代信息技术与高中地理教学深度融合的特征、模式及路径*

高青

2019 年，国务院办公厅印发的《关于新时代推进普通高中育人方式改革的指导意见》指出，要强化综合素养培育，改进科学文化教育，统筹课堂学习和课外实践，强化实验操作，培养学生创新思维和实践能力，提升人文素养和科学素养（国务院办公厅，2019）。《普通高中地理课程标准（2017 年版）》也为深化地理课程改革内容、完善评价形式指明了方向，明确提出要创新培育地理学科核心素养的学习方式，根据学生地理核心素养培育和形成过程的要求与特点，科学设计地理教学过程，引导学生通过自主、合作、探究等学习方式，在自然、社会、生活等情境中开展地理实践活动；充分利用地理信息技术，营造直观、实时、生动的地理教学环境（吴岱峰，2018）。

随着课程内容、教学方式的变化以及高考评价体系指导下考试内容的改革，传统课堂教学的优势逐渐不能满足中学地理课程教学改革的需求。信息技术的发展，为地理信息产业带来了新一代地理信息技术。它主要表现为地理信息感知新装备（如水下机器人、遥感无人机、无人驾驶感知车等）和感知新技术（如人工智能、AR/VR 成像技术、时空大数据、云计算），为中学地理教育的转变提供了新的契机。中学地理教育开始进入跨学科、智能化、技术化时代，呈现出新的学科生态活力，促进了地理学科学习的深刻变革，给中学生学习方式和学校教育体系构建带来重要变化。

---

* 本文发表于《中小学数字化教学》，2020 年第 3 期。

作者简介

高青，深圳市南山外国语学校（集团）高级中学地理教师、副校长，中学地理高级教师。1989～1993 年在北京师范大学地理系攻读学士学位。

一、新一代信息技术与高中地理教学深度融合的特征

依托计算机科学和通信技术发展的新一代传感器技术、移动通信技术和自动控制技术，以云计算、人工智能、大数据为代表的新一代信息技术，与高中地理学科的深度融合，不仅改变了教学内容、教学方式与教学评价，创新的互联网思维和技术实施也深刻变革着高中地理学科价值体系和教育格局。

从教学内容来看，地理教学从要素等地理学知识描述向时空耦合、格局与过程耦合的综合性探究学习转变。随着 AR/VR、无人机、3D 设备等装备在中学的配备，地理课堂可以再现或模拟真实环境，缩小时空耦合的尺度，并以直观形式展现出来。通过计算机编程，将复杂的格局与过程耦合用数学模型呈现，使中学地理向地理科学学习华丽转身。课堂教学则通过网联化、信息化、智能化的发展，让学生学会科学的信息采集技术、简单的信息整理分析技术，并了解时空尺度分析方法，具备一定的综合思维能力。

从教学方式来看，地理教学从以讲解和听讲为主，转变为以真实情境为载体开展项目式、问题式学习活动。无人机、无人驾驶车和水下机器人进入中学校园，使得地理课堂的环境数据采集能力和范围大大扩展，课堂教学可以用到学生采集的土地利用数据、校园环境变量数据、海洋水环境物理性质数据，以上数据的分析使用，使课堂教学从生活情境向生产、决策、科研情境转变，从而改变了传统地理教学以一般规律覆盖特殊问题的教学泛化情况。

从教学评价看，感知新技术和新装备的引进，打破了学习壁垒，使课内学习与课外实践结合，学生学习能力的评价呈现多元评价方式。同时，引入竞赛机制，将学生在参与海洋工程大赛和创新实践大赛中的卓越表现作为学业质量评价的有效补充，完善了高中阶段学生综合素质评价体系。

二、新一代信息技术与高中地理深度融合的教学模式及其优势

（一）“环形互动”教学模式的基本内容与教学实践

新一代信息技术与高中地理课程的融合，特别是地理信息技术的应用、互联网思维方式和深度学习的渗透，对传统高中地理课堂产生巨大的冲击和变革，促使教学模式由单一的“线性互动（讲—听）”模式逐步向新的“环形互动”模式转变。

传统的课堂教学方式根据课程标准要求，以教材为教学资源，以教师讲授主干知识并提

供相应的学习资源，引起学生讨论学习。学习情境由教师选取，这时教师的理解能力很大程度上决定了学生的学习状态。学习评价结果主要由做题训练产生，以结论覆盖学习的过程与方法，导致学生个性化需求很难满足，评价与学习活动无法有效联通。“环形互动”教学模式（图 4-5），通过运用融合技术的体验式学习工具，构建出中学地理体验式学习圈，围绕教师的“教”和学生的“学”，从目标、内容、方式、评价等环节进行体验式设计，并提供实施路径和方法指导。

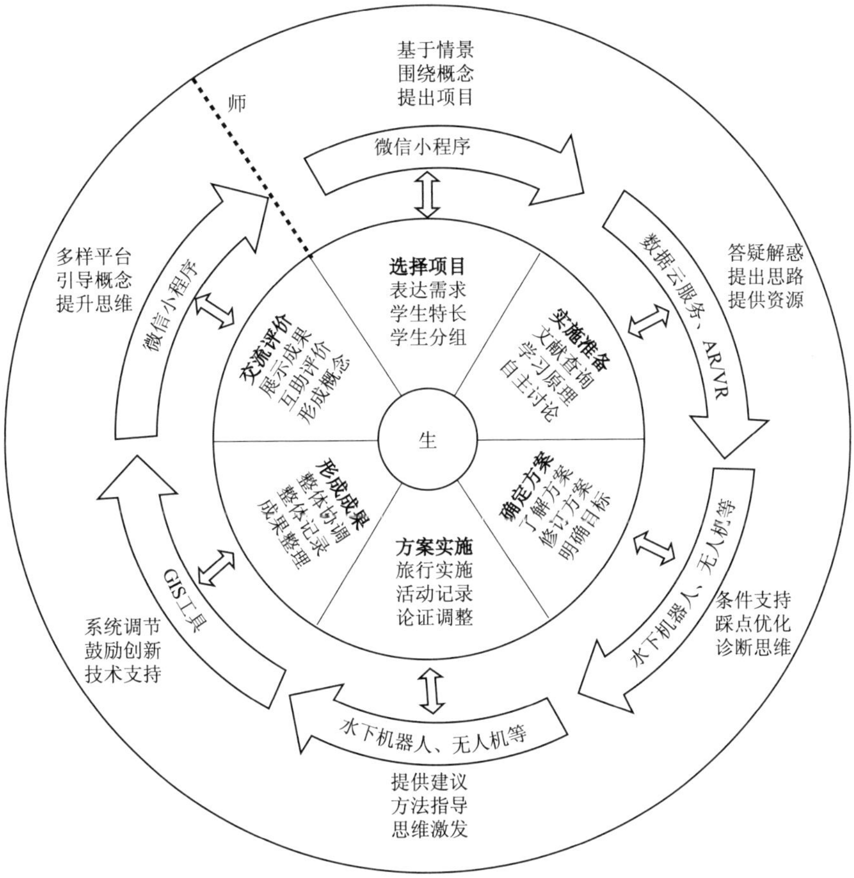

图 4-5 “环形互动”教学模式

“环形互动”教学模式中，内环为学生，分为选择项目、实施准备、确定方案、方案实施、形成成果、交流评价六个环节；外环为教师的相应支持，与内环各环节对应，二者紧密相连。以“基于无人车地理环境采集平台的校园微气候研究”一课的教学过程为例，第一，选择项目环节，教师基于情境、围绕概念提出研究项目，利用微信小程序“问卷星”等工具调查学生的研究兴趣、需求和特长，并据此对学生进行分组。第二，实施准备环节，学生利用文献等资料学习地理原理，并以自主讨论的形式协作学习，教师为学生答疑解惑，提出研究思路，提供 AR/VR 等学习资源。第三，确定方案环节，学生明确目标和了解方案后对方案提出修改建议，教师对学生的方案进行思维诊断和实地踩点优化后给予设备等条件支持。第四，方案实施环节，学生按照计划开展研究，利用无人驾驶车传感器自动收集大气参数，进行活动记录和论证调整，教师则提供建议、方法指导，激活学生思维。第五，成果整理环节，学生将传感器导出的数据制作成图表，对比分析其影响因素，以“校园景观和建筑设计方案大赛”为平台，学生在整体记录和整体协调后，形成自己的研究成果。此时，教师要系统调节教学过程，鼓励学生创新，提供技术支持。第六，交流评价环节，学生通过微信小程序、微信公众号等进行成果展示与互动评价，教师在课堂内外等多个平台引导学生形成概念，提升思维，最终使学生深刻理解本课题内容。

“环形互动”教学模式以研究情境为载体，以问题为导向，通过“教”与“学”双向过程，实现“教”与“学”两端的扁平连接，改变高中地理课程的组织方式和教学方式。

（二）“环形互动”教学模式的优势

新一代信息技术与地理教学从支持、支撑向融合发展的过程，极大地促进教学的智能化、学习的个性化。引入体验式教学工具、创造性研发的“环形互动”教学模式，有利于更好地培养学生的地理学科核心素养，促进学生全面发展。

1. 注重核心素养落地，落实课标要求

在课堂教学中，信息技术的引入经历了“支持—整合—融合”的递进发展过程。利用微信小程序采集教师与学生现状，借助数据云服务分析课程实施计划、课程研究方案及内容，并进行评价反馈，利用地理感知新技术和新设备融合教学内容，提供新的教学资料，可以深化教学内容，提高学生学科和科学素养，更好地创新中学地理课程实施策略，支持学生的探究学习和深度学习，促进核心素养在地理课堂教学中的落实。

2. 改进传统课堂教学方式，符合学生学习需要

与传统课堂的“线性互动（讲—听）”模式相比，“环形互动”教学模式中的学习情境可根据学生的需求和兴趣进行调整，满足学生的个性化学习需要。学生的学习经验和学习结论在大量的实践探究过程中生成，并由教师从学科的专业角度进行思维品质的引导和提升，让学生更加深入地认识和理解所学知识。同时，学生通过运用在真实生活情境中学到的知识解决问题，消除传统课堂教学以做题覆盖应用、学习情境与生活情境分离、课堂知识与实际应用分离的弊端，实现学习过程的首尾衔接。而且，以学生应用知识解决问题形成的方案、成果评定学生的地理学科核心素养，使得学生的学习活动与评价内容相适应，以互动评价、过程评价的方式改进单一性评价的不足，让评价体系更加丰富、完善。

3. 构建新型师生关系，实现教育创新

新一代信息技术与地理教学的融合，以学生的个性化需求为起点，强调学生在学习活动中的主体性和能动性，灵活调整教学行为，真正以学生的学习为中心。教师作为项目提出者、设备提供者、方案调整者、方法指导者、技术支持者、知识引导者，引发学生的学习行为，给予学生充分的鼓励和必要的协助。同时，师生共享教与学的信息，沟通便捷，有助于推动教学过程，构建新型的师生关系，实现教育创新。

三、新一代信息技术与高中地理教学深度融合的实现路径

（一）体验式课程体系的构建

人地之间的相互感知与影响是中学地理教学的重点和难点。以新一代信息技术支撑的体验式课程体系的构建，要从“5W”课程形成过程（图 4-6）中回答中学地理教学“价值引领、素养导向”的育人目标要求。

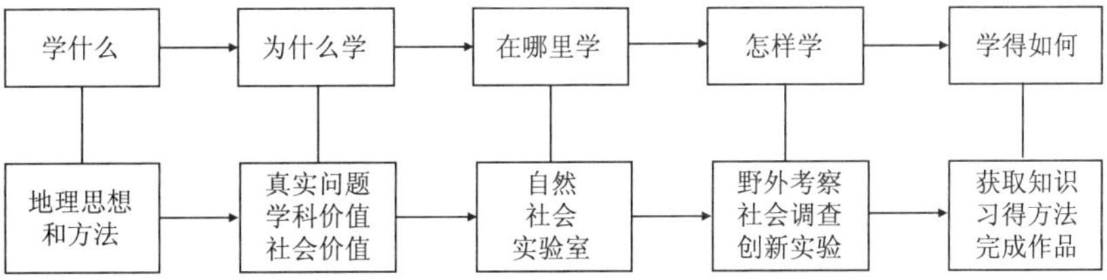

图 4-6　中学地理体验式课程的形成

在新一代信息技术与高中地理教学融合的课程体系中，通过“5W”课程形成过程和三维视角，从“国家基础课程”“实践课程”“科创课程”三个维度完成了中学地理体验式课程体系构建。其中，基础课程是国家课程区域化的实施；实践课程是推动校本课程向地方课程发展、整合学习方式变革和真实生活情境的创新课程形态；科创课程是借助高校建立“科创实验室”，深度融合新一代信息技术和社会资源，以培养学生学科核心素养和关键能力为目标的新型课程形态，如装备设施、项目研究等，涉及数据采集与处理、空间分析等方法。

借助新一代信息技术，教师打破了学生高中阶段地理学习的壁垒，实现了融合发展。它从学生的学习出发，倒逼创新实践活动的研究运用，通过剖析地理信息感知新装备和新技术的应用特征，探索新一代信息技术普及转化应用路径，并利用技术支撑，让学生走出课堂，走向社会、走向自然，创造出新的学科形态。同时，适应现代信息技术的发展与应用，增强

体验式学习效果，不断打造“行走+科创”的实践特色，帮助学生优化对不同学科知识的理解和应用，丰富实践课程的内涵和外延。以学生发展为中心，通过情境、应用、装备+研究，构建课堂、行走、科创“三位一体”模式，构造出新的学科生态，推动跨学科融合和课程重构，打通学校与社会、中学与高校的学习壁垒，实现技术融合、学科融合、课程融合、社会融合，拓宽了中学地理课程的实施途径，为新时期创新育人方式提供了实践案例。

（二）促进体验式课程体系构建的建议

新一代信息技术与高中地理教学的深度融合趋势正在形成。对地理信息技术的研究与运用，为高中地理学科快速发展提供了良好的支撑。在信息时代，为促进新一代信息技术与高中地理教学深度融合的体验式课程体系的构建与发展，笔者提出以下建议。

1. 不断创新，释放教师的创新活力

新一代信息技术与高中地理课程的深度融合，必将涌现出许多具有生命力的地理课程和教学模式。教育管理部门要转变思维，鼓励教师进行课程建设和课堂尝试，探索跨学科、跨领域的教学新路径。同时，适当利用负面清单管理模式，允许师生试错和犯错，创建教育变革和创新机遇的孵化机制。

2. 进行区域地理教学总体布局，提供课程研发平台

新的课程生态构建是系统工程，区域教研部门要在顶层设计和搭建软硬件平台方面为学校和教师提供服务，推动AR/VR、无人机、无人驾驶车、水下机器人等实验室硬件设施的建设，并引进高校科研团队组建教学队伍，创造有利于科创学习的大环境。同时，不断完善管理规范，鼓励引进社会资源，引导课程的健康发展。

3. 重教研成果规范管理，轻教研形式管理

常规管理模式将学科课程、教学和评价统一与教师教学管理捆绑，新一代信息技术的渗透和融合，则使教学内容管理与教学实践管理分离。因此，建议学校将重心转移至对教学实践过程的规范管理，如实践实验规范、平台准入、安全评估等，对不合规的课程采取较严格的措施，减少对教师课程内容建设及实施等的干预。

4. 加强复合型教师培育，特别是对教研培训的支持

地理信息技术和高中课程交叉的跨学科复合型教学人才，是未来支撑地理课程发展的重要力量。因此，教学主管部门要加大培养力度，出台相关政策，打通高校与中学人才选拔和培养机制。

总之，新一代信息技术与高中地理教学的深度融合，深刻改变着高中地理课程生态，将构建形成高中课程改革的新模式和新路径。“环形互动”教学模式和体验式课程体系的构建，既体现在课堂教学中，又体现在野外考察的实施和创新实验室的构建上。其实质是利用技术提高教师教学效果和学生学习效率，重构传统教学核心要素，实现课程生态的科技、高效、个性重建。

参考文献

[1] 国务院办公厅："国务院办公厅引发《关于新时代推进普通高中育人方式改革的指导意见》"，http://www.gov.cn/zhengce/content/2019-06/19/content_5401568.htm，2019-06-19。

[2] 吴岱峰："以核心素养为统领，促进学生全面发展——《普通高中地理课程标准（2017 年版）》基本理念解读"，《中学地理教学参考》，2018 年第 7 期。

基于核心素养构建“地理课程—学习空间”的实践研究*

常晟、陈云谦、徐希阳

随着社会经济的快速发展，人口、资源、环境压力日益加大，人地矛盾日渐突出，国民的地理素养提升愈加迫切。开展具有时代感的中学地理教学，引导学生关注人口、资源、环境和发展等问题，对学生正确认识人地关系，形成可持续发展的理念，进而发挥公民的力量来缓解人地矛盾关系，意义重大。在地理教学中落实学生发展核心素养必须关注两个问题：一是落实学科核心素养，并注重跨学科融合，完善、整合课程体系，培养学生能够满足现实需求的综合性能力和品质；二是构建新型的学习空间，开展研究性学习，注重学习过程，丰富教学的实践性和体验性，让学生在真实情境中学会学习，形成合作与探究精神，提升问题解决能力。北京十一学校地理课程改革小组（下文简称“学校课改小组”）立足学科育人、立德树人、核心素养等关键问题，对地理学科育人内涵、实施路径、策略方法等进行了深入的实践研究。

一、中学地理教育面临的主要问题

（一）地理学科育人路径不完整

地理教育存在重教书、轻育人的问题。因为升学率的竞争压力，教师多注重地理基础知

* 本文发表于《中学地理教学参考》，2019 年第 21 期。

作者简介

第一作者：常晟，北京十一学校亦庄实验中学副校长，经开区首席教研员。2011～2013 年在北京师范大学地理学与遥感科学学院攻读教育硕士学位，师从王静爱教授。

识的灌输而忽视学生学习过程的体验（郭锋涛，2015）。课程“一刀切”、教学活动固定，客观上限制了“学”和“教”的方式，削减了学生“学”和教师“教”的权力。地理教育的教学理念需要从“知识获得为本”，向学科育人的高度转变；地理教育需要从仅仅针对教学方式的改革，转向针对课程、教材、教学评价的系统改革。

（二）师生自主发展动力不足

课堂枯燥无味、学生学无兴趣，这是教学过程面临的一个重要问题。在教学过程中，需要发现和唤醒每位学生，使其自主规划、自主学习；需要从“基于经验”的课程和教学设计，转向“基于标准的学习”的课程和教学设计；需要从“基于具体知识点”的课时教学，转向“基于主题单元”的整体教学。教师不能囿于已有经验，需要进一步提升专业学识，与学生共同成长。

（三）评价标准单一造成学生核心素养发展片面

当前，考试成绩作为学生评价的唯一标准，对分数片面、盲目的追求，严重制约了学生的全面、均衡发展。传统的评价仅用于检测学生是否已经掌握教师所教的知识，却不能检测教师所教的技能和方法的效果，也不能检测学生是否掌握课程标准要求的学业质量水平。评价通常设计在课程单元完成之后，用以检测或提供反馈，不具有指导教学过程、激发学生内动力的功能，造成评价信息无法为“教”与“学”的改进提供有效的参考和帮助。

二、中学地理教育问题的解决路径探索

针对上述问题，结合我国地理教育已有探索和国外地理教育经验，对中学地理课程体系进行整合重构，并重点构建与之适应的学习空间，从而激发学生潜能，提升学科育人的实际效果。一方面，以课程创新引领教育教学改革，精研理论与文献，探索实现核心素养有效落实和满足学生个体成长需求的路径，确立研究与实践的视角、理论框架和基本方法，设计适合每位学生成长的地理课程；另一方面，逐渐建立丰富、多元、个性化的学生学习空间，以适应新型课程环境，更为适合研究性、过程性学习体验，同时以空间环境引导学生行为，建立合作、思考、主动探究的学习习惯，逐步落实地理实践力等地理学科核心素养。

（一）确立“为每位学生的成长而设计”的改革理念

通过对国家课程与校本课程的系统工程建设，从每位学生的基础、能力以及生涯规划等因素出发，满足每位学生自我发展的需求，搭建为其量身设计的“课程体系—学习空间—生涯发展”。

（二）构建“分类（分层）保基础”+“综合、特需促发展”的地理课程体系

学校课改小组构建分类（分层）、综合、特需相结合的地理课程，课程内部模块多样化，能有效落实学生地理课程核心素养的培养。以分类（分层）课程优化国家课程，以综合、特需课程满足学生发展和个性化需求，融合国家—地方——校本课程体系的设计，实现了核心素养的有效落实与学生学习动力的不断进阶。学生可以根据要求自主选择课程及学习时段。地理课程育人模式给予每位学生地理实践力提升、校外社会体验、个性化学习的机会，也促使学生的自主学习能力得到锻炼和提升。

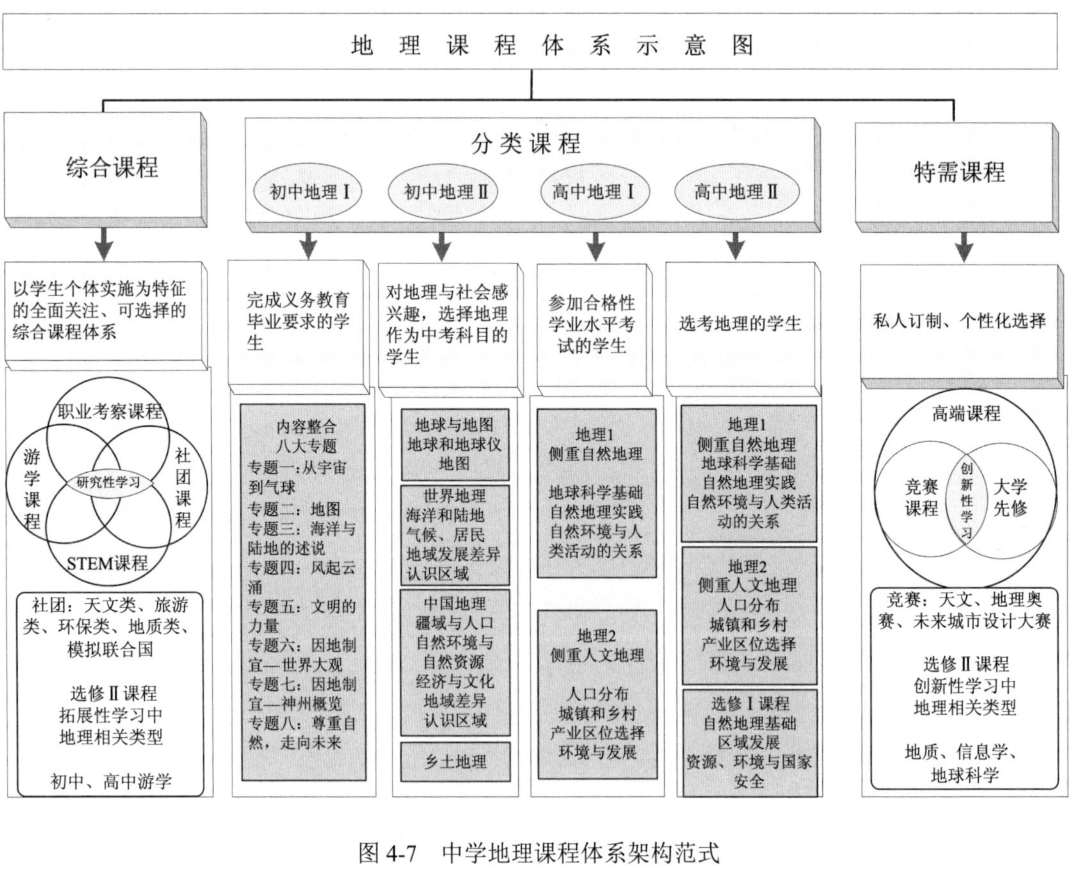

图 4-7　中学地理课程体系架构范式

学校课改小组从“理论支持—实践检验—技术助力”的维度，统筹涉及师资队伍、教学内容、教学活动、教材建设和教学管理等若干子系统，系统构建学科课程体系（常晟，2017），最终构建了可供学生选择的优势课程及课程群（图 4-7），如必修课程与选考课程、开拓地理视野的游学课程、着眼未来的地理职业考察课程、接触学科前沿的地理信息系统课程、学生自主实践的科技创新课程、个别化教育的学生特需课程，等等。

同时，借鉴“学科群”思想，打破原有的学科模块分割，强调多学科综合和课程的横向联系，使课程体系结构不再是沿着某一专业方向的线性结构，而是呈现复杂的矩状结构（常晟，2017），从教育学的角度建构学生认知的宏观学科结构；更新教学理念，突破传统教学时空的课堂框架，改善教学方法，突破以知识传承为主的教学框架，从方法论的角度建构课程活动的微观方法结构。如此，形成了为每位学生的学习而设计的课程内容整合理念图（图 4-8）。构建的地理课程体系，契合学科核心素养，融合优秀传统文化，突显人地协调价值观的教育，如分类课程实践教学、游学实践活动、职业考察活动以及各项科技创新活动等（图 4-9）。

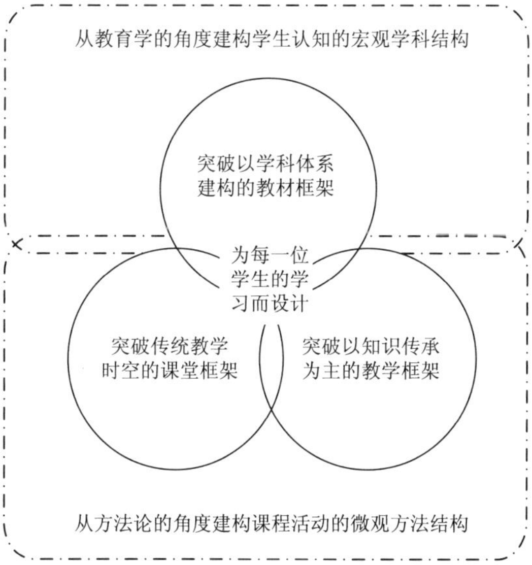

图 4-8　为每位学生的学习而设计的课程内容整合理念

游学课程是基于地理核心素养“区域认知”的综合实践课程，促使学生在“游中学”和“学中游”。实践证明，游学课程通过为学生提供具有深远教育意义的探索发现旅程，能培养学生的文化素养和科学探究精神，增进学生了解、认识和尊重不同区域的自然环境、社会文化，促使综合思维、人地协调观的地理学科核心素养在一定程度的落实。

地理职业考察课程面向全校学生开设，根据地理行业类别，定期组织学生参观该行业相关的企事业单位、科研院所等，实践和体验相关工作。它是“地理实践力”落地实施的核心主体，是学生作为全面发展的人践行“社会参与”的必要环节，可促使学生实现从课程体验到职业规划的人生选择。

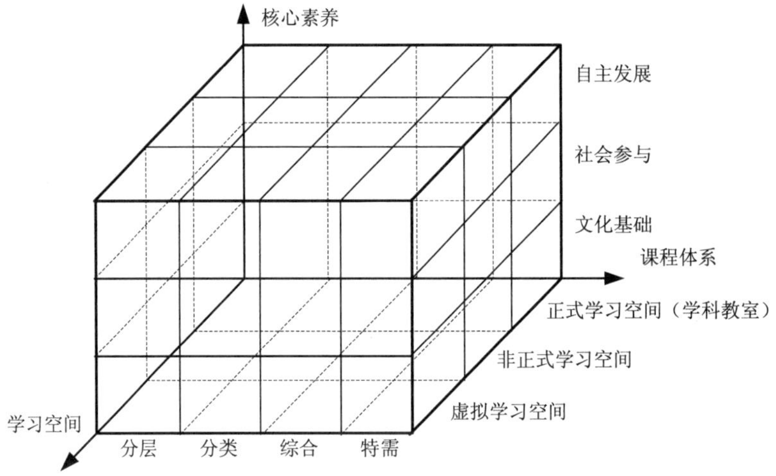

图 4-9 课程体系、核心素养与实践活动关系

地理科学前沿课程立足培养学生的创新意识，通过打造科技创新项目平台、深度挖掘首都教育资源、创建数字星球教室和地理信息系统实验室，助力学生立足地理学科，落实“科学精神”和“实践创新”的要求。

（三）制定“符合学生成长规律”的学习空间建设策略

1. 系统整合策略

运用学科群思想完成课程、教学内容及核心素养的架构。以人地协调观与区域可持续发展为主线，对资源进行模块化重组，以学生的认知规律为原点，开展基于标准的大单元学习空间设计。

在课程改革的基础上，创建适用于不同层级课程的专业课程教室。一是要依据学科学习空间特点，准确把握每类学习空间的功能定位，发挥每一空间在促进个性化学习中的价值，使学习空间有效服务于学生个性化学习。二是要根据自己任教学科的各类学习空间及特点，如每位教师应对自己任教的学科、学生完成各类学习任务的学习空间具有清晰的认识，选取适切的学习空间指导学生开展个性化学习。三是为学校学习空间的丰富与拓展提供资源和信息。每位教师应为学校学习空间的整体设计和建设提出建议，并在教学中改进和优化学习空间，丰富和拓展学校的学习空间。四是指导学生发现并运用优势学习空间，教师应分析学生的学习特质，指导学生发现自己针对不同内容和过程的优势学习空间，尽可能在优势学习空间中开展学习。

2. 教法优化策略

系统梳理地理学科的教学方法体系，推动地理教学方法优化（格兰特·威金斯、杰伊·麦克泰格，2016），逐步形成基于课程标准的学习（图 4-10），实现学习方式的根本转变。

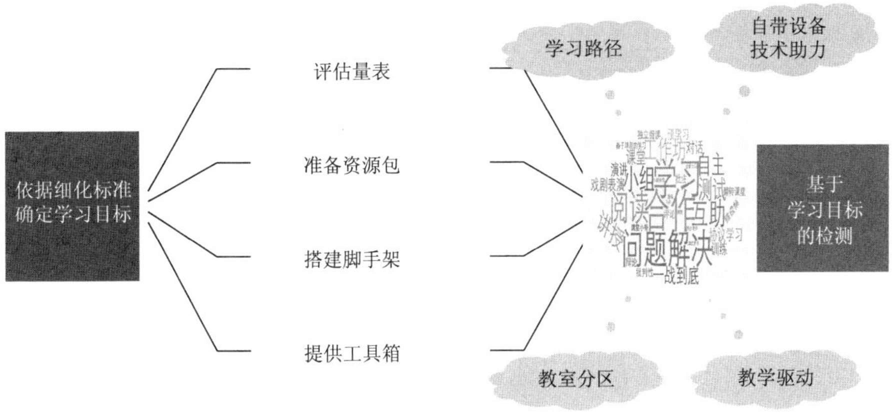

图 4-10　基于课程标准的学习示意

3. 评价诊断策略

实施过程评价和服务于个体的诊断方法。过程评价引导学生关注学习过程，服务于个体的诊断促使学生有针对性地调整自我行为，有效提升学习效果（格兰特·威金斯、杰伊·麦克泰格，2016）。基于多元课程制定的多元化表现性任务，学习空间既是其发生空间，同时是重要的成果展示空间。学科教室空间固定、时间上具有延展性，将为学生自我记录观察评价、同伴评价相互学习、教师评价比较提供丰富的可能性，同时通过"展示行为"激发其荣誉感与内动力。不同于"打分制"的终结性、指标模糊、知能不明，任务的过程性评价利于学生能力水平的螺旋式提升。

（四）构建有效促进学生核心素养发展的课程—学习空间

针对课程需求对教室空间进行彻底的结构性改变，建设星空教室、地理信息系统实验室、世界地理教室、中国地理教室、地理阅览室等。地理星空教室（图 4-11），可把整个天花板当成屏幕，并把天文望远镜观测到的星空通过数据传导到天花板的屏幕上，让学生直观感受各种天文现象，突破一架天文望远镜只能为一名学生观测使用的局限。在地理星空教室，还可以利用多屏幕的动画演示让学生直观感受地理事物的运动变化规律。例如，地球的自转与公转、洋流的分布规律、天气系统的演变规律等。在地理信息系统实验室里，有计算机、工程扫描仪、数字化仪、绘图仪和相应的地理信息系统软件。此外，课堂中应让学习资源触手可及，如世界地形图、世界政区图、地球仪、天文望远镜、查阅资料用的电脑、各种地理图书、矿物标本、地质构造模型、天气系统演示模型、洋流演示模型等，以及充分配备线上和线下相结合的地理阅览室。

图 4-11　地理星空教室

教室空间针对每节课的特点进行灵活机动的空间变化，针对教学活动的需求，构建主动学习、适合教学策略的学习环境（图 4-12），形成积极的学习空间。注重空间对学生学习品质的影响，强调以学生为中心，模糊功能分区，融入感官刺激与心理暗示，引导学生主动参与改变并创造环境。

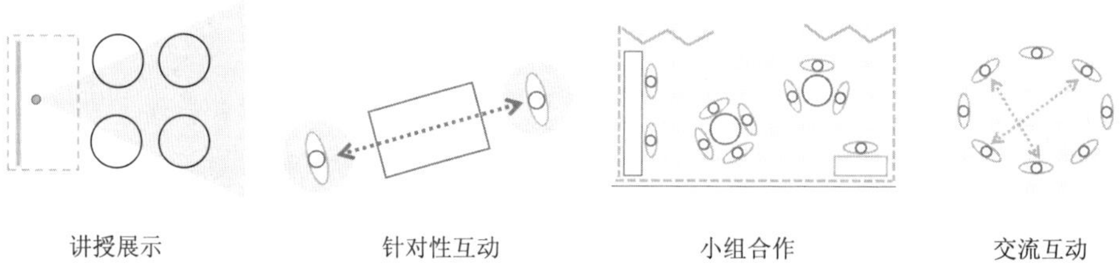

图 4-12　教室学习环境布局

三、实践与反思

从课程改革入手，促使学科育人转变是一个成功的尝试。学校课改小组从课程体系的顶层设计到系列学习资源的编写、使用，从学科空间的建设到教学策略实施，从评价观的确立到过程性评价与诊断系统的建立，从学习读本到课程标准细目的编写，从课堂在线教学到网络课程教学，从课堂内的逻辑训练到游学课程、职业考察课程探索发现，从分段设计到融会贯通，从学科教学到学科教育，都形成了相对完善、可借鉴的实践经验。

课程体系的创新能达成课程育人的目的。通过职业考察、游学等综合类型课程，可为学生提供一个以实践为主导、着眼于未来的创新平台，能发挥实践育人的作用。北京十一学校参与地理职业考察体验课程的学生人数现已累计数万人，涵盖天文、地理、地理信息系统等多个领域。参与游学课程的学生人数累计数万人，课程内容涉及境内、境外跨区域的众多条路线。

通过地理课程—学习空间的构建达成空间育人的目的。调研表明，环境的特征对学习有重要的影响，学生在学科教室内的学习的积极性较普通教室高，师生的讨论比例和答疑比例也明显偏高，学生的小组活动也有所增加，展示区可促进学生对成果质量的追求，学生在高技术支持的学习环境下能获得更多体验，学生更喜欢活动学习教室快速可靠的网络学习环境，基于现代信息技术的学习环境是学生学习中不可或缺的组成部分。同时，将“天地人和”等中华优秀传统文化融入地理教室空间，利用有着丰富文化内涵的学科教室代替传统的行政班教室，通过学科教室浓厚的学科氛围和育人“磁场”潜移默化地影响每位学生。

参考文献

[1] 常晟：“基于学生核心素养的初中地理课程改革实践探索”，《中学地理教学参考》，2017 年第 3 期。

[2] 郭锋涛：“中学地理学科育人价值研究”，上海：华东师范大学博士学位论文，2015 年，第 2 页。

[3] 〔美〕格兰特·威金斯、〔美〕杰伊·麦克泰格著，闫寒冰、宋雪莲、赖平译：《追求理解的教学设计（第二版）》，上海：华东师范大学出版社，2016 年，第 165～190 页。

地理教学课例开发

基于地理大概念的单元教学设计
——以中图版“国土开发与保护”为例*

潘红梅、高振奋、陈红、姜杰、张建军

“学习进阶”是对在一定的时间跨度内，学习某一概念或研究某一主题时依次进阶、逐步深入的思维路径的描述（张天中，2020）。基于学习进阶理论开展教学，能由浅入深地促进认知的深化和素养的形成。指向学科核心素养的大单元设计是落实立德树人、发展素质教育、深化课程改革的必然要求，也是学科核心素养落地的关键路径（崔允漷，2019）。基于大概念的单元教学设计，按学科逻辑组织教学单元，对与教学主题相关的教学内容进行重组，通过创设问题情境、分解学习任务，促成学生对地理学科知识、方法和思想的整体把握，从而促进学生深度学习，提升学科核心素养。

本教学案例基于学习进阶理论，以“理解国家战略提出背景（是什么）→分析实施途径（怎么做）→论述对于国土开发与保护的意义（有何影响）”为认知路径，实现学习进阶；以“人地关系”为大概念，从不同的区域尺度、区域类型分析国土开发与保护问题，提升区域认知和综合思维核心素养；通过分析不同区域协调人地关系的实例，深化对人地协调观的认识；将地理信息技术的应用贯穿案例，提升地理实践力。

---

* 本文发表于《中学地理教学参考》，2021 年第 11 期。

作者简介

第一作者：潘红梅，首都师范大学附属中学地理教师，中学二级教师。2008～2012 年在北京师范大学地理学与遥感科学学院攻读学士学位，2013～2016 年在北京师范大学减灾与应急管理研究院攻读硕士学位，师从史培军教授。

一、“国土开发与保护”教学背景

（一）梳理课标要求，理清逻辑内涵

“国土开发与保护”是中国地图出版社（以下简称“中图版”）普通高中教科书（2019年版）《地理 必修 第二册》第四章的内容，《普通高中地理课程标准（2017年版 2020年修订）》（以下简称“新课标”）中与本章相关的内容要求有四条，它们之间具有密切联系和内在逻辑关系（图4-13）。

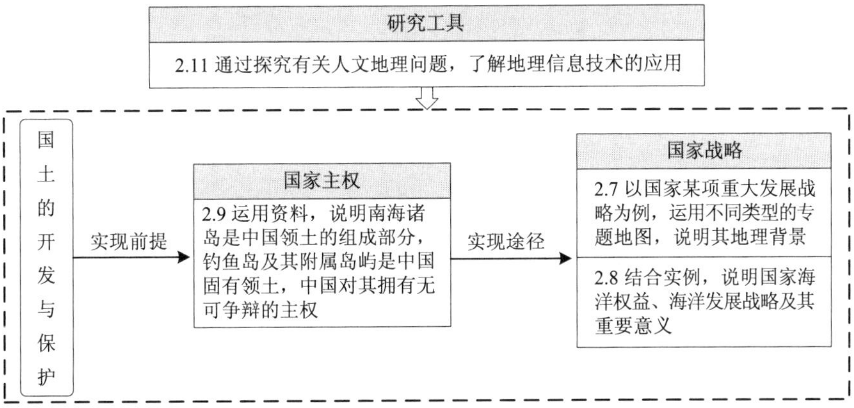

图4-13 “国土开发与保护”相关课标逻辑内涵

从学科逻辑来看，国土开发与保护的本质是处理我国国土范围内的人地关系，从而实现可持续发展。课标2.9突出了我国领土的完整性，我国对领土拥有无可争辩的主权，这是国土开发与保护的前提条件；课标2.7和2.8的国家战略是实现国土开发与保护的途径；课标2.11是研究国土开发与保护的工具。从学习逻辑来看，课标2.7强调认识国家战略的地理背景，即为什么提出；课标2.8分析战略的实施对于国家发展的意义，即有何影响；课标2.11借助已学过的地理信息技术研究人文地理问题，提升解决实际问题的能力，即怎么做。

（二）明确教学内容，建立新旧联系

本章是在学习完自然地理、地理信息技术在自然地理问题中的应用，以及人文地理相关原理和方法之后，以我国国土区域为例，综合应用上述原理和方法，探讨在国土开发与保护方面实现可持续发展的国家战略，为学习第五章“人类面临的环境问题与可持续发展”提供真实案例。

教材中“国土开发与保护”的四节内容存在着紧密的联系（图 4-14）。国土是指一个主权国家管辖下的地域空间，包括领陆、领空、领水和根据《联合国海洋法公约》规定的专属经济区。前三节内容包含了领陆、领水两类不同类型的国土。在领土开发方面，由于社会经济发展及资源分布的不平衡，国家提出区域协同发展战略；而在陆地资源日趋紧张、生态环境日益恶化的今天，海洋发展已经成为我国的重要战略。陆地和海洋这两种不同空间的国土开发与保护，都以实现国家可持续发展为目的。第四节的地理信息技术作为研究地理学问题的现代化工具，在较大空间尺度的国土开发与保护中应用广泛。

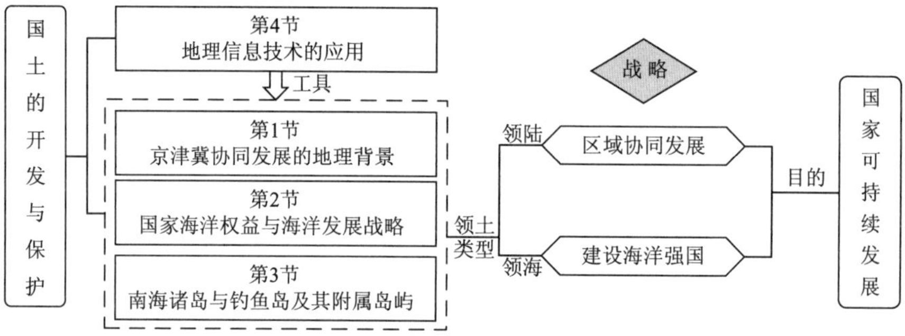

图 4-14　“国土开发与保护”所含教材内容的逻辑关系

（三）调研学生学情，进行深度分析

教师明确提出学习本章的基础点，能在学生已有知识和能力的基础上进一步挖掘新旧知识的联系；发现学生在达成本章学习目标时存在的障碍点和生长点，可以为构建单元教学内容提供依据。

1. 学习本章的基础点

为了更精准地了解学生已有的知识和素养水平，教师可设置课前学情访谈题目，按照学生已有的知识和素养水平从高到低分为 A、B、C 三个层次（表 4-13）。

2. 学习本章的障碍点

在学习本章之前，教师应对以上学情调研结果进行梳理，整体把握学生的认知障碍和有待提升的地理学科核心素养，依据认知规律整合教学素材、选择教学方法，促进学生深度学习。学生认知障碍及待提升的学科素养见表 4-14。

表 4-13 学情调研及学习程度分层

访谈题目	核心素养	不同层次学生回答情况		
		A 层	B 层	C 层
1.国土有哪些类型？目前对于哪种国土开发更多？	综合思维	领陆、领海、领空；领陆开发多	领陆、领海；领陆开发多	仅知道领陆
2.举例说出你所知道的国家战略名称，简单说出其提出的背景	区域认知、综合思维	能结合实例综合三个及以上因素说明战略背景	能结合实例综合两个因素说明战略背景	仅能说出战略背景中的某一个因素
3.如何理解“国土开发与保护”，当开发与保护不可兼得时，哪者更重要？	人地协调观	认为保护是开发的前提，充分理解可持续发展的内涵	认为开发与保护同等重要，可以先开发再保护	认为当前开发国土更迫切
4.地理信息技术有哪些？在国土开发与保护中有哪些应用？	地理实践力	理解两种及以上地理信息技术的优点，能具体说明其应用	能简单具体说明某一种地理信息技术的优点及应用	仅能说出地理信息技术的名字，对其应用不明确

表 4-14 学生认知障碍及待提升的地理学科素养

认知障碍	地理学科核心素养
对国家战略感兴趣但对于国家战略的提出背景认识不清，未形成分析综合性人文地理问题的思维主线	综合思维、区域认知
对国土开发过程中保护生态环境的重要性理解不到位，对国家发展的理解片面，未坚定人地协调发展理念	人地协调观
对地理信息技术在国土开发与保护中的应用缺乏认识	地理实践力

3. 学习本章的生长点

找到学生的基础点和障碍点后，通过设置具体问题情境，以问题引领学生探究学习，解决国土开发与保护问题，促使学生在深入思考的过程中形成综合分析人文地理问题的思路，使学生领悟地理学的基本思想和方法，提升解决实际问题的能力。在情境设置时，以我国不同空间类型、尺度的国土区域为载体，关注地理信息技术在国土开发与保护中的应用，认识实现国家可持续发展的途径，全面提升地理学科核心素养。

基于对学情的分析，以教材和课标要求为基础，以学生素养提升为线索，以能够有效激发学生自主学习、引导学生有效参与、实现深度学习为基本思路，构建学习单元，进行单元教学。

二、“国土开发与保护”单元设计与实施

（一）找准大概念，搭建学习结构

大概念下的单元教学设计要通过确定单元组织核心、梳理单元大概念体系及确定教学设计思维展开路径来完成。选择并确定单元的组织核心是单元教学设计的逻辑起点（李春艳，2020）。“国土开发与保护”是在国家战略层面研究地理学科本质问题，即人类活动与地理环境的关系。因此，依据“人地关系”大概念，建构本单元学习结构（图 4-15）。

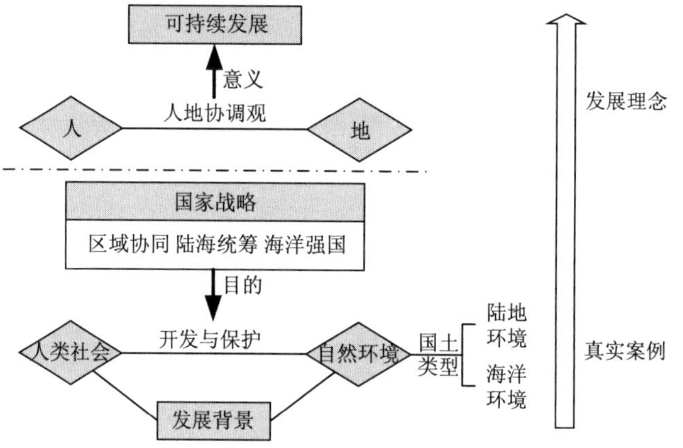

图 4-15 “国土开发与保护”单元学习结构

（二）基于大概念，补充教学内容

单元教学设计的实质是教学内容的综合与重组过程（林培英，2020）。基于“人地关系”大概念，教材编写了领陆和领海的开发与保护两部分内容。从地理空间视角来看，陆、海两大地理空间单元存在相互联系、相互作用，相互冲突又相互补充的复杂关系，陆海过渡地带即海洋与陆地相接、结合、相互作用强烈的过渡性、重叠性区域。从人地关系视角来看，陆海过渡地带资源丰富、区位优势明显、生态环境脆弱，发展这一区域需要处理好人、陆地、海洋三者的关系。为使学生建立陆地和海洋的空间联系，完整地分析国土开发与保护过程中的人地关系，在进行单元整合的过程中，明确陆海统筹的主要任务，充分发挥陆海统筹对海洋强国建设的战略引领作用（图 4-16）。

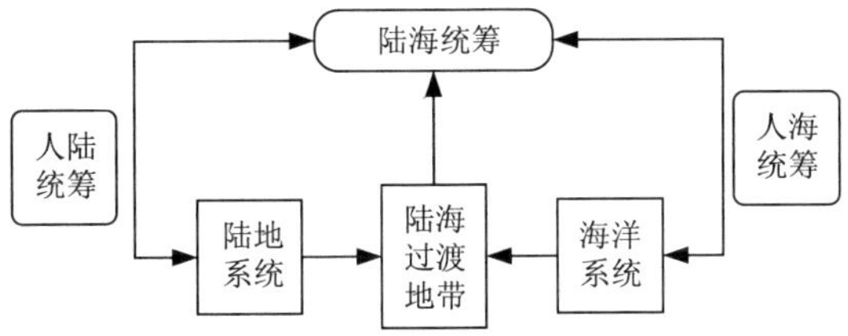

图 4-16 陆海统筹示意

（三）制定学习目标，选取教学策略

1. 设计学习主题，制定学习目标

在单元大概念“人地关系”的统领下，根据对学习结构的搭建和教学背景的分析，制定本章每一节的学习主题和目标（表 4-15）。

表 4-15 单元学习主题与目标

学习主题	学习目标
第 1 课时 区域协同发展	运用专题地图等材料，结合案例分析，说明京津冀协同发展的地理背景和途径，渗透区域认知与综合思维
第 2 课时 陆海统筹发展	结合案例分析，说明陆海统筹发展战略的地理背景、途径及对国家发展的意义，强化区域认知与综合思维；结合实例，说明地理信息技术在国土开发与保护中的应用，提升地理实践力
第 3 课时 建设海洋强国	结合实例，归纳我国海洋发展战略，形成分析区域人地关系的一般思路；结合实例，说明海洋环境保护的重要意义，树立人地协调观
第 4 课时 维护海洋权益	结合实例，说明海洋国土安全是海洋权益得以保障的前提，强化国土安全意识；搜集资料，论述钓鱼岛及其附属岛屿、南海诸岛是我国领土不可分割的部分，激发爱国情怀

2. 依据教学内容，选取教学策略

本单元通过创设现实情境，开展问题式教学，引导学生在不同地域类型、不同空间尺度、不同空间类型的人地协调发展视角下，加深对国家重大发展战略的理解，以形成对国土开发与保护战略的宏观认识。

（四）学习过程设计与实施

1. 构建问题情境

在学习过程中，以“在国土开发与保护相关战略统领下，曹妃甸如何发展”作为问题情境贯穿整个教学单元。选取曹妃甸设计教学情境的原因主要有两点：一是地理位置特殊，位于沿海地区，它的发展不仅有京津冀协同发展的背景，而且还可以体现出陆海统筹与海洋发展；二是发展过程特殊，通过曹妃甸的发展可由点及面、由浅入深分析区域协同发展、陆海统筹发展、建设海洋强国等国家战略。单元问题情境创设如下：

曹妃甸岛位于唐山市南部 70 千米处，原是不足 4 平方千米的带状沙岛。近年来，在国家战略的引领下，曹妃甸发展十分迅速（图 4-17）。为什么首钢要搬到曹妃甸？京津冀协同发展的背景与路径有哪些？曹妃甸的发展对我国发展海洋经济、推进陆海统筹有何启示？

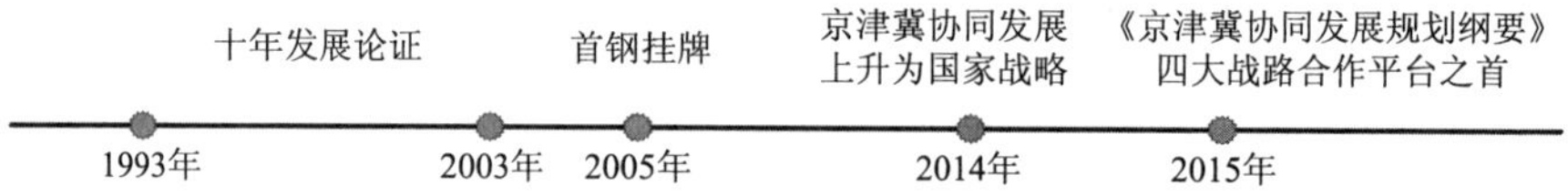

图 4-17　曹妃甸发展历程

2. 设计核心问题，设定学习任务

依托情境，以教学目标为依据设置核心问题。通过设置学习任务，以解决核心问题为线索，引导学生应用资料分析问题、提出对策、解决问题，逐步掌握分析解决问题的一般方法，并迁移应用。单元核心问题与学习任务见表 4-16。

（五）设定评价方式，关注表现性评价

新课标特别强调关注表现性评价。表现性评价是指对学生完成某项任务所表现出的语言、文字和实践能力的评定。本单元教学设置了多种学习任务，如设计实验并录制解说视频、知识竞赛、制作手抄报等，采用了结果评价（单元测试题目）与表现性评价相结合的评价方式，对于衡量学生知识、认识和素养提升水平有重要作用。依据新课标对表现性评价的指导意见，尝试建立了表现性评价量规和学生成长档案。

1. 设置表现性评价量规

针对国土开发与保护而设立互评手抄报作品环节，设置了表现性评价量规（表 4-17）。

表 4-16　单元核心问题与学习任务

课程标准		核心问题	学习任务
2.11 通过探究有关人文地理问题，了解地理信息技术的应用	2.7 以国家某项重大发展战略为例，运用不同类型的专题地图，说明其地理背景	国家战略（以京津冀协同发展战略为例）的地理背景是什么？	①借助谷歌地球，查找曹妃甸的位置，结合遥感影像图，描述京津冀的地理位置； ②结合材料，分析首钢搬迁至曹妃甸的原因，应用京津冀自然和人文地理专题地图，说出京津冀协同发展的地理背景； ③选取区域协同发展案例，查阅图文资料，制作包含区域协同发展的地理背景、问题及协同发展途径等内容的手抄报，并和同学交流
		国家战略（以陆海统筹发展为例）的实施途径是什么？	①通过遥感影像图，识别曹妃甸土地面积的变化，综合应用地理信息技术，估算渤海海冰资源量； ②设置实验，探究海冰盐度与海水盐度的差异，论证海冰淡化解决华北地区缺水问题的可能性。依据实验设计展开实验，记录数据，撰写实验报告； ③基于曹妃甸陆海统筹发展案例，说明陆海统筹发展的途径及意义
	2.8 结合实例，说明国家海洋权益、海洋发展战略及其重要意义	国家战略（以国家海洋权益与海洋发展战略为例）的实施有何意义？	①查阅信息，用实例说明地理信息技术在建设海洋强国中的综合应用； ②搜集、阅读、整理美国、日本、加拿大、俄罗斯等国家的海洋发展战略，总结其他国家海洋战略的主要关注点，谈谈对我国的启示； ③参与“国家海洋权益与海洋发展战略”手抄报大赛，明确海洋发展战略的意义
	2.9 运用资料，说明南海诸岛是中国领土的组成部分，钓鱼岛及其附属岛屿是中国固有领土，中国对其拥有无可争辩的主权	为什么钓鱼岛及其附属岛屿是中国固有领土？国家领土完整的意义是什么？	①搜集有关我国发现、开发、管理南海诸岛与钓鱼岛的资料，补充相关时间轴，论证南海诸岛、钓鱼岛及其附属岛屿是中国的固有领土； ②参与“中国国土知多少”知识竞赛

表 4-17 手抄报表现性评价量规

评价维度	学科核心素养	评价等级		
		优秀	良好	欠佳
内容完整度	综合思维、人地协调观、区域认知	全面介绍国土开发的背景、实施途径、国土保护措施	介绍国土开发背景和途径，没有相关保护措施	仅介绍国土开发途径，未体现背景和保护措施
资料翔实度	地理实践力	各类专题地图、统计图表紧扣主题；文字资料翔实	图文兼备，资料较翔实	单一的文字资料
设计美观度		版面整洁，图文美观，重点突出	版面较整洁美观，重点不太突出	版面不整洁，未突出主题和重点

2. 建立学生成长档案袋

新课标指出，在开展表现性评价的过程中还应建立学生成长档案袋，详细记录学生能力培养和素养形成的路径轨迹（中华人民共和国教育部，2020）。通过课后访谈（表 4-18），结合课堂表现，以地理学科核心素养的提升为目的，建立不同层次学生成长档案。

表 4-18 课后访谈题目及探查的核心素养

访谈题目	地理学科核心素养
通过本单元的学习，你认为应从哪些方面来认识国家战略？	综合思维
从哪些方面来认识国家战略的背景？	区域认知
国土开发与保护中，如何处理好开发与保护的关系？	人地协调观
地理信息技术在国土开发与保护中有哪些应用？	地理实践力

三、“国土开发与保护”单元教学设计与实施的反思

（一）单元教学设计与实施的经验

1. 大概念——单元教学设计的基础

大概念是单元教学的组织核心，是实现学习内容整合的基础。本单元教学以“人地关系”为大概念，依据大概念搭建的学习结构体现了由实际案例向宏观发展理念的转变，实现了以案例分析人文地理问题，运用地理信息技术解决问题的目的。

2. 学习进阶——单元教学的关键

根据学生认知规律，围绕“国土开发与保护的相关国家战略”这一主题，从理解国家战略是什么（概念）→为什么（背景）→怎么做（途径）→有何影响（意义），逐层深入，提升学生对国家战略的认知水平；通过对情境问题的解答，提高学生解决实际问题的能力；在互评手抄报作品环节，通过发现并修正某作品中未画南海九段线这一问题，增加学生的主权意识；通过搜集资料论证国家主权问题，激发学生爱国情怀。由知识与能力的提升到意识的强化，再到情感的激发，实现学习进阶过程。

3. 核心素养——单元教学的根本

将核心素养的落实渗透到学情调研、目标制定、核心问题设置、任务分解等单元教学设计过程，围绕地理学科“人地关系”这一核心概念，聚焦人、陆地、海洋之间的关系，从时空综合、要素综合、尺度综合的角度培养综合思维、区域认知、人地协调观素养；引导学生由易到难应用地理信息技术解决实际问题，通过实践、实验类活动提升地理实践力。

（二）单元教学设计与实施的启示

1. 围绕单元大概念进行内容增减，使教学内容真正服务于单元教学

中图版高中地理教科书（2019 年版）的教学案例非常丰富，但教学课时有限，教师在教学中对于案例要大胆取舍。因通过课前访谈了解到学生对丁国上的认识不全面，因此，本单元教学创新性地补充了陆海统筹发展，拓展“人地关系”的现实空间，建立完整的国土空间区域认识，深化陆海统筹发展意识，提高学生对于“国土开发与保护”的认识。

2. 利用访谈的形式进行学情调研

以单元学习主题为中心，开展学情调查，找出学生学习的基础点与障碍点，为制定单元学习目标提供依据；通过课后访谈，掌握学生在本单元学习后的实际成长，并基于学生的回答情况，适时地调整调研问题。

3. 关注不同学习层次的表现评价，分层达标

以访谈的形式对本单元教学设计进行学情调查，了解学生的现有知识和素养水平，并根据调查结果将学生分为三个不同的层次。课程设置时，要注重不同层次学生的学习情况，使不同层次的学生在本单元学习中都能有所收获。最后，通过课后访谈，以表现性评价法为基础，建立不同层次的成长档案（表 4-19）。

表 4-19 不同层次的学生在本单元学习中的提升

A层	B层	C层
①能从国家安全、发展、生态等多角度分析国家战略的意义（区域认知、综合思维、人地协调观）；②深刻理解地理信息技术的综合应用（地理实践力）	①以认识国家战略为例，形成了综合分析区域人地关系的思路（综合思维）；②较为全面地理解了地理信息技术在国土开发与保护中的应用（地理实践力）	①认识到国家战略在促进经济发展中的意义（综合思维）；②坚定了可持续发展理念（人地协调观）

（三）有待进一步研究的问题

随着单元教学理论研究的不断深入，单元教学案例的研究成果也将不断丰富。怎样运用好教学案例，促进单元教学理论的进一步完善，以达到指导教学的目的，还需进一步研究。

学生的表现性评价应贯穿教学始终：利用好学生档案，在后续教学中有针对性地填补知识空白，提高学科核心素养，及时更新档案，把握学生的学习动态，都需要长期坚持和深入探讨。

参考文献

[1] 崔允漷："如何开展指向学科核心素养的大单元设计"，《北京教育（普教版）》，2019 年第 2 期。
[2] 李春艳："中学地理'大概念'下的单元教学设计"，《课程・教材・教法》，2020 年第 9 期。
[3] 林培英："指向地理核心素养的单元教学试论单元教学设计的整体性表现"，《中学地理教学参考》，2020 年第 19 期。
[4] 张天中："基于学习进阶的地理大单元教学设计实践研究：以'如何破解环渤海地区的资源困局'为例"，《中学地理教学参考》，2020 年第 19 期。
[5] 中华人民共和国教育部：《普通高中地理课程标准（2017 年版 2020 年修订）》，北京：人民教育出版社，2020 年。

基于真实情境的地理实验教学探讨
——以“河流的凹岸与凸岸”为例*

滕静超

在课堂教学中如何引导学生将地理实验与课本知识相结合，并利用地理知识解决生活中的实际问题，真正实现“在做中学”，达到学习对生活有用的地理知识的目的呢？本文以“河流的凹岸与凸岸”为例，将情境教学和实验教学相结合，从课标解读、教学设计、课后总结与反思三个层面加以说明。

一、课标解读，设计实验教学

（一）教学背景分析

[课程标准]

通过野外观察或运用视频、图像，识别3～4种地貌，描述其景观的主要特点。

[教学内容]

本节课取自新教材（湘教版）必修一第二章第一节，包括“流水侵蚀地貌”“流水堆积地貌”“滑坡和泥石流”三部分内容，本课时主要讲解前两部分内容。流水侵蚀和流水堆积都属于河流的外力作用，其实很难将两者区分开来，只是在相同河段的不同位置以及河流的不同

---

* 本文发表于《地理教学》，2021年第10期。

作者简介

滕静超，浙江省杭州高级中学地理教师，中学一级教师。2009～2013年在北京师范大学地理学与遥感科学学院攻读学士学位，2014～2017年在北京师范大学地理学与遥感科学学院（地理科学学部）攻读硕士学位，师从苏筠教授。

部位，主导的外力作用不同，塑造的地表形态不同。

在教学内容上选取教材之外的“河流的凹岸与凸岸”的例子，以实验为载体，通过实验探究的方式，指导学生探讨流水在凹岸和凸岸的外力作用过程和原理，根据实验结果解释野外研学实践观察的现象，并将其迁移应用到河流地貌的判读上。

[学情分析]

本节课的授课对象为高一学生，学生的地理基础相对薄弱，尤其是对抽象的地理事物缺乏理解，因此，借助实验探究和野外研学的方式，引导学生体验实验过程，用地理视角观察生活中的现象，不仅贴近生活，让学生学习兴趣浓厚，还有利于将抽象的地理事物具体化，突破难点、强化重点，也有助于培养学生正确的人地协调观，形成地理综合思维，构建区域认知，提高地理实践力。

（二）教学目标及重、难点

[教学目标]

①能够结合具体河流，正确判断河流的凹岸和凸岸，强化区域认知；

②通过实验，探究流水在河流凹岸和凸岸的作用过程和原理，提升观察能力和实践能力；

③通过研学考察，理解流水在河流凹岸、凸岸的作用规律与应用，探讨人类活动对地理现象的响应，渗透人地协调观；

④通过实验探究和研学考察，掌握流水作用的原理，理解不同河段河流地貌的成因和特点。

[教学重点]

流水在河流凹岸和凸岸处的外力作用过程和原理，并将其迁移到河流地貌的判读上。

[教学难点]

结合实验，解释“凹岸侵蚀、凸岸堆积”的原理。

（三）设计思路

情景引入：由学生在研学活动中观察到的六和塔选址在凹岸的疑问引入，根据六和塔的位置引出流水在弯曲河段的作用方式不同；

实验探究：引导学生自制河流模型并设计实验，通过实验观察流水在河流凹岸和凸岸的作用；

结果分析：通过观察流水在河流凹岸和凸岸的作用过程，解释“凹岸侵蚀、凸岸堆积”；

研学考察：参观浙江省河口海岸重点实验室，考察钱塘江西江塘闸堰段，利用实验结果解释野外观察现象的原因，探究人类活动对河流凹岸、凸岸的应用和改造；

迁移应用：归纳流速与河流外力作用的关系，并将其迁移应用到河流地貌的判读上。

（四）教学手段与主要教学方法

[教学方法]

启发式教学法：通过提出问题探究，开拓学生思路，启发学生的思维，培养学生的用于思考的科学精神；

实验教学法：通过设计实验、观察实验，引导学生将抽象的地理事物具体化，培养学生的地理实践力；

研学考察：通过专题讲座和野外实践考察，提高学生的学习兴趣，培养学生的观察力和地理实践力，形成综合思维。

[教学手段]

多媒体、实验探究、野外实践。

二、教学设计

表 4-20　教学设计

教学过程			
教学环节	教师活动	学生活动	设计意图
情境导入	由学生在研学活动中观察到的六和塔选址在凹岸的疑问引入，引出对流水在河道弯曲处有什么不同的外力作用的思考（图 4-18）	展开想象，推测原因  图 4-18　六和塔位置	从学生体验的真实情境出发，激发学生的学习兴趣和探究欲望

<table>
<tr><th colspan="4">教学过程</th></tr>
<tr><th>教学环节</th><th>教师活动</th><th>学生活动</th><th>设计意图</th></tr>
<tr>
<td>环节一：
识别凹岸与凸岸</td>
<td>展示河流示意图，提问：如图4-19所示，a、b两处哪里是凹岸，哪里是凸岸？</td>
<td>阅读示意图，指出凹、凸岸是站在河岸的视角来辨别，故a为凹岸，b为凸岸
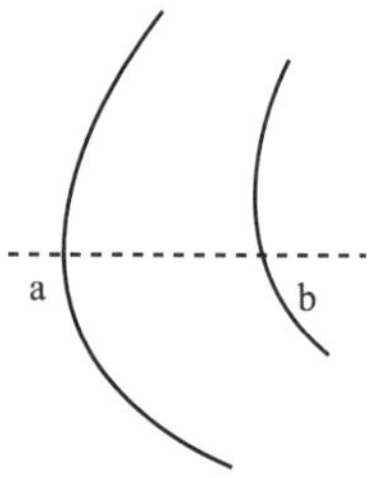

图4-19　河流示意</td>
<td>鉴别概念，宏观识别地貌形态</td>
</tr>
<tr>
<td>环节二：
实验设计与观察</td>
<td>引导：
河流的演变是长期的过程，可以尝试制作模型来模拟河流的弯曲河道，设计实验探究流水在弯曲河道的作用方式。

提问：
①模型制作时需要考虑哪些因素？
②如何设计实验？</td>
<td>自制河流模型：
①材料选择：选择可塑性较强的泡沫板；
②模型设计与制作：用小刀挖出“S”形的河道来模拟真实河道，注意坡度自上游到下游递减，最后涂上防水材料（图4-20）

图4-20　模拟实验

设计实验：
第一次：在河道均匀铺满泥沙。
第二次：对比实验。第一组：在凹岸处铺上泥沙；第二组：在凸岸处铺上泥沙。
用软管引水到河流模型上游，检验结果，完成表格填写。以匀速模拟流水，观察三组实验结果，完成表格填写
实验结果记录表
<table>
<tr><th></th><th>流速</th><th>对河床的外力作用</th><th>河道(深/浅)</th></tr>
<tr><td>凹岸</td><td></td><td></td><td></td></tr>
<tr><td>凸岸</td><td></td><td></td><td></td></tr>
</table>
</td>
<td>自主设计实验，通过观察，探究流水在河流凹岸和凸岸的流速差异、对河床的外力作用和河道的深浅，培养学生的观察力和实践力，发展综合思维</td>
</tr>
</table>

教学过程			
教学环节	教师活动	学生活动	设计意图
环节二： 实验设计与观察	引导学生分析结果： 在第一次实验中，河流凹岸和凸岸的泥沙均被冲刷了很多，是因为在模型制作时放大了河流“下游”的坡度，导致流速过快。在第二次实验中，均观察到河流在凹岸一侧流速更快，其中第一组凹岸的泥沙减少，凸岸的泥沙略有增加；第二组凹岸和凸岸的泥沙均变化不大	观察结果： 实验前（图 4-21） 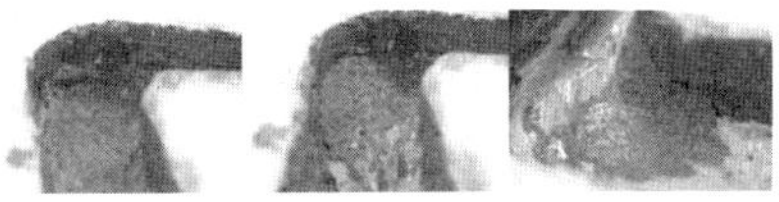 图 4-21　实验前的现象 实验后（图 4-22）  图 4-22　实验后的现象	自主设计实验，通过观察，探究流水在河流凹岸和凸岸的流速差异、对河床的外力作用和河道的深浅，培养学生的观察力和实践力，发展综合思维
环节三： 原理探究	提问： 为什么会出现这样的现象呢？观察实验，完成弯道环流示意图（图 4-23） 小结： 通过实验，结合弯道环流的原理解释“凹岸侵蚀、凸岸堆积”的原理：受到惯性离心力的影响，流水在凹岸的水面会略高于凸岸，因此会产生向下的环流，冲刷河岸，而在河流凸岸处，形成向上的环流，因流速减慢，泥沙堆积	认真观察实验过程，以小组为单位，绘制并描述实验结果 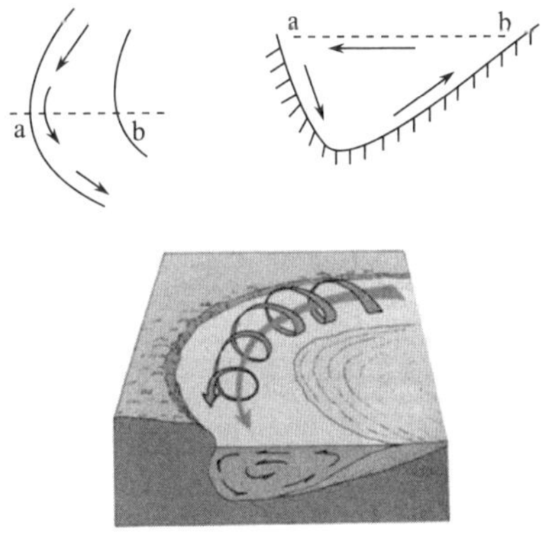 图 4-23　弯道环流示意图	根据实现现象，自主探究原理和过程，提升学生的综合思维和实践力
环节四： 实践应用	实地考察 1： 组织学生参观浙江省河口海岸重点实验室，了解在研项目：钱塘江西江塘闸堰段海塘加固 实地考察 2：	实地考察 1： 参观浙江省河口海岸重点实验室，认真听取研究院研究者介绍、讲解钱塘江西江塘闸堰段海塘加固项目 实地考察 2：	见下页

教学过程			
教学环节	教师活动	学生活动	设计意图
环节四： 实践应用	组织学生赴西江塘闸堰段实地研学考察，引导学生观察钱塘江闸堰段河流凹岸和凸岸景观的差异，并分析出现这种差异的原因 小结： 河流的外力作用主要受到流速等影响。一般情况，流速快，以侵蚀为主；流速慢则以沉积为主	钱塘江西江塘闸堰段，获取景观照片 凹岸：以侵蚀为主，沿岸有各类海塘、堤坝以减缓侵蚀（图 4-24） 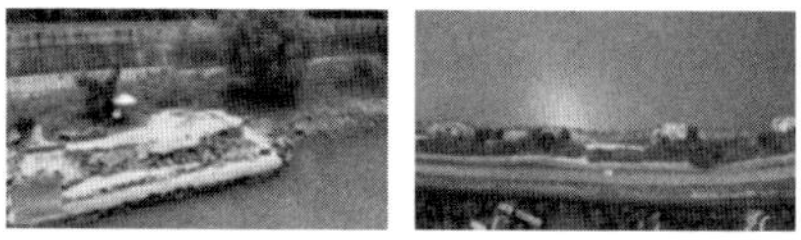 图 4-24　凹岸景观 凸岸：以沉积为主，沿岸为广阔的滩涂，淤泥广布（图 4-25） 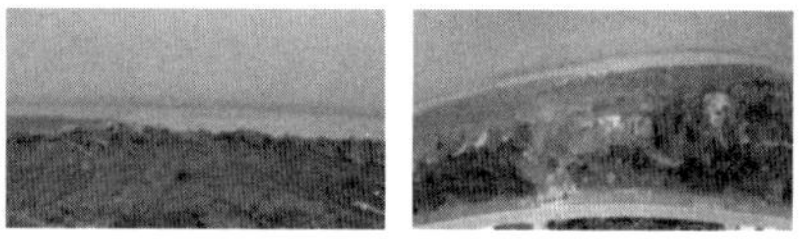 图 4-25　凸岸景观	通过野外实践，实地考察，加深对“凹岸侵蚀，凸岸堆积”的直观认识和理解，分析凹、凸岸不同的人类活动，渗透人地协调观
环节五： 迁移应用	提问： 能否根据这个结论，推测河流不同河段的地貌类型与成因，并说出理由	小组讨论，回答问题 上游：峡谷、“V”形谷（侵蚀）； 出山口：冲积扇（沉积）； 入海口：三角洲（沉积）； 中下游：冲积平原（沉积）	引导学生将实验探究和野外实践考察的结果迁移应用到整个河流地貌中，培养学生的综合思维

三、课后总结与反思

（一）课后小结

河流的凹岸和凸岸是一个讲述河流侵蚀和沉积作用的好案例，在教材中并没有直接讲述。本节课通过情境设疑，引导学生自主设计实验，以实验探究的形式引导学生认识了流水在凹岸和凸岸处的外力作用过程和原理，并通过野外实践，将理论知识与现实相结合，分析了现实生活中河流凹岸和凸岸对人们生活的影响，以及人类活动对河流凹岸、凸岸的应用和改造，最后引导学生将实验探究和野外实践的结果迁移应用到不同河段的河流地貌判断上。学生通过实验探究、研学实践的方式，观察生活中的地理问题，大胆假设，严谨求证，形成对地理事物发展规律的客观认识，培养学生的地理实践力和综合思维，最终达到提升学生的地理核心素养的效果。

（二）学生感想

学生 1：以往的课堂都是在教室里，知识和实际生活总隔着一段距离，因此会有似懂非懂的感觉。在这堂特殊的地理课上，我们通过参观访谈、实地考察、动手实验等形式，从多个角度对知识点进行学习，不仅更深刻地理解了河流侵蚀与沉积作用的原理，对其在现实中的表现和意义也有了直观的了解。

学生 2：实验的环节很有趣！从确定问题、设计方案，到执行实验流程全都由我们自己主导。虽然设想中的实验比较简单，但在实际操作中却会遇到各种各样的问题。好在通过大家的共同讨论，实验顺利完成。通过这次实验，我们不仅学到了通过实验验证问题假设的方法，更明白想象与实践的距离。还需要多多提升动手能力呀！

（三）教学亮点与反思

本次教学中利用 Google Earth、无人机航拍等技术手段，获取直观教学素材；以实验为载体，引导学生自主设计实验、探究实验，提高学生的地理实践力；组织研学考察，将理论与实际相结合，综合提升学生的地理核心素养。但在实验探究和实地考察部分均有值得改进的地方，例如，在实验中可以引导学生进一步改进方式或增加设施来测量凹岸和凸岸流速的差异；在实地考察中还可以引导学生观察凹岸与凸岸沉积物颗粒物大小的差异等，从而进一步提升实验的科学性和严谨性。

“双减”政策指导下的初中地理作业优化设计

王小燕、吴晓玲、邢晓明

初中地理课程具有区域性、实践性、综合性等特点，旨在提升学生核心素养，引导学生学习对生活有用的地理、对终生发展有用的地理。地理作业是地理课堂的延展，也是地理教学的重要组成部分。进行地理作业设计时，也要充分考虑地理课程的性质和目标，注重提升学生的区域认知、综合思维，培养地理实践力，渗透人地协调观。地理作业也是地理学习的过程性评价，应注重发挥评价的诊断、引导、改进、激励等功能。随着“双减”政策的颁布与实施，如何优化地理作业设计，切实做到减负增效，成为地理教师必须面临的课题。

一、“双减”政策对地理作业设计的要求

2021 年 7 月中共中央办公厅、国务院办公厅印发《关于进一步减轻义务教育阶段学生作业负担和校外培训负担的意见》，指出要全面压减作业总量和时长，减轻学生过重的作业负担。旨在落实立德树人根本任务，促进学生全面发展、健康成长。这就要求在地理作业设计中要做到：

（1）精心设计，以最少的作业量达成作业目标。

为达到这一要求，首先要明确每次作业对应的课程目标，针对目标进行优化设计。其次要对作业内容进行筛选精简。

（2）关注学科素养，落实立德树人根本任务。

作者简介

王小燕，北京市三帆中学地理教师，中学一级教师。2006～2013 年在北京师范大学地理学与遥感科学学院攻读学士、硕士学位，师从邱维理副教授。

吴晓玲，北京市三帆中学地理教师，中学高级教师。1988～1992 在北京师范大学地理系攻读学士学位，2003～2006 年在北京师范大学地理学与遥感科学学院攻读教育硕士学位，师从吴殿廷教授。

邢晓明，北京市三帆中学地理教师，中学一级教师。2005～2011 年在北京师范大学地理学与遥感科学学院攻读学士、硕士学位，师从王静爱教授。

地理学科核心素养包括区域认知、综合思维、地理实践力和人地协调观，在作业设计中不仅要考虑具体目标，还需要考虑达成该目标的过程能够提升学生哪些方面的地理学科素养。

（3）尊重差异，设计多样化、差异化的作业。

在作业设计中要充分分析学情和教学目标，厘清什么是基础目标，设计针对全班适用的基础性作业，再根据不同学生群体设计拓展类作业、个性化作业等。

（4）有及时有效的作业反馈和指导。

为提高作业的有效性，还需要及时、多元化的反馈。

二、“双减”政策指导下地理作业优化设计策略和实例

（一）统筹两年教学内容，确定进阶式作业目标

教学中使用的教材为北京教育科学研究院编著，中国地图出版社出版的《义务教育教科书 地理》。该教材初一学段的内容有三部分——“地球与地图”“中国总论”“中国分区”；初二学段的内容为“世界总论”和“世界分区”两部分。初一年级的学生在宏观了解地球与地图之后，先进入中国地理的学习。这样的内容安排虽有利于紧密联系学生生活，但由于区域尺度越小，综合程度越高，而初一年级的学生还不具备区域认知的基础知识和基本方法，因此容易出现作业对他们来说偏难的问题。针对这一问题，在作业设计时，要以学生核心素养为目标依据，深入分析初一学段的学情特点，确定两年逐级上升的阶段性目标。避免出现超出目标的综合性过强的高难度作业。图 4-26 为初一、初二学段作业进阶目标总体设计。

	初一	初二
作业设计	书面作业： 落实基础知识为主 实践性作业： 以观察、演示、模型制作为主， 辅以简单直接的应用类实践作业	书面作业： 真实区域发展分析与区域对比为主 实践性作业： 以真实情境中的区域综合应用为主
进阶目标	培养良好作业习惯 规范学科语言 激发并保持学科兴趣	深化区域认知 初步构建学科综合思维
易出现的作业问题	综合性太强	空间尺度过大，难以深入
课程内容	地球与地图 中国地理	世界地理
学生特点	初次接触地理， 综合思维能力欠缺	已具备地理学科基础知识、基本技能， 综合思维逐渐发展

图 4-26 初一、初二学段作业进阶目标设计

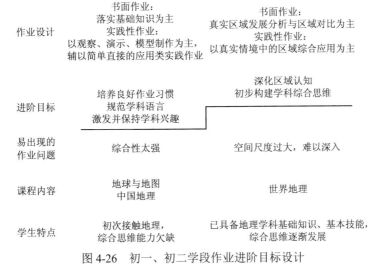

基于进阶目标总体设计，初一学段重在培养良好的作业习惯、规范学科语言，激发并保持学生的学科兴趣。以落实基础知识为主的书面作业，一方面可以规范学科语言，落实基础知识，培养学生良好的审题、做题习惯；另一方面作业难度不大，利于学生获得成就感，激发学科兴趣。以观察、演示、模型制作为主的实践性作业，可以让学生感受到地理学科与生活的联系，感觉地理有意思、有用，从而激发地理学习兴趣。

初二学段需要重点关注综合思维的构建。初二学段虽然学习的是世界地理部分，空间尺度相对较大，但可以设计不同区域的分析与比较类的作业，引导学生深入分析区域各要素的联系，深化区域认知，初步构建学科综合思维。实践活动类作业也可以设计得更综合，生活情境更加真实复杂。表 4-21 为初一、初二学段地理实践作业的主题设计和进阶目标举例。

表 4-21　初一、初二学段地理实践作业设计举例

学段	实践作业主题	具体内容	目标
初一上	绘制家校路线图	①结合电子地图和上学路上的观察确定家校路线； ②将家校路线及沿途标志性事物绘制在平面地图上； ③面状、线状地理事物按照比例尺绘制； ④地图三要素齐全，用数字式表示比例尺，用指向标表示方向； ⑤平面图要布局合理，科学美观，字迹清晰	学会使用地理工具；掌握基本知识技能
初一下	“穿越中国之旅”小组活动与展示	①选取中国境内一条横贯东西或纵贯南北的交通干线（铁路、公路、内河皆可）； ②介绍沿途不同地方的文化特色，体会各地自然环境对地方文化的影响，加强对中华文化的认识（可选择沿途 4～5 个地方重点介绍）	观察复现地理表象；感知区域地理差异
初二上	“我的聚落”小组活动与展示	①利用气候类型图、地形图，小组讨论在世界范围内选择一片建设聚落的区域，并标注在世界空白图上； ②查阅资料，从自然环境的角度说明选择该区域建设聚落的理由； ③设计聚落的生产生活方式； ④绘制 A3 大小的海报并在全班交流展示	区域要素综合分析；因地制宜的人地观
初二下	“认识国家”小组活动与展示	①收集某国家的地图以及文字资料，认识该国家的地理位置、自然环境、经济发展以及人文特色。找出并归纳这个国家的突出特色（核心词汇）； ②根据该国家特点，确定并研究 2～3 个核心问题，理解、解释这些问题，把你对这些问题的理解用图或文字表示出来（做海报）； ③向其他同学展示并讲解你对这个国家的特色以及核心问题的理解，并最终让其他同学认识这个国家	发现和提出问题；时空综合分析

（二）作业类型多样化，进行单元整体设计

作业类型多样化不仅能激发学生完成作业的积极性，还有助于实现分层作业和评价多元化，促进学生全面发展（表 4-22）。

教材阅读类作业旨在引导学生学习教材中精准的地理语言，养成圈点勾画的习惯，学会准确提取信息，难度小，但对于地理入门很重要，是面对所有学生的基础必做类作业。

书面习题类作业是结合已有练习册和教师精心设计的小练习进行的。在初一学段均为基础性作业，属于必做作业，在初二学段则根据题目综合性难度设置选做部分，这类作业的目的是落实基础知识，养成圈点勾画关键信息等良好的答题习惯，学会规范的地理表达。

实践类作业形式最为丰富，包括观察、制作、绘图、演示、讲解等，引导学生学习从地理的视角观察生活，运用地理知识、思维解决生活中的问题，有助于激发学生的学习兴趣。

表 4-22　不同类型作业设计目的、实施方法

作业形式		设计目的	实施方法
基础必做作业	教材阅读类作业	学习精准的地理语言	明确阅读范围和圈画要求
	书面习题类作业	落实基础知识；培养良好做题习惯	结合《学习・探究・诊断》（北京市西城教育研修学院编，以下简称《学・探・诊》）和小练习
拓展分层作业	实践类作业	建立学科知识与生活的联系，激发兴趣，学以致用，提升地理实践力	观察、制作、绘图、演示、讲解等
	思考拓展类作业	拓展知识面，提升综合思维能力	给出思考题，学生借助地理工具、拓展书籍进行深入思考，得出答案或提出更多问题与老师讨论

为提质增效，以最小体量达成作业目标，更需要进行单元整体设计。有整体设计意识，运用系统思维、通盘考虑，能有效避免不必要的重复，实现目标的逐级达成，还能实现作业形式多样化，保持学生的作业兴趣和热情。表 4-23 为七年级上册第一章第一节的作业整体安排示例。

这个单元作业设计包含了书面习题类、教材阅读类、实践类多种形式的作业。实现了作业目标的逐步实现：先观察记录一天中影子长度和天空亮度的变化，为课堂学习地球运动的特点和产生的现象作铺垫，然后演示讲解地球的运动，加深对地球运动产生的现象的认识，再进行书面习题练习，巩固基础知识，诊断教学效果。相较于传统的以巩固知识点为主要目

的的单一的书面作业形式，在一个大单元中学生通过“读一读”“写一写”“说一说”“做一做”多种形式，既能充分利用多种学习方式掌握知识，并在生活中应用知识，又能在动口动手实践中体会学习的乐趣。

表 4-23 七上第一章第一节的作业整体设计举例

课时内容	作业设计
第 1 课时 地球的形状和大小	书面作业：《学·探·诊》第 1～2 页 1～3 题，圈画关键词
第 2 课时 认识地球仪	阅读教材，圈画关键信息，提出疑问
第 3 课时 经线、经度	实践观察：①“立竿见影”——观察记录一天中物体影子长度和方向的变化；②天空亮度变化：拍摄 6:30 或 18:30 的天空亮度变化，个人或小组合作完成均可
第 4 课时 纬线、纬度	书面作业：《学·探·诊》第 2 页选择题 4～5 题，第 3 页综合题第 1 题，圈画关键词
第 5 课时 半球的划分+经纬网	阅读教材+书面作业（设计一个小练习）
第 6 课时 作业讲评及在可擦写地球仪上练习	实践制作：制作水果地球仪
第 7 课时 地球的自转	演示讲解：录制演示地球自转视频
第 8 课时 地球的公转及地球公转的意义——四季更替	书面作业：完善笔记“地球公转示意图”
第 9 课时 地球公转的意义——昼夜长短变化	演示讲解：录制演示地球公转视频 书面作业：《学·探·诊》第 40 页第 3 题

（三）将作业设计纳入教学设计，推进教学评一体化

作业作为一种过程性评价手段，既是为了促进学生学习，也是为了帮助教师调整教学以更好地适应学生的学习阶段、学习水平。将作业设计纳入教学设计，推进教学评一体化，有助于提升作业效果。

以七上第一章第二节“地图”的教学为例（图 4-27），首先利用布置国庆假期作业的机会，设计了“规划国庆假期出行路线”这一主题作业，要求学生将出行路线绘制在平面图上，进行学前摸底、分析学情、发现学生的疑问；然后在课堂中结合教学内容和当时的生活情境（学生当时有外出接种新冠疫苗的经历），引导学生设计并描述学校到疫苗接种地点的路线。学生需要阅读地图的图例找到出发点和目的地，运用比例尺量算距离，结合指向标进行线路描述。在此过程中落实基础知识，解决学生的疑问，突破教学难点。课后再让学生绘制“家校路线平面图”，要求平面图绘制规范，地图三要素齐全，进而巩固提升。作业完成后选取其

中的典型案例，进行课堂评析（学生互评为主，教师适当点评），深化理解。如此一番，学生不仅在实践中了解地图的作用、学会利用地图三要素提取信息和使用地图，还在不断暴露问题、纠正问题的过程中养成了科学运用地图的习惯，学到了对生活有用的地理。

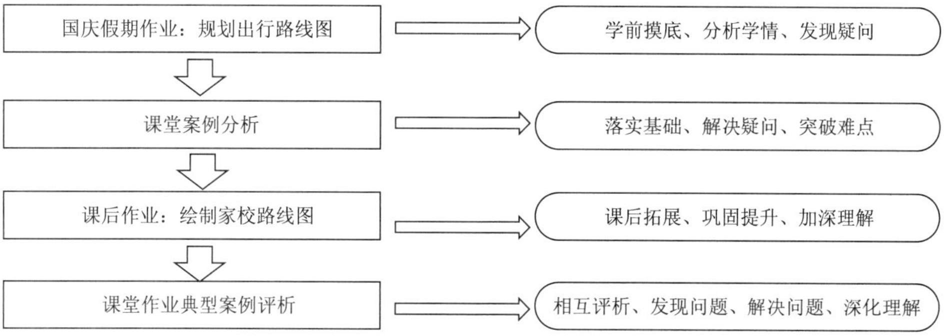

图 4-27　“地图”的教学评一体化作业设计举例

（四）评价反馈多元化，促进学生全面发展

学生的全面发展是体现在多方面的，多元化评价有助于多角度评价学生表现，减轻单一评价带来的负面影响，帮助学生树立信心，促进学生身心健康发展。针对不同的作业形式和内容，需要采取不同的评价方法和维度。

教材阅读类作业，可以通过阅读是否留痕（有无圈点勾画、是否有小结）进行评价，也可以通过课堂提问的方式评价学生的理解程度。书面习题类作业采用等级评价，明确规则，既能促进学生规范表达，也方便统计分析知识落实程度；图 4-28 为书面作业等级评价示例。在制定等级评价规则时，应该既关注答题正确率，也关注圈点勾画等答题习惯的培养，这不仅有助于学生学好地理，也有助于学生提升阅读理解、准确提取信息的能力。

等级评价分规则

全对，有圈画	A++
错1~2个，包括2个，有圈画	A+
错5个以内，有圈画	A
错6~10个，有圈画	A−
错误10个以上	B
未完成	C

注：所有等级没有圈点勾画，自动降级

图 4-28　等级评价规则示例

实践类作业通过课堂展示、学生互评、教师点评等形式进行评价反馈，不仅对实践活动成果进行评价，更关注实践活动参与过程的评价。为促进学生互评的有效性，可以设计不同维度的评价标准，表 4-24 为“穿越中国之旅”实践活动小组评价标准，表 4-25 为该活动的个人评价标准。小组评价主要是从活动成果的角度进行，而个人评价关注活动过程的参与情况，每位学生的最终成绩为小组和个人评价的综合。

表 4-24 “穿越中国之旅”实践活动小组评分标准

评价项目	评价标准
科学无误	作品及演讲没有科学性错误
体现差异	通过作品及演讲体现交通干线沿线各地区的地域差异
分析原因	能够抓住一个或几个地理要素分析产生差异的自然原因
交通工具	能够选择合理的交通工具
地图呈现	能够使用地图相对准确地体现路线，其他图片和文字搭配合理
演讲流畅	语言流畅，听众能听清楚、听明白
作品美观	作品图文并茂，干净美观
其他	作品和演讲有独特的创意或合理独到的见解

表 4-25 “穿越中国之旅”实践活动个人评分标准

评价项目	评价标准
尊重组员	能够倾听他人的意见，彼此尊重，和睦相处
乐于合作	能够合理分工，乐于承担自己分内的职责
资料收集	能够积极主动地收集资料
贡献观点	有自己的想法，能够积极与同伴分享
设计制作	参与作品的设计与制作
参与演讲	参与演讲活动

尽管制定了各种评价规则和标准，但学生的很多作业表现是没法量化的，这就需要进行展示表扬、语言评价等多种形式的评价反馈。通过课堂展示优秀作业案例，既能提升展示学生的信心，也能通过榜样的力量，促进其他学生的提升。课堂评析典型作业，有利于学生深入理解作业的设计目标，提升作业的效用。除了课堂，语言评价反馈也可以借助信息技术手段进行，还可通过面批形式进行更及时有效的沟通反馈。

为充分发挥作业的效用，往往需要结合应用多种评价反馈方式。针对不同的学生也需要采用不同的评价反馈方法。评价反馈多元化，有助于让更多的学生获得成就感，提升地理学习兴趣，进而提升学科核心素养，促进学生全面发展。

三、“双减”政策指导下地理作业优化设计实践的反思与困惑

从实践来看，两年统筹安排、单元整体规划、教学评一体化能够有效减轻学生作业负担，达到减负增效的目的。类型多样化、评价多元化，有助于帮助更多的学生获得成就感，提升地理学习兴趣，进而提升学科核心素养。

但实施过程中如何让作业适应每个学生的发展，如何更加及时地反馈、点评作业并进行个性化辅导，将每一次作业的效用最大化；如何设计探究性作业；如何进行跨学科作业设计等等问题，还有待于进一步探索。

指向核心素养进阶的地理劣构问题解决教学设计——以河流地貌为例*

张琪、张鹏韬

一、引言

问题解决是学习成果的重要体现，也被广泛认为是最重要和最有意义的学习之一。与教育环境中经常遇到的结构性问题相反，学生在生活实践和专业环境中遇到的通常是劣构问题。2017 年版《普通高中地理课程标准》提出了人地协调观、综合思维、区域认知和地理实践力等学科核心素养，这四种核心素养是相互联系的有机整体，指向复杂现实情境中的问题解决。实现地理核心素养的进阶发展，要求学生在不同结构化程度的情境中运用各种重要概念、思维、方法和观念解决问题的关键特征，这引发了教学中对劣构问题解决（ill-structured problem solving，ISPS）的关注（Jonassen，1997）。随着课程与教育评价体系改革的深入，地理课程实施提倡问题式教学，重视建构贴近学生生活实际和社会现实的问题情境，劣构问题解决已成为地理教学的重要目的。本文基于劣构问题解决理论，以“河流地貌”部分为例设计了跨年级整体教学设计策略，以促进学生的核心素养水平进阶。

---

* 本文发表于《中学地理教学参考》，2022 年第 11 期。

作者简介

张琪，北京理工大学附属中学，北京市海淀区兼职教研员，中学一级教师。2011～2018 年在北京师范大学地理学与遥感科学学院、地理科学学部攻读学士、硕士学位，师从王民教授。

张鹏韬，教育部课程教材研究所助理研究员。2009～2012 年在北京师范大学地理学与遥感科学学院攻读硕士学位，2016～2020 年在北京师范大学地理科学学部攻读博士学位，师从王民教授。

二、劣构问题与地理核心素养进阶

（一）劣构问题解决过程

劣构问题又称结构不良问题，主要特征是问题的结构要素不完整，问题的目标和限制条件不明确。因此难以确定哪些概念、规律和原理对于形成解决方案是必要的，同时问题的解决方案及其评价标准也不确定，需要学习者自主判断并寻找证据（Shin et al.，2003）。

由于问题结构中的一个或多个要素是未知的，并且具有多种解决方案，因此劣构问题解决在很大程度上是一个反复的、周期性的过程。学生通常需要教师额外的帮助以克服劣构问题解决中的困难（Shin et al.，2016）。戴维 • H. 乔纳森（David H. Jonassen）强调了教师在这一过程中的引导作用，即通过教学设计，调整提供给学习者的资料特点。他将劣构问题解决的教学设计环节归纳为七步：①阐明问题的领域；②介绍问题的约束条件；③查找、选择与开发案例；④构建案例知识库并呈现给学生；⑤提供知识资源；⑥支持论据构建；⑦评估问题解决方案（Jonassen，1997）。葛等人综合了博士论文的研究成果，认为学习者应具备监控目标任务的元认知能力，由此创建了一个包括四个环节的劣构问题解决模型，分别是：①表示问题；②生成和选择解决方案；③提出论据；④监控和评估目标及解决方案（Ge and Land，2004）。可见，在劣构问题解决过程中，学习者明确问题目标以及教师作为指导者发挥作用是成功解决问题不可缺少的两方面要素。从教学设计的角度看，教师可以在劣构问题解决环节中通过搭建脚手架、设计问题链等方式给学生以帮助。具体来说，教师可以设计以下几个教学环节，促进劣构问题解决：①定位问题所属领域或主题；②界定问题约束条件，明确任务目标；③提供资料，支持制定解决方案；④设计问题链，实施解决方案；⑤监控目标，评估解决方案。

（二）地理问题的劣构程度与核心素养进阶

核心素养是在问题情境中借助问题解决的实践培养起来的，核心素养的不同水平层次，对问题情境提出了不同的要求（杨向东，2017）。水平层次越高，问题的结构化水平越低，复杂程度越高。随着问题情境结构化水平的降低，学生能应对更为复杂和现实的问题情境，这是核心素养得到发展的外在体现。因此，劣构问题解决是学生地理核心素养进阶过程中的必由之路。

问题的劣构程度与问题的情境水平及复杂程度呈正相关。问题情境的水平与复杂程度是地理学科核心素养等级划分的主要维度之一，与问题的深、广度相辅相成，共同划分了地理学科核心素养的等级（韦志榕、朱翔，2020）。依据课标要求，按照从简单到复杂，从结构良好到结构不良，把情境划分为四个从低到高的水平（表 4-26）。

表 4-26 核心素养水平与问题情境结构化及复杂程度的对应

核心素养水平	结构化程度	复杂程度
水平 1	最简单的情境	简单、熟悉的地理事象
水平 2	结构化的比较简单的情境	给定的简单地理事象
水平 3	经过结构化的比较复杂的情境	给定的复杂地理事象
水平 4	未经过结构化的情境	现实中的地理事象

总体上看，从水平 1 到水平 4，问题情境的结构化程度逐渐变弱，换言之，情境劣构程度递增。核心素养的培养是一个循序渐进的过程，需要连贯性、由浅入深、由简单到复杂，这个过程也是学习进阶的过程。学生要解决较高水平的劣构问题，需要先经过情境的结构化阶段，也就是对真实生活情境进行简化、抽象、概括，按照学科的知识体系和逻辑关联，构建高度学科化的情境。这些结构化知识是学习者能从地理学科劣构情境中提取关键信息、发现问题的前提条件（苏小兵等，2020）。以学生已有的知识水平和思维方式为基础，教师结合具体的教学内容设计由浅入深的问题链，运用可操作的、有效的教学活动，让学生可以从浅显的低阶水平层次，循序渐进构建高阶思维的学习路径。学生所能解决的问题劣构程度不断加大，最终体现出核心素养的进阶。这要求教师能从整个核心素养进阶的全局着眼，整体设计劣构问题解决任务。

三、地理教学中的劣构问题解决

依据地理学科核心素养的基本内涵及发展机制，结合实际教学经验，教师通过劣构问题解决的教学设计，实现学生的地理学科核心素养进阶发展。下面结合人教版教材《地理 选择性必修 1 自然地理基础》（以下简写为“《选择性必修 1》”）中“河流地貌”一节内容，介绍劣构问题解决的具体过程设计。

（一）定位问题所属领域或主题

在设计劣构问题时，需首先界定其所属的领域，明确该领域的核心素养水平要求，从而区分不同素养水平问题情境的结构化程度。而且，不同的内容领域或主题所重点发展的学科核心素养是有区别的。地理教师可以依据对应的核心素养目标，从知识对象中选取核心内容，作为劣构问题的设计客体。例如，培养地理实践力时，优选热力环流等实验类内容和地貌观察等实践类内容；培养区域认知时，可以选择生态脆弱区治理、资源跨区域调配等内容。为较为全面地展示学生的地理学科核心素养的发展过程，本文选择“河流地貌”主题作为案例。

对河流的学习贯穿中学地理学习的始终（图 4-29）。在义务教育阶段，学生已经对河流有了基本了解，对河流的水文特征及其影响因素有了初步认识。高一阶段《地理 必修 第一册》（以下简写为“《必修1》”），学生开始从地貌景观的角度初步了解河流地貌，涉及对侵蚀与堆积作用的简单判断，应达到地理核心素养的水平 2。高二阶段通过《选择性必修 1》，学生开始把河流作为一种塑造地表形态的外力进行理解，河流地貌则是内外力共同作用的结果，学生应达到地理核心素养的水平 4。至此，学生基本完成了中学阶段河流地貌的学习。教师通过阐明问题的领域，对这部分内容可以进行跨年级整体进阶设计。

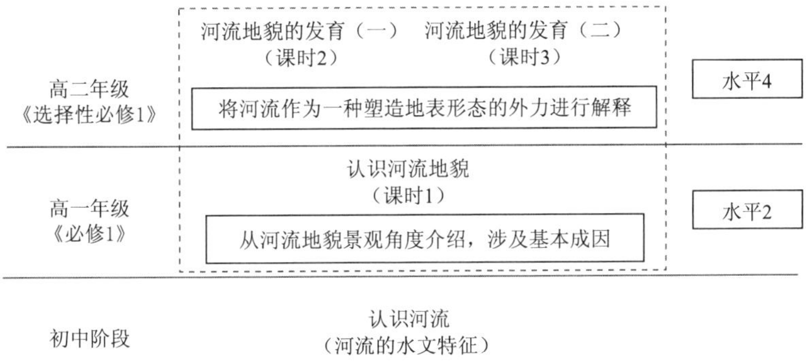

图 4-29 不同学段地理课程中与河流相关的学习内容

针对河流地貌的学习，在《选择性必修 1》部分实现学生地理核心素养的进阶发展，意味着相比高一，高二学段河流地貌的学习内容的难度和对学习者能力的要求逐层深入，两者既有差异性，又有连续性。因此，在这个关键点设置劣构问题解决任务，是提升学生地理学科核心素养的重要途径。

（二）界定问题约束条件，明确任务目标

确定所属领域与主题后，教师可以按照核心素养水平的要求，设计不同劣构程度的问题。在高中阶段，河流地貌这一核心内容相关的课程标准有两条，分别在《必修 1》与《选择性必修 1》部分。

在《必修 1》部分，标准表述为“通过野外观察或运用视频、图像，识别 3～4 种地貌，

描述其景观的主要特点”，其行为条件是“通过野外观察或运用视频、图像”，强调以学生的野外或户外地貌景观的观察和初步理解等实践活动为核心内容，若无条件，教师可以通过图像、视频、模型帮助学生观察和识别不同的地貌。该标准的行为动词为“识别”和“描述”，要求学生在掌握野外观察地貌的基本方法的基础上，观察、记录、描述景观主要特征，辨识常见地貌。

在《选择性必修1》部分，标准表述为“结合实例，解释内力和外力对地表形态变化的影响，并说明人类活动与地表形态的关系”，其行为条件“结合实例”，是对高中地理课程基本要求的达成所采用的方法进行了限定，即要通过对案例的分析达成基本要求。该标准的行为动词是“解释”和“说明”，即要求学生在理解内力和外力塑造地表形态机制的基础上，运用准确、精练的语言，推断地貌的形成原因，并分析地表形态对聚落及交通线路分布的有利与不利影响。

从认识河流地貌的角度来看，两条课标之间的关系是逐渐递进的。《必修1》侧重“现象”，《选择性必修1》侧重“成因”。行为动词从“识别”“描述”到“解释”“说明”，在能力水平上有了提升。由此完成对劣构问题的限制条件的界定。

课程标准中有关核心内容的表述，往往是概述性的、针对某一类问题的。在自然地理模块，核心内容常常是上位的、抽象的，需要具体的区域载体才能实现完整认知过程。本文选取长江这样一条实际存在的、对我国影响巨大的大河作为劣构问题解决的学习载体。结合教材中对该主题内容的叙述及其他资料内容，可将学习任务整合明确为具体的教学目标（表4-27），这是劣构问题约束条件的体现。

表4-27 河流地貌的相关课程教学目标

年级	课题	教学目标
整体	河流地貌	①辨识长江不同河段的河流次级地貌类型； ②解释河流的侵蚀与堆积作用对地表形态的影响，从内外力共同作用的角度分析河流地貌的成因； ③说明河流地貌对人类生活和生产活动的影响
高一	认识河流地貌	①运用等高线地形图、地形剖面图、景观图片及视频资料，识别长江虎跳峡段、监利段、巧家段以及上海段的主要地貌类型，在对比中准确描述地貌特征； ②初步认识河流的侵蚀与堆积作用，判断塑造不同河流次级地貌的主要外力作用类型
高二	河流地貌的发育 第1课时	①以长江为例，分析不同河段河谷地貌的时空差异； ②观看模拟实验视频，说明河流侵蚀的三种方式，解释其对长江横、纵剖面及河流形态的影响； ③以长江为例，从内外力综合作用的角度，分析不同尺度下河流地貌的形成原因
	河流地貌的发育 第2课时	①以冲积平原、三角洲为例，分析影响河流堆积地貌的主要因素； ②说明不同地形类型区域河流地貌与聚落特征的关系

（三）提供资料，支持制定解决方案

劣构问题不能简单地通过查找信息并遵循一组受约束的规则来解决（Chen and Bradshaw，2007）。教师在这一过程中应提供经过选择的资料和知识信息，以支持学生制定解决方案。这些信息可以整合成结构性的知识，从而帮助学生解决劣构问题。依据教学目标，结合学生的思维过程，即可设计不同形式的学习活动。

在高二“河流地貌的发育”第 2 课时中，为实现教学目标“以冲积平原、三角洲为例，分析影响河流堆积地貌的主要因素”，设计师生活动（表 4-28）。

表 4-28　河流堆积地貌师生活动对照表

教师活动	学生活动	设计意图
●　介绍冲积扇的结构：扇缘—扇顶； ●　展示云南巧家县冲积扇景观图，引导学生观察冲积扇内部横、纵剖面上沉积物的差异； ●　构建河流堆积地貌形成条件思维框架：物质条件、动力条件、地形条件、其他条件等	●　分析冲积扇内部横、纵剖面上沉积物粒径变化的趋势及原因； ●　结合河流水文特征，思考河流冲积扇形成的主要条件； ●　分析华北平原上河流冲积扇面积大小差异的原因	认识冲积扇的形成原因与特点，分析河流冲积扇与气候、地形、植被等其他自然地理要素之间的相互作用
●　展示世界不同河流（尼罗河、黄河、密西西比河、长江）的三角洲遥感影像图	●　应用河流堆积地貌的形成条件思维框架，思考非洲刚果河在入海口处没有形成三角洲的原因	认识三角洲的形成原因与特点，分析河流三角洲与气候、地形、植被等其他自然地理要素之间的相互作用

教师展示不同河流冲积扇与三角洲的资料图，并从形成条件角度构建了河流堆积地貌学习的思维框架。这种框架是经过整合的结构性知识，是解决劣构问题的重要支撑。从设计意图上来说，教师提供了原始信息与思维框架，有利于学生整合零碎的知识点，形成可操纵的、有意义的内部表示形式，最终增进学生综合掌握问题的多方面要素，提升综合思维素养水平。

（四）设计问题链，实施解决方案

教师所预设的解决方案由若干个小的问题情境组成，其中应包括劣构问题。这些劣构问题是高水平核心素养进阶教学的基础。劣构问题的设计，要以学生的认知水平和知识基础为起点。劣构问题的呈现，要利于学生发现未知，激发学生学习和探究的兴趣，利于学生创造性地解决问题。

例如，在高二“河流地貌的发育”第 1 课时中，教师展示学生在高一《必修 1》阶段完

成的表格（表4-29）后，提出问题："同一河段只受一种外力作用么？"问题的提出具有明确指向性，这是由教学内容的逻辑性所决定的。但是，问题情境中的信息非常庞杂，多种对象重复交叉、交融。学生一方面需要从众多事项中选择，总结出各河段的主要外力作用类型；另一方面总结又是不全面的，学生需要从生活经验出发，结合表格中河面宽度数值的变化，理解河流的侵蚀作用在整条河段始终存在。因此，这个问题属于劣构问题。

表 4-29　长江不同河段河流地貌描述

长江河段		云南虎跳峡段	云南巧家县段	湖北监利段	上海段
河流次级地貌类型		V 形谷	冲积扇	河漫滩平原	三角洲
位置		山区河谷	河流出山口	河流中下游地区	河流入海口
形态	地形类型	山地		平原	平原
	高低起伏（陡峭/平坦）	陡峭	有一定坡度	平坦	平坦
	形状	V 形	扇形		三角形等
	河面宽度（数值）	200 m		1 400 m	
物质组成（砾石/泥沙）		砾石	泥沙、小砾石	泥沙	泥沙

再如，在高二"河流地貌的发育"第 2 课时中，学生观察世界各地不同的三角洲遥感图像后，发现各地三角洲的形状不同。教师可给出非洲刚果河流域带有海陆轮廓的地形图，设置问题：试分析非洲刚果河在入海口处没有形成三角洲的原因。学生对这个陌生区域的了解，依赖于图像以及已有知识背景的补充。河流三角洲属于典型的堆积地貌，但是堆积地貌的形成并不是单一堆积作用的结果，而是在内外力作用下共同形成的。学生需自我建构解决问题可能用到的原理，并思考如何通过这些原理解释现象。这个问题也属于劣构问题的范畴。

实际教学过程中，问题的呈现往往不是单一的，而是以问题链的形式存在。通过设计不同层次的问题链条，帮助学生将所学内容有逻辑地整合成可操作的学习链条，可以使教学内容的结构化与关联性更加突出。

在高二"河流地貌的发育"第 1 课时中，关于河流侧向侵蚀的认识一直是学习难点。为此，在具体教学时设计了如表 4-30 所示的问题链，逐层深入，帮助学生实现思维要素的多重综合。

值得注意的是，问题链的设计只是预设，实际学习过程的展开要以学生的思维发展为基础，避免出现用问题链过度"牵引"学生的现象。此外，还要关注在课堂上生成的问题，促进、激发学生发现问题、提出问题。

表 4-30　侧向侵蚀问题链设计

展示材料	问题链顺序
模式图：侧向侵蚀 视频：河流的侧向侵蚀	①侧向侵蚀最容易发生在河流的哪种河段？
景观图：日本四国岛四万十川的凹岸和凸岸	②判断哪一岸为凹岸，哪一岸为凸岸？
	③河流的直道部分，也会发生侧向侵蚀吗？尝试推测原因
长江湖北荆江段航拍影像图 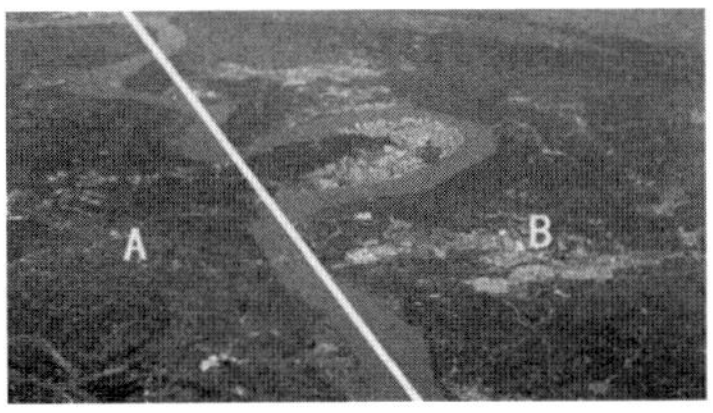	④判断 A、B 两地哪一岸为凹岸，哪一岸为凸岸？两岸的主要外力作用类型分别是什么？哪一侧水下部分的坡度更大？
	⑤推测此段河道未来可能的变化？出现在凹岸还是凸岸？

（五）监控目标，评估解决方案

调用元认知技能，根据目标达成度对解决方案进行评估，是劣构问题解决区别于结构良好问题解决的关键。由于劣构问题拥有多个解决方案，或者根本没有解决方案，即在适当的解决方案上没有达成共识，所以存在评估解决方案的多个标准（Jonassen，1997）。这需要问题解决者（学生）聚焦任务目标，控制和监视解决方案过程的选择和实施。

在“河流地貌的发育”第 2 课时中，为实现教学目标“说明不同地形类型区域河流地貌与聚落分布的关系”，教师展示景观图片：华北平原的团块状大规模聚落，与长江中下游地区的小规模、相连的条带状聚落。学生通过阅读课本和小组讨论，完成“高原、山区、平原三种不同地形类型区聚落分布、形态、密度、规模的差异及原因”的表格。经过实际教学发现，学生描述聚落分布区的语言非常多样。例如，学生对高原地区的聚落分布区的表达有“V 形谷”“河谷”“河流阶地”“河漫滩”“河边”等多种说法，都可认为是正确的。重点是教师需要在此基础上指向教学目标，引导学生深入思考高原上这些区域出现聚落分布的原因，并寻找证据支持所作出的结论。

四、结语

总体来看，地理劣构问题解决是实现学科核心素养进阶发展的必然要求。在地理教学中设计劣构问题解决任务，可以使学生有机会通过探索各种现实情境中的地理问题的解决方案来获得有意义的相关学科知识，同时，有助于培养学生对问题解决任务的自我监控能力，突显学生在教育教学活动中的主体性地位。

本文所呈现的“河流地貌”主题案例，展现了解决地理劣构问题解决的五个步骤，在每一个步骤中给出的主要任务不是固定的，而是一种方向性规定，在教学中可以灵活调整。重点在于应注意到劣构情境是地理教学中的必要设置，缺少了劣构情境的教学过程会造成教育和现实脱节。这是因为结构良好的情境是被人为简化和抽象，围绕明确问题展开的，没有与情境主题无关的其他信息，主要给学生提供学科的主体内容，并按照学科的逻辑进行呈现，对学生进行直接的、简练的引导，影响了他们将所学知识和技能向现实生活顺利地迁移。

同时，劣构情境内部也存在着程度的不同，并不需要在所有方面都具有结构不良的特征。因此，在教学中只设置劣构情境也是不可行的，即使是目标在核心素养水平 4 的课堂，仍需要包括较低水平在内的多种问题情境。多种不同结构化程度情境的呈现，有助于平衡教学内容的逻辑性和生活性，帮助学生有效整合知识结构，提高他们对复杂问题的解决能力，从而实现核心素养进阶发展。

参考文献

[1] Chen, C. H., A. C. Bradshaw. 2007. The effect of web-based question prompts on scaffolding knowledge integration and ill-structured problem solving. *Journal of Research on Technology in Education*, Vol. 39, No. 4.

[2] Ge, X., S. M. Land. 2004. A conceptual framework for scaffolding ill-structured problem-solving processes using question prompts and peer interactions. *Educational Technology Research and Development*, Vol. 52, No. 2.

[3] Jonassen, D. H. 1997. Instructional design models for well-structured and ill-structured problem-solving learning outcomes. *Educational Technology Research and Development*, Vol. 45, No. 1.

[4] Shin, N., D. Jonassen, S. McGee. 2003. Predictors of well-structured and ill-structured problem solving in an astronomy simulation. *Journal of Research in Science Teaching*, Vol. 40, No. 1.

[5] Shin, S., H. Song. 2016. Finding the optimal scaffoldings for learners' epistemological beliefs during ill-structured problem solving. *Interactive Learning Environments*, Vol. 24, No. 8.

[6] 苏小兵、杨向东、潘艳：“真实情境中地理问题生成的学习进阶研究”，《全球教育展望》，2020 年第 8 期。

[7] 韦志榕、朱翔：《普通高中地理课程标准（2017 年版 2020 年修订）解读》，北京：高等教育出版社，2020 年。

[8] 杨向东：“核心素养测评的十大要点”，《人民教育》，2017 年 Z1 期。

地理教育测评研究

地理实践活动成绩评定设计初探*

李岩梅

地理实践活动评定是学生学业成就评定的重要组成部分，但是与传统的笔试相比，地理实践活动评定的设计和实施存在着较为突出的问题，一是认识问题，教师并没有完全认同评定应作为教学活动的一部分，有的教师虽有一定的认识但并未实施；二是实践困难，评定过程中要考虑的因素过于复杂，教师不清楚如何根据不同情况设计不同的评定方案。地理实践活动评定的设计，一是要着眼于实践活动评定中的组成因素及包含的基本内容，二是要搞清实践活动的评定过程。

不同的评定原因、目标可以采用不同的标准和方法，各组成因素间可以进行一定的组合。科学运用的前提是了解每一种评定组成因素包含的内容和适用条件，每一种评定方法的优势和不足。

一、评定原因

实践活动的评定目的主要是反馈教学，促进教师的教和学生的学，使实践活动更能激发学生的兴趣，有利于发展学生的个性，通过学生在活动过程中的表现，得出活动水平的结论等。

---

* 本文发表于《学科教育》，2002 年第 5 期。

作者简介

李岩梅，北京教育科学研究院基础教育教学研究中心中学地理教研员。1983～1987 年在北京师范大学地理系攻读学士学位。

二、评定重点

评定目标与中学地理教学大纲的要求是一致的，教学大纲明确要求“通过地理实践活动，逐步发展实践能力、团结协作和社会交往能力，并在学习过程中不断培养创新精神”。不同的实践活动其目标的侧重点不同，有的取向于技能方面，有的侧重于态度、价值观行为，有的活动是为培养综合能力，等等。不同的评定原因、目标应选取不同的评定策略。

三、情境

教师为学生设置的实践活动情境是多种多样的，其中综合地理实践活动涉及多种情境，培养学生多方面的能力和价值观。其主要特征是：①探究性地理综合实践活动的过程一般是：提出问题、设计过程、收集资料、进行分析、形成作品和结论、交流展示、落实行为（有些比较小型的地理实践活动，情境是其中一部分，以个人活动为主）；②合作学习：全班和小组各有分工，小组合作为主要活动方式。在综合性的地理实践活动中对学生的评定更为困难。多种情境为评定提供了丰富、真实的场景，有利于做出符合实际的判断。

四、评定标准和参与人员

评定标准：地理实践活动可以以教学目标为标准，学生只要达到了教学目标的要求，即可以得到较高的分数；也可以学生自身作为参照来进行评定，只要尽了最大努力就可以得到较高的分数；还可以班级平均水平为标准，表现最突出的得到较高的分数。在地理实践活动的评定中，主要应本着发掘每个学生的长处，着眼于学生进步的原则来进行，因此更多运用的是以教学目标和学生自身发展为参照的标准。有时也需要以学生平均水平作为参照，如评定学生作品等。

参与人员：实践活动评定不仅重视最后结果或作品的呈现，也强调获得结果所经历的过程。学生和家长更了解学生在实践活动过程中的表现，因此除教师之外，学生和家长都应参与实践活动评定。

五、资料收集、结果呈现和解释

资料收集方法：观察法是活动过程中普遍用到的方法，有的时候观察可以在学生未知的情况下进行，更多的时候教师应明确提出观察什么、从几个方面观察等要求，以利于学生进行有目的的自我观察、相互观察以及家长对学生的观察；问卷、访谈法等较适用于了解学生的态度、情感等方面的内容；测验法能够测查学生在实践活动过程中知识、技能及部分能力的掌握情况；评定法可以较为全面地判断学生在活动过程中的表现和水平等，分为口头评定和量表评定。地理实践活动所使用的这些多样的方法，应互为补充。

结果呈现及解释：地理实践活动的结果呈现依据评定的用途而定，或为分数，或为等级，或为描述性语言，或是三者结合的方式。例如等级与描述性语言结合的呈现方式，更能客观地反映学生在实践活动过程中的表现。描述性语言的呈现方式可以是客观的，如列出活动中正确或不正确的行为，在符合处画上对钩；也可以是主观的，如撰写评语。对评定结果的解释要依据评定标准来进行。

对“收听收看天气预报”这一选题进行评定，因评定原因及目标不同，可选择的评定方法、标准等是不同的。可分为三步：第一步，列出评定中的组成因素；第二步，确定评定过程流程；第三步，调整和修改。

例一　选题：“收听收看天气预报”

评定原因为“评定学生在活动中的水平，需要有较为明确的评定等级和结果”。将评定组成因素及过程简化为：评定活动水平（作为学生成就评定的一部分）；独立性、科学态度、动手、分析理解力；选择媒体，记录、整理、表达、分析，形成作品交流；多方参与评定，以教学目标和学生自身为标准；以观察法和评定法为主，评定结果为分数及主观性描述相结合。可设计如表 4-31 的评定表呈现评定结果，将评定表作为学生学业成就评定的一部分记入学生档案。

例二　选题：“收听收看天气预报”

如果例一中的评定不需得出具体的分数，那么可将评定结果以等级的形式呈现。评定标准可以是学生自身发展和教学目标落实情况，作品则可以让同学来确定。如果评定只需以等级的形式呈现，如对于第一条考查要求，可以设计成表 4-32。

表 4-31　地理课实践活动成果评定

<table>
<tr><td>学校</td><td></td><td>班级</td><td></td><td>姓名</td><td></td></tr>
<tr><td colspan="2">实践活动成果名称</td><td colspan="4"></td></tr>
<tr><td colspan="2">实践活动成果类型</td><td colspan="4">1.绘图　2.记录　3.论文　4.设计　5.其他</td></tr>
<tr><td colspan="2">这份实践活动成果是</td><td>1.独立完成的
2.与别人合作完成的</td><td colspan="3">完成时间：　年　月　日
共　天</td></tr>
<tr><td rowspan="9">评价过程</td><td colspan="2">考查具体要求</td><td>自我评定</td><td>家长评定</td><td>教师评价</td></tr>
<tr><td colspan="2">1.15 天内认真记录每天气温和降水概率</td><td>/2</td><td>/2</td><td rowspan="3">/10</td></tr>
<tr><td colspan="2">2.记录资料完整</td><td>/2</td><td>/2</td></tr>
<tr><td colspan="2">3.绘制气温曲线准确、美观</td><td>/1</td><td>/1</td></tr>
<tr><td colspan="2">4.参考有关书本资料，综述 15 天内天气变化</td><td>/2</td><td>/2</td><td rowspan="4">同学评定
/10
签名：</td></tr>
<tr><td colspan="2">5.独立完成</td><td>/2</td><td>/2</td></tr>
<tr><td colspan="2">6.作品有新意</td><td>/1</td><td>/1</td></tr>
<tr><td colspan="2"></td><td>/10</td><td>/10</td></tr>
<tr><td>长处、不足、努力方向</td><td colspan="4">自我分析：

签名：</td></tr>
<tr><td colspan="2">综合评价得分</td><td colspan="4"></td></tr>
</table>

表 4-32　以等级形式呈现的地理课实践活动成果评定示例

<table>
<tr><td rowspan="2">考查具体要求</td><td colspan="3">级别</td><td rowspan="2"></td></tr>
<tr><td>好</td><td>较好</td><td>需努力</td></tr>
<tr><td rowspan="2">15 天内认真记录每天气温和降水概率</td><td></td><td></td><td></td><td>自我评定</td></tr>
<tr><td></td><td></td><td></td><td>家长评定</td></tr>
</table>

例三　选题（综合地理实践活动）：“调查学校附近水污染状况”

该活动以小组为单位完成，需要得出每个同学在活动中的具体分数及不同组的活动水平。评定基本因素是：评定活动水平（作为学业成就评定的一部分）；科学态度、动手、合作、问题解决；提出问题、设计过程、收集资料、进行分析、形成作品和结论、交流展示、落实行为；评定过程是：多方参与评定，重点是小组及本人的评定，以自身为标准辅之以不同组作品的相对评定；以观察法和评定法为主，评定结果以分数及主观性描述结合的方式呈现。

评定分两个部分，第一部分是对小组每个同学在活动中的表现进行评定，列出评定指标，由小组和个人参与评定（表 4-33）。

表 4-33 个人活动表现评定

①参与性	参与活动过程始终	/3 分
②能力	发挥了最大能力	/2 分
③行为	活动中积极动脑、动手	/3 分
④合作性	与小组同学团结协作，不计较个人得失	/2 分
⑤突出之处	在活动中表现突出，加 1～2 分	分

第二部分是在“交流展示”的情境中，每组选出一人作为评定小组成员，在班里成立评定小组，采取评定法对每个小组的表现及作品进行评定，评定目标及标准可参见表 4-34。

将两部分分数相加，所得即为学生在此活动中的得分。

表 4-34 小组表现及作品评定

①参与性	活动及展示阶段小组每个同学都能参与	/2 分
②科学性	以认真的态度设计活动过程，方法科学	/3 分
③创新性	活动设计、实施及展示的作品有新意	/2 分
④技术性	活动中能运用科学研究方法和手段	/2 分
⑤合作性	小组同学团结协作，每个同学发挥了最大的潜力	/1 分

例四 选题：“调查学校附近水污染状况”

学生对本次实践活动的态度和对下次活动的期望，可设计问卷，或采取教师与学生谈话（个别或公开）的方式展开。问卷可设计如下。如果想了解本次活动学生的知识技能掌握情况，可设计一些测验试卷来进行。

一、对这项活动的反映

	很同意	同意	一般	不同意	很不同意
1.我在这次实践活动中收获很大					
2.我与同学合作很愉快					
3.我对水污染的认识有了很大变化					
4.我对环境保护的认识有了很大变化					
5.我希望参与到保护环境的行动中					

二、具体描述这次活动中令你难忘的是什么？（人、事或感想）

基于高考评价体系的地理等级性考试模拟命题初探*

丁利、王佳雨、胡望舒、包琪

2014 年 9 月，国务院印发《国务院关于深化考试招生制度改革的实施意见》（以下简称《实施意见》），提出了深化高考考试内容改革的要求，并启动高考综合改革试点。2020 年 1 月，教育部考试中心发布了《中国高考评价体系》，做出更为精细的解读，成为高考命题领域既具纲领性，又具指导性的文件，是新时代高考命题的重要规划蓝图。高考评价体系将新时代高考的“核心功能”定位在了“立德树人、服务选材、引导教学”（教育部考试中心，2019），首次明晰了高考引导一线教学的核心功能，有助于理顺教学与评价的关系，做到以学促教。该体系不仅为教学实践带来宏观引领，也为一线教师在平时选择试题、编制测验、模拟试题提供了指导。

《实施意见》颁布后，北京、山东、天津、海南于 2017 年成为第二批高考综合改革试点省市。地理学科作为普通高中学业水平等级性考试的六种科目之一，其试题从以往文科综合试题中脱离出来，独立成卷，并采取等级赋分方式核定分数，在考查内容、考查要求、试卷结构、分数设置等方面都发生了巨大变革。

在高考考前模拟试题命制过程中，笔者所在命题团队研读《普通高中地理课程标准（2017 年版 2020 年修订）》（以下简称《课程标准》）、《中国高考评价体系》等相关文本并领会其中精神，遵循北京市地理学科等级性考试命题理念，在考查原则、命题素材、设问方式等方面做了一些尝试，以期更好地把握新时代地理学科育人精神，更深入地探讨新时代地理教育的要求。下文就以命制的考前模拟试题为例，梳理较为可行的命题改革实施路径。

---

* 本文发表于《中学地理教学参考》，2021 年第 17 期。

作者简介

第一作者：丁利，中国人民大学附属中学副校长、地理特级教师，正高级教师。1987～1991 年在北京师范大学地理系攻读学士学位。

一、彰显立德树人，探索育人价值

习近平总书记在全国教育大会上指出，要努力构建德智体美劳全面培养的教育体系，健全立德树人落实机制。高考命题一直将落实五育并举、体现时代精神等育人目标渗透到试题之中，围绕育人目标设计试题情境，对于模拟试题的编制有着重要的借鉴意义。

（一）尊重自然，秉承人地协调观

人地关系是人类和地理环境之间关系的简称，是地理学的研究核心（吴传钧，1991）。人地观念体现人们对人地关系的主观认知，人地协调观是《课程标准》提出的基本价值观念，也是看待地理问题的关键视角，更是高考评价体系提出的“四层”考查内容中最上位的“核心价值”。当今社会人口膨胀、资源短缺、生态破坏等问题日益凸显，越来越体现出因地制宜、尊重自然规律、协调人地关系的重要性。将“绿水青山就是金山银山”的人地协调观念融入试题考查内容及情境，有助于学生进入社会后，真正成为“美丽中国”的建设者和接班人。

例一　（12 分）阅读图文材料，回答下列问题。

材料一　永定河流域示意图（略）。

材料二　卢沟桥西侧有一座清康熙年间“察永定河”石碑，刻有“浑流推浊浪，平野变沙滩，廿载为民害”的碑文，永定河在三家店出山，过去经常在卢沟桥段决堤改道，史称“无定河”。

材料三　永定河流经北京、天津等大城市，沿岸地区工农业发达，上游植被退化严重，平原河段淤塞严重。2016 年，永定河生态修复工程启动，沿线新建或改建 12 处河道湿地公园，沿岸环境明显改观。

（1）简述永定河易在卢沟桥段决堤改道的原因。（4 分）

（2）说明永定河在开发利用过程中产生的主要问题，并列举两项应对措施。（5 分）

（3）说出河道沿岸湿地公园的生态环境效益。（3 分）

永定河是京津冀地区重要的水源涵养区、生态屏障和生态廊道，永定河的生态治理与修复，是京津冀协同发展的重要举措之一。例一以永定河流域为区域背景，围绕永定河污染严重、河道断流、生态系统退化、部分河段防洪能力不足等开发利用过程中的问题展开讨论。在设置问题时，通过三个层次逐层递进，逐渐深化对人地协调观的认知。第（1）题，通过“三家店出山”“河道弯曲”等图文材料，引发学生对河流水患问题的思考。第（2）题，要求学生通过对京津冀区域的认知，分析人类利用河流过程中产生的生态环境问题，并提出针对性的解决措施。第（3）题，要求学生探索永定河综合治理中建设湿地公园这一举措的生态效益。该题通过考查自然地理要素间的相互影响与过程联系，引导学生深刻反思如何正确地认识和开发河流，并针对突出 环境问题，论证和探讨解决措施，树立流域开发利用的可持续发展观。

（二）培养家国情怀，传承优秀传统文化

传统文化是文明演化汇集成的一种反映民族特质和风貌的文化。2014 年 3 月，教育部印发了《完善中华优秀传统文化教育指导纲要》，旨在全面推进家国情怀教育、社会关爱教育和人格修养教育。历年高考地理北京卷高度重视试题中传统文化的表达，二十四节气、民居建筑、中国的世界遗产等内容在试卷中多有体现。命题过程中，在揭示地理现象、规律的同时，也应尽可能传达出传统文化中的地理智慧，帮助学生树立中华民族的文化自尊与自信。

例二　下图展示了我国某城市日平均气温随二十四节气变化。读图回答问题。

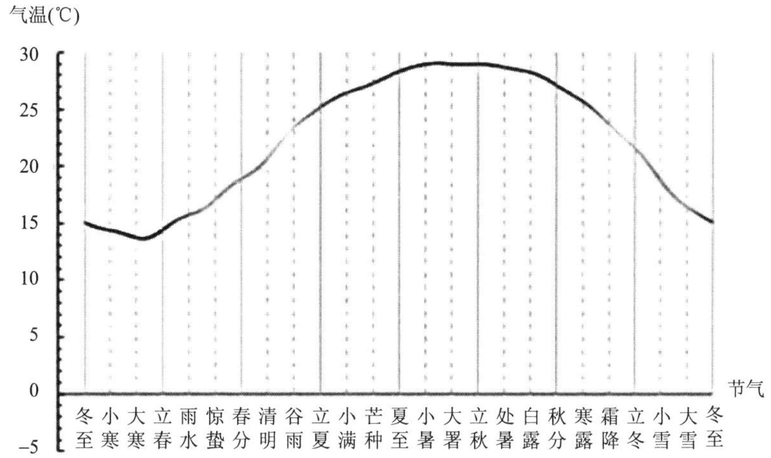

（1）推测该城市为（　）

A．北京　　B．上海　　C．广州　　　　D．拉萨

（2）二十四节气中（　）

A．雨水前后，江淮地区出现连续性降水，称为“梅雨”

B．清明前后，华北地区春旱严重，开始播种冬小麦

C．处暑前后，我国大部分地区处于一年中最热时期

D．霜降前后，冷空气活动逐渐增多，北方降温明显

二十四节气是中国独有的、传统的时间认知体系。我国先民通过观察太阳周年运动，将其运动轨迹划分为24等份，用以概括寒来暑往的时间，表达降雨、降雪等自然现象发生的规律。2016年，联合国教科文组织将二十四节气正式列入人类非物质文化遗产代表作名录。例二通过我国广州市日平均气温随二十四节气变化的曲线图（傅立叶级数拟合数据），引导学生深刻理解二十四节气与气温的拟合关系，辨析二十四节气的物候特征，引导学生理解二十四节气在我国传统农耕文化中占有极其重要的地位，是我国古代劳动人民对天文、气象进行长期观察、研究的产物，其背后蕴含了中华民族悠久的文化内涵和历史积淀。

（三）具备全球视野，增强国际合作意识

全球观念是学生在认识地球表层地理环境各要素及其相互关系、空间分布规律，学习人类面临的人口、资源、环境等全球性问题的过程中形成的意识和观念。《2016地理教育国际宪章》指出："地理教育的最大优点在于能够为青少年建立批判性的全球观念作出独特的贡献"（国际地理联合会地理教育委员会，2016）。因此，考查学生认识世界的能力，使其具备全球观念、世界眼光，牢固树立人类命运共同体意识有着非常重大的意义。

例三　（11分）阅读图文资料，回答下列问题。

材料一　2019年12月17日，由中国公司承建的肯尼亚蒙巴萨—内罗毕—马拉巴铁路通车，将取代100多年前殖民时代速度不足40 km/h的老旧铁路。其中内马段铁路穿过肯尼亚最大的野生动物园——内罗毕国家公园，被许多旅游杂志评为"最值得期待的铁路旅行线路"。

材料二　"蒙内—内马"铁路示意图（略）。

（1）描述肯尼亚的自然地理环境特征。（4分）

（2）简述"蒙内—内马"铁路的修建为肯尼亚带来的社会与经济效益。（4分）

（3）评价内罗毕国家公园旅游开发的有利条件。（3分）

蒙内铁路是连接肯尼亚的蒙巴萨与首都内罗毕的一条铁路，是肯尼亚自独立以来最重大的基础设施建设项目，是中国与肯尼亚共建"一带一路"的标杆。2019年12月17日，蒙内铁路延长线，内罗毕到马拉巴的内马铁路一期工程货运通车。例三以"蒙内—内马"铁路建设为背景，从运输能力提升、产业发展、资源开发、社会促进、对外贸易发展等角度，引导学生理解基础设施建设对区域发展的促进作用，关注"一带一路"背景下基础设施促进区域共同发展的有益尝试，是一道了解中非友好合作的典例。第（1）题，从基础的区域认知入手，引导学生了解较为陌生的区域。第（2）题，通过时速不足40千米的旧铁路、穿越国家公园、旅游杂志的高度评价等信息，引导学生理解交通线路对于区域经济、社会等方面的影响。第

（3）题，从旅游地理考察的关键内容入手，使学生意识到交通线路的修建对旅游开发条件的巨大促进作用。

二、立足学科本质，聚焦考查需求

高考评价体系中，“四层”为考查内容，即“核心价值、学科素养、关键能力、必备知识”，是素质教育目标在高考内容中的提炼，回答高考“考什么”的问题（史辰羲，2019）。

（一）关注必备知识

高考评价体系提出的必备知识，是指即将进入高等学校的学习者在面对与学科相关的生活实践或学习探索问题情境时，高质量地认识问题、分析问题和解决问题所必须具备的知识，是由学科的基本事实、基本概念、基本技术与基本原理组成的基本知识结构体系（教育部考试中心，2019）。因此，必须将知识结构化和关联化，避免孤立的、过细的知识点考查。高考地理考核的主要问题，与《地理教育国际宪章》所阐释的地理问题保持一致，即主要围绕“它在哪里——地理特征”“它为什么在那里——地理成因”“它产生了什么作用——地理联系”“怎样使它有利于人类和自然环境——人地关系”这四个重要问题展开（国际地理联合会地理教育委员会，1993）。

在模拟试题的命题蓝图设计过程中，应紧密关注主干知识，依据以往高考试题考查力度和知识的综合性、连续性程度，进行知识内容的全面覆盖，注重地理特征的综合性、差异性，聚焦地理联系中空间关系原理的内涵，探讨地理过程在空间、时间上的动态性。表4-35展示了模拟试题自然地理部分的命题蓝图，可以看出，其中的内容几乎涵盖了所有基本知识内容，且通过情境、案例，尽可能地使知识内容呈现结构化、网络化。以选择题组3～4题为例，试题通过马达加斯加等降水量线图和地质剖面图，将等值线判读、洋流的意义、自然带分布特征等内容融合到两幅图像之中，既考查了学生对上述知识的掌握情况，又引导学生认识到地理学科关键知识的结构化。

表 4-35　等级性考试模拟试题自然地理部分命题蓝图

知识模块	自然地理 A														
知识点	A1 地图	A2 地球运动	A3 大气圈				A4 水圈			A5 岩石圈			A6 自然环境的整体性与差异性		A7 自然灾害
			大气受热	热力环流、大气环流	天气、气候	天气系统	水循环	洋流	河流	地形及地球圈层结构	内外力地貌、地质作用	岩石圈物质循环	整体性	差异性	
情境案例	经纬网与中国省级行政区图层叠加	区时计算、地理意义	不同城市气温差异	—	节气考查、物候差异	等压线判读	—	洋流意义	永定河开发	地幔软流层	地貌识别及形成过程	马达加斯加地质剖面	生态环境效益	垂直地带性	洪涝灾害
规划题号	选择题第 6 题	选择题第 5 题	选择题第 7 题	—	选择题第 8 题	综合题第 16 题	—	选择题第 3 题	综合题第 17 题	选择题第 3～4 题	选择题第 1～2 题	选择题第 3～4 题	综合题第 17 题	选择题第 9 题	选择题第 13 题

（二）明晰关键能力

高考评价体系提出的关键能力，是指即将进入高等学校的学习者在面对与学科相关的生活实践或学习探索问题情境时，高质量地认识问题、分析问题、解决问题所必须具备的能力，是学习者适应时代要求并支撑其终身发展的能力，是培育核心价值、发展学科素养所必须具备的能力基础，包含了三个方面的关键能力群，即知识获取能力群、实践操作能力群和思维认知能力群（教育部考试中心，2019）。对地理学科而言，关键能力则包含获取和解读地理信息、描述和阐释地理事物、论证和探讨地理问题等能力。

例四　柴达木盆地“水上雅丹”的景观，由河流改道，湖水汇入形成，雅丹地貌的组成岩石主要来自于湖底沉积物。读图，回答下列问题。

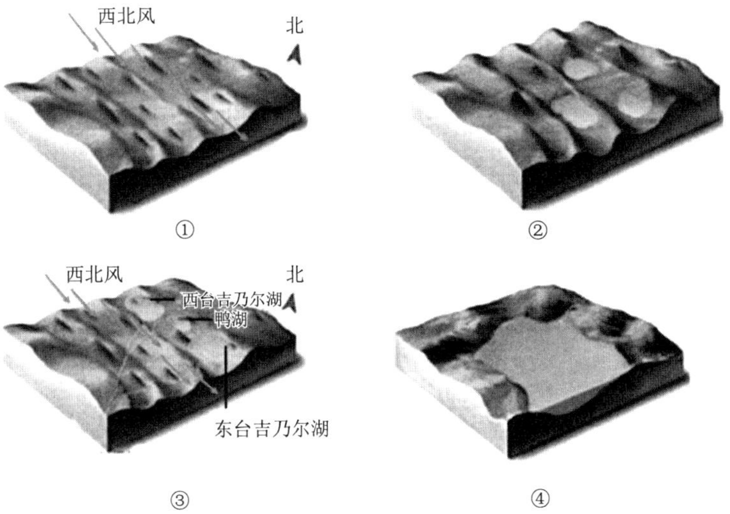

（1）形成该地貌景观的主要地质作用是（　）

A．物理风化　B．流水沉积　C．岩浆活动　D．风力侵蚀

（2）推测“水上雅丹”的演化顺序是（　）

A．①→②→③→④　B．④→②→①→③

C．①→②→④→③　D．②→④→③→①

在试题命制过程中，可通过设置学术类、应用类情境，引导学生从图文和表格中获取地理信息，并运用地理要素相互影响、相互制约的整体性思想，探索和解决新问题。例四以柴

达木盆地的“水上雅丹”景观（毛晓长，2020）为情境，要求学生通过观察图像，分析内外力作用对地表形态的影响，进而推测地表形态的演化过程，能较好地考察学生的信息获取能力和地理思维能力。

（三）聚焦学科素养

高考评价体系提出的学科素养，是指即将进入高等学校的学习者在面对生活实践或学习探索问题情境时，能够在正确的思想价值观念指导下，合理运用科学的思维方法，有效整合学科相关知识，运用学科相关能力，高质量地认识问题、分析问题、解决问题的综合品质，其融汇了国家课程标准中的核心素养要求和高校人才选拔要求中的素养内涵（教育部考试中心，2019）。

区域认知是指人们运用空间—区域的观点认识地理环境的思维方式和能力。高考地理北京卷历来高度重视对区域认知的考查，尤其是对中国地理有关行政区划、地形地势特征、主要山脉和地形区、内流区和外流区、主要河流及特征等内容的考查。因此，模拟试题中选择题组第12～13题以2020年中国全面打赢扶贫攻坚战为情境，将区域锁定在扶贫主战场之一，西起青藏高原东缘，东至华北平原西南部的秦巴山区，从所处内外流区、流域、地势阶梯、热量带与干湿区等角度进行考查，引导学生从自然灾害、土地资源、交通条件、资源开发等角度分析将秦巴山区作为扶贫“主战场”的原因，认知贫困地区在自然环境、产业基础、地域联系等区域要素方面的不利条件，从地理视角深刻理解脱贫攻坚工作的艰巨挑战。

地理实践力指人们在考察、实验和调查等地理实践活动中所具备的意志品质和行动能力，在以往的全国卷和各地方卷中考核较少，通常作为情境、案例呈现，尤其是行动能力，这项内容在高考试卷中往往难以呈现。图像绘制既可以检查学生知识运用、信息提取，还可以检查学生设计、绘制和表达等能力，能较好地检验学生的行动能力。因此，模拟试题中综合题第16题以东北亚局部区域海平面等压线图为载体，从多角度设问，学生需要运用所学知识，系统地观察并获取地理数据，绘制气温变化曲线图，并据此分析气温变化特征及其对生产、生活的影响。

三、面向终身发展，明晰考查指向

（一）紧扣时事热点

命题中时事热点情境的选取，有助于引导学生关注生活中的热点问题，引导教师将其作为案例情境应用于教学过程，情境也是检验学生能否将所学知识应用于生产实践和解释生活现象的重要载体和依托。历年高考地理全国卷和北京卷都不避讳社会热点问题，例如“一带一路”倡议、乡村振兴战略、精准扶贫举措、北京市“三城一区”战略发展规划等热点问题都曾在试题中有所体现。

考前模拟试题的情境设计突出反映当今社会中的热点问题，力求在学生和真实世界间搭起一座桥梁。选择题第5题选取中国人民解放军海军成立70周年海上阅兵仪式作为问题情境，帮助学生树立民族自信；选择题组第12～13题以2020年扶贫主战场之一的秦巴山区为背景区域，引导学生从地理视角深刻理解脱贫攻坚工作面临的艰巨挑战；选择题组第14～15题以我国十年一遇的天象奇观日环食为线索，考查世界区域认知问题；综合题中，更是广泛涉及社会热点问题，如永定河生态环境治理、闽宁镇生态环境搬迁、宁东能源基地建设、国家级贫困县册亨县油茶种植、蒙巴萨—内罗毕—马拉巴铁路通车等。

（二）弘扬时代旋律

2020年6月8日，习近平总书记赴宁夏考察，提出要坚持不懈推动高质量发展，要坚决打赢脱贫攻坚战，要牢固树立“绿水青山就是金山银山”的理念。为打赢脱贫攻坚战，福建省与宁夏回族自治区开展区域合作，实施对口扶贫、易地搬迁，帮助素有“苦甲天下”之称的西海固地区的人民脱贫致富。综合题第18题以宁夏为背景区域，通过闽宁镇易地搬迁案例、宁东能源基地案例，考查生态移民选址闽宁镇的自然原因，以及宁东能源基地探索煤炭高效利用的目的，引导学生深度思考并理解国家推动区域协调发展、协同发展、共同发展的大战略、大格局。

四、讨论与展望

高考评价体系为新时代高考内容改革和命题工作提供理论支撑和实践指南。“一核四层四翼”是高考评价体系的核心架构，其中“一核”首次将高考的核心功能定位在引导教学，不仅对考试命题人员、高考研究人员，更对一线教师有着重大的指导意义。

本文依据高考评价体系进行命题尝试，探索学科育人价值，立足学科本质，整合“四层”考查内容，拓宽学生地理视野。当然，上述试题的命制还存在诸多不足，期待和更多的专家、教师商榷研讨，也期待能有更加完善的国家、地方、校本命题联动机制，以便更好地理顺教考关系，真正达到“以考促教、以考促学”的目的。

参考文献

[1] 国际地理联合会地理教育委员会，冯以浤译："地理教育国际宪章"，《地理学报》，1993 年第 4 期。

[2] 国际地理联合会地理教育委员会，杨洁、丁尧清译："地理教育国际宪章 2016"，《中学地理教学参考》，2016 年第 15 期。

[3] 教育部考试中心：《中国高考评价体系》，北京：人民教育出版社，2019 年。

[4] 毛晓长："柴达木水上雅丹'西部千岛湖'的变化、秘密与隐忧"，《中国国家地理》，2020 年第 3 期。

[5] 史辰羲："基于高考评价体系的地理科考试内容改革实施路径"，《中国考试》，2019 年第 12 期。

[6] 吴传钧："论地理学的研究核心——人地关系地域系统"，《经济地理》，1991 年第 3 期。

学业水平考试背景下地理绘图任务的设计实践*

张宇超

《普通高中地理课程标准（2017 年版）》（以下简称“2017 版课标”）在学业水平考试命题建议中提出“绘图与图解”任务是：选取资料绘制地图或图表、表格、模式图等；运用地图等手段进行推理和得出结论；从地图以外信息源中选择地理信息进行分析、综合、评价、预测等活动（中华人民共和国教育部，2018）。地理绘图任务可以考查学生掌握的地理知识和技能，反映分析问题和解决问题的能力，是地理学科核心素养的标志性指标之一。试卷中安排地理绘图类考题对地理教学也具有明显的导向作用。那么，在试卷中如何构建基于绘图任务的地理试题？事实上，绘图任务在我国高考地理试卷命制过程中是一类传统任务，其设计特点也几经变迁。在学业水平考试背景下，绘图任务的设计应综合以往经验，凸显具有学科素养理念的价值取向。本文以 2020 年北京市学业水平等级性考试及适应性测试卷中具体试题的设计为例，探讨绘图测试任务编制的实践，力求对理解学业水平考试地理命题思想和引导中学地理教学提供参考。

一、地理绘图任务设计的历史回顾

（一）以“暗射图”为主的阶段（1954～1983 年）

20 世纪 50 年代，我国高等教育考试从大学自主招生的考试形式逐渐转变为全国统一考

---

* 本文发表于《中学地理教学参考》，2021 年第 13 期。

作者简介

张宇超，北京教育考试院助理研究员。2009～2016 年在北京师范大学地理学与遥感科学学院攻读学士、硕士学位，师从梁进社教授。

试，地理学科从“中外史地”综合试卷转变为单科独立命题成卷（张亚南，1999），在全卷满分 100 分的试题中，绘图题分值维持在 10～15 分，偶尔也有 30 分的试题。这一时期绘图题考查主要是通过一幅或一组暗射图，而暗射图是不加注记，具有简要内容的地图，如 1959 年全国高考地理试题包括填充中国暗射图和填充欧洲暗射图两部分。试题提供具有经纬网、大陆轮廓、国界、水系、城市等地理符号的地图，要求考生填写国内外地名，绘制区域界线、公路铁路线、洋流等地理信息。考生需要通过阅读地图来确定区域位置，再确认具体的地理事实，然后填绘在图中正确的位置上。当时，绘图题呈现以“填图”为主、“绘图”为辅的特点，通过具体任务考查考生对地理陈述性知识的掌握程度，考查考生识图和记图的基本能力。

（二）绘图内容日趋丰富（1984～2000 年）

1984 年，高考地理卷中绘图任务出现在读图分析题和简答题中（杨新等，1985），读图分析题要求考生根据高程点的数值来绘制地形图，并且进一步分析图中的鞍部、陡坡、缓坡、山脊、分水线等地形特点。简答题要求考生在一个空白框内，画一幅新疆“三山夹两盆”的地形分布示意图。到 20 世纪 90 年代，地理绘图的设计思路逐渐扩展（表 4-36），不再拘泥于图像中地理事实的填写。试题在引导考生掌握“地名、物产和铁路线”等地理事实的基础上，考查考生对要素空间分布特征、地理概念、原理和规律的认识，以及对知识间相互关系的掌握程度，加深对地理程序性知识的理解。

表 4-36　20 世纪 90 年代全国高考地理学科绘图任务列举

年份	绘制依据	具体任务
1990 年	长江某站和黄河某站河流逐月流量数据	绘制黄河该站相对流量变化曲线
1991 年	19 世纪前世界部分地区人口迁移图	绘制人口迁移方向
1992 年	北半球中纬度某地气压分布图	绘制有摩擦力时空气水平匀速运动方向
1993 年	某地气温逐月变化数据表	绘制气温年变化曲线
1994 年	A 市附近等高线地形图	绘制河流的山区河段，画出兴建水库的最佳坝址
	20 世纪 80 年代末一些国家粮食生产数据	绘制人均粮食产量柱状图

（三）绘图情境更加鲜活（2000 年以来）

21 世纪以来高考试题以能力立意的命题理念为主流，绘图任务不单纯就任务论任务，而是采用更丰富的试题情境来考查考生解决真实问题的能力。以高考地理上海卷为例，2003 年第 33 题从“非典型肺炎”疫情这一热点事件切入，要求考生从地理信息技术的视角“设计区分我国部分省区病例数值段的图例符号，并在图上的山西、湖北两省范围内画出相应的图例符号”；2008 年第 41 题围绕武汉城市圈城市经济联系这一经济地理学术议题展开探究，要求考生通过“城市经济联系度与城市经济联系等级值的转换公式”，计算并画出仙桃与武汉的经济联系等级值。

二、地理绘图任务设计的考查价值

（一）绘图任务与情境的有效结合

与以往高考相比，科学测评学科素养是高中学业水平考试的评价目标。评价目标的实现需要通过考生对学科测试任务的完成过程来建立预期的关键行为表现，用以作为测评依据。准确把握测试任务是有效测量考生地理素养的前提条件。试题设计依赖于创设的现实问题来驱动考生完成绘图任务，引导考生从中体会地理学科的现实价值，体现学科内容的素养意义。

以往地理试卷中的绘图任务多表现为考生纯粹完成一项画图的程序任务。考生不清楚为什么要画图，也不知道所绘的图像如何用来解释或解决真实问题。在学业水平考试的测评体系下，学科任务和试题情境深度融合为解决上述弊端提供了契机。绘图任务的编制应着力聚焦“真问题”“真情境”和“真任务”。这种试题设计的“真”有利于展现考生的真实应答水平，但现实的绘图任务常包含有复杂的数据结构，信息密度较大。在考试环境和压力下，如若直接呈现原始资料，试题会给考生带来更为严重的认知负荷，影响试题的效度和信度。因此，需要对绘图试题进行针对性的情境建构，使绘图过程更加切合考试实际。例如，现实的等高线地形图上两点间的剖面图可通过测量仪器和计算机模拟来精确测算等高距，命题者需要在拿到原始图幅后在满足基本格局的基础上进行地形数值的调整，或基于原始图幅进行假想地域的地形模拟，保留关键性的绘图相关数据和特征，忽略细枝末节，方便考生计算和绘制。

（二）展现考生地理实践力水平

地理实践力是地理学科核心素养之一，对其评价研究多以野外考察与调查、地理实验活动等作为评价载体。但考虑到教学和测评实际，大规模标准化的纸笔考试仍然是获取考生地理实践力素养水平的重要方式（张鹏韬等，2020）。绘图技能可以贯穿在具体实践活动的不同阶段，通过试题化的情境设计，引导考生运用学科主干知识和一般科学方法来绘制地图与图表，并以此分析和解决地理问题。通过对考生作答行为，即地图和其他图表的绘制和对所绘内容的阐述，可以在一定程度上反映考生地理实践中的行动能力。例如，在地理考察计划制订期，考察团队需要通过网络和书籍等资料源收集考察地的地理数据，如气温和降水数据、人口普查数据等，通过绘制气温曲线和降水量柱状图、人口变化统计图等发现地理问题。另外，也可搜集当地地形数据，通过绘图来规划考察线路。在野外调研和考察过程中可以围绕具体调研问题，搜集当地更为具体翔实的水文、植被、气象等实测数据，也可通过问卷调查获取当地经济社会一手数据来绘制图表。在资料分析阶段需要结合考察数据所绘图表来分析地理指标，解释地理问题和现象。在实践评估阶段，可以设计对图表解释程度的探讨，数据反常和误差等的修正和反思等任务，加深对地理实践内容和过程的理解。

（三）激活考生的高阶思维

一般认为，分析、评价和创造是高阶思维所强调的分类维度（王帅，2011）。从考生作答的角度来看，学生以一种对于自身而言较为新颖的方式来利用信息和概念去解决任务，可以视为展现高阶思维的重要路径。基于此，绘图任务对高阶思维的考查需要强调三个方面：①激发考生主动思考，自主构建和绘制图表，强调以学生为中心的“做中学”理念。②关注考生对所绘图表的分析与评价，从地理逻辑的形成思路与地理语言的表述状况提出评价标准。③强调设计开放性的绘图任务，使得考生能够整合和串联学科知识，提出问题、得出结论，引发反思、批判等思维活动。

例一　某校中学生赴长江上游支流大宁河（重庆段）流域进行野外实习。学生走访了水文站，查阅文献获取了当地东溪河、西溪河、后溪河和平定河四个子流域侵蚀量和输沙量的数据。请绘制统计图表，并说出大宁河流域侵蚀量与输沙量的关系。

子流域名称	侵蚀量（万吨/年）	输沙量（万吨/年）
东溪河	114.3	52.3
西溪河	91.9	48.8
后溪河	63.7	24.0
平定河	51.2	19.5

大宁河流域是长江流域水土流失治理的重点区域，试题创设该流域野外实习的情境，以流域综合治理为主线设计问题。流域侵蚀量和输沙量是区域水土流失问题的两个重要地理指标。流域侵蚀量是指外营力作用下，流域地表被破坏所携带的泥沙量和石砾量的总和；流域

输沙量是指通过流域出口断面的泥沙总量。流域侵蚀量除了流域输沙量，还应含有流域内河床沉积的沙砾量。试题给出当地上述两个指标的年平均数据，但两个地理指标对考生而言是陌生的，在作答时可有两种思路。第一种思路是考生先进行表格数据的观察，发现并提出地理指标的关系，选择合适的度量单位和统计图来解释所提出的关系。第二种思路是先通过数据来绘制统计图，然后从图中展现的数据特征来得出地理指标的关系。

在素养测评框架下，绘制前的图表规划和对绘图后的决策、评价和反思等能力的相互耦合，可以成为引导考生展现地理高阶思维的有效方式。总体上看，试题通过统计图表的绘制考查考生对地理数据和规律的认识水平。绘图任务更注重考生图表规划能力、图表对地理要素解释程度的考查，这也有效摆脱了绘图题纯粹画图的单一模式，绘图任务的开放性也为考生搭建了展现高阶思维的平台。

三、地理绘图任务的实现

（一）任务设计嵌入考试命题整体框架

对于北京市学业水平考试来说，绘图任务的设计是一项新的尝试。一项新的测试任务应基于课程标准要求，结合北京基础教育实际学情来开发。绘图任务设计是地理学科学业水平考试研究的一部分，应嵌入相应的试测和调研当中（图 4-30）。例如，通过在教学一线听课、与教师和教研员座谈，探讨地理绘图教学的基本策略，发现目前绘图实践存在的问题和薄弱环节等；根据课程标准要求和测试框架来编制绘图任务。作为新题型要设置专门的绘图试题来进行小规模的测试，然后根据考生作答情况进一步修正绘图任务，将其嵌入试测整卷中，开展大规模试测。

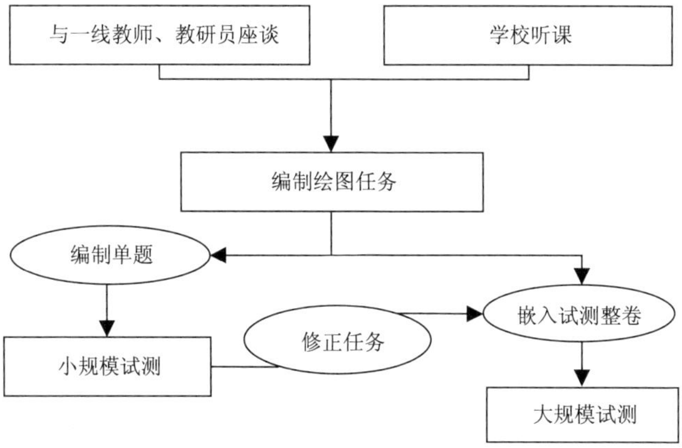

图 4-30　新测试任务的设计流程

（二）基于多维细目的绘图任务设计

以学科任务和问题为导向的素养测评框架是学业水平考试的重要命题依据，是不同于以往高考试题编制的一个重要变革。在具体测试任务设计时，要以学科任务为基础来进一步描述（表 4-37），进而能够为试卷多维细目表（贾瑜、辛涛，2020）提供编制基础。

表 4-37 地理学科绘图任务具体内容描述样例

绘图任务描述
子任务：①选取和解读资料，计算绘图所需地理数据；②根据具体问题选择合适的图表类型和模式；③使用测量单位、采用适当的格式呈现图表；④分析和解释地理图表，阐述结论，为解决问题提供证据；⑤评价和探讨绘制结果，提出新的地理问题

在编制绘图题多维细目时要联系测试内容领域、学科核心素养和情境类型等多个维度，以保证测试目标清晰明确，确保命题的有效性。在多维细目表中，绘图题的题型和数量要在试卷中明确。同时，要选取子任务、主要核心素养类型等作为主要考查的核心素养，情境类型定位为“野外实践”的情境，要求考生完成统计图表绘制的任务。绘图题编制的一种多维细目表见表 4-38。

表 4-38 地理绘图任务多维细目样例

试题类型	非选择题
试题数量（分值）	1 道大题中的 1 个小题（3～5 分）
任务描述	根据具体问题选择合适的图表类型和模式；分析和解释地理图表，阐述结论，为解决问题提供证据
核心素养	地理实践力
情境类型	野外实践调查情境
难度预估	一般，难度 0.6～0.7
学业质量水平	水平 4（利用工具和材料，分析处理地理数据，解释和评价地理现象）
测试内容	地图、等高线、地形剖面图

（三）试题修改

将雏形试题打磨成符合要求的试题需要进行一系列修改。绘图任务的修改以多维细目表为依据，进一步优化试题情境，通过调整设问结构化程度、题干呈现和表述程度等方式契合学业质量水平和预设难度。

1. 调整绘图设问的结构化程度

试题设问可以归纳为结构化的设问和不良结构的设问。结构化的设问是给出具体的限定条件，预设考生具有一定地理作答结构和范式，考生需要运用普遍原理、规律和较为规范的学科语言、逻辑来解释具体个案。不良结构的设问往往约束条件较少，设问形式更为开放。这类任务需要考生根据所学内容创造性地构建解决问题的思路和结构，提出和讨论不同的约束条件和结论。在同等条件下，不良结构的设问往往需要更高阶的思维过程，花费更多作答时间，难度更大。

例二　北京市某校学生到京郊进行地理实践活动，其中一项为村落交通状况考察。读下图，判断某同学站在甲地能否观察到停车场，绘制剖面图并说明理由。（5 分）

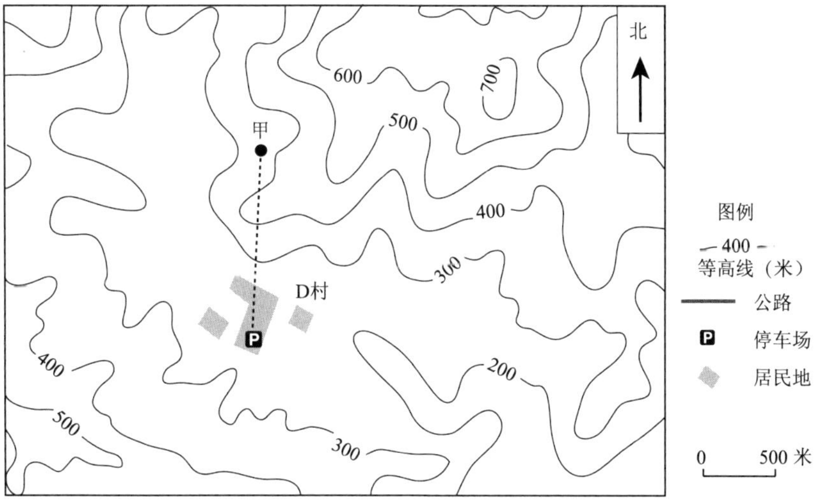

本题是一道典型的通视问题。试题要求考生将等高线地形图转绘为地形剖面图，再通过所绘制的剖面图来解释问题。试题的设问较为结构化，限定同学站在甲地来观察停车场，判断是否通视的线路已经确定，绘制的图表类型也已经明确。如果调整为不良结构的设问，可以从以上两个方面来放宽设问约束条件。例如可以增加观测点数量（也可在某一范围内自选观测点），让考生任选其一进行剖面图绘制；也可以隐去剖面图的具体要求，引导考生根据情境决策是否要绘制和使用剖面图来阐述理由。

2. 调整绘图资料的呈现和表述程度

例三　2010 年巴西人口数量为 1.98 亿人，其中城镇人口数量为 1.67 亿人。读 1950～2010 年巴西与发

达国家城镇化率表格，绘制 1950～2010 年巴西城镇化率折线图，并与发达国家对比，简述该国城镇化特点。（6 分）

年份	1950 年	1970 年	1990 年	2010 年
巴西	35.2%	55.8%	73.3%	—
发达国家	53.8%	66.6%	72.5%	76.0%

本题给出 2010 年巴西总人口和城镇人口数量的文字资料，根据城镇化率的定义计算出 2010 年该国城镇化率约为 84.3%。然后根据表中数据绘制巴西和发达国家的城镇化率折线图，就可以清楚地展示巴西城镇化率变化特征及其与发达国家同一时期的差别。本题着重考查的是考生对“城镇化率”“发达国家”的概念是否熟悉，以及对地理特征的比较。

如果达到更低的难度预设，可以减少资料类型，仅选用巴西本国的人口数量和城镇人口的历史变化，围绕其城镇化率的变化进行阐述。另外，可以更换其他的人口指标，如人口增长率、人口迁出或迁入等数据来对时序变化进行阐述。

（四）绘图任务评分标准的制定

大规模纸笔测试背景下，有效评价考生表现的关键就是对考生完成测验任务每一步的质量进行考核。由上述研究可知，绘图任务实际还需要细分不同的子任务，不同的任务需要结合知识内容、试题情境和试题难度等设计评分标准。一般情况下，绘图任务往往是为描述、解释和探讨具体地理问题服务，因此评分标准的制定应遵循规范性和差异性。

规范性是指绘图符合地理学科和数学工具使用的基本规范。例如，在绘制地形剖面图时可以从数据计算、坐标设计、图线绘制、比例尺与方位确定、地理事物标注等五个方面进行评分维度的分类（表 4-39）。

表 4-39　地形剖面图绘制特征及评分样例

绘图特征	操作化界定
数据计算	准确计算关键点位高程和高差
坐标设计	选用合适的坐标轴，标注合理的数值和单位
图线绘制	将关键点连成平滑曲线
比例尺与方位确定	准确写出水平和垂直比例尺，确定并标出方向
地理事物标注	将重要地理事物标注在图中合适位置

差异性主要围绕所绘图表对于地理问题解释视角和解释深度展开评价。试题没有限定具体绘图类型时，可以从三个作答特征来考虑评分标准的制定。

（1）所要绘制的图表能否为解决具体问题提供有效的地理证据，即“选对所绘图像类型”。例如，例二设问若调整为“绘制图表，判断某同学站在甲地能否观察到停车场，并说明理由”，需要考生结合学科情境，意识到根据等高线地形图转绘为地形剖面图，方可直观判断停车场位置。

（2）围绕“准确阐述所绘图像内容”设计评分标准。例如，例三中，考生在绘制折线图后需要归纳其所反映的城镇化特征。评分标准中须有一条考生是否结合了前期城镇化水平、后期城镇化水平和变化速度等角度对比巴西与发达国家的城镇化特点。

（3）从解释深度细化标准，拉开水平差距。例如，例一中，考生对侵蚀量和输沙量关系的阐述以及图表的解释深度能够明显地区分考生的素养水平，具体表现见表 4-40。

表 4-40　在例一绘图任务中考生表现出的素养水平样例

<table>
<tr><th>表现</th><th>样例</th><th>作答水平</th></tr>
<tr><td>不清楚两个地理指标的关系，结论阐述不符合地理事实；没有选用合适的图表类型来阐述指标关系；绘图缺乏规范性，遗漏重要绘图要素</td><td>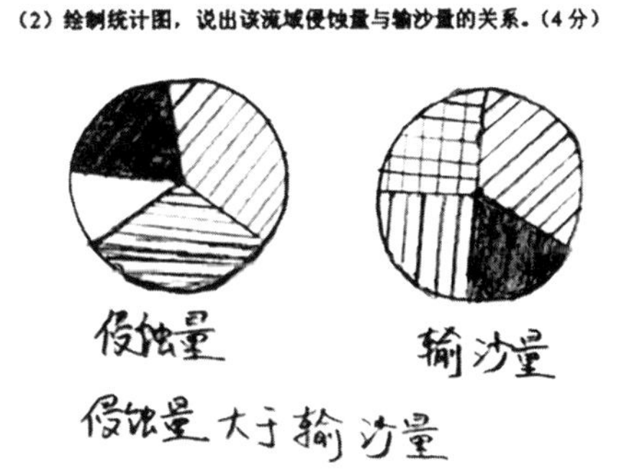

图 4-31　学生作答截图 1</td><td>水平 1</td></tr>
<tr><td>能够提出指标的数值关系，但没有深入思考两个指标的地理内涵和意义；能够选择合适的图表类型，能够支撑所得结论；绘图遗漏部分绘图要素，整体较规范</td><td>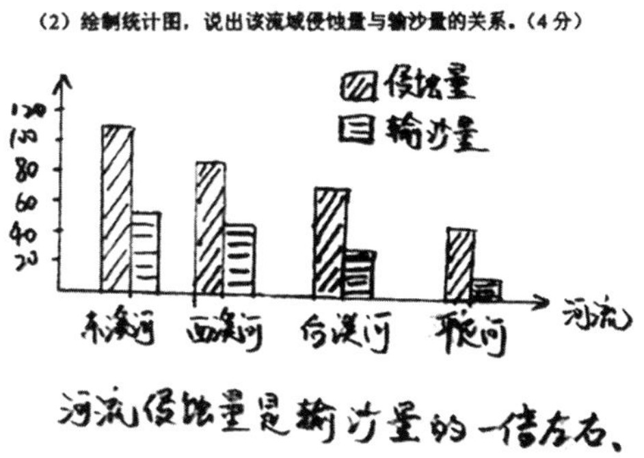

图 4-32　学生作答截图 2</td><td>水平 2</td></tr>
</table>

续表

<table>
<tr><th>表现</th><th>样例</th><th>作答水平</th></tr>
<tr><td>能够充分理解两个地理指标的要素内涵和区域内涵，准确把握指标的地理意义；能够选用合适的图表类型，准确且充分地为所得结论提供证据；图表要素齐全、规范，绘图较为严谨</td><td>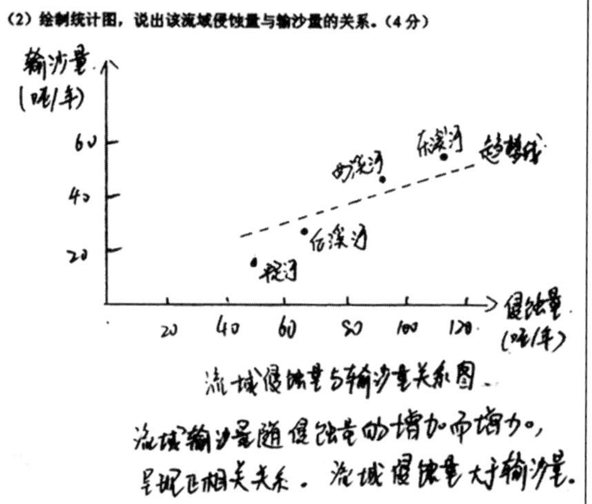

图 4-33　学生作答截图 3</td><td>水平 3</td></tr>
</table>

在学业水平考试框架下，绘图作为地理学科一类特殊的学科测试任务，可以彰显地理学科本质和育人价值，但在命题实践过程中仍然存在一些问题。例如，与其他地理测试任务相比，绘图任务种类和数量较少，对相关考生关键行为的表现、评价尺度和标准的开发较为单薄，这在绘制模式图等形式的绘图任务研究中更为明显。另外，不同种类和数量绘图任务对考生解答思维和作答时长的研究等仍然缺乏定量化和精细化的数据支撑。上述问题需要在以后的研究中进一步探索。

参考文献

[1] 贾瑜、辛涛：“基于课程标准的中高考命题改革思路与途径”，《清华大学教育研究》，2020 年第 1 期。
[2] 王帅：“国外高阶思维及其教学方式”，《上海教育科研》，2011 年第 9 期。
[3] 杨新、李洁：“加强地理智能的训练——以 1984 年高考地理试题为例”，《地球》，1985 年第 3 期。
[4] 张鹏韬、高翠微、王民：“国际奥赛野外题评分标准对地理实践力评价的启示”，《地理教学》，2020 年第 11 期。
[5] 张亚南：“50 年地理高考的历程及近年命题指导思想”，《中学地理教学参考》，1999 年第 12 期。
[6] 中华人民共和国教育部：《普通高中地理课程标准（2017 年版）》，北京：人民教育出版社，2018 年，第 46 页。

地理教师专业发展

做高素质、高水平、创新型的地理教师——地理特级教师“特”在哪里*

王树声

尽管随着时代的变迁对特级教师的认识可能有所变化，但有些基本的理念却不能改变，地理特级教师的“特”应该体现在以下几方面：

第一，对学科的深刻理解和热爱是特级地理教师必须具备的条件。特级地理教师首先要从多元的视角认识地理教育的意义，并具有较强的地理意识和对学科价值的深刻认识。

地理特级教师对地理教育应有明确的认识。地理学科是启迪爱国、经世致用、连接着人类未来的伟大学科，从事地理教育是一件责任重大、意义也十分重大的事，爱国教育、环境教育、全球化教育都是以地理教育为启蒙的。未来积极而负责任的公民，必须具备地理知识和地理意识。地理知识在生存、生产、生活方面都发挥着无可替代的作用。作为地理特级教师尤其要对学科思想及其意义有深刻了解，以科学的人口观、环境观、资源观教育学生，树立地域差异、因地制宜、人地协调、可持续发展等科学观点。

第二，特级地理教师应该对地理学科的发展方向和研究趋势有清楚的了解。作为特级地理教师，应该对当前学科的发展方向和研究趋势有所了解，这样在教学中才能目标明确，把自己的工作和学生的未来衔接起来。当前地理学科的研究方向主要是全球变化及其区域影响研究，陆地表层过程与格局的综合研究，自然资源保障和生态环境建设研究，区域可持续发展及人地关系的机理和调控研究，地球信息科学、技术和“数字地球”研究等。作为特级地理教师必须对此有清醒的认识，并在教学中适当地渗透新信息，同时还必须关注地理学的发展趋势，有意识地学习新知识。例如，人文地理与自然地理高度综合（以人地协调发展为目

---

* 本文发表于《中国教师》，2011 年第 24 期。

作者简介

王树声，北京师范大学附属中学教师，地理特级教师。1945～1949 年在北京师范大学地理系攻读学士学位。

标，以区域为主要研究对象，实现资源、人口、环境、社会、经济的可持续发展）；深化微观研究，探究地理事物的成因和变化机理（由静态、类型和结构的研究转变到动态、过程和机理的研究，进一步上升到动态监测、优势调控和预报预测）；拓展地理学的应用研究领域；实现研究方法和技术的现代化（从经验科学走向实验科学）和研究对象的扩大化（从点到面、由微观到宏观、由区域到全球）。明乎此，在教学中方能高屋建瓴、站位高、理解深、见识远，讲别人之所不能、见别人之所未见。

第三，特级地理教师的教学应凸显自己的特色，其专业知识应更为深广，专业能力要更为全面，专业情意要更为淳厚，思维也需更具创新特点。地理特级教师的教学应当有自己的特色，而且其具备的知识应更为广泛（学科知识、一般教学法知识、课程知识、学科教学知识、学习者及其特点知识、教育背景知识、教育目标、目的和价值观及其历史背景知识等），整合知识的能力应出类拔萃，专业情意应更为淳厚（对学科教学有持续的热情，能把教学工作视为享受）。在思维方面能不断地更新教育观念，关注形势发展，随时构建新思路、适应新发展、提出新要求。

地理教师不同发展阶段的专业化培养*

吉小梅

教师的专业成长是有阶段性的，不同阶段教师特点不同，需要关注的侧重点也不一样。在教师的成长过程中，一方面需要教师自身努力、不断学习；另一方面教研员在帮助教师成长过程中起着重要的作用。作为专职教研员，既需要帮助教师理解地理学课程内容，还需要明确教师发展的不同阶段，设计教研课程，促进教师专业发展。

一、进入专业角色 内化职业规范

入职培训是新任教师学习教学的导入阶段，也是新任教师进入专业角色、内化职业规范的过程，快速走上专业发展道路的有效途径。深入理解课程标准，将丰富、系统的专业知识转化为符合学生实际的学习内容，是新教师需要重点关注的问题。

近年来，北京市海淀区新入职地理教师呈现出学历高、年轻化的特点，主要来自各大高校地理教育相关专业毕业的研究生，也有综合院校毕业的非师范专业学生。这些新入职教师往往具备比较丰富、比较系统的地理学、教育学和心理学专业知识，这为他们从事地理教学工作奠定了良好的理论基础。但由于实践经验不足，在教学中也会暴露一些问题，比如新教师往往想倾囊相授其所学知识，却造成讲课贪多图全、顾此失彼；专业性过强的知识不能深入浅出，学生难以消化，也会影响新教师的自我效能感。这些问题的解决有赖于教学目标的科学合理设计。能否合理制定教学目标，是一节课成败的关键，也是教师的教学基本功。

北京市举办了初中教师教学基本功展示活动，活动要求参赛教师根据所给课标要求，准

---

* 本文发表于《中学地理教学参考》，2015 年第 7 期。收录时作者进行了个别修改。

作者简介

吉小梅，北京市海淀区教师进修学校地理教研员，地理特级教师，正高级教师。1986～1990 年在北京师范大学地理系攻读学士学位。

备时长 15 分钟的教学片段。小张老师是一位学科功底扎实、教学认真的新教师。他抽到的题目是“运用地图和资料，说出长江、黄河的主要水文特征以及对社会经济发展的影响”。通过深入解读课标要求，发现这条课标涵盖的内容较多，知识量大。针对课标要求，制定符合实际的教学目标、选取恰当的教学内容是完成展示活动的基础。

那么选择哪条河流来落实课标要求呢？多数老师会想到以长江为案例，因为它更能体现出“对社会经济发展的影响”，而且素材丰富，运用起来比较得心应手。然而，也正是因为如此，在展示中不容易出现“亮点”。于是，小张老师选择了以黄河为案例，这的确为寻找素材提出了挑战。作为教研员，要积极肯定小张老师的想法，因为选择一个有挑战性的内容更会激发老师的创作潜能。

在制定教学目标过程中，小张老师仔细研读了课标和相关内容的教材。充分考虑了学生已经具备的知识背景，他注意到，教材在本节第一课时已明确说明河流的水文特征的几个方面，如果黄河这部分内容也是按照这些方面一一论述的话，难免死板和单调，学生在掌握了河流水文特征的分析方法后，只需要选取主要特色，即课标中说的“主要水文特征”就可进行表述。结合教材意向，应突出黄河的治理，故黄河的水文特征应重点论述的是水量较小、有凌汛、含沙量大等，这分别对应着水量、汛期、结冰期、含沙量等方面信息。这些特点造成的影响可分别讲述，如水量较小对应灌溉水源，含沙量大对应塑造平原和“地上河”的利弊两方面。综合以上分析，他决定讲的内容是黄河各河段的水文特征及影响。呈现方式是画板图，板书结合在板图上，这可以作为一个教学亮点。初稿内容总结 PPT 和板图见表 4-41。

表 4-41　初稿内容总结 PPT 和板图

初稿内容总结 PPT	初稿板图
黄河各河段的水文特征及其影响 • 上游： 　• 春季凌汛，落差大 　• 开发：水能资源，灌溉水源 • 中游 　• 含沙量大 　• 治理：水土保持综合治理，修建水利枢纽 • 下游 　• 水流慢，泥沙沉积，地上河，凌汛 　• 措施：加固堤坝	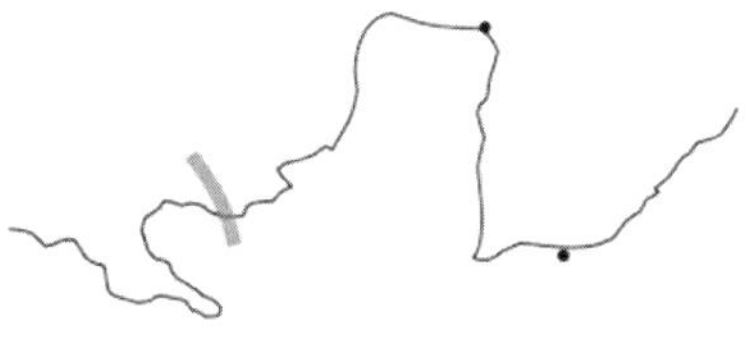

很显然，小张老师在设计过程中能注意教学内容的系统性，积极吸引学生兴趣，并能利用自己的教学基本功辅助教学，这些都是新教师满腔热血的表现，值得肯定。但对于一个 15

分钟的教学片段来说，仍然有内容过多、方法提炼不清晰的问题。由于内容过多，教学目标比较分散，在试讲过程中扩展的一些知识也占用了不少时间。在反思时，他便很快发现了这些问题：内容过多而不深入，缺少方法提升，教学片段展示有如流水账的感觉。

针对小张老师的困惑，我给他提出三条具体的改进建议：①结合课标精简内容，选取上游河段深入讲解，对精心准备的中、下游教学内容要忍痛割爱；②充分利用画出的板书，要结合板书讲解，做出亮点来；③注意总结学习方法，将所学内容进行方法上的提升，便于学生进行知识迁移。小张老师由于有了切身体会，因此对这三条建议非常认同，经过消化吸收后，做出了新的教学设计，板图上也做了改进，将教学内容聚焦在上游的不同河段上，知识讲解也更加深入。终稿内容总结 PPT 和板图见表 4-42。

表 4-42　终稿内容总结 PPT 和板图

终稿内容总结 PPT	终稿板图
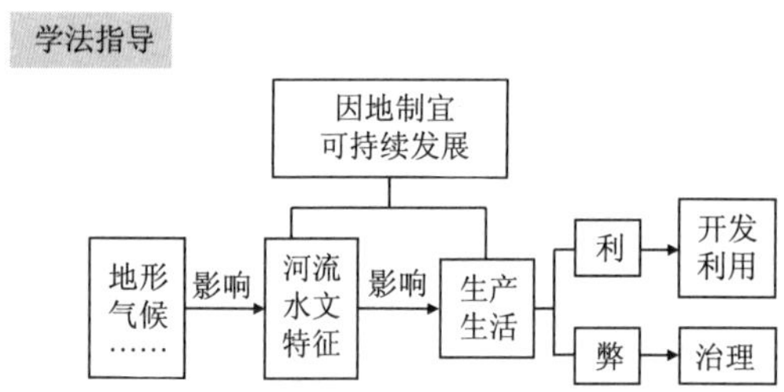	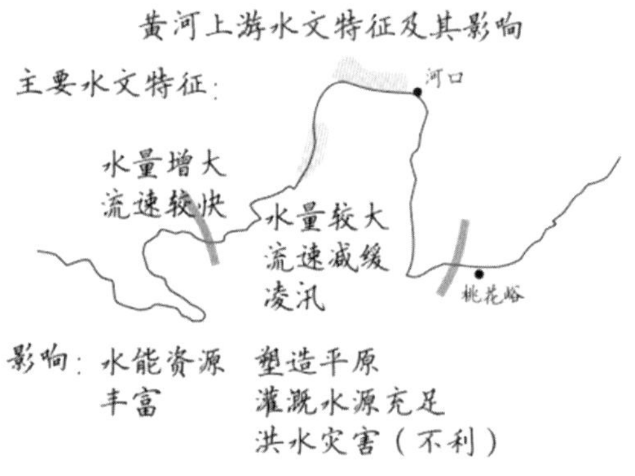

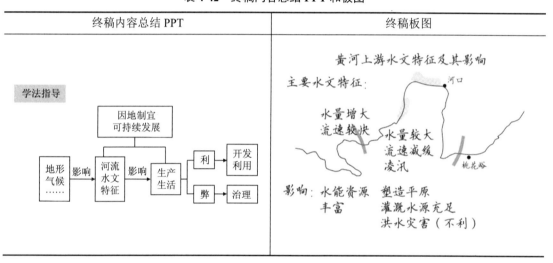

在最终的教学片段展示活动中，小张老师获得了很好的成绩。这次比赛的准备过程和展示过程对小张老师的影响是深远的，之后他在教学中将这个片段做成微课，用于实际教学，取得了很好的效果，受到学生的广泛好评。经过这样的锻炼，小张老师得到极大的鼓励，也有了充分的勇气。此后，他便将这种教学目标的设计理念用于课堂教学之中。

二、重视学法指导　体现个性发展

关注教师的成长阶段。处于成长阶段的教师已经从新入职教师蜕变出来，对于教学环节已不再懵懂，同时这个阶段的教师开始形成了自己的个性与教学的独特性。但这也出现一个问题，就是对于有效教学的掌控和教法与学法的完美结合还相对欠缺。也就是说，处在成长阶段的教师在教学思路和教学掌控上有了自己的风格和特色，但是对于教法和学法还不成体系，有时会出现好高骛远的情况。解决的办法是设计适合学生的有效教学，更加注重教法学法，将教育教学理论和课堂实际紧密结合。

冯老师是近年进步很快的地理教师，极具个性的教学风格给我留下很深的印象。在一次示范课上他选择了“等高线的判读”，这一内容是初中地理起始课的重要组成部分，也是落实地理方法的重点内容。这节课在设计上最大的困难就是理论相对比较难，且学生处在刚刚地理学习的启蒙阶段，教师对课程的难易程度设置不容易掌控；再有就是将等高线理论与实际相结合也是课程设计的难点之一。

当我拿到冯老师教学设计的初稿时，一张图引起我极大的兴趣。最初，他对这张图是这样处理的：希望从实际生活入手，用北京某地等高线地形图为模板，选出五个局部地区，包含山脊、山谷、陡崖等不同山体部位；对局部图进行画点处理。在课堂上以小组为单位进行绘图，绘图后找出各自山体部位特点，再拼合成一张整体地图，让学生感知身边的地理。

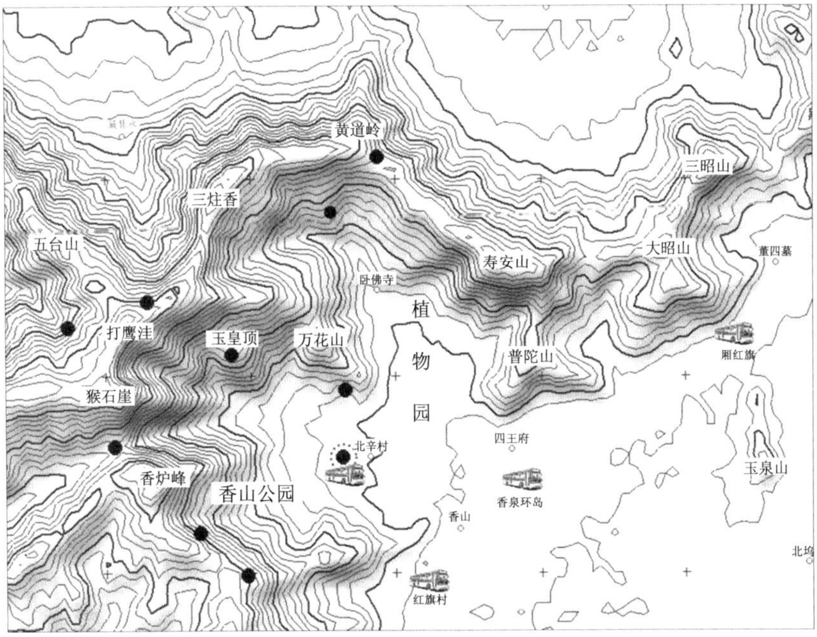

图 4-34　某地等高线地形

从冯老师最开始的教学设计不难发现，作为年轻教师他有很好的创意和设计，紧密联系生活，对于让学生学习身边的地理这一条也落实得很到位。但是这样的设计对学生来说有一个很大的迷惑，就是在学生还不了解什么是等高线，和等高线有什么意义的时候，就显示这样的地形图，会让学生手足无措。

虽然带着这样的困惑，我并没有打乱冯老师的设计思路，也不想让年轻教师失去风格，我来到冯老师的学校听这节课的设计，结果果然在教学上出现了我担忧的问题：由于学生缺少理论知识，面对这样复杂的地形图，学生无从下手，导致整节课推进速度缓慢，也没实现预期的课堂效果。其实这是很多成长期教师的通病：更注重教学的环节设计或者是亮点设计，而忽视了学生的学情以及忽视使用适合学情的教学方法，更像是为了活动形式而设计活动，从而让教学失去实效性。

课后我与冯老师认真沟通，建议他从基础知识入手，先强调等高线的概念和等高线的意义，随后运用描点法绘制一张等高线地形图，在这张图上落实等高线的重要性质；根据等高线性质，再呈现等高线山体部位图，在这张图上找寻山体不同部位进行判别，最后在某山地形图上去找寻不同的山体部位。

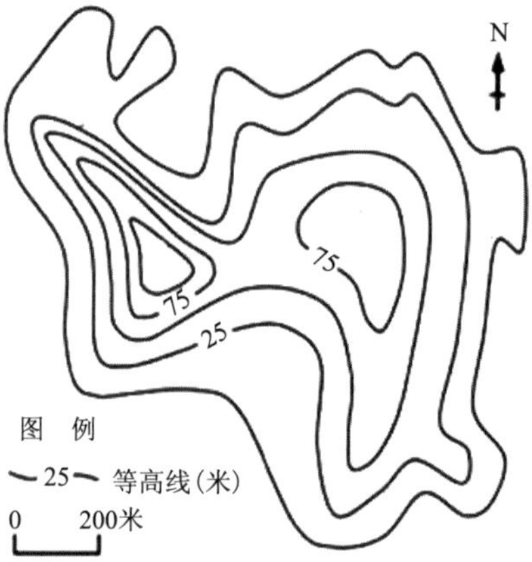

图 4-35 简易等高线地形

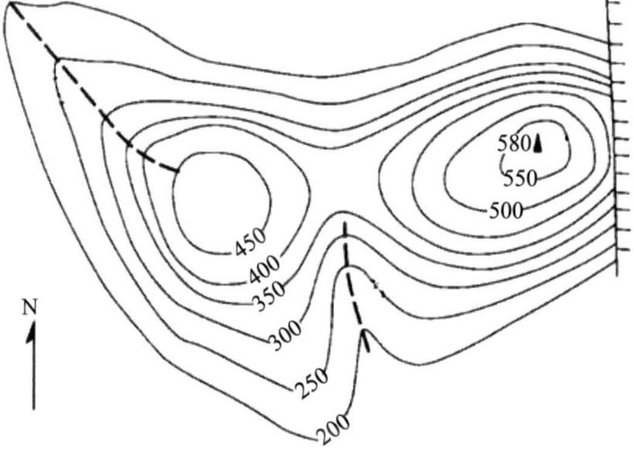

图 4-36 教材上呈现的等高线地形

通过修改教学设计，学生理解了等高线地形图的特点，也学会了地形图各部分的辨认，实现了预期的教学设计效果。

整节课的教学思路循序渐进，即什么是等高线地形图，它有哪些特点，如何绘制等高线地形图，在现实生活中，山体不同部位是如何在等高线地形图上体现的，如何选择更方便的登山路线。这样的问题设计能够充分体现本节课教学理论，与课标紧密贴合在等高线地形图上，识别山峰、山脊、山谷，判读山坡的陡缓，估算海拔与相对高度。

这样的安排重点考查了教师的基本功。虽然是采用相对传统的教法，但设计环节新意不断，不仅给听课教师惊喜，也加强了冯老师的教学基本功。从课堂效果来看，落实了课标要求，也体现了教法的经典与学法的创新，冯老师也收获颇丰。

三、关注课题研究　形成教学特色

成熟的教师在专业发展上具有自己的教学特色，在教育教学研究领域也要更胜一筹。赵老师是一位有丰富教学经验的成熟型教师，已经在教学中形成了自己的教学特色。在北京市的一次教研活动中，赵老师准备的是一节高中区域地理的复习课——“华北平原农业生产的条件和问题”。赵老师作为一位成熟教师，展示课就是要把自身的特点和教学结合起来，形成最优效果。

这节课讲什么、怎么讲，在课前准备的第一次交流中，我给赵老师提了三条建议：一是要有课题意识，既然是研究课就要有研究的价值，要有一定的主题；二是要能解决实际教学中的问题，从问题中来，到问题中去，以解决教学问题作为教学设计的最终指向；三是要突出个性。

赵老师在备课的过程中充分考虑了这三条建议：首先，他紧密结合当时校本研究课题“关于如何设计有效的课堂活动”，要在课堂上体现学生主体地位，将有效设计学生活动作为研究的主题，体现了课题意识；其次，要在教学中解决实际问题，高中的区域地理复习没有统一的教材，但又不能简单地重复初中教材的内容，因此如何选择复习内容、如何和高中的系统地理相结合、如何整合素材，这些一直是困扰高中地理教师的难题。本节课教学内容的选择和整合是对区域地理复习教学的一个尝试；再次，要体现教师的个性化，赵老师讲课思路清晰，语言精练且富有启发性，但是他并不擅长组织活动课，本节课赵老师决定大胆尝试，争取把课堂交给学生，同时充分发挥个人优势，在教师的“引”和“导”上多下功夫，体现自己的教学风格。

通过探讨我们一起制定了本节课的两个基本方向：以某一区域为背景，将初、高中知识融合，进一步选择和整合教学内容；教法学法确定为以学生小组合为主、老师启发式讲授为辅。

在具体设计阶段，由于赵老师有着自己独特的教学智慧和丰富的经验，我并没有给出太多的建议，只是在原则上和基本方向上进行了一些相应的提示，这就给老师更广阔的空间以发挥出更大的创造性。

在案例的选择上要贴近学生的生活，要具有典型性。赵老师最终选择了以华北平原作为案例来体现这个原则。首先，案例符合课标要求，通过对华北平原的地理条件的分析、治理措施的探究，可以很好地完成课标对农业区域可持续发展部分的要求；其次，案例符合学生的认知水平，有利于学生能力的培养；再次，从华北平原具体情况来看，华北平原是学生生活的真实区域，不仅真实而且复杂，而因为复杂才更有利于培养学生的能力。此外这一案例还具有典型性和思想性，对华北平原的探究和学习，必将对学生研究和探讨其他地区的农业可持续发展问题提供思路和帮助。

学生活动的设计是本节课教学设计成败的关键。赵老师找准学生的起点能力和本节课要求达到的终点能力，通过活动设计为学生搭建桥梁，完成能力上的跨越，实现最终的教学目标。如何设计学生活动来突破这一难点呢？学生活动要目标明确，素材充分恰当，要用问题引领学生的思维，还要注意关注每一个学生，让他们都能发挥自己的作用。经过探讨我们共同制定了小组探究活动设计的三个操作要点：第一是任务驱动，给每一个小组设定明确的、具有一定思维价值的任务，让每个小组、每个人都知道在接下来的讨论中我们要做什么；第二是问题引领，对于难度较大的任务，利用若干问题来启发学生的思维，引导学生进行更深入、更全面的分析，最终实现能力的提升；第三是平台支撑，学生讨论和探究必须建立在大量事实材料的基础上，通过丰富的材料给学生的思维提供“物质基础”。

最终这节课因为教学活动设计的有效性得到了老师们的认可，并且在北京市教学设计比赛中获得了优异成绩。总结经验，对成熟型教师来说，他们需要的不是手把手地细节指导，而是在原则上、方法上的点拨，他们所能迸发出的创造力是无穷的。赵老师正是基于对教学内容和教育理论的深入研究和思考，并在教育研究方面形成了自己的特色，使其课堂教学过程成为基于教学理论的教学研究过程，也使得教育教学理论在教学实践中更加充满活力。

教研员要关注教师成长的不同阶段，了解他们的特征，找到不同阶段助力的侧重点，为地理教师的专业化发展提供有效的帮助。

指向深度学习的高中地理教师专业能力发展

宋颢

《普通高中地理课程标准（2017 年版）》实施后，深度学习必然聚焦于地理核心素养的四个方面。深度学习有赖于深度教学，提升地理教师的专业能力是实现深度学习的重要前提。从当下高中地理教育改革的趋势分析，不论是落实立德树人根本任务的要求，还是深度学习给教育内容与教学方法带来的变革，关键都在于提高教师的专业能力。笔者在北京市西城区普通高中新课程新教材国家级示范区（以下简称“西城国家级示范区”）的建设中，基于学生深度学习的需求，致力于推进高中地理课例研修的课程体系建设，在促进教师专业发展过程中，围绕课程理念、教学内容、教学方法、教学反思和学科发展等，就地理教师专业能力进行探讨，旨在有效提升高中地理教学质量。

一、深度学习与地理教师专业能力

深度学习是在教师专业能力的引领下，学生围绕着具有挑战性的学习主题，积极参与、体验成功和获得发展的有意义的学习过程。深度学习鼓励学生追根溯源，倡导学生自主探究、合作互助。深度学习是有效学习、高效学习的必然要求，从学生的求知规律上分析，离不开老师的引导。客观上要求教师应当不断地进行思维激活、材料加工、教学设计资源整合，是应用体验、反思感悟的综合实践。

有关地理教师专业能力的表述很多，一般认为应包括良好的语言表达，灵活地运用教育学和心理学理论于地理教学实践中，分析和组织地理教材，优选和运用地理教学方法，设计

作者简介

宋颢，北京市西城区教育研修学院地理教研员，中学高级教师，北京市骨干教师。1992～1996 年在北京师范大学资源与环境科学系攻读学士学位。

致谢

本文为北京市西城区“双新”国家级示范区建设专项（SX2021Z251）研究成果之一。

和调控地理教学过程，运用地图、速绘和板画及各种常见地理图表进行教学，选择和制作地理直观教具，指导学生进行地理实践活动，以及进行地理教学研究的能力等。

2007 年法国教育部颁布了中小学教师专业能力的标准，规定了 10 项能力，即教师作为国家公务员的道德和职责、教学和沟通的语言能力、学科教学能力和综合文化素质、计划并实施教学活动的能力、组织班级的工作能力、了解学生多样性的能力、评价学生的能力、使用信息与通信的能力、与学生家长和学习伙伴协调合作的能力、改革创新力等，强调了教师对学生的指导和管理机制的构建。

地理教师专业能力与地理教师需要具备的专业素养相近，包括具有崭新的教育教学理念、具备新型师德、具备宽厚的知识储备、具备较强的调控和组织课堂的能力，以及掌握并运用多种教学模式的能力等。张翔凯、李俊莉认为高中地理教师专业核心能力结构包括地理教学设计能力、地理教学实施能力、地理教学评价与命题能力、反思与发展能力（张翔凯、李俊莉，2020）。郭俊依据《全日制普通高中地理课程标准》和《中学教师专业标准》对教师完成国家规定任务的要求，将高中地理教师专业核心能力划分为地理教学设计能力、地理课程资源开发能力、地理教学实施能力、地理教学评价能力和自我发展能力（郭俊，2016）。这些表述虽然都概括了教师专业能力的组成，但基本是从教师本身能力素质角度而阐述的，尚未关注到学生的需求。

二、指向深度学习的高中地理教师专业能力构成

结合西城区深度学习的教学实践，高中地理教师专业能力应当包括课程理念贯彻力、教学内容组织力、教学方法运用力、教学评价反思力和学科发展创新力等五个方面。

（一）课程理念贯彻力

自 2017 年起，新课程标准理念是强调面向全体学生，提高学生的科学素质，指导学生进行探究性学习。教师要培养学生积极主动的学习态度，适应时代要求和学生发展的要求。加强与学生生活以及现代社会、科技发展的联系，重视学生的学习兴趣和经验。精选终身学习必备的基础知识和技能，培养学生搜集和处理信息的能力、获取新知识的能力、分析和解决问题的能力以及交流与合作的能力。发挥评价在促进学生全面发展、提高教师素质、改进教学实践、推进素质教育上的功能。

（二）教学内容组织力

深度学习不再将教科书知识置于核心地位，而是根据学生的学习深度对教学内容加以必要的取舍。教学内容的选择要有利于改进学习方式，融知识传授、能力培养和素质教育于一体。在西城国家级示范区建设中，高中地理教学内容更加注重体现课程改革的理念和课程标准的实质，为学生深度学习准备充足的素材，并鼓励学生自由地探讨表达自己的观点。

（三）教学方法运用力

深层学习是一种学习方法，同“教”与“学”活动的各个要素相关联（付亦宁，2021）。教学方法是科学和艺术的统一体，教学有法、教无定法，需要根据深度学习的不同表现灵活、创造性地运用。依据课程标准，教学方法要能调动学生深度学习的积极性，又能体现教师的独特风格。

（四）教学评价反思力

教师从学生深度学习角度反思教学过程。反思的主要内容是学生的个性差异、地理理论的基础、制约深度学习的因素以及学习结果评价方式等，特别注重对深度学习活动中需要改进的问题加以深刻反思和总结。

（五）学科发展创新力

地理学科将人类社会、环境空间和资源看作一个统一的复合系统，而人口、社会、环境和资源不断发生变化，呈现出鲜明的时代特点。教师要能够关注学科发展并将其融入教学过程中，不断与时俱进，创新“教”与“学”。

三、高中地理教师专业能力发展存在的问题

（一）对地理学的区域属性理解不深

区域性是地理学科的重要特征之一，区域认知也是地理核心素养的组成部分。高中地理教师十分重视引导学生加强地理规律理论的学习和总结，基于大量的分析和观察，对不同的地理事物或现象加以不断提炼和概括，形成许多模板化的知识结构体系。如描述一个区域的气候特点，常用“夏季……，冬季……”；概括区域的地势特征，一般用“自……向……逐渐升高（或降低）”；表述一个区域发展的区位条件时，基本是“地理位置优越，交通条件好，资源丰富，政策支持，劳动力充足，人才集聚……”。应该说，提炼模板化的知识点，对学生尽快熟悉和掌握区域的共性特征是十分必要的，能够提高学生的学习效果。然而，在深度学习的背景下，学生需要自行理解、探究和掌握所学知识，对于区域地理问题的分析和探究，需要结合具体地理条件进行分析。

以2017年高考地理试题北京卷的第36(1)题为例，该题设问“概述匈牙利的地形特征”。大部分同学在作答时，按照平时学到的模板，答出“以平原、丘陵为主；地势大致西北高，东南低”。但是，学生容易忽视图示区域多瑙河穿越匈牙利中部的事实，未提到“多瑙河以东主要为平原，北部和多瑙河以西多山地”，导致回答问题不全面。因此，在日常教学过程中，需要教师加强对区域属性的深入思考和解析，认识区域地理的研究内容和研究结构，在深刻理解学科知识和突出区域重点内容的基础上，引导学生透过知识把握地理学科的实质，将孤立的知识要素联系起来，指导学生构建基于区域主导因素的答题思路。

（二）对学生地理表述能力的培养不够

就历年考生对高考地理试题的作答情况来看，选择题的得分率普遍高于非选择题。这在很大程度上与学生不能充分和贴切地用地理语言进行表达有关。一些教师认为，学生语言表达能力的培养不是地理学科的主要任务，同时由于地理课时少，为了加快教学进度，客观上容易忽视学生在回答问题时的不规范表述，更容易忽视对表述能力的培养。

由于缺乏严谨客观、科学的陈述训练，学生对于综合地理问题的问答，大多是只言片语，或过于笼统，或过于细化，不得要领，制约着学生对地理基础知识和基本规律的灵活运用。另外，任课班级内学生理解接受水平存在明显差异，加大了教师训练学生地理表达的难度。为了强化深度学习的理念，需要教师系统培养学生的地理思维（李司，2020），重视培养学生

地理表达的综合素质，要求学生通过自主总结、归纳要点，达到灵活运用、熟练表达的要求。

（三）地理教学科研水平有待提高

提高学生深度学习的能力，需要教师具有把握地理学科进展、解决教学过程中遇到的各种问题的科研能力。长期以来，高中地理教师专业发展定位于教学能力的提升，教学科研水平不是衡量教师综合能力的必备指标。在繁重的教学压力下，教师忙于钻研教材、批改作业和组织课外活动等，而忽视了对自身教学科研能力的提高和训练，教育科研的基本素质相对薄弱。主要表现在对课程标准要求和教材内容如数家珍，但对课本以外的知识了解甚少。高中地理教师大多擅长编写教案和教学设计，而很少主动撰写科研论文。

随着地理教学改革的不断深化，对教师的科研水平的要求越来越高，只有通过高水平的科研，教学能力的水平才能不断提高。通过培养科研能力，促进教师个人科研水平与实践教学能力一致，促进教师可持续的专业能力发展（袁德润，2020），使教师成为教育教学的骨干，使高中地理教育教学具有开拓性和创新性。

四、提升高中地理教师专业能力的发展对策

（一）构建课例研修的课程体系

课例研修是一种有效的教师专业发展模式。在课例研修中，通过整体规划、融合、重构，旨在不断提升教师的专业能力，从而有效地促进地理教师的专业发展。地理课例研修是一种重要的行动研究方法，目标之一就是要提高进入研修团队的所有教师的教学水平，在高中地理教学与教研中发挥着十分重要的作用，对于促进教师的专业发展，具有重要的现实意义。为了提高研修质量，规范研修流程，培养参加研修教师的教学能力，使更多的高中地理教师受益，有必要把课例研修案例、方法和成果等，系统加以总结，构建适合新课程新教材的课程资源。经常收集课例研修涉及的教育理论、实践经验、个案分析和特色案例等资料，加以分类管理。鼓励参与研修的教师积累教育教学中的教学反思、教学交流、研讨记录、教学笔记、教育随笔、会议记录和专家讲座笔记等，把在研修过程中体验、灵感和感悟随时记录下来。

深度学习和深度教学是相辅相成的统一体（图 4-37）。基于深度教学的形成与课程目标的关系，按照“地理核心素养—地理课程标准—单元教学设计—深度学习评价”的教学活动链条，把课例研修中可以获得或积累的课程资源，不断提炼形成不同主题的研修课程。通过专

题研讨，提升研修课程案例的研究质量，开展研修课程学习，不断推进案例研究深度。汇集课程理念内涵、教学内容探析、教学方法运用、教学过程反思和地理学科发展创新等，作为日常提升教师专业能力的教材或参考资料。

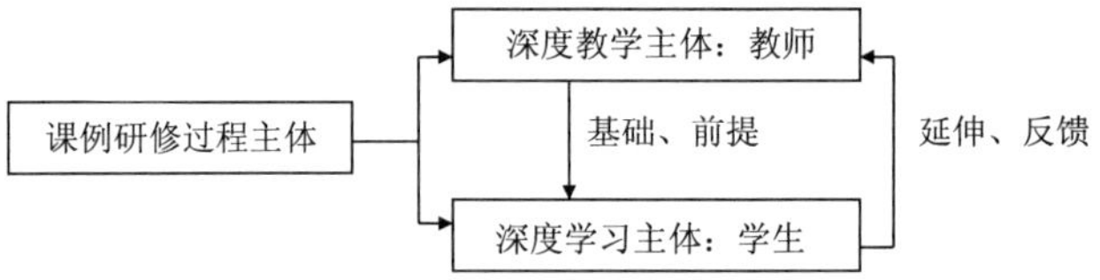

图 4-37 深度学习与深度教学的关系

（二）发挥教师专业能力发展的团队合力

在长期的地理教学实践过程中，每一名教师都有自己的独特见解，同时也存在困惑或难点。由于地理学科的综合性强，涉及诸多学科，受个人知识和能力限制，教师个人很难独立解决疑难问题。

以市、区教研活动为载体，通过区际、校际、教师间交流观摩的方式，也可以通过网络资源如教师论坛、教师微信群、教师资源博客等相互探讨问题，拓展教师的视野。还可以将自己的教学设计、课堂实录等上传到云平台，获取更加广泛的意见和建议。可以供他人学习，发挥各自的优势，探讨教师专业能力中出现的问题。强调教师发挥群体作用，重视教师之间的专业切磋、协作与互助。鼓励教师在教育科研信息、课件制作及教学经验等方面共享智慧。通过互相交流、集思广益、共同合作，形成团队合力，能够有效地提高专业能力发展水平，使教师能够在学术上有新的突破（Thielsch，2021）。通过集体攻关，少走弯路，切实有效地解决地理教学工作中的实际问题。这种思维碰撞式的讨论，能够进一步激活地理学科的价值与意义，不断反思地理教学的深度，不断超越经验认识的狭隘性。教师之间通过互相借鉴、学习，可以有效地克服教学能力和教学资源的不足，从而提高教师专业能力发展效率。

（三）提升教师阅读的“质”和“量”

知识不等同于能力（祁占勇，2014），但渊博的知识是能力发展的必要条件。虽然近年来高中地理教师比较重视高中地理相关资料的学习，但普遍存在阅读面窄、阅读碎片化的现象。教师阅读范围不是为指导深度学习、增加自身地理学科的理论水平，而是局限于围绕教材内容搜集相关资料，大多是从网络、微信公众号或朋友圈获取与地理教学有关的信息、文章，主要纸质参考资料也仅限于科普性较强的数量有限的期刊杂志。相对于海量的地理信息，教师的阅读空间尚需进一步拓展。

依赖丰富的专业知识应用，能够科学地提升教学效率，并可持续地提升教师学科教学能力（周彬，2020），教师因素对学生的阅读能力和阅读投入也有显著的正向引导作用（张生等，2014）。为了有针对性地加强地理教育理论和地理科学基础知识的学习，需要推动高中地理教师拓展知识阅读面，不断促进专业能力的自我提升。教师阅读能力包含主动阅读、阅读筛选与整合、阅读应用等三个方面（张帅，2019）。根据教师已具有的学科基础，确定阅读的地理书籍，制订必要的学习计划，有效地进行研读。在教师之间适当开展读书交流，通过网上论坛、微信公众号、“漂流”书屋和读书研讨等方式交流读书心得。

（四）鼓励教师开展校本教研和课题研究

校本教研和教师专业发展已成为提高教学质量不可或缺的两个元素。开展教育科研是提高教师专业能力的基本要求，是地理学科发展到一定阶段形成的外部强制性约束，也是教师个人成长的内在需求。地理学科的选题是多方面的，人口、资源、环境和发展等有很多内容值得深入研究和思考。教学过程中出现的新问题也值得关注和探讨，以问题为导向的教学科研过程，能够提高研究效率（Spronken-Smith，2005）。需要通过逐步引导，训练教师的科研思维，培养教师从事教学科研的兴趣和积极性，使教学科研变成自觉行动，激发教师从事教育科研的内生动力。

地理学科的教学经验和科研课题总结需要通过报告或论文反映出来，要把老师惧怕写作的心理转变为热爱写作的激情。为了提高教师的写作能力和成果应用推广能力，可以邀请地理学专家或有经验的教师开设论文写作辅导讲座，同时鼓励教师勤于练习，善于反思，在不断实践中提高写作能力。

五、结语

教师专业能力是教师在教学实践情境中，释放主体心智、灵活驾驭自我和实现实践任务的综合。高中地理深度学习客观上要求加强深度教学的改革，深度教学在很大程度上与教师专业能力有关。教师专业能力的提高应当聚焦于构建灵活多样的研修体系、发挥专业发展的合力和提高教师的教育科研水平等。在教师引导下，学生的思维过程和教学内容是相互作用的，需要重视与学生深度学习的相互合作，从学生的角度去思考问题，建立师生学习共同体，使尽可能多的学生参与和受益，进而培养学生的高阶思维能力。

参考文献

[1] Spronken-Smith, R. 2005. Implementing a problem-based learning approach for teaching research methods in geography. *Journal of Geography in Higher Education*, Vol. 29, No. 2.

[2] Thielsch, A. 2021. Team teaching in doctoral education: guidance for academic identities on the threshold. *Teaching in Higher Education*, Vol. 26, No. 3.

[3] 付亦宁：“深度（层）学习：内涵、流变与展望”，《南京师大学报（社会科学版）》，2021 年第 2 期。

[4] 郭俊：“高中地理教师专业核心能力培养研究”，武汉：华中师范大学硕士学位论文，2016 年。

[5] 李司：“基于四项考核能力的地理思维模式的建立”，《教育考试》，2020 年第 27 期。

[6] 祁占勇：“卓越教师专业能力成长的合理性建构”，《当代教师教育》，2014 年第 3 期。

[7] 袁德润：“以课堂为载体促进教师专业能力发展：个人知识与实践转化的视角”，《全球教育展望》，2020 年第 6 期。

[8] 张帅：“教师阅读能力的构成、价值与培养路径”，《教育评论》，2019 年第 12 期。

[9] 张生、苏梅、王丽丽等：“教师对学生阅读能力的影响研究：阅读投入的中介效应”，《中国特殊教育》，2014 年第 9 期。

[10] 张翔凯、李俊莉：“高中地理教师专业核心能力结构研究”，《中学地理教学参考》，2020 年第 9 期。

[11] 周彬：“知识驱动教学：论有效教学的知识路径”，《课程·教材·教法》，2020 年第 3 期。

地理教师核心素养：新课程改革的诉求*

韩加强、童颜、吴曼

为落实党的十八大、十九大关于立德树人的要求，进一步深化基础教育课程改革，教育部组织专家对普通高中课程方案和语文等14门学科课程标准进行了修订，并于2018年初印发。新的课程方案和课程标准体现了鲜明的育人导向，思想性、科学性、时代性、整体性等明显增强。《普通高中地理课程标准（2017年版）》（以下简称《课程标准》）以地理学科核心素养为主线，在育人理念、课程目标、课程结构、课程内容和课程评价等方面都发生了明显的变化。这些变化具有很强的时代性，对教师的专业素养提出了更高的要求。为了全面落实新课改的育人目标，培养学生的地理学科核心素养，地理教师需要不断提升自身的核心素养。

一、地理教师的核心素养解读与建构

（一）教师素养

关于教师素养的概念和结构，北京师范大学的林崇德教授做了比较全面的阐释。他认为，教师素质就是教师在教育教学活动中表现出来的，决定教育教学效果，对学生发展有直接而显著影响的心理品质的总和。他提出，教师素质在结构上包括：职业理想、知识水平、教育观念、教学监控能力以及教学行为与策略等五个方面（林崇德等，1996）。其中，职业理想是教师献身于教育工作的根本动力；知识水平是教师从事教育工作的前提条件；教育观念是教师从事教育工作的心理背景；教学监控能力是教师从事教育教学活动的核心要素；教学行为

---

* 本文发表于《地理教学》，2018年第7期。

作者简介

第一作者：韩加强，四川天府第七中学地理教师，中学一级教师，四川省教育科学研究院兼职教研员。2008～2012年在北京师范大学地理学与遥感科学学院攻读学士学位，公费师范生，2013～2016年在北京师范大学地理学与遥感科学学院攻读教育硕士学位，师从周尚意教授。

是教师素质的外化形式。由此可见，教师素养应该是教师知识、能力和价值观的综合，是教师从事教育工作的基础。

（二）教师核心素养

关于教师核心素养的概念和结构缺少系统的解读。任毅、任国荣（2017）认为教师的核心素养就是教师在教育教学中应具备的基础知识和能力，包括知识素养、能力素养、道德素养和心理素养。叶菊艳（2016）根据世界各国的三类教育取向——能力为本取向、人本主义取向和改造主义取向——提炼出三大类教师的核心素养：有效教学能力、处理关系能力、促进社会改造和正义能力。由此可见，教师的核心素养应该是教师素养中那些起着关键作用的知识、能力和价值观，是对教师素养的高度概括，是教师胜任教育教学工作的保障。

（三）地理教师核心素养

为了提升地理教师的自我认识，为地理教师的专业发展提供参考，结合教师素养和教师核心素养的内涵与结构，综合考虑地理学科核心素养的内涵和结构，提出了地理教师核心素养的概念。地理教师核心素养是指地理教师在实现地理学科核心素养的育人目标的过程中，体现出来的正确的价值观、必备品格和关键能力。

地理教师的核心素养由地理学科素养、教育教学素养和教师情感素养三部分构成（图 4-38）。地理学科素养是地理教师从事地理教学工作的前提条件，教育教学素养是地理教师开展教育

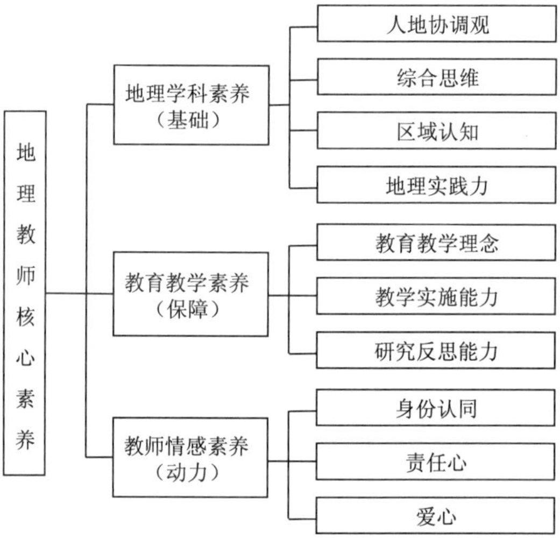

图 4-38　地理教师的核心素养构成

教学活动的基本保障，教师情感素养是地理教师献身教育工作的根本动力。地理学科素养包括人地协调观、综合思维、区域认知和地理实践力；教育教学素养包括教育教学理念、教学实施能力和研究反思能力；教师情感素养包括身份认同、责任心和爱心。

二、地理教师核心素养解读

（一）地理学科素养是地理教师职业发展的基础

根据《课程标准》的描述，地理核心素养是地理学科育人价值的集中体现，是学生通过地理学科学习而逐步形成的正确价值观念、必备品格和关键能力。地理核心素养包括人地协调观、综合思维、区域认知和地理实践力。基于培养学生地理核心素养的需要，对地理学科课程目标的表达也由原来的三维目标转变为地理核心素养目标。

课程目标的变化带来了教学方式和学习方式的变化。以往的三维目标（知识与技能、过程与方法、情感态度与价值观）的培养对教师的专业知识有较高的要求，需要教师拥有扎实的专业功底和渊博的专业知识；核心素养目标相对弱化了知识获取的结果，强化了学生素养的培养过程。针对核心素养培养目标的需要，不能单纯以地理学科知识来衡量地理教师的学科素养，而应该从地理学科素养的角度衡量地理教师的学科素养。

地理教师的地理学科素养与高中生需要掌握的地理学科核心素养的内涵和内容基本一致，都包含人地协调观、综合思维、区域认知和地理实践力。《课程标准》中将地理核心素养划分为四个水平，水平 1 至水平 4 具有由低到高逐渐递进的关系。其中水平 4 是选择地理作为学业水平等级性考试科目的学生应该达到的要求。作为学生学习活动的指导者，地理教师的地理核心素养应该高于水平 4。根据《课程标准》对核心素养的描述，深化出地理老师应该具备的地理学科素养的水平和表现（表 4-43）。

表 4-43　地理教师的地理学科素养的表现

素养	内涵	表现
人地协调观	对人类与地理环境之间关系秉持的正确的价值观	①能够理解人地关系地域系统的内涵及人地系统发展变化的机制； ②能够通过对现实中人地关系地域系统的分析，理解区域中人口、资源、环境、发展之间的相互关系，理解人地关系是对立统一的； ③能科学地评价和分析人地关系中存在的问题

续表

素养	内涵	表现
综合思维	运用综合的观点认识地理环境的思维方法和能力	①能够对现实中的地理事象，如自然环境的变化、区域发展、资源环境与国家安全问题等，运用要素综合、时空综合、地方综合的分析思路，对其进行系统性、地域性的解释； ②能运用准确的语言，对综合分析结果作出科学的阐述
区域认知	运用空间—区域的观点认识地理环境的思维方式和能力	①能够对现实中的区域地理问题，运用认识区域的方法和工具进行深度分析； ②能够全面地评析某一区域决策的得失，提出科学可行的改进建议
地理实践力	在考察、实验和调查等地理实践活动中所具备的意志品质和行动能力	①能够进行系统的观察和调查，获取和处理复杂的信息，主动发现和研究问题； ②能够独立设计和实施地理实践活动，主动在体验和反思中学习； ③能够提出有创造性的想法，有克服困难的勇气和方法； ④能够对学生的地理实践活动给予科学规范的指导

（二）教育教学素养是地理教师职业发展的保障

教育教学素养是教师从事教育、教学工作的素质和能力，是指教师经过系统的师范教育，并在长期的教育实践中逐渐发展而成的具有专门性、指向性和不可替代性的素养。教育教学素养包括教育教学理念、教学实施能力和研究反思能力（表 4-44）。

表 4-44　地理教师的教育教学素养的表现

素养	内涵	表现
教育教学理念	教师在对教育工作本质理解基础上形成的关于教育的观念和理性信念（叶澜，1998）	①拥有正确的教育观。能够从社会功能的角度，正确理解教育的功能与价值，能够正确认识教育的任务； ②拥有正确的学生观。能够从认知发展的角度，正确认识学生的发展状况，能够尊重学生个性发展，给予公平的学习机会； ③拥有正确的教育活动观。能够正确认识师生在教育活动中的角色，把学生视为教育活动的主动参与者，为学生积极主动地学习和发展创设条件

续表

素养	内涵	表现
教学实施能力	教师为了达到预期的教学目标，对教学活动进行积极主动的计划、检查、评价、反馈、控制和调节的能力	①课程开发的能力。能够根据课程标准的要求，将国家课程与校本课程结合，开发利于学生素养形成的地理课程体系；能够根据地区特点，开发乡土地理教学资源，并将乡土资源有效地应用于课堂教学； ②教学设计能力。能够在正确解读课程标准和正确认识学生认知发展的基础上，提出合理的教学目标，能够为学生的主动学习设计高效的教学活动方案； ③课堂组织和管理能力。能够调动学生的学习积极性，保障课堂教学活动的顺利开展，能够有效地处理课堂上的生成性问题； ④教学工具的使用能力。能够熟练地使用板书、板画等传统教学工具和多媒体、电子白板等新型教学工具；能够使用地理信息技术，开发地理教学资源，营造直观、实时、生动的地理教学环境； ⑤学生评价的能力。能够掌握科学的评价手段，形成过程性评价与终结性评价相结合的综合评价体系；能够准确把握地理学科核心素养的水平划分，以学业质量标准为依据，科学评价学生的认知发展水平
研究反思能力	用批判的眼光，多角度地观察、分析、反省自己的教育教学行为，并作出理性的判断和改善的意识与能力	①较强的研究和反思意识。能够从自我发展的需要出发，用批判的眼光，自觉地对自己的教学行为进行反思，并能够发现教学中存在的问题； ②较强的研究能力。能够掌握资料的收集方法，能够对收集的资料进行科学的管理和分析，并撰写文献综述；掌握研究方案的撰写方法，能够设计科学的、可操作性强的研究方案；掌握一定的教育研究方法，并能够运用合理的方法开展研究活动；能够撰写规范的研究论文； ③较强的反思能力。能够主动思考、反省自身在教育教学实践、学习培训和教研活动中存在的问题；能够通过反思日记、行动研究、交流研讨和系统学习等方式进行自我反思；能够及时整理反思结果，形成规范的经验性成果

（三）教师情感素养是地理教师职业发展的核心

按照《中国中学教学百科全书·教育卷》的解释，情感是人对客观事物是否符合其精神或社会需要的态度体验（林崇德，1990）。因此，可以认为教师情感素养是教师对教育活动的符合自身精神需要和社会需要的正确的态度体验。教师情感素养包括身份认同、责任心和爱心（表 4-45）。

表 4-45 地理教师的教师情感素养的表现

素养	内涵	表现
身份认同	对“我是谁”“我何以属于教师”等问题的理解和确认	①能够正确认识教师职业的价值，能够理解教师这一职业在学生个体发展和社会发展中的功能和价值； ②能够发现教育教学工作中的成功、快乐与幸福，能形成对教师职业的归属感、成就感和幸福感
责任心	教师在履行自己应尽义务的过程中产生的内心体验和情感	①能够正确认识教师在教育活动中的义务，拥有较强的职业担当； ②能够全心全意地投入教育活动，能够对有需要的学生给予支持和鼓励，不放弃任何一名学生
爱心	发自内心地对职业、学生、生活热爱、关怀的思想感情	①能够热爱教育事业，真心喜欢教师职业和自己的岗位； ②能够尊重学生，用心理解学生，真心关爱学生； ③能够怀抱积极乐观的心态，热爱生活

三、地理教师核心素养的发展建议

为了适应新课程改革的需要，全面提升地理教师的核心素养，需要高等院校、教师培训部门、工作单位和教师自身的共同努力。下面从五个方面探讨地理教师核心素养发展的建议。

（一）师范院校应加强地理师范生的素养培养

地理专业的师范生是地理教师的后备力量，因此，做好地理教师的职前培养是提升地理教师核心素养的基础。现有的地理专业师范生的课程基本由通识教育课程、专业教育课程和教师教育课程这三类构成（张晶香等，2010）。课程体系基本完善，但普遍存在重知识轻能力、重理论缺实践的问题。部分师范毕业生虽然理论功底深厚，但课堂组织教学能力、创新能力、管理能力方面仍较欠缺（朱锋，2014）。为了提升地理师范毕业生的核心素养，现对师范生培养提出以下三点建议：

第一，加强学科素养训练，提升毕业生的学科核心素养。在学科教学中，需要改变传统的“讲座式”教学，通过“任务式”教学的方式，引导师范生主动学习，积极探索。通过学生的主动参与，丰富知识，发展思维，提升素养。

第二，加强科学研究和论文撰写的训练，提升毕业生的研究反思素养。设置专门的教育科研培养课程，并为每一名师范生配备课题指导教师，指导学生开展课题研究和论文撰写。

通过系统的研究训练，提升毕业生的研究反思素养。

第三，加强教育教学实践，提升毕业生的教学实践能力和情感素养。一方面，设置专门的技能训练课程，包括语言表达、板书板画、教育技术、课程设计等，通过技能训练提升毕业生的教学实践能力。另一方面，加强与中小学的合作，让师范生走进课堂，走进中小学老师的日常教育教学工作中。通过感受中小学教师对教育的奉献、对学生的关爱、对职业的热爱，提升毕业生的情感素养。

（二）教师培训部门应加强地理教师素养再培训

教师培训部门的教师职后再培训是提升中学地理教师核心素养的重要途径。长期以来，教师培训处于一种无序、混乱和低效的状态，主要表现在培训的无计划性、封闭性、专制化、单一性等方面（常宝宁，2011）。为了提升教师适应新课程改革的能力，现对地理教师的职后培养提出以下两点建议：

第一，开展调查研究，了解地理教师的困惑和需求。提高培训的针对性是增强培训效果的关键。教师培训部门应该定期开展调查，了解一线教师面临的困难及亟须得到的帮助，根据调查结果合理安排培训计划。要重视教师主体的参与性，让地理教师带着问题主动参与培训，才能达到良好的培训效果。

第二，将理论培训与实践应用相结合，提升培训效果。传统的教师培训往往将理论培训与实践应用割裂，导致理论培训枯燥无味，实践应用浮于表面，缺乏深度。因此，需要将地理教学改革的新思想、新理念与实践结合，通过教育教学实践活动的方式帮助教师理解和认识新思想、新理念。

（三）学校应创设良好的地理教师素养提升平台

学校是教师职业生活的主战场，是教师实现个人价值的主阵地，更是教师素养提升的主要平台。受到升学考核、教学质量评估等外部条件的影响，很多学校只重视教师功能的发挥，而忽略了教师素养的发展，导致很多教师成了教学工作的机械重复者，教师素养难以提升。没有教师的生命质量的提升，就很难有高的教育质量（周积宁，2003）。因此，学校应该为教师创设良好的教师素养提升平台，帮助教师提升素养，实现专业发展。

第一，为教师提供多元的学习培训机会。一方面，把优秀教师请进来。让优秀教师通过专题交流介绍成长经验；让优秀教师走进课堂，面对面指导教师的教育教学工作。另一方面，把教师送出去。组织教师进入优秀学校、进入名师课堂，通过观摩学习和交流讨论，扩展视野，提升素养。

第二，营造良好的教学研究和反思环境。教学研究和反思是提升教师素养的重要途径。学校要鼓励教师积极开展教学研究和教学反思，并给予必要的政策和资金支撑，形成一支敢于研究、善于研究的教师队伍。通过教学研究和反思提升教师素养，推动学校教育发展。

（四）加强高校教师与中学地理教师的合作与交流

高校具有雄厚的科研团队和丰厚的理论基础，中学具有广阔的实践平台。高校科研力量与中小学教师合作，能够实现教学与科研的对接，从而实现科研为体、教学为用的互动、共赢的效果（崔琳，2016）。高校教师与中学教师的合作可以从以下两方面入手：

第一，开展课题研究合作。通过课题研究，发挥各自优势，用高校教师的理论指导中学地理教学，用中学的地理教学实践检验高校的研究成果。通过相互协作，全面提升中学地理教师的教育教学素养。

第二，实施资源共享。大学地理系拥有完备的实践条件和设施，包括地理实验室、地理实践基地和地理数据库等。通过资源共享，为中学地理教师提供更加广阔的实践和研究平台，对提升地理教师的素养具有重要的意义。

（五）开展教育教学研究，自觉提升核心素养

教师专业发展是教师不断成长、不断接受新知识、提高专业素养的过程；在这个过程中，教师通过不断地学习、反思和探究来拓宽自身的专业内涵、提高自身专业水平，从而达到专业成熟的境界（卢乃桂、钟亚妮，2006）。教师专业发展和教师素养的提升应该是教师主体自觉参与的过程。因此，教师素养的提升必须依赖教师自身发展的内在动力驱动和主体的积极参与。教师自觉提升核心素养最有效的方式之一就是开展教育教学研究。中学地理教师可以从以下三个方面开展教育教学研究。

第一，研读地理核心素养，树立正确的育人理念。本次深化课程改革的核心指导思想就是学生发展的核心素养，地理教学改革的核心指导思想就是地理学科核心素养。因此，研读地理核心素养，理解素养的内涵和表现是树立正确的育人理念的基础。

第二，研读《课程标准》，明确学科育人目标。《课程标准》是地理教材编写、地理教学实施和地理教学评价的依据。2017 版《课程标准》在课程目标、课程内容和课程评价方式等方面都发生了明显的变化。只有深入研读《课程标准》，才能把握正确的学科育人目标，从而开展科学的教学活动。

第三，开展教学实施和学习评价的策略研究，提升教育教学素养。新课程改革中育人目标的变化必然导致育人方式的变化。教师需要通过教学实施策略的研究，不断改善教师的教学方式和学生的学习方式；通过学习评价策略的研究，不断改进评价方式，形成科学的评价体系；通过教学方式和评价方式的改进，提升教师的教育教学素养。

参考文献

[1] 常宝宁："教师培训的现实困境与对策"，《现代教育管理》，2011 年第 4 期。
[2] 崔琳："探索高校与中学合作研究促进英语课堂教学改进的途径"，《基础外语教育》，2016 年第 6 期。
[3] 林崇德：《中国中学教学百科全书·教育卷》，沈阳：沈阳出版社，1990 年。
[4] 林崇德、申继亮、辛涛："教师素质的构成及其培养途径"，《中国教育学刊》，1996 年第 6 期。
[5] 卢乃桂、钟亚妮："国际视野中的教师专业发展"，《比较教育研究》，2006 年第 2 期。
[6] 任毅、任国荣："新课改下地理教师应具备的核心素养"，《中学地理教学参考》，2017 年第 12 期。
[7] 叶菊艳："各国教师教育取向及其核心素养主张"，《人民教育》，2016 年第 23 期。
[8] 叶澜："新世纪教师专业素养初探"，《教育研究与实验》，1998 年第 1 期。
[9] 张晶香、杨胜天、朗杨："北京师范大学免费教育师范生地理科学专业课程设置研究"，《中国科教创新导刊》，2010 年第 28 期。
[10] 周积宁："教师专业发展与优质教育研究"，《南宁职业技术学院学报》，2003 年第 3 期。
[11] 朱锋："师范生就业困难的影响因素及其应对策略"，《内蒙古师范大学学报（教育科学版）》，2014 年第 7 期。